한국 학력·학벌사회론

절반의 공정성을 넘어

한국 민주화 시대의 정부는
학력·학벌주의에
어떻게 대응해 왔는가

한국 학력·학벌 사회론

절반의 공정성을 넘어

김부태 지음

경북대학교출판부

김 부 태

1993 경북대학교 교육학박사
1990~2000 경북대, 대구대, 동아대, 서원대, 청주교대 강사
2005 참여정부 교육혁신위원회 전문위원(비상근)
2009~2011 사)지역문화연구 사람대사람 연구소장
2000~2020 경북대학교 인재개발원·국제교류처 재직

주요 저서 및 역서
《한국학력사회론》(1995)
《프레이리의 교사론》(2000)(공역)
《신문의 교육론 비판》(2000)(공저)
《프레이리의 사상과 실천》(2017)(공저)

주요 논문
〈파울루 프레이리의 신자유주의 교육 비판론 고찰〉(2007)
〈한국 학력·학벌주의 인식체계 분석〉(2011)
〈일제강점기 학력제도의 구조적 성격: 역사·철학적 논의〉(2013)
〈한국 학력·학벌 연구의 사적 고찰: 1980~2007〉(2014)
〈한국 학력·학벌사회 개혁론에 대한 분석적 고찰〉(2014)
〈한국 교육엘리트 충원의 특성 분석: 교육부 장·차관의 교육적 배경〉(2015)
〈지역균형인재 선발제도의 개선방안 탐색: 선발 결과의 분석〉(2015)
〈파울루 프레이리 교육론의 정치적 성격〉(2016)
〈한국 학력·학벌기반 연줄사회의 실재성과 그 이데올로기적 성격〉(2016)

한국 학력·학벌사회론
절반의 공정성을 넘어

찍은 날 2022년 2월 21일 • **펴낸 날** 2022년 2월 25일
지은이 김부태 • **펴낸이** 홍원화 • **펴낸 곳** 경북대학교출판부
출판등록 1973년 10월 10일 ⓡ97호 • **주소** 대구광역시 북구 대학로 80 • **전화** 053-950-3830
팩스 053-953-4692 • **이메일** press@knu.ac.kr • **홈페이지** www.knupress.com
ISBN 978-89-7180-579-4 93370

정가는 뒤표지에 있습니다.
파본은 바꾸어 드립니다.

시작하며

이 책을 구상하면서 갖게 된 의문 중 하나는 한국사회의 민주화가 학력·학벌주의를 변화시켰을까에 대한 회의이다. 한국사회의 민주화가 진전되어 왔다고 보지만 학력·학벌주의가 여전히 우리 사회의 저변을 이루고 있다는 생각을 지울 수 없다. 이 의심을, 한국 학력·학벌사회의 문화적 특성과 구조를 이론적·실증적으로 이해하고, 한국 민주화 시대의 정부가 학력·학벌주의에 어떻게 대응해 왔는지를 살펴봄으로써 풀어 보기로 한다.

특별히 정부의 대응에 주목하는 것은 학력·학벌사회의 문제를 개혁하는 데 정부의 책임이 가장 무겁고 중요하다고 보기 때문이다. 그러나 이것이 개혁은 위로부터 이루어져야 한다는 점을 의미하는 것은 아니다. 정부는 개혁의 조건과 여건을 갖추기 위해 지원하는 행정을 적극적으로 펼쳐야 한다.

한국사회의 민주화 시대, 1990년대 문민정부로부터 2020년대 문재인 정부에 이르기까지 30여 년 동안 한국사회의 학력·학벌주의 문제에 대하여 각 정부의 정책적 대응이 어떠했는지, 그 성격은 어떤 것인지, 그동안에 일어난 변화는 무엇인지, 그 변화가 무엇을 의미하는지 등의 문제를 추적하였다. 학력·학벌은 학교교육체제를 통해 생산된다. 주요 검토 대상인 각 정부 시기의 학교교육체제와 학력·학벌 문제와 관련된 교육정책들에 시선을 집중하고 그 문제들을 사회현상으로 이해하는 맥락에서 논의하였다는 점에서 교육사회학적 접근이라 해도 되겠다.

한국사회에서 학력·학벌과 중앙은 사회를 가로지르는 문제의 주요 원천이다. 학력·학벌의 불평등성과 중앙의 강력한 구심력은 우리 사회의 분열 구조를 만들어 냈다. 미리 말하지만, 교육기회의 양극화, 학교 및 대학의 서열화, 사회 주요 부문에 대한 명문학벌의 독점, 지방대학과 지방사회의 소멸 위기 등이 그 주요 현상이다.

이 모순구조 속에서 교육은 길을 잃었다. 중앙을 향한 학력·학벌 추구의 교육만이 학교를 지배하고 있다. 교육의 현장성 위기가 오랫동안 지속되고 있다. 여러 차례의 교육제도 개선과 교육개혁이 있었음에도, 교육을 되살리는 근본적인 개혁이 있어야 한다고 말하지 않을 수 없다.

학력·학벌사회의 변화를 위하여 학력·학벌체제를 직접 공략하는 사회정치적 실천은 매우 중요하다. 그러나 교육체제를 개혁하는 일은 그것과는 달라야 한다. '참으로 교육적인 가치를 산출해 낼 수 있도록 교육체제를 혁신하는 일은 학력·학벌체제를 무너뜨린다고 저절로 해결되는 문제가 아니'라는 지적은 다시 새겨볼 만하다. 학력·학벌 추구의 교육으로부터 벗어나 진정 학교에 교육이 일어날 수 있는 교육체제를 구축하는 일은 당대 우리가 짊어져야 할 시대적 과제이다.

이 책은 3개의 부와 12개의 장 그리고 맺음말로 구성되어 있다. 제1부에서는 한국 학력·학벌주의의 문화적 특성과 개혁론에 대해 다루었다. 학력·학벌주의 문화의 주요 내용으로서 학력·학벌주의 인식체계는 현실을 이해하고 실천행위를 선택·결정하는 원리가 된다. 한국인들이 이 인식체계의 구조적 맥락에서 삶을 영위하는 방식과 사유하고 실천하는 방식에 관한 논의를 통해 그 문화적 특성을 드러낸다. 그리고 학력·학벌주의 문제를 해소하기 위한 여러 변화론을 검토한다. 제1부의 내용은 학술지에 게재한 필자의 논문을 부분적으로 수정한 것이다. 한국 학력·학벌주의를 이론적·실증적으로 이해하는 데 도움을 줄 것이다.

제1장에서는 한국 학력·학벌주의 인식체계를 분석하였다. 먼저 한국 학력·학벌주의의 개념적 구조와 이론적 맥락을 간략하게 규정하였다. 한국 학력·학벌주의와 관련된 조사·연구들을 재검토하여 학력·학벌주의의 표층부를 분석하고 연계 지음으로써 한국 학력·학벌사회를 유지하고 정당화하는 인식체계의 이념적 심층구조를 확인한다.

제2장에서 한국사회는 학력·학벌주의가 사람들의 '정신적 지체'를 야기하는 가운데 사회 진보의 동력을 상쇄시키는 보수화된 사회임을 비판적으로 논의하였다. '○피아' 현상을 단서로 하여 학력·학벌사회를 그 실재성에 비추어 개념화하고, 한국 학력·학벌사회의 문화적 특성과 그 이데올로기성을 논의함으로써 학력·학벌사회의 보수성을 드러내려고 했다.

제3장에서는 이 시기에 제기된 주요 학력·학벌주의 개혁론들을 살펴본다. 이들 개혁론이 변화의 표적과 핵심 원인을 무엇으로 보는지에 따라 '대학체제 개혁론', '사회체제 개혁론', '교육체제 개혁론'으로 대별하고 주요 내용을 분석적으로 검토하였다. 이들 개혁론에 대한 검토는 한국 학력·학벌사회를 다양한 시각으로 이해하는 기회가 될 것이다.

제2부에서는 민주화 시대의 각 정부가 학력·학벌주의에 어떻게 대응했는지를 추적하고, 그 의미를 논의한다.

제4장에서는 먼저 각 정부가 학력·학벌주의에 대응한 방식을 분석하고 그 성격을 해석하기 위한 방법론을 설정한다. 정부마다 일관되게 '학력·학벌접근기회-학력·학벌산출체제-학력·학벌 입직 상황-주요 개혁정책'이라는 네 측면을 중심으로 서술한다. 학력주의의 유형과 한국사회의 민주화 과정에서 나타난 정치사상적 이념 유형을 참조하여 학력·학벌주의에 대한 사회정치적 대응의 유형을 규정한다.

제5장에서 제10장까지는 민주화 시대의 각 정부가 실제로 학력·학벌

주의에 어떻게 대응했는지를 살펴본다. 이들 정부가 학력·학벌주의에 대해 정책적으로 대응한 방식과 내용을 검토한다. 주요 측면을 중심으로 분석하고, 각 정부의 학력·학벌주의에 대한 정책적 대응의 의의와 한계 등을 비판적으로 논의한다. 여기서 논의하는 각 정부의 여러 정책에 대한 검토는 엄밀한 기법으로 분석된 논의라기보다는 주요 내용과 그 성격 및 경향을 중심으로 기술한 것임을 밝혀 둔다.

제3부에서는 민주화 시대 학력·학벌주의의 변화 경향과 정부 대응의 성격, 주요 혁신적 제도들에 대해 논의한다.

제11장에서는 민주화 시대 전 기간에 걸쳐 각 측면에 관한 여러 통계자료 등을 이용하여 학력·학벌주의가 어떤 변화의 경향을 나타냈는지, 각 정부가 취한 정책적 대응이 어떤 성격과 의미를 갖는지를 종합적으로 논의하였다.

제12장은 학력·학벌주의 개혁론에 포함되어 있으나 구체적으로 드러나지 않은 여러 핵심 제안 중에서 우리 사회가 받아들여서 개혁의 전략과 방법론으로 삼거나 계속 발전시킬 가치가 있다고 생각되는 몇 가지 제도들을 재음미하였다.

맺음말에서는 민주화 시대를 거치면서도 지속되어 온 학력·학벌주의에 대하여 최근 사회적 관심사로 부각되면서 논의되고 있는 공정성 문제를 함께 다루었다. 그리고 앞에서 분석하고 논의한 주요 내용에 대한 진전된 해석과 학력·학벌주의에 대한 대안적 논의를 서술하였다.

2000년대 중반 이후 사회 양극화가 계속되는 가운데 보수정부를 거치면서 학력·학벌 문제에 대한 사회적 논의가 정체되었다. 학력·학벌주의에 의한 사회적 불평등과 차별, 학력·학벌 추구의 반교육적 상황은 여전히 건재해 왔다. 이에 대한 지속적인 관심과 변화의 노력이 요구되고 있다. 이 책은 그동안 이루어진 학력·학벌주의에 관한 여러 선구적인 학문적·실천적 논의들을 참고하면서 한국 학력·학벌사회의 상황을 진지하게 다시 바라보려는 작은 노력의 산물이다.

학력·학벌사회에 대한 공부를 시작하게 하고 매듭짓도록 도움을 주신 '지역문화연구 사람대사람' 연구소의 선생님들, 가족, 그리고 이 책의 출판에 정성을 기울여 주신 경북대학교출판부에 깊이 감사드린다.

2022년 1월 도안동에서

목차

제2부

학력·학벌주의에 대한 정부의 정책적 대응

제3부

학력·학벌주의의 변화 경향과 혁신적 제도

맺으며

01

제1부

한국 학력·학벌주의 문화와 개혁론

왜 학력·학벌인가?

근대 이후의 학력·학벌은 학교교육과 연관하여 규정된 개념이다. 학력은 '학교교육의 이력'을 의미하며, 학벌은 '같은 학교에서 교육받은 이력의 연고를 매개로 파벌화된 의식적 이익집단'이다. 학벌은 학력을 기반으로 하는 것이다. 근대 이전의 학벌 개념은 '같은 스승 혹은 특정 학문의 지식체계와 해석을 공유하는 파벌집단'을 의미했다. 근대 이후의 개념과는 그 배경과 의미가 다르다. 산업화 시대를 거치면서 학력 인구의 팽창과 고학력화 현상이 가속화되었고 이에 따른 여러 문제가 제기되었다. 이어서 서열화된 학교교육체제를 통해 생산된 학벌의 예민한 문제들이 강조되면서 그 심각성이 부각되었다. 학력의 개념으로 선명하게 드러나지 않았던 문제들을 학벌의 개념으로 제기하게 된 것이다. 이 책에서는 학력과 학벌의 문제를 함께 고려하고 사회의 일상적 용법에서 두 개념이 거의 구분되지 않은 채 혼용되고 있는 점을 감안하여, 특별히 구분을 필요로 하는 경우 외에는 '학력·학벌'과 같이 병기하여 사용하기로 한다.

제 1 장

학력·학벌주의 인식체계[1]

1. 왜 학력·학벌주의 인식체계를 탐색하는가?

한국 학력·학벌주의에 내재해 있는 인식체계와 그 구조적 성격을 드러내 보려고 한다. 아울러 학력·학벌주의 인식체계가 어떻게 학력·학벌 사회의 유지를 정당화하는지에 대해서도 주목할 것이다.

학력·학벌주의가 우리 사회의 교육문제와 사회문제의 주요 원인이 되고 있다는 인식이 널리 확산되어 있다. 정부 차원에서도 학력·학벌주의를 교육개혁과 사회개혁의 과제로 채택하여 정책적으로 변화를 시도한 바 있다. 그 덕분인지는 단정할 수 없으나 몇몇 변화의 징후들이 있다. 사회 주요 부문에 대한 상위 3개 대학 출신자들의 점유율을 보면, 근래에 그 명문학벌들의 점유율이 점차 감소하는 경향을 분명하게 나타내고 있다.

- 국회의원: 제18대(2008년) 53.2% → 제19대(2012년) 42.7% → 제20대(2016년) 47.0% → 제21대(2020년) 37.3%[2]

---

1 한국교육학회 학술지 《교육학연구》 제49권 제4호(2011)에 게재된 필자의 논문 〈한국 학력·학벌주의 인식체계 분석〉을 부분적으로 수정한 글이다.

2 제18대는 《dongA.com》(2008.4.11.), 〈134명이 첫 금배지…의원 1인 평균 재산 26억원〉; 제19대

• 검사 임용자: 2012년 83.3% → 2014년 75.0% → 2016년 67.3% → 2018년 61.6% → 2020년 54.3%[3]
• 5급 공채 행정직 시험 합격자: 2012년 66.7% → 2014년 60.9% → 2016년 58.6% → 2019년 59.3% → 2021년 64.7%[4]
• 100대 기업 CEO: 2012년 67.1% → 2014년 63.4% → 2016년 60.1% → 2018년 55.3% → 2021년 55.6%[5]

최근 8~12년 사이에 국회의원 당선자는 약 6~16%, 검사 임용자는 약 29%, 5급 행정직 시험 합격자는 약 2~8%, 100대 기업 CEO는 약 11%가 감소했다. 보기에 따라 다르겠지만 상당한 비율이다. 그러나 우리가 체감하는 바로는 학력·학벌주의가 여전히 우리 사회에 큰 영향을 미치는 것 같다. 위의 경우, 그 비율이 감소하였음에도 불구하고, 불과 세 개 대학 출신자가 여전히 국회의원의 약 37%, 검사 임용자의 약 54%, 5급 행정직 시험 합격자의 약 65%, 100대 기업 CEO의 약 55%나 되는 큰 비중을 차지하고 있다. 국민의 다수가 '앞으로도 우리 사회의 학벌주의(58.1%)와 대학서열화(59.2%)에 큰 변화가 없을 것'[6]이며, '명문대 입학 경쟁이 계속 치열할 것'(79.2%)[7]으로 전망한 것도 같은 맥락에서 이해할 수 있다.

는 《아시아투데이》(2012.4.12.), 〈4·11 총선 당선자 26% 서울대 출신…고려대 26명으로 뒤이어〉; 제20대는 《중앙일보》(2016.4.18.), 〈서울대 81명, 경기고 13명 최다…MBC출신 8명〉; 제21대는 사교육걱정없는세상(2020.4.27.), 〈제21대 국회의원 선거 결과에 대한 논평〉(보도자료) 참조.

3 《베리타스알파》(2020.6.22.), 〈올해 검사 임용 'SKY'학부' 출신 28명…9년 누적 295명(64%)〉 참조.

4 《법률저널》(2013.11.22.), 〈올 행정고시 서울대 편중 더욱 심화〉; (2017.11.26.), 〈2017 행정고시, 서울대 독주…성균관대 두각〉; (2019.10.17.), 〈2019년도 행정고시, 연세대·성균관대 역대 최다 성과〉; (2021.12.27.), 〈2021 행정고시, 서울대 '압도적' 1위, 2위는 어디?〉 참조.

5 《월간 현대경영》(각 연도), 〈100대 기업 CEO 백서〉, http://www.newmanagement.co.kr 참조.

6 임소현 등(2020), 〈한국교육개발원 교육여론조사〉, 한국교육개발원, 197-200쪽.

7 김경애 등(2020), 〈교육 분야 양극화 추이 분석 연구(1): 기초연구〉(별책부록), 한국교육개발원, 61쪽.

여러 정황으로 볼 때 학력·학벌주의는 아직 근본적으로 변화되지 않은 것으로 판단된다. 학력·학벌사회 개혁의 관건이라고 했던 '대학서열체제'가 여전히 건재하고 있다. 학력·학벌주의 해소를 위한 또 다른 대안으로 제시되었던 '국립대법인화'는 그동안 서울대, 인천대, 울산과기대에 적용되었으나, 법인으로 전환한 대학들의 위상에 아직 아무런 변화도 감지할 수 없다. '일극구조' 학벌체제의 다극화를 기대하는 '명문대 규모 축소' 제안도 학령인구 감소에 대비하는 구조조정 요구에 따르는 정도에 그치고 있다. 이 외에도 최근까지 계속되는 중앙을 향한 학생들의 이동[8]과 사교육비 규모 증가[9]는 오히려 우리 사회의 학력·학벌주의가 더욱 심화되는 것이 아닌가 의심하게 한다.

학력·학벌주의가 왜 이렇게 지속되는 것인가? 학력·학벌주의적 사회구성 방식이 사회를 가로지르는 견고한 체계로 존재하고 있기 때문일 것이다. 학력·학벌을 매개로 인간관계가 구성되고 조직이 운영되는 방식이 사회의 전 부문과 연관되어 하나의 유기체처럼 기능하고 있다. 학력·학벌주의적 사회구성 메커니즘을 통해 충원된 각계각층 그 자체가 현재의 구조로 존재한다. 우리 사회의 조직, 특히 정부 부처, 정계, 법조계, 언론계 등 유력한 사회 부문들은 대개 명문학벌 출신자들이 큰 비중을 차지하고 있다.[10] 이것은 학력·학벌사회의 가장 두드러진 현상 중의 하나이다.

---

8 지역거점국립대의 자퇴 학생이 증가하고 있다. 대부분 취업이 보다 용이한 서울·수도권 대학행(行)을 위한 자퇴로 파악됐다. 최근 3년간(2017~2019년) 9곳의 거점국립대학 중 경북대는 2,050명이 자퇴했고, 이들 중 95%는 수도권 대학을 비롯한 타 대학으로 옮겼다. 9곳 거점국립대 자퇴생은 2017년 3,981명, 2018년 4,438명, 2019년 4,793명으로 매년 크게 늘고 있다. 《유스라인》(2020.10.20.), 〈거점 국립대 자퇴 95%, 취업 용이한 서울·수도권行〉 참조.

9 사교육비가 계속 증가하고 있다. 2019년 우리나라 초·중·고 학생의 1인당 월평균 사교육비는 32만 1천 원으로 전년(29만 1천 원) 대비 10.4%(3만 원) 증가하였으며, 사교육비 총액은 약 21조 원으로 전년(19조 5천억 원) 대비 7.8% 증가하였다. 사교육비 증가는 이전 시기에도 계속되었으며, 현재의 증가는 그 연장선상에 있다. 《e-나라지표》 참조.

10 《사교육걱정없는세상》(2019.11.4.)의 〈특정 대학의 국가 권력 독식 분석 보도자료〉; 강준만(2009), 《입시전쟁 잔혹사》, 인물과사상사. 이들 자료 및 저서는 이런 점들을 잘 보여 주고 있다.

기존 체제는 그 유지를 뒷받침하는 이념과 불가분의 관계에 있다. 이념은 사람들을 기존 체제에 자발적으로 합류하게 하는 정당화의 신념체계 혹은 인식체계를 포함하고 있다. 학력·학벌 추구 행위가 지속되는 데는, 학력·학벌에 의해 사회가 구성되고 사회적 자원이 배분되는 체제에 동의할 수 있는 합리적인 근거가 있음을 의미한다. 학력·학벌에 의한 사회구성에 동의할 만한 부분이 있다면, 그 부분이 바로 학력·학벌주의를 지속시키는 중요한 근거가 될 것이다.

학력·학벌주의 인식체계가 학력·학벌사회를 유지하는 이면의 동인이라고 본다. 한국 학력·학벌사회를 유지하게 하는 인식체계의 구체적 내용이 무엇인지, 학력·학벌사회의 유지를 정당화하는 인식체계의 심층구조가 어떤 성격의 것인지 밝혀 보려고 한다.

학력·학벌주의에 관한 기존의 여러 연구들은 교육문제 및 사회문제의 쟁점에 대한 논의와 개선을 위한 제안 혹은 개혁론을 다루었다. 이 장에서의 논의는 학력·학벌사회의 문제 인식론과 개혁론에 주력한 선행연구들에서 약간 물러나 있다. 이를테면 이들 연구가 가정하고 있는 부분에 대해 재검토하려는 것이다. 의식 혹은 인식의 체계가 사회변화나 지속의 우선적 관건이라고 보지는 않지만, 학력·학벌주의 인식체계의 현실성에 대해 좀 더 세심한 분석이 필요하다고 생각한다.

관련 연구와 조사들은 다음과 같은 주제들을 다루었다. 학력관·교육관,[11] 교육 및 학력·학벌에 관한 의식·여론,[12] 학력·학벌의 사회적 문제에

---

11 이정표(2001), 〈국민의 학력관에 나타난 학력의 사회적 함의에 관한 연구〉, 《교육사회학연구》 11(1), 55-75쪽; 최돈민 등(2001), 〈학부모 학력주의 교육관 타파 방안 연구〉, 교육인적자원부.

12 《한겨레21》(2000.11.1.), 〈63.4%, '학벌 없으면 성공없다〉; 국정홍보처(2003), 〈학벌주의에 대한 국민인식조사〉; 윤양배 등(2008), 〈능력과 학벌에 대한 일반 국민과 기업 인사담당자의 인식 경향〉, 한국직업능력개발원; 남궁지영·우명숙(2010), 〈한국교육개발원 교육여론조사〉, 한국교육개발원; 《한국일보》(2014.12.8.), 〈여론조사: 국민 76% 학력이 인생 결정, 학벌사회 해소책 무기력〉; 임소현 등(2020), 앞의 교육여론조사.

대한 인식,[13] 교육 관련 실태 및 문제에 대한 의식[14] 등이다. 이들은 대개 전국적인 규모의 조사를 통해 우리 사회 성원들의 학력·학벌에 대한 의식 혹은 인식의 현실성을 직간접적으로 보여 주고 문제에 대한 대책을 제안하였다. 그리고 여러 연구들[15]이 학부모와 가족, 교사, 학생들의 문화를 조사하고 심층적으로 기술함으로써 그들의 학력·학벌에 대한 인식과 관행의 특성을 보여 준다.

이 연구들은 우리 사회의 학력·학벌주의를 이해하는 데 중요한 사실과 시사점을 제공해 주고 있다. 이 장에서는 특히 학력·학벌주의의 지속과 관련하여 정당화의 인식체계가 어떤 것인지에 주목한다. 앞선 연구들은 학력·학벌주의 인식의 구조를 체계적으로 보여 주는 데는 충분하지 않았다. 학력·학벌주의 인식체계를 밝히는 것은 사회 성원들의 행태를 예측할 수 있게 해 주며, 학력·학벌사회의 변화를 위한 정책 수립에 유의한 시사점을 줄 것이다.

---

13 이정규·홍영란(2002), 〈한국사회에서의 학력의 가치 변화 연구〉, 한국교육개발원; 정태화 등(2003), 〈학벌주의 극복을 위한 종합대책 연구〉, 교육인적자원부; 홍영란·이남철·신범석(2002), 〈기업의 직원 채용 및 승진 등에 학벌이 미치는 영향 연구〉, 한국교육개발원; 오호영·김승보·정재호(2006), 〈대학서열화와 기업〉, 《한국직업능력개발원 경제·인문사회연구회 협동연구총서》, 한국직업능력개발원.

14 전국교직원노동조합 참교육연구소(2006), 〈입시교육의 실태 및 입시제도에 대한 고등학생 의식 조사보고서〉; 최상근 등(2009), 〈고등학생의 학업생활과 문화 연구〉, 한국교육개발원.

15 이두휴 등(2007), 〈학부모 문화 연구: 자녀교육 지원활동을 중심으로〉, 한국교육개발원; 이경숙 등(2010), 〈교육과 이주에 대한 학부모의 인식: 대구·경북 학부모 면담 분석〉, 《한국교육》 37(2), 5-30쪽; 이경숙(2013), 〈전투적 교육가족: 학벌전쟁을 이끄는 가족〉, 《교육열망과 재생산》, 한국학술정보, 51-78쪽; 김병모(2010), 〈사립 미래고등학교의 교사문화에 관한 미시적 연구〉, 《교육정치학연구》 17(4), 217-243쪽; 박소영(2011), 〈중등학교 교사문화 비교 분석: 2001년과 2011년간 변화를 중심으로〉, 《한국교원교육연구》 28(3), 201-222쪽; 김종영(2008), 〈글로벌 문화자본의 추구: 미국 유학 동기에 대한 심층 면접 분석〉, 《한국사회학》 42(6), 68-105쪽; 최상근 등(2009), 앞의 연구보고서.

2. 학력·학벌주의 인식체계의 분석방법론

가. 학력·학벌주의의 개념적 구조

현실적 용법으로 볼 때, 학력(學歷) 개념은 학교교육을 받은 이력, 즉 학교교육의 결과를 의미한다. 근대 이후 학교교육은 대개 일정한 단계로 나누어져 있고 선발 과정을 거쳐 기회를 부여하는 것이 일반적이다. 선발 과정에는 주로 이전단계 학업성취 등의 지표가 사용되며, 시험이라는 평가 기제를 통해 이루어진다. 진학-졸업은 각 단계의 학교교육이 의도한 바를 획득한 능력 혹은 역량의 정도를 의미하게 되었다. 학력은 곧 실력 혹은 능력을 표현하는 하나의 지표가 된다.

또한 학교교육이 국가에 의해 공적으로 관리되고 운영된다는 점에서, 학력은 국가가 공인한 능력증명이 되는 셈이다. 국가는 학교교육 운영의 전반적인 사항과 학력 인정에 관한 제도 등으로 학교와 사회 성원들이 준수해야 할 바를 규정하고 관리한다. 국가의 관리와 학교교육의 과정을 신뢰할 수 있다면, 일단 학력은 능력과 업적을 증명한다고 해도 좋겠다. 학력의 획득은 일정하게 국가주의 이념을 수용한 결과이기도 하다.

그런데 학력의 획득에는 개인의 노력 외에 가정의 사회경제적 배경 등의 '운'이 크게 작용한다. 이를테면 가정 배경이 어떤가에 따라 학력에 대한 접근 기회의 양과 질이 달라진다. 이것은 불가피한 현상이기도 하지만 모두가 수용하거나 동의하는 사항은 아니다. 따라서 개인 외적 변수의 영향을 어떻게 보느냐에 따라 학력을 능력과 친화적인 것 혹은 대립적인 것으로 볼 여지가 생기게 된다.

학벌은 같은 학교에서 교육받은 이력을 공유하는 사람들의 의식적 파벌집단이다. 파벌집단은 '우리'라는 동류의식이 정서적으로 강한 유대관계를 형성한다. 이 학연의 유대관계는 속성상 배타적이고 폐쇄적이다. 학연을 매개로 한 유대관계가 집단적 이익을 추구할 때, 사회적 기회와 자원을 둘러싼 집단 간의 경쟁이 발생한다. 그 경쟁은 학연집단 내부를 연고주의로 결속하고 외부적으로는 집단의 사회적 우위와 권력을 확대하려는 행위로 나타날 것이다. 학연에 의한 연고주의가 사적 관계를 확대하면서 사회에 영향을 미칠 수 있다.

근대 이후 학력과 학벌의 개념적 기원과 현실적 용법상 그 의미는 모두 학교교육과 연관하여 규정된다. 학력과 학벌이 학교교육력(學校教育歷)의 의미를 공유하는 한, 학벌은 학력을 토대로 하는 개념이며, 학력의 한 가지 특수한 형태이다. 학벌 개념은 학력·학벌주의의 역사문화적 성격과 학력·학벌사회 문제의 심각성을 잘 드러낼 수 있는 개념이다. 학벌 문제의 심각성을 강조하는 것으로 이해하지만, 학벌이 오히려 학력 개념을 포섭하는 것으로 보거나 서로 별개의 것으로 이해하는 방식은 적절하지 않다.

학력사회 혹은 학벌사회는 곧 학력이나 학벌이 사회를 구성하는 핵심적인 지표로 기능하는 사회이다.[16] 학력·학벌사회에서는 학력과 학벌이 권력과 지위와 부를 획득하는 데 매우 중요한 자산이 되며, 이를 두고 경쟁이 발생하는 것은 필연적이다. 학력·학벌사회는 근대 학교교육제도의 확립과 더불어 시작되었고, 산업화의 진전과 함께 강화되었다. 역사적 전개 과정으로 볼 때 능력, 학력, 학벌의 중요성과 가치는 사회의 변화에 따라 달랐다.[17] 학력·학벌의 희소성에 따라 그 중요성 인식이 달라질 수 있다. 대학진학이 보편화된 시점에서, 학력의 문제보다 학벌의 문제가 더 중요하게 부각되는 것은 자연스럽다.

학력·학벌사회는 혈통이나 가문에 의해 개인의 신분이 결정되던 사회

16 김부태(1995), 《한국학력사회론》, 내일을여는책, 25-33쪽.
17 이정규·홍영란(2002), 앞의 연구보고서.

에 비해 합리적이고 진보된 사회로 받아들여진다. 학력·학벌이 능력과 업적에 의해 성취된 것으로 간주되기 때문이다. 이를테면 학력·학벌이 능력주의 이념에 부합하는 지표로 수용되는 것이다. 그러나 학력·학벌사회는 학력·학벌이 혈통이나 가문과 유사하게 기능하는 사회라는 점에서 '현대판 신분제', '양반문화의 현대적 변용'과 같은 것이라는 비판[18]을 받는다.

학력·학벌사회는 곧 학력·학벌이 사회구성 지표로 정당화된 사회를 의미한다. 이 정당화의 신념체계를 학력·학벌주의라고 하겠다. 학력·학벌주의는 학력과 학벌이 능력이나 업적과 일치 혹은 불일치하는 만큼 합리성과 비합리성을 동시에 가지고 있으며, 그로 인한 모순과 갈등을 내포하는 신념체계이다. 이런 점 때문에 특수한 경우를 제외하면 학력·학벌에 의한 사회구성은 국가에 의해 공식적으로 승인되지 않는다. 그러나 민간부문에서는 학력·학벌을 사회구성의 지표로 수용하는 관행이 비공식적으로 행해질 수 있는 상황이다.

특히 학벌에 의한 사회적 기회와 자원의 배분은 그 경로와 과정이 분명하지 않다. 공식적으로 승인되지 않아 공개되지 않는 경우가 많기 때문이다. 공공기관들조차도 특정 학벌을 우대하는 방식으로 선발·채용하고 있어 신문이나 시민단체에 의해 비난을 받는 사례들이 빈번하게 일어나고 있다.[19] 그러나 학연과 학벌에 의한 사회적 우대와 차별이 어떻게 얼마나 이루어지는지는 알기 어렵다. 그것은 은밀하게 이루어질 수 있다.

---

18 김동춘(2001), 《독립된 지성은 존재하는가》, 삼인, 197-213쪽; 김동훈(2002), 《서울대가 없어야 나라가 산다: 학벌주의의 뿌리를 찾아서》, 더북, 67-70쪽; 한준상(2002), 〈대입제도와 학벌문화: 상식으로는 못 고친다〉, 《사학》 99, 28쪽.

19 《사교육걱정없는세상》은 근래에 보도자료(2018.2.5., 2018.2.6., 2017.9.29. 등)를 통해 서울대병원, 하나은행, 중소기업진흥공단, 국립중앙의료원, 수출입은행 등이 사원 채용 시 출신대학의 등급을 매겨 점수를 부여하거나 명문대 출신자를 합격시키기 위해 면접점수를 조작하는 등의 다수 채용 비리를 고발한 바 있다.

밀실과 정실은 공적인 일을 사사화(私事化)한다. 밀실과 정실을 통해 학벌이 사회적 기회와 자원을 독과점하거나 공적인 일을 사사롭게 처리하는 것은 합리적 사회구성을 저해한다. 사회의 공정성과 개방성을 희생하게 되는 것이다. 이런 사회일수록 고학력자와 명문학벌이 자원과 권력을 독점하는 사회가 될 것이다.

학력·학벌주의는 학력·학벌사회를 정당화하는 신념체계 혹은 인식체계로서, 능력주의, 국가주의, 연고주의 등이 밀접하게 연관되어 있다. 학력·학벌주의는 학력·학벌이 개인의 능력과 업적을 증명하는 것이라는 의미를 갖는다는 점에서 능력주의 혹은 업적주의를 기반으로 하며, 국가관리에 의해 공적으로 인정받게 되는 것이라는 점에서 국가주의가 뒷받침하고, 학연을 매개로 한 사적 동문 관계가 사회구성의 주요 동인으로 기능할 수 있다는 점에서 연고주의가 함께 결합된 구조를 이루고 있다.

나. 한국 학력·학벌사회의 이론적 맥락

학력·학벌이 사회를 구성하는 주요 지표가 되고 이에 상응하는 학력·학벌주의가 유력한 사회적 신념체계로 기능하는 사회를 학력·학벌사회(學歷學閥社會)라고 했다. 학력·학벌사회는 곧 학력·학벌을 사회적 관계 맺기, 조직의 구성과 운영, 사회적 선발과 배치, 사회적 보상 등 사회구성의 주요 지표로 정당화하는 신념체계가 사회의 명시적·잠재적 규범으로 작용하는 사회라고 할 수 있다.

현재의 학력·학벌은 근대적 학교교육제도가 확립되는 그 진전 상황과 결과를 기초로 하여 성립하는 개념이다.[20] 근대적 학교교육제도는 대체

---

20 이광호(1994), 〈한국 근대사회의 학력주의 제도화 과정에 관한 연구(I)〉, 《정신문화연구》 4(3), 151-183쪽; 김부태(1995), 앞의 책, 81-129쪽; 손준종(2001), 〈근대적 학력주의의 출현과 제도화 과정에 관한 연구: 개항지 군산지역을 중심으로〉, 《한국교육학연구》 7(1·2), 81-118쪽.

로 국가에 의해 확립되고 체계를 갖추게 되었다. 서구의 국민국가 형성에서는 학교교육을 통한 국민의 정치적 통합에 역점을 두었고 학교교육에 대한 국가주의적 관리가 이루어졌다.[21] 학력사회화가 국가의 정치적 의도에 의해 비롯되고 진전되었다는 이론적 입장을 지지해 주는 것이다. 한국사회의 경우에도 학교교육체제가 형성되고 학력·학벌사회로 이어지는 과정에서 국가와 사회정치적 상황이 주요 동인과 맥락으로 작용했던 역사를 지니고 있다.[22] 국가 관리의 체계로 편성된 학교들은 그 수준에 따라 나누어질 뿐만 아니라, 같은 층위의 학교들도 여러 요인에 의해 우열이 가려진 위계구조(서열체계)를 갖게 되었다. 이와 함께 한국 국가의 중앙집권적·관료주의적 성격은 대학수학능력시험과 같은 국가 관리의 시험 등을 통해 '전국단위질서의 학교체제'를 형성하는 것으로 귀결되었다.[23] 같은 층위의 학교 간 위계는 국가에 의한 지원의 차등화와 일률적인 국가 관리의 교육평가 방식에 크게 영향을 받은 것이다.

한편 콜린스(R. Collins)(1979) 등의 '지위집단론'에 따르면, 학력·학벌은 같은 학교 혹은 같은 수준의 학교를 졸업한 이들이 결집하여 이해관계를 공유하는 일종의 지위(신분)집단이라고 할 수 있다. 특히 명문학벌을 중심으로 신분집단이 형성되기 쉽다. 지위집단에서 학교교육은 집단 자체의 부·권력·지위를 정당화하고 유지하기 위하여 활용할 수 있는 효과적인 메커니즘이 된다. 학벌이 적극적으로 이익집단화할 때, 동일 학교교육력(學校教育歷)을 집단의 중요한 자산으로 삼아 진입 요건과 장벽을 형성하고 이해관계를 배타적으로 관철시키는 집단을 형성한다. 신분(지위)집단들

21 Ramirez F. O. & Boli J.(1987), "The Political Construction of Mass Schooling", *Sociology of Education* 60(Jan), pp. 65-90.

22 이광호(1994), 앞의 논문, 151-183쪽; 김동춘(2000),《근대의 그늘》, 당대, 133-177쪽.

23 김동훈(2002), 앞의 책, 143-206쪽; 김민남·손종현(2006),《한국교육론: 지양과 지향》, 경북대학교출판부, 145-166쪽.

간의 경쟁은 결국 개인과 사회의 학력을 상승시키고 학력·학벌이 신분의 상징으로까지 인식되기에 이른다. 한준상 등[24]은 한국의 학력·학벌사회를 지위집단론으로 이해하고자 했다.

학력이 사회구성 지표로 활용된 세계사적 맥락은 산업화였다. 산업사회는 각 산업 부문이 필요로 하는 지식과 기술을 가진 인력을 필요로 했고, 국가는 필요한 인력을 양성하기 위하여 학교교육을 활용했다. 학교가 사회를 구성하는 핵심 메커니즘이 된 것이다. 이른바 학력사회화에 대한 '기술기능론'의 설명이다. 학력사회화는 산업화를 경험한 국가들의 공통적 현상이었다. 비판이론적 관점에서 보면, 한국의 자본주의적 산업화를 통한 사회재편 과정에서 경제개발 인력으로서의 학력인구 변동에는 자본의 요구가 반영되었다.[25] 그리고 특별히 국가가 지원한 국립학교들이 더 유리한 교육 조건을 갖추게 됨으로써 산업사회의 인력 충원, 등록금, 재정지원 및 재정부담 등에서 혜택을 받았으며 그 결과 국립 우위의 학교질서체계를 형성하게 되었다.[26] 또한 수도권 중심의 산업화를 추진함으로써 지역 간 불균형적 발전을 초래하였고, 이에 따른 지역 간 인적·물적 자원의 이동과 집중화가 계속됨으로써 수도권과 지역 간의 격차가 크게 확대되었다. 그 영향과 결과는 국립 우위와 중앙중심의 대학서열체제 등 학교교육체제의 구조에도 반영[27]되었다.

세계체제의 관점에서 보면, 산업사회화가 세계적 추세로 확산되면서

---

24 한준상(1994), 《한국교육개혁론》, 학지사, 69-88쪽; 한준상(2002), 앞의 글, 26-33쪽; 이건만(2007), 〈한국사회의 학벌주의와 계급 갈등: 학벌자본의 이론화를 향해〉, 《교육사회학연구》 17(4), 63-85쪽.

25 강순원(1990), 《한국교육의 정치경제학》, 한울.

26 정영섭(1996), 〈우리나라 대학교육시장의 경쟁구조와 국립서울대학교의 위상과 영향〉, 《건대학술지》 40(1), 355-376쪽; 정영섭·이공훈(2006), 《교육, 시장과 정부에서 길을 찾다》, 건국대학교 출판부, 61-68쪽.

27 이두휴·고형일(2003), 〈대학서열체제의 공고화와 지역간 불균등 발전〉, 《교육사회학연구》 13(1), 191-214쪽.

먼저 산업화를 시작한 나라들이 우위에 서는 국가 간의 관계를 구축하게 되었고, 자본과 문화가 세계체제상의 관계에 따라 이동하고 영향을 미치는 질서를 형성하게 되었다. 특히 후발 산업국가들은 선진국들의 발전경로를 따라 학교교육과 학력의 활용에 적극적이었으며 학력사회 현상이 더욱 현저했다.[28] 한국사회는 후발국으로서 치열한 학력경쟁과 함께, 산업화 초기 세계체제상의 주변부적 위상에서 중심부 국가들의 정치적·경제적·사회문화적 영향을 받음으로써, 중심부 국가에 대한 의존성이 심화되었고, 중심부 국가에서 생산된 학력·학벌의 우월성을 인정하고 동경하는 의식과 관행을 갖게 되었다.

한국 학력·학벌사회는 또한 세계 보편의 산업화가 한국사회의 특수한 역사적 경험과 문화 구조 위에 이루어짐으로써 독특한 성격을 갖게 되었다. 학력·학벌에 의한 사회적 격차가 더 현격하고, 의식상으로도 강렬하다. 여기에는 오랫동안 학교교육제도와 밀접한 관계에서 관료 충원제도로 운용되어 온 과거제도와 국가고시제도, 일제강점기에 체계화되면서 민족모순을 심화시킨 학력제도, 이에 따른 국가주의, 중앙집권적 관료주의, 관존민비사상, 인문숭상, 가족주의, 유교문화 등의 문화적 전통이 그 기반으로 작용하였다.[29] 한국사회의 학력·학벌주의는 학력·학벌을 사회구성 지표로 삼는 사회의 현실적 조건을 반영하는 것이기도 하다. 학력·학벌주의는 학력·학벌을 매개로 한 권력의 독점과 일반 국민의 승복을 끌어내는 문화구조로도 작용한다. 이 구조를 통해 한국인의 학력·학벌주의적 의식 및 관행과 문제들이 사회현상으로 나타나게 된다. 결국 학력·

---

28 Dore R.(1976), *The Diploma Disease: Education, Qualification and Development*, Berkeley & Los Angeles: University of California Press, pp. 72-83.

29 김동훈(2002), 앞의 책; 이정규(2003), 《한국사회의 학력·학벌주의: 근원과 발달》, 집문당; 김부태(2013), 〈일제강점기 학력제도의 구조적 성격: 역사철학적 논의〉, 《교육철학》 51, 1-37쪽.

학벌사회의 제 현상들은 한국사회의 총체적 연관성으로부터 나오는 것이라 하겠다.

학력·학벌사회는 학교교육을 파행으로 이끌고 학력·학벌에 의한 차별과 불평등을 야기하는 문제사회로 인식되고 있다. 학력을 산출하는 학교교육체제가 비정상적으로 운영되고 그 본연의 목적을 상실하게 되었다. 학교교육이 학력·학벌을 추구하기 위한 도구적이고 실용적인 목적과 사적 욕망이 지배하는 비교육의 현장으로 전락하게 된 것이다. 사회적으로는 특정 학벌이 사회 주요 부문의 권력을 독점하는 현상이 현저하다. 학력·학벌사회가 문제로 인식된 데는 이 사회를 지탱하는 기본가정이 합리적이지도 않고 시대적 변화에도 적합하지 않다고 생각하기 때문이다. 이를테면 "학력과 학벌이 곧 능력"이라는 핵심 명제에 대한 문제 제기이다. 사실 학력·학벌은 순수한 개인의 능력이라기보다는 가정의 사회경제적 배경과 운에 크게 영향을 받는다. 나아가 산업사회를 넘어 창의력, 문제해결력, 정보화능력 등이 중요시되는 지식기반사회로의 진입과 제4차 산업혁명 시대의 도래는 학력·학벌사회의 한계를 더욱 명확하게 해 준다.

이상의 논의에 의거하여 한국 학력·학벌사회의 이론적 구조를 다음의 〈그림 1-1〉과 같이 그려 볼 수 있다. 사회의 정치경제적 상황과 역사적 경험 및 문화를 배경으로, 세계체제상의 국가가 학교교육체제를 직접적으로 규정하는 가운데 학교교육체제를 통해 학력이 생산되고 이익집단의 네트워크를 통해 학벌이 형성되는 것임을 보여 준다. 또한 정치적 권력과 경제적 부가 집중되어 온 중앙이 그 사회적 불균형을 뒷받침해 주는 서열화된 학력·학벌과 자연스럽게 친화적 관계를 형성하는 가운데, 학력·학벌이 사회를 구성하는 지표가 되고, 이에 상응하는 학력·학벌주의가 구조화되며, 그 사회적 신념체계의 망을 통해 학력·학벌사회의 제 현상들이 발현된다는 점을 나타내고 있다.

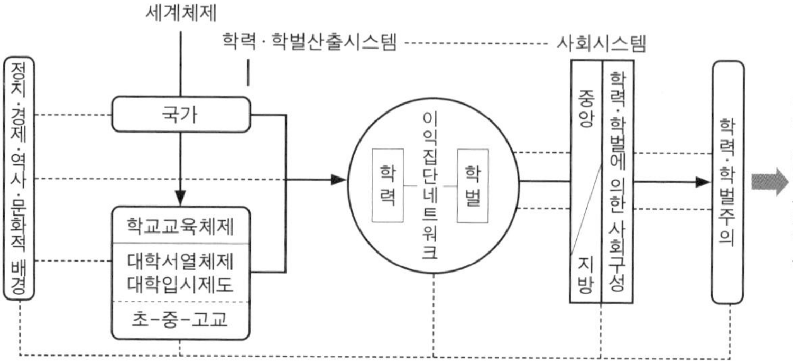

그림 1-1 한국 학력·학벌사회의 이론적 구조

다. 인식체계 분석 방법

선행연구들의 각종 조사와 발견을 종합적으로 재분석하여 학력·학벌주의 인식체계의 주요 내용을 구성하고 그 성격을 규정하려고 한다. 여기서 먼저 인식체계라는 개념의 의미를 분명하게 하는 것이 필요하겠다. 인식은 의식, 신념 등과 같이 심리적·사회적 욕구를 가진 인간이 삶의 현장에서 교섭을 통해 형성하고 표출하는 정신작용이다. 의식이 세계 속의 어떤 대상과 사태에 대해 인지하고 느낌을 갖는 정신상태라면, 그 대상에 대한 판단이 주관적 상태에 치우쳐 있는 것을 신념이라 하고, 판단의 객관성까지도 확보하고자 하는 정신작용을 인식이라 하겠다. 체계란 삶의 현장과 소통하는 연관성 속에서 논리적 구조를 가지고 기능한다는 의미이다. "인간의 인식은 인간과 세계에 대한 이해의 체계이다. 인식체계는 인간과 세계에 대해 진단하고 처방하는 그의 세계관의 이념적 토대이다."[30] 인식체계는 삶의 현장과 그 성원들을 이해하는 방식이자 실천행위의 기반이 되는 것이다. 인식체계의 분석과 관련하여 다음과 같은 몇 가

30 김민남·손종현(1997), 〈교사의 인식체계와 사회적 고통〉, 《중등교육연구》 39, 3쪽.

지 방법론적 기본 전제를 설정한다.

- 사람들은 삶의 현장에서 직면하는 문제에 대처하는 모종의 인식체계를 가지고 있다. 삶의 과정에서 경험한 바에 의거하여 스스로 자신만의 독특한 경험적 인식체계를 형성한다. 이 인식체계는 다른 사람들과의 교섭을 통해 수정·재구성되는 역동적인 구조로 존재하며, 현실을 이해하고 실천행위를 선택·결정하는 원리로 기능한다. 인식체계는 자신에게 중요하게 영향을 미치는 사태를 어떻게 개념화하고 가치위계화하는지를 파악함으로써 분석할 수 있다.
- 우리 사회는 학력·학벌이 사회구성의 주요 지표로 작용하는 학력·학벌사회이다. 이 사회에서는 학력·학벌주의 인식체계가 사람들의 사고와 행동을 규정한다. 사람들은 학력·학벌을 획득하기 위해 모든 가능한 행동을 실질적으로 극대화하는 규칙에 따라 행동할 것이다. 학력·학벌주의 인식체계는 학력·학벌주의에 침식되어 있는 사회의 성원에게는 지극히 합리적인 인식체계로 기능할 것이다.
- 인식체계는 표층과 심층으로 이루어져 있다고 가정한다. 표층은 심층구조를 토대로 하여 나타나는 징후 혹은 신드롬으로 이루어진 층이라 하겠다. 징후·신드롬은 여러 국면에서 다양한 형태를 띨 수 있겠지만 일정한 규칙성을 갖고 반복적으로 지속되는 현상이다. 내면화된 사회적 인식체계의 심층은 학력·학벌에 대응하는 사회 성원들의 언어, 행태 등을 통해 드러나고, 조사된 의견, 여론, 의식 등의 표층에서도 그 단서를 발견할 수 있을 것이다.

학력·학벌주의의 개념적 구조와 방법론적 전제를 기초로 하여 다음과 같은 연구 문제를 설정한다. ① 학력·학벌주의 인식체계의 표층을 이루는 인식의 현실적 내용은 어떤 것인가? ② 학력·학벌주의 인식체계의 심층은 어떤 성격을 가지고 있는가?

학력·학벌주의 인식체계의 표층을 분석하기 위해 한국인의 학력·학벌에 대한 의식, 의견, 여론, 가치관 등을 주제로 한 조사 자료와 연구들, 현장에서 한국인들이 나타내는 관행을 연구한 자료들을 종합하고 재분석한다. 10편의 조사 및 연구[31]에 포함된 자료를 집중 분석한다. 현장에 관한 문화기술연구 및 질적 연구 자료 등과 최근 조사 자료 및 인터넷상의 관련 자료들을 참조할 것이다. 분석 대상의 조사 자료에서 약 200개의 관련 문항을 추출하였다. 실제 분석에서는 관련이 먼 문항 등을 제외하고 115개의 문항 및 응답을 대상 자료로 사용하였다. 분석 대상 자료들은 일부를 제외하면 유의한 신뢰 조건을 확보한 전국 규모의 조사라는 점에서 활용 가치가 있다.

분석은 우선 사회 성원들이 학력·학벌에 대응하는 인식을 논리적 체계로 구성하기 위해, 기존 조사연구들이 설정한 질문과 반응을 다음과 같은 질문으로 재구성하였다. ① 학력·학벌의 의미를 어떤 것으로 인식하는가?(24문항), ② 왜 학력·학벌을 추구하는가?(40문항), ③ 학력·학벌을 어떻게 활용하는가?(23문항), ④ 무엇을 학력·학벌의 문제로 인식하는가?(28문항) 등의 질문으로 이루어졌다.

분석 대상 조사 자료의 문항을 이들 각 질문에 따라 분류하고, 응답은

31 여기서 집중 분석되는 연구 및 조사 자료는 다음과 같다. 정태화 등(2003), 국정홍보처(2003), 전국교직원노동조합 참교육연구소(2006), 오호영·김승보·정재호(2006), 윤양배 등(2008), 최상근 등(2009), 남궁지영·우명숙(2010), 〈한국일보 여론조사〉(2014), 〈한국교육개발원 교육여론조사〉(2019, 2020) 등이며, 그 외에 《잡코리아》, 《Saramin》 등 취업포털 기관의 관련 조사 자료와 인터넷상의 최근 관련 자료들을 보완 자료로 활용하였다.

그 내용의 성질을 고려하여 세부적으로 유목화한다. 세부 유목화된 응답의 내용은 인식주체와 반응의 경향성에 따라 의미 있는 사항을 인식체계의 세부 내용으로 구성한다. 해석은 주된 경향성에 우선적으로 의미를 부여하되, 차순위 이하의 반응이 갖는 의미에도 주목할 것이다. 인식의 주체는 학력·학벌 추구의 당사자이자 조사 대상인 학부모와 학생 혹은 일반 국민, 그리고 학력·학벌의 현장 활용자인 조직인 혹은 기업인이다.

분석 대상 자료와 분석 방법상에 노출되는 몇 가지 한계를 먼저 밝혀둔다. 우선 이들 자료는 동일 대상자에 의한 조사가 아니며 엄밀한 절차를 거친 메타분석이 아니므로 조사들 간의 결과를 그대로 비교하는 데는 한계가 있다. 그리고 분석 대상 자료들은 대개 백분율과 부분적으로 집단 간 차이 검증 등의 간단한 통계적 분석으로 제한된다. 또한 선택된 조사 자료에 근거한 분석이므로 학력·학벌에 관한 인식체계 전체를 포괄하지 못하는 것일 수도 있겠다. 그리고 분석 대상 자료들은 모두 2000년도 이후 생산된 것이며 자료들 간에 상당한 시간적 격차가 있다. 이 시간적 간격은 사실 사람들의 의식과 인식에 변화를 주기 충분할 만큼 긴 기간이다. 그 변화 가능성을 인정하며, 결과 해석에 참고해야 한다. 그러나 서론에서 언급한 바와 같이, 우리 사회에 학력·학벌주의가 여전히 지속되고 있다는 점에 주목하여 인식체계에 근본적인 변화가 있다 하더라도 크지 않을 것이라고 가정한다.

한국인은 특유의 사회역사적 맥락 속에서 형성해 온 독특한 인식의 패턴을 가지고 있다고 본다. 학력·학벌주의에 대응하는 인식의 표층을 분석함으로써 인식의 논리적 체계와 심층구조의 성격을 드러내려고 한다.

3. 학력·학벌주의 인식체계의 표층 분석

가. 학력·학벌이란 무엇인가?

학력·학벌을 어떤 것으로 인식하고 있는지 분석한다. 학력·학벌의 의미의 능력과의 연관성, 지역과의 연관성, 명문학교의 용법, 학력·학벌 획득 과정의 공정성 등과 관련된 사항들이 하위유목으로 포착되었다.

1) 학력·학벌과 능력 및 지역과의 관계

한국인들은 학력·학벌을 능력 혹은 역량과 동일시하거나 유사한 것으로 인식하는 경향이 있다. 이를테면 학교의 단계나 출신학교에 따라 능력의 차이가 있으며, 고학력 혹은 명문학벌일수록 능력 혹은 생산성이 높은 것으로 인식한다. 이와 관련된 항목을 포함하는 조사들[32]은 대체로 다수의 국민(54.0~63.3%)이 학력·학벌을 능력과 관련된 것으로 인식하고 있음을 보여 준다. 이들 조사에서는 또한 학력·학벌과 능력을 동일시하는 데 동의하지 않는 사람들도 상당한 비율(36.2~44.8%)로 존재한다는 것을 볼 수 있다. 한편 윤양배 등의 조사(2008)는 일반 국민의 경우 학력-학벌-능력의 개념이 명료하게 분화되어 있지 않음을 시사한다.[33] 요컨대, 개념적 구분이 명확하지 않은 가운데 학력·학벌과 능력을 유사한 것으로 인식하는 관점이 우세하며, 이를 부정하는 관점도 상당한 비율로 공존하고 있다.

학력·학벌을 직접 활용하거나 관련 경험이 있는 사회 현장의 조직인들이 갖는 인식은 좀 더 현실적이고 현장성을 갖는 것으로 생각해 볼 수

---

32 국정홍보처(2003), 앞의 조사보고서, 11쪽; 윤양배 등(2008), 앞의 연구보고서, 46-47쪽; 《Saramin》(2020.10.20.), 〈기업 54%, 채용 시 지원자 학벌 무시 못해〉.

33 윤양배 등(2008), 앞의 연구보고서, 40쪽.

있다. 정태화 등의 조사(2003)에서는 '기업체에서 명문대학 졸업자의 생산성이 비명문대학 졸업자에 비하여 높다'는 설문 주장에 대하여, 다수(36.9~39.0%)의 기업인들이 출신대학 간의 생산성 차이를 인정하는 반응을 나타냈다(반대는 22.0~29.4%).[34] 윤양배 등의 조사(2008)에서는 기업 인사담당자들이 보통 수준(58.5/100점)으로 출신학교에 따른 능력 차이가 있는 것으로 평가했다. 이러한 인식 경향은 대체로 직급이 높을수록 긍정하는 정도가 높았다.[35] 그리고 최근 '사람인'의 조사(2020)에 따르면, 316개 기업을 대상으로 '학벌이 채용 평가에 영향을 미치는지 여부'를 조사한 결과 53.5%가 영향을 미친다고 응답하였으며, 그중 58.6%(전체의 31.3%)의 기업이 '학벌에 따른 역량 차이가 있어서'라는 이유를 들었다.[36] 조사들 간의 차이에도 불구하고 기업인의 상당수가 학력·학벌에 따른 능력 혹은 생산성 차이를 인식함으로써 학력·학벌에 의한 인사관리가 어느 정도 실행될 수 있음을 시사한다.

그러나 학벌이 기업체나 공공기관에서 직업능력 지표로서 적절한가에 대해서는, 관련 조직 인사담당자의 다수(62.0%)와 대졸 근로자의 다수(공공기관 63.1%, 기업 69.8%)가 공통적으로 적절하지 못하다는 인식을 표명했다.[37] 이것은 변화와 새로운 지표의 필요성을 인식하고 있다는 의미로 볼 수 있겠다. '사람인'의 '채용 공정성에 대한 조사'(2020)에 따르면, 기업 인사담당자 222명 중 60.8%가 공정성을 강화해야 하며, 54.5%가 주관적 편견을 배제하기 위해 AI(인공지능) 기술을 채용에 접목시킬 필요성에 동의했다.[38]

---

34 정태화 등(2003), 앞의 연구보고서, 175쪽.
35 윤양배 등(2008), 앞의 연구보고서, 66-69쪽.
36 《Saramin》(2020.10.20.), 앞의 조사.
37 정태화 등(2003), 앞의 연구보고서, 177, 183쪽.
38 《Saramin》(2020.1.29.), 〈기업 60%, 채용 공정성 강화 필요해…AI가 공정한 채용에 도움될 것〉.

한편 학력·학벌을 능력의 차이로 보는 인식과 관련하여, 지역이 중요한 변수로 작용하고 있음을 발견할 수 있다. '리크루트'가 102개 대기업의 인사담당자를 대상으로 한 '지방대 출신 선호도 조사'(2002)에 따르면, 서울지역 대학 출신자가 주요 업무능력에서 지방대학 출신자들보다 우수하다고 평가한 것으로 나타났다.[39] 기업 인사담당자 382명에 대한 '잡코리아'의 조사(2019)에서는 신입사원 채용 시 '서울지역 대학'(56.8%), '수도권 대학'(27.3%), '지방대학'(10.2%), '해외 대학'(5.7%) 순으로 선호도를 나타냈다. 선호의 이유로는 '일을 잘하는 경향'(35.2%), '경영진의 선호'(34.15%), '인맥 활용'(12.5%) 등을 들었다.[40] 이러한 사실로 미루어 볼 때 상당수의 국민과 기업인이 지역을 학력·학벌의 의미를 구성하는 중요한 인식 지표로 받아들인다는 것을 알 수 있다. 중앙의 학력·학벌이 지역의 학력·학벌보다 유능함 혹은 유용함을 의미한다는 인식을 보여 주는 것이다.

2) 명문학교와 학력·학벌 경쟁의 공정성

윤양배 등의 조사(2008)에서 학벌에 대한 실체적 인식에 관한 질문에 일반 국민은 출신대학과 함께 외국어 실력, 대학전공 등의 의미를 높은 비율로 선택했다. 명문고로는 특수목적고, 자립형사립고, 비평준화 지역 우수고 등을 들었으며, 명문대학으로는 서울대를 압도적으로 많이 선택했을 뿐 아니라 기존의 서열화에 부합하는 인식을 보였다.[41]

기업 인사담당자들의 인식도 다소 차이가 있지만 거의 유사했다. 현실적으로 한국사회에서 명문학교란 고등학교의 경우 명문대학에 진학하는 학생이 많은 학교라는 관념이 널리 퍼져 있다. 시험을 통해 가려진 고

---

39 《전자신문》(2002.10.1.), 〈리크루트, 대기업 지방대 출신 선호도 조사〉.
40 《잡코리아》(2019.3.25.), 〈기업 75%, '신입사원 채용시 학벌 고려'〉.
41 윤양배 등(2008), 앞의 연구보고서, 41-43쪽.

득점 학생들이 많이 진학한 학교가 곧 명문학교이다. 고득점은 그들의 업적과 능력과 노력을 의미하는 것이다. 이러한 인식은 명문대학에 대한 사회적 인정을 정당화하는 인식으로 이어진다. 이에 대해 기업의 인사담당자들은 소수(17.2%)의 반대와 함께 다수(48.1%)가 수긍하는 경향을 보였다.[42] 이러한 인식 경향은 학력·학벌을 능력으로 생각하는 한국인의 통념이 사실로 드러난 것이라 할 수 있겠다.

한편 정태화 등의 조사(2003)에 따르면, 학벌이 개인 간의 공정한 경쟁의 결과라는 설문 주장에 대해 전체적으로 동의하지 않는 비율(40.8%)이 컸으나 이에 찬성하는 사람도 상당한 비율(31.2%)로 나타났다.[43] 윤양배 등의 조사(2008)에서는 일반 국민의 50.2%가 학벌을 개인 간의 공정한 경쟁의 결과라고 인식했다.[44] 이 조사(66쪽)에서는 또한 기업 인사담당자들이 경쟁의 공정성에 대해 보통 정도 수준(57.4/100점)으로 평가하면서 불공정 요인의 영향도 어느 정도 인식하고 있었다. 경쟁의 공정성에 대한 일반 국민의 찬반 의식이 거의 대등한 비율로 나타나고 있는 점은 사회적 인식의 갈등과 기업에서의 학벌 중시 관행이 지속되어 온 이유를 시사한다.

학부모들은 고학력 획득(63.1%)과 '일류대' 입학(57.3%)에 미치는 가정 배경의 영향에 대해 다수가 긍정적으로 응답했다.[45] 학력·학벌의 획득에 가정 배경이 영향을 미친다는 것은 개인 능력 이외의 요인이 학력·학벌의 획득과 관련되어 있음을 의미한다. 미국 유학의 동기를 심층 면접 방법으로 연구했던 김종영(2008)도 가정의 사회경제적 조건과 부모의 후원, 부모의 기대 및 가족의 문화가 미국 유학을 결정하는 데 중요한 요인이

---

42 윤양배 등(2008), 앞의 연구보고서, 61-65쪽.
43 정태화 등(2003), 앞의 연구보고서, 161쪽.
44 윤양배 등(2008), 앞의 연구보고서, 46-47쪽.
45 이정규·홍영란(2002), 앞의 연구보고서, 161쪽.

었음을 지적했다.[46] 교육의 기회 혹은 학력·학벌 획득 기회에 가정 배경이 영향을 미치는 것은 사실 거의 모든 시기에 나타난 현상이기도 하다. 김경애 등의 조사(2020)에서는 근래 교육 부문의 양극화 현상 인식과 관련하여, 다수의 국민이 '가정형편이 좋은 학생들의 성적이 높고(75.2%), 과거에 비해 성취 수준에 가정의 영향이 더 커진 것(77.4%)'으로 인식했다.[47] 2020년 국정감사 자료에 의하면, 근래 들어, 이른바 사회적 가치의 '대물림 현상'이 심화되고 있다.[48] 이를테면 고학력 명문학벌일수록 고소득층 가정의 학생 비율이 높아지는 것과 같은 현상이다.

이러한 결과를 확장할 때, '학벌이 상속되어 계층 간의 불평등을 심화시킨다'는 주장이 가능한데, 이에 대해 국민의 49.6%가 찬성했고 22.9%가 반대 입장을 표명하였다.[49] 국민의 약 절반이 학력·학벌의 획득에 대한 가정 배경의 영향이 사회적 불평등으로 이어진다고 인식하는 것이다. 앞서 살펴본 경쟁의 공정성에 대한 인식과 비교하면, 공정성을 믿는 사람의 일부도 가정 배경의 영향을 인정하고 있음을 의미한다.

조사들의 분석 결과에서 학력·학벌에 대한 인식은 능력과 동일시하는 인식이 좀 더 높은 비율을 차지하는 가운데 상당한 비율의 부정하는 인식이 공존하며, 경쟁의 공정성을 의심하거나 신뢰하는 일반 국민의 비율도 대등하여 인식상의 사회적 갈등을 시사한다. 그리고 학력·학벌의 지역 간 능력 차이에 대해 일반 국민은 수긍하기를 꺼리지만, 기업인은 중앙의 학력·학벌을 우위로 인식하는 경향이 있다. 사회적 통념에 따른 명

---

46 김종영(2008), 앞의 논문, 77-79쪽.

47 김경애 등(2020), 〈교육 분야 양극화 추이 분석 연구(1): 기초연구〉(별책부록), 한국교육개발원, 27, 39쪽.

48 《이데일리》(2020.10.12.), 〈'학벌 대물림' 심화…SKY 의대 신입생 74%가 고소득층〉, 2020년 국정감사에서 정찬민 의원이 최근 4년간 대학 신입생 가정의 소득분위 변화를 분석한 결과에 따르면, 상위 3개 대학 신입생의 55%가 고소득층으로 나타났으며, 이 비율은 최근에 올수록 상승했다.

49 정태화 등(2003), 앞의 연구보고서, 166쪽.

문학교에 대한 인식과 명문학교에 대한 사회적 인정을 당연시하는 경향이 우세하다. 상당한 비율의 사람들이 학력·학벌을 공정한 경쟁의 결과로 인식하는 경향이 있지만, 다수의 사람이 가정 배경 등 개인 능력 외적 요인의 영향에 대해 인식하고 있다.

나. 왜 학력·학벌을 추구하는가?

왜 학력·학벌을 추구하는지에 대한 응답을 분석한다. 이 물음에 대해 학력·학벌은 성공적인 사회진출에 필요한 것이자 차별에서 벗어나고자 하는 것이며, 교육에 거는 실용적 기대효과를 얻기 위한 것이라는 인식을 표명한다.

1) 성공과 출세의 필수조건

관련 조사들에서 한국인들의 다수가 학력·학벌을 성공과 출세에 매우 중요한 것으로 인식해 왔음을 볼 수 있다.[50] 학력·학벌을 성공적인 사회진출의 중요한 수단이자 유리한 조건으로 생각하는 것이다. 대개 2000년대의 조사 결과에서 이런 인식의 비율이 높게 나타났다. 《한국일보》의 여론조사(2014)에서는 '우리 사회에서 대학을 나오지 않아도 충분히 성공할 수 있는가'라는 역(逆)설문에 '그렇지 않다'는 응답이 64.4%를 나타냈다. '사람인'의 조사(2019)에서는 '성공을 위해 좋은 학벌이 중요하다고 생각하는지'에 대해 성인남녀의 55.8%가 필요하다고 응답했다.

사회적 성공·출세와 학력·학벌의 연관성에 대하여 그 밖의 다른 요인을 함께 고려할 때 그 영향력의 비중에 대한 인식을 가늠해 볼 수 있다.

---

50 윤양배 등(2008), 앞의 연구보고서, 46-47쪽; 《한국일보》(2014), 앞의 여론조사; 《Saramin》(2019.7.22.), 〈성인남녀 2명 중 1명, 학벌 좋아야 성공한다〉.

조사들에서 볼 때, 대체로 능력과 최근에는 가정 배경이 학력·학벌에 필적할 수 있는 변수로 나타나지만 일관된 결과를 보이지는 않았다.

정태화 등의 조사(2003)에서는 '개인의 능력이 동일한 경우 사회에서 성공·출세하는 데 가장 중요한 요소'에 대해, 일반 국민은 학벌(61.0%)을 가장 높은 비율로 선택하였고, 학력(15.9%), 지연(9.2%), 혈연(9.1%) 등의 순으로 그 중요성을 인식했다.[51]

국정홍보처(2003)와 윤양배 등(2008)의 일반 국민에 대한 조사는 사회적 성공과 출세에 '능력'이 1순위로 선택되었고 학력·학벌은 2순위였다.[52] 기업 인사담당자에 대한 윤양배 등의 조사(2008)에서는 *현재* 우리 사회에서 성공하기 위해, '능력이 중요하다'에 88.7%, '학벌이 중요하다'에 87.9%가 동의하여 비슷한 수준의 동의율을 보였다.[53] 그리고 고등학생들은 '성실한 태도와 노력'을 인생의 가장 중요한 성공 요인으로 인식했다.[54]

한국교육개발원의 조사(2010)는 개인의 성공 또는 출세에 영향을 미치는 요인에 대한 인식의 분석과 함께 5년간(2006~2010) 세 번의 조사에서 나타난 변화 경향을 보여 주었다. 이 조사에서는 '학벌과 연줄'(48.1%)이 1순위로 나타났다. 다음으로 '성실성과 노력'(29.7%), '가정 배경'(11.5%), '타고난 능력'(6.8%) 순이었다. '성실성과 노력'에 대한 응답률이 점점 줄어들고(41.3→38.0→29.7%), '학벌과 연줄'의 영향력에 대한 인식이 점점 더 커지는(33.8→39.5→48.1%) 경향을 보였다.[55]

그러나 2018년 이후의 조사들은 상당히 다른 결과를 보여 준다. 대학생에 대한 잡코리아의 조사(2018)에서는 우리 사회에서 가장 중요한 성공

---

51 정태화 등(2003), 앞의 연구보고서, 161쪽.

52 국정홍보처(2003), 앞의 조사보고서, 5쪽; 윤양배 등(2008), 앞의 연구보고서, 37-38쪽.

53 윤양배 등(2008), 앞의 연구보고서, 53-55쪽.

54 최상근 등(2009), 앞의 연구보고서, 493쪽.

55 남궁지영·우명숙(2010), 앞의 조사보고서, 122-123쪽.

요인으로 '경제적 뒷받침'(23.7%)을 가장 많이 선택했고, 2위가 '학벌 및 출신학교'(20.2%)였으며, 자신의 영역에 대한 전문성(14.0%)을 세 번째로 선택했다.[56] 잡코리아의 다른 조사(2018)는 성인에 대한 조사였는데, '경제적 뒷받침과 부모의 재력'(37.1%)을 1위로 꼽았고, 두 번째는 '개인의 역량'(18.1%), 다음으로 '인맥 및 대인관계'(11.5%)와 '성실성'(10.4%)을 꼽았으며, '학벌 및 출신학교'(8.3%)를 다섯 번째 요인으로 들었다.[57] 2020년 《경향신문》의 여론조사에서도 '부모 등의 배경이나 외부 압력'이 33%로 성공을 결정하는 데 가장 큰 영향을 미치는 것으로 나타났다. 본인의 노력·능력(27%), 학연 등 연고(19%)가 그 뒤를 이었다.[58] 최근 2021년 성인을 대상으로 한 잡코리아의 조사에서도 우리 사회에서 출세·성공하는 데 가장 중요한 요건을 '경제적 뒷받침/부모의 재력'(29.5%), '개인의 역량'(22.7%), '성실성'(15%), '인맥 및 대인관계 능력'(10.9%), '학벌 및 출신학교'(7.7%) 순으로 선택했다.[59]

각 조사의 결과 간에는 상당한 차이가 있다. 그럼에도 불구하고, 학력·학벌은 대체로 한국인의 사회적 성공과 출세에 매우 중요하며, 최근에는 '가정의 경제적 지원과 배경'이 성공과 출세의 가장 중요한 요인으로 부상했다. 학력·학벌과 함께 가정의 사회경제적 배경, 그리고 개인의 능력, 성실성과 노력 등 능력주의적 요인이 중요시되었다. 조사 시기의 사회적 상황, 조사대상 세대, 설문의 형식에 따라 우선순위가 달라질 수 있음을 시사한다.

---

56 《잡코리아》(2018.11.20.), 〈대학생이 꼽은 출세·성공 요인 1위는?〉.

57 《잡코리아》(2018.10.4.), 〈성공하기 위한 필수 요소 1위는?〉.

58 《경향신문》(2020.10.6.), 〈능력·노력보다 부모 등 배경이 성공 좌우〉. 이 조사의 해설에서는 조국 전 장관 사태를 거치면서 부모의 지위가 대물림되는 현상과 관련된 불신이 조사에 어느 정도 영향을 미친 것으로 추정했다.

59 《잡코리아》(2021.1.22.), 〈대한민국 성공 요소 1순위 '부모님의 재력'〉.

2) 차별로부터의 탈피

학력·학벌의 추구 이유에 대하여 '사람다운 삶을 위한 것'이라는 응답을 볼 수 있다. 《한국일보》의 여론조사(2014) 항목 중 '우리 사회에서 사람대접을 받으려면 대학을 나와야 한다'는 설문에 대해 85.7%의 응답자가 동의했다. 사람다운 삶과 사람대접에 대한 희망은 학력·학벌로 인한 불이익이나 사회적 차별과 같은 부당한 경험으로부터 갖게 될 수 있다. 한국여성정책연구원의 조사보고(2011)에서는 한국사회의 가장 심각한 차별은 '한국 특유의 학력 및 학벌 차별'인 것으로 분석되었다.[60] 이 분석 결과는 이 연구원의 2004년 조사 결과보다 심각성을 인식하는 비율이 증가한 것이었다.

2018년 12월에 KBS가 한국리서치에 의뢰하여 실시한 혐오와 차별의 실태에 관한 여론조사 결과에서도 우리 사회에서 가장 심각한 차별로 학력 및 학벌 차별이 33%로 1위를 차지했다.[61] 그리고 최근 국가인권위원회의 '2020년 차별에 대한 국민인식조사'[62] 보고서에 따르면, 성차별(40.1%), 고용 형태 차별(36%) 다음으로 학력·학벌 차별(32.5%)을 심각한 차별로 보고했다. 우리 사회에서 학력·학벌에 의한 차별이 심각한 수준으로 인식되고 있음을 의미한다.

한국교육개발원의 교육여론조사(2020)는 '현재 한국사회에서 대학 졸업장 유무에 따른 차별이 어느 정도 존재한다고 생각하는지'를 묻는 질문에 '심각할 정도로 존재한다'는 응답이 56.8%로 가장 높은 비율을 보여 준

60 한국여성정책연구원(2011), 〈KWDI Brief〉 15, 1-3쪽.
61 《KBS 뉴스》(2019.1.3.), [여론조사] 〈우리 사회의 가장 심각한 차별은 학력 및 학벌 차별〉.
62 국가인권위원회의 조사(2020)는 '우리 사회에서 가장 심각한 차별 3가지'를 물어본 설문의 결과, 성별에 따른 차별을 지적한 비율이 40.1%로 가장 높았고, 고용 형태에 따른 차별이 36.0%였으며, 학력·학벌에 따른 차별이 32.5%로 세 번째로 높았다(https:// www.humanrights.go.kr).

다.[63] 이 설문 문항의 경우 2011년 이후 지속적으로 응답 비율이 높았다.

이전의 조사들은 학력·학벌 차별에 대한 여러 구체적인 문제들을 드러냈다. 정태화 등의 조사(2003)는 비명문대학 출신자가 사회에서 겪는 불이익에 대해, 취업의 어려움(59.9%), 승진이 잘 안 됨(21.0%), 인격적 무시(9.6%) 등을 들었다.[64] 또한 여러 조사는 우리 사회에 학력·학벌에 의한 차별이 상당하게 존재하고 있음을 보여 주었다. 일반 국민이나 학부모 중 상당수(31.9%)가 사회생활을 하면서 학력 또는 학벌로 인한 차별대우를 경험한 것으로 보고했다.[65]

취업포털 커리어가 지방대학을 졸업한 구직자 2,169명을 대상으로 한 설문조사(2007)의 분석 결과에 따르면, '구직활동을 할 때 지방대 출신이어서 불이익이나 차별을 받은 적이 있는가'라는 질문에 '그렇다'고 응답한 비율이 58.7%였다. 이들은 수도권대학과 지방대학 간 취업기회의 형평성 여부에 대해 68.1%가 '공평하지 않다'고 응답했으며, 지방대학생들이 취업난을 겪는 이유로 '기업과 인사담당자의 편견'을 1순위(46.1%)로 들었다.[66] 이 조사 결과는 학력·학벌에 의한 차별인식이 지역 간의 문제와도 중첩되어 있음을 재확인시켜 준다.

윤양배 등의 조사(2008)는 학벌로 인해 손해 혹은 이익을 보거나 다른 사람에게 영향을 미친 경험에 대해 분석하고 있다. 이 분석은 타인의 경험을 목격한 경우가 많다는 특징과 함께 일반 국민에게는 손해의 경험이 많았지만 명문대 출신 기업 인사담당자들의 경우는 다른 대학 출신자에 비해 이익을 주고받은 경험이 많다는 점을 보여 주었다.[67] 그리고 김종영

---

63 임소현 등(2020), 앞의 조사보고서, 195-196쪽.
64 정태화 등(2003), 앞의 연구보고서, 170쪽.
65 국정홍보처(2003), 앞의 조사보고서, 9쪽; 이정규·홍영란(2002), 앞의 연구보고서, 161쪽 등.
66 《연합뉴스》(2007.9.6.), 〈지방대졸 구직자 58.7%, 학벌 때문에 취업에 불이익〉.
67 윤양배 등(2008), 앞의 보고서, 47, 71-72쪽.

(2008)에 따르면, 대학 및 학계의 글로벌 위계와 한국에서의 학벌 차별이 미국 유학 현상을 촉발하는 중요한 요인으로 분석됐다.[68]

요컨대, 우리 사회에 학력·학벌에 의한 차별로 인식되는 경험이 상존하며, 이러한 경험을 통해 우리가 좀 더 안정되고 불이익을 받지 않을 만한 학력·학벌을 추구하려는 인식을 갖게 되었음을 시사하고 있다.

3) 교육을 통한 실용적 목적의 실현

학력·학벌의 추구는 교육에 대한 높은 기대로 이어지게 되어 있다. 더 높은 단계의 학교교육, 더 높은 서열의 대학에 진학함으로써 기대하는 성공과 만족스러운 삶의 조건을 획득하려는 것이다. 한국교육개발원의 조사(2020)에 따르면, 한국인들은 개인이 교육을 많이 받을수록 경제적 부의 증대(68.3%), 사회적 지위 향상(70.2%), 심리적 만족감(61.8%) 등에 크게 영향을 미칠 것으로 기대한다. 이 비율은 2010년의 조사 결과에 비해 낮아진 것이지만,[69] 여전히 교육의 위력에 높은 기대를 걸고 있음을 의미한다. 고교생의 경우 94.7%가 대졸 이상의 학력을 희망하였다.[70] 교육에 거는 기대는 현실적으로 학력·학벌의 추구를 통해 얻을 수 있는 것이며, 교육에 대한 실용적인 목적을 의미하는 것이기도 하다. 여건이 되는 한 교육을 더 많이 받으려는 것은 당연한 귀결이다.

교육을 더 많이 받으려는 학력·학벌 추구의 욕구는 중앙지향의 이동으로도 나타난다.[71] 국내에서 중앙으로의 이동은 물론이고 외국으로도

---

68 김종영(2008), 앞의 논문, 99쪽.

69 임소현 등(2020), 앞의 조사보고서, 200-203쪽. 같은 항목에 대한 2010년 남궁지영·우명숙의 조사(124-127쪽)에서는, 경제적 부의 증대 79.3%, 사회적 지위 향상 81.7%, 심리적 만족감 74.9%의 응답을 보였다. 두 조사 결과를 비교하면, 그 비율이 2020년에 약 10~13% 감소하였다. 교육의 효과에 대한 기대가 그만큼 낮아진 것이라고 해석할 수도 있겠다.

70 최상근 등(2009), 앞의 연구보고서, 500-501쪽.

71 이경숙 등(2010), 앞의 논문; 박병영·김미숙·김수연(2008), 〈고교-대학 연계를 위한 대입전형연

이동한다. 초·중·고생의 지역 및 학군 이동, 서울로의 대학진학, 대학생들의 반수와 편입학, 조기유학을 비롯한 외국 유학 등은 국내외 학력·학벌의 위계 구조에 따라 중앙을 지향하는 주요 이동 경향이다. 임소현 등의 조사(2019)에 의하면, 고교생 학부모의 약 42%가 외국 유학을 고려하는 것으로 나타났다. 학벌 추구의 공간적 이동과 확대는 더 높은 서열의 학력·학벌을 획득함으로써 그 효용성을 높이기 위한 것이라 할 수 있겠다. 그 효용성의 제고가 진학과 이동의 이유이다.

최돈민 등의 연구(2001)에서 학부모가 자녀를 대학에 진학시키는 이유는 '사회적으로 인정받는 직업을 갖는 데 유리하고'(50.4%), '깊고 많은 지식을 배우며'(24.2%), '성숙한 인간으로 기르기 위해서'(22.2%)였다. 학부모는 교육 혹은 학력·학벌의 추구를 통해 자녀가 안정된 삶을 살 수 있는 기반을 확보하는 것과 함께 지식과 인격을 갖춘 사람이 되기를 바라는 것이다.[72] 이것은 자녀교육의 이유이자 성공의 조건이기도 하다. 남궁지영·우명숙의 조사보고서(2010)에서 자녀교육에 성공했다는 것의 의미는 '자녀가 인격을 갖춘 사람으로 컸다'(25.8%), '자녀가 좋은 직장에 취직했다'(22.5%), '자녀가 명문대학에 들어갔다'(22.1%) 등의 내용으로 표명되었다.[73] 학부모는 교육을 통한 자녀의 인격적 성숙, 삶의 물질적 조건 확보, 명문학벌 획득 등을 곧 교육의 성공이라 보는 것이다. 임소현 등의 조사(2020: 191)에서는 '자녀가 하고 싶은 일, 좋아하는 일을 하게 되었다'(24.7%), '자녀가 인격을 갖춘 사람으로 컸다'(22.0%), '자녀가 좋은 직장

구(V): 편입학 원인과 이동구조 분석〉, 한국교육개발원; 김종영(2008), 앞의 논문; 김종혁·이상원(2010), 〈교육특구의 특성과 자식교육을 위한 삶의 형태〉, 《중등교육연구》 58(1), 39-70쪽; 임소현 등(2019), 앞의 조사보고서, 81-83쪽.

72 최돈민 등(2001), 앞의 연구보고서, 98-99쪽.

73 남궁지영·우명숙(2010), 앞의 조사보고서, 127-128쪽.

에 취직했다'(21.7%) 등으로 나타났다.[74]

10년 간격으로 이루어진 위의 세 조사에서 볼 때, 조사 시기에 따라 그 순위 및 비율과 선택항목에 변화가 있으나, 인격적 성숙과 좋은 직장이 공통적으로 자녀교육 성공의 의미로 포함되었다. 2020년의 조사에서는 '좋아하는 일을 하게 된 것'을 가장 큰 비율로 선택한 점이 주목된다. 성공에 대한 시선의 변화가 있음을 시사한다. 공통적 인식사항과 관련하여, 인격적 성숙을 원하지만, 학력·학벌의 획득이 인격적 성숙이라는 교육의 지향 가치까지도 보장하는 것은 아니므로 학부모들은 학력·학벌이 높은 사람을 품위와 인격을 갖춘 사람이나 사회적 존경의 대상으로 보지는 않는다. 이정규·홍영란의 조사(2002)에서는 '학력·학벌 좋은 사람이 도덕성·책무성, 사회적 공헌도가 높은가'라는 질문에 각각 71.2%와 66.0%가 부정적인 반응을 보였다.[75] 학생들의 인식도 사회의 일반적 경향과 다르지 않았다.[76] 이는 부모의 영향으로 보인다. 교육에 대한 기대는 현실적으로 학력·학벌의 추구 욕구와 다른 것이 아니다.

학력·학벌은 사회에 성공적으로 진출하는 데 매우 중요한 요건으로 인식되고 있다. 학력·학벌의 위력은 개인의 능력과 노력 등의 능력주의적 요인과 친화적인 관계로, 그것과 비슷하거나 그것을 능가한다. 근래에는 가정의 사회경제적 배경과 지원이 사회에서의 성공 요인으로 부상했다. 부와 함께 학벌이 대물림되는 사회적 상황이 반영된 것이라 할 수 있겠다. 학력·학벌은 또한 소극적으로 차별에서 벗어나고 인간적 삶을 위해 추구하는 것이기도 하다. 학력·학벌로 인한 차별인식에는 지역 문제가 중첩되어 있다. 이 외에도 학력·학벌 추구에는 교육을 통한 현실의

74 임소현 등(2020), 앞의 조사보고서, 191-192쪽.
75 이정규·홍영란(2002), 앞의 연구보고서, 162-163쪽.
76 최상근 등(2009), 앞의 연구보고서, 501쪽.

실용적인 목적을 이루고자 하는 이유가 함께 있다.

다. 조직인들은 학력·학벌을 어떻게 활용하는가?

기업을 비롯한 조직에서도 학력·학벌을 갖춘 사람을 구하고 있다. 조직인들이 학력·학벌을 선택하는 가장 큰 이유는 학력·학벌이 업무능력 혹은 잠재능력을 의미한다고 보기 때문이다. 국정홍보처 조사(2003)에서 일반 국민 41.1%가, 오호영 등의 조사(2006)에서 '채용 시 학력·학벌을 고려한다'고 한 기업인의 68.5%가, 윤양배 등의 조사(2008)에서 '채용 시 출신대학이 영향을 준다'고 한 응답자와 '보통이다'라고 한 기업 인사담당자의 49.4%가 학력·학벌이 업무능력을 나타내는 지표이므로 학력·학벌을 중시한다고 했다. '그 외 다른 방법이 없기 때문'이라거나 '관례나 인맥 때문'이라는 등의 이유가 소수 혹은 상당한 비율(9.8~29.8%)로 선택되었다.[77] 기업인들이 학력·학벌을 업무역량 등을 나타내는 일종의 신호로 받아들이는 경향이 크다[78]는 것이다.

이러한 사실은 학벌중시 인사정책이 합리적이라는 인식으로 이어질 수 있다. 정태화 등의 조사(2003)에 따르면 상당한 비율(약 30%)의 기업인들이 학벌중시 인사정책에 동의했다.[79] 오호영 등(2006)은 기업의 인사담당자를 대상으로 한 설문조사에서, 출신대학을 신입사원 채용기준으로 중요하게 고려하는 기업일수록 지방대학 졸업생보다 수도권 대학 졸업생의 직업기초능력이 우수한 것으로 평가하고 있다고 보고했다.[80] 지역

---

77 국정홍보처(2003), 앞의 조사보고서, 12쪽; 오호영 등(2006), 앞의 연구보고서, 98-100쪽; 윤양배 등(2008), 앞의 연구보고서, 72쪽.

78 고용주에게 학력은 능력이라는 신호 외에 '동기', '인내'와 같은 의미로도 받아들여진다. Arkes, J.(1999), "What do educational signal and why do employers value credentials?", *Economics of Education Review* 18(1), pp. 133-141.

79 정태화 등(2003), 앞의 연구보고서, 161쪽.

80 오호영 등(2006), 앞의 연구보고서, 106-109쪽.

간 학력·학벌의 능력 차이에 대한 인식이 지역대학생에 대한 고용차별로도 이어질 수 있음을 강하게 시사한다.

조사들에서 볼 때, 기업은 사원 채용 시 실제로 학력·학벌을 중요한 선발 준거로 활용하고 있음을 확인할 수 있다. 정태화 등의 조사(2003)에서는 '기업체 직원 채용 시 학벌이 결정적인 요인'이라는 설문 주장에 대해, 기업체 대졸 근로자와 기업체 인사담당자의 64.0%가 동의하였으며,[81] 오호영 등의 조사(2006)는 기업의 인사담당자에 대한 설문조사에서 조사대상 기업의 16.7%가 실제로 사원 채용 시 지원자의 출신대학을 중요한 채용기준으로 고려한다[82]고 했다.

근래에 이루어진 '사람인'의 조사(2018)에서는 362개 기업 중 실제로 학벌이 채용 평가에 영향을 미치는 기업의 비율이 43.1%였다. 이 기관의 다른 조사(2020)에서는 316개 기업 중 53.5%가 채용 평가에 학벌이 영향을 미치는 것으로 보고했다.[83] 취업포털 잡코리아가 기업 인사담당자 382명을 대상으로 한 조사(2019)의 경우는 그 비율이 더 높다. 그들 중 75.1%가 신입사원 채용 시 학벌을 고려('어느 정도 고려' 68.6%, '많이 고려' 6.5%)하는 것으로 나타났다. 중소기업보다 대기업(79.3%)에서 이런 경향이 더 높았다. 이 조사는 약 11.5%의 인사담당자가 자신과 같은 대학 출신 지원자에 대해 '조금 후하게' 평가한다는 응답을 공개하기도 했다.[84] 조사들 간에 응답 비율이 16.7~75.1%로 크게 다르지만, 분명한 것은 기업인들이 사원채용 시에 학벌을 중요하게 고려한다는 점이다. 명문대 출신

---

81 정태화 등(2003), 앞의 연구보고서, 172쪽.

82 오호영 등(2006), 앞의 연구보고서, 95-97쪽.

83 《경향비즈》(2018.5.8.), 〈기업 10곳 중 6곳, 학벌은 채용에 중요하지 않다〉./ 2020년 조사는 기업 316개를 대상으로 '학벌이 채용 평가에 영향을 미치는지 여부'를 물었다. 대상 기업의 53.5%가 '지원자 학벌이 채용 평가에 영향을 미친다'고 분석했다. 《Saramin》(2020.10.20.), 〈기업 54%, 채용 시 지원자 학벌 무시 못해〉.

84 《잡코리아》(2019.3.25.), 〈기업 75%, '신입직 채용 시 학벌 고려'〉.

직장인에 대한 인크루트의 조사(2010)에서는 다수(63.0%)가 학벌 때문에 쉽게 취업할 수 있었다[85]고 응답했다.

사원 채용 시 출신대학을 차별하는 방식은 대학서열에 따라 달리 가산점을 부여하거나 가중치를 두는 명문대 우대 방식이었다. 윤양배 등의 조사(2008)에서는 채용 시 출신대학이 '영향을 준다'는 응답자와 '보통이다'라고 한 인사담당자들(235/500명)의 30.3%는 명문대학 출신자에게 가산점을 준다고 응답했다.[86] 그리고 기업의 인사담당자들 대부분(85.4%)이 신입사원 채용 시 학력·학벌을 중요하게 고려하는 단계는 서류전형단계이며 명문대 출신 우대(67.4%)가 주된 방식이었다.[87] 채용 시 명문대 출신 우대에 대해 명문대학 출신자들은 다수(66.7%)가 정당한 것[88]이라고 응답했다.

또한 기업은 내부의 평가, 승진, 이동 등에서도 학력·학벌을 활용하는 것으로 인식되었다. 정태화 등의 조사(2003)에서는 기업체와 공공기관의 내부 평정 시 다수(약 40~60%)의 조직 성원들이 학벌에 의한 선입견이 작용하는 것으로 인식했다.[89] 그리고 공공기관 대졸 근로자의 48.3%, 기업인 63% 이상이 명문대학 출신의 네트워크가 조직 내 동문의 승진에 영향을 미칠 것으로 보았다.[90] 《한국일보》의 여론조사(2014)에서도 연령에 따른 인식 차이와 함께 학벌이 진급이나 승진에 영향을 준다는 응답자의 비율(88%)이 높았다.[91] 일반 국민과 현장의 실제 간에는 상당한 차이가 존재할 수 있음을 시사한다.

---

85 《인크루트·이지서베이》(2010.6.21.), 〈SKY 출신 직장인 63%, "학벌로 취업 쉽게 했다"〉.
86 윤양배 등(2008), 앞의 연구보고서, 74쪽.
87 오호영 등(2006), 앞의 연구보고서, 99-100쪽.
88 《인크루트·이지서베이》(2010.6.21.), 앞의 조사.
89 정태화 등(2003), 앞의 연구보고서, 174, 181쪽.
90 정태화 등(2003), 앞의 연구보고서, 173, 180쪽.
91 《한국일보》(2014.12.8.), 앞의 여론조사.

동문 네트워크, 즉 학벌이 이익을 추구하는 집단으로 기능할 때, 조직 내에 배타적인 이해관계의 권력 구조를 조성하여 조직의 사회적 합리성을 상실하게 될 수 있다. 조직들에서 권력자를 중심으로 학벌에 따른 '라인'이 형성되어 승진이나 보직 결정에 상당한 영향을 미치는 것으로 알려져 있다. 윤양배 등의 조사(2008)에서는 기업인들이 학교 동문에 대해 높은 친밀감을 갖고 있어 인적 네트워크 형성에 영향을 줄 것이라고 분석했다.[92] 인크루트의 조사(2010)는 명문학벌 응답자의 다수(68.6%)가 자신의 학벌에 자부심을 갖고 있으며, 학벌이 '사내 라인·인맥 형성'에 도움을 준다고 응답한 비율(36.5%)이 가장 높았다.[93] 이들 분석은 동문에 대한 특별한 친밀감이나 학벌에 대한 자부심 등의 심리적 정서가 학벌주의적 의식과 행위로 전환될 수도 있음을 시사한다. 정태화 등(2003)에 의하면, 명문대학 동문회가 지위와 권력 확보에 노력한다는 설문 주장에 대해, 기업체 인사담당자의 77.0%, 기업체 대졸 근로자의 75.3%가 동의하였다.[94] 학벌이 기업체 등에서 자체의 집단적 결속을 추구하고 있다고 보는 것이다.

기업 등의 조직은 유능한 인재 선발을 명분으로 명문대를 우대하는 방식으로 학력·학벌을 활용한다. 기업인들은 학력·학벌이 업무능력을 의미하는 것으로 인식하는 경향이 짙다. 다수 기업인이 사원 채용과 내부의 평가, 승진, 이동 등에서 학력·학벌이 중요하게 작용하는 것으로 인식했다. 이런 인식은 학력·학벌과 능력을 친화적 관계로 보는 경향이 강하다는 점을 의미한다. 조직 내에서 학연 및 학벌에 의한 영향력이 어느 정도 작용하는 것으로 인식하며, 중앙중심적 인식을 함께 내재하고 있다.

---

92 윤양배 등(2008), 앞의 연구보고서, 65-66쪽.

93 《인크루트·이지서베이》(2010.6.21.), 앞의 조사. 다음이 '우수 인재라는 인상을 준다'(31.1%)였다.

94 정태화 등(2003), 앞의 연구보고서, 167쪽.

라. 학력·학벌사회의 주요 문제는 무엇인가?

조사들은 학력·학벌과 관련하여 여러 가지 문제들이 인식되고 있음을 보여 준다. 개인적 문제를 제외하면, 이들 문제는 사회적 환경의 문제와 교육체제의 문제로 대별된다. 많은 사람(57.4~70.6%)이 학력·학벌로 인한 개인적 차원의 문제로 심리적 갈등을 겪고 있으며,[95] '학력과 학벌이 높을수록 더 행복하다'는 연구[96] 결과는 역으로 낮은 학력·학벌을 가진 사람들은 그만큼 더 심리적 갈등과 고통의 상황에 처해 있음을 시사한다.

국정홍보처(2003)는 학벌주의와 관련하여 우리 사회의 가장 심각한 문제로, 사회구성원 및 계층 간 불평등 심화(34.1%), 과열된 대입 경쟁으로 인한 공교육 붕괴(29.6%), 능력중심사회로의 발전 저해로 인한 국가경쟁력 약화(26.4%) 등을 들었다.[97] 정태화 등의 조사(2003)에서는 '학벌주의의 심화요인'으로 기업체의 학벌중시 정책을 가장 많이 지적했고(41.2%), 다음으로 정부의 교육정책(21.4%), 언론의 대학입시 보도를 통한 대학서열화(17.1%)를 들었다.[98]

한국 사람들은 대체로(76.2%) 한국사회가 학력·학벌주의적 사회라는 점에 동의하며, 국민 다수가 기업이 개인의 능력이나 노력보다 학력을 중시하는 경향이 있다고 생각한다.[99] 이에 따른 사회적 문제로 출신학교에 따른 차별이 존재하며(86.7%),[100] 다수(56.8%)의 국민이 대학 학력 유무에 따른 차별이 심각하다고 응답했다.[101] 《한겨레21》의 조사(2000)와 《한국일보》의 여론조사(2014)는 일반 국민이 구체적으로 학벌 서열에 따

---

95 정태화 등(2003), 앞의 연구보고서, 162-163쪽.
96 이은혜(2014), 〈행복한 청년의 특징〉, 《KRIVET Issue Brief》 46, 1-2쪽.
97 국정홍보처(2003), 앞의 조사보고서, 13쪽.
98 정태화 등(2003), 앞의 연구보고서, 161쪽.
99 《한국일보》(2014.12.8.), 앞의 여론조사.
100 윤양배 등(2008), 앞의 연구보고서, 47쪽.
101 임소현 등(2020), 앞의 조사보고서, 195-196쪽.

른 차별 혹은 학벌의 영향에 대하여, 취업기회(83.5~88.1%), 직장 내 승진(79.4~88.4%), 임금·소득수준(70.7~79%), 사회적 대우(80.0~85.7%) 등에 차별이 크며, 특히 고졸자와 대졸자 간에 차별의식이 더 심한 것으로 보고했다.[102] 명문대 출신자를 우대하는 채용 문제, 학력에 따른 사회적 보상의 격차 문제, 학벌 파벌에 의한 사회적 비합리성 문제 등이 우리 사회의 학력·학벌사회적 성격을 심화하고 있다는 것이다.

한편 정태화 등의 조사(2003)에 따르면, 다수의 기업인(65% 이상)이 '학벌에 의존하여 취업한 후, 직무와 대학전공의 불일치로 고생하는 사람이 있다'는 설문 주장에 동의하였다.[103] 학력·학벌이 사회 현장의 업무능력으로 직결되는 것은 아니며, 학력·학벌에 의한 사회구성이 사회적 낭비를 초래할 수 있음을 의미한다. 이것은 교육체제의 문제와도 연관된다.

교육체제와 학력·학벌 문제의 연관성과 관련하여, 학부모들(78.1%)은 교육제도가 학력·학벌주의를 심화시킨다고 생각하며,[104] '공교육 부실과 사교육 확대의 원인이 학벌'이라는 설문 주장에 대해 학부모(61.8%)와 교원(71.5%)이 높은 찬성률을 나타냈다.[105] 그러나 교원들(72%)은 학부모의 교육열이 학벌주의 작용의 원인이라는 주장에 대해 학생, 학부모, 기업인들보다 높은 찬성률[106]을 보이는 가운데, 개인주의적 성향과 현실 안주를 선택하는 경향을 나타냈다.[107] 반면에 학부모들은 교사의 자질과 능력에 대해 낮은 신뢰를 보였다.[108]

이런 상황은 주체들 간의 불신과 갈등을 야기하면서 학교의 기능, 국

---

102 《한겨레21》(2000.11.1.), 앞의 조사; 《한국일보》(2014.12.8.), 앞의 여론조사.
103 정태화 등(2003), 앞의 연구보고서, 176쪽.
104 이정규·홍영란(2002), 앞의 연구보고서, 163쪽.
105 정태화 등(2003), 앞의 연구보고서, 184쪽.
106 정태화 등(2003), 앞의 연구보고서, 155쪽.
107 김병모(2010), 앞의 논문, 226-227쪽; 박소영(2011), 앞의 논문, 214-215쪽.
108 임소현 등(2020), 앞의 조사보고서, 92-94쪽.

가와 교육정책 등에 대한 회의적인 태도[109]로 이어졌다. 학부모들은 특히 학교가 정상적으로 기능하고 있다고 보지 않았다. 학부모들은 학교에 대한 평가에서, 중·고등학교에 대해 '보통'이라는 다수의 평가(52.3, 43.8%)와 함께 '잘못하고 있다'는 평가(27.1, 42.4%)가 높은 비율을 나타냈다. 특히 고등학교에 대해서는 '잘못하고 있다'는 평가가 많았다.[110] 학부모들은 현대 교육에서 가장 강조되고 있는 창조성 계발에 대한 필요성을 인식하고 있지만 이에 대한 정규 학교교육의 역할에 대해서는 부정적으로 인식하고 있으며, 주요 이유로 초·중·고교의 암기 위주의 주입식 수업(56.5%), 정부 교육정책(29.6%), 입시제도(24.%7) 등을 들었다.[111]

학생들의 인식도 학부모의 인식과 유사했다.[112] 고등학생들은 각종 학교교육 활동의 성과, 교과수업 외 교내 각종 활동, 방과후학교의 효과 등에 대해 대체로 낮게 평가했다. 전교조의 조사(2006)에 따르면, 학생들은 사교육비 증가, 입시 스트레스 심화, 학교 수업의 파행적 운영과 같은 비정상적인 학교 운영 책임이 교육부(62.6%)와 학교장 등 교육관료(15.6%)에 있다고 응답했다.[113] 이러한 문제 인식과 함께 특히 학생들은 학력·학벌주의에 관한 주요 쟁점들에 대해 비판적인 인식을 나타냈다. 고등학생들은 고교등급제, 대학본고사, 기여입학제와 같은 정책을 금지하는 것을 대체로 지지(61.5%, 57.0%, 74.1%)하였으며, 수능 폐지 및 자격고사 도입(43%), 대학평준화(54.4%) 등에 다수가 동의했다.[114] 정태화 등의 조사(2003)에서 '대학서열화에 따른 대학입시 경쟁 심화의 원인이 학벌'이라는 설문 주장

109 이두휴 등(2007), 앞의 연구보고서, 216-217쪽.
110 임소현 등(2020), 앞의 조사보고서, 72-73쪽.
111 남궁지영·우명숙(2010), 앞의 조사보고서, 60-69쪽.
112 최상근 등(2009), 앞의 연구보고서, 495-509쪽.
113 전국교직원노동조합(2006), 앞의 조사보서, 17-18쪽.
114 전국교직원노동조합(2006), 앞의 조사보고서, 13-17쪽.

에 대해, 고등학생 78.1%, 대학생 90.7%가 동의를 표명했다.[115]

대학생의 경우, 학벌이 공정한 경쟁의 결과라는 주장에 대해 조사대상 집단 중 반대하는 비율(49.7%)이 가장 높았으며, 기업체의 사원 채용 시 학벌이 결정적 요인이라는 주장에 대한 동의율(67.3%)도 가장 높았다.[116] 대학생의 인식을 조사한 2.1지속가능연구소와 대학생언론협동조합(YeSS)의 조사(2015)에서도 전국 132개 대학의 학생 2,300여 명 중 80.5%가 취업시장에서 능력보다 학벌이 중시된다[117]고 응답했다.

한편 학력·학벌 문제와 관련하여 '서울대와 국립대학에 대한 과도한 정부 지원이 학벌주의 작용의 원인'이라는 쟁점에 대해서는 대상 집단 전체적으로 찬반 입장이 팽팽했고,[118] 국립대학 법인화 쟁점에 대해서는 전체적으로 반대의견(64.3%)이 높았다는 점[119] 등은 아직 국가의 책임하에 갖추어야 할 부분들이 많다는 인식을 시사한다고 볼 수 있다.

한국인은 학력·학벌을 성공과 출세의 중요한 요건으로 인식하며 추구하고 있지만, 그와 동시에 이러한 인식과 추구 자체에 문제가 있다는 점도 인식하고 있다. 차별적인 사회환경, 학교교육의 비정상적 운영, 정부 정책의 불충분성 등이 학력·학벌사회의 문제라고 보거나 학력·학벌주의를 그 원인으로 인식하고 있다. 이런 점에서 사람들은 단순히 학력·학벌주의에 침식된 존재가 아님을 확인할 수 있다. 이러한 인식의 상태는 갈등과 고통을 불러일으키는 상황이다. 현실적으로 적응을 선택할 수밖에 없지만 그 현실 자체가 문제인 것으로 보는 인식 또한 넓게 확산되어 있다.

---

115 정태화 등(2003), 앞의 연구보고서, 185쪽.
116 정태화 등(2003), 앞의 연구보고서, 164, 172쪽.
117 《EBS 뉴스》(2015.2.9.), 〈대학생 80%, 취업은 능력보다 학벌〉.
118 정태화 등(2003), 앞의 연구보고서, 160쪽.
119 이필남 등(2010), 〈국립대학 법인화 정책연구〉, 한국교육개발원, v-vi쪽.

4. 학력·학벌주의 인식체계의 심층구조 논의

학력·학벌주의 인식체계의 표층 분석에서 시사된 바를 바탕으로 학력·학벌주의 인식체계의 심층구조를 이루는 부분에 대해 논의하려고 한다. 주요 구성 내용을 인식의 패턴으로 표현하기 위해 '~주의'라는 형식을 취한다. '주의'는 인식이 자체의 논리적 정합성을 갖도록 체계를 갖추고 있다는 것이다. 학력·학벌주의에는 능력주의, 국가주의, 연고주의, 인재·인물양성론, 중앙주의 등의 인식패턴이 유기적으로 결합되어 있음을 발견할 수 있다.

가. 능력주의: 학력·학벌의 능력지표성에 대한 인식 갈등

인식체계의 표층 분석에서 한국인들은 학력·학벌을 능력으로 보는 인식 경향이 우세했다. 이러한 인식 경향은 학력·학벌을 능력으로 인정하지 않는 인식과 갈등 구조를 형성한다.

능력주의란 사회적 기회와 자원을 배분할 때 능력을 준거로 하여 평가하며, 능력에 따른 차등적 배분을 원칙으로 하는 사회적 이념이라 하겠다. 이것은 업적주의 혹은 실력주의라고도 한다. 합리주의를 강조하는 현대사회에 광범하게 받아들여지고 있는 사회적 이념이다. 능력주의는 학력·학벌주의를 정당화하는 핵심적 이념이다. 학력·학벌을 인간 능력의 구현체라고 믿기 때문이다. 사실 학력·학벌은 개인이 학교교육체제를 거치면서 투여하는 능력, 노력, 성실 등의 심리적 특성과 활동을 반영하는 것임이 분명하다. 개인의 심리적 특성과 활동의 산물로서 학력·학벌은 개인의 업적이고 자산이므로 학력·학벌에 의한 기회와 자원의 분배 또한 합리적이다. 학력·학벌을 능력으로 받아들이는 인식패턴은 이런 논리적 사유를 반영하고 있다.

한숭희(2008)에 따르면, 이 '구식 능력주의'는 근대 산업사회 초기 평등보다는 사회진화론을 배경으로 하는 수월성에 기댄 개념이다. 인간은 능력의 차이를 가지고 태어나므로 능력이 탁월한 사람이 열등한 사람보다 우위에 서는 것이 당연하다고 인식된다. 학교는 이런 능력주의를 생산하는 공장이었다. 학교제도는 국가의 시험제도와 결합하면서 사회의 새로운 계층화에 대한 정당화 장치로 작동하게 되었다. 학교는 졸업장을 통해 능력의 징표를 선물함으로써 능력의 차이를 드러내고 확인하는 공인기관으로 자리 잡게 되었다.[120]

문제는 개인의 심리적 특성과 활동조차도 순전히 개인적인 것이 아니라는 점에 있다. 잘 알려진 바와 같이 성적, 포부, 기대 수준, 심리적 학습환경 등이 이미 가정 배경의 영향 속에서 형성된 것이며, 나아가 이것은 다른 수준의 학력·학벌을 성취하도록 한다. 현재의 학력·학벌주의는 이러한 가정 배경의 계층 차이를 불가피한 것이라며 무시하거나 간과함으로써 정당화되는 것이다.

현재의 학력·학벌주의가 유지되는 것은 능력에 대한 인식의 갈등 상황에서 학력·학벌을 능력의 지표로 수용하려는 사회적 힘이 반대 경향의 힘보다 우세하다는 의미이다. 학력·학벌 이외의 다른 사회구성 준거가 없어 불가피하다거나 학력·학벌에 의한 인맥을 활용할 수 있고 학력·학벌로 조직의 위신을 높일 수 있다는 등의 인식도 결국 기존의 구조를 공고하게 하는 데 기여하게 된다. 학력·학벌이 곧 개인의 능력 혹은 실력이라는 능력주의적 인식체계가 허물어진다면 학력·학벌주의의 유지를 정당화하는 데 필요한 가장 중요한 근거를 상실하게 되는 것이다.

120 한숭희(2008), 〈능력주의의 함정〉, 《매일경제》(2008.12.23.).

나. 국가주의: 개인주의와의 공존

학력·학벌은 국가의 관리 과정을 거쳐 산출된 공인증명으로서의 의미를 가지고 있다. 국가의 공인은 학교교육체제에서의 일정한 학습 과정과 경쟁을 통해 부여되는 것이다. 학습 과정에 대한 인증과 인증 획득을 위한 경쟁은 국가의 관리를 받아들여야 하는 측면과 경쟁에서 우위를 확보해야 하는 측면이 맞닿아 있다. 학력·학벌 경쟁은 국가주의의 수용과 개인주의적 열망이 부딪히는 역동적인 장을 형성하게 된다.

국가주의는 국가의 이익을 개인의 이익보다 우선시하는 이념으로, 국가를 최고의 조직으로 보고 그 권력을 해당 사회 전체를 지배하는 구심점으로 인정하는 정치사상적 원리를 말한다(행정학사전). 이것은 국가 권력에 사회생활의 전 영역에 걸친 광범위한 통제 권한을 부여하는 이념이다. 한국 국가의 초월적 권위에 의한 학교교육체제의 관리와 통제는 역사적으로 행정우위의 관료조직적 권위주의를 조성했다.[121] 한국 국가는 학력 산출기관으로서의 학교교육체제를 독점적으로 관리해 왔다. 특히 국가 관리의 대학입시제도는 수학능력시험과 같은 전국단위의 평가도구를 통해 점수에 따라 학생과 대학을 한 줄로 세우는 기제가 되었다. 이 교육체제는 교육현장의 전문적 자율성을 가로막고 무기력을 낳았다. 무력감과 체념은 교직활동 수행에서 드러나는 중등학교 교사문화의 한 가지 특성이 되었다.[122] 교사들은 자신이 할 수 있는 일이 별로 없고, 해 봤자 소용없다고 생각하며 현실에 안주하는 경향을 보였다.

학력·학벌을 획득해야 하는 일반 국민은 치열한 경쟁을 헤쳐 나가야 하고, 이 경쟁의 지향은 개인주의적 성향을 띨 수밖에 없다. 관련 연구들

---

121 김민남·손종현(2006), 앞의 책, 191-194쪽.
122 이혜영 등(2001), 앞의 연구보고서, 210-214쪽.

은 학부모와 교사들의 교육활동 및 학력·학벌 추구 행위가 실제로 개인주의적 성향을 강하게 띠고 있음을 보여 준다.[123] 경쟁 우위가 절대적으로 필요한 상황에서 이해관계에 부합하는 것 외의 연대는 해체될 수밖에 없다. 이런 상황에서 개인의 학력·학벌 추구를 변화시키려는 정책은 국가에 대한 회의와 불신으로 이어진다.

학력·학벌사회에서는 국가가 공인하는 학교교육체제를 거치는 것이 정통적 경로이고, 그 밖의 과정은 부차적인 경로이다. 사교육이 아무리 성행한다 해도 그것은 학교교육체제에서 공인된 학력·학벌에 접근하기 위한 전략일 뿐 그 자체가 정통적 경로의 학력·학벌과 같은 것이 될 수는 없다. 따라서 교육체제에 관한 인식으로 학교교육중심주의가 학력·학벌주의 인식체계의 중요한 부분을 이루게 된다. 한국사회에 평생교육체제의 구축이 더디게 이루어지는 중요한 원인이 바로 이런 인식에도 기인할 것이다.

학력·학벌주의 인식체계에는 국가의 규정에 의지해야 하면서도 학력·학벌을 추구하기 위해 개인적으로 모든 수단과 방법을 동원하는 개인중심적 인식이 강하게 반영되어 있다.

다. 연고주의: 학연에 의한 사회구성의 문화적 패턴

연고주의란 일차 집단적 연고를 다른 사회적 관계보다 중요시하고, 이런 행동양식을 다른 사회적 관계에까지 확장·투사하는 문화적 특성을 말한다(행정학사전). 학연주의는 곧 이런 연고주의의 하나로, 사적인 학연의 관계를 사회적 관계로 확장하여 조직과 사회의 구성원리로 삼는 하나의 문화적 패턴이다. 학교 동문으로서의 정서적 유대감은 우리 사회에서 매

123 남궁지영·우명숙(2010), 앞의 조사보고서, 119-120쪽; 이두휴 등(2007), 앞의 연구보고서, 216쪽.

우 자연스러운 것이다. 자연스러운 친밀감 자체를 잘못된 것이라고 할 수는 없다. 문제는 이 문화적 패턴을 가진 학연집단이 자체의 이해관계를 좇으면서 공적인 일을 사사화하는 닫힌 집단으로 기능하게 된다는 점이다.

개인적 수준에서 볼 때, 대인관계를 다양하게 확대하는 것은 개인의 인적 자산을 증대시키는 일이 될 것이다. 우리 사회는 학연을 중시하는 정서적 경향이 강하다. 학연에 의한 대인관계 확대는 곧 자신의 자산이 될 강한 인적 네트워크의 범위를 확장하는 것이다. 학연주의는 학벌주의의 기반이 된다. 학벌주의의 기반이 된다는 것은 학연주의가 개별 동문을 조직으로 결속하는 원리로 기능하게 된다는 것이다. 또한 학연집단은 쉽사리 이익집단으로 변모한다. 우리가 경계하는 것은 동문 관계의 활동이 사적인 수준에 머물지 않고 학연을 매개로 이해관계에 따라 조직이나 사회의 기회와 자원을 독점하는 차원으로까지 그 힘을 확대시킨다는 점이다. 학연집단이 이익집단 혹은 신분집단으로서 파벌로 기능할 때, 사회 구성의 합리성과 공정성을 훼손한다. 따라서 적어도 공공부문에서 학연집단이 파벌로 기능하는 측면은 사회의 조직상으로도 금기시되는 측면이 있다.

학연관계에 의한 조직구성이나 사회적 기회와 자원의 배분은 일반적으로 외부에 공개되지 않는다. 사실상 사회의 민간부문에 학력·학벌이 어떻게 활용되었는지는 블랙박스화되어 있다. 학력·학벌주의를 비판하는 여러 글은 사회의 주요 부문을 구성하는 특정 대학 출신자들의 비율을 학연주의 혹은 학벌주의가 관철된 증거로 제시한다. 그런 자료들에서 우리는 특정 학력·학벌이 사회의 어떤 부문을 독과점하고 있음을 확인할 수 있다. 그러나 그것이 비합리적인 과정을 통해 이루어졌거나, 그런 관행이 지속되고 있는 정확한 실증적 증거라고 말하기에는 충분하지 않은 점이 있다. 여기에는 외부인이 알 수 없는 비공개 자체 선발 과정이 있으며, 시험과 같은 제도적 기제가 함께 활용되고 있다.

인식체계의 분석에서 학연을 중심으로 한 집단적 활동이 높은 비율로 추정되고 있으며, 학교 동문 간의 친밀감 정서가 매우 높음을 볼 수 있었다. 또한 조직에 따라 다르지만, 기업과 같은 조직 내에 어느 정도 학연에 의한 파벌이 여전히 존재하고 있음을 확인할 수 있었다. 이러한 사실 자체가 학연에 의한 사회적 폐해를 의미하는 것은 아니라 할지라도, 학력·학벌주의적 인식과 그 행위의 기반이 엄연히 존재한다는 점을 확인할 수는 있다.

라. 인재·인물양성론: 학교교육 중심의 도구적 교육관

학력·학벌이 교육과 직접적인 연관성을 갖는다는 점에서 교육에 대한 인식패턴이 학력·학벌주의 인식체계의 중요한 부분을 이루고 있다. "학력·학벌사회에는 인재·인물양성론이 학교교육 활동을 조직하는 원리가 되어 학교교육체제를 규정한다."[124] 인재·인물교육론이란 교육을 어디엔가 써먹을 유능한 재목을 양성하는 활동으로 이해하는 도구적·엘리트주의적 교육관에 비유한 것이다. 인재·인물양성론은 또한 우리의 전통사회와 근현대사회를 통해 줄곧 견지해 온, 실용적 가치를 추구하는 현실주의적 교육론이라 해도 되겠다.

한국인은 성공적인 삶을 추구하며 살고 있다. 성공의 의미는 현실적 인식상 '학벌과 연줄을 가지고 좋은 직장과 인격을 갖추는 것'이다. 사회정치적 성공에 대한 열망은 불안정한 정치경제적 상황에서 고통스럽게

---

124 손종현(2003), 〈'학벌과 연고주의 문화: 광주·전남지방의 경우'에 대한 토론〉, 교육문화연구회 외, 《공교육 살리기 실천: 학벌을 어떻게 이해할 것인가》(심포지움 자료집), 86쪽.

살아온 우리의 역사적·사회문화적 경험을 통해 갖게 된 것이다. 일제 시대를 비롯해 해방 후의 일정 기간 동안 특히 그러했다.[125] 산업화 시대를 거치면서 사회가 재편되던 시기에는 산업인력의 수요를 학교교육을 통해 공급함으로써 학력사회의 보상적 경험이 극대화되었다. 이에 따라 학력·학벌주의적 의식도 크게 강화되었다. 근현대 한국사회에서 성공에 이르는 주된 경로는 학교교육을 통해 학력·학벌을 얻는 길이었다.

한국 사람들은 교육을 좋은 직업의 획득, 높은 사회적 지위로의 이동, 심리적 욕구의 충족 등 실용적 목적을 위한 수단적 활동이라는 인식이 강하다. 교육을 개인의 출세나 지위 획득의 수단으로 보는 관점은 학력·학벌주의와 같은 맥락에 있는 것이다. 학력·학벌주의 인식체계는 사회적 성공을 위한 수단으로 학교교육을 인식하고 평가하는 경향을 내포하고 있다. 여러 연구는 한국인에게 학력·학벌이 지위상승과 경제적 이익 추구에 도움을 주며 더 높은 신분으로의 이동을 위한 수단 혹은 적어도 미래의 직업적 지위를 결정해 주는 수단으로 인식되고 있음[126]을 보여 준다.

학벌·학벌 추구행위가 교육으로 간주되는 곳에는 그에 상응하는 문제가 발생하게 되어 있다. 학력·학벌 추구의 비교육적 활동과 상황이 학교교육의 현장을 지배하면서 교육의 모순을 야기한다. 특히 중등학교에서는 성적이 다른 가치를 압도하는 최상의 가치로 존재하고, 학력·학벌 경쟁이 학생들의 성장을 저해한다. 교사의 경우에도 교육 실천은 주입식 교수 행위와 정답 가르치기로 축소되고, 교사와 학생 간에 교육적 관계를 유지하기 어렵다.

교육은 '성적-진학-학력-성공적 사회진출'이라는 학력·학벌사회의 주

125 김동춘(2001), 《독립된 지성은 존재하는가》, 삼인, 231-245쪽.
126 이두휴 등(2007), 앞의 연구보고서, 43-45쪽; 김종영(2008), 앞의 논문, 93-94쪽.

류 경로를 따르는 활동이 된다. 학력·학벌은 학교교육을 통해 얻은 능력의 증명이자 인재·인물임의 증명이다. 한마디로 교육은 학력·학벌의 추구를 위한 도구적 활동이다. 교육은 곧 인재·인물을 양성하는 활동이며, 높은 학력·학벌을 가진 인재·인물이 사회 주요 부문에 입직하여 국가사회의 발전을 이끈다는 생각이 문화적 패턴을 이룬다.

마. 중앙주의: 중앙중심의 이분법

학력·학벌주의에는 우리 사회를 관통하는 또 하나의 사회적 인식패턴인 중앙주의가 밀접하게 연관되어 있다. 지역으로 사람과 세계를 분별하는 중앙중심의 인식패턴을 중앙주의라고 하겠다. 중앙주의적 사고에서 중앙은 조건을 갖춘 표준이자 지향점이다. 중앙 이외의 지역은 '지방'으로 표현되고 '변방'을 의미한다. 중앙을 중심에 두는 인식체계는 중앙집권적 통치체제를 구성하고 지배해 온 우리 사회의 오랜 역사적 과정을 통해 형성된 산물이라 해야 할 것이다. 봉건사회는 물론이고 일제강점기를 거쳐 근대에 이르기까지 유지되어 온 중앙집권적 통치방식이 현재에도 한국인들의 인식체계 속에 자리 잡고 영향을 미치는 것이다. 중앙주의는 해방 이후 수도권 중심의 집중적 개발을 통해 더욱 심화되었다. 국가의 국민통치체제에 반영되어 지속되었다는 점에서 국가주의와도 깊은 연관을 갖는다. 지방자치제가 시행되고 있지만, 중앙에 대한 의존을 벗어나기는 아직 요원하다.

중앙주의는 행정체계의 관료적 권위주의, 중앙중심의 엘리트주의와 서열주의 등이 연관되어 있다. 관료적 권위주의는 중앙정부로부터 지역의 행정기관에 이르는 의사소통체계에서 전형적으로 나타나며, 중앙의 유능한 엘리트로부터 비로소 모든 일이 시작될 수 있고, 중앙을 중심으로 대상을 간단히 순위 매기는 인식이 우리 사회에 유력하게 기능하고 있다.

인식체계 분석에서 중앙주의는 학력·학벌을 능력으로 인식하는 데서, 학력·학벌을 추구하는 이유에서, 학력·학벌을 활용하는 방식 등에서 전면적으로 연관되어 나타나는 우리 사회의 또 다른 거대한 사회적 인식체계이다. 중앙주의적 인식은 학력·학벌을 지역에 따라 서열화하며 지역에 따라 능력이 다르다고 본다. 사람들은 중앙을 지향하면서 학력·학벌 추구의 공간을 적극적으로 확대한다. 우리 사회에는 중앙중심의 학벌서열체제가 존재하고, 나아가 이런 서열체제를 글로벌 위계로까지 확장시킨다.

중앙중심의 인식이 학력·학벌주의와 결합될 때 사람들은 중앙의 명문학벌을 찾아 떠나게 되어 있다. 그 결과는 지역 소재 학교의 존립 기반을 허물고, 지역의 교육을 거의 불가능하게 한다. 학력·학벌에 따른 서열의식은 학벌엘리트의 심리적 우월감과 엘리트주의 그리고 그 외 사람들의 열등감과 패배주의를 수반하면서 사회적 공존과 연대를 해친다. 중앙중심의 인식은 국내의 지리적·의식적 의미로만 국한되지 않는다. 간단히 말해, 한국은 변방의 '우물'이고 선진 외국은 하나의 나라가 아닌 '세계'와 '중심' 그 자체이다.[127] 학력·학벌주의는 중앙주의적 인식과 결합되어 사회의 분열을 깊게 한다.

이상의 논의를 바탕으로 학력·학벌주의 인식체계의 심층부를 이루는 구조를 〈그림 1-2〉와 같이 그려 볼 수 있다. 이 그림은 학력·학벌주의를 개념화시키는 세 측면, 즉 '국가-교육체제-지역(사회)'의 삼각 구조로 되어 있는데, 학력·학벌주의를 생산·유통·유지하는 인식체계의 전체 구조를 개관해 볼 수 있게 해 준다. 국가가 최고 권위체로서 교육체제와 지역(사회)을 중앙집권적으로 관리하는 가운데, 학교교육을 중심으로 하는 교육체제와 중앙중심의 사회편제를 유지하며, 능력주의가 사회구성의 핵심

---

127 김종영(2008), 앞의 논문, 90-92쪽.

적·이념적 기반이 되는 구조를 나타내고 있다. 그리고 국가의 민간부문에 대한 직접적인 통제가 어려운 상황에서 결과적으로 능력주의를 표명하면서도 비공식적으로 학연에 의한 사회구성을 묵인할 수밖에 없는 구조를 형성하고 있다. 이 외에도 여러 비형식적·비정규적 교육을 통해 국가사회적 공인과 무관한 학력·학벌이 존재할 수 있음을 나타낸다. 이 심층구조를 바탕으로 각종 징후·신드롬이 일정한 규칙성을 띠며 표층의 사회현상으로 나타나게 된다.

그림 1-2 학력·학벌주의 인식체계의 심층구조

5. 학력·학벌사회는 어떻게 정당화되는가?

학력·학벌주의 인식체계는 학력·학벌주의적 관행의 기반이 되는 것이자 학력·학벌사회 유지를 정당화하는 이면의 동인이다. 학력·학벌주의의 인식체계의 분석을 통해 나타난 학력·학벌주의 인식체계의 표층이 갖는 주요 내용은 다음과 같다.

첫째, 학력·학벌을 능력과 유사하게 보거나 동일시하려는 인식이 우세한 가운데 이를 부정하는 인식과 갈등 구조를 이루고 있다. 또한 지역변인이 학력·학벌의 의미에 중첩되어 있다. 통념을 따르는 명문학교에 대한 인식과 함께 학력·학벌을 공정한 경쟁의 결과로 인식하는 경향이 있지만, 다수의 사람이 개인 능력 외적인 요인의 영향에 대해 인식하고 있으며, 기회의 공정성을 희망한다.

둘째, 학력·학벌은 성공과 출세의 필수조건이자 소극적으로는 차별로부터의 탈피를 위한 것이다. 학력·학벌로 인한 차별인식에도 지역의 문제가 겹쳐 있다. 학력·학벌의 추구는 교육에 대한 현실적이고 실용적인 기대의 실현을 희망하는 것이기도 했다. 근래에는 학력·학벌이 가정의 사회경제적 배경을 기반으로 그 기능을 드러내는 경향이 강해지고 있다.

셋째, 학력·학벌의 활용에서, 기업을 비롯한 조직인들은 학력·학벌을 업무능력을 나타내는 신호로 받아들이는 경향이 강하며, 학력·학벌과 능력을 친화적 관계로 인식하는 경향이 있다. 채용 및 조직 내부 평가 등에서 학연의 네트워크가 상당한 영향을 미칠 것이라는 점을 인식하고 있다.

넷째, 학력·학벌 문제에 대한 인식에는 학력·학벌을 중시하는 사회문화적 환경과 풍토, 학교교육의 비정상적 운영과 학력·학벌의 인과성, 정부 정책의 불충분성 등을 주요 문제로 인식하고 있다. 이러한 문제 인식은 개인으로서는 감당하기 어려운 사회의 구조적 조건과 국가의 책무성에 대한 비판적 인식을 담고 있다.

학력·학벌주의 표층 인식의 주요 내용은 인식체계의 심층부가 다음과 같은 주요 사회적 인식패턴이 유기적으로 결합된 구조를 이루고 있음을 시사한다.

첫째, 능력주의가 갈등적 상황 속에서도 학력·학벌주의의 핵심적 기반이 된다.

둘째, 국가가 공인의 권력체로 존재하는 가운데 국가주의적 인식은 학력·학벌 추구의 경쟁상황에서 인식 주체들의 개인주의적 인식과 충돌하면서도 역동적으로 균형을 유지한다.

셋째, 연고주의적 인식패턴은 학연에 의한 정서적 유대로 형성되는 네트워크를 개인적·집단적으로 자산화 함으로써, 공식적 영역의 이면에서 그리고 비공식적 영역에서 파벌의 온존과 비합리적 관행의 기반이 될 수 있다.

넷째, 학교교육중심의 도구적이고 실용적인 현실주의적 교육관이 지배적으로 기능한다.

다섯째, 중앙중심의 인식패턴이 학력·학벌주의와 결합되면서 학력·학벌에 의한 사람의 분별과 사회의 분열을 심화한다.

이 외에도 학력·학벌주의는 관료적 권위주의, 엘리트주의, 서열주의 등이 방조하는 사회적 인식체계로 결합되어 있다.

한국사회의 성원들은 학력·학벌주의로 인한 현실적 문제가 있음을 알고 있지만 적응을 선택하여 살고 있다. 적응을 선택함으로써 학력·학벌주의에 자발적으로 편입된다. 한국인들의 학력·학벌주의 인식체계가 학력·학벌주의적 관행을 정당화하는 특징적 패턴을 다음과 같은 몇 가지 명제로 진술해 볼 수 있겠다.

① 학력·학벌은 충분하지는 않지만 능력과 업적을 나타내는 가장 중요한 지표이다.
② 능력 외적 요인에 의한 차이는 불가피한 것이다.
③ 환경은 개척할 수 있고 극복할 수 있는 것이다.
④ 국가는 개인의 욕구를 제한하지만 따를 수밖에 없는 표준이다.
⑤ 성과의 동인과 책임은 개인귀속적 경향이 강하다.

⑥ 높은 학력·학벌을 얻은 자가 능력 있는 인재·인물이고 그들이 지도자로서 사회발전을 이끈다.

⑦ 교육은 인간의 내재적 발달과 성숙보다는 인재·인물을 양성하는 활동이다.

학력·학벌주의 인식체계에서 학력·학벌은 사람을 분별하는 준거로서, 능력자-비능력자, 인재-비인재를 가려내는 이분법적 척도로 기능한다. 이분법은 특히 중앙중심의 인식패턴과 결합되어 학력·학벌주의의 차별적 사회풍토를 심화한다.

학력·학벌사회의 변화는 곧 그 신념체계 혹은 인식체계의 변화를 필요로 한다. 인식체계는 사회역사적으로 형성된 문화적 토대를 가지고 있는 것이므로 그 자체가 독립적으로 변화하기는 어렵다. 변화는 오랜 시간이 걸릴 것이다. 사회문화적 조건을 변화시키려는 정책적·제도적 노력과 함께 학력·학벌주의 인식체계 자체에 대한 보다 직접적인 변화의 노력이 지속적으로 가해져야 할 것이다. 구조적으로 불리한 처지에 있는 사람들을 고려할 수 있는 보다 민주적이고 합리적인 시스템을 확립해야 한다. 이를테면 '출신학교 차별금지법'과 같은 제도가 시행되고 개인의 무한 책임으로 귀착시키는 능력주의 이념은 재고될 필요가 있다.

학력·학벌주의에 침식되어 사적 성격이 짙은 교육 인식과 관행이 좀 더 공적인 성격의 교육 인식으로 전환되어야 한다. 전환은 교육이 일어나는 현장으로부터 비롯될 수 있다. 교육현장은 학생들의 학습의욕을 지적으로 자극하는 교사의 교육프로그램이 작동하는 곳이다. 이 교육적 관계를 지속적으로 매개하는 시스템이 또한 교육현장으로서의 학교이다. 변화는 이 교육현장을 성립시키는 것으로부터 시작된다. 학교와 교사가 자율성을 발휘할 수 있는 여지가 크지 않지만 작은 자율로부터라도 변화가 일어나는 것이 또한 개혁의 시작이다. 교육 당국도 학교와 교사가 교육과정을 구성하고 자신들이 가르친 학생들을 직접 평가할 수 있는 합당한 전문적 자율의 권한을 부여하고 그럴 수 있는 조건과 여건을 마련해야 한다. 학력·학벌주의적 교육 인식과 관행의 변화는 교육제도의 개혁과 국민운동으로도 이루어져야 하지만 교육현장으로부터도 시작되어야 한다.

제 2 장

학력·학벌기반 연줄사회의 문화[128]

1. '○피아' 현상의 기원은 무엇인가?

한국사회의 정치·경제·사회·문화·교육의 여러 문제 현상 속에는 심각한 정신적 지체가 도사리고 있다. 이 '정신지체'[129]의 개념으로 그 '문제 현상의 근원'을 쟁점화하여 이 시대의 문제 현상을 해명해 보려고 한다.

1990년대의 '모피아'를 비롯하여 2010년대에는 그 용례가 확대되면서 관피아, 정피아, 금피아, 군피아, 교피아 등 '○피아'라는 새로운 용어들이 유행처럼 생겨났다. 2020년대에 들어선 오늘날에도 여전히 이들 용어가 대중매체 등을 통해 회자되고 있다.

이번엔 '그랜저 금피아'…벌써 5명 구속 - MBN(2011.5.12.)
높아지는 '관피아' 비난 여론 - YTN(2014.4.29.)
퇴역군인 30% 방산업체로…여전한 '군피아' - 《세계일보》(2016.9.22.)

---

128 《열린교육연구》 24권 2호(2016)의 논문 〈한국 학력·학벌기반 연줄사회의 실재성과 그 이데올로기적 성격〉을 부분적으로 수정하였다. 이 글은 대구가톨릭대학교 손종현 교수와 함께 쓴 글이다.

129 '정신지체'란 한국사회의 하나의 사회현상으로서, 온전한 사회화와 정치화가 차단되어 합리성이 결핍된 채 사고하고 선택하고 행위하는 상태를 의미한다.

'교피아' 실태 단독 입수…113명 사립대 재취업해 53억 챙겨 - KBS NEWS(2019.10.2.)

법원 "모피아 포진한 금융계, '탐욕' 통제 수단 오작동" -《경향신문》(2021.8.31.)

이 신조어들은 관료 및 권력 집단의 무규범적 이기주의가 폐쇄적 인맥과 유착을 통해 사회적 모순을 야기하는 현상을 지칭하는 것이다. 이 현상은 그 용어가 다양한 정도 이상으로 반사회적인 비리와 병리가 우리 사회에 널리 만연해 있음을 시사한다. 이 모순은 이미 개인적 수준의 문제가 아니라 사회구조적으로 존재하며, 그 모순 양상들이 구조를 반영하는 다양한 신드롬으로 표출되는 것이다.

이 '○피아' 현상의 기원은 무엇인가? 이 현상의 기원과 관련하여, 학력·학벌기반 연줄사회의 성격을 전체적으로 리얼하게 드러내고자 한다.[130] '○피아 현상'이 학력·학벌과 연줄의 관계망을 통해 기능하는 것이라고 보며, 학력·학벌기반 연줄사회의 실재성과 그 이데올로기성을 규명해 보려고 한다. 이 관계망이 한국사회를 보수화하는 기제임을 주장하려고 한다.

여기서 논의할 주요 문제는 다음과 같다. 첫째, 학력·학벌기반 연줄사회의 실재는 어떤 성격을 갖는가? 둘째, 학력·학벌이 매개하는 연줄사회의 문화적 특성은 무엇인가? 셋째, 학력·학벌주의의 이데올로기적 성격은 어떠한가?

학력·학벌사회에 관한 여러 연구는 다양한 영역의 주제들을 폭넓게

130 산업화와 함께 세계 대부분의 사회는 학력사회화의 길을 걸었다. 그러나 한국사회의 현상은 서구사회와는 다른 성격을 나타내고 있다. 한국사회는 학력사회이면서 연줄사회이기 때문에 그 모순이 악성으로 치달았다. 학력·학벌기반 연줄사회의 문제는 사회 상층부만의 문제가 아니다. 계층을 초월하는 문제이다. 그만큼 문화적 침식이 심각하다는 것을 방증한다.

다루었다. 학력·학벌에 의한 사회적 차별과 불평등 현상, 사회문화적 현상, 학력·학벌사회의 역사성, 대학서열체제, 학력·학벌과 관련된 사회경제적 현상, 학력·학벌사회의 개혁론 등이 주요 주제였다.[131] 이들 주제에 대한 체계적인 연구들은 대개 학력·학벌사회에 대한 문제 인식론, 현상분석, 개혁론 등을 포괄하고 있다. 문제 인식론과 관련하여, 여러 선행 논의에 의해 제기된 학력·학벌사회의 문제는 크게 불평등과 차별의 사회적 문제와 교육의 문제로 대별된다.

1990년대 말부터 학력·학벌 문제에 대한 정부의 관심과 함께 관련 연구들이 봇물처럼 쏟아져 나왔고, 쟁점과 대안에 대한 진지한 논의가 2000년대 초·중반에 절정을 이루었다.[132] 여러 연구들[133]은 학벌의 권력 독점을 중요한 사회문제로 보면서 '대학서열체제'나 '국가의 과도한 개입' 등을 그 핵심 원인으로 들었다. 학력·학벌의 문제는 교육 부문보다는 사회체제에 그 근본 원인이 있다고 주장하면서 한국사회체제의 '불투명한 출세구조'의 문제를 지적한 연구도 있다.[134] 그리고 한국사회의 교육체제에 관심을 둔 연구자들은 학력·학벌의 '문화적 상징성과 사회적 지표성',[135] '학교외적 고부담 시험제도',[136] '폐쇄형 종점 교육모형',[137] '전국단

---

131 김부태(2014), 〈학력·학벌 연구의 사적 고찰〉, 《열린교육연구》 22(3), 99쪽.

132 김부태(2014), 앞의 논문, 86-91쪽.

133 강준만(1996), 《서울대의 나라》, 개마고원; 강준만(2009), 《입시전쟁 잔혹사》, 인물과사상사; 김동훈(2002), 《서울대가 없어야 나라가 산다: 학벌주의의 뿌리를 찾아서》, 더북; 김상봉(2004), 《학벌사회》, 한길사; 정진상(2004), 《국립대 통합네트워크》, 책세상; 정영섭·이공훈(2006), 《교육, 시장과 정부에서 길을 찾다》, 건국대학교출판부.

134 이종각(2001), 〈우리 사회의 학력·학벌주의 극복을 위한 정책 방향과 과제에 대한 토론〉, 《KEDI 교육정책 포럼: '학력주의의 실상과 대응방안'》, 한국교육개발원, 73-77쪽; 이종각(2003), 〈학력중시의 실상과 과제〉, 《제15차 KRIVET HRD 정책포럼: '학벌중시 사회에서 능력중시 사회로의 전환'》, 한국직업능력개발원, 23-53쪽.

135 한준상(1994), 《한국교육개혁론》, 학지사, 69-88쪽.

136 곽병선(2003), 〈학력/직업능력 자격기준 세우고, 학교가 평가권 행사하면 공교육 살고 사교육문제 해결된다〉, 《한국교육학회 소식지》 39(4), 1-15쪽.

137 한숭희(2004), 〈학력의 재해석을 통한 개방적 평생교육체제 설계〉, 《한국교육연구》 10(2), 64-101쪽.

위질서의 교육체제'[138]와 같은 문제에 주목했다.

이 연구들은 학력·학벌에 의한 사회적 불평등과 차별, 공교육 파행과 같은 문제에 대하여, 그 문제의 핵심 원인과 혁신전략 및 대안을 제시하였다는 점에서 중요한 기여를 했다. 그러나 이들 연구는 한국 학력·학벌사회 문제의 실재성(reality)을 잘 드러내지 못한 점이 있다. 특히 학력·학벌사회가 파생시키는 사회문화적 폐해의 심각성과 그 파괴성에 대한 인식이 철저하지 못했다. 그 문제들 이면의 문화적 후진성과 주체들의 사회적 고통 등에 대한 논의가 충분하지 않았던 것이다. 지금부터 사회학적 분석의 안목으로 앞선 논의들이 놓친 부분들을 살피면서 찬찬히 재해석해 보고자 한다.

방법론상으로 '○피아' 현상을 단서로 하여, 학력·학벌사회의 실재적 특성을 규정한다. 하나의 체계로서 자체의 방식으로 기능하는 학력·학벌 기반 연줄사회의 '존재방식-작동방식-유지방식'의 과정을 서술하고, '일반대중-중산층-엘리트'가 처한 이데올로기적 상황을 논의함으로써 이 사회의 문화적 특성과 보수성을 드러내려고 한다. 문화적 특성에 대한 실증자료로서 '○피아' 현상을 다룬 신문 기사를 부분적으로 사용하였다. 학력·학벌 현상에 대한 통계적 분석 중심의 경험적 탐구만을 고집하거나 정합된 논리적 추론으로 끝까지 밀고 나가는 방식만을 선택하지는 않겠다. 방법론적으로 "자기 경험 세계를 반성적으로 사고하고, 자명한 사실을 기록하고, 익숙한 것에 새로 이름을 붙이는 지적 활동"[139]을 중요하게 생각한다. 거기에 직관에 의한 통찰이 작용하고 있음을 굳이 부인하지 않는다. 지나치게 실증주의에 경도되어 초래하게 되는 지적 오류를 경계한다.

---

138 김민남·손종현(2006),《한국교육론: 지양과 지향》, 경북대학교출판부.

139 Collins, R. 지음/진수미 옮김(2005),《상식을 넘어선 사회학: 사회학적 통찰》, 경북대학교출판부, iii쪽.

학력·학벌기반 연줄사회 자체를 하나의 문제상황으로 보는 비판적 관점을 취한다. 비판적 관점을 취한다는 것은 현실적 삶의 조건을 개선하고 사회적 합리성을 지향하는 가치판단을 분명하게 한다는 것이다. 비판적 관점은 학력·학벌기반 연줄사회의 비합리적인 사회문화적 조건에 대하여, 중립적인 관점이 아니라 변화와 혁신을 지지하는 사회정치적 관점이다.

2. 학력·학벌기반 연줄사회는 실재한다.

학력·학벌기반 연줄사회는 실재한다. 실재한다는 것은 인식의 대상이 의식 및 주관과는 독립해서 객관적으로 존재한다는 것이다. 이 논의는 '○피아' 현상에 착안하여 학력·학벌사회의 과정과 결과들을 포괄하는 개념화에 의한 것이다.

가. '○피아' 신드롬

'○피아'라는 용어는 학술적 용어라기보다는 대중매체를 통해 전파된 저널리즘적 신조어이다. 이 용어에 대하여 인터넷과 신문 등에서 실제로 사용되고 있는 그 용법과 주요 내용을 예시하면 [표 2-1]과 같다.

'○피아'라는 용어는 그 문제 현상의 대상에 대하여 다음과 같은 의미들을 내포하고 있다.

첫째, 문제 현상의 주체는 공공부문의 권력 및 관료 혹은 그 조직이다. 이들은 공채시험 혹은 선거 등의 공식적 경로를 통해 입문한 공공부문에서 일정한 공적 책임과 권한을 부여받은 조직인들이다. 그 조직은 폐쇄성을 가진 관료주의적 조직이다.

둘째, 문제 현상의 시점으로, 이 용어들은 관행으로 자행되어 온 비리

[표 2-1] 'O피아' 현상의 주요 내용

구분	대상	주요 내용과 문제 현상
모피아	재무부 관료 (현 기획재정부)	구 재무부(MOF: Ministry of Finance) 관료 출신 인사들이 거대한 세력을 구축해 산하기관과 경제계를 장악하고, 퇴임 후 정계나 금융권으로 진출해 산하기관을 관리하면서 권력을 행사하는 데 대하여, 금융계 내 재무부 출신의 막강한 권력과 결속 현상을 빗대어 부르는 용어
관피아	관료	관료 출신자들이 전관예우 등의 관행으로 퇴직 후 과거의 인맥과 직책을 이용하여 산하 관련 기관의 주요직에 재취업하거나 민관 유착으로 이권과 관련된 각종 비리와 부정에 개입하는 문제 현상
정피아	정치인	정치인 출신이 공공기관의 수장으로 낙하산 임명되어, 관련 경험과 전문성이 부족한 채 자리만 지키고 보수를 받으며 조직 관리를 제대로 하지 못하는 문제 현상
교피아	교육부 관료	교육부 출신 공무원이 퇴직 후 과거의 직책과 인맥을 이용해 대학, 공공기관, 관련 기관 등에 재취업하고, 연구과제 선정 등에서 이득을 취하는 문제 현상
해피아	해양수산부 관료	해양수산부의 은퇴 인사들이 과거 인맥을 이용해 관련 공공기관 및 단체에 낙하산 인사로 채용되어 이익을 챙기고, 유착에 의한 봐주기식의 안전 검사 등을 통해 세월호 사건과 같은 사고를 초래한 문제 현상
칼피아	KAL 인사	국토부 항공안전감독관의 다수가 KAL 출신이라, 국토부-KAL이 유착하여 안전관리 및 감독이 제대로 이루어질 수 없는 문제 현상
철피아	철도청 인사	철도고, 철도대학의 학맥이 핵심 보직을 독점해 오면서 빚어진 내분과, 납품업체와의 유착 등에 의한 비리 관행의 문제 현상
군피아	군인	방위사업청 등의 요직에 있는 현역군인-군 출신 예비역 장성 로비스트-방위산업체 간 학연·지연·근무연 등의 인맥이 동원된 사업 비리와 전역 후 방위산업체에 재취업하는 등의 문제 현상
원피아	원자력발전 인사	원전 직원들이 납품업체와의 유착으로 금품을 받고 입찰을 은밀하게 공모하며, 안전을 저해하는 상황을 은폐하고, 사업 몰아주기 등의 비리와 부정을 조직적으로 저지르는 문제 현상(핵마피아라고도 부른다.)
법피아 감피아 국피아 산피아 금피아 ……	법무부 감사원 국토교통부 산업통상자원부 금융감독원 ……	관련 공무원들이 퇴직 후 과거의 인맥과 직책을 이용하여 산하 관련 기관의 요직에 재취업하거나 민관 유착으로 이권과 관련된 각종 비리와 부정에 개입하는 문제 현상

와 부정이 사회에 노출됨으로써 생성된 것이다. 그 비리와 부정을 상징하는 용어가 일정한 형식으로 신드롬과도 같이 다양하게 수시로 표출되었고, 지금까지 드러난 영역 이상으로 확대될 개연성이 크다는 점에서, 문제가 지금/여기의 일회성이 아니라 오랫동안 누적되어 구조적으로 발현

된 것이다.

셋째, 문제 현상이 발생한 지점은 몇몇 공기업적 성격을 가진 민간부문과 함께 대부분 정부 영역의 공공부문이다. 이것은 상대적으로 규정과 규제가 분명하게 제도화된 공공부문에 심각한 문제가 있음을 의미하며, 공공 영역에 대한 일반대중의 불신을 반영하는 것이다.

넷째, 문제 현상의 주 내용은 공공의 규범과 질서를 사적·집단적 소유물처럼 처리했다는 것이다. 공공의 규범은 사회적인 것이며, 따라서 사사화(私事化)되어서는 안 되는 것이다.

다섯째, 문제 현상이 야기된 방식은 모두 공공부문의 권력기관에 있는 성원들과 이해관계를 갖는 대상 집단 간의 은밀한 커넥션에 의한 것이다. 다시 말해, 연고와 연줄을 통해 발생한 문제 현상이다.

여섯째, 문제 현상의 동인(이유)은 해당 부서를 중심으로 이권을 확보하는 데 있다. 집단적 이기주의가 사회적 규범으로부터 일탈을 추동한 것이다. 부서와 연고를 중심으로 이해관계를 관철시키려는 반사회적 관행으로 빚어진 것이다.

요컨대, '○피아' 현상은 정부 및 공공부문의 권력과 관료들(조직)이 사적·집단적 이해관계를 관철시키기 위해 관행적·조직적으로 연줄에 의한 커넥션을 통해 사회적 규범과 질서를 해친 문제 현상이다.

'○피아'라는 문제 현상의 주체인 한국사회의 관료들 혹은 그 조직의 공통된 사회적 배경은 학력·학벌이다. 드러난 문제 현상의 이면에는 학력·학벌이 기본적으로 작용하고 있으며, 고학력·명문학벌들이 개입하고 있다.

한국 정부의 고위 관료 충원 및 고위인사의 사회적 배경을 다룬 연구들[140]은 고학력·명문학벌이 고위 관료들의 공통된 사회적 기반임을 보여

---

140 김부태·이병환(2015), 〈한국 교육엘리트 충원의 특성 분석: 교육부 장·차관의 교육적 배경을 중

준다. 이들 연구 중 한 연구에 따르면, 역대 정부 차관급 이상의 고위 관료 1,991명에 대한 학력 분석에서 대졸자 이상의 학력자가 86%에 이르며, 그중 대졸자가 가장 많고(66.3%) 박사학위 소지자도 20.2%였다. 그리고 학부 학력의 분석에서는 서울대학교 출신자가 전체의 50.4%, 3개 명문대학 출신자가 66.7%[141]를 차지하는 것으로 나타났다.

우리는 '사람 관계'가 학력·학벌을 매개로 형성되고, '사회구성'(조직, 운영, 작동방식 등)이 학력·학벌을 매개로 해서 이루어지는 사회를 학력·학벌사회라고 부른다. 학력·학벌사회에서는 이러한 인간관계와 사회구성을 정당화하는 학력·학벌주의가 지배적 이데올로기로 기능하며, 이 이데올로기가 사회구성과 운영의 주된 원리로 작동하게 되어 있다.

학력·학벌사회에서는 사람을 우선 갈라놓고 보는 데 익숙하다. 학력·학벌이 사람을 분별하고 평가하고 선택·배제하는 핵심 코드이다. 사회적 관계도 학력·학벌이라는 코드를 사용해서 이루어진다. 그가 어떤 학력·학벌을 가지고 있느냐에 따라 인재·인물인가 아닌가, 능력자인가 아닌가가 판별되며, 사회적 보상이 차등적으로 분배되고, 사회경제적 지위에 영향을 미치며, 그에 따른 불평등 구조가 정당화된다.

이 개념적 논의에는 학력·학벌이 인격 및 능력과 동일시됨으로써 인간의 사회적·관계적 존재성이 왜곡되는 문제, 인간의 인격적 가치가 상실되는 문제, 이를테면 학력·학벌사회에서는 고학력·명문학벌이 높게 평가받고 대접받는 데 비해, 학력·학벌이 없거나 낮은 자는 인격적 자존

심으로〉, 《열린교육연구》 23(3), 139-164쪽; 김두식(2012), 〈한국의 행정엘리트: 역대 정권별 행정엘리트의 선발과 충원의 사회적 기반을 중심으로〉, 《지역사회학》 14(1), 171-208쪽; 박영원(2011), 〈정무직 공무원의 인사형평성에 관한 실증적 연구〉, 《한국인사행정학회보》 10(3), 239-257쪽; 이시원·민병익(2002), 〈우리나라 역대 정부 장관의 재임기간 및 배경 분석〉, 《한국행정연구》 11(3), 53-82쪽 등.

141 김두식(2012), 앞의 논문, 177-183쪽.

심과 인간적 품위를 유지하기 어렵다는 것을 함축하고 있다.

나. 구획화된 사회

학력·학벌사회는 구획화된 사회이다. 그 구획을 나누는 기준에 학력·학벌이 개입한다. 학력·학벌사회에서는 학력·학벌이라는 기준이 어느 곳에 참여할 수 있음과 없음을 가르는 잣대로 기능한다. 학력·학벌이 연합과 배제의 기제가 되는 것이다. 학력·학벌에 따라 어딘가에 동참할 수 있고 그럴 수 없는 구획화된 사회는 곧 그 사회가 분열된 사회임을 의미한다.

구획화된 사회에서 삶의 패턴은 파당이고 파벌이며, 개인은 자발적으로 자신을 구획 속에 가두려는 경향이 있다. 이는 역사적으로 전개되어 온 사회적 불안정 상황에 대응하는 과정에서 형성된 것이다. 파당을 짓고 파벌을 만드는 것은 자체의 이해관계를 지키고 확장하기 위해 필사적으로 경쟁하고 갈등해 온 경험의 반영이다. 파당과 파벌의 형성에 학력·학벌은 객관적으로 존재하는 핵심 요건이 된다.

같은 학교를 졸업한 학력자들이 동류의식을 갖게 되는 것은 자연스러운 현상이다. 그들이 동류의식과 함께 이해관계를 공유하면서 이익집단으로서의 학벌이 된다. 학벌집단의 규모가 커지면서 정치적 입장이나 전공학문에 따라 분열되기도 하고 별도로 세력화되기도 한다. 같은 학교에 다녔다는 정서적 유대는 무엇보다 그들을 묶는 기본적 요인이다. 여기에다 학교 간 서열체제가 존재하고 이에 대한 사회의 명시적·암묵적 승인이 뒷받침되면서 자체의 요구를 주장할 수 있는 사회적 세력으로서의 이익집단으로 존재하게 된다. 한국사회에서 학벌집단은 은밀하면서도 강력한 '지대추구(rent-seeking)'[142]의 이익집단이 되었다. 이익집단이 위력을

142 경제 주체들이 자신의 이익을 위해 비생산적인 활동에 경쟁적으로 자원을 낭비하는 현상을 지칭

떨치는 곳이라면 국가사회의 성장 혹은 진보는 정체될 수밖에 없다.

정구현(2014)은 사회 내 이익집단의 강약이 국가의 흥망에 영향을 미친다는 올슨(M. Olson)의 이론을 한국사회의 상황을 이해하는 데에도 적용할 수 있을 것으로 보았다.[143] 이를테면, 학력·학벌이 지대추구형 이익집단으로 존재하면서 노력과 성과 이상으로 이익을 추구하고 권력을 행사함으로써 사회와 국가의 성장을 저지하고 있다는 것이다.

올슨에 따르면, 사회 내 이익집단이 강력할수록 국가의 성장이 침체되며, 이익집단의 세력이 약할 때 국가가 흥할 수 있다. 제2차 세계대전 이후의 독일과 일본, 한국전쟁 이후 한국사회의 상황에 이러한 이론적 설명이 잘 들어맞는다. 독일, 일본, 한국에서 전쟁 후 사회가 새롭게 재편되면서 기존 이익집단들이 분해된 가운데 정치권력의 재편과 경제적 성장이 활발했다. 그러나 그 후 점차 특수 이익집단들이 생겨나고 규모와 세력이 커지면서 성장이 느려지거나 정체되었다. 특히 자격과 같은 요건으로 결속된 특수 이익집단은 사회 내에서 유리한 지위를 이용하여 정당한 대가 이상의 권한과 이득을 얻는 지대추구형 조직이 되면서 점점 더 견고한 기득권을 구축하게 된다. 올슨은 안정적인 사회일수록 집단적 이익을 추구하는 조직이나 집단의 종류가 늘어날 것이며, 그중 포괄적인 조직보다는 특수이익조직들의 효율이 더 높아질 것으로 보았다.

그의 이론적 설명이 지나치게 개인적 합리성에 의존하고, 신뢰나 규범과 같은 사회적 자본을 가진 집단의 존재가 오히려 국가 발전의 동력이 되는 상황과 부합하지 못하는 측면이 있지만,[144] 한국전쟁 후 70여 년이

하는 말이다. 예를 들어 특정 경제 주체가 면허 취득 등을 통해 독과점적 지위를 얻게 되면 별다른 노력 없이 차액지대와 같은 초과 소득을 얻을 수 있다. 각 경제 주체들이 이와 같은 지대를 얻기 위해 경쟁을 벌이는 행위를 지대추구행위라 한다(네이버 행정학사전).

143 정구현(2014), 〈관피아, 전관예우 없앨 방법 있다〉, 《동아일보》(2014.6.2.).

144 백종국(2003), 〈매개의 변증법과 국가의 흥망〉, 《한국정치학회보》 37(1), 435-436쪽.

지난 한국사회에서 관료 및 정계, 법조계, 언론계, 의료계, 교육계 등의 전문직업적 부문을 비롯한 각종 이익집단의 성장과 조직화가 '○피아' 현상을 드러내는 정체된 현실에 시사하는 바가 크다.

구획화된 사회는 정체된 사회이다. 정체된 폐쇄사회에서는 건강한 운동법칙이 작용하지 않는다. 사회가 자체의 진화 법칙을 가지고 끊임없이 역동적으로 구성되는 것이라면, 학력·학벌사회는 그 정체성으로 인해 살아 있는 사회가 아니라 생동력이 억제된 사회이다. 역동적으로 구성되고 재구성되는 살아 있는 사회는 자체의 운동법칙을 가지는 데 비해, 억제된 사회는 그런 운동법칙이 제대로 작동하지 못하므로 심리적 갈등만이 남아 분열을 악화시킨다. 이런 사회의 분열을 조성하는 주요 기제가 바로 학력·학벌과 연줄이다.

구획화된 사회는 구획이 다른 성원 간의 관계가 폐쇄되고 단절되는 특징을 띤다. 역동성을 지닌 열린사회의 사회구성 토대가 합의, 공개, 광장, 대화라면, 구획화된 사회의 구성과 지탱의 논리는 특정 세력에 의해 좌우되고 배타성을 띠게 된다. 그 특정 세력은 학력·학벌과 연줄을 통해 힘을 얻고 행사한다. 학력·학벌과 연줄에 의한 권력이 개입하는 그곳에 사람 관계는 결코 열려 있지 않다.

구획화된 사회의 또 다른 특징은 특정한 테두리 속에 있든 밖에 있든, 구성원 자신이 스스로 사회적 존재임을 거부한다는 것이다. 온전한 의미에서의 사회적 존재는 스스로 동기를 가지고 자기 활동을 의도하며, 목적과 포부를 가지고 활동한다. 그러나 구획화된 사회에서 그는 사회적 존재로서가 아니라 지극히 탈사회화된 존재로 남는다. 이를테면 그 속에 자기 활동의 목적이 없으므로 자기 경험도 없고, 자기 세계를 가질 수도 없다. 그래서 경험의 역사성이 형성될 수도 없다. 자신의 경험과 역사성이 있다고 해도, 그것을 별로 중요하지 않은 것으로 생각한다. 자신의 사회적 실천은 물론 다른 사람의 의미 있는 사회적 실천마저도 무가치하게 여기게 된다. 그곳에 사상과 운동과 활동이 있을 리 없으며, 그래서 진보가 있을 리 만무하다.

구획화된 사회에는 그 내부에서도 학력·학벌과 연줄을 주요 매개변인으로 하는 배타적인 내부집단(inner circle)이 작용한다. 공식적 조직에서는 말할 것도 없고, 비공식 조직에서도 내부집단이 형성된다. 내부집단에서 학력·학벌은 사람을 포섭하고 배제하는 주요 기제이다. 학연을 매개로 해서 만들어진 사회(동창회)는 당연히 그렇겠지만, 향우회와 같은 조직에서도 그 내부는 다시 학력·학벌에 의해 재구성된다. 조직 내의 이너서클이 학연을 중심으로 형성되고, 그 학력·학벌이 내부 구성방식에 중요하게 작용한다.

다. 사회문화적 가치가 파손되는 사회

학력·학벌주의 사회를 개념적으로 확장하기 위해, '사회구성의 지표'라는 상징 외에 사회문화적 토양에 대한 상징으로서, 학력·학벌주의가 '사회문화적 가치를 파손하는 현상'에 주목한다. 다시 말해 학력·학벌주의 사회를 이해하는 다른 개념적 언어로서, "사회문화적 가치가 체계적으로 파손되는 사회"를 하나의 개념적 용법으로 논의한다.[145]

'사회문화적 가치의 파손'이란 이른바 정신문화적 품격의 희생과 방치를 의미한다. 존재에 뿌리를 두는 소중한 가치, 예컨대 품격 높은 전통, 의식, 규범, 지향성 같은 것, 구체적으로는 우정, 공동체 의식, 합리적 정신 등의 가치를 경시하는 것과 같다.

존재의 근거를 사람 관계의 측면에서 보면, 사회문화적 가치는 '사회

145 하나의 개념이 관련 현상의 다른 측면을 설명해 낼 수 없을 때, 그 측면을 이론적으로 설명할 수 있는 다른 개념적 언어를 만들어야 한다. 이때, 개념의 새로운 의미를 나타낼 또 다른 상징이 필요하다. 그럴 때 이론적 연관이 가능하다. 언어(개념, 논리)가 있어야 연관이 가능하기 때문이다.

문화적 비용'이라 할 수 있다. 예컨대, 무엇과도 바꿀 수 없는 가치인 사랑, 우정, 가족, 부모도 버리게 되는 것은 사회문화적 비용의 지출이고 낭비이다. 학력·학벌사회는 심각한 정도의 사회문화적 비용을 지불하게 한다. 존재가 가치와 분리되는 문제와 함께, 학력·학벌을 추구하는 가운데 사교육비의 경제적 지출 외에 사회문화적 비용도 엄청나게 지출하고 있다. 그 비용이 엄청나다는 것은 존재 간의 소중한 관계도 예사로 내쳐 버리게 된다는 것이다. 존재 간 관계의 파손이 한두 차례 우연히 나타나는 것이 아니라, 지속적으로 나타난다는 데 문제의 심각성이 있다.

사회문화적 가치는 정상적인 시간과 공간에서 기대할 수 있는 온전한 삶의 방식이다. 학력·학벌사회에서는 우리도 모르는 사이에 그 문화가 황폐화된다. 학력·학벌을 추구하다가 진중하게 간직해야 할 사회문화적 가치를 훼손하고 상실하게 되는 것이다. 이를테면 한국교육의 문화가치란 한국교육의 역사에서 우리가 타협하지 않고 지켜야 할 문화적 품격을 가진 교육적 전통(삶의 방식)이다. 그것이 있어야 그것에 목숨을 걸 수 있고, 그 바탕 위에서 품위 있는 교육 현실을 창출할 수 있다. 그것이 없는 문화적 환경에서는 교육이념과 실천이 시류와 유행에 휩쓸리기 십상이고, 들뜨고 경망스러운 것일 수밖에 없다. 한국교육의 문화가치는 탕진되어서는 안 되는 것이며, 보호되고 유지되어야 하는 것이다. 학력·학벌사회의 결과로서, 한국 교육문화에는 가치로서 계승하고 확대할 만한 것이 사라져 버렸다. 이제 우리가 한국인과 한국 교육문화의 주체성에 대해 아무리 반문을 한다 해도 가치 있는 무엇이 나올 리 없다. 오직 반문하는 매너리즘에 빠져들 뿐이다.

학력·학벌사회에서 학력·학벌의 추구는 그 성원들이 몰두하여 주력하는 활동이다. 학력·학벌의 추구는 교육 특히 학교교육을 극단적으로 수단과 도구로 인식하게 만든다는 점에서 교육적 가치의 파손으로 이어진다. 오랜 전통을 가진 인재·인물양성론이 학교교육 활동을 조직하는 원리가 되어 학교체제를 규정한다. 이런 가운데 학교에서는 학력·학벌의 획득에 결정적인 성적이 핵심 가치로 기능한다. 성적에 따라 우등과 열등, 모범생과 문제아, 쓸 만한 학생과 허물을 뒤집어쓰고 있는 학생으로 분별된다. 도구적·실용적 학력·학벌을 추구하는 현실적 맥락에서 협력, 공동체, 인성 등의 교육적 가치가 체계적으로 파손된다.

손종현 등의 연구(2003, 2015)에 따르면, 학력·학벌주의의 사회문화적 심각성은 교육 개념과 학교교육을 왜곡시키고,[146] 교육주체들을 '무규범적 성과주의'로 내몬다. '성과주의'란 교육의 과정에 대한 인식이 결여된 채 결과 혹은 업적에 대한 관심에 매몰되는 것이다. 교육방법적 원리를 고려하지 않은 다양한 비교육적 수업이 이루어지고 있다. 진도 나가기, 문제 풀이, 교사중심 주입식 수업, EBS 교재 수업 등은 이런 상황을 잘 보여 준다. '성과주의'가 만연해 있는 사회문화적 환경에서는 학교(교사)의 교육력을 문제 삼지 않고 학생들의 개인적 자질(일반지능, 도구교과 성적, 성실성 등)을 추궁하여 교육성과를 재촉한다. 교육성과는 교사와 학교의 실적이 되고, 그 실적은 학교 내·외부의 시험성적으로 나타나며, 최종적으로는 명문대학 입학자 수로 계산된다. 그 귀결로서 교육의 과정은 문제 풀이로 획일화되고 있다.[147]

학력·학벌을 추구하면서 우리는 그 학력·학벌이 사람들의 구획을 만

146 다음과 같은 문제상황을 성립시킨다. 학생의 기질과 개성의 표현이 차단된다, 학생이 배움의 자발성을 상실하게 된다, '우등과 열등', '모범과 불량'이라는 이분법 자체가 인지부조화를 낳는다, 합리적 사유를 차단하고 자기 정체성을 상실하게 만든다, 교사-학생과 학생-학생 간의 교육적 관계를 파손한다, 시험-성적-석차 시스템을 고착시킨다, 불안 심리가 공부의 절대화, 정신의 해체를 초래한다. 손종현(2003), 〈'학벌과 연고주의 문화: 광주전남지방의 경우'에 대한 토론〉, 《교육문화연구회 심포지움 자료집》(경북대학교 우당교육관), 86쪽.

147 조용개·손종현(2015), 〈교육과정 운영 실태에 관한 FGI 분석과 진단: '무규범적 성과주의'의 실재성〉, 《열린교육연구》 23(1), 190쪽.

들어 내고 우리의 사회화를 방해하며 사회문화적 가치를 파손한다는 것을 명확하게 혹은 어렴풋하게 인지한다. 그러나 우리는 또한 현실적으로 학력·학벌을 추구하지 않을 수 없는 상황으로 내몰린다. 학력·학벌 추구가 모순으로 이어진다는 것을 알지만 그것을 추구할 수밖에 없는 구조 속에서, 우리는 의식 혹은 정신의 분열을 경험한다. 이러한 모순적 삶의 행위 논리가 우리 삶의 원리로 작용한다. 모든 가치가 그 근거를 상실하고서는 성립할 수 없는데, 우리는 그 근거를 상실하면서도 얼마든지 가치에 대해 말할 수 있고, 그 가치에 끌려 행위할 수도 있는 그런 상태에 빠져 있다. 그렇게 우리는 존재적 근거를 잃은 채 그 사회문화적 가치를 탕진하면서 들뜬 삶을 살아가고 있다.

사회가 다양한 존재 조건을 가진 개인들 간의 역동적인 관계망을 갖게 될 때, 그 관계망이 바로 공동체가 된다. 사람을 섞어 놓을 때 공동체는 활력을 갖지만, 학벌사회와 같이 단일의 조건을 가진 사람들만의 사회는 활력을 갖기 어렵다. 순혈주의나 지연·학연으로 엮인 동지의식으로는 창의성이나 혁신을 기대할 수 없다. 학력·학벌이 중요하게 개입함으로써 사회의 공동체가 깨지고 분열 사회로 치달으며 결속력이 약화된다. 역사적으로 볼 때, 사회구조적으로 축적되어 형성된 학력·학벌사회의 모순이 사회적 실재(social reality)로서 존재하고, 전근대적인 연고주의 토양 위에서 작용함으로써 연줄사회의 성격이 더 악성으로 증폭되었다.

3. 학력·학벌기반 연줄사회의 사람들이 살아가는 방식

한국사회는 정실과 패거리 문화가 기승을 부리는 연줄사회적 특징이 강한 사회이다. 학력·학벌기반 연줄사회가 하나의 체계로서 자체의 방식에 따라 기능하는 것으로 본다. 이 사회가 어떤 방식으로 존재하는가, 어떤 방식으로 작동하는가, 어떤 방식으로 유지·재생산되는가의 질문을 논의의 준거로 삼는다. 학력·학벌기반 연줄사회의 존재방식-작동방식-유지방식의 체계가 갖는 문화적 성격에 대해 논의한다. 그 현실적 실재성을 드러내기 위해 신문 등을 통해 보도된 '○피아' 관련 자료들을 활용하였다.

가. 존재방식: 학력·학벌에 의한 이익집단의 네트워크

연줄사회는 혈연, 지연, 학연 등의 연고관계에 의해 조직과 사회를 구성하는 방식이 주요 문화적 패턴으로 굳어진 사회이다. 한국사회에도 사회를 구성하는 행위 속에 연고를 지향하는 일정한 경향성 혹은 규칙성이 들어 있다. 연줄 중 특히 학연이 가장 큰 영향을 미치고,[148] 그에 따른 징후(syndrome)가 사회 곳곳에서 다양한 형식으로 발현되고 있다.[149]

연고관계에 의존하는 사회적 논리를 연고주의라고 한다면, 연고주의는 객관적으로 존재하는 특정 종류의 구조나 형태를 가지는 실체라기보다는 일종의 정신상태(state of mind)와 같은 것이다.[150] 이것은 상황에 따라 끊임없이 출렁이는 유동체와 같다. 연고주의 사회 혹은 연줄로 구성된 사회는 심리적 안정, 이해관계의 확보를 위해 힘 관계를 좇으면서 계속 이합집산하는 그런 유동체이다. 한국 정당정치의 역사가 이합집산의 역사라는 특성을 보여 온 것도 그런 의미이고, 각종 학회가 열기가 침체

---

148 김용학(2003), 〈한국사회의 학연: 사회적 자본의 창출에서 인적 자본의 역할〉, 《한국사회학회 기타간행물》, 53-68쪽.

149 신문은 정부 인사에서 드러난 학벌주의적 경향을 다음과 같은 용어로 빗대어 표현했다. '태평성대'(성균관대 출신의 약진), '학수고대'(고려대의 부진), '참여연대'(연세대의 선전), '괄목홍대'(홍익대의 괄목할 만한 약진). 《동아일보》(2015.1.12.), 〈문체부 '괄목홍대'…너무 많은 인연〉. 이 외에도 이 신문은 〈문화체육인맥부〉(2015.1.8.), 〈장·차관 출신대학 따라 춤추는 문체부의 정치적 인사〉(2015.1.9.)라는 제목의 기사를 실었다. 이 용어들은 정부 인사에서 각 학벌이 부침하는 현상을 비유한 것으로, 학벌사회 징후들 중의 하나라고 할 수 있겠다.

150 손종현(2003), 앞의 토론문, 88쪽.

되면서 활발하지 못한 것도 결국 이런 현상을 나타내는 것이다.

이에 비해 학력·학벌주의는 더 견고한(상대적으로 합리적인) 구조를 가지고 기능하는 사회적 실재이다. 한국사회에서는 학력·학벌이라는 연고를 매개로 해서 사회를 구성하는 방식이 중요하게 기능하고 있다. 학력·학벌을 매개로 조직과 사회를 구성하는 방식이 통용되는 연줄사회에서 학력·학벌은 사람을 재고 가르는 우선적인 잣대이다. 학력·학벌은 또한 사람을 보는 프리즘이자 사람을 선택하는 코드이며 세계관의 키워드가 된다.

같은 학교를 졸업한 개별 학력자들이 '우리 의식'을 가지고 배타적으로 행위하기 시작할 때 학벌로 전화되고,[151] 자체의 이해관계를 추구하면서 이익집단으로 존재하게 된다. 명문학벌일수록 신분집단으로서의 위력을 동시에 갖게 되며 사회적 선택에서 유리한 위치에 서게 된다.[152] 학벌의 규모가 커질수록 더 큰 힘과 기회를 얻게 되며,[153] 그 속에서 개인은 더 이상 '똑똑한 개별 주체'가 아니다. 그들의 주체성은 학벌집단에 양도된다. 그들이 사회 요직을 더 많이 채우고 네트워크를 넓힐수록 그들의 뜻은 곧 정부의 정책이 된다. 이제 학벌이 '○피아' 현상의 주체로 존재하게 되는 것이다. 그들끼리 모여 동류의식을 표현하고, 다양한 공간에서 정책을 만들고 그것을 사유화한다.

> (2014학년도 대학수학능력시험 세계지리 8번 문제의 오류) 문제가 이렇게 커진 데는 평가원과 '○○대 사범대 마피아'의 잘못이 크다. (중략) 수능 출제위원과 검토위원은 상당수가 ○○대 사범대 출신들로 구성된 '수능 마피아'여서 선후배끼리 문항 오류를 지적

---

151 김상봉(2004), 앞의 책, 141-146쪽.
152 한준상(1994), 앞의 책, 72-76쪽.
153 강준만(2009), 앞의 책, 297-301쪽.

하거나 반대의견을 내기 힘들다. 2004년 교육부가 수능 출제위원 특정대 출신 독점 배제 등 수능 개선안을 발표했음에도 이들의 기득권은 흔들리지 않고 있다. 교육부 자체가 ○○대 사범대 마피아에 포획된 게 아닌지 의심스럽다. 지난해 교피아(교육부+마피아) 출신의 ○○○ 장관은 평가원의 오만을 바로잡는 능력도, 의지도 보이지 못해 사태를 키웠다.[154]

그 속에 인간 존재와 공동체 개념은 최소화된다. 연줄로 구성된 사회에서 구성원은 도덕적 의미에서의 인격체 혹은 사회적 존재가 아니라 '형님', '부하'와 같은 개인사적 관계의 항(項)으로 각자를 자리매김하게 된다.

사상 최대, 최악의 부정부패 사건으로 알려진 '부산저축은행 비리 사건'은 학력·학벌기반 연줄사회의 특성을 적나라하게 보여 주는 하나의 예이다. 이 사건의 '진짜 몸통'은 무엇인가? 그것은 학연과 지연으로 권력과 금력을 좇는 이익집단의 인적 네트워크임이 밝혀졌다. 이 사건의 실체에 대해 신문은 다음과 같이 쓰고 있다.

진짜 기득권 세력은 '고교동문 리그'

(전략) '고교동문 리그'에는 지연과 학연, 엘리트주의가 결합돼 있다. 1970년대 고교평준화가 되기 전에는 고교 간에 서울대 합격 숫자를 놓고 서열이 있었다. 그런 분위기 아래서 '명문고' 동문회는 서로 밀어주고 당겨주면서 '그들만의 리그'를 만들어냈다. (중략) 소위 '명문고'들은 40년 넘게 이런 '동문 리그'를 만들어 서로가 서로를 밀고 돕는 그런 인맥지도를 만들어 왔다. (중략) 우리 사

154 《동아일보》(2014.11.1.), 〈사설: 최악의 출제 오류 사건 키운 무능 교육부-수능 마피아〉.

> 회의 모든 구석이, '학연'과 '지연'이 씨줄 날줄처럼 엮여 돌아가게 하는 윤활유 역할을 하고 있다는 점을 누가 부인할 수 있을까. '학연'과 '지연'을 기반으로 '끼리끼리' 뭉쳐서 '형님-아우' 하며 '좋은 게 좋은 거여' 하는 우리 사회의 오래된 나쁜 관습과 문화가 바로 이번 사건의 진정한 몸통이 아닐 수 없다.[155]

연줄사회는 끼리끼리 선택하고 결정하는 방식이 지배적인 메커니즘으로 기능한다. 끼리끼리의 선택에는 상황과 필요에 따라, 개인과 집단에 따라 여러 요인이 중요하게 작용할 것이다. 그렇지만 그 선택에 공통적으로 적용할 수 있는 일반적이고도 핵심적인 요인은 학력·학벌에 의한 연줄이다.

연줄사회의 크고 작은 이익집단들은 보통 내부적으로 통용되는 특수한 문화를 갖고 있다. 한마디로 패거리 문화를 그 특징으로 한다. 패거리는 연고를 공유하는 이들이 자신들만의 룰(의리와 온정)에 따라 배타적 관계를 구축하는 닫힌 집단이다. 그 집단의 룰과 그에 따른 행태가 쉽사리 사회적 규범과 원칙을 넘어선다는 점에서 반사회적이다. 한국사회에는 패거리 형태가 사람 관계는 물론 사회구성의 정상적 방식인 것처럼 되어 있어서, 사회의 전 부문에 이런 현상이 만연해 있다. 정치·경제·법률·군사·교육 등의 모든 부문에서 패거리 문화가 횡행한다.

---

155 2011년도의 부산저축은행 사건은 4조 5천억 원이 넘는 불법 대출과 약 2조 5천억 원의 회계비리 등 7조 원대 규모의 사상 최대-최악의 부정부패 사건이었다. 이 사건은 '학연'과 '지연'을 내세워 '권력과 금력을 좇는, ○○○고 출신 집단'이 일으킨 비리 사건이었다.《뉴데일리》(2011.5.22.), 〈특집① 사상 최대·최악 금융비리, 학연·지연 때문〉.

나. 작동방식: 힘의 논리

연줄사회는 힘의 논리가 지배한다. 연줄사회의 문화에서는 힘을 가진 자가 있고, 그를 중심으로 모든 것이 편성된다. '힘 있는 자'가 '끈 있는 자'이고, '힘을 만드는 자'이다. 그 힘은 지위, 경력, 학력·학벌 등에서 나온다.

힘의 논리가 작용하는 전형적인 장은 정치사회이다. 정치사회의 최고 권력자가 '관피아' 근절을 선언한 후[156] 실행한 정치적 행위의 결과가 또 다른 '○피아', 즉 '정피아' 현상으로 나타나게 되었다는 보도는 아이러니하다. 《경향신문》(2015)의 조사 결과에 따르면, 정부에서 임명된 공공기관장 3명 중 1명이 낙하산 인사로 통칭되는 '정피아'(정치인 출신 기관장) 혹은 '○피아'(친○+마피아)인 것으로 분석됐다.[157] 이를테면 신문은 정피아가 최고 권력자와도 무관하지 않다는 점을 보여 주는 것이다. 게다가 '정피아'가 관련 경험과 전문성을 갖지 못한 경우 비판의 대상이 되는 것은 당연하다.

> (기관장이 바뀐 공공기관) 237곳 중 '정피아'가 수장으로 취임·재직 중인 기관은 85개(35.9%)이며, 이 중 71개 기관(30.0%) 수장 69명은 (중략) 대선 캠프 및 대통령직인수위원회, 청와대, 대통령 직속위원회에서 활동했던 '정피아'로 나타났다. (중략) 이는 "인사원칙의 첫 번째 기준은 전문성"이라는 ○대통령의 대선 전 발언과 정면 배치된다.[158]

156 대통령은 2014년 5월 대국민담화에서 "민관 유착의 고리를 반드시 끊어 내겠습니다. 그래서 지금 문제가 되고 있는 관피아 문제를 해결하겠습니다."라고 천명한 바 있다.
157 《경향신문》(2015.2.18.), 〈현 정부 임명한 기관장 '○피아'·'정피아' 35%〉, 1, 4, 5면.
158 《경향신문》(2015.2.18.), 앞의 기사, 1면.

《경향신문》에 따르면, 이 외에도 '학연' 혹은 '학맥'과 지연 등의 연줄과 관련된 것으로 보이는 부분도 상당한 비율을 차지했다.

> '학맥코드' 지적을 받는 이들은 대개 ○대통령의 '○○대' 동문(8명)이거나 ○대통령이 한때 재단 이사장을 맡았던 '○○대' 출신(10명)들이다. (중략) ○대통령의 '정치적 고향'인 ○○지역의 '○○대' 출신 기관장도 7명으로 집계되었다.159

전문성이나 경력을 고려하지 않은 채 위로부터의 연줄에 의존하는 낙하산 인사는 명백히 합리성이 결여된 것이다. 연줄에 의한 낙하산 인사는 힘의 논리가 작용한 것이다.

> 지난해 말에는 친○연대 대변인으로 금융회사 경험이 전무한 정○○ 변호사가 우리은행 감사로, 대통령 대선 캠프 출신인 이○○ 전 신창건설 부사장이 기업은행 감사로 각각 내려갔다./ 정피아는 관피아보다 악성이다. 관료 출신들은 관련 경험을 내세우기라도 하지만 정피아들은 그런 것과도 거리가 멀다. (중략) 정치권이 금융회사들을 (승리한) 정권의 전리품 정도로 여긴다면 금융개혁은커녕 제2, 제3의 KB사태가 일어날 수 있다.[160]

모든 사람이 힘 있는 곳에 몰려들고, 그 속에 편입된다. 힘 있는 자의 인력망은 이들을 쉽게 끌어들일 수 있다. 이해관계가 부딪히는 또 다른

---

159 《경향신문》(2015.2.18.), 앞의 기사, 4면.
160 《동아일보》(2015.3.9.), 〈사설: KB 내분 부른 정피아 금융개혁 맡겨선 안 된다〉.

힘을 만나면 싸움도 불사한다.

> 임○○ 전 KB금융지주 회장과 이○○ 전 국민은행장이 전산시스템 교체문제로 정면충돌한 KB 내분 사태는 ○○○ 정권과 △△△ 정권의 관피아 간에 알력이 생긴 게 발단이 됐다. 이 일로 KB의 지주회사 회장, 은행장, 사외이사, 감사, 감독기관인 금융감독원장이 책임을 지고 물러났다. 이후 정치권에 줄을 댄 정피아(정치권+마피아)들이 득세하면서 금융권 인사를 좌지우지하고 있는 실정이다.[161]

힘의 논리가 지배하는 상황에서 사람들은 '힘'에 체면이 걸린다. 그래서 그 '힘 있는 자'의 말이 금과옥조가 된다. 각종 모임에서도 '힘' 있는 사람을 중심으로 사람들이 모인다. 그를 바라보고, 그를 '인물'로 대접한다. 특정 힘의 논리가 판치는 곳에는 권력의 눈치 보기, 자기 몸 사리기, 철저한 이미지 관리가 있을 뿐이다. 거기에 현상 유지의 정치학이 깃들인다. 현존상태가 좋은 것이고, 큰 변화는 좋지 않은 것이다. 이들은 가끔 작은 변화에도 거부반응을 보이게 되어 있다.

다. 유지방식: 경로의 폐쇄성

혈연, 지연, 학연 등의 연고로 구성된 연줄사회에서는 연고자들이 서로 내통하여 선택하고 결정하는 방식이 중요하게 작용한다. 연줄사회를 결속하고 유지하는 주요 방식은 연고주의적 청탁, 로비, 유착, 밀실과 같은 닫힌 방식이다.

---

161 《동아일보》(2015.3.9.), 앞의 사설.

우리 사회에는 특히 인사 관계가 은밀한 청탁으로 이루어지는 관행이 만연해 있다. 개인 사무실 직원부터 고위 공직자 채용에 이르기까지 이 방식이 통용되지 않는 곳이 거의 없다. 사적인 일뿐만 아니라 공적인 일에서도 사적 연고관계를 동원해 요구를 해결하거나 뜻을 관철시키는 방식이 유력하다. 문제해결이 관련 인사를 알고 있는가 그렇지 않은가에 달려 있는 경우가 허다하다. 누구든지 무엇인가 얻고자 하면, '아는 사람', '높은 자리에 있는 사람'을 찾아 나선다. 그들과의 교제는 상호 간의 이해관계를 유지하고 확대하는 계기가 된다. 특히 학력·학벌이 낮은 사람들에게는 더욱 이런 방식의 로비가 절실할 수밖에 없다. 성○○ 사건에서 드러난 그의 로비 방식은 학력·학벌기반 연줄사회의 전형을 보여 준다.[162] 다음 인용문은 그의 학력·학벌과 로비활동에 관한 TV 뉴스 내용의 일부이다.

> 앵커: 성 전 회장의 인생은 로비로 시작해서 로비로 끝났다고 해도 과언이 아닌데요. (후략)
>
> 기자: 성○○ 전 회장의 학력은 초등학교 4학년 중퇴. (후략)
>
> 지인: 사회에서 가장 중요한 게 학연 아닙니까 학연. (학연이) 없는 상태에서 하려니 무시당하고, 공사 따려고 해도 무시당하고. 그러니 어떡하겠습니까.
>
> 기자: 학벌과 배경이 없는 상태에서 결국 동원할 수 있는 건 돈, 즉 로비밖에 없었다는 겁니다.[163]

---

162 당시 사회 전체를 들끓게 한 '성○○ 사건'은 한국사회의 이러한 관행을 보여 주는 대표적인 예가 될 것이다. 이 사건은 하나의 신드롬에 불과할 뿐이다. 이것이 한 개인의 예외적인 특별한 문제로 인식되고 처리되는 것은 적절하지 않다.

163 《MBN 뉴스》(2015.4.16.), 〈성○○ 지인, 학벌 때문에 로비 시작했다〉.

사람들은 자신이나 조직의 필요에 의해서, 이해관계를 유지하고 확대하기 위해서 권력자와 밀착 관계를 형성한다. 정치권력과 경제권력의 유착, 정권과 언론의 유착 등이 그런 경우이다. 이를테면, 예산을 많이 따오고 해당 부처에 보호막을 치려고 할 때, 해당 부서의 책임자나 특수한 관계에 있는 유력한 사람에게 줄 대기를 하고 내밀한 관계의 통로를 튼다. 특정 자리에 사람을 앉힐 때도 모종의 연고를 가진 사람을 배치한다. 연줄은 유착을 용이하게 하는 중요한 연결고리이다. 우리에게 이러한 방식은 경험적으로 친숙하다.

> K사 직원들이 "국토부의 조사담당자들이 대한항공 출신 기장과 사무장이라서 조사라고 해봐야 회사측과 다 짜고 치는 고스톱"이라고 했다니 박사무장이 국토부를 신뢰하지 않는 것도 당연하다. 실제로 전체 국토부 항공안전감독관 16명 중 14명이 대한항공 출신이다. (중략) 항공안전감독관은 (중략) 항공사와 유착할 경우 엄정한 감독을 기대하기 어렵다.[164]

밀실은 학연 등으로 결속된 연줄사회를 유지하는 또 하나의 방식이다. 이는 사회와 조직의 운영 과정이나 결과를 공개하지 않고 은밀하게 처리하는 방식이다. 외부와 차단된 곳에서 부당하게 거래하거나 비합리적인 일들을 은폐할 수 있는, 투명하지 않은 방식이다. 이는 닫힌 사회의 전형적인 관계 방식이라 할 수 있다.

연줄사회의 사람들은 사회제도와 사회체제에 의해 사회가 작동하는 것이 아니라 인재·인물이 보기 좋게 사회를 이끌어 간다고 생각한다. 이

---

164 《동아일보》(2014.12.16.), 〈사설: 대한항공 출신 감독관에 '땅콩 리턴' 조사 맡기다니〉.

런 사회에서는 인물 가려 뽑기, 인물 영입하기 등의 인물타령이 세력을 얻는다. 제도와 체제를 만들고자 하지 않고 인치(人治)에 기운다. 인물중심, 인재에 목말라 하는 사회, 그 속에 제도적·체제적 접근이 장려될 리 없다.

라. 문제: 정신적 지체

사회적 존재로서의 인간은 대상과 관계 맺는 존재이다. 대상과 관계 맺는 방식에서 사회적 존재성이 드러난다. 그 대상은 인간, 사회, 자연, 우주에까지 이른다. 그만큼 관계할 수 있는 대상이 넓다. 그가 대상에 영향을 미치는 만큼 그의 존재성은 확장된다.

학력·학벌사회로서의 한국사회에서, 시민들의 사회적 존재성은 지극히 좁아지게 되어 있다. 그들이 연줄사회의 패거리 문화에 매몰되는 만큼 사회를 구성하는 사회적 행위를 하면서도 탈사회화되기 때문이다.[165] 탈사회화는 곧 정신적으로 지체된다는 것이고,[166] '정신지체'는 일상에서 체계적으로 합리성을 상실한다는 것이다.

민주적 시민사회라면 시민들의 뜻이 소통되고 반영되는 과정을 거치게 될 것이다. 특히 사회적 쟁점에 대한 시민사회의 반응은 사회변화를 자극하는 중요한 계기가 된다. 시민들에게 사회적 불공정성과 같은 모순은 사회적 분노의 대상이다. 그러나 구획화된 연줄사회에서는 그 폐쇄성으로 인해 소통이 제한될 뿐만 아니라 제기된 사회적 쟁점이 특정 구획

---

165 '사회적'이란 사회를 구성한다는 의미를 내포한다. 사회적 존재란 끊임없이 사회를 구성하면서 살아간다는 말이다. 예컨대 노동조합, 정당, 학회, 서클, 스포츠 동호회를 만드는 행위, 나아가 사회고발 세력을 조직하는 행위, 이 모든 것은 사회를 구성하는 사회적 행위이다.

166 정신지체의 양상은 남 따라 말하면서 자기 목소리를 잃어버리는 것, 사회적 권리를 침해받을 때도 저항할 줄 모르는 것, 명백히 연대해야 할 경우에도 사사화된 전망을 가지고 행위하는 것, 발빠른 사회변화를 나쁜 것으로 여기고 현상 유지에 만족하며 진보의 불확실성을 퍼트리는 것과 같은 것이다.

자체의 룰에 의해 편향되기 쉽고 상황에 따라 왜곡되기 쉽다. 패거리 문화 속에서는 사회적 공분(公憤)이 누적되지 못하고, 사회변화의 동력으로 승화되지 못한다.

사회적 불의에 항의하고 고발하는 세력을 만든다는 것은 인간이 사회적 목표와 이유 혹은 의의를 획득하는 그런 사회적 존재로서 갖는 능력이다. 우리가 적극적으로 이런 사회적 행위를 할 수 있을 때, 그 사회를 시민사회라 할 수 있을 것이다. 그러나 한국사회에서는 명백한 사회적 목표와 이유를 가지고 사회적 행위를 하는 것이 아니라, 개인과 가족의 심리적 목표와 이유에서 그러한 행위를 하는 경향이 짙다. 온 가족이 전쟁하듯 참가하는 학력·학벌의 추구를 통해 사회정치적 성공에 이르는 것이 가장 유력한 삶의 목표로 기능해 왔기 때문이다.[167] 우리는 학력·학벌과 연줄을 매개로 사회를 만들고, 사람을 구분하고 서열 짓고 차별하고 선택한다. 이 방식을 통해 사회를 구성하는 행위를 하면서도 탈사회화된다.

연줄사회는 사회의 조직 원리에 '심리적 상태'의 중요성이 다른 가치를 압도하는 사회이다. '심리적 상태'는 쉽사리 사회적 목표, 규범, 가치를 무력화시킬 수 있다. 이것은 우리 사회를 온전한 시민사회로 나아가지 못하게 막는 중요한 원인이 된다. 학벌을 매개로 연줄사회를 구성하고 연줄사회에 적응하는 가운데 시민사회로의 이행에 필수적인 가치관을 형성하지 못하게 된다. 정신적·사회문화적으로 지체되는 것이다.

사회적 공분이 축적되지 않는 또 다른 이유는 사회적 공분을 누적하면서 유지되게 하는 공기(公器) 혹은 경로가 부족하기 때문이다. 신문 등의 대중매체가 단발적으로 사회적 관심을 끌 수 있지만, 그 공분의 기원

167 남궁지영·우명숙(2010), 〈한국교육개발원 교육여론조사〉, 한국교육개발원, 119-123쪽; 윤양배 등(2008), 〈능력과 학벌에 대한 일반 국민과 기업 인사담당자의 인식 경향〉, 한국직업능력개발원, 46-47쪽.

과 과정과 결과에 체계적으로 관심을 두거나 그것을 누적시키는 사회적 공기로서는 적합하지 않다. 또 그런 공공의 가치를 추구하는 시민사회적 기구가 매우 희소하고 취약하다. 시민운동단체 등의 활동이 그와 같은 사회적 기능을 수행할 수 있지만 충분하지 않다.

패거리가 횡행하는 곳에 공적 조직체는 형해화(形解化)된다. "개인들을 사회와 묶어주는 중간 조직이 거의 사라지고, 모두가 고립된 채 살아가는 개인화 현상이 심각하게 진행되고 있으며, 그 빈자리를 동창회나 향우회 같은 연고 집단이 채우고 있는 것이 한국의 현실"[168]이다. 공적 사회조직은 자체의 사회적 목표가 있고 사회적 규범이 있으며 사회적 의의가 있는 조직이다. 어떤 공적 조직체를 만들었다면, 조직 그 자체가 논리가 되고, 그 자체가 정신이 되고 규범이 되는 것이다. 그 규범이 성원들의 사고와 행동을 자율적으로 규제하는 일정한 기능을 한다. 규범이 사고와 행위를 구속하는 기능을 하지만, 그것에 대해 우리는 심각하지 않다. 공식적인 사회조직, 예를 들어 정당, 학회 등의 공식적인 사회조직이 해체되거나 점점 허약해져 가고 있다. 그런 조직에 대해 우리가 의의를 두지 못하고, 그 조직이 무엇을 성취할 수 있을까에 대해서 큰 의미를 부여하지 못한다. 공식적인 사회조직을 통해 무엇을 바꾸겠다는 기대를 크게 하지 않는다. 시민사회에서 그 존재 가치가 성립하는 공식 조직에도 신뢰를 갖지 못하고 있으며, 형식적인 사회조직을 만드는 데도 자신감을 갖지 못하고 있다. 시민사회의 활성화를 기약하는 사회조직을 만드는 일을 우리 스스로가 주저하고 있으며, 사회적 행위, 즉 사회적 의미가 담긴 행위를 우리는 어떤 형태로건 기피하고 있다.

공식적 조직과는 달리 비공식적 사회조직은 끊임없이 생성되고 팽창

---

168 장덕진 등(2015), 《세월호가 우리에게 묻다: 재난과 공공성의 사회학》, 한울아카데미, 13쪽.

한다. 각종 서클이나 동호회 등 비공식적인 조직은 만족감과 안정감이라는 심리적 기제에 의해 무수히 생겨나면서 이합집산하고 있다. 심리적 만족감과 안정감을 추구하는 비공식적 관계망은 넓게 확대되고 끊임없이 활성화되고 있다. 그러나 사회적 행위로서의 연대는 매우 미약하다.

4. 학력·학벌사회의 사람들이 사유하고 실천하는 방식

학력·학벌주의 이데올로기가 어떻게 보수화의 기제로 기능하는지를 서설적으로 논의한다. '이데올로기'를 체계적으로 왜곡된 신념체계를 의미하는 것으로 사용하고, '보수화' 개념을 탈정치화 개념과 동일한 개념값을 가지는 것으로 이해한다. '탈정치화'란 학력·학벌의 추구에 몰두하는 사이 사회 주체로서의 정치적 의식과 관심을 상실하게 되는 것이다.

가. 묵묵히 순응하는 일반대중

프레이리(Paulo Freire)가 말하는 '침묵문화' 개념은 학력·학벌주의에 침식된 사회 성원들의 존재방식을 설명하는 데도 유효하다.[169] 학력·학벌사회의 성원들은 학력·학벌을 추구하면서 적응하기에 급급한 삶을 살아간다. 그들은 높은 학력·학벌에 대해 자발적으로 승복하고 입을 닫는다. 학력·학벌의 획득을 통한 사회정치적 성공을 꿈꾸면서 사회 곳곳으로 스며든 갖가지 신화에 대해 진지하게 숙고할 겨를이 없다. 학력·학벌사회의 교육신화 속에 빠져드는 동안 교육주체들은 교육받을수록 합리적 정신을 상실해 간다.

---

169 Freire P.(1982), *Pedagogy of the Oppressed*, New York: Continuum, pp. 133-166.

교육주체는 신화에 의존하여 사실과 세계를 이해하고 행동한다. 비록 사실일지라도 그것을 맥락 속에서 이해하지 않는다. 수용된 신화는 다른 사고와 다른 사상을 배척하게 만들고, 과학적 인식을 차단한다. 그리하여 신화는 합리적 정신의 획득을 방해하는 요소로 작용한다. 고형일 교수가 지적한 대로, 전근대적 연고주의 문화에 의해 학교가 근대적 합리성을 키우지 못한 점이 인정된다.[170] 학력·학벌사회의 교육신화는 개념적 사유 능력을 마비시키고 탈중심화(decentering)의 도덕성을 가질 수 없게 한다.

학력·학벌을 추구하는 것 자체가 침묵을 매개한다. 교육과 관련해서 떠도는 신화들은 무수히 많다. '많이 시킬수록 좋다', '아이의 실패는 부모 탓이다', '점수를 매기지 않으면 공부하지 않는다', '시험공부도 중요한 인생 공부다', '입시는 능력의 차이를 지우기 위해 반드시 필요하다', '공부는 어려운 것이 더 좋다'. 모두 신화적인 가설이다. 이런 어법이 맞아떨어지는 국면이 실제로 일상생활 속에는 최소화되어 있다는 점에서 신화일 수 있다. 학부모들은 이런 신화에 너무나 무기력하게 휩싸여 있다. 이는 심리이기도 하고 사회적 조건이기도 하다.

제도권 속의 위층에 편입되기를 바라면서, 학력·학벌을 위해 경제적·사회문화적 비용을 퍼붓는 곳에서는 일차원적인 삶이 있을 뿐이다. 학력·학벌의 획득이 가장 중요한 사회진출의 경로이자 최우선적으로 추구되는 가치이다. 다른 가치들이 중요하게 고려될 여지가 거의 없다. 이쯤 되면 교육주체들은 공히 자신의 권리를 요구해야 할 때, 명백히 항의해야 할 때도 '말없이 잠잠히 있는 방식', 달리 말해 '묵묵히 순응하는 방식'

170 고형일(2004), 〈학벌과 연고주의 문화: 광주전남지방의 경우〉, 교육문화연구회 외, 《공교육살리기 실천: 학벌을 어떻게 이해할 것인가》(심포지움 자료집)(경북대학교 우당교육관), 67-80쪽.

을 선택한다. 학력·학벌의 추구가 침묵의 문화로 빠져드는 결과로 이어지게 된 것이다.

나. 목전의 현실에 몰두하는 중산층

중산층의 실상은 한 사회의 변화를 가늠할 수 있는 중요한 지표가 된다. 중산층은 비교적 유리한 사회적 출발점과 강한 성취동기를 가진 계층으로 알려져 있다. 한국 학력·학벌사회에서 중산층은 민주주의와 민족문화의 운용 경험이라는 교육력을 고양시키는 일에 관심을 두기보다는 자녀교육에 자원을 쏟아부으면서 필사적으로 상층에 편입될 기회를 엿본다.

한국 학력·학벌사회에서 중산층 학부모는 자식에 대한 애달픔에서 발생하는 연민 때문에 더 큰 사회적 애달픔으로 나아가는 사회화 과정을 외면한다.[171] 인재·인물양성론이 세력을 얻고 역사적으로 학력·학벌에 의해 사람이 분별되는 것을 체험하면서, 내 자식의 지배층 편입을 열망하게 된 것이다.

사회화 과정의 외면은 곧 자기 이해관계에 매몰된 삶을 살게 하고, 끝내는 자기 삶의 정체성을 상실하도록 이끈다. 그들은 적극적으로 상층 엘리트의 가치와 생활양식을 내면화하고자 하며, 인재와 인물이 보기 좋게 사회를 이끌어 갈 것이라고 믿는다. 사회 진보의 주장들에 대해서는 군소리라고 진력을 내며, 인재·인물의 영웅주의에 열광하는 왜소하기 그지없는 사회적 조망을 갖게 된다.

---

171 학부모들은 자녀교육을 가족 삶의 최고 가치로 삼으면서 자녀교육을 위해 기꺼이 희생하려고 한다. 그런 의지는 가족에 한정된 '무규범적 가족주의'(이경숙 외)로 기능하며, 이기적인 개인주의적 성향(이두휴 외)을 띠었다. 이것은 공감이나 연대와 같은 사회적 행위를 도외시하는 결과로 나타난다. 이경숙 등(2010), 〈교육과 이주에 대한 학부모의 인식: 대구·경북 학부모 면담 분석〉, 《한국교육》 37(2); 이두휴 등(2007), 〈학부모 문화 연구: 자녀교육 지원활동을 중심으로〉, 한국교육개발원.

이런 구조 속에서는 인재(人才) 양성이 한국교육의 목적이 된다. 인재·인물 타령이 지배적인 어법으로 되어 있는 사회에서, 교육문제의 책임은 개인에게로 돌려진다.[172] 학교는 인재(人才) 양성과 그 효율성을 실질적인 존립 기반으로 숭상하고, 학생과 학부모는 학습 능력과 공부를 개인이 책임져야 할 사회심리적인 문제로 치환해 버린다. 상층부를 흉내 내고, 과도하게 경비를 지출하고, 그러다가 포기하기도 하고, 결국에는 그 책임을 자신들에게 귀속시키게 되는 것이다.

사회정치적 성공이라는 명백한 현재만을 바라보는 것, 그래서 현실주의에 빠져들고 모종의 이상(理想)에 대해 냉소하는 것, 이것이 하나의 체제가 되어서 작용하고 기능하면, 모든 것이 사사화(私事化)된다.[173] 사사화된 정신을 가진 사람에게 '나는 누구이며 무엇을 할 수 있는가'를 묻고, 그 물음을 통해 '자기 이유'를 가진 역할을 선택하기를 기대할 수는 없다. 자기 생각을 해 보는 것(합리적 사고)에도 생산이 일어나지 않고, 존재를 확장하는 사회적 행위에도 생산이 일어나지 않고, 참(truth)을 묻는 인식 행위도 일어나지 않고, 사회적 적절성도 고민하지 않는, 철저하게 비생산적 인간이 되어 가는 것이다.

결국 학력·학벌의 추구에 빠져든 중산층은 민주주의와 민족문화가 살아 있는 곳에서 사람이 성장하고 발달한다는 것을 신념하고 실천하기보다는, 힘에 의지하여 살면서 사회적 분노감을 상실하고 점점 탈정치화되어 간다.

---

172 손종현(2014), 〈대학 교양교육의 재개념화: 人材교육적 관점에서〉, 《열린교육연구》 22(2), 311쪽.

173 사사화(privatization)란 "조망의 자기중심성이라는 의미에서, 의식이 폐쇄된 구조를 보이는 것을 말한다. (중략) 조망이 자기중심적이라는 말은 자기가 선 자리에서만 보는 방식, 넘겨다보고 초월해서 보는 인식을 하지 못하는 것이다. 이는 사회적 조망이 없다는 것인데, 이것을 두고 '사사화'라고 한다. (중략) 공적이고 사회적 문제를 간단하게 사적인 문제로 환원시켜 버리는 태도와 행동이 바로 이런 사사화 기제에서 기인한다." 김민남·손종현(2006), 앞의 책, 423쪽.

다. 사회적 책무성이 결여된 엘리트

한국사회의 엘리트들은 대부분 고학력과 명문학벌을 가진 이들이다. 사회 상층부 엘리트들은 실제로 학력·학벌과 연줄을 통해 그 혜택을 가장 많이 누리는 사람들이다. 이들은 한국사회의 유력한 부문들, 즉 행정, 정치, 법조, 언론, 경제, 교육계 등의 요직에 포진해 왔다.[174] 이들 한국사회의 엘리트들은 대체로 가정의 사회경제적·문화적 배경이 뒷받침됨으로써 높은 학력과 명문학벌을 얻을 수 있었던 이들이기도 하다. "한국사회의 명문학교와 그 변천사는 상류계층의 학력에 그대로 반영되어"[175] 있을 정도이다. 또한 이들은 대개 국내외의 중앙을 무대로 학력·학벌과 연줄 그리고 기회를 얻은 사람들이다. '○피아' 현상에서 볼 수 있듯이, 그들이 연줄을 활용하고 강화하고 재생산하는 방식에서,[176] 그들은 점점 자기 이해관계의 충족에 빠져들면서 반사회적 존재가 되었고, 기능주의적 효율성과 인재·인물론을 정당화하는 지식인 엘리트들로서 자기 분열을 겪고 있다.

사회마다 그 사회를 통치하는 엘리트와 거기에 가담할 수 있는 엘리트들에게 거는 기대가 있다. 사회를 좀 더 정의롭고 풍요롭게 이끌어 주기를 바라는 희망이다. 이른바 '노블레스 오블리주'는 서구사회의 엘리트들에 대한 사회적 기대이자 엘리트가 자발적으로 실천하는 사회적 의무로서 구축된 하나의 문화이다. 우리에게는 이러한 문화가 없다.

---

174 김두식(2012), 앞의 논문.

175 최샛별(2001), 〈한국 상류계층 학연연구를 위한 제언: 상류계층 학력에 있어서 명문학교의 중요성과 변화 그리고 여성의 학연〉, 《사회과학논총》 7, 163-185쪽.

176 오래된 사례지만, 한때 재무부 출신 관료들의 모임으로 '모피아'로 불렸던 재우회(후에 재경회)는 끈끈한 인맥 챙기기로 정평이 나 있다. 1996년 12월 현재, 재경회 회원 가운데 은행 156명, 증권 94명, 보험 43명, 종금·상호신용금고 17명 등 총 413명이 금융계에 큰 영향을 미치고 있다. 금융 관련 주요 기관이 모피아 출신의 낙하산 인사로 채워져 있었던 것이다. 《MBC PD수첩》(1998.1.20.), 〈낙하산 인사, 이제는 사라질 것인가?〉.

병무청 자료에 따르면, 2010년 이후 2014년 10월까지 국내 고위층 자녀로 추정되는 606명이 병역을 기피하기 위해 해외에 불법 체류한 것으로 나타났다.[177] 또한 MBC 〈PD수첩〉이 공개한 고위층의 병역기피를 위한 국적 이탈자의 실태[178]는 가히 충격적이라 할 만했다. 분석 대상자 4,500여 명 중 고위층으로 분류될 수 있는 사람이 1,200여 명이었으며, 그중에는 고위 공직자만 해도 362명이나 포함되어 있었다. 특히 부모의 학력이 파악된 1,222명 중 3개 명문학벌 엘리트들이 전체의 64%를 차지했다.

제작진은 이를 "고위층의 도덕불감증"이라고 했다. 이것이 무엇을 의미하는가? 그들에게 엘리트로서의 사회적 책무성이 희박하다는 뜻이다. 그들은 자신들이 쌓은 능력과 역량을 바탕으로 사회에 헌신하고자 하는 생각을 가지고 있지 않다는 것이다. 그들은 엘리트의 자리는 똑똑한 자신들의 능력과 노력으로 성취한 것이므로 자신들에게 부여되는 권한과 권력은 당연한 대가일 뿐이라고 생각할 수도 있겠다. 그래서인지 그들은 사회와 조직이 허용하는 권한으로 사적·조직적 이익을 좇고 국가사회보다는 개인과 조직이기주의에 봉사했다. 그들이 곧 '○피아'의 주범이기도 하다. 그들에게 일반인은 자신보다 열등하고 노력하지 않은 사람일 뿐이다. 특권의식을 내면화한 엘리트라면 일반대중에게 군림하는 태도를 보일 것임이 분명하다. 그러나 사회도 그들을 품위 있는 인격자 혹은 존경

---

177 《중앙일보》(2014.10.10.), 〈고위층 자녀 606명, '병역기피용' 해외 체류〉(국회 국방위 소속 새정치민주연합 안규백 의원이 공개한 자료임).

178 PD수첩은 1980년 초부터 2004년 11월 11일까지 국적 포기자 4,500여 명의 자료를 분석·추적하였다. 이 분석에서 국적 포기가 고위층의 병역기피 수단으로 악용되었음을 확인했다. 전직 대통령을 비롯, 경제부총리, 국회의장, 내무부장관, 수도경비사령관, 육군대장, 공군참모총장, 은행감독원장 등의 고위 공직자 42명, 국공립대 교수 255명, 국책연구원 63명, 외교관 3명 등이었다. 이들의 아버지 출신학교가 확인된 경우, 서울대가 560명(45.8%), 연세대가 145명(11.8%), 고려대가 84명(6.8%)이었다. 《MBC PD수첩》(2005.7.5.), 〈국적 포기 25년, 병역기피의 역사〉.

의 대상으로 보지 않는다.[179] 그들을 일러 "학벌만 좋은 천민 엘리트"[180]라고 할 수 있을 것이다.

이러한 사실은 또한 한국의 사회문화적 지체와도 무관하지 않다. 우리 사회는 '○피아' 현상으로 대변되는 고위 공직자들의 비리 등이 끊이지 않는 등 아직 부패지수가 높은 나라로 평가받았다. 홍콩 정치경제리스크컨설턴시(PERC)의 평가(2014)에 따르면 "선진국인 한국은 개발도상국의 부패 수준이 남아 있는 유일한 국가"로 세계 10위 수준의 경제력에도 불구하고 여전히 정·관·재계에 부패문화가 심각한 지체현상을 나타내고 있다는 것이다.[181] 그러나 그것도 결국 한국사회가 학력·학벌사회를 형성하는 동안 우리 스스로가 가르치고 요구한 결과이며, 우리 사회의 역사가 낳은 산물이기도 하다.

라. 사회적 전망의 사사화

풍부한 물질적·정신적 자원을 갖지 못한 사회는 어쨌든 자원의 불평등한 분배를 정당화해야 한다. 그 불평등 구조를 정당화하는 방식으로, 권력은 끝없이 개인에게 책임을 돌리는 방식을 동원한다. 사회구조적 불평등을 정당화하고 그 책임을 개인에게 환원시키려 할 때 가장 효과적으로 기능하는 기구가 바로 학교이다. 근대사회에서 학교는 능력주의적 기

---

179 이정규·홍영란(2002), 〈한국사회에서의 학력의 가치 변화 연구〉, 한국교육개발원, 162-163쪽. 이 연구의 조사는 학력·학벌이 좋은 사람의 도덕적 책무성(71.2%), 사회적 공헌도(66.0%)에 대해 매우 부정적으로 평가한 것으로 나타났다.

180 강준만(2009), 앞의 책, 316-318쪽.

181 홍콩 정치경제리스크컨설턴시(PERC)에 따르면, 2014년 아시아 16개국의 부패지수(10점에 가까울수록 부패)에서 한국은 7.05점이고 싱가포르가 1.6점으로 1위이며 인도가 9.15점으로 가장 높았다. 당시 한국의 부패지수는 세월호 참사에서 드러난 '관피아', '해피아' 등 정·관·재계의 부패문화가 반영된 것이었다.《세계일보》(2014.5.7.), 〈2014년 국가별 부패지수〉./ 부패지수는 근래에 점차 개선된 것으로 보인다. 국제투명성기구의 국가별 부패인식지수(CPI)에서 한국은 세계 180개국 중 2017년 51위, 2018년 45위, 2019년 39위를 차지했다. 그러나 OECD 회원국들과 비교하면 36개국 중 27~30위로 하위권에 그쳤다.

관으로서의 위상을 가졌다. 이를테면 업적주의적 기관으로서의 학교를 통해 부와 권력과 지위를 배분하는 방식이 근대 이후 사회의 주요 자원 배분 방식이다. 사회적 자원이 학교교육의 성취에 따라 개인의 자산이 되는 것이다. 사회적인 것을 사적인 것으로 전화시키는 사사화의 기제로서 작용하는 핵심적 요인이 성적과 학력·학벌이다. 이런 기제 속에 놓인 성원들은 알게 모르게 그것을 내면화하고, 스스로 사회적 조망을 상실해 간다.

장덕진 등(2015)은 세월호 참사를 계기로 다시 대두된 사회의 안전 문제를 공공성과 관련하여 다루었다. 그들의 설명에 따르면, 한국사회의 공공성은 '배제적 자유주의 공공성'으로, 재난 발생의 원인을 개인의 책임으로 전가하고, 낮은 공공성으로 인해 재난 발생의 위험도가 높으며, 위험 관리 역량이 떨어지는 것으로 보았다. 한국사회의 공공성은 OECD 33개 회원국 가운데 가장 낮은 수준이었다.[182] 한마디로 한국사회의 공공성 위기가 심각하다는 것이다. 그리고 그들의 '세계가치관 조사(WVS)' 결과에 대한 분석에서는 한국인이 강한 시장지향적 가치 성향을 가지고 있어 '우리'보다는 '나' 자신의 성공을 중요하게 여기고, 타인을 배려하기보다는 '나의 성공을 위해 치열하게 경쟁하는 것'을 지지하는 것으로 분석했다.[183] 공감이나 연대와 같은 사회지향적 가치를 결여하고 있다는 것이다. 이러한 상황은 '각개약진으로 입시전쟁을 벌이는 한국 교육사회의 양상'[184]과도 일치한다.

이런 상황에서는 그 책임도 개인이 감당해야 한다. 문제와 성과를 개인의 무한 책임과 무한 성실로 귀속시키는 방식은 사회적 전망에 관한

182 장덕진 등(2015), 앞의 책, 99-100쪽.
183 장덕진 등(2015), 앞의 책, 87-94쪽.
184 강준만(2009), 앞의 책.

관념을 왜곡되게 조작하는 가장 비근한 사사화 방식이다. 너무나 무의미한 말이지만, 아무도 할 수 없는 것을 모든 사람이 할 수 있는 것처럼 쉽게 말함으로써, 개인을 통제하고 분리시킨다. 이 사사화 방식은 개량화의 토대가 충분히 성숙해 있지 않은 사회에서 쉽게 동원될 수 있는 방식이다.

학력·학벌을 매개로 하는 정치경제적 불평등과 극단적인 이기주의 풍조 등이 인간 주체의 조건을 훼손함으로써, 스스로 관계의 적절성을 고려하지 못하고, 적정한 자기 전망을 갖지 못하는 정신 파손이 일어나게 한다. 이 파손은 평등의 정의원리를 해치는 정신지체를 야기한다. 이런 곳에서는 사회현상도 개인의 심리적 현상(계층상승 욕구)으로 환원시켜 버릴 수 있는 분열된 인격을 형성하게 만든다. 사회적 조망의 기반을 상실하게 됨으로써, 막무가내로 억지를 부리거나 님비(nimby)현상과 같은 이기적인 행위들이 만연하는 것이다.

학력·학벌사회가 사사화를 유발하는 현상은 다른 나라에도 있을 수 있겠지만, 우리 사회에서 이 현상은 사사화의 저급한 문화를 나타낸다. '노블레스 오블리주'라는 문화가 작용하는 서구 시민사회라면 학력·학벌이 도덕적·사회적 책임이라는 문화 현상을 수반할 수도 있다. 이를테면 더 높은 학력·학벌을 가진 사람들이 사회적으로 더 넓게 봉사하는 것, 이러한 의식·내용·기대에 부응하려고 자신을 조절하는 내적인 힘을 발휘하는 것이다. 우리 문화에서는 그런 개념을 도저히 기대해 볼 수 없다는 점에서 다른 나라의 학력·학벌 현상과 구별되어야 한다. 한국사회에는 계급모순과 민족모순이 뿌리 깊게 작용하고 있는 데다가, 그것만큼이나 나쁜 사회문화적 악영향을 미치는 학력·학벌모순까지 덧붙여져, 사회의 모순을 중층적으로 심화시키고 있다.

5. 사회 진보의 동력이 결핍된 보수사회

한국사회는 학력·학벌주의가 보수화의 메커니즘으로 작용하여 사회 진보를 지체시키고 있다. 학력·학벌의 추구에 몰두하면서 탈정치화된 일반 대중들, 가족 중심의 개인주의적 계층상승 욕망에 사로잡혀 있는 중산층, 탈사회화된 전망을 가진 엘리트, 이들 사회 세력들이 상호작용하면서 한국인의 온전한 사회화를 저해하고, 사회적 실천을 약화시키며, 사회 진보의 역동성을 상쇄시키고 있다. 이런 사회는 필경 사회 진보의 가치를 부정하고 수구성을 지향하는, 역사 진보가 최소화된 보수사회임에 틀림없다.

지금까지 '○피아' 현상을 단서로 하여 학력·학벌사회를 그 실재성에 비추어 개념화하고, 한국 학력·학벌사회의 문화적 특성과 그 이데올로기성을 논의함으로써 학력·학벌사회의 보수성을 드러내고자 하였다.

학력·학벌사회는 개념적으로 학력·학벌을 능력 및 인격과 동일시하는 사회이며, 학력·학벌에 의해 분열된 사회이자 사회문화적 가치가 파손된 사회이다. 이 사회에서는 학력·학벌이 개인을 대변하는 상징이 되고, 학력·학벌을 중심으로 사람 관계가 맺어지며, 학력·학벌이 가장 중요한 사회적 가치로 부각된다. 이에 따라 학력·학벌을 획득하기 위한 경쟁이 필연적으로 발생하게 되어 있다. 이 과정에서 인간 존재성의 왜곡과 인격적 가치의 상실이 일어나며, 파당·파벌에 의한 배타적·폐쇄적인 사회적 관계가 형성되고, 사회의 다른 가치들이 경시된다.

한국 학력·학벌기반 연출사회를 그 존재방식-작동방식-유지방식의 체제로 그 문화적 특성을 논의할 때, 이 사회는 학력·학벌이 이익집단의 네트워크로 존재하고, 힘의 논리가 지배적으로 작용하며, 폐쇄적인 경로를 통해 유지되는 특성을 지니고 있다. 이러한 특성은 사회규범을 초월하면서 권력과 기회를 독점할 수 있는 학벌의 집단적 이기주의, 힘에 의존하여 안주하려는 기회주의, 사회적 과정의 불투명성으로 인해 예측 가능성과 공정성을 결여한 정실의 패거리 문화를 번성하게 한다. 이것은 우리 시민사회의 성장과 발달을 억제하는 장본인이다. 우리에게는 이에 대한 시민들의 도덕적 분노를 정당하게 변화의 동력으로 이끌 적합한 경로와 기제가 미비했다. 사회적 공분이 일시적인 심리상태에 머물 수밖에 없었다. 학력·학벌기반 연줄사회는 결국 우리의 정신적 지체를 야기한 중요한 사회적 원인이라 할 수 있다.

학력·학벌기반 연줄사회는 일반 대중들을 침묵의 문화에 빠져들게 하고, 사회를 실질적으로 움직여야 할 중산층을 눈앞의 이익에 매몰되게 하며, 사회의 지향과 지양을 견인해야 할 엘리트의 역사적 소명의식을 방기하게 했다. 이제 이 사회는 저급한 사사화의 전망을 갖게 됨으로써 사회 진보의 동력이 결핍된 보수적인 사회로 전락하였다. 학력·학벌주의로 인한 우리의 정신적 지체가 사회의 정체로 이어지게 된 것이다.

학력·학벌사회의 문제에 대한 원인·증상의 구조를 따지고 근본적인 해결을 추구하는 것은 이론적으로나 실천적으로 매우 중요하다. 그런데 개선 혹은 개혁을 어느 지점으로부터 그리고 어떻게 시작할 것인가는 그리 간단한 문제가 아니다. 문제의 원인·증상을 보는 수준과 시각이 다양할 수 있기 때문이다. 전쟁이나 혁명과 같은 사회구조를 전격적으로 바꾸는 변화만이 학력·학벌집단과 같은 이익집단의 기득권 구조를 혁파할 수 있을 것이라는 올슨의 시사는 그 일이 얼마나 지난한 과제인지 짐작게 하기에 충분하다.

우리가 논의한 범위에서 분명하게 말하고자 하는 것은 정신적 지체와 사회문화적 보수화의 문제에 대응하기 위하여 합당한 법적·제도적 시스템을 마련해야 한다는 것이다. 특히 사적·집단적 이기주의는 사회의 공공성 기반을 약화시키는 주요 원인이다. 사사화된 전망에 의해 공적 가치가 상실되는 현상을 막기 위한 제도적·문화적 과제로서, 다음과 같은 사항을 제언한다.

첫째, 무규범적 관료주의 문화를 차단하고, 사회적 과정이 투명하게 이루어질 수 있는 개방적인 법적·제도적 시스템을 구축해야 한다. 이른바 '관피아 방지법'으로 불리는 「공직자윤리법」과 「부정 청탁 및 금품 등 수수의 금지에 관한 법률」을 엄중하게 시행해야 한다. 그리고 「출신학교 차별 금지법」을 제정하고 시행하기 위한 정책적 집중이 이루어져야 한다.

둘째, 시민사회의 정당한 사회적 공분을 사회변화의 동력으로 승화시킬 수 있는 사회적 공기(公器)를 마련해야 하며, 시민의 의식 속에 잠재되어 있는 학력·학벌주의 의식과 관행을 바로잡는 문화운동을 전개해야 한다.

셋째, 인재(人才)가 아니라 인재(人材)의 성장·발달을 촉진시키고, 다양한 인재(人材)들이 다양한 종류의 학력(學力)을 키울 수 있는 교육체제를 구축해야 한다.

넷째, 학력·학벌에 의한 사회구성 방식을 넘어 재능중심·직능중심의 사회구성 방식으로 패러다임을 전환하는 것이 중요한 사회정책적 과제이다. 이 제도적·문화적 과제들은 민주화의 진전과 시대적 요구에 부응하는 것이기도 하다.

제 3 장

학력·학벌주의 개혁론[185]

1. 왜 개혁론을 검토하는가?

한국 학력·학벌주의 문제는 사회의 제 부문과 포괄적 연관성을 갖는 사회문제이자 교육문제이다. 이 문제 현상은 한국사회의 정치·경제적, 역사·문화적 배경의 맥락 속에서 형성된 것이며 세계체제상의 산업화와 더불어 전개되었다. 학교교육 중심의 공교육체제를 통해 생산된 학력과 학벌이 주요 사회구성 지표가 됨으로써 학력·학벌주의라는 사회적 신념체계가 형성되었고, 이를 통해 여러 교육문제와 사회문제 현상으로 나타나게 된 것이다. 개혁론은 바로 이러한 상황에 대한 새로운 사회적·교육적 지향을 위한 시도라고 할 수 있겠다.

학력·학벌에 의한 사회적 불평등과 차별, 학교교육의 비정상적 운영 등이 주요 문제로 인식되고 있다. 학력사회화가 진전되면서 공교육의 위기가 초래되었고, 학력·학벌이 신분처럼 인식되기에 이르렀다. 특히 동일 학교력(學校歷)을 매개로 밀접한 관계망을 형성하는 학벌이 이해관계를

185 《열린교육연구》(2014) 제22권 제3호에 게재된 필자의 논문 〈한국 학력·학벌사회 개혁론에 대한 분석적 고찰〉을 일부 수정하였다.

관철시키면서 사회의 권력을 독점하는 데 대한 여러 비판이 제기되었다. 한국 학력·학벌주의에 대한 문제 제기와 함께 이를 개혁하기 위한 다양한 제안들도 등장했다. 이 제안들은 학력·학벌사회의 문제라는 같은 현상을 두고 여러 다른 주장을 내놓았다. 이들 제안은 그 핵심 원인과 증상을 서로 다르게 보고 있으며, 서로 다른 부문과 다양한 시각에서 논의하고 있기도 하다. 그런 점에서 분명한 쟁점으로 부각된 것이다. 학력·학벌 문제가 여전히 우리 사회의 주요 문제로 존재한다는 점에서 이들 변화론을 주의 깊게 살펴볼 필요가 있다. 그리고 우리 사회의 실질적인 문제를 해소하기 위한 개혁의 방법론적·전략적 논의들이라는 점에서 우리 사회의 변화를 위한 시도에 참고할 필요가 있다.

이들 제안의 논리적·방법론적 주장을 학력·학벌주의 개혁론이라 하겠다. 여기서 다루고자 하는 주요 내용은 다음과 같다. 첫째, 학력·학벌주의에 관한 개혁론들을 분석의 초점에 맞추어 그 주요 내용에 대해 논의한다. 둘째, 분석적 논의의 결과에 의거하여 개혁론들의 경향과 유형 그리고 주요 쟁점들을 논의한다.

분석 대상은 학력·학벌주의 문제의 심각성이 인식되기 시작하는 1990년대 중반 이후 제시된 개혁론들이다. 특히 2000년도를 전후하여 정권교체기와 맞물리면서 학력·학벌 문제에 대한 정부의 관심과 함께 학술적 연구와 실제적 논의들이 활발하게 개진되었다. 이 논의들은 한국사회의 현실적 문제상황으로부터 도출된 주장들이라 할 수 있다. 그 개혁론들의 체계화 정도나 대상 영역은 다양하다. 이들 주장이 겨냥하는 변화의 표적을 고려하여 몇 가지 범주로 대별하여 논의하겠다. 이 논의는 개혁론들의 논리적 구조와 특징적 경향 및 쟁점을 가급적 간명하게 드러내 보려는 것이다. 구체적으로 살펴보려는 문제는 다음과 같다. 첫째, 개혁론들이 가진 지향점의 가치, 주요 문제, 핵심 원인, 개혁전략은 무엇인가, 둘째, 개혁론들은 어떤 유형의 상호관계적 위상을 가지고 있는가, 셋째, 개혁론들 간의 주요 쟁점과 그 구체적인 내용은 무엇이며, 새로운 개혁론을 구성하는 데 시사하는 바는 무엇인가이다.

학력·학벌주의 개혁에 관한 여러 논의들을 폭넓게 다룬 저술은 없다. 각 개혁론을 주장하는 가운데 다른 관련 개혁 논의들에 대해 언급하는 경우가 있지만, 그 논의는 매우 한정된 개혁론들만을 간략하게 다루고 있을 뿐만 아니라 널리 알려지지 않은 의미 있는 제안들을 다루지 못한 측면이 있다. 주요 논문, 저서, 발표 자료 등에서 한국 학력·학벌주의 문제를 해소하려는 견해와 방법론을 분명하게 표명하고 있는 주요 개혁론들을 살펴보기로 한다.

학력·학벌주의 개혁론의 배경: 서울대 변화론 논쟁

1995년 서울대가 서울대학교법 제정을 추진하고 다음 해 3월에 관련 법안[186]을 내놓으면서 여타 국립대학 및 사립대학들의 반발과 함께 서울대 문제가 사회적 쟁점화 되기 시작했다. 서울대 문제가 제기되면서 중앙과 지역 간의 문제, 국립대와 사립대 간의 문제, 학력·학벌 문제 등에 대한 관심도 함께 제고되었다. 관련 논의들은 서

186 서울대학교법은 1987년 '서울대학교 발전 장기계획(1987~2001)'에서 처음 구상되었다. 이 계획에서 서울대는 '국제 수준의 대학원중심대학화와 대학 운영의 자율성 강화를 목표로 하였다. 이 계획을 이어 가기 위해, 1995년에 '서울대학교 2000년대 미래상'을 발표했다. 서울대는 현행 법제 하에서는 하향평준화를 벗어나기 어렵다고 진단했다. 이에 따라 서울대의 관할기관을 교육부장관에서 국무총리로 격상시키는 등의 내용을 담은 '서울대학교법(안)'을 자체 연구진을 통해 1996년 3월에 완성했다. 또한 서울대특별회계법(안)을 신설하는 등 여러 예외 규정을 둔 특혜의 성격을 띠었다. 서울대법(안)은 사회적 논란과 함께 타 국·사립대로부터 그 불공평성에 대해 거센 비판을 받았다. 손승욱(2011), 〈공공성 가치의 위축과 특권 유지: 서울대 법인화 논의의 역사〉, 《내일을 여는 역사》 44, 146-169쪽. http://egloos.zum.com/jayouropen/v/5057813에서 참조.

울대가 학력·학벌 문제의 상징으로 어떤 식으로든 변화되어야 할 것이라는 다양한 의견들을 제기하였다. 이들 논의는 1997년 대통령 선거 국면과 결부되어 활성화되었다. 학벌 문제를 제기하는 시민단체가 결성되고 활동을 전개했다. 정부도 큰 관심을 기울였다.

서울대 변화론들은 학력·학벌주의 개혁논의와 연결되었다. 이 시기에 '서울대 폐교론', '서울대 해체론', '서울대 평준화 및 특성화론' 등 다양한 주장들이 제기되었다.[187] 이들 주장은 모두 서울대가 대학서열체제를 기반으로 하는 학력·학벌 문제의 정점이며, 현재의 위상과 영향력은 불합리한 과정을 통해 얻은 결과이므로 서울대를 먼저 변화시켜야 한다는 생각을 공유하고 있었다.[188] 이를테면, 서울대의 특권적 지위는 정부의 재정지원 특혜를 받은 결과이고, 이것은 우수 학생을 독점하고 졸업 후 사회 요직을 독점하는 문제로까지 이어진다. 따라서 이 논의들은 정부 재정지원의 대학 간 불균형 개선, 국공립대 통폐합, 교수 및 학생의 이동이 가능한 개방적 대학체제로의 재편 등을 제안했다. 서울대를 개혁함으로써 대학서열체제와 학벌주의를 변화시키고 대학 간에 공정경쟁과 균형발전이 이루어지도록 하자는 것이었다. 이 서울대 변화론에 대해 실현 가능성, 하향평준화, 사회주의적 발상, 시기와 질투, 몽상가적 발상, 역차별, 국가경쟁력 저하, 콤플렉스 등의 비판이 있었다.

---

187 유팔무(2004), 《한국의 시민사회와 새로운 진보》, 논형, 311-324쪽.

188 서울대 변화 주장들 중 이 장의 본문에 제시되지 않은 글로는 다음과 같은 것들이 있다. 정영섭은 《시사월간 윈(WIN)》(1996.2.), 〈교육황폐화의 주범 국립 서울대를 폐교하라: 교육정상화를 위한 한 경제학자의 긴급 제언〉에서 "교육병의 근원인 국립서울대학교를 해체하고 민영화할 것"을 주장했다. 김종철은 《한겨레신문》(1996.2.9.), 〈사설: 서울대 폐교론〉에서 "서울대를 대학원대학으로 개편할 것"을 주장했다. 정태인의 〈서울대 해체하자-각 단대를 지역대로 보내자〉(《한겨레신문》, 1999.6.7.)와 현택수의 〈서울대의 각 단과대를 지방에 각각 분산하자〉(《샘이 깊은 물》, 1999.9.)는 서울대를 분리·해체하자는 주장을 담고 있다. 김동훈은 국립서울대를 국공립대와 통폐합해 특권적 지위를 박탈하고 학벌독점체제를 완화하며 서열을 가변화하자고 주장했다(《중앙일보》, 2000.5.26.).

2. 한국 학력·학벌주의 개혁론 분석

개혁론이 변화의 표적과 핵심 원인을 무엇으로 보는지에 초점을 맞춰 세 범주로 대별해 볼 수 있다. 대학체제, 사회체제, 교육체제 등이 포괄적 대상으로 집약된다.[189] 즉, 대학체제 변화에 중심을 둔 개혁론, 사회체제의 변화를 강조하는 개혁론, 그리고 교육체제의 변화를 의도하는 개혁론을 들 수 있다. 각 개혁론이 규정하는 지향점, 주요 문제, 핵심 원인, 개혁 전략 등에 주목하여 각각을 분석적으로 고찰한다.

가. 대학체제 개혁론

대학체제 개혁론은 학력·학벌주의 개혁을 위해 대학체제의 변화에 우선순위를 두고 집중하는 주장들이다. 이 논의들은 대개 서울대의 변화를 우선적으로 고려한다는 점과 그 논의로부터 촉발되고 가속화되었다는 점에서 서울대 관련 논쟁을 그 배경으로 한다.[190] 대학체제 개혁론으로는 대학평준화론, 국립대법인화론, 명문대축소론 등을 들 수 있다.

대학평준화론은 한국 학력·학벌사회의 여러 문제 중에서 특히 학벌을 생산하는 대학서열체제와 그 서열체제의 정점에 있는 서울대 학벌의 권력 독점을 가장 큰 문제로 규정한다. 학력·학벌사회를 변화시키기 위해서는 특히 대학서열체제를 해체함으로써 대학을 '평준화'[191]하고 특정 학

---

189 대학체제는 크게 보아 교육체제의 한 부분이라 할 수 있겠다. 한국사회의 학력·학벌 문제에 대한 관심이 특히 대학 단계에 집중되고, 개혁론들의 변화대상에 대한 초점도 어느 정도 구분되어 나타난다는 점에서 잠정적으로 대학체제와 교육체제에 대한 논의를 별도로 분리하여 검토하기로 한다.

190 1990년대 중후반에 서울대 문제를 두고 벌어진 논쟁에서 나온 여러 제안은 주로 서울대에 국한된 논의이거나 이 연구에서 제시한 개혁안의 일부에 포함되어 있어 여기서는 별도로 다루지 않는다.

191 평준화 개념은 논자에 따라 서로 다른 의미로 사용되고 있다. 김경근은 대학입시에서 대학입학 자격을 부여받은 학생들을 선지망 후추첨 방식으로 대학에 배정하는 방식과 관련하여 사용하며, 김상봉은 "특정 학교를 선호하는 상태가 해소되고 각자의 상황에 따라 학교를 선택하게 할 수 있는 것으로, 대학 간 실질적인 권력의 분점 상태를 가리키는 것"으로 쓰고 있다. 정진상은 평준화를 입

벌의 권력 독점을 막는 사회개혁을 해야 한다고 본다. 이를테면 한국사회에 공고해져 있는 대학서열체제와 학벌 타파를 직접 겨냥하는 교육개혁 및 사회개혁을 주장하는 것이다.

이런 주장은 김경근(1999), 김상봉(2004), 정진상(2004) 등의 연구와 저술에서 표명되었다. 김경근(1999)은 학벌주의를 생산하는 대학서열체제를 해소하기 위해 서울대를 대학원대학으로 전환할 것과 '대학입시 평준화'를 대안으로 제시했다. 그의 대학입시 평준화는 전국 모든 대학의 신입생을 하나의 모집단위로 하여 고교 내신성적과 입학 자격시험을 통해 대학입학 자격을 부여하는 것이다. 그리고 이들을 선(先)지망 후(後)추첨 방식으로 각 대학에 배정하며, 인기학과 집중을 막기 위한 전문대학원 제도 도입, 인재지역할당제 실시, 대학의 구조조정 같은 부대 조치들을 함께 시행할 것을 주장했다.[192]

김상봉(2004)은 학벌 타파와 공교육 정상화를 위해 대학의 평준화가 유일한 대안임을 역설했다. 그는 순차적인 개혁에서 '서울대 학부의 한시적 폐지와 대학원중심대학으로의 전환 및 개방'[193]이 먼저 추진되어야 할 가장 중요하고도 핵심적인 실천과제라고 했다. 서울대를 상징적으로나 실질적으로 학벌사회의 본질적 실체로 보기 때문이다. 그는 이어 앞의 과제와 함께 중요한 과제로 학벌의 권력 독점을 막는 권력 분산의 제도화를 위해 공직자 지역할당제 시행을 강조했다. 이 외에도 고시제도 개혁, 준공직 영역에서의 독점 제한, 입사원서 학력란 폐지 등이 반드시 이루어져야 할 과제로 보았다. 그리고 대학평준화를 완성하기 위한 추후 과제로는

학생들의 수준과 대학의 물질적 조건을 대등하게 한다는 의미로 사용하였다.

192 김경근(1999), 《대학서열 깨기》, 개마고원.

193 이 안은 2001년 장회익 등 서울대학교 교수 20인이 제안한 바 있다. 《교수신문》(2001.4.16.), 〈대학간 협력을 통한 국립대학교 학사과정 개방화 방안〉.

국공립대 간의 상호 개방, 공동전형과 정원 개방, 수능 폐지와 자격고사 도입, 실업계 및 전문교육기관 육성, 사립대학 국립화 등을 제시했다.[194]

정진상(2004)도 현실 교육문제의 근본 원인은 학벌주의와 대학서열체제이며, 학벌을 물질적 기초로 하는 지배이데올로기로서의 학벌주의를 타파할 수 없다면 학벌을 생산하는 대학서열체제를 혁파하는 것이 학벌주의를 해소하는 가장 확실한 방법임을 강조했다. 그는 이에 대한 대안으로 국립대학 중심의 평준화에 입각한 '국립대 통합네트워크'를 제안하였다. 그는 자신의 제안을 '대학평준화론'을 하나의 정책 대안으로 만든 것이라 했다. 그는 대안 구성의 원칙으로 대학교육의 공교육화, 실현가능한 개혁방안, 교육개혁운동의 차원에서 구성해야 할 필요성을 들었다. 이런 원칙에 따라 서울대의 대학원대학화와 학부 개방, 국립대 통합네트워크 내 신입생 공동 선발, 공동 학위수여 등 기존의 국립대학들을 하나의 통합네트워크로 연결한다. 이와 함께 입시 문제해결을 위한 정책대안과 구체적 운영 방안을 제시하였다.[195]

대학평준화론에서는 국가를 통한 공공성 확보가 중요한 관건이다. 사립대학을 포섭하는 문제와 함께 견고한 기득권 구조를 변화시키는 난제에 직면하여 개혁안의 실현 가능성을 높이는 일이 매우 중요한 과제가 될 것이다. 대학평준화론의 주요 내용인 국립대 공동학위제 등이 제17대 총선과 대선에서 민주노동당의 공약으로 채택되었으며, 제18대 대통령 선거에서는 민주통합당의 대통령 후보 공약으로 채택되기도 했다. 국가 개입의 문제는 국립대법인화론자들의 비판을 받았다.

국립대법인화를 주장하는 관점은 한국 교육체제의 형성 및 전개 과정

194 김상봉(2004), 《학벌사회》, 한길사.
195 정진상(2004), 《국립대 통합네트워크: 입시지옥과 학벌사회를 넘어》, 책세상.

에서 국가의 과도한 개입과 국립대 중심의 지원이 현재의 대학서열체제를 비롯해 학력·학벌 문제를 야기한 가장 중요한 원인이라고 본다. 따라서 한국사회의 학력·학벌 문제를 해결하기 위해서는 국가의 개입을 최소화하고 '건전한 시장의 원리와 공정한 경쟁체제'가 필요하다고 주장했다. 국립대학의 민영화, 개방과 자유경쟁을 통해 대학서열체제가 유동적인 것이 되도록 완화할 것을 주장했다.[196]

김동훈(2002)에 따르면, 우리 사회의 "학벌주의는 봉건적인 신분·문벌의식, 왕조문화의 유산인 과거시험 제도, 일본 제국주의와 군사정권의 지배를 통해 왜곡·강화된 관존민비의 국가주의가 결합된 퇴영적 문화"이다. 이런 문화적 기반 위에 학벌의 천박한 패거리화와 서열화가 조성되고, 단지 인간 능력의 일부만을 잴 수 있는 시험에 대한 신화가 학벌에 특권을 부여하는 것을 당연시하며, 수능과 같은 전국단위시험을 국가가 독점적으로 관리함으로써 현재의 학벌사회가 강고하게 존재하게 되었다고 주장했다. 따라서 그는 학벌의 편견을 깨는 실천, 시험을 대체하는 다른 평가방식의 모색이 필요하며, 특히 학벌 현상과 문제의 압도적인 책임이 국가에 있다고 말하면서, 국립서울대로 표상되는 국가주의의 극복 없이는 학벌사회 극복의 해법을 찾을 수 없을 것이라고 했다. 즉 '민영화' 혹은 '독립법인화'함으로써 국립대학을 개혁하는 것이다. 그는 또한 대학서열체제를 완화하는 방법은 부당한 국가의 간섭을 배제하고 진정한 시장 원리의 작동을 회복하는 것이라고 말한다. 아울러 진정한 지역분권 없는 학벌타파 노력은 성과를 얻어 내지 못할 것이라고 하면서 인재지역할당제를 실시할 것을 주장했다.[197]

---

196 정영섭·이공훈(2006), 《교육, 시장과 정부에서 길을 찾다》, 건국대학교출판부. '국립대법인화' 관점을 가진 사람들이 공통적으로 이렇게 주장한다.

197 김동훈(2002), 《서울대가 없어야 나라가 산다: 학벌주의의 뿌리를 찾아서》, 더북.

고형일(1998)도 같은 맥락의 논지를 주장한 바 있다. 그는 입학제도에 관한 연구에서 입시제도가 현재의 교육문제를 야기하는 핵심이며, 입시경쟁이 강화된 원인은 국가의 개입에 있다고 주장했다. 입시경쟁으로 발생하는 문제를 해결하기 위해서는 필답고사 등으로 이루어지는 입시제도를 폐지해야 하며, 대학서열체제를 허물거나 유동적이게 하고, 국가의 간섭을 줄여야 한다고 했다. 그는 기존 입시제도는 일제의 잔재이며, 중등교육을 대학에 종속되게 만드는데, 문제의 결정적인 원인이 국가에 있다고 주장했다. 국가의 주요 개입방식은 대학 간의 서열체계를 조성하고 입시를 독점 관리하는 것이었으며, 이 방식으로 특히 국립-사립 간의 서열을 강화했다는 것이다.[198]

이 관점의 논의는 이른바 '신자유주의 철학'을 지지하는 논리에 근거를 두고 있다. 한편으로는 그간 국립대 중심의 국가지원에서 소외된 사립대학 측의 비판의식도 들어 있다. 이들은 국가의 간섭을 최대한 줄여 자유로운 경쟁이 가능한 상황에서 서열을 유동화함으로써 학력·학벌 문제를 완화할 수 있다고 본다. 이 관점은 자유경쟁을 강조함으로써 이미 출발점에서부터 불평등한 조건을 더욱 악화시킬 여지도 함께 내포하고 있다. 국립대법인화는 문민정부 이후 신자유주의적 정책을 시행한 정부들이 대학 구조조정과 함께 시행하고자 했던 주요 과제이기도 했다(2011년 12월 국립서울대학교가 법인 기관으로 전환되었다).

한편 명문대를 축소하는 것이 학벌사회의 문제를 완화하는 현실적인 방법이 될 것이라는 강준만(1996, 2009)의 주장(명문대축소론)도 하나의 관점으로 다루어 볼 만하다. 그는 대학평준화론이나 국립대법인화론과 같이 서울대 등 명문학벌의 사회권력 독점이 중요한 사회문제이며 대학서열체

---

198 고형일(1998), 〈2002년 이후의 입학제도 개선에 관한 연구〉, 교육부.

제가 각종 교육문제를 야기한다는 주장에 동의한다. 그러나 그는 자신의 '개혁적 리얼리스트' 입장이 '진보적 근본주의자'나 '사회진화론자'의 입장과는 다르다는 점을 분명히 하고자 했다. 저서들을 통해 그는 서울대를 비롯한 명문학벌들이 한국사회의 정계, 법조계, 언론계, 교육계 등 주요 부문에서 지나치게 요직을 독과점하고 있음을 비판하면서 일극화된 대학체제가 다극화하도록 변화시켜야 한다고 강조했다. 학벌주의로 인한 문제를 완화하려면 서울대로부터 비롯되는 규모의 축소를 통해 소수 정예화하는 것이 사회적으로나 현실적으로 유효할 것임을 주장했다.[199] 그는《서울대의 나라》(1996)와《입시전쟁 잔혹사》(2009)를 통해 그 대상을 서울대에서 명문대로 확대하면서 이런 주장을 계속해 왔다.

그는《입시전쟁 잔혹사》(2009)에서, 한국사회에서 전개된 학력·학벌 경쟁의 역사를 개괄하는 가운데 명문대 축소 주장과 관련하여, 미국 아이비리그의 명문대학들이 보유하는 학생정원 규모가 한국의 명문대에 비해 현저하게 작으며, 한국 명문대의 정원을 대폭 감축할 필요가 있다는 정운찬 서울대 총장의 주장을 인용하였다. 사실 학벌의 위력은 양적 규모와 비율에 따라 크게 달라질 수 있을 것이다. 또한 명문대학의 규모를 축소함으로써 그의 말대로 명문대 이외의 다른 대학들이 '패자부활전'에 참가할 수 있고 결과적으로 다른 대학들에도 기회가 배분될 수 있게 해야 한다는 것이다. 나아가 대학별·학과별 특성화를 통해 다수의 명문대학이 나옴으로써 극소수 대학의 권력 독과점을 완화할 수 있을 것으로 본다. 국가의 관여 방식과 관련해서는 간섭이 아닌 지원이어야 할 것이라고 했다.

강준만의 주장에 대해 김세균·오성숙(2011)은 서울대를 엘리트 중의

199 강준만(1998),《서울대의 나라》, 개마고원; 강준만(2009),《입시전쟁 잔혹사》, 인물과사상사.

엘리트를 위한 대학으로 변모시킬 것이라 우려했다.[200] 박거용(1997) 등은 더욱더 치열한 입시경쟁을 불러올 것이라고 비판했다. 그리고 대학의 규모를 축소하는 문제도 간단치 않다. 하지만 강준만은 엘리트 역할의 현실적 불가피성과 공정거래법의 원리를 들어 그들의 비판에 동의하지 않았다. 그러나 사실 명문대의 정원 규모가 작아지는 만큼 대학입시 경쟁이 더 치열해질 가능성은 높다고 봐야 할 것이다. 대신 그의 의도대로, 사회요직에 진출할 기회가 다른 대학에도 돌아가게 함으로써 독과점을 완화할 수 있는 여지를 갖는다는 점에서 의미 있는 방안이라고 본다.

나. 사회체제 개혁론

사회체제 개혁론의 범주에 있는 논의들은 학력·학벌 문제의 주요 원인이 대학체제나 교육체제에 있는 것이 아니라 외부 사회에 있다고 본다. 이러한 논의로서 사회시스템 개선론과 인재지역할당제론을 검토한다.

이종각(2001, 2003)은 학벌이 교육체제에서 생산되지만 그것을 온존시키는 것은 교육체제가 아니라 다른 곳에 있다고 주장한다. 그는 그 핵심 원인이 사회의 '투명하지 않은 출세구조'에 있다고 본다. 능력기반 보상체계의 투명성이 확보되지 않고는 학력·학벌에 대한 어떤 조치도 성공할 가능성이 없다고 주장한다. 따라서 서울대 폐지나 교육체제를 손대는 것으로는 학력·학벌주의를 극복할 수 없으며, 사회 출세와 관련된 각종 선발·승진·임금제도가 바뀌어야 한다는 것이다. 학벌주의를 완화하기 위한 노력은 교육체제 밖의 조직들에서 여러 가지 방식으로 이루어져야 하는데, 특히 능력주의에 입각한 사회진입시스템과 진입 후 승진 경로의 개선이 필요하다는 것이다.[201] 그의 이런 주장을 '사회시스템 개선론'이라고 하겠다.

---

200 김세균·오성숙(2011), 〈21세기 한국을 위한 서울대 및 대학체제 개혁안〉(다음 블로그의 글), 5쪽.
201 이종각(2001), 〈우리 사회의 학력·학벌주의 극복을 위한 정책 방향과 과제에 대한 토론〉, 《KEDI

학력·학벌사회 문제의 핵심 원인이 밖에 있는 한, 그 문제는 교육체제를 고친다고 해서 크게 바뀌지는 않을 것이다. 그의 말대로 "교육에 관한 손질은 학벌에 대한 병폐를 해소하기 위해 하여서는 안 되고, 교육 자체의 질을 향상하기 위한 손질을 하고 그 부수적인 효과로 학벌의식이 감소하기를 기대해야 할 것이다."[202] 학력·학벌의 문제는 교육의 문제이기도 하지만 우리 사회 전체에 널리 퍼져 있는 사회문제이기도 하며 역사적으로 형성되어 온 것이다. 따라서 그 원인구조는 복잡하게 얽혀 있고 유기적으로 작동하는 것이라 할 수 있다. 분명 학력·학벌의 문제를 야기하는 사회적 원인이 있고, 오히려 어떤 점에서 더 넓고 깊게 스며 있다고 보는 것이 옳겠다. 문제가 교육체제에도 있고 외부에도 있는 그 원인구조에서 어느 곳이 더 급소인지, 개혁을 가장 효과적으로 이룰 수 있는 곳이 어디인지를 판단하는 것은 매우 중요하다. 그런 점에서 이 관점은 더 중요한 원인이 교육체제 외부에 있음을 강조한다.

그는 서울대 폐지로 학벌이 없어지지는 않을 것이며, 학교는 졸업장을 줄 뿐이고 학벌은 특정 학교의 문제가 아니라 학교를 학벌의 온상으로 만드는 힘이 이 사회에 깊게 존재한다는 것이 문제의 핵심이라고 주장한다. 그런데 학력·학벌의 문제와 관련하여 서울대 개편론 등에서 나타났듯이, 많은 사람이 서울대를 개편하거나 폐지하자고 주장하는 이유는 서울대가 근본 원인이라기보다 학력·학벌체제상의 정점에 있어 그 직접적인 연관성은 물론 상징성이 크다는 데 있다. 서울대를 제쳐 두고 학벌주의의 유인구조만을 공략하는 것으로는 실효성이 없다[203]는 것이다.

교육정책 포럼: '학력주의의 실상과 대응방안'》(2001.9.), 한국교육개발원, 73-74쪽; 이종각(2003), 〈학력중시 사회의 실상과 과제〉, 《제15차 KRIVET HRD 정책포럼: '학력중시 사회에서 능력중시 사회로의 전환'》(2003.2.19.), 한국직업능력개발원, 23-53쪽.

202 이종각(2001), 앞의 토론문, 76쪽.

203 김동춘(2001), 《독립된 지성은 존재하는가》, 삼인, 250쪽.

사실 학력·학벌주의적 의식과 관행은 공공부문과 민간부문, 중앙과 지역, 사회 전 부문에 퍼져 있다. 한국인의 주요 삶의 패턴 중 하나라고 할 수도 있겠다. 그만큼 견고하고 넓게 편재해 있다는 뜻이다. 학력과 학벌에 의한 사회구성 방식이 공식적으로 인정되지 않지만, 사회의 여러 부문에서 학연을 중요한 이익 추구의 네트워크로 활용하고 있다. 공공부문에는 국가가 적극적인 정책으로 대처할 수 있겠지만, 민간부문은 국가가 직접 강제할 수도 없다. 학력·학벌주의 문제가 유인구조를 넘어 사회체제상의 모순으로부터 나오는 것이라면, 개혁은 이에 대한 변화에도 관심을 집중해야 할 것이다.

인재지역할당제론은 박찬석과 김윤상(1997)이 제안하였다. 그들은 중앙집권적 권력 구조에 의한 정부주도적 경제발전 과정에서 모든 자원의 서울집중 현상이 초래됨으로써 지역 및 지역의 대학들이 직면한 문제를 해소하기 위해 이 제도를 제안했다.[204] 산업화를 통한 사회 재편성 과정에서 지역 간 불균형 발전은 서울 집중화와 함께 지역 대학들의 위상을 크게 하락시킴으로써 학벌의 서열에도 큰 영향을 미쳤다. 수도권 대학의 패권주의가 강화된 것이다. '지역인재 공동화(空洞化)'가 초래되고 지역발전이 정체되는 결과를 가져왔다. 인재지역할당제는 이러한 사회적 상황을 배경으로 하여 나온 것이다.

박찬석(2003)에 따르면, 인재지역할당제란 각종 국가고시 및 자격시험(사법시험, 행정고시, 외무고시, 기술고시, 군법무관시험, 공인회계사, 변리사시험 등)에서 지역의 인구에 비례하여 지역대학 출신자를 선발하는 제도이다.[205] 이 제도는 곧 수도권에 인적·물적 자원이 과도하게 집중되어 지역이 피폐해지

---

204 박찬석·김윤상(1997), 〈인재지역할당제: 지방차별 해소를 위한 방안〉, 《대학교육》 85, 56-63쪽.
205 박찬석(2003), 〈인재지역할당제 왜 해야 하는가?〉, 전국교직원노동조합 외, 《'학벌타파와 지역별 인재 할당제' 학벌타파 대안 토론회 자료집》(연세대 장기원 기념관), 30쪽.

고 국가적 낭비를 초래하고 있다는 문제 인식에 따른 대안적 사유를 반영하고 있다. 교육과 인재의 수도권 집중과 지역인재의 유출을 지역과 지역의 대학들이 직면한 심각한 문제로 인식하고 그 해결책을 제안한 것이다. 이 제도를 통해 인재가 지역에 머물게 함으로써 지역의 발전은 물론 국가적 낭비를 줄일 수 있다는 것이다.

인재지역할당제는 수도권 대학 중심의 교육체제를 다원화할 수 있는 제안이라는 점에서 학력·학벌사회의 변화와 관련된 대안적 제도라고 할 수 있다. 이 제안은 진보적 개혁론자들에게 사회 부문의 개혁을 위한 방안으로 주목을 받았다. 중앙중심의 대학서열체제가 견고해지고, 이른바 '고등고시' 합격자의 90% 이상이 중앙과 명문학벌에 편중되는 등 지역대학 학력자들의 불리한 여건과 차별이 개혁의 중요한 과제로 포착되었기 때문이다. 그러나 국회의 동의를 얻지는 못했다.[206] 역차별 논란이 있었기 때문이다. 이 제도의 기본 취지는 이후 정부들에 의해 지역 상황을 고려하는 여러 정책에 반영되었다. 지방대학 육성을 위한 정책, 공직자 채용, 대학의 학생 선발 등에 지역인재의 특별채용을 위한 제도나 대학입학 특별전형제도 등의 형태로 그 기본 취지가 부분적으로 반영되었다.

다. 교육체제 개혁론

교육체제 개혁론은 교육체제를 변화시킴으로써 한국사회의 학력·학벌 문제를 해소·완화하고자 하는 개혁론이다. 이 범주에는 그 주요 내용에 의거하여 명명한 '중등교육개혁론', '학력/직업능력자격제도론', '개방적평생교육체제론', '지역단위질서의 교육론' 등이 있다.

---

206 1998년 여야 의원 45명이 인재지역할당제 제안을 기초로 발의하여 제출한 '국가인재의 지역간 균등등용 촉진법안'은 국회에서 통과되지 못했다.

한준상(1994)은 중등교육의 개혁과제로 학력주의 개혁을 들고 그 전략을 논의한 바 있다.[207] 한국사회의 중등교육이 정상적으로 운영되지 못하는 주된 원인이 결국 학력주의 문제에 있는 것으로 판단했음을 의미한다. 그는 먼저 한국사회 중등교육 문제의 원인으로 '학력주의'[208]가 갖는 두 가지 성격을 논의했다. 바로 학력주의의 문화적 상징성과 사회적 지표성이다. 학력주의의 문화적 상징성이란 명문대학의 학연에 의한 후원으로 신분집단에 편입되는, 결국 신분집단의 형성을 의미하는 것이다. 따라서 교육과 학력·학벌의 의미는 기술적 실용성보다는 신분의 품위에 적합하고 이를 보강할 수 있는 문화적 자산의 의미가 강해진다. 졸업장(학력)은 신분집단에 편입될 수 있는 자격증이 되며, 학력주의는 신분집단의 차별화 과정에도 작용한다. 학력은 지위, 권위, 생활에서의 일상적 차별화 기제가 되기도 하고 사회적으로 승인되는 문화적 자산과 그로부터 심리적 만족감을 얻어 낼 수 있는 것이기도 하다. 학력주의의 사회적 지표성은 학력주의를 존재하게 하거나 강화하는 데 결정적으로 중요한 사회적 요인들을 의미한다. 그 요인들로 명문대학에 대한 선호도, 핵가족화, 중산층 증가, 산업화와 경제성장 등을 들었다.

그의 논지에 따르면, 학력주의를 완화하거나 해소하기 위해서는 이 학력주의의 문화적 상징성과 사회적 지표성을 약화시키는 정책이 필요할 것이다. 이에 대한 그의 판단은 다음과 같다. 학력주의의 문화적 상징성을 통제하기 위해 고등교육을 모두에게 개방하는 정책을 채택할 수 있으나, 명문대학을 향한 경쟁과 한국사회의 신분사회적 속성을 제거하기는

207 한준상(1994), 《한국교육개혁론》, 학지사, 69-87쪽.

208 그는 학력주의를 "학력과 학연에의 사회적 의존 현상"으로, "개인의 사회적 지위획득, 사회적 선발과 결정에 있어서 한 개인이 갖는 실력과 그가 밟아온 학교 이력으로서의 학력이 갖는 힘을 중요시 여기는 사회적 논리를 의미"하는 것으로 규정했다. 한준상(1994), 앞의 책, 72쪽.

어렵다. 그리고 학력주의의 사회적 지표인 명문대학을 폐지하거나, 산업화를 중단하거나, 핵가족화를 금지하거나, 중산층의 증가를 억제하는 등의 일 또한 현실적으로 불가능하거나 매우 어렵다. 따라서 그는 학력주의 개혁을 위해 실현가능한 방법으로, 자본주의 사회의 민주주의 원리에 따라, 학부모와 학생에게는 교육의 선택권을 보장하고, 대학에는 선발권을, 고등학교에는 교수권을 보장하며, 국가에는 인재 선용권을 보장하는 교육정상화 정책이 필요하다고 주장했다. 즉 교육 당사자 간의 이해관계를 절충하면서 이 사회가 교육을 통해 얻고자 하는 바를 동시에 추구할 수 있는 전략들을 통해 학력주의의 속성을 약화시킨다는 것이다.

결국 그는 학력·학벌주의가 갖는 신분집단의 문화적 상징성을 완전히 없애기도 어렵고, 사회구조적 차원에 걸쳐 있는 사회적 지표성을 통제하는 것도 어려우므로 학력·학벌주의의 본질적 속성을 직접 차단하고 통제하려는 대책보다는 관련 집단들 간의 이해관계를 조정하여 제도화하는 방식의 개혁전략을 채택하려는 것이다.

그는 주요 전략으로 다음과 같은 제도개혁을 제안했다.[209] 다선형 학제로의 전환, 대학입학정원의 일정 수를 (지역별·성별·소득별) 쿼터제로 선발, 입시와 정원 및 행정 운영의 대학 자율성 확대, 대학 행정의 자율을 위한 독립기구 설 치, 소수 명문대 외 대학의 평준화, 전문대학에 내신성적과 전공학과중심으로 진학 기회 개방, 지방대학에 타 지역인 20% 내외로 제한, 대학의 다학기제 운영 및 입시 2회 이상, 일정 범위 지방대학의 지역 산업 및 문화 관련 특성화, 기업에 단기기술대학 혹은 산업기술대학 설치, 직업 창출과 고용대책위원회 설치, 고교에 직업통합 교육과정과 직업훈련 도제과정 설치 및 의무 이수 등이 그것이다. 그중 다선형학제, 대

209 한준상(1994), 앞의 책, 84-85쪽.

학입학정원의 쿼터제, 소수 명문대 외 대학의 평준화, 지방대학에 타 지역인 제한 등은 눈길을 끄는 변화의 방안들이다.

곽병선(2003)은 '학력사회에서 능력사회로'라는 지향점에 따라, 학력을 능력으로 받아들일 수 있을 만큼 분명하게 공인된 형태로 생산할 수 있는 교육체제를 구안하고자 했다. 그는 학벌주의의 폐해를 근절하고 능력중심사회로의 진입을 촉진할 제도적 장치로서, '학력 및 직업능력 자격제도'를 실시할 것을 주장했다.[210] 그의 이러한 주장을 '학력/직업능력자격제도론'이라고 하겠다. 그는 기존의 교육개혁에 관한 논의들, 즉 시장 논리와 평등주의 논리의 교육개혁론을 모두 비판하면서 구체적으로 이 제도를 학벌사회에서 공교육을 살리는 제도적 장치로 제안했다. 그는 "한국 공교육의 치명적 위기는 교육의 본질적인 활동을 맡고 있으면서도 학교와 교사가 아무런 주도권을 행사할 수 없이 오로지 시험 준비 위주 정답형 암기학습을 조장하는 '학교외적 학력평가'에 있다."라고 본다. '학교외적 고부담 시험제도'가 학교교육을 파행으로 이끌고 학교와 교사를 무력하게 한다는 것이다. 따라서 그는 공교육 위기의 핵인 정답형 암기학습을 조장하는 서열 매기기의 학교외적 고부담 시험제도를 넘어서야 한다고 역설했다.

그는 공교육 위기의 극복을 위한 대안적 전략으로 다음 사항들을 제안했다. 첫째, 학교 외적 시험제도를 폐지한다. 학교의 생활기록과 학교장의 추천을 가장 신뢰할 수 있게 하는 노력이 필요하며, 이를 감당하기 위하여 교사들이 전문성과 책무성을 갖도록 지원하는 학력관리체제를 확립해야 한다. 둘째, 국민 학력 및 직업능력 자격제도를 도입한다. 교육

210 곽병선(2003), 〈학력/직업능력 자격 기준 세우고, 학교가 평가권 행사하면 공교육 살고 사교육문제 해결된다〉, 《한국교육학회 소식지》 39(4), 1-15쪽.

받은 능력을 자격제도로 전환하여 그 자격이 진학과 취업의 가장 중요한 전형자료가 되게 하려는 것이다. 그 선행 요건 중 하나는 학교의 평가권을 확립하고 전국단위 학력/직업능력 자격시험[211]을 도입하는 것이다. 셋째, 자율적 학교지배구조를 구축한다. 기본적으로 학교에 모든 권한과 책임을 부여하며, 개별 학교가 전문적 자율성 발휘의 권능과 책무성을 함께 지는 교육 실천의 주체가 되게 한다는 것이다. 넷째, 사회통합을 위한 특별 대책을 시행한다. 이는 학교의 지역 격차를 해소하고 극빈 가정 학생의 구조적 불이익을 상쇄하기 위한 것이다. 다섯째, 교육부는 학력 및 직업능력 자격의 관리와 학교 평가에 중점을 두도록 하고, 유·초·중등학교 관련 업무의 대부분을 지역교육청에 이양한다.

"학력/직업능력 자격 기준 세우고, 학교가 평가권 행사하면 공교육 살고 사교육 문제 해결된다."라는 그의 논제가 시사하듯, 그는 학교가 전문적 자율의 권한과 책임으로 학력과 직업능력을 평가하고 자격으로 인정할 수 있는 학교교육체제를 그리고 있다. 학교와 교사가 전문성을 발휘하여 교육한 결과로서 학생들의 성취를 분명한 기준에 따라 엄정하게 평가·기록하고 그에 상응하는 자격으로 인정함으로써, 학교와 교사의 권위를 회복하고 교육의 본질적인 모습에 접근할 수 있다는 것이다. 학교(교사)가 전문적 자율의 교육체제를 통해 형식적인 학력(졸업장)이 아니라 실질적인 능력을 육성하고 공인함으로써 진학이나 사회 진출에서 보다 능력주의적인 교육 실천에 다가갈 수 있다고 보았다. 물론 개별학교가 개혁의 단위로 기능해야 하고 현실적으로 학교와 교사가 평가권을 확보해

211 수능시험을 대체하는 시험으로 전국 공동 일정으로 전 과정을 개별학교가 주관하며, 학교 수업의 과정으로 시험이 이루어지고, 과목당 최소 세 시간 이상 1일 1과목을 치르며, 종합적 평가방식을 사용하고, 평소 학교성적이 50% 이상 반영되도록 하며, 국민공통기본교과는 고교 1학년 말에, 심화선택과정은 고교 3학년 2학기 말에 실시하고, 시험 결과는 학교생활기록부 교과성적에 기재된다. 곽병선(2003), 앞의 소식지, 11쪽.

야 하는 등 큰 부담이 있다. 자격화된 결과를 진학과 취업의 전형자료로 활용하도록 합리적으로 강제할 수 있는 현장 역량 및 조건의 성숙과 제도화, 그리고 사회적 이해가 필요할 것이다.

한숭희(2004)는 개방적 평생교육체제의 구축을 통해 학력과 능력의 불일치라는 학력사회의 핵심 문제를 해결하고자 했다.[212] 이 관점을 '개방적 평생교육체제론'이라고 하겠다. 그는 학벌보다는 학력의 문제에 초점을 두었다. 그의 주장은 '능력중심사회로의 지향'과 관련하여, 학력을 실질적인 능력의 개념에 근접할 수 있도록 재개념화하고 이를 포괄할 수 있는 새로운 교육체제를 설계함으로써 학력과 능력의 불일치 문제를 해소하고자 하는 교육적 개혁방안이다.

그는 특정 학력의 교환가치에 프리미엄이 지나치게 많이 붙는 문제는 학교교육을 둘러싼 지원체제의 문제로, 이를 난해한 '부차적인 문제(사회적 외피)', 즉 교육체제를 넘어서는 사회문제로 본다. 그러나 학력과 능력의 불일치 문제는 학력·학벌의 사회문제에 대한 해법과는 달리 학교체제의 혁신을 통해 해결할 수 있는 학력사회의 핵심 문제로서, 그 해법이 달라야 한다고 본다. 그는 학력과 능력의 개념적 연관성에 대한 분석적 논의[213]와 현 학교교육체제의 성격에 관한 논의를 통해, 대안적 교육체제를 그리고 있다.

---

212 한숭희(2004), 〈학력의 재해석을 통한 개방적 평생교육체제 설계〉, 《한국교육연구》 10(2), 64-101쪽.

213 그는 학력에 대하여, 학습을 통해 획득하는 모든 능력[學力] 혹은 경험으로 획득된 모든 학습이력[學歷]으로 규정하고, 이를 본원적 학력, 사회적 학력, 학교학력으로 구분했다. 본원적 학력이란 생후 경험으로 획득한 모든 학습이력 혹은 개발된 인간 능력 자체를 의미하며 학습력과 같은 것이다. 사회적 학력은 본원적 학력 중 사회적으로 구현된 부분을 의미하는 것으로 규정했다. 그리고 학교학력은 근대 공교육체제 이후 학교교육을 통해 얻은 능력으로, 사회적 학력의 일부지만 실제로는 지배적인 학력개념으로 통용되고 있는 것이다. 학교학력 개념은 특히 학교교육에서의 '교과에 의한 학문능력'을 대표하는 학습이력의 의미를 가짐으로써 비학문적 경험, 학교교육 이후의 비형식적·무형식적 학습결과를 배제하는 것이기도 하다. 한숭희(2004), 앞의 논문, 67-68쪽.

그는 학력과 능력의 불일치 문제에 대해, 학력 개념을 재해석하고 협소한 능력 개념과 폐쇄적 성격을 가진 근대 학교교육체제의 전개 과정을 개관한 후 "최대한 학력=능력이 되도록 교육체제를 교정하여 재구축해야 한다."라고 주장했다.

학교는 근대 시민사회의 형성과 더불어 태생적으로 능력의 온전한 의미를 담지 못하는 상황에서 교과학습에 의한 학문적 능력만을 중심으로 하는 능력주의적 기관으로 정립되었다. 이로 인해 결국 학력은 능력과 괴리를 가질 수밖에 없었다는 것이다. 인간의 총체적 학습경험을 담지 못하는 현재의 학력 생산체제를 그는 '폐쇄형 종점교육모형'이라고 했다. 이를테면 현재의 학교교육체제가 시공간적으로 매우 제한적이고 단절적이며 배타적이고 경직된 폐쇄성을 가지고 있다는 것이다. 이 한계를 해결할 수 있는 새로운 교육체제란 한마디로 개방형 평생교육체제이며, 그가 그리는 해법의 학력체제는 '평생교육체제의 복합적 학력체제'이다.[214]

이 체제는 '학습력(學習歷)' 중 사회적 구현체인 '사회적 학력'의 중심축을 확장하여 학교학력을 부분집합으로 하는 포괄적 학력체제, 즉 기존의 학력 개념을 확장하여 학교학력 외의 다양한 학습경험을 담아 낼 수 있는 사회적 학력체제이다. 그는 이 학력체제를 수용할 수 있는 신교육체제의 원리로서 적성·능력 중심의 트랙을 포함하는 멀티트랙, 새로운 방계학제의 보완, 개방적 학력인증체제로의 전환, 학교의 고립성과 위계성을 탈피하고 사회 전체 교육망과의 연계 속에 기능할 수 있는 네트워크 형성, 국민핵심능력표준을 세워 기준으로 삼는 것 등을 들고 있다. 요컨대 학교교육 중심의 폐쇄적 교육체제의 한계를 넘어선 개방적 평생교육체제의 구축으로 학력사회의 기본모순을 해소한다는 것이다.

---

214 한숭희(2004), 앞의 논문, 74-77쪽.

개방적 평생교육체제의 구축이 사회에서 이루어지는 교육활동과 제도들을 연결하고 보완·확장하여 삶이 곧 교육이 되고 학력이 되는 통합적 체제를 만드는 것이라면, 개방적 평생교육체제는 긴 시간을 필요로 하겠지만 우리의 교육체제에 대한 구상이 결국 이르게 되는 지점이 될 것이다.

'지역단위질서의 교육론'은 김민남·손종현(2006)이 제안한 개혁론이다.[215] 이 개혁론은 한국 교육체제의 현실을 비유하는 '전국단위질서의 교육체제'를 혁신하여 공교육을 정상화함으로써 학력·학벌 문제가 더불어 해소되기를 기대한다. 이 개혁론에서 한국 교육체제상의 핵심 문제는 교육의 현장성 상실, 즉 학교(교사)의 무기력이며, 그 주요 원인은 전국단위질서의 교육체제와 관치교육 등이다. 전국단위질서의 교육체계는 성적-석차 시스템으로 전국의 학교와 학생을 한 줄로 세우는 경쟁체제를 강화하며 비교육적 현장을 구조화한다. 관치교육은 교육관리체제의 특성으로, 이 체제는 중앙집중 및 관료행정 우위의 교육체계이다. 이에 따라 행정편의주의, 관료적 권위주의가 현장을 지배한다. 교육의 현장성 상실 문제는 결국 학교(교사)의 교육력을 해체시킨다. 특히 수능시험과 같은 전국단위질서를 강제하는 평가는 교육모순의 집결처로서, 과정보다 결과를 중시하고 성적·석차가 사람 고르기 잣대가 된다. 요컨대, 중앙중심적이고 획일적이며 권위주의적인 엘리트 통제의 교육체계가 교육의 현장성 위기를 초래하였다는 것이다.

지역단위질서의 교육론은 공교육을 회복하기 위해 전국단위질서를 지역단위질서의 교육체제로 대체하려는 교육개혁론이다. 지역단위질서의 교육체계란 지역단위 교육력이 기능하는 체계(자율성과 다양성 실현)이자 현장우위의 교육체제이다. '지역단위란 친숙하게 참여하여 함께 운용하는

215 김민남·손종현(2006),《한국교육론: 지양과 지향》, 경북대학교출판부.

분권과 참여의 교육제도를 성립시키는 필수적 권역'을 말한다. 지역단위 질서의 교육체제는 교육활동에 의한 완결성 경험과 그 기획이 성립하는 시공간으로, 중앙과 지방의 분열구조에 대한 상심을 반영하고 있다. 이러한 논의에서 저자들은 지식기반사회와 정합하는 교육사상의 흐름을 따르고 있다.

지역단위별 3자 분립의 교육체제가 그들의 방법론이다. 3자 분립의 교육체계란 교육기획력이 살아 있는 교육활동, 지원행정, 사회적 평가가 상호연관하여 성립시키는 교육체계이다. 그들에 따르면, 이 교육체계에서는 첫째, 학교(교사)가 전문성을 발휘하는 교육활동(교육기획권, 학생평가권)이 이루어진다. 가르치는 자가 학생(학력)을 평가하는 '교사별 평가'와 교육자가 자신의 전문성 행위를 기록하는 '교육이력철'이 학교(교사)가 전문성을 발휘하는 교육활동을 가능하게 한다. 둘째, 지원의 행정체제는 행정이 학교와 교사의 교육활동을 지원하는 체계가 된다. 이 교육체계에서의 행정은 관리, 통제의 행정이 아니다. 중앙에 집중된 자원과 권한이 지역단위로 이양되고 분산될 것이다. 셋째, 사회적 평가체제를 통해 교육자는 자신의 전문성에 대해 점검하고 수정할 기회를 갖는다. 공개와 개방이 가르치는 자의 전문성 발휘에 대한 책임을 지는 방식(교직윤리)이다. 이 평가체제는 사람 가르기가 아닌 사람의 경험을 이해하는 컨설팅체제로 기능할 것이다. 이 3자 분립의 체제를 근간으로 공교육을 정상화하는 새로운 학교교육체제의 모습과 운영원리를 체계화하였다.[216]

---

216 새 학교교육체제의 주요 내용은 다음과 같다. • 학교와 전공의 목표에 따른 '선발-졸업의 체계'로 교육의 과정을 기획한다. • 초·중등교육은 재능발견, 고등교육은 재능의 발굴과 육성이라는 계통성을 갖게 한다. • 교육력 경쟁이 일어나고, 다양한 목적형 학교교육을 받을 수 있는 체계로 만든다. • 모든 지역 모든 대상에게 다변다층의 학교교육(완성형, 목적형)이 가능하게 한다. • 실업계 학교를 '목적과 완성'의 이념이 실현되게 직능지향의 직업교육체제로 전환한다. • 대학입시제도를 지역단위 경쟁시스템으로 전환한다. • 교육이력철제도와 입학사정관제 등을 통해 재능 발굴의 선발을 한다. • 대학이 자율하는 전공교육단위를 갖추도록 전환함으로써 교육력을 제고시킨다.

이 맥락에서 대학의 새로운 학생선발방식으로 재능·능력·공부 이력의 분류와 대학 전공과의 계통성을 분명하게 하는 선발방식을 제시하였다. 즉, '교육이력철에 의한 경로별 선발체제'[217]이다. 아울러 대학교육체제를 '선발-졸업'의 체제로 기획하고 재량권과 책임을 감당하는 완성형 전공 교육으로 교육력을 높일 수 있는 체제를 제도화하고자 하였다.

'지역단위질서의 교육론'은 학력·학벌 문제의 기반이 되는 전국단위질서의 교육체제를 지역단위질서의 체제로 전환함으로써 학력·학벌 문제가 해소되기를 기대한다. 지역단위별로 학교(교사)의 '교육활동체제-지원행정체제-사회적 평가체제'의 3자가 분립하는 가운데, 학교(교사)가 지식기반사회에 부합하는 교육활동을 전문적 자율의 권능으로 기획·실천할 수 있는 교육체제를 구축하고 호환 가능하게 함으로써 공교육을 정상화하려는 개혁론이다.

교육체제 개혁론들은 한국사회의 학력·학벌 문제를 교육 부문의 특화된 전략적 방법론으로 변화를 시도하고 있는 것이라 할 수 있겠다.

3. 개혁론의 유형과 쟁점

가. 개혁론의 경향과 유형

먼저 각 개혁론이 규정한 지향점, 주요 문제, 핵심 원인, 개혁전략과 방법론, 개혁의 주체 등을 종합적으로 논의하기로 한다. 개혁론들은 한

• 경로별 선발을 한다 등.

217 경로별 선발방식은 ① 일반계 학교의 교육완성도에 의한 선발경로, ② 학교의 특수적성을 살리는 동일계 계통을 이어 주는 선발경로, ③ 대학전공의 특수성을 명료하게 표명하는 기준에 따른 선발경로, ④ 사회적 보충과 보상을 받아야 하는 아이들의 선발경로, 그리고 ⑤ '교육과정완성도평가'에 따른 선발경로 등 다섯 개의 경로로 분류하였다. 김민남·손종현(2006), 앞의 책, 313-315쪽.

국 학력·학벌주의의 주요 문제와 그 핵심 원인을 보는 시각이 달랐다. 서로 다른 전략과 방법으로 문제에 접근하고 있다. 논의의 포괄성이나 이론적으로 체계화된 정도가 모두 같은 것은 아니지만, 뚜렷한 논점과 방법론을 표명했다.

개혁론들이 표명한 지향점 혹은 결과는 학력·학벌에 의한 불평등과 차별의 해소, 공교육 정상화, 공정경쟁 질서 확립, 명문대 다극화, 능력중심사회 지향, 지역의 균형발전 등이었다. 이들 지향점은 그 자체가 포괄하는 범위와 구체적인 내용이 다르고 원근의 차이가 있지만 서로 관련된 것이기도 하다.

개혁론들이 주목하는 한국 학력·학벌주의의 주요 문제들은 크게 사회문제와 교육문제로 대별된다. 주요 사회문제로는 학벌에 의한 사회요직과 권력의 독점, 학력·학벌에 의한 차별과 불평등, 지역대학의 침체와 지역 삶의 피폐화 등이다. 그리고 주요 교육문제로는 대학 간 불공정 경쟁, 학력-능력의 불일치, 주입식·암기식의 입시 준비교육, 인간교육 상실, 획일적 교육, 교사의 전문적 권위 무력화, 학교(교사)의 교육력 상실 등의 문제들이 지적되었다. 사실 이들 학력·학벌사회의 문제들은 대개 공통적으로 인식되고 있는 것이기도 하다. 그러나 어느 문제를 더 중요하게 보느냐 혹은 무슨 이유로 어떤 문제를 다룰 것이냐에 차이를 보이는 것이다.

개혁론들은 대개 문제의 원인을 폭넓게 보고 있다. 개혁론에 반영된 학력·학벌주의 문제의 핵심 원인에 대해 교육체제를 중심으로 볼 때, 그 핵심 원인을 교육체제 내부에서 찾는 유형과 교육체제 외부에서 찾는 유형으로 나눌 수 있다. 이를테면, 대학서열체제, 폐쇄형의 학교교육체제, 학교외적 평가제도, 전국단위질서의 관치교육체제 등은 교육체제 내적인 원인이다. 따라서 교육체제 개혁론의 범주에 있는 개방적평생교육체제론, 학력/직업능력자격제도화론, 지역단위질서의 교육론, 그 밖에도 대학평준화론, 국립대법인화론, 명문대축소론 등이 대체적으로 내인론 쪽에 무게를 두고 있다. 이에 반해 불투명한 능력기반 보상체계, 중앙중심의 불균형적 발전 등은 교육체제 외적 원인들이다. 따라서 사회시스템 개선론, 인재지역할당제론 등은 더 중요한 원인이 교육체제 외부의 사회에 있다고 보는 관점들이라 할 수 있겠다. 중등교육개혁론의 경우는 문제의 원인에 대해 교육체제 내적 원인으로 문화적 상징성을, 외적 원인으로 사회적 지표성을 제시하고 있다. 전체적으로 내인론적 개혁론이 다수이다.

개혁론들의 개혁전략 및 방법론과 관련하여, 한두 경우를 제외하면, 각 관점은 자체 규정한 현실적 맥락의 핵심 원인을 직접적으로 공략하는 방식을 취하고 있다. 학벌주의 혹은 대학서열체제를 1차적 원인으로 본다면, 대학평준화론이 국립대 통합네트워크 구축과 개방 등에 의한 직접적인 전략을 설정하는 데 비해, 다른 논의들은 그 정도에 차이가 있으나 간접적 혹은 우회의 전략을 채택하고 있다. 이를테면 국립대 민영화와 자유경쟁체제의 확립, 명문대 축소와 대학별 특성화, 사회 내부체제의 능력중심 경쟁체제로의 전환, 인구비례에 의한 국가고시 지역할당 선발, 민주주의 원리에 따른 당사자들의 이해관계 절충, 학력 개념의 확장과 개방적평생교육체제 구축, 학교 외부 시험제도의 폐지와 학력 및 직업능력의 자격제도화, 교육기획력-지원행정-사회적 평가의 삼자가 분립하는 교육체제의 구축 등이 그 핵심 전략이다.

그리고 각 개혁론의 이론적 배경은 분명하지 않은 경우가 있지만, 대체적으로 볼 때, 대학평준화론은 평등주의적 사회비판이론에 의거하고 있으며, 국립대법인화론은 신자유주의 철학을 기반으로 한다. 명문대축소론은 관점상으로 볼 때 대학평준화론과 국립대법인화론을 모두 비판하지만 양자에 대한 선택적 수용의 현실적 관점을 견지하고 있다. 그리고 중등교육개혁론은 지위(신분)집단이론으로 학력·학벌주의를 이해하고 있다. 참조하는 이론적 시각이 있으나 기본적으로 한국의 현실적 문제상황에서 출발한다.

개혁 주체의 측면에서 볼 때, 각 개혁론은 국가, 지자체, 지역단위, 대학(학교), 교사, 학생, 시민, 학부모 등을 주체로 규정하거나 시사하고 있다. 모든 관점에서 분명한 것은 아닐지라도 개혁론들 간에 국가의 역할에 대한 견해가 다른 점을 발견할 수 있다. 이를테면, 대학평준화론, 인재지역할당제론 등은 국가의 적극적인 관여를 필요로 하는 개혁안들이며, 사회시스템개선론과 국립대법인화론 등은 국가의 관여를 최소한으로 필요로 하거나 국가가 적극적으로 관여할 수 없는 상황에서 추진되는 개혁론들이다. 그리고 학력/직업능력자격제도론, 지역단위질서의 교육론, 개방적평생교육체제론, 명문대축소론 등은 교육기관 자체의 자율성과 국가의 지원적 관여를 필요로 하는 유형들로, 국가에 대해 교육기관의 자율성을 보장하고 공공성의 기반을 안정적으로 유지하는 선에서 지원·관리하는 역할을 요구한다.

여기서 두 가지 측면, 즉 개혁의 주체와 문제의 핵심 원인을 양축으로 하여 교차시킬 때, 다음의 〈그림 3-1〉과 같은 아이디얼 타입으로 개혁론의 유형을 분류해 볼 수 있다.

개혁의 주체(국가관리-민간자율)를 세로축으로 하고 교육체제를 중심으로 핵심 원인의 소재(내인론-외인론)를 가로축으로 하여 각 개혁론을 배치하였다. 〈그림 3-1〉에 있는 각 사분면의 세부 성격과 그 대표적 유형을 기술하면 다음과 같다.

I유형은 국가주도의 사회개혁형으로, 학력·학벌주의 문제의 주원인이 사회체제에 있다고 보며 개혁 과정에 국가가 주도적으로 관여하는 변화론이다. 정부가 주도하는 국민 의식계몽을 위한 캠페인성 개혁론이 대표적인 유형이다.

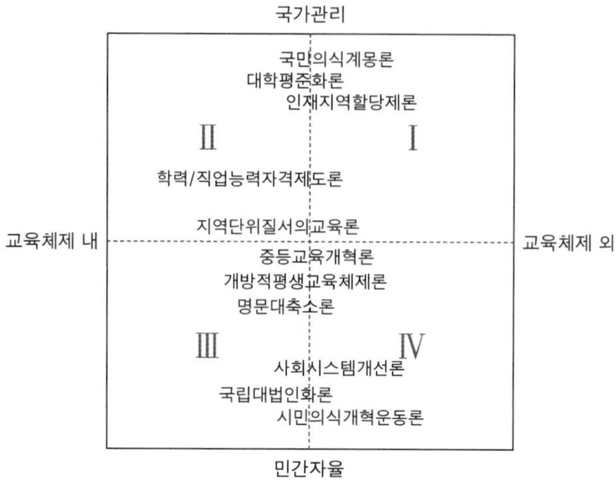

그림 3-1 학력·학벌사회 개혁론의 유형

Ⅱ유형은 국가주도의 교육체제개혁형으로, 학력·학벌주의 문제의 주원인이 교육체제 안에 있다고 보며 국가가 주도적으로 관여하는 변화론이다. 이 유형은 교육체제가 국가에 의해 높은 공공성이 확보되도록 개선함으로써 변화를 시도하는 유형이다. 대학평준화론이 일례가 될 것이다.

Ⅲ유형은 민간주도의 교육체제개혁형으로, 문제의 핵심 원인이 교육체제 내부에 있다고 보며 민간과 교육기관이 주도하는 변화론이다. 민간과 교육기관이 자율적으로 제도를 만들고 변화를 추진하는 유형으로서 국가의 관여를 최소화하고 기관 자체의 자율운영을 의미하는 국립대법인화론을 들 수 있겠다.

Ⅳ유형은 민간주도의 사회개혁형으로, 문제의 핵심 원인이 사회체제에 있다고 보며, 민간주도의 자율에 의해 이루어지는 변화론이다. 시민단체가 주도하는 의식개혁운동론 등이 대표적인 유형이다.

개혁론들 간의 관계적 위상으로 볼 때, 국가관리-민간자율 간의 정도가 다양한 가운데 교육체제의 변화에 역점을 두는 개혁론들이 다수임을 볼 수 있다. 그러나 순수하게 한 가지 원인만을 강조하거나 한 사분면에 완전하게 편중된 유형의 개혁론은 없다. 이 점은 학력·학벌 문제가 한두 요인에 의해 발생하는 것이 아니며 사회의 일부 부문에 의해 해소되기 어렵다는 점을 시사한다. 따라서 학력·학벌사회 문제에 대한 원인 규명이나 처방도 단순화될 수 없음을 의미한다.

나. 개혁론의 주요 쟁점

각 개혁론이 자체적으로 규정하는 핵심 문제와 원인이 서로 다르고 이에 따라 개혁의 전략과 방법론을 달리한다는 점에서 개별 개혁론 자체가 쟁점이기도 하다. 개혁론들 간의 주요 쟁점으로는 대학서열체제를 주요 원인으로 보는 개혁론들 간에 이 대학서열체제를 어떻게 처리할 것인가의 문제, 내인론과 외인론의 문제, 국가 관여의 문제, 지향점 가치로서 능력주의 이념의 적합성 문제 등이 있다.

학력·학벌주의를 공략하는 전략의 문제와 관련하여, 대학서열체제를 핵심표적으로 보고 그 해체를 주장하는 관점과 대학서열체제를 중요한 원인으로 보지만 다른 방법을 제시하는 관점 간에 견해차가 있다. 대학서열체제 해체를 핵심 전략으로 보는 관점은 사실 학벌 자체 혹은 학벌주의가 더 근원적이지만 문화적 싸움을 해야 하고 공략할 대상이 광범하게 편재되어 애매하므로 소위 '학벌을 생산하는 공장'인 대학의 서열체제를 표적으로 설정했다(정진상). 대학서열체제를 없애지 않고는 학벌 문제를 해소할 수 없다는 것이다. 한마디로 핵심 원인을 직접 공략하는 전략이다. 대학평준화론과 이를 반영하는 국립대학 통합네트워크 구축안은 기본적으로 이 관점에 의거하고 있다.

한편 대학서열체제의 해체 이외의 다른 전략을 제시하는 개혁론들은 대학서열체제를 직접 공략하는 방식에 대해 다음과 같은 이유를 들어 비판한다. 대학서열을 없애는 것은 거의 불가능하다. 우리에게는 흔히 순서를 매기고 우열을 따져서 평가하고 관계를 맺는 오래된 서열문화가 있다. 그것은 일상적으로 존재하는 것이어서 그것을 없애기는 매우 어려울 뿐만 아니라 새로운 서열을 계속 만들어 내게 될 것이다. 따라서 서열을 없애려고 하기보다는 고착화된 서열을 완화하여 유동적인 것으로 변화시키거나 다른 방식으로 접근해야 할 것이라고 주장한다. 국립대법인화론자들이 대개 이렇게 주장했다.

다른 쟁점으로 내인론과 외인론의 문제가 있다. 사실 이 문제는 개혁에서 중요한 우선순위의 문제와 그에 따른 전략과 방법론의 문제를 함축하고 있다. 그러나 학력·학벌주의 문제는 사회의 총체적 연관성을 가진 문제이므로, 그 문제의 원인이 배타적으로 교육체제의 내부 혹은 외부에만 있는 것은 아니라고 할 수 있겠다. 학력·학벌주의 문제에 대한 시선이 교육체제로 향하는 것은 바로 교육체제를 통해 학력·학벌이 산출되기 때문이다. 특히 대학서열체제는 차별적인 학력과 학벌을 만들어 내는 직접적인 기반으로 비판의 초점이 되어 왔다. 엄밀히 말해 교육체제 자체가 학력·학벌사회 문제의 근본적인 원인이라고 할 수는 없다. 하지만 외부사회의 요구에 부화뇌동한 교육체제도 결코 그 책임에서 자유로울 수는 없다.

교육체제 개혁론의 범주에 있는 개혁론들은 능력중심사회로의 전환 혹은 공교육의 정상화를 지향점으로 설정하면서 교육학자의 전문성으로 학력·학벌 문제에 대처할 교육체제를 새롭게 구안하려 했다는 점에서 높이 평가할 만하다. 교육체제 변화론들은 참으로 교육적인 가치를 산출해 낼 수 있도록 교육체제를 혁신하는 일은 학력·학벌체제를 무너뜨린다고 해서 저절로 해결되는 문제가 아니라고 본다. 이들은 교육체제를 어떻게 구성해서 작동하게 해야 할 것인지를 고심하고 있다. 교육체제 혁신의 결과가 학력·학벌 문제의 완화나 해소로 이어질 수 있기를 기대한다. 교육학자들이 정치학자나 경제학자와 다르게 할 수 있고 해야 할 일이라고 본다. 또한 교육체제의 윤곽 그리기에 그치지 않고 교육체제의 운용원리와 방법론을 구체화하고 있다는 점에서 중요한 의의가 있다.

국가의 관여 문제 또한 하나의 쟁점이 된다. 특히 대학체제 개혁론으로 분류된 개혁론들이 서울대를 비롯한 (국립)대학체제의 변화를 제안하는 데서 국가의 역할이 어떠해야 하는가에 분명한 견해 차이를 보여 주고 있다. 국가를 통한 공공성의 유지 및 확대와 국가개입의 최소화를 통한 자유경쟁체제의 확립이라는 서로 다른 논의로 나타난다.

대체로 말해 교육체제의 공공성을 유지하고 강화할 필요성을 강조하는 대학평준화론의 경우는 국가가 주도적으로 관여해야 하며 사립대학조차도 국립화할 필요가 있다는 점을 강조한다. 그러나 국가의 편파적 지원과 특혜가 현재 대학서열체제 형성의 원인이 되었다고 보는 국립대 법인화론의 지지자들은 국가의 관여를 최소화해야 한다고 본다. 그렇게 하는 것이 경쟁체제를 공정하게 하는 것이며, 대학들이 자유롭게 경쟁할 수 있도록 하는 것이라고 역설한다. 김동훈(2002)은 국가주의 강화의 철학을 바탕에 둔 대학평준화론이 시대의 흐름에 역행하는 것이라고 비판했다.[218] 정영섭·이공훈(2006)도 대학서열체제는 국가 권력 혹은 국가주의의 소산이라고 주장했다.[219]

정진상(2004)은 문제의 핵심이 대학서열체제에 있다는 점은 타당하나 그 결정적인 원인이 국가의 개입에 있다는 주장에는 동의하지 않았

218 김동훈(2002), 앞의 책, 247쪽.
219 정영섭·이공훈(2006), 앞의 책, 204-206쪽.

다. "대학서열체제 구축에서 국가가 담당한 역할은 매개일 뿐 원인이 아니"라는 것이다. 그는 이와 함께 신자유주의 철학의 비교육성을 지적했다.[220] 김세균·오성숙(2011)도 이런 주장은 대학교육의 공공성 강화라는 관점이 전면적으로 결여되어 있고 대학교육의 기업화와 시장화가 지닌 문제점을 전혀 고려하지 않고 있다는 점을 비판했다.[221] 유팔무(2004)는 대학의 운영이나 교육 및 연구 활동을 경쟁 논리로 풀어 가는 것은 적절치 않다고 본다. 교육과 연구에는 시장주의적 처방보다는 공적 관리와 지원이 필요하며, 교류와 협력이 경쟁보다 중요하다는 것이다.[222]

학교(교사)의 전문적 자율성이 회복되어야 한다고 보는 입장에서는 국가의 관여가 지원 혹은 기본지침을 설정하고 관리하는 정도로 제한되어야 한다. 학교(교사)의 전문적 자율성을 저해하는 상황을 우려하는 것이다. 결국 국가의 관여는 교육의 공공성과 현장성을 지키기 위한 것이어야 하며 학교 현장을 하부기관화하는 통제나 관리 자체를 위한 것이어서는 안 된다는 것이다.

또 한 가지 쟁점은 학력·학벌주의 개혁에 능력주의 이념이 여전히 유효한가의 문제이다. 사실 몇몇 학력·학벌주의 개혁론들이 능력주의 이념을 지향점 가치로 설정하고 있다. 능력주의 이념은 사회적 기회와 보상에 대해 능력에 따른 차등적 배분을 정당화한다. 이를테면 개혁론들은 학력·학벌주의가 능력을 정당하게 반영하지 못하고 있으며 심지어 신분제적 성격의 부당한 평가로 작용한다는 것이다. 따라서 개혁론들은 학력을 능력과 등치될 수 있는 것으로 만들거나 실질적인 능력을 배양하거나 검증할 장치를 만들어 사회적으로 활용할 것을 제안했다. 국책 연구기관에

---

220 정진상(2004), 앞의 책, 62-66쪽.
221 김세균·오성숙(2011), 앞의 논문, 5쪽.
222 유팔무(2004), 앞의 책, 316-317쪽.

서도 학력인정제도의 개선,[223] 핵심직업능력 관리 시스템의 개발,[224] 국가직무능력표준화(NCS) 구축,[225] 각종 자격제도 개발 등의 연구 사업을 추진해 왔다. 이들 연구 사업은 평생학습체제에 적합하도록 제도를 개선하고 시스템을 구축함으로써, 학력을 실질적인 능력에 더 가깝게 하려는 노력들로 볼 수 있겠다. 그리고 사회의 각 부문에서도 기회와 보상을 능력에 따라 배분할 수 있는 시스템을 만들어 가동할 것을 제안했다. 능력중심의 원칙을 실현하는 사회를 만드는 것이 학력·학벌주의 개혁의 목표이자 전략인 셈이다.

한편 능력 개념 자체가 그리 단순한 것이 아니다. 논자들은 능력에는 지능, 노력, 가정 배경, 운 등의 요소가 달리 포함된 것으로 보고 있다. 이 모든 요소는 사회적으로 그 시작 지점에서 결코 똑같은 수준으로 존재할 수 없을 뿐만 아니라 그 능력을 정확하게 잴 수 있는 수단이 부재하거나 불완전하다는 근본적인 문제들을 내포하고 있는 것이기도 하다. 이런 문제가 시대적·사회적 맥락에서 정치적으로 이용됨으로써 모순적 의미를 더하게 된다.

박권일(2010)은 학벌주의에 반대하는 기존의 능력주의 관점과 논리로는 결코 학벌주의를 극복할 수 없을 것이라고 주장한다. 능력주의 이념은 봉건적 신분사회를 대체하는 근대사회의 이념, 더 정확히 말하면, 근대 부르주아 혁명의 산물이다. 학력은 부르주아라는 새로운 계급이 채택한 '시장합리성에 의한 능력검증 도구'이자 '구별 짓기' 전략이 되었다. 결국 부의 격차가 능력의 격차로 표현되는 상황에서, 그리고 능력을 재는

---

223 이혜영 등(2009), 〈학력인정제도 개선방안 연구〉, 한국교육개발원.

224 채창균(2012), 〈핵심직업능력시스템의 구축〉, 《취업진로연구》 2(1), 5-20쪽.

225 NCS는 National Competency Standards의 약자로, 국가직무능력표준이라고 한다. NCS는 모든 직종에 종사하는 사람에게 요구되는 지식이나 능력을 국가 차원에서 표준화한 것이다. 나승일(2013), 〈학벌 아닌 능력중심사회를 위한 NCS 구축과 활용〉, 《교육개발》 9월호, 89-98쪽.

기준 자체가 무한히 학력으로 환원되어 버리는 사회에서 능력주의는 이미 부를 축적한 '시장경제의 능력자'들에게 정당성을 승인해 줄 뿐이라는 것이다.[226] 학력·학벌 문제에 대한 능력주의 관점이 사회경제적으로 소외된 이들에 대한 문제를 해결하기 어려우며, 따라서 공공성을 견지하는 교육의 관점과 전망을 가져야 한다는 것이다. 박효민(2019)은 대학서열이 능력의 유일한 잣대가 되고 이로 인한 자원배분의 불평등이 비정상적으로 커진 한국사회의 경우, 현재의 능력주의적 자원배분의 성격을 가진 사회시스템에서 벗어나 '결과의 평등' 원칙을 보다 강조할 필요가 있다고 보았다.[227] 이들 반론은 기존의 능력주의로 감당할 수 없는 문제에 대하여 교육의 공공성 강화 혹은 결과의 평등을 견지할 수 있는 대안이 필요하다는 것이다.

4. 개혁론에 대한 비판적 참조

개혁론은 학력·학벌사회의 문제상황을 해소하고 새로운 사회적·교육적 지향을 위한 혁신적 변화의 방법론이다. 한국 학력·학벌주의 개혁론들의 주요 내용과 경향을 명료하게 하고자 했다. 분석은 각 개혁론이 규정하는 지향점, 주요 문제, 핵심 원인, 개혁전략 및 방법론 등이 무엇인지를 드러내는 방식이다. 개혁론에 대한 분석적 논의의 결과와 함께 새 개혁론을 위한 몇 가지 시사점을 제시한다.

---

226 박권일(2010), 〈대학의 사회적 위상과 가치의 변동: 한국인에게 대학이란 무엇인가〉, 《황해문화》 66, 70-75쪽. 대학이 소수 엘리트 교육기관의 역할을 하던 시기와는 달리, 부의 격차가 극심한 가운데 대학교육이 보편화된 상황에서 능력주의 관점의 수정이 필요하다는 점을 강조했다.

227 박효민(2019), 〈능력주의(meritocracy)를 넘어서: 능력주의의 한계와 대안〉, 한국사회사학회 외, 《2019 공동학술대회 발표자료집(학력주의의 사회사: 청년, 공정성, 계급재생산)》, 36-39쪽.

첫째, 개혁론들에 대한 분석적 검토에서 나타난 주요 내용은 다음과 같다.

① 개혁론들이 표명하는 주요 지향점은 학력·학벌에 의한 불평등과 차별 해소, 공교육 정상화, 공정경쟁 질서, 명문대 다극화, 능력중심사회, 지역의 균형발전 등이다. 각 개혁론의 접근하는 시각과 초점을 두는 영역(사회, 교육)이 서로 다른 점을 반영하고 있다.

② 개혁론들이 규정하는 주요 문제는 학벌의 권력 독점, 학력·학벌에 의한 불평등과 차별, 대학 간 불공정 경쟁, 지역과 지역대학의 침체, 과잉학력과 인간교육 상실, 학력-능력의 불일치, 입시 준비교육과 교사의 전문적 권위 무력화, 학교(교사)의 교육력 상실 등이다. 이들 문제 외에도 각 개혁론은 여러 관련 문제를 지적하고 있다.

③ 개혁론들은 주요 문제의 핵심 원인으로 대학서열체제, 국가주의와 편파적 지원, 불투명한 출세구조, 중앙중심의 불균형 발전, 학력·학벌의 문화적 상징성과 사회적 지표성, 폐쇄형 학교교육체제, 학교 외적 평가제도, 전국단위질서의 관치교육체제 등을 들었다. 교육체제의 변화에 무게를 두는 개혁론들은 교육체제가 학력·학벌을 생산하는 부문이라는 점, 교육체제 자체에도 본연의 기능을 하지 못하는 등의 여러 모순이 내재되어 있다는 점, 광범하고 복잡한 사회 부문보다는 교육체제로부터 시작하는 것이 개혁의 표적과 전략을 설정하는 데 더 용이하다는 점 등이 작용한 것으로 보인다.

④ 개혁론들은 자체의 전략과 방법론을 채택하고 있다. '국립대 통합네트워크-국립대 민영화-명문대 정원축소' 등을 통한 대학서열체제 해체·완화(혹은 유동화), 능력·업적중심 사회경쟁체제 확립, 국가고시 합격자 인구비례 지역 할당, 민주주의 원리에 따른 주체들 간 이해관계 절충에 의한 교육제도, 학력-능력 일치의 개방적평생교육체제 구축, 학력 및 직업능력

자격제도화, '교육활동-지원행정-사회적 평가'가 상호 분립하는 지역단위 질서의 교육체제화 등의 전략을 채택했다. 교육체제 개혁론들은 교육 부문의 특화된 전략에 의한 개혁론이라고 할 수 있겠다. 이 개혁론들은 교육체제 개혁의 결과로 학력·학벌주의가 완화될 수 있기를 기대한다.

둘째, 개혁론들의 유형적 측면에서 볼 때, 대학체제를 포함하는 교육체제의 변화에 중심을 두는 논의가 많았으며, 국가관리-민간자율의 정도가 다양했다. 관여의 방식이나 정도가 다르지만, 대체로 국가적 차원에서 개혁이 이루어져야 한다는 점을 인정한다. 학력·학벌 문제의 개혁이 사회의 일부 부문이나 소수의 사람에 국한된 문제가 아니라 사회 전 부문의 모든 성원에게 연관된 공공의 문제이며, 공적으로 추진되고 뒷받침되어야 할 중대 사안이기 때문일 것이다.

셋째, 개혁론의 주요 쟁점은 대학서열체제의 해체 혹은 유동화의 문제, 교육체제를 중심으로 한 내인론과 외인론의 문제, 국가 관여의 문제, 지향점 가치로서 능력주의 이념의 적합성 문제 등이었다.

학력·학벌주의 개혁론들은 각기 사회정치적 입장과 시각을 달리하지만, 한국사회의 사회적·교육적 현실을 반영한 것이라 할 수 있겠다. 우리는 이들 논의를 비판적으로 참조할 수 있을 것이다. 아울러 현실적 문제 해결에 더 적합하고 실현 가능성이 높은 대책을 구안하려는 성찰과 노력이 필요하다. 우리 사회의 학력·학벌 문제를 해소하고, 학교교육을 실질적으로 정상화할 수 있게 할 후속 연구와 실천이 요청된다. 개혁론에 대한 검토를 통해 나타난 새로운 개혁론의 구성에 시사하는 바는 다음과 같다.

첫째, 학력·학벌주의 문제에 대한 개혁은 통합적 접근이 요구된다. 학력·학벌주의 문제가 사회의 특정 부문을 넘어 포괄적인 관련성을 가진 문제인 만큼, 다면적 접근을 시도하고 부문 간의 유기적 연관을 견지할 필요가 있다.

둘째, 각 부문의 특화된 전략적 개혁론 또한 중요하다. 전체적 조망에 의거하여 각 부문의 전문성으로 그 부문의 핵심모순을 체계적으로 변화시키려는 실천적 노력은 사회 전체의 변화를 이끄는 중요한 계기로 작용할 수도 있을 것이다.

셋째, 정부의 적극적인 리더십과 지원이 있어야 한다. 위로부터의 일방적인 개혁이나 간섭이 아니라 시민사회의 이해를 넓히면서 정책적으로 집중하고 지원하는 선도적 역할을 감당해야 한다.

넷째, 학력·학벌주의 개혁의 지향점 가치로 여겨져 온 '능력주의' 이념은 재고될 필요가 있다. 능력주의는 성공과 실패를 개인에게 귀속시킴으로써 결국 사회적 불평등을 정당화한다. 개인적 존재의 이해관계 가치 중심에서 공동체적 존재로서 보편가치를 중심에 두는 정신을 체제화하는 개혁이 요구된다.

다섯째, 개혁론들에서는 학력·학벌주의의 발생적 기원으로부터 숙고하려는 논의가 거의 없었다. 이를테면, 학력·학벌주의는 학교교육과 직업세계 간의 밀접한 연관으로부터 비롯되었다. 학력·학벌이 두 영역 간에 주요 매개 역할을 해 왔다. 이 역할을 정당화하는 이념이 또한 학력·학벌주의이다. 개혁은 곧 이들 두 영역을 매개할 다른 방법론을 모색하거나 교육체제와 직업세계 각 부문의 내부 그리고 두 부문 간의 관계를 변화시키려는 노력 또한 필요하다. 거시적인 만큼 더 큰 난점이 있겠지만 대안적 사유의 가능성을 넓힐 수도 있을 것이다.

개혁론은 학력·학벌주의에 의한 불공정성과 불평등을 완화·해소하고 민주주의 이념에 부합하는 것이어야 하며, 학력·학벌 추구의 반(反)교육을 혁신하고 공교육을 정상화하는 것이어야 한다.

02

제2부

학력·학벌주의에 대한 정부의 정책적 대응

제 4 장

정부의 정책적 대응에 대한 분석방법론

1. 민주화는 학력·학벌주의를 변화시켰을까?

학력·학벌사회는 비민주적인 사회이다. 학력·학벌사회는 불완전한 사회구성 지표인 학력·학벌에 의한 차별적이고 불공정한 기회와 보상을 정당화하는 불평등 사회이다. 사회적 불평등과 차별은 사회의 민주화를 통해 해결해야 할 주요 과제라 할 수 있겠다.

한국사회의 민주화 시대를 열게 된 지 30여 년이 지났다. 군사정부에서 문민정부로 전환된 이후, 한국사회의 정치적 민주화가 크게 진전되었다. 아울러 경제적 측면에서도 외환위기와 같은 난관의 시기가 있었지만, 전체적으로 발전이 지속되어 왔다.

그러나 한국사회에서 학력·학벌 문제가 해소되고 있다는 결정적인 증거를 찾아보기는 어렵다. 학력·학벌 경쟁이 치열하고 그에 따른 교육 및 사회 문제들이 여전히 만연해 있다. 《한국일보》의 여론조사(2014)와 KBS의 여론조사(2018)는 한국사회에서 불평등과 차별이 심하다고 생각하는 분야로 '학력·학벌에 의한 불평등과 차별'을 1순위로 꼽았다. 그만큼 한국사회에 학력·학벌에 의한 문제들이 아직도 널리 편재해 있다는 뜻이다. 일견 학력·학벌 문제의 해소는 그동안 이루어 온 정치적 민주화와 무관한 듯 보이기도 한다. 이런 상황에 대해, 학력·학벌 문제를 해소하기 위하여 정부가 주의를 기울여 온 사회정책적 노력과 같은 조치들이 별 효과가 없었던 것으로 읽힐 수도 있다. 어떤 점에서 아직 학력·학벌 문제에 치명적인 타격을 줄 수 있는 개혁을 시행하지 못하였음을 의미하는 것으로도 볼 수 있겠다.

한편 한국사회의 학력·학벌 문제가 사회의 객관적 조건과는 다른 사회심리적인 문제로도 표출될 수 있음을 보여 주는 연구들이 있다. 박종일 등(2010), 문상석·염유식(2010)의 연구에 따르면, 한국의 학생들이 행복을 위한 객관적 조건에서 OECD의 다른 국가 학생들이 가진 조건보다 더 나은 조건을 가진 경우가 많지만, 주관적으로 자신을 행복하다고 생각하는 학생의 수가 더 적었던 것으로 보고했다. 그들은 이런 현상을 한국사회의 학벌주의 문제와 연관 지어 설명하려고 했다. 이를테면 학력·학벌 사회에서 사회의 객관적 조건은 행복감과 비례하지 않는다는 것이다.

이재열(2015)은 한국사회의 눈부신 경제성장과 성공적인 민주화에도 불구하고 시민들의 행복감이 떨어지는 경향에 대해, '물질재(material good)' 공급 확대에 따른 한계효용은 점차 줄어드는 반면 '지위재(positional good)'를 둘러싼 경쟁은 점점 치열해지는 데 원인이 있다고 했다. 그는 이 설명에서 허쉬(F. Hirsch, 1976)의 이론적 가설을 인용하였다. 허쉬에 따르면, 경제성장 초기 단계에는 물질재의 공급을 늘리면 사람들의 만족감과 행복감이 커지지만, 경제성장이 일정 수준을 넘어서면 점차 지위재가 더 중요시되기 때문에, 물질재의 공급을 늘리는 것으로는 해소되지 않는 불만이 쌓인다는 점에서 '풍요의 역설'이 발생한다는 것이다.[228] 이런 논의

228 허쉬는 물질재와 지위재를 구분했다. 물질재란 의식주의 생존 욕구를 충족시키는 데 필요한 기본적인 재화이다. 지위재는 상대적으로 희소하며, 대체제의 존재 여부나 타인들의 요구에 따라 그 가치가 결정되는 재화나 서비스를 말한다. 환경, 교통, 교육, 일자리 등이 대표적인 지위재이다. 지

는 한국사회의 경제적 발전과 정치적 민주화에도 불구하고 학력·학벌주의가 여전히 건재하다는 것을 드러내는 데 대한 설명이 될 수 있음을 시사한다. 이를테면 학력에 대한 경쟁은 특히 명문학벌을 둘러싼 경쟁으로, 대학입시는 지위재를 두고 벌이는 경쟁이라는 점에서 학력을 추구할수록 그 경쟁은 점점 더 격화될 수밖에 없다.

김용철(2020)에 따르면, 정치적으로 민주화된 경우에도 개인의 사회경제적 지위에 따른 차별 현상이 나타나고 있으며, 사회의 불평등과 차별을 해소·완화하기 위해서는 정치적 민주화와 함께 사회경제적 민주화가 이루어져야 한다. 사회경제적 불평등이 개선되지 않는다면, 민주주의는 사회경제적 지위가 높은 자들의 필요와 이해를 정당화하는 기제로 작동하고, 사회경제적으로 소외된 자들을 민주적으로 배제하는 수단으로 전락하게 된다는 것이다. 그는 이러한 점을 현재 한국 민주주의가 안고 있는 근본적인 취약점이라고 보았다.[229] 외환위기 이후 추진된 여러 신자유주의적 정책들이 부의 양극화를 초래하면서 한국사회의 경제적 민주화를 퇴보 혹은 지체시킨 측면이 있다. 학력·학벌의 획득기회와 사회 주요부문 입직에 사회경제적 배경이 영향을 미치고 있음을 어렵지 않게 발견할 수 있다. 사회경제적 불평등이 민주화의 진전을 저해한 것이다.

학력·학벌주의는 한국사회의 주요 사회문제임에 틀림없다. 학력·학벌 문제는 좀 더 넓은 시선으로 사회의 여러 측면과 함께 조명될 필요가 있다. 학력·학벌주의는 정치와 경제뿐만 아니라 역사, 문화, 교육 등 사회의 여러 부문과 포괄적 연관성을 가진 문제이기 때문이다. 따라서 학력·

위재는 상대적 서열이 중요하므로, 이를 둘러싼 경쟁은 단기적으로는 제로섬 게임의 특징을 가진다. 지위재는 경제적 지대(rent)나 유사 지대(quasi-rent)와 같다. 이재열(2015), 〈사회의 질, 경쟁, 그리고 행복〉, 《아시아리뷰》 4(2), 6-7쪽.

229 김용철(2020), 〈사회경제적 불평등과 한국 민주주의: '좋은 민주주의인가?'〉, 《기억과 전망》 42, 59-60쪽.

학벌사회의 변화는 개인적 대응으로는 거의 불가능한, 그래서 특히 정부의 지속적인 정책적 대응이 필요한 장기구조적 과제이기도 하다. 학력·학벌 문제의 완화 혹은 해소에 정부의 역할과 책임이 가장 무겁고 중요하다고 본다. 이 점이 바로 여기서 정부의 대응에 관심을 두는 이유이다. 민주화 시대의 각 정부는 모두 학력·학벌 문제를 중요한 개혁의 대상으로 고려하였을 것이다. 정부들이 학력·학벌 문제를 국정과제 혹은 주요 정책적 과제로 다루어 왔다는 점에서 미루어 짐작할 수 있다. 그러나 학력·학벌 문제에 대한 각 정부의 인식이 모두 같지는 않았을 것이다. 각 정부의 정치적 이념이 다소 달랐기 때문이다. 정치적 이념과 인식이 다르면 정책의 성격도 달라질 수 있다.

여기서 관심을 두는 주요 문제는 다음과 같다. 첫째, 민주화 시대의 각 정부가 학력·학벌 문제에 대해 정책적으로 어떻게 대응했는가? 둘째, 각 정부가 시행한 정책적 대응의 성격은 어떤 것인가? 셋째, 학력·학벌 문제에 대해 각 정부가 정책적으로 대응한 결과는 무엇인가?

이 문제를 다루기 위하여, 학력주의의 몇 가지 유형을 참조하고 한국사회의 민주화 과정에서 나타난 정치사상적 이념의 유형을 고려하여, 정부가 학력·학벌주의에 대처하는 방식의 이념적 유형을 구성한다. 그리고 학력·학벌주의에 대한 각 정부의 대응 방식에 대해서는 학력에 대한 접근 기회, 학력산출체제, 학력·학벌에 의존하여 사회에 진출하는 상황과 결과, 학력·학벌주의의 변화를 겨냥하는 정책과 제도에 주목할 것이다.

민주화 시대는 문민정부 이후의 시기를 의미한다.[230] 이 책의 제2부 각

230 강정인 등(2008)은 한국사회의 민주화 과정을 정치사상사의 변화와 관련하여 민주화 이전(1948~1979), 전환기(1980~1992), 민주화 이후(1993년 이후) 등 세 시기로 구분하였다. 전두환 정부와 노태우 정부 시기를 전환기로 보았다. 강정인 등(2008), 〈민주화를 중심으로 본 한국 현대 정치사상의 흐름과 변화〉, 《신아세아》 15(2), 153쪽.

장에서는 문민정부로부터 문재인 정부에 이르기까지 민주화 시대의 학력·학벌 문제에 관한 각 정부의 대응과 그 결과에 대하여 논의한다. 각 정부의 정책 및 제도와 해당 시기의 주요 상황을 검토함으로써 학력·학벌주의가 미치는 영향의 양상과 정부 대응의 성격을 규명한다.

2. 학력주의의 사회정치적 유형

콜린스(R. Collins, 1979)는 학력획득 기회의 사회정치적 배분 방식에 따라 다음과 같은 몇 가지 학력주의의 유형에 대해 언급하고 있다.[231] 이를테면 그는 학력에 대한 통제권을 누가 소유하며 학력에 대한 접근 기회를 어떻게 배분하느냐에 따라 학력자본주의, 학력사회주의, 민족세습·후원적 학력주의, 학력파시즘, 학력급진주의 등으로 구분하였다.

학력자본주의(Credential Capitalism)는 학력 시장에서 개인의 경쟁에 대한 전통적인 자유방임의 관점으로, 사람들은 가능한 한 많은 경력 개발을 통해 소득을 증대시키려 하고, 가능한 한 많은 교육을 받으려 한다고 보는 개인주의적 입장이다. 이 입장에서는 학력이 개인의 능력과 경력을 나타내는 것으로 인정되고, 이에 따른 사회적 보상을 정당화하게 된다. 또한 이 입장은 교육 및 학력에 대한 접근에서 가정의 사회경제적 조건, 성, 인종, 지역 등과 같은 배경적 요인들에 의한 불평등을 간과하게 되는 문제를 내포하고 있다.

학력사회주의(Credential Socialism)는 교육의 기회를 균등화하기 위해 정

---

231 Collins, R.(1979), *The Credential Society: An historical sociology of education and stratification*, New York: Academic Press, Inc., pp. 195-196.

부가 개입하는 방식을 말한다. 학력사회주의는 교육기회의 균등한 배분을 염두에 두고 국가가 개입하여 학력주의의 병폐를 완화하거나 해결하고자 하는 사회정치적 이념이다. 이 입장은 학력주의를 완화하거나 궁극적으로 철폐하려는 관점이다.

민족세습·후원적 학력주의(Ethnic Patrimonial or Patronage Credentialism)는 각 민족 집단이 더 많은 학력 획득의 기회를 요구하는 가운데 각 (소수) 민족 집단을 정치적으로 보호하기 위해 일정한 기회를 할당하여 배정하는 방식이다. 즉 소수 민족 집단들에게 일정한 기회를 보장함으로써 이들을 학력제도 속에 편입시키는 것이기도 하다.

학력파시즘(Credential Facism)은 지배적 민족 집단이 소수 민족을 배제하고 학력에 대한 접근 기회를 독점하며 배타적으로 자의적인 지배체제를 유지하는 학력주의이다. 국가 권력이 지배적 민족 집단과 이해관계를 같이하면서 지배적 민족 집단의 학력에 대한 기득권을 보장하는 방식으로 지배체제를 공고하게 유지하는 극단적인 비민주적 형태의 학력주의이다.

민족세습·후원적 학력주의와 학력파시즘은 민족 단위가 학력에 대한 접근 기회를 갖게 되는 방식의 사회정치적 유형을 나타낸다. 편의상 이 두 유형을 학력민족주의(Credential Ethnicism)로 묶어 볼 수 있을 것이다.

학력급진주의(Credential Radicalism)는 '자유학교', '탈학교론'에서 볼 수 있는 바와 같이, 학력에 대한 통제권을 교육 공동체 성원에게 부여함으로써 학교제도를 해방시키려는 정치적 운동이다. 이 입장에서는 학교가 사회적 지위 배분과 차별적 보상의 기제로서 지배의 도구로 기능하는 것에서 벗어나, 학력이 새로운 교육기관을 통해 교육 본연의 내용을 실질적으로 구현하도록 하려는 것이다.

콜린스가 제시한 학력주의 유형들은 사회에서 기능하는 학력에 대한 사회정치적 통제와 기회 배분의 방식을 의미하는 것이다. 각 유형은 학력주의를 지지하는 정도와 학력에 대한 접근 기회의 통제 주체를 달리한다. 즉 '학력주의에 대한 지지-반대', '학력에 대한 국가(사회)의 통제-개인(공동체)의 자유'라는 두 축을 교차시켜 생성해 볼 수 있는 유형들이다.

콜린스의 학력주의 유형을 한국사회의 상황과 관련하여 논의할 때, 다음과 같은 점을 염두에 둘 필요가 있다.

첫째, 콜린스의 논의는 미국사회의 학력주의 형성 과정과 영향을 역사적으로 탐구한 데서 나온 것이라는 점이다. 미국은 다양한 민족으로 구성된 다원적 사회이며, 일찍부터 학력에 대한 기회가 확대되었다. 민족들 간의 경쟁과 갈등을 정치적으로 중요하게 고려하는 콜린스의 학력주의 유형은 미국사회의 독특한 상황을 반영하는 것이므로, 인종적 상황이 단순한 한국사회에는 그대로 적용될 수 없다.

둘째, 콜린스의 이론에 등장하는 신분(지위)집단과 한국사회의 학벌은 그 배경과 의미가 다르지만, 그 기능과 성격이 유사하다는 점이다. 콜린스의 학력주의에서 학력은 의사, 법률가, 엔지니어 등 전문직 집단을 비롯한 여러 직업 집단과 조직이 요구하는 주요 입문 요건이다. 학력은 이들 지위집단의 문화적 상징성을 함축한다. 일정한 학력 자격을 갖추고 입문하여 그 집단의 문화를 공유함으로써 집단적 이익을 추구하는 신분집단의 일원이 된다. 이들 집단은 더 높은 지위, 권력, 부를 확보하기 위해 경쟁한다. 이 신분집단은 한국사회의 학벌과 유사한 이익집단이다. 학벌은 동일 학교력(學校歷)의 학연을 입문 요건으로 하며 동류의식을 가지고 배타적 이익을 추구하는 집단이다. 학벌은 곧 학연에 의한 동류의식으로 결속된 일종의 신분집단이라 할 수 있다.

3. 한국사회 민주화의 정치사상적 이념의 유형

한국사회의 민주화에 영향을 미친 주요 정치사상적 이념의 유형에 대하여 검토한다. 이 논의는 콜린스가 제시한 학력주의의 유형과 연관 짓기 위한 것이다. 강정인 등(2008)이 한국사회의 민주화를 정치사상의 변화에 초점을 맞추어 고찰한 바에 따르면, 해방 이후 한국 정치는 근대화의 과제(통일국가, 민주국가, 산업국가 건설)를 두고 자유주의, 급진주의, 보수주의, 민족주의라는 4대 이념이 각축하면서 정치적 민주주의의 모습을 형성했다고 본다. 이 이념들의 유형을 민주화 시대의 한국사회에서 학력·학벌주의가 존재하고 작동하는 사상적 맥락으로 원용하고자 한다. 강정인 등(2008)의 논의[232] 등을 참고하여 각 유형의 의미를 간략하게 개관한다.

자유주의는 개인의 자유를 최고의 가치로 규정하고 이를 실현하고자 하는 철학적·정치적 이념이다. 인간이 자신의 운명을 결정하고 통제할 수 있는 존재라는 휴머니즘적 신념을 그 기반으로 한다. 자유주의는 인간이 이성을 가진 자율적 존재로서 집단적 통제보다는 개인의 자발성과 자율성을 최대한 발휘할 수 있도록 여건을 조성해 주는 데 의미가 있다고 본다. 사회제도도 개인의 자유를 보장하는 것이어야 하며, 국가는 사적 영역에 대한 개입을 최소화하면서 개인의 자유를 보장하는 제도와 정책을 시행해야 한다고 본다. 정치적 자유주의는 개인의 자유를 심화하고 인간의 잠재력을 최대한 실현하기 위해, 기존의 정치체제 틀 내에서 점진적인 소규모 개혁을 주장하고, 합리적인 변화를 지지하며, 정부를 인간 조건의 향상을 위한 도구로 사용하려는 경향이 있다.[233] 자유주의는 서구

232 강정인 등(2008), 앞의 논문, 154-156쪽.

233 O'neill, W. F.(1981), *Educational Ideologies: Contemporary expressions of educational philosophy*, Santa Monica: Goodyear Publishing Company, Inc., p. 214.

근대 민주주의의 발전은 물론 한국사회의 민주화에도 가장 비중이 큰 사상적 기반이 되었다.

급진주의는 일반적으로 문제의 근원을 근절시키는 것을 의미하며, 현존하는 모순적 정치체제나 사회체제와 제도를 근본적인 비판의 대상으로 규정하고 즉각적인 변화를 요구하는 사회정치적 운동의 이념 혹은 사상이라 할 수 있다. 기존의 정치, 사회체제나 제도를 쟁점화하고 원리·원칙에 기초한 정당성을 갖추지 못한 제도를 개혁 또는 폐기할 것을 주장하는 사상이나 운동을 의미한다. 그런데 사회의 원리·원칙과 같은 것은 시공간에 따라 달라질 수 있는 것이므로, 그 구체적인 내용과 성격은 사회적 맥락에서 규정될 수 있고 그 의미 또한 시대와 장소에 따라 달라질 수 있다. 한국사회에서는 기본적으로 좌파 성향의 사회 변혁 이념이나 운동을 지칭하는 것으로 사용되었다.

보수주의는 과거로부터 이어져 내려온 전통을 지키려 하며 급격한 변화를 반대하고 기존 체제의 유지를 중시하는 사상과 태도를 말한다. 보수주의는 건설적 사회변화를 위한 기초인 법과 질서에 대한 존중과 함께, 오랜 세월에 걸쳐 유효성이 입증된 문화적 제도와 과정을 고수할 것을 주장하는 정치철학적 입장이다.[234] 보수주의는 순수이론이나 자유로운 지적 사색을 불신하는 경향이 있다. 구체적인 상황에 근거를 두고 일상적 삶의 실제 문제에 적합한 관념을 지지한다. 민주적 절차를 지지하지만, 과거에 최선이었던 것을 포기하지 않으려 한다. 정치적 보수주의는 대개 기존 질서의 유지에 이해관계를 가진 정당이나 운동의 정치적 입장이다. 따라서 정치적 보수주의는 사회 기득권층의 이익을 옹호하고 기존 사회제도를 고수하려는 입장을 견지하게 되므로, 사회를 변화시켜 진전

234 O'neill, W. F.(1981), 앞의 책, 177쪽.

시키려는 진보주의와는 대립하게 된다. 한국사회에서 보수주의는 자본주의와 권위주의 체제를 뒷받침하는 정치적 이념으로 기능해 왔다.

민족주의는 민족성이나 민족의 문화유산과 전통, 민족의 지향점과 목표를 모든 가치체계에서 우위에 두는 신념체계를 의미한다. 한국사회의 경우, "민족에 기반을 둔 국가 형성과 민족 구성원 개개인의 자유와 독립을 최고의 가치"로 추구하는 이념이나 운동을 지칭하는 것[235]으로 정의되기도 한다. 또한 근대국가 수립에서 민족주의는 "정치적 단위와 민족적 단위가 일치해야 한다는 정치적 원칙"으로도 이해된다.[236] 한국은 오랜 역사에 걸쳐 인종상 거의 같은 이른바 '단일민족'을 바탕으로 동질적인 국가 및 사회를 형성해 왔기 때문에, 한국사회의 민족과 민족주의는 그 존재론적 기반에서 서구사회의 민족 및 민족주의 개념과는 다르다.

이상의 정치사상적 이념에 대한 유형화된 논의는 사실 매우 제한적이고 정태적인 개념적 논의이다. 이들 이념은 실제 현실 속에서 매우 유동적이며 다양하게 분화될 수 있는 것이다. 시대적·사회정치적 상황과 맥락에 따라 경쟁하고 다투는 가운데 강한 세력으로 부상하거나 쇠퇴하거나 연합하거나 분화하는 등 끊임없이 유동할 수 있는 역동적인 것이다.

한국사회에서 자유민주주의는 해방 이후 이념 간 경쟁을 통해 지배적 이념으로 정착되었다. 민주화 시대의 한국 정부들은 모두 자유주의 정부라고 할 수 있다. 다만 그 기원과 지향성의 차이에 의해 개혁적 자유주의 정부와 보수적 자유주의 정부로 나누어진다. 이를테면, 김대중 정부, 노무현 정부, 문재인 정부를 개혁적 자유주의 정부로, 이명박 정부와 박근혜 정부를 보수적 자유주의 정부로 부른다.

---

235 김수자(2006), 〈민주화 이후 한국 민족주의 담론의 전개: 6월항쟁~김대중 정권〉, 《사회과학연구》 14(2), 45쪽.

236 강정인 등(2008), 앞의 논문, 156쪽에서 Ernest Gellner(1983)의 정의 재인용.

1990년대 김영삼 정부 후반기의 외환위기 이후 박근혜 정부에 이르기까지 신자유주의의 영향이 확대되었다. 1970년대에 세계화와 함께 확산되어 온 신자유주의는 그 명칭과 달리 보수주의의 새로운 흐름으로 이해된다.[237] 신자유주의는 국가의 개입을 최소화하고 시장의 자유를 중시하는 사상이다.

4. 사회정치적 대응의 유형과 분석 방법

콜린스가 제시한 학력주의의 유형(학력자본주의-학력사회주의-학력민족주의[238]-학력급진주의)과 한국사회의 민주화에 관한 정치사상적 이념의 유형(자유주의-보수주의-급진주의-민족주의)을 대비해 보면, 자유주의와 자본주의, 급진주의, 민족주의가 공통적으로 포함되었으며, 사회주의와 보수주의가 각기 별도로 제시되었다. 이들 유형에서 상호 독립적 성격을 유지하면서도 한국사회의 상황과 연결될 수 있게 조정하면 다음과 같은 네 유형으로 정리해 볼 수 있다. 즉 학력자유주의, 학력보수주의, 학력사회주의, 학력급진주의이다.

약간의 설명을 덧붙이자면, ① 학력자본주의와 자유주의는 각 유형에 대한 설명에서 기본적 내용의 많은 부분이 공유되고 있다는 점을 고려하여 하나로 묶고 학력자유주의로 명명한다. ② 민족주의는 제외한다. 앞서 언급한 바와 같이 민족주의는 미국사회와 한국사회가 그 상황과 성격

237 강정인 등(2008), 앞의 논문, 174쪽.

238 콜린스가 말하는 민족세습·후원학력주의와 학력파시즘은 특히 민족을 중심으로 유형화한 것으로, '학력민족주의'라는 용어로 묶었다. 한국사회에도 다문화 가정 등 다른 민족이 있으나 아직 소수이며, 학력에 대한 기회의 배분이 최소한으로만 고려되는 한국사회의 현 상황과는 거리가 있는 유형이다.

에 있어 매우 다르다. 이를테면 미국사회가 다민족의 다원적 사회로 학력에 대한 기회 배분이 각 민족에게 정치적으로 중요하게 고려되는 반면, 한국사회는 민족의 존재론적 기반이 매우 동질적이어서 현재로서는 학력 접근기회의 민족 간 배분 문제는 거의 의미가 없는 상황이다. ③ 나머지 유형들, 즉 학력보수주의, 학력사회주의, 학력급진주의는 그 핵심적 의미를 중심으로 각기 독자적 성격을 갖는 유형으로 규정하여 사용한다.

이들 네 가지 유형에 대하여 '학력주의에 대한 지지-반대'와 '학력에 대한 기회의 자유-통제'를 두 축으로 교차시켜 다음 〈그림 4-1〉과 같은 4분형의 도식을 그려 볼 수 있다.

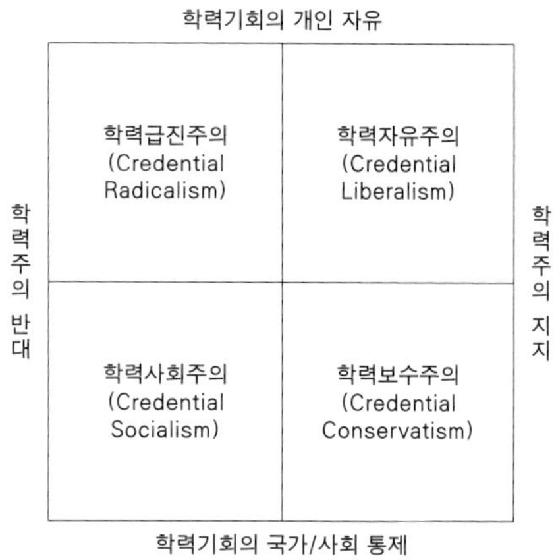

그림 4-1 학력주의의 유형

학력보수주의는 학력주의를 고수하는 전통적 입장이다. 기존의 학력제도가 현 사회구조를 형성해 왔고 그 자체에 합리성을 내포하고 있는 것으로 본다. 성적-석차시스템이 학력산출체제를 움직이는 핵심 메커니즘이다. 사회의 관습과 제도에 따라 기존 학력제도를 유지하며, 국가는 중앙과 명문학교 중심의 교육정책을 수립하고 운영한다.

학력자유주의도 학력주의를 지지하는 입장이다. 학력을 개인의 노력과 능력으로 취득한 산물로 보기 때문이다. 능력이 있고 노력한 자에게 학력에 대한 기회와 학력에 의한 보상이 자연스럽게 배분되도록 자유시장의 메커니즘에 맡겨야 한다고 본다. 따라서 국가의 관여는 최소화되어야 하며, 개인들 간의 경쟁과 자율을 강조하는 교육정책과 이를 반영하는 다양성의 교육체제를 확립하려고 한다.

학력사회주의는 학력주의가 형식적 교육자격 양산 혹은 학력인플레이션 등을 초래할 수 있고, 가정 배경, 지역, 성 등의 요인이 영향을 미치는 불평등 문제를 내포하고 있으므로 국가에 의해 조절되고 수정되어야 한다고 본다. 학력 산출의 적정화, 학력에 대한 접근 기회와 학력에 의한 입직 기회의 균등화를 위해 국가가 개입하여 조정하고 병폐를 개선하려고 한다. 특히 저소득층, 지역민, 여성, 장애인 등 소외층의 기회를 제도적으로 개선하는 등 교육의 공공성을 강화하고자 한다.

학력급진주의는 학력주의가 철폐되어야 한다고 본다. 학력이 기존의 불평등한 사회구조를 반영하는 학교교육제도를 통해 생산된 것이고, 학력주의가 학교교육을 기존 체제 유지의 도구로 전락시킬 뿐만 아니라 학력에 의해 불평등이 재생산되는 것을 정당화해 주는 이데올로기라고 보기 때문이다. 따라서 학력은 새로운 대안적 교육제도를 통해 교육 본연의 내용을 반영하는 것이어야 하며, 기회와 운영에 관한 통제는 학교체제 성원 등의 공동체에 의해 민주적으로 이루어져야 한다고 본다.

〈그림 4-1〉에 나타나는 각 유형의 관점에서 학력주의에 대한 지지/반대, 학력관, 학력에 대한 기회의 자유/통제, 기회 부여의 메커니즘, 교육정책의 성격을 고려하면 [표 4-1]과 같이 나타내 볼 수 있다. 그리고 [표 4-2]는 이들 분석의 중점사항에 대해 학력주의의 각 유형이 나타낼 수

[표 4-1] 학력주의의 유형별 성격

구분	학력보수주의	학력자유주의	학력사회주의	학력급진주의
학력주의에 대한 입장	학력주의 고수	학력주의 지지	학력주의 수정	학력주의 폐지
학력에 대한 관점	능력·노력	능력·재능·노력	능력과 배경	계급과 배경
학력기회의 통제	사회의 제도·관습	개인의 자유	국가 통제	공동체 자율 통제
기회부여 메커니즘	성적·석차시스템	시장주의	국가 조정	공동체 결정
교육정책의 성격	엘리트 중심	경쟁과 자율	공교육 강화	대안적 교육

[표 4-2] 학력주의 유형별 가설적 정책 지향성

구분	학력보수주의	학력자유주의	학력사회주의	학력급진주의
학력접근기회	성적·석차 높은 사람 입학	성적·재능·능력에 따른 입학	능력자, 소외층 할당 입학	보편자격자 입학-개방
학력산출체제	서열화된 학교 체제	자율화·다양화된 학교	특성화, 서열체제 완화	개방·자율의 평준화 체제
학력과 입직	학력·학벌에 의한 입직	학력·능력에 의한 입직	능력자, 소외층 할당 입직	직업능력에 의한 입직
사회제도개혁	학력·학벌주의 정교화	능력주의적 사회 제도	적극적 차별시정 제도	학력제도 폐지

있는 바를 개괄적으로 정리한 것이다.

학력주의에 대한 정부의 대응은 대체로 교육혁신 혹은 사회개혁을 명분으로 시행되는 각종 정책 및 제도들에 나타날 수 있다. 정부 대응의 정치적 성격이 나타날 수 있는 측면을 몇 가지로 나누어 검토할 수 있을 것이다. 다음과 같은 네 가지 질문을 분석의 중점으로 설정한다. 이를테면 어떤 사람에게 학력 접근의 기회를 부여하고자 했는가, 학력·학벌을 생산하는 학교교육체제를 어떻게 변화시켰는가, 학력·학벌과 입직의 관계는 어떠했는가, 학력·학벌주의를 변화시키기 위한 정책은 어떠했는가 등의 질문이다. 이들 질문에 대해 각 학력주의 유형은 서로 다른 답을 할 것이다.

그리고 [표 4-3]은 학력·학벌주의에 대해 정부가 정책적으로 대응한

[표 4-3] 학력·학벌주의에 대한 정부의 정책적 대응의 분석 내용 및 주안점

구분	분석 내용 및 주안점
학력접근기회	• 어떤 방식으로 어떤 사람에게 학력 획득 기회를 부여하려 했는가? -대학입학제도와 관련 정책 -고등교육진학률 등: 기회 배분의 실제는 어떠한가?
학력산출체제	• 학교교육체제를 어떻게 변화시켰는가? -중등교육체제의 변화 -고등교육체제의 변화
학력·학벌과 입직	• 학력·학벌에 의한 입직 상황은 어떠했는가? -사회 주요 부문 입직에 대한 학력·학벌의 점유율과 그 변화 등
학력·학벌주의 개혁	• 어떤 방식으로 학력·학벌주의를 변화시키고자 했는가? -대선공약, 주요 활동, 정책, 제도 등

내용을 분석하기 위한 주안점을 정리한 것이다.

학력접근기회의 측면은 어떤 사람에게 어떤 방식으로 학력 획득 기회를 제공하려 했는가, 당시의 실제 결과는 어떠했는가 등의 문제를 검토한다. 특히 대학학력에 대한 접근의 관문이 되는 대학입학제도 및 관련 정책, 당시의 대학진학률 및 학력에 대한 기회의 현황에 관한 연구자료와 통계자료 등을 참조할 것이다.

학력산출체제의 측면은 학력·학벌을 실제로 생산하는 학교교육체제의 변화에 대한 검토를 의미하며, 특히 중등교육체제와 고등교육체제가 어떻게 변화했는지에 초점을 맞춘다.

학력·학벌과 입직에 관해서는 각 정부 기간에 학력·학벌이 입직에 어떻게 작용했는지를 검토하려고 한다. 그러나 이 문제에 대해서는 자료상으로 명확하게 인과관계를 밝히기가 어려운 점이 있다. 차선책으로 사회의 주요 부문이 학력·학벌과 관련하여 어느 정도의 비율로 점유되고 있는지에 주목할 것이다. 이 점유율도 당시 정부의 정책적 결과로 맞대응시켜 해석하는 데는 무리가 있다. 정책의 시행과 학력·학벌을 획득하고 활용하기까지는 일정한 시간적 간격이 존재할 수밖에 없기 때문이다. 그러

나 민주화 시대 초기부터 순차적으로 그 상황을 추적하면서 전체적 맥락을 고려하여 그 변화에 주목할 것이다.

각 정부가 추진한 학력·학벌주의 개혁정책이 어떠했는지를 살펴볼 것이다. 각 정부의 정책 관련 사항들은 다양할 수 있다. 우선 대통령 선거기간 중 후보자로서 제시한 공약사항에 주목한다. 공약은 후보자가 재임기간 동안 지향하고 이행하고자 하는 주요 정책들을 국민에게 제시하고 실천을 약속하는 것이다. 주요 공약사항은 대개 국정과제에 반영되어 추진계획으로 이어진다. 그리고 정책 공약은 후보자가 지향하는 정치적 이념을 반영하고 있기도 하다. 따라서 공약은 후보자의 이념적 위치(ideological position)를 확인하는 주요 지표로도 간주될 수 있다. 이 외에 각 정부 기간 중 실제로 입안하고 시행한 학력·학벌 관련 주요 정책과 제도 등을 검토할 것이다. 각 정부가 제작한 관련 자료, 각 정부의 정책 관련 연구, 보도자료, 언론의 뉴스, 인터넷상의 각종 관련 자료 등을 참조할 것이다.

제 5 장

김영삼 정부: 5·31 교육개혁의 총체적 접근 (1993.2.~1998.2.)

1. 정치적 민주화와 신자유주의적 교육개혁

민주화 시대의 과도기를 거쳐, 1993년에 출범한 김영삼 정부는 군사정부를 청산한 문민정부라는 점에서 한국사회의 민주화에 중요한 의의를 갖는다. 김영삼 정부는 집권 초기부터 군사정부의 유산을 청산하기 위해 각종 개혁을 추진하였고, 시민사회의 여러 주장과 요구를 정책에 적극적으로 받아들였다. 김영삼 정부는 과거 권위주의 정권의 잔재 청산, 공직자윤리법 개정(1993), 금융실명제 실시(1993), 정치자금법·선거법·정당법을 포함한 정치관계법 개정(1994), 지방자치제 실시(1995) 등 여러 민주적인 개혁과 조치를 통해 정치적 민주주의의 기초를 다졌다. 그러나 "개혁의 즉흥성, 권위적인 권력 행사, 정권 말기의 부정사건, 외환위기 등으로 인해 권력의 정당성이 훼손된 면을 동시에 갖고 있었다."[239]

이 시기 외환위기로 인한 신자유주의적 개혁은 한국의 사회경제적 민주화의 진전을 저해하는 중요한 요인이 되었다. 신자유주의의 영향과 함

239 박상필(2012), 〈1990년대 이후 한국 시민사회의 발전: 정부와 시민단체와의 관계를 중심으로〉, 《기억과 전망》 27, 169쪽.

께 부의 양극화 현상 등이 초래된 것이다. 1970년대에 등장한 신자유주의는 국가 및 정부의 관여보다는 개인과 민간의 자유로운 경쟁 활동을 적극적으로 지지하면서 세계를 하나의 체제로 기능하게 하려는 세계적 사조이다. 그 전면에는 거대한 다국적 기업 등의 네트워크가 작용하고 있었다. 윤상우(2009)는 '얕은 신자유주의화'가 김영삼 정권에서 본격화되었다고 본다.[240] 1997년 외환위기가 한국이 신자유주의 체제에 본격적으로 편입되는 계기가 되었다.

국내외적 상황이 한국사회의 민주화에 중요한 배경으로 작용했다. 국내에서는 국민들의 강렬한 요구로 인하여 사회 각 분야에서 민주화가 추진되었다. 국외에서는 소련 및 동구의 사회주의 체제가 붕괴됨으로써 세계경제권이 하나의 경쟁체제로 재편성되었다. 이른바 세계화가 급속하게 진행된 것이다. 이런 상황은 교육 분야에도 영향을 미쳤다.

글로벌화의 추세는 각 국가가 자국의 경쟁력을 높이기 위한 교육개혁으로 이어졌다. 문민정부는 민주화와 함께 교육개혁을 통해 수월성을 추구했다. 문민정부가 교육의 수월성 제고를 위해 취한 개혁의 방향은 국가에 의한 교육 운영의 중앙집권화와 관료주의를 탈피하고 시장 원리를 도입하는 것이었다. 학교, 교장, 교사 등 교육 공급자들의 자율화와 경쟁을 통한 교육의 질 향상, 학교제도와 교육과정의 다양화, 학생과 학부모에게 학교 선택권 부여, 단위학교의 자율성 확대 등 시장 원리를 도입하여 수요자의 요구에 적극적으로 대처하려 했다.[241] 김영삼 정부가 신자유주의를 수용하면서 시도한 교육개혁안이 곧 '5·31교육개혁안'이다. 문민정부의 신자유주의적 교육개혁안은 여러 비판에도 불구하고 정파에 관

---

240 윤상우(2009), 〈외환위기 이후 한국의 발전주의적 신자유주의화〉, 《경제와 사회》 83, 40-68쪽.

241 한준상(2007), 〈문정부 이후의 교육정책 분석 및 차기 정부의 교육혁신 과제〉, 《역사비평》 81, 143쪽.

[표 5-1] 김영삼 정부의 교육공약

정책 공약	세부 공약 내용	평가
50. 21세기를 주도할 자주적·창조적인 인간 교육 강화	-인간성 회복을 위한 생활교육 강화 -통일과 국제화 대비 교육 강화와 '교육기본법' 전면개정	F C
51. 입시제도 개선과 정원 자율화로 입시지옥 해소	-대학입시제도를 획기적으로 개선 -대학정원을 확대하고, 학사관리의 자율화를 추진하여 대학 입학을 희망하는 청소년에게 문호 개방 -대통령 직속의 '교육개혁위원회'를 설치·운영하여 21세기를 향한 획기적이고 근본적인 제도개혁	D F F
52. 98년까지 교육재정을 GNP 5% 수준으로 늘려 열악한 교육환경 개선	-교육재정을 대폭 확충하여 학부모의 부담을 줄이고 선진국 수준의 교육환경 조성 -다양한 교육시설 확충과 지역 간·계층 간 교육기회 균등화	D D
53. 대학교육의 질을 향상시키고 기초과학교육 강화	-대학교육의 질적 수준 향상 -기초과학교육 강화	C D
54. 다양한 평생교육체제 확충으로 생활교육 실천	-대학교육기회 상실자 및 산업체 근로자에 대한 계속교육기회의 확대로 능력과 자격증 위주의 사회풍토 조성 -학교제도와 연계한 평생교육체제 확충 -사회교육 지원체계 강화와 지역단위 사회교육 시설 확충	C C D
55. 교원의 지위 향상으로 신뢰받는 교직사회 확립	-교원의 처우개선으로 교육에 전념할 수 있는 여건 조성 -우수 교원 유치 확보로 전문성 제고 -지방교육자치제의 정착으로 교직의 자주성 제고	C D D
56. 사학 지원을 대폭 강화하여 건전사학 육성	-사학에 대한 지원 대폭 강화 -사학의 자주성과 자율성 확대	D D

계없이 이후 정부들이 추진한 교육개혁의 기본 틀이 되었다.

한편 문민정부가 출범하기 전, 김영삼 대통령 후보는 교육공약을 통해 집권 후 교육에 대한 계획을 밝혔다. [표 5-1]은 김영삼 정부의 교육공약을 정리한 것이다. 원래 김영삼 정부의 교육공약은 7개 영역 66개 안으로 제시되었는데,[242] 이 표는 경제정의실천시민연합(1996)이 김영삼 대통령의 공약 이행 평가와 관련하여 7개 영역 18개 세부 공약으로 집약한

242 민주자유당(1992), 〈신한국 창조를 위한 김영삼의 실천 약속〉, 총 10대 과제 77개 대선공약 발표.

것이다.[243]

[표 5-1]에서 교육공약 7개 영역 중 "입시제도 개선과 정원 자율화로 입시지옥 해소", "98년까지 교육재정을 GNP 5% 수준으로 늘려 열악한 교육환경 개선", "다양한 평생교육체제 확충으로 생활교육 실천"이라는 세 개의 영역을 학력·학벌사회의 변화 시도와 다소간 관련된 것으로 볼 수 있겠다. 이들 공약에는 대학입학을 희망하는 청소년에게 문호 개방, 다양한 교육 시설 확충으로 지역 간, 계층 간 교육기회 균등화, 능력과 자격증 위주의 사회풍토 조성 등의 내용이 포함되어 있다.

이들 교육공약은 대체로 이후 교육개혁위원회에 의해 설계된 교육개혁안에 반영되었다. 교육개혁위원회는 1994년 2월 5일 대통령 직속기구로 설치되었다. 대통령자문 교육개혁위원회는 1995년 5월부터 1997년 6월까지 다섯 차례의 대통령 보고와 함께 네 차례에 걸쳐 교육개혁 방안을 내놓았다. 이 개혁방안은 방대한 것이어서 일단 주요 내용만 간추려 본다.

제1차 교육개혁 방안은 1995년 5월 31일 '세계화·정보화시대를 주도하는 신교육체제 수립을 위한 교육개혁 방안'이라는 제목의 제2차 대통령 보고서로 발표되었다. 이른바 '5·31 교육개혁안'이다. 이 개혁안이 제시한 새로운 교육체제는 열린교육체제로, 그 기본 특징은 학습자 중심 교육, 교육의 다양화, 자율과 책무성에 바탕을 둔 학교 운영, 자유와 평등이 조화된 교육, 교육의 정보화, 질 높은 교육 등이었다.[244]

교육개혁안은 9가지 교육개혁 방안과 각 방안을 실현하기 위한 과제

243 경제정의실천시민연합(1996)의 〈김영삼 대통령 공약 이행 평가〉에서 교육관련 공약과 이에 대한 평가를 정리한 것이다. 분야별로 평가위원을 선정하여 A, B, C, D, E, F 5등급으로 평가하였다.

244 교육개혁위원회(1995), 《세계화·정보화시대를 주도하는 신교육체제 수립을 위한 교육개혁 방안》, 10-11쪽.

들로 이루어졌다. 9개 교육개혁 방안은 ① 열린교육사회·평생학습사회의 기반 구축, ② 대학의 다양화와 특성화, ③ 초·중등교육의 자율적 운영을 위한 학교공동체 구축, ④ 인성 및 창의성을 함양하는 교육과정, ⑤ 국민의 고통을 덜어 주는 대학입학제도, ⑥ 학습자의 다양한 개성을 존중하는 초·중등교육 운영, ⑦ 교육 공급자에 대한 평가 및 지원체제 구축, ⑧ 품위 있고 유능한 교원 육성, ⑨ 교육재정 GNP 5% 확보(1998년까지) 등이었다.[245]

5·31 개혁안 발표 후 범정부 차원에서 교육개혁을 추진하기 위하여 국무총리를 위원장으로 하고 12개 부처 장관으로 이루어진 '교육개혁추진위원회'가 구성되었다. 교육부는 '교육개혁추진기획단'을 설치하여 주요 추진과제를 선정하고 각 시도 교육청 및 각급 학교의 '교육개혁추진반'과 연계하여 개혁을 추진하였다.[246]

교육부 교육개혁추진기획단이 선정한 9개 영역의 48개 주요 추진과제[247]에서 학력·학벌 문제와 밀접하게 관련된 과제로는 학점은행제 도입, 시간제학생등록제 도입, 학교의 전·편입학기회 확대, 농어촌 지역거점 우수학교 육성, 대학의 다양화와 특성화, 단설 전문대학원 설치, 대학설립준칙주의 도입, 대학정원 자율화, 대학입학제도 개선, 학교생활기록부제 도입, 고등학교 유형의 다양화 및 예술교육의 특성화, 중·고등학교 선택권 부여, 특수목적학교 학생선발방식 개선 등을 포함하고 있었다.

제2차 교육개혁 방안은 1996년 2월 9일에 발표되었다. 제2차 교육개혁안에는 제1차 개혁안 발표 시 하반기 추진과제로 남겨 둔 5개 과제 중 다소간 변경된 3개 과제(신직업교육체제 구축, 전문대학원 제도 도입, 교육관계 법령

---

245 교육개혁위원회(1995), 앞의 교육개혁 방안, 16-44쪽.
246 교육개혁위원회(1996a), 《신교육체제 수립을 위한 교육개혁 방안(Ⅱ)》, 1-2쪽.
247 교육개혁위원회(1997b), 《신교육체제 수립을 위한 교육개혁 방안(요약본)》, 31-33쪽.

체제 개편)와 초·중등학교 교육과정 개혁을 합친 4개 과제에 대한 방안과 110개 세부과제가 포함되었다.[248] 그중 30개가 추진과제로 선정되었다.[249]

주요 추진과제로는 특성화 고등교육 확대, 전문대학과 개방대학 입학 전형방법 개선, 실업계 고교-전문대학-개방대학-기능대학의 직업교육 기능 강화, 신대학 및 신대학원대학 설립 운영 지원, 전문직업 분야 석·박사제도 도입 및 직업교육 전문대학원 확충, 여성 및 취약 계층의 직업 교육기회 확대, 문하생제도를 통한 교육의 학력 인정, 성인 직업교육 확대 및 교육·훈련 산업 육성, 국가기술자격제도 개편, 국공립 직업교육기관의 법인화 추진, 직업능력개발원 설립 및 직업능력인증제 도입, 의학·신학·법학 전문대학원 제도 도입, 교육관계법의 전반적 체제 개편 등이었다.

1996년 8월 20일에는 제2기 교육개혁위원회에 의해 제3차 교육개혁안이 발표되었다. 제3차 개혁안에는 지방교육자치제도 개혁, 교직사회 활성화를 위한 교원정책 개혁, 사학의 자율과 책임 제고, 교육 정보화 개혁, 열린 학습사회를 위한 사회교육개혁방안 등 5개 방안과 세부 추진 과제 56개가 포함되었다.[250] 그중 지방교육자치제도의 개선, 교육대학 체제 개혁, 대학원 수준에서의 교원 양성, 교육 전문직 자격 및 임용제도 개선, 사립 초·중등학교 운영의 자율성 확대, 21세기형 첨단학교·가상대학 운영, 사회교육 추진체계 운영, 국공립 시설 등을 국민의 평생학습장으로 개방 등 24개 주요 과제가 선정되었다.[251]

그리고 1997년 6월 2일에는 제4차 교육개혁안을 발표했다. 제4차 교

248 교육개혁위원회(1996a), 앞의 교육개혁 방안, 5-73쪽.
249 교육개혁위원회(1997b), 앞의 교육개혁 방안(요약본), 34-35쪽.
250 교육개혁위원회(1996b), 《신교육체제 수립을 위한 교육개혁 방안(Ⅲ)》, 13-45쪽.
251 교육개혁위원회(1997b), 앞의 교육개혁 방안(요약본), 36-37쪽.

육개혁 방안은 더 복잡하고 신중을 기해야 하는 문제들로, 일정 기간이 필요했던 과제들에 대한 개혁방안이 포함되었으며, 그간의 개혁안들을 총괄적으로 마무리하는 방안들이 포함되었다.[252] 제4차 교육개혁안에는 민주시민교육을 위한 개혁, 초·중등학교 및 고등교육체제 개선, 정보화 사회 적응력 함양을 위한 교육 강화, 유아교육의 공교육체제 확립, 과외 대책을 통한 사교육비 경감 방안 등 5개 방안과 세부 과제 67개가 포함되었다.[253] 그중 18개 과제가 추진과제로 선정되었는데,[254] 주요 추진과제는 학교 문화 개혁, 단위학교의 자율권 확대 및 교원 업무부담 경감, 학교교육의 개방화체제 구축, 고등교육의 수월성과 지방화를 위한 지원 강화, 학교 내 전국단위 모의고사 실시의 점진적 축소, 학부모 의식개혁을 위한 교육 관련 단체의 활동 지원 등이다.

문민정부 교육개혁위원회가 내놓은 교육개혁 방안은 교육의 전 영역을 망라하는 매우 포괄적이고 이전과는 다른 철학과 사상을 담은 제안과 방안들로 이루어졌다. 문민정부의 교육개혁의 원리는 5·31 교육개혁을 주도한 정책입안자들이 표명하고 있듯이, 자율화와 경쟁으로 표현되는 시장 원리를 수용하는 것이었다.[255] 이 개혁의 논리는 기존의 학교교육이 교육 공급자중심의 경직된 교육으로는 21세기 지식기반사회에서 세계적인 경쟁력을 갖추기 어렵다는 진단에 따른 것이다. 교육의 질적 향상을 기하기 위해서는 기존의 안일한 교육 공급자들 사이에 경쟁을 유발할 수

252 교육개혁위원회(1997a),《신교육체제 수립을 위한 교육개혁 방안(Ⅳ)》, 3쪽.
253 교육개혁위원회(1997a), 앞의 교육개혁 방안, 9-47쪽.
254 교육개혁위원회(1997b), 앞의 교육개혁 방안(요약본), 38-39쪽.
255 이주호(1994), 〈인력수급 전망과 고등교육개혁과제〉,《한국개발연구》16(4), 3-25쪽; 박세일(1995), 〈세계화 시대의 교육을 위한 발상의 전환: 규제에서 탈규제로〉, 나라정책연구회 편,《소비자주권의 교육대개혁론》, 길벗; 박세일(2004), 〈대학개혁의 기본방향: 철학과 원칙〉,《자율과 책무의 대학개혁》, 한국개발연구원·한국능력개발원, 3-19쪽.

있는 수요자 중심 교육으로의 전환이 필요하다[256]는 것이었다.

5·31 교육개혁안은 열린교육체제에 의한 교육기회의 개방과 확대, 수요자중심 교육, 학교교육체제의 다양화와 자율화, 교육 정보화, 대학입학제도 개선, 대학의 다양화와 특성화, 대학설립준칙주의, 대학정원 자율화, 평생학습사회 기반 구축, 교육재정 확보, 직업교육체제의 확장 및 체계화, 전문대학원 도입, 교육법령체제 정비, 교육자치제도 개선, 교육의 민주화와 수월성 추구 등 포괄적인 신자유주의적 개혁을 통해 학력·학벌주의 문제 해소와 같은 교육 및 사회의 변화를 기대했던 것으로 볼 수 있겠다.

2. 학력·학벌에 대한 접근의 입시제도적 기회

이 시기에 구상된 대학입시제도와 진학 상황 등을 검토함으로써 정부가 어떤 방식으로 어떤 사람에게 대학 학력에 대한 접근 기회를 부여하고자 했는지, 그리고 실제로 어떤 사람들이 학력·학벌에 대한 접근 기회를 획득했는지를 살펴보기로 한다. 우선 대입제도의 근간을 이루어 온 세 가지 전형자료, 즉 내신 성적-대학수학능력시험 성적-대학별 본고사 성적이 어떻게 운용되었는지에 비추어 살펴본다. 이 세 가지 전형자료는 대체로 고등학교 교육의 정상화-대입 적격자 선발-대학의 자율권 인정이라는 의미에 상응하는 것이다.

1995년 12월 19일 교육부는 5·31 교육개혁안에 따른 후속 조치로

256 김천기(2012), 〈한국교육의 신자유주의화 과정과 그 성격: 학교의 입시학원화와 '자율적 통치성' 강화〉, 《교육종합연구》 10(1), 128쪽.

1997학년도부터 적용할 '새 대학입학 전형제도 시행 기본계획'을 발표하였다.[257] 새 대학입학 전형제도는 다음과 같은 취지를 담고 있었다. 첫째, 산업사회로부터 세계화, 정보화, 지식기반사회로의 변화에 적합한 교육이 되게 한다. 둘째, 새로운 시대인 세계화 시대는 다양한 재능을 가진 인재들이 사회를 이끌 것이며 따라서 다양한 인재를 양성할 수 있게 한다. 셋째, 학교교육 정상화와 사교육비 부담 축소라는 최소한의 원칙 외 전형방식을 대학에 위임한다. 넷째, 학교교육을 충실히 받은 결과와 다양한 재능을 대학입시에 반영한다. 요컨대 새 대학입시제도는 새로운 시대에 부합하는 다양한 인재를 양성하고 학교교육을 정상화할 수 있는 대학 자율의 제도를 만들고자 했다.

새 대학입학 전형제도 시행계획의 주요 내용은 「고등교육법 시행령」(1998.2.24. 제정) 제35조에도 다음과 같이 규정되었다.

> ① 대학(교육대학을 포함한다)의 장은 법 제34조 제1항의 규정에 의하여 입학자를 선발하기 위하여 고등학교 생활기록부의 기록, 대학수학능력시험의 성적, 대학별 고사의 성적과 자기소개서 등 교과성적 외의 자료 등을 입학 전형자료로 활용할 수 있다. ② 국·공립 대학의 장은 고등학교 생활기록부의 기록을 필수 입학 전형자료로 활용하여야 하며, 대학별 고사를 필답고사로 시행하는 때에는 논술고사만을 시행하여야 한다.

대학입시제도에 대한 문민정부의 개혁의지가 반영된 '새 대학입학 전형제도 시행계획'에서는 우선 입학 전형자료로서 고등학교 생활기록부

257 《연합뉴스》(1995.12.18.), 〈97학년도 이후 대입제도 발표〉.

기록, 수학능력시험 성적, 논술고사 성적을 활용할 수 있도록 규정했다. 그리고 국공립대학에는 고등학교 생활기록부를 입학 전형 자료화하는 것을 의무화했다. 또한 1997학년도 대학입시전형부터 국공립대학에 대해서는 논술고사 외 주요 교과에 대한 필답고사를 금지하도록 하였다.

교육개혁위원회(1995)는 대학입학 전형에서 종전의 '15등급제' 내신제도를 대체하는 종합생활기록부를 입학 전형자료로 활용하도록 했다. 종합생활기록부에는 학생의 생활이 총제적으로 드러나도록 기록하여 자유롭게 활용할 것을 권장했다.[258] 이에 따라 1996년에는 5·31교육개혁 방안을 반영하기 위하여 고등학교 종합생활기록부 방안을 구체화하였다. 고등학교 생활기록부의 기록을 필수적으로 활용하도록 한 것은 고등학교가 내부적으로 산출한 성적과 기록을 중요시한다는 뜻이다. "종합생활기록부제 도입은 고등학교에서의 다양한 교과·비교과 활동을 주요 전형자료로 활용함으로써 지금까지 국가와 대학이 관리하던 대입 선발의 주도권을 고등학교로 넘겨 학교교육 정상화의 기틀을 마련하자는 것이었다."[259] 종합생활기록부 도입을 통한 내신 강화는 학생들의 다양한 능력과 적성을 나타낼 종합생활기록부를 필수 전형자료로 도입하는 것이었다. 요컨대 생활기록부 활용은 고등학교 교육을 충실하게 하고, 그 결과에 따라 대학진학이 이루어지게 함으로써 고교교육을 정상화하고 보다 다양한 재능을 가진 학생들이 대학에 진학할 수 있게 하려는 취지에 따른 것이었다.

대학입시의 또 하나의 축인 대학수학능력시험은 1991년 대학입시제도 개선안에 따라 문민정부 초기에 비로소 적용되기 시작했다. 대학수학

---

258 교육개혁위원회(1995), 앞의 교육개혁 방안, 35-36쪽.
259 국정브리핑 특별기획팀(2008),《대한민국 교육 40년》, 한스미디어, 20쪽.

능력시험은 이전의 학력고사[260]에 대한 대안으로 구안된 것이다. 1991년에 발표된 대학입시안은 대학의 자율성, 고교교육의 정상적 운영, 전형과정의 공정성을 강조했다.[261] 대학수학능력시험은 이미 1991년 4월 2일 '새로운 대학입학 시험제도 개선안'으로 발표되었고, 1993년 8월 20일에 처음으로 시행되었으며, 1994학년도 대학입시에서 대학수학능력시험 성적이 처음으로 적용되었다. 대학수학능력시험은 개별 교과목에 제한되지 않는 종합적 이해, 문제해결력 등 고차원적 사고력을 측정하는 통합교과적 시험으로, 의사소통능력(언어), 논리적 사고력(수학), 외국어(영어) 등 3개 영역의 시험으로 이루어졌다.

한편 이 시기 대입제도의 하나로 대학별 본고사가 시행되었으나 5·31 교육개혁으로 금지되었다.[262] 본고사는 사교육을 야기할 뿐만 아니라 주입식 암기교육과 대학서열화 등을 강화할 것이라고 보았기 때문이다. 본고사란 대학이 생산하지 않은 다른 전형자료와 함께 최종 전형에 사용될 자료를 생산하기 위하여 대학이 개별적으로 부과하는 시험을 의미한다.[263] 1980년 7·30 교육개혁 조치로 폐지되었던 본고사는 대학수학능력시험을 도입한 1994학년도부터 1996학년도까지 3년간 실시되었다. 그러나 5·31 교육개혁 방안은 대학이 초·중등교육 정상화와 국민의 사교육비 부담 축소 등의 원칙을 존중하도록 하면서 본고사를 논술고사로만 제한하였다.[264]

특별전형은 대학 자체의 기준에 의한 전형이라고 할 수 있다. 대학입

---

260 학력고사는 모든 과목을 대상으로 단편적 지식을 측정함으로써 암기 위주의 획일화된 입시교육을 강화시킨다는 등의 비판을 받고 폐지되었다.

261 《연합뉴스》(1991.4.2.), 〈고교교육 정상화, 대학의 자율 신장 중점〉.

262 교육개혁위원회(1995), 앞의 교육개혁 방안 34쪽에 "1997학년도부터 국·공립대학은 국·영·수 위주의 대학별 고사를 실시할 수 없다."라고 명시되어 있다.

263 강태중(2007), 〈3불정책의 연원과 그 의미의 변전〉, 《아시아교육연구》 8(2), 190쪽.

264 교육개혁위원회(1995), 앞의 교육개혁 방안, 33-34쪽.

시에서 특별전형은 이전까지 대개 당시의 주요 사안을 해소하거나 강조하려던 정부의 방침에 따라 운영되었다. 문민정부는 5·31 교육개혁안을 통해 농어촌학생 지역할당제 등을 적극 권장함으로써[265] 1996학년도 대입전형에서 처음으로 농어촌특별전형이 도입되었다. 이 특별전형은 이전 시기처럼 국가의 필요에 의해서라기보다는 사회적으로 농어촌학생과 같은 소외층 학생들이 대학교육의 기회를 우선적으로 부여받아야 할 것이라는 교육개혁의 추진 원칙에 따른 것이었다. 그리고 1995년 12월 19일 교육부는 '새 대학입학 전형제도 시행 기본계획'에서 교육부 지침에 따라 1997학년도 대입전형부터 기여입학제를 금지한다고 발표했다.[266] 기여입학제는 계층 간 위화감 조성 등을 고려하여 일절 허용되지 않았다.

문민정부의 대학입시제도는 또한 5·31 교육개혁안의 추진 원칙에 따라, 국민의 고통과 정서를 반영하려는 방침을 함께 적용하려 했다. 추진 원칙이란 교육의 수월성을 위해 학교에 자율과 경쟁의 원리를 도입하고 소외층과 지역에 대해서는 형평성이 확보될 수 있도록 한다는 것이다.[267] 그리고 대학의 자율에 앞서 초·중등교육의 정상화와 국민의 부담을 우선적으로 고려하고자 하였다.[268] 종합생활기록부제의 도입은 공교육 정상화와 함께 학교생활의 충실한 기록으로 다양한 재능의 인재를 선발하려는 취지를 담고 있다. 농어촌특별전형 실시와 기여입학제 금지 등은 소외지역에 대한 배려와 국민의 정서를 반영하려는 조치라는 점에서 긍정적으로 해석될 수 있다.

요컨대 문민정부는 교육개혁안에 입각한 대학입시제도를 통해 시대적

---

265 교육개혁위원회(1995), 앞의 교육개혁 방안, 35-36, 51쪽 등.
266 《연합뉴스》(1995.12.18.), 앞의 기사.
267 교육개혁위원회(1995), 앞의 교육개혁 방안, 15쪽.
268 교육개혁위원회(1995), 앞의 교육개혁 방안, 33-34쪽.

요구에 적합한 다양한 재능을 가진 인재들이 대학에 진학할 수 있기를 기대하였다. 그리고 가정 배경, 지역 등 환경적 조건에 크게 영향을 받는 사교육 대신 학교교육을 충실히 받은 수월한 인재가 재능에 적합한 기회를 갖도록 하며, 사회적으로 불리한 처지의 인재도 상응하는 기회를 접할 수 있는 정책을 시행하고자 했다.

한편 문민정부 시기에는 교육의 기회가 확대되고 각급 학교의 진학률이 증가했다. 고등교육은 대중화 단계를 넘어 보편화 단계에 진입했다. 고교 졸업자의 고등교육기관 진학률로 볼 때, 문민정부 출범 직전인 1992년의 대학진학률은 34.2%였다. 문민정부 출범 연도인 1993년에는 38.6%로 높아졌고, 이후 1994년에는 45.7%, 1995년에는 51.4%, 1996년에는 54.6%, 1997년에는 60.1%에 이르렀다.[269] 대학 학력에 대한 접근 기회가 크게 확대되어 온 것이다.

그러나 당시 고등교육기회를 분석한 연구들은 기회의 확장에도 불구하고 사회계층 간 교육기회의 불평등이 여전히 현저하게 존재하고 있음을 밝혔다.[270] 1990년대에 고등학교를 졸업하고 대학에 입학한 청년층을 대상으로 한 연구들에서, 가정 배경에 따라 고등교육기회에 양적·질적으로 구조적인 차이가 있었음을 확인할 수 있다. 즉 부모의 교육 수준과 직업 지위가 높을수록, 가구 소득이 높을수록, 가족의 사회적 자본이 많을수록, 실업계고 출신보다는 일반계고 출신일수록 대학진학률이 더 높다는 사실이 분명했다. 뿐만 아니라 대학의 서열을 고려하는 경우, 고교의

---

269 교육부(각 연도), 〈교육통계연보〉; 한국교육개발원(1997), 〈한국의 교육지표〉, 32-34쪽. 이 자료에 따르면, 18~21세 인구 중 고등교육기관 재학생의 비율인 고등교육 취학률도 1970년 8.4%, 1980년 15.9%, 1985년 35.1%, 1990년 37.7%, 1995년 55.1%, 1997년 68.8%였다.

270 한만길(1991), 〈대학교육 기회의 확대에 따른 대학의 분화와 교육기회의 불평등에 관한 연구〉, 《교육학연구》 29(3), 251-266쪽; 방하남·김기헌(2002), 〈기회와 불평등: 고등교육 기회에 있어서 사회계층간 불평등 분석〉, 《한국사회학》 36(4), 193-222쪽.

계열과 고교의 소재지가 유의미한 영향을 미치고 있었다.[271] 가정 배경과 지역의 차별적 영향이 중등교육에서 고등교육에 이르는 전 과정에서 작용하고 있었던 것이다.

3. 고교평준화제도의 수정과 고등교육체제의 확대

가. 고교평준화제도의 수정

고교평준화제도는 고교 진학 시험을 없애고 추첨으로 고등학교를 배정하는 제도를 말한다. 이 제도는 당시의 치열한 고교 입시경쟁, 과도한 사교육비 지출, 학교 간 서열화와 교육격차, 입시교육으로 인한 학교교육 파행 등의 문제를 해소하고, 중학교 교육을 정상화하려는 것이었다.

이 제도는 1974년 서울과 부산에서 먼저 시행되었고, 이듬해인 1975년에는 대구, 인천, 광주에도 적용되었다. 1979~1980년에는 대전, 전주, 수원, 성남, 원주 등 15개 도시로 확대되었다. 1980년대 초에는 고등학교 수용 능력의 지역 간 불균형 등으로 인하여, 평준화제도의 확대를 유보하면서 보완기를 거쳤다. 이후 노태우 대통령이 평준화제도 수정 및 개선을 지시(1990.2.)함에 따라 목포·군산·안산(1990), 춘천·원주·익산(1991), 천안(1995) 지역이 평준화제도를 취소했다.[272]

1980년대 후반에는 사회적으로 민주화 요구와 함께 자율화와 다양화가 강조되었다. 고교평준화제도에 대해서도 이런 요구가 영향을 미쳤다. 문민정부 시기의 고교평준화제도 변화는 이런 맥락에서 이루어졌다. 문

271 방하남·김기헌(2002), 앞의 논문, 217-218쪽.
272 김영철 등(2007), 〈대학민국 교육정책사 연구〉, 교육인적자원부, 127-128쪽.

민정부는 교육개혁안을 통해 고교교육체제의 여러 변화에 대하여 제안하였다. '고교 설립준칙주의' 도입은 여러 새로운 고등학교를 설립할 수 있는 제도적 근거가 되었다. 사실 문민정부의 5·31 교육개혁안은 고교평준화제도에 대한 수정을 요구하는 것이었다. 개혁안에서는 중등교육의 다양화와 특성화 그리고 학생과 학부모에게 학교 선택권을 부여할 것을 강조했다.[273] 고교평준화로 인해 획일화된 학교와 교육과정을 다양화하고 특성화함으로써 학생들의 재능과 적성을 최대한 발달시킬 수 있게 한다는 것이었다. 그리고 학생과 학부모, 즉 교육수요자가 자신에게 가장 적합한 학교를 선택하는 것을 권리로 인정했다. 우선 기존 고교 임의 배정방식의 평준화제도에 학교선택제를 도입하였다. 이에 따라 평준화제도는 '선지원 후추첨' 방식으로 바뀌게 되었다.

교육개혁안의 시선으로 볼 때, 평준화된 중등학교들은 일부 실업고 등을 제외하면 학생과 학부모의 학교 선택과 학교의 자율적 학생선발을 보장하지 않았고, 그 결과 학습자는 원하는 교육을 받을 수 없었으며, 교육공급자는 교육의 질 향상을 위해 경쟁하기보다는 현실에 안주하였고, 사학의 경우는 건학 이념에 부합하는 학교 운영을 하지 못했다. 따라서 정부는 고교 유형을 다양화하고 자율화하여 학생의 재능에 부합하면서도 학생과 학부모들의 선택권을 보장할 수 있는 이른바 수요자 중심의 학교체제를 구축하고자 하였다.

문민정부의 교육개혁위원회는 고교평준화제도의 수정·보완책이자 고교 다양화의 일환으로 고교 설립준칙주의에 따라 새로운 형태의 특성화된 고등학교를 설립할 수 있게 했다. 그러나 특수목적고와 자립형사립고에 대해서는 설립 목적을 도외시한 채 입시 명문고를 추구하거나 부유층

273 교육개혁위원회(1995), 앞의 교육개혁 방안, 37-39쪽.

을 위한 귀족학교가 될 것이라는 등 사회의 비판적 여론을 고려하여, 교육개혁위원회는 이들 학교의 설립을 제안하면서도 그 학교에 권한을 부여하는 시기와 선발 전형의 방법에 일정한 제한사항과 경고 사항을 부가했다.[274] 이를테면 자립형사립고의 경우, 대학교육의 다양화 및 특성화가 이루어져 대학입학 전형제도가 어느 정도 다양화된 상태에서 학교의 등록금 자율 책정권과 학생의 학교 선택권을 부여하도록 권고했다. 그리고 특수목적고에 대해서는 학교별 필기시험에 의한 전형을 폐지하고, 학교생활기록부와 면접 및 실기시험으로 학생을 선발하도록 하였으며, 교육과정을 대학입시 위주로 변칙 운영할 경우는 지정을 취소하도록 하였다.

특수목적고등학교는 평준화제도의 보완책으로 예술고, 체육고, 해양고 등 특수 분야의 전문적 교육을 위한 고등학교이다. 특수목적고는 평준화제도의 적용을 받는 일반고등학교의 추첨 배정과는 다른 방식으로 학생을 모집하고 다른 교육과정을 운영한다. 1983년에 경기과학고등학교가 첫 영재교육기관으로 인가를 받았고, 1986년에 과학고가 특목고에 포함되었다. 외국어학교는 정규학교가 아닌 학력 인정 각종학교로 출발하였다. 대원외국어학교가 1983년에 처음으로 학력 인정 각종학교로 인가를 받았다. 외국어학교가 영재교육을 위한 특목고로 지정된 것은 노태우 정부 말기인 1992년이었다. 평준화제도의 폐지를 검토 중이던 노태우 정부는 여론이 정부 의도와 다르게 형성되자 폐지보다는 보완을 하기로 하고, 외국어학교를 특수목적고로 정식 인가하였다.[275] 1995년 5·31 교육개혁 이후에는 국제 전문인력 양성을 위한 국제계열의 고등학교를 특목고에 추가하였다. 이에 따라 부산국제고가 1997년에 설립 인가를 받아

274 교육개혁위원회(1995), 앞의 교육개혁 방안, 39쪽.
275 김영철 등(2007), 앞의 연구보고서, 144-146쪽.

1998년에 개교했다.[276]

고교평준화제도에 대한 비판과 논란이 컸던 1990년대 초반에 과학고와 외국어고가 급증하였다. 당시 평준화에 대한 비판은 교육제도를 둘러싼 계층계급 간 갈등의 산물이었다.[277] 1990년대 초에 과학고와 외국어고 등 특목고에 대한 요구를 적극적으로 제시했던 사람들은 주로 중산층이었고 노태우 정부도 이 문제에 호의적이었다. 결국 과학고와 외국어고 등의 특목고는, 사회 일반인들의 반대 여론과 평준화 해체의 사회적 영향을 우려한 교육 당국이 평준화제도를 유지하되 중산층의 요구를 일부 수용하는 방식으로 일반계 고교체제를 수정한 것이었다. 일반계 고교체제 내에서 별도의 선발방식을 운용하게 된 특목고는 1984년 경기과학고등학교가 개교한 이후 꾸준히 증가하였고, 문민정부 시기인 1995년에는 과학고와 외국어고가 31개에 달했다.[278]

그 외에 문민정부 시기에 '자율학교'가 규정상으로 생겨났다. 1996년에 교육부가 일부 학교에 대하여 학교 운영 전반을 자율적·실험적으로 운영하는 '탈규제학교' 도입을 제안하였고, 1997년에는 「초·중등교육법」 제61조(학교 및 교육과정 운영의 특례)에 법적 근거를 마련하였다. 1998년 「초·중등교육법 시행령」을 통해 '탈규제학교' 대신 '자율학교'라는 용어를 공식적으로 사용하게 되었다.[279]

문민정부 시기 고등학교체제의 변화는 한마디로 교육개혁안에 의거하

---

276 김성열·김훈호(2015), 〈고등학교체제의 다양화: 양상과 성과, 그리고 과제〉, 《교육연구와 실천》 81, 32쪽.

277 김종엽(2003), 〈한국사회의 불평등〉, 《경제와 사회》 59, 72쪽.

278 1985년에는 대전, 전남(광주), 경남과학고등학교가 개교하였고, 외국어고는 1992년 도입 첫해에 11개교가 인가를 받아 개교하였다. 과학고는 1991년에 9개교였던 것이 1993년에는 14개교로 급증하였다. 성기선(2007), 〈참여정부의 교육정책: 고교평준화〉, 《교육비평》 23, 87쪽.

279 강은숙·유승오(2014), 〈교육개혁 정책의 연속성과 단절성에 관한 분석〉, 《교육문제연구》 20(3), 60쪽.

여 고교평준화제도를 수정한 것이다. 고교평준화제도는 교육격차 해소, 사교육비 감소, 중학교 교육 정상화 등에 기여하였으며, 공교육제도의 보편적 근간이 되는 것이었다. 평준화제도의 수정은 당시 사회의 계층계급적 요구가 반영된 것이자 문민정부의 세계관과 시대관을 반영하는 교육개혁안이 뒷받침된 것이라고 할 수 있다.

고교평준화제도의 수정을 통한 고교 다양화와 자율화 그리고 수요자 중심 교육이라는 시대적 요구가 강조된 이면에는, 보다 수월하고 특별하게 명문학벌에 이르는 경로로서 특수목적고 등의 확대에 대한 중산층의 요구가 관철되고 있었다. 고교평준화제도의 수정이 결국 고교 다양화의 본래적 취지보다는 대학진학을 차별화하고 중산층에 더 높은 서열의 학력·학벌을 선취하는 길을 열어 주게 된 셈이다.

나. 고등교육체제의 확장과 제도적 정비

문민정부 시기 고등교육체제에 나타난 주요 변화도 대개 교육개혁안을 반영한 것이었다. 정부의 고등교육개혁 방향은 세계화와 지식기반사회에 대응할 수 있도록 고등교육기관을 다양화하고 특성화하여 경쟁력을 강화하는 것이었다. 대학설립을 용이하게 하고 학생정원 책정을 대학의 자율에 맡겼다. 이 기조의 배경에는 전 세계적으로 영향이 파급되고 있던 신자유주의가 있었다. "문민정부 교육개혁위원들의 기본입장은 대학의 진입과 퇴출 문제는 시장에 맡겨야 한다는 것이었다. 망할 곳은 망하고 수요자가 선택하는 곳만 살아남도록 자유경쟁 원리를 대학에도 도입하고자 했다."[280]

교육개혁위원회(1995)가 제1차 교육개혁 방안에서 제안한 대학의 다

280 국정브리핑 특별기획팀(2007), 앞의 책, 154쪽 재인용.

양화와 특성화, 대학설립과 정원 및 학사 운영의 자율화[281]는 대학 학력 산출체제의 변화와 밀접한 관련을 갖는다. 교육개혁안은 대학을 다양화하고 특성화하는 방안으로, 사회가 요구하는 다양한 능력과 자질을 갖춘 인재를 양성하기에 적합한 대학 모형을 대학 스스로 설계·운영하도록 하고, 지역의 특수성에 맞도록 대학을 특성화하며, 세계화·정보화의 전문 요원을 양성하기 위한 단설 전문대학원 등을 설치할 수 있게 했다.

대학설립과 정원 및 학사 운영의 자율화는 대학의 설립 목적과 특성에 따라 설립기준을 다양하게 규정하여 대학설립을 인가제에서 준칙주의로 전환하고, 대학평가와 연계하여 대학정원 및 학사 운영을 점진적으로 대학 자율에 맡긴다는 것이었다. '대학설립 준칙주의'와 '대학정원 자율화'는 기존의 대학설립과 대학정원에 대한 규제를 크게 완화시켰다.

한편, 교육개혁안은 대학평가와 재정지원을 연계하는 방식을 제안하였다.[282] 대학평가와 재정지원 연계방식은 문민정부에서 처음으로 도입한 것이다. 이 방식은 대학의 다양화·특성화와 대학 간 경쟁을 유도하는 장치이자 대학을 통제하는 기제이기도 했다. 대학평가 결과를 고려하여 재정을 차등 지원하되, 대학이 아니라 계열 또는 학부(또는 학과) 단위로 지원함으로써 실질적으로 대학의 다양화와 특성화가 이루어질 수 있도록 유도하였다.

5·31 교육개혁안 발표 이후 '최소전공 인정 학점제'와 같은 제도와 함께 학부제 도입이 시도되었다. 학부제는 복수의 학과나 전공을 학문적 특성과 연계성을 살려 통합 운영하는 학사 운영 제도이다. 견고한 학문 영역 간의 경계를 느슨하게 하거나 개방하여 통합하는 것이다. 이 제도는

---

281 교육개혁위원회(1995), 앞의 교육개혁 방안, 20-24쪽.
282 교육개혁위원회(1995), 앞의 교육개혁 방안, 23쪽.

학생들에게 다양한 분야를 공부할 수 있는 환경을 조성하고, 적성에 맞는 전공을 선택하도록 하는 한편 복수전공을 가능하게 하기 위한 제도이다.

1996년의 제2차 교육개혁 방안에서 고등교육 학력산출체제와 관련된 내용은 ① 고등교육단계의 직업교육체제 구축, ② 전문대학원제도 도입, ③ 고등교육법 제정 등이다. 직업교육체제의 구축은 전문대학-개방대학-기능대학의 직업교육을 활성화하고, 신대학을 도입하며, 전문직업 분야의 학위제도를 도입하고자 하였다. 학력제도로 말하자면 주변부의 학력산출 경로를 정비하고 체계화하는 것이다.

전문대학원제도는 다양한 전공을 이수한 4년제 대학 학부 졸업생을 대상으로 전문직업 분야에서 통합적인 전문지식과 실무능력을 갖춘 고급 전문인력을 육성하는 대학원제도이다. 제2차 교육개혁 방안에서는 의사, 성직자, 법조인에 대한 전문대학원 도입을 제안하였다.

법학전문대학원과 관련하여, 송석윤(2015)에 따르면, 1995년 1월 발족된 '세계화추진위원회'(이하 세추위)는 각종 개혁정책 중 사법개혁도 주요 목표로 포함하였다. 핵심 내용은 법률서비스 개선을 위한 법률가 증원과 법학교육제도 개혁이었다. 세추위와 대법원이 공동으로 사법개혁을 추진하기로 하였다. 1995년 4월에는 사법시험 합격자 증원에 대해, 1996년 500명에서 기존 제도로 매년 100명씩 늘리고, 2000년 이후에는 새 법률가양성제도에 따라 매년 1,000~2,000명의 법률가를 배출하기로 했다. 법학교육의 학제 개편을 위해 '법조학제위원회'도 설치되었다. 새 학제로는 다양한 방안 중 두 가지 방향이 있었다. 하나는 기존의 법대 학제를 1~2년 연장하는 안이며, 다른 하나는 기존 학부 과정 후 2~3년제 전문대학원을 신설하는 안이었다. 법조학제위원회는 1995년 말까지 집중적으로 논의하였다. 그러나 합의에 이르지 못하여 교육개혁위원회에서 계속 논의하기로 하였다. 1995년 12월 교육개혁위원회 산하에 '법학교육개혁을 위한 특별위원회'를 구성하였다. 특별위원회는 일반교육은 학부 과정에서, 전문교육은 전문대학원에서 하도록 결정하였다. 교육개혁위원회는 1996년 2월에 발표한 교육개혁방안(II)에서 법학전문대학원 도입을 그 중점과제로 선정하였고, 3월에는 교육부가 교육개혁과제를 발표하고 추진 일정을 제시하였다. 이에 따라 6월에 법학교육위원회를 구성했다. 하지만 법조계의 반대로 논의를 진행할 수 없었다.[283]

의학전문대학원도 제2차 교육개혁 방안의 발표를 통해 1997년부터 이 제도를 도입할 계획이었으나 의료계의 반발로 보류되었다. 서혁준 등의 연구(2014)에 따르면, 의료계의 반발 이유는 교육 기간 연장으로 인한 비용 상승, 교육과정 이원화로 인한 의료인들 간의 갈등, 기존 의료 질서 붕괴, 의료 엘리트의 자존심 손상 등이었다. 정부는 1997년 교육부 산하에 '의학전문대학원제도연구위원회'를 두고 연구와 여론수렴을 통해 제도 도입을 계획하였으나 종전 의학교육체제를 유지하면서 부분적으로 개방하자는 보수적인 의견이 강해 정부의 의학전문대학원 도입 계획은 난관에 부딪혔다.[284] 정부와 의료인 당사자 간에 의사양성제도에 대한 문제 인식과 이에 대한 공감대가 전혀 형성되지 않은 상태였다.

한편 문민정부의 교육부는 1998년 1월 전문대학원 신설 또는 개편을 신청한 22개 대학 32개 대학원 중, 6개 대학 8개 전문대학원에 입학정원 695명을 인가하였다. 이 대학원들이 우리나라 최초의 전문대학원이다.[285]

---

283 송석윤(2015), 〈법학전문대학원 제도의 성과와 발전 방향: 그 도입논의 및 최근 쟁점과 관련하여〉, 《법교육연구》 10(3), 26-30쪽.

284 서혁준 등(2014), 〈정책의 도입, 표류, 그리고 회귀: 의학전문대학원 사례 연구〉, 《국가정책연구》 28(4), 196-197쪽.

285 서울대 행정대학원·환경대학원·보건대학원, 성균관대 경영전문대학원, 국민대 자동차공학대학원, 경기대 건축대학원, 한양대 도시대학원, 한국외국어대 통역·번역대학원이 인가를 받았다. 이들 전문대학원은 기존의 일반대학원이나 특수대학원과는 달리 통합적인 학문 지식과 실무능력을 갖춘 전문가 양성을 목적으로 하는 새로운 개념의 대학원이며, 2년 과정 이수 후 전문 석사학위가 주어진다. 출처: 한국학중앙연구원의 《한국민족문화대백과》(http://encykorea.aks.ac.kr/) 참조.

그리고 교육개혁안은 대학모형 선택권, 대학설립 준칙주의, 전문대학원 설치, 단설 대학원대학 설치, 평생교육체제 구축, 겸임교수제 도입, 신대학체제 도입 등의 교육개혁 방안을 시행하고 대학의 자치를 실현하기 위해 고등교육법을 제정할 것을 제안하였다.[286] 고등교육법은 1997년 12월 13일 국회를 통과하였으며, 1998년 3월 1일의 시행령과 함께 고등교육 자체에 대한 독자적인 법체제를 갖추게 되었다.

1996년 제3차 교육개혁방안과 관련해서는 교육대학체제의 개혁, 21세기형 첨단학교 및 가상대학 운영, 국공립 시설 등을 평생학습장으로 개방하는 안 등이 고등교육과 관련된 주요 과제로 선정되어 추진되었다. 그리고 1997년 제4차 교육개혁방안에서는 고등교육의 수월성과 지방화를 위하여 ① 연구중심 대학의 집중 육성, ② 인재 양성의 지방화 체제 구축, ③ 연구중심 대학 및 지방대학 육성의 추진방식, ④ 전문대학 지원사업의 내실화 등을 제안하였다. 이 과제들은 문민정부가 끝나 갈 무렵에 제안되어 실질적으로 추진되지 못했다. 그러나 이 정책들은 이후 정부들의 관련 주요 사업에 영향을 주었다.

5·31 고등교육개혁정책 중에서 한국 고등교육 학력산출체제에 가장 뚜렷한 영향을 미친 정책은 대학설립 규정의 전환과 대학정원 자율화였다. 대학설립 규정의 전환은 '대학설립준칙주의'를 도입한 것이었고, 대학정원 자율화는 비수도권지역부터 단계적으로 시행하도록 하였다.

대학설립준칙주의는 교원, 교지, 교사, 수익용 기본재산 등 정부가 제시한 최소 요건만 갖추면 학교를 자유롭게 설립할 수 있도록 하는 것이다. 장수명(2009)에 따르면, 1996년 7월 26일 교육개혁위원회와 교육부는 이전의 대학설치기준령을 폐지하고 준칙안제정위원회를 구성하여 대

286 교육개혁위원회(1996a), 앞의 교육개혁 방안, 68-71쪽.

[표 5-2] 고등교육기관의 수 및 학과 수 현황

연도	전문대학		교육대학		대학(교)		방송통신대		산업대[287]	
	대학 수	학과 수	대학 수	학과 수	대학 수	학과 수	대학 수	학과 수	대학 수	학과 수
1992	126	1,538	11	350	121	4,315	1	17	8	183
1997	155	2,329	11	500	150	6,025	1	18	19	378

* 교육부(각 연도), 《교육통계연보》.

학설립·운영규정을 제정했다. 이 정책은 최소한의 기준 충족 시 대학설립을 자유롭게 함으로써, 단설 대학원대학 등 다양하고 특성화된 소규모 대학의 설립으로 대학의 경쟁력을 확보하려는 목적이었다.[288] 대학설립 준칙주의 도입 후 각종 고등교육기관의 수가 크게 증가하였다.

[표 5-2]는 문민정부 기간 동안 고등교육기관 수의 변화를 보여 준다. 문민정부 출범 직전 해인 1992년과 문민정부 말기인 1997년의 고등교육기관 수에서, 전문대학과 대학이 각각 29개교가 증가했다. 이 기간에 매년 평균 6개의 전문대학과 6개의 대학(교)이 신설된 것이다. 개방대학에서 1996년에 명칭이 바뀐 산업대학도 1992년 8개교에서 1997년 19개교로 증가하였다. 대학의 학과 수도 함께 증가하였음을 볼 수 있다. 아직 학과 및 전공 간의 통합보다는 학과 단위가 신설되거나 더욱 세분화되고 있었음을 시사한다.

문민정부 교육부는 대선공약에 따라 교육개혁위원회의 논의와 정책연구를 통해 1994년 12월에 대학정원 자율화 추진계획을 발표하였다. 이

287 1981년에 개방대학이란 이름으로 도입되었으나 1996년에 산업대학으로 명칭이 바뀌었다.

288 1996년 설립·운영 규정은, 대학의 설립 주체가 교사, 교지, 교원 및 수익용 기본재산의 설립기준을 갖추어 대학설립 인가를 신청하면, 교육부 장관은 대학설립심사위원회의 심의를 거쳐 대학설립을 인가하는데, 설립기준은 교지, 교사, 수익용 기본재산은 100% 확보하고 교원은 개교 전 1/2 이상 확보하며 나머지는 개교 다음 연도까지 100% 확보하도록 했다. 장수명(2009), 〈5·31 대학정책 분석: 규제 완화를 중심으로〉, 《동향과 전망》 77, 15-16쪽.

[표 5-3] 고등교육기관 학생 현황

연도	전문대학	교육대학	대학(교)	방송대	산업대
1992	404,996	16,504	1,070,169	303,760	70,205
1997	724,741	20,948	1,368,461	370,879	141,099
증가율	78.9%	26.9%	27.9%	22.1%	101.0%

* 교육부(각 연도), 《교육통계연보》.

계획에는 대학 학생정원의 단계적 자율화 계획이 포함되어 있었다. 이 계획과 교육개혁 추진과제에 따라, 1996년 이후에는 대학정원이 3단계에 걸쳐 점차 확대되었다.[289]

[표 5-3]은 문민정부 기간의 고등교육기관 학생 수 변동 상황을 보여준다. 문민정부 기간에 모든 고등교육기관의 학생 수가 증가했다. 문민정부 출범 직전인 1992년과 문민정부 마지막 해인 1997년의 학생 현황을 비교할 때, 산업대가 101.0%로 가장 큰 증가율을 보였으며, 전문대학은 78.9%, 대학(교)은 27.9%, 교육대학은 26.9%, 방송대는 22.1%의 증가율을 나타냈다.

문민정부 시기에는 교육개혁안의 제안에 따라 고등교육 학력산출체제가 확장되었고, 특성화가 추진되었으며, 고등교육법 제정 등을 통해 법적 체제를 정비하였다. 교육개혁안에서 비롯된 대학설립준칙주의의 시행과 대학정원 자율화 등의 조치로 단설 대학원대학과 같은 새로운 형태의 고등교육기관이 신설되었고, 기존 유형의 고등교육기관 수와 학생 수가

---

289 1996년의 포괄승인제(1단계)는 교육부가 대학별·계열별 증원 규모를 결정하고 대학은 정원 규모 내에서 학과 신·증설을 결정하도록 했다. 1997~1998년의 교육여건연동제(2단계)는 교육여건을 충족한 대학은 대학 개편 및 증원 규모를 자율적으로 결정하게 했다. 1999년 이후의 완전자율화단계는 개별대학이 의학, 교육·사범계열을 제외하고 조정범위와 증원 규모를 자율적으로 결정할 수 있도록 허용했다. 장석환(2007), 〈문민정부 이후 대학 정원정책 분석〉, 《교육행정학연구》 25(4), 396-398쪽.

크게 증가하였다. 이 결과는 고등교육 학력을 산출하는 기관이 많아지고 다양해질 수 있다는 의미와 함께 고등교육 학력에 대한 접근이 훨씬 더 용이해졌음을 의미한다.

4. 명문학벌의 과도한 편중

문민정부 시기 사회 주요 부문에 진출한 사람들의 학력·학벌 상황을 살펴본다. 이를 통해 학력·학벌과 사회 주요 부문 입직 간에 작동하는 모종의 연관성을 추정할 수 있을 것이다. 공공부문으로 행정부, 입법부, 사법부, 그리고 민간부문으로 대기업 등에서 주요직에 대한 학력·학벌의 점유실태가 어떠했는지를 살펴본다.

[표 5-4]는 문민정부의 1~3기 장·차관(급) 인사들의 출신대학 분포를 나타낸 것이다.

이 표를 분석해 보면 이전 정부와 달리 군 출신 인사가 대폭 감소하였

[표 5-4] 문민정부 초기 장·차관급의 출신대학 분석[290] (단위: 명)

내각 / 대학	1차 내각		2차 내각		3차 내각		합계
	장관급	차관급	장관급	차관급	장관급	차관급	
서울대	18	30	17(7)	32(10)	14(12)	31(14)	142(43)
타 대학	6	32	9(6)	30(13)	9(6)	28(7)	114(32)
군사대학	5	1	3(2)	1(0)	4(4)	2(1)	16(7)
합계	29	63	29(15)	63(23)	27(22)	61(22)	272(82)

290 박경효(1995), 〈김영삼 정부의 장·차관(급) 충원정책: 국정지도력, 전문성, 그리고 대표성〉, 《한국행정학보》 29(2), 497쪽.

고, 서울대 출신자의 비중이 계속 높게 유지되었으며, 군 출신자 배제에 따른 공백이 비서울대 출신자에 의해 충원되었음을 알 수 있다.[291] 특히 서울대 출신자의 비율이 매우 높다는 점이 가장 현저한 특징이다. 이 시기 내각의 서울대 출신 비율은 1기 48명(52.2%), 2기 49명(53.3%), 3기 45명(51.1%)으로 전체의 52.2%에 달했으며 초기 내각의 절반 이상이 서울대 출신자로 충원되었다.

문민정부 권력 엘리트의 특성을 집중적으로 분석한 노병만의 연구(1997)에 따르면, 김영삼 정부의 정치엘리트와 행정엘리트의 충원에 학력·학벌이 주요인이었음을 확인할 수 있다.[292]

첫째, 한국사회의 고학력화 현상을 반영하고 있다. 권력 엘리트들 대부분이 대학 학력 이상을 보유하고 있다. 제15대 국회의원들은 대학 학력자가 174명으로 58.2%, 대학원 학력자가 115명으로 38.5%에 달했으며, 장·차관급의 경우는 대학 학력자가 181명으로 63.7%, 대학원 학력자가 102명으로 35.9%였다(153-154쪽).

둘째, 국내 출신대학으로는 서울대 출신 여부가 이전 정부보다 더 두드러진 주요 충원 요인이었다. 장관급 이상의 62.8%, 차관급의 56.4%, 핵심 행정엘리트의 69.5%, 대통령 측근 엘리트의 77.1%, 제15대 의원의 40.6%가 서울대 출신이었다(154-155쪽).

셋째, 해외 유학경험자는 정치엘리트(제15대 의원 30.5%)보다 장·차관급 등의 행정엘리트(38.9%)에서 비율이 더 높았고, 전체적으로 해외 유학출신자들의 충원이 증가하였으며, 미국 유학출신자 비율이 압도적으로 높아[293]

291 노태우 정부의 마지막 내각은 군출신자가 5개의 장관급과 9개의 차관급 직책을 차지하였으며, 서울대 출신은 장관급 17명, 차관급 28명으로 총 45명이었다. 박경효(1995), 앞의 논문, 497쪽.

292 노병만(1997), 〈김영삼 정권 권력엘리트의 특성 분석〉, 《한국정치학회보》 31(2), 153-158쪽.

293 제15대 의원들 가운데 해외 유학자 92명 중 73명(79.3%)이 미국 유학자였으며, 제14대는 해외 유학자 74명 중 58명(78.4%), 장·차관의 111명 중 92명(82.9%), 여당 정치핵심인사 6명 중 4명, 야

[표 5-5] 김영삼 정부 장·차관급의 출신학교별 비율 분포(1993.2.~1998.2.)[294] (단위: 명(%))

출신대학	장관 수		차관 수		계(%)		총비율(%)
	장관	장관급	차관	차관급	장·차관	장·차관급	
건국대	1	-	1	-	2(0.7)	-	2(0.6)
경북대	1	-	4	-	5(1.8)	-	5(1.6)
고려대	12	1	12	1	24(8.7)	2(5.4)	26(8.3)
대구대	-	-	2	-	2(0.7)	-	2(0.6)
동국대	2	1	4	-	6(2.2)	1(2.6)	7(2.2)
동아대	4	1	1	-	5(1.8)	1(2.6)	6(1.9)
명지대	-	-	2	1	2(0.7)	1(2.6)	3(1.0)
사관학교	11	5	4	-	15(5.4)	5(13.2)	20(6.4)
서울대	83	6	99	18	182(66.0)	24(63.2)	206(65.6)
성균관대	2	-	5	1	7(2.6)	1(2.6)	8(2.5)
숭실대	1	-	1	1	2(0.7)	1(2.6)	3(1.0)
외국대(미)	3	-	-	-	3(1.1)	-	3(1.0)
연세대	3	1	5	-	8(2.9)	1(2.6)	9(2.9)
이화여대	2	-	0	-	2(0.7)	-	2(0.6)
기타 대학	4	1	7	-	11(4.0)	1(2.6)	12(3.8)
계	129	16	147	22	276(100)	38(100)	314(100)

미국 의존성의 심화를 나타냈다(156-157쪽).

[표 5-5]는 김영삼 정부의 전 기간에 걸쳐 임명된 장·차관급의 구체적인 출신학교별 비율 분포를 나타낸 것이다. 이 표에서 볼 때도, 서울대 출신자 비율이 압도적으로 높다는 사실을 알 수 있다. 서울대 출신자가 그 외 모든 대학 출신자를 합친 수보다 많다. 서울대 출신 장관은 83명,

당 정치핵심인사 23명 중 17명, 의회 고위 엘리트 17명 중 12명, 행정 핵심엘리트 29명 중 25명, 측근 엘리트 17명 중 11명이 미국 유학자였다. 노병만(1997), 앞의 논문, 156쪽.

294 정성호 등(2002), 〈대통령의 인사정책에 대한 비교 연구: 김영삼과 김대중 대통령을 중심으로〉, 《경기대학교 사회과학논총》 5, 192쪽.

장관급은 6명, 차관은 99명, 차관급은 18명으로 총 206명이고, 이는 전체 장·차관급의 65.6%에 달했다. 그다음으로 높은 비율을 차지한 대학이 고려대 26명(8.3%), 사관학교 20명(6.4%)이며, 그 밖에는 10명을 넘어서는 대학이 없다.

이 외에도 문민정부 당시 사법부와 검찰, 외무부의 주요직 점유자들, 그리고 그 시기 대통령 후보로 거론된 이들에 이르기까지 모두 압도적 다수가 서울대 출신자였고, 특히 사법부와 검찰의 경우는 고위직으로 갈수록 서울대 출신자 비율이 더 높았다.[295]

1996년 《월간조선》 8월호에 게재된 내용을 보면, 서울대 출신자가 국회의원의 39.1%, 시도지사의 48.7%, 장관급의 66.7%, 차관급의 54.2%, 중앙 언론사 편집(보도)국장의 76.9%, 부장급 이상의 33.7%, 고등법원 부장판사 이상의 81.7%, 검사장급 이상의 80%, 경찰 치안감급 이상의 11.5%, 청와대 비서실·경호실 차관급 이상의 69.2%, 감사원 차관급 이상의 75%를 차지하고 있었다.[296]

한편 민간부문인 재계 인사에 대한 자료들에서도 기업의 리더들이 주요 학벌 출신자임을 확인할 수 있다. 위의 김덕한·이정민(1996)의 조사 자료에서는 서울대 출신자가 국내 10대 그룹 사장 이상의 48.8%, 임원진의 27.0%를 차지했다.

한국상장회사협의회(1994)가 김영삼 정부 초기인 1994년 6월 말 현재 660개 상장기업의 대표이사 현황을 조사한 결과에 따르면, 전체 965명의 출신대학별 분포에서 서울대가 300명 31.1%로 가장 높은 비율을 나타냈으며, 고려대 110명 11.4%, 연세대 102명 10.6%를 차지했다. 임원

---

295 강준만(2009), 앞의 책, 187-189쪽.
296 김덕한·이정민(1996), 〈52.2%를 서울대 인맥이 장악〉, 《월간조선》 8월호, 572-584쪽.

진의 경우는 서울대 24.6%, 고려대 10.1%, 연세대 8.9%로 나타났다.[297]

그리고 한국생산성본부(1996)가 조사한 30대 그룹 계열사 대표이사 598명의 프로필 분석에서도 이들의 출신대학 현황은 서울대가 256명(42.8%)이었고, 연세대 71명(11.9%), 고려대 62명(10.4%), 한양대 54명(9.0%) 등으로 나타났다.[298]

또한 경영전문지 《월간 현대경영》이 매출액 순위를 기준으로 조사한 자료 '1995년 100대 기업 최고경영자 분석'에 따르면, CEO의 출신교는 서울대가 56명으로 절반 이상을 차지했고, 이어 연세대, 고려대 각 11명, 한양대, 성균관대, 외대가 각 3명, 중앙대, 부산대가 각 2명이었다.[299]

요컨대 문민정부 시기 주요 학벌의 사회 요직에 대한 점유율의 편중도는 매우 높았다. 대체적인 평균 점유율은 다음과 같다. 서울대 출신자의 경우, 행정부 장·차관급의 52~65%, 입법부 국회의원의 약 39%, 사법부 고위직의 80%, 중앙 언론사 간부직의 76%, 청와대 고위직의 70%, 그룹 대기업 사장급 이상의 43~51%, 임원의 27% 등이며, 특히 사법부의 편중도가 가장 높았다. 그 외 연세대와 고려대 등의 학벌도 분야별로 다르지만 약 10% 내외의 점유율을 차지하고 있었다. 문민정부 시기에는 특히 서울대 학벌이 사회의 주요 부문들을 큰 비율로 점유하였다. 그만큼 학력·학벌주의가 한국사회에 만연해 있는 상황이었음을 의미한다.

---

297 《연합뉴스》(1994.9.4.), 〈상장기업들, 감량경영으로 인원 감소〉.

298 한국생산성본부가 발행한 경영전문지 《월간기업경영》이 공정거래위원회가 발표한 대규모 기업집단 30개 그룹의 564개 계열사 598명의 대표이사 프로필을 분석한 결과이다. 《연합뉴스》(1996.4.1.), 〈30대 그룹 대표이사 중 10년 이상 장수자 31명〉.

299 《연합뉴스》(1995.5.3.), 〈100대 기업 대표이사들 올해 17명 교체〉.

5. 모두가 알지만 공론화되지 않은 학력·학벌 문제

하나의 대학이 한국사회 고위공직 부문의 약 40~80%를 독점할 정도로 학력·학벌주의가 심각했지만, 문민정부는 학력·학벌주의에 대한 문제의식을 공식적으로 표명하지 않았다. 학력·학벌 문제에 대하여 직접적인 정책적 대응을 보이지도 않았다. 문민정부 시기에는 학력·학벌 문제가 암묵적으로 인지되고 있었지만 이전 시기와 마찬가지로 정부 차원에서 공식적으로 거론하지는 않았다.

다만 5·31 교육개혁안에서 지극히 간략하게나마 학벌 문제를 교육개혁의 한 부분으로 언급하였다. 교육개혁위원회(1995)는 개혁안에 신교육체제 수립을 위한 교육개혁의 추진이 학생-학부모-교원, 각급 학교, 정부, 사회의 각 부문이 교육개혁 추진의 원칙에 적합하게 활동하고 기능하도록 해야 하는, 이른바 '총체적 접근'이 이루어져야 함을 적시했다.[300] 총체적 접근이란 곧 종합적·효율적인 교육개혁 추진 및 평가, 학교 중심의 교육개혁 추진, 제도개혁에 부합하는 의식개혁 추진, 그리고 기업이 임금 및 고용 관행을 학벌중심에서 능력중심으로 개선하도록 유도해야 한다는 등의 사항들을 포괄하는 접근이라는 의미였다. 교육개혁위원회(1995)는 총체적 접근의 교육개혁을 통해, 즉 중등교육 및 대학교육을 다양화·특성화하고 국가기술자격제도의 개선 등으로 유능한 전문가를 양성하며 학벌중심의 임금·고용 관행을 개선함으로써, 학벌중심사회가 능력중심사회로 변화할 것이라는 기대를 나타냈다.[301]

---

300 교육개혁위원회(1995), 앞의 교육개혁 방안, 51쪽. 그리고 교육개혁의 추진 원칙을 다음과 같이 기술하였다. "교육의 수월성을 신장하기 위하여 각급 학교 운영에 자율과 경쟁의 원리를 도입하는 한편, 소외계층과 지역을 위해서는 형평성이 확보되도록 하면서 체계적인 평가를 통하여 교육의 질이 관리되도록 한다."(1995년 교육개혁 방안 15쪽).

301 교육개혁위원회(1995), 앞의 교육개혁 방안, 15, 51, 62, 64쪽.

개혁안의 내용에 대해 부연하자면, 학교중심의 교육개혁을 추진하되, 학교교육체제 내부뿐만 아니라 외부 사람들의 의식 전환과 사회의 학력·학벌주의적 관행 개선을 유도하는 일까지도 포괄하는 방식의 교육개혁을 추진함으로써 교육과 사회를 변화시키고 그에 따라 학력·학벌 문제도 해소할 수 있을 것으로 본 것이다. 당시의 교육개혁안이 총체적 접근의 관점을 견지한 것은 의미 있는 접근방식이었다고 본다. 그러나 학교교육체제 외부 혹은 내외부의 과제라고 할 수 있는 의식개혁, 국가기술자격제도, 학벌중심의 임금·고용 관행 등에 대해서는 정부 정책 차원에서 개혁이 전혀 추진되지 않았다.

당시 주요 학벌들의 요직 점유율 상황과 교육개혁안의 학벌중심 관행에 대한 언급 등으로 미루어볼 때, 당시 학력·학벌 문제가 상당하게 사회적으로 인식되고 있었지만, 문서상의 간략한 지침 이외의 대응은 거의 없었던 것으로 판단된다.

한편 당시 언론매체의 보도에 따르면, 이 시기 민간부문의 대기업들은 학력·학벌에 크게 의존하던 사원 채용방식을 변화시키려고 시도했던 것 같다. 1990년대 중반 삼성그룹은 '열린 채용'을 도입해 인사·성과 시스템에 학연·지연으로 대표되는 줄서기 문화를 없애려고 했다. 학연과 지연이 영향을 미칠 수 있는 서류전형을 폐지하는 한편, 사내 동문·동향 모임도 금지했다. 1994년에는 능력개발 공정성 중시, 승진연한제 폐지, 출신학교 기재란 삭제 등 인사방식의 변화를 시도했다.[302] 그리고 이 시기 신문의 관련 뉴스 보도에 따르면, 대기업 그룹들이 학력이나 필기시험 성적보다는 능력과 인성을 중시하는 방향으로 사원 선발 기준을 바꾸고 있

302 《매일경제신문》(1994.6.2., 31면), 〈삼성 "인사대혁명", 능력개발 공정성 중시, 승진연한제 폐지, 출신교 기재 삭제, 계열사 교환근무〉.

었다.[303] 정부나 공공기관보다는 민간기업들이 먼저 학력·학벌 문제에 더 민감하게 대처하고 있었던 것이다.

요컨대, 문민정부의 학력·학벌 문제에 대한 인식과 대응 의지는 교육개혁안에서만 부분적으로 나타났다. 그 외 정부 차원에서 학력·학벌 문제의 개혁을 위해 정책적으로 접근하거나 선언한 경우는 없었다. 교육개혁안에서 볼 때, 학력·학벌 문제는 해소해야 할 주요 사회문제이자 교육개혁과 더불어 개선해야 할 과제였다. 학력·학벌 문제는 특히 고용 및 임금과 같은 부분의 주요 사회적 과제에 제한하여 언급되었다. 교육개혁안을 중심으로 보면, 학력·학벌 문제는 교육개혁의 한 가지 하위과제로 다루어졌다. 한국사회의 교육개혁에서 학력·학벌주의는 결코 빼놓을 수 없는 문제이다. 학력·학벌 문제의 해소는 교육 부문의 개혁만으로는 충분하지 않은 것이 사실이다. 어떤 점에서 학력·학벌 문제야말로 사회의 여러 부문과 연관된 매우 복잡한 난제이다.

문민정부 시기에는 학력·학벌 문제의 심각성을 정부 차원에서 공식적으로 표명하거나 의제화하지 않았고, 따라서 정책적 실천으로 옮기지도 않았다. 문민정부 시기는 학력·학벌 문제가 정부 당국자들에게 개혁의 대상으로 성숙된 공감대를 충분히 형성하지 못하였다.

303 "(전략) 삼성, 현대 등은 지원자의 출신교, 본적 등을 가리지 않기 위해 각종 서류를 참고하지 않은 채 면접을 실시할 방침이다./ 롯데그룹은 필기시험을 없애고 서류심사 후 곧바로 면접으로 신입사원을 선발키로 했다. (중략) 삼성그룹은 지원서류 접수 시 성적, 학위증명서 등 각종 서류 대신, 지원서류 1매만 제출토록 하며, (중략) 수험표의 사진을 없애고 면접 대장에서 출신학교란도 삭제하여, 철저하게 능력 위주의 선발을 할 계획이다./ 현대그룹 역시 (중략) 지원자의 학력, 재산 등에 관한 자료를 없애고 무자료 면접인 '블라인드 테스트'를 실시할 예정이다./ 럭키금성은 (중략) '직무능력평가시험'을 실시…"《연합뉴스》(1994.10.5.), 〈대그룹 신규 채용, 능력·인성 중시〉.

제 6 장

김대중 정부: 최초의 학벌문화 개혁 운동 (1998.2.~2003.2.)

1. 신자유주의적 교육정책의 선별적 수용

국민의 정부 시기는 선거를 통해 실질적인 정권교체가 이루어지는 등 정치적으로 민주주의가 한층 더 발전하였다. 이 시기 한국사회의 경제는 외환위기 등으로 이미 세계화의 글로벌 체제에 편입되었다. 국민의 정부는 신자유주의의 세계 정치경제 패러다임 속에 있었고, 그 전반적인 틀은 IMF 구제금융 프로그램에 따른 구조조정을 통해 체계적으로 구축되었다.

이러한 변화는 교육정책에도 반영되어, 학력의 산출과 관리체제에도 여러 변화를 수반하였다. 김대중 정부는 교육정책에서 신자유주의를 선별적으로 수용할 수 있는 사상으로 규정했다.[304] 이에 따라 교육의 공공성을 견지하는 정책을 시행하면서도 이전 정부의 교육개혁안에 반영된 신자유주의적 교육정책의 기조를 대체로 받아들였다. 이 시기 교육 분야

---

304 신자유주의 논쟁이 첨예하던 당시 교육인적자원부는 '7차 교육과정은 신자유주의적 이념의 소산인가'에서 "자유, 책임, 효율 같은 신자유주의적 요소들은 보다 인간다운 삶의 형성에 주요한 요소이고, 신자유주의란 현 세계의 주류사상으로 선별적으로 수용되어야 하는 사상이지 무조건 전체적으로 거부되어야 하는 사상은 아니다."라고 밝힌 바 있다. 김천기(2012), 〈한국교육의 신자유주의화 과정과 그 성격: 학교의 입시학원화와 '자율적 통치성' 강화〉, 《교육종합연구》 10(1), 132쪽에서 재인용.

의 주된 변화는 곧 교육에 시장의 원리와 기제를 도입하는 것이었다. 국민의 정부가 시행한 신자유주의 교육정책으로는 7차 교육과정 시행, 자립형사립고 시범운영, 교원정년 단축, 교원성과급 제도 시행, 재정지원과 연계된 각종 평가사업, BK21사업 등이었다.[305]

국민의 정부 출범을 전후한 시기에 정치적 민주화를 비롯한 각종 사회문제 해결에 대한 국민의 기대와 요구가 높았다. 사회개혁에 대한 관심이 고조되는 가운데 학력·학벌 문제도 주요 쟁점으로 부각되었다. 이들 관심 사항과 쟁점은 대체로 대통령 선거 공약에 반영되었다. 국민의 정부가 대통령선거에서 제시했던 교육 부문의 공약은 10개 대공약과 74개 세부공약으로 이루어졌다.[306] 학력·학벌 문제와 다소간 관련된 공약사항은 [표 6-1]과 같다.

[표 6-1]에서, 대공약3의 '사교육비·과외비 대폭 경감'에는 국립서울대학교의 대학원중심 연구대학으로 전환, 학교교육제도 개편, 대학입시제도의 종합적 개선, 명문대 출신 위주 고용풍토 해소, 지방대 육성을 위한 인재지역할당제 도입 등의 세부 공약이 포함되어 있다. 이들 세부 공약은 '사교육비 경감'이라는 제목으로 범주화되었다. 사교육비 문제는 학력·학벌주의 문제와 별개의 것이 아니라 동전의 양면과도 같은 것이다. 정점에 있는 학력산출기관의 성격과 기능을 변화시키고, 학력에 대한 접

305 이병환(2002), 〈신자유주의 교육개혁의 성격과 평가〉, 《한국교육》 29(2), 33-55쪽; 김천기(2012), 앞의 논문, 119-149쪽.

306 10개 대공약은 1. '교육개혁추진단' 대통령 직속 상설기구화 및 교육개혁 추진(세부 공약 7개), 2. 교육재정 GNP 6% 확보 및 교육의 내실화(4), 3. 사교육비·과외비 대폭 경감(7), 4. 대학의 선발제도 전면 개혁 및 대학교육의 자율화와 특성화 추진(7), 5. 유아학교 설립 및 유아교육의 공교육화와 만 5세 아동의 무상 의무교육 실현(5), 6. 교원의 처우와 복지 개선 및 교원 양성과 인사제도의 합리화(11), 7. 교육환경시설의 현대화와 학교폭력 근절 및 예방(14), 8. 사학의 공공성과 자율성 보장 및 지원 확대(3), 9. 학력중심사회에서 능력중심사회로의 전환(10), 10. 학교급식 확대와 특수교육 지원 강화(6) 등이었다. 경제정의시민실천연합(2003), 〈김대중 정부 대선공약 이행 평가 세부 내용〉.

[표 6-1] 김대중 대통령 후보의 교육공약 중 학력·학벌사회 개혁 관련 공약

대공약	세부 공약	비고
3. 사교육비·과외비 대폭 경감(7)	-초·중등학교 사부담 공교육비 대폭 축소, 중학교 무상 의무교육 2002년까지 실시	
	-국립서울대학교를 대학원중심 연구대학으로 전환	
	-유아교육 공교육화, 초등교육 1년 축소, 중등학교 통합 등 학교교육제도 전면 개편	
	-중·고교 국·영·수 비중·수준·분량 개편, 전체 교과목 수 감축, 선택과목 비중 확대	
	-수능 과목·내용의 분량·수준·난이도를 적절하게 조절하고 대입제도 종합적 개선	
	-명문대 출신 위주 고용풍토 해소와 지방대 육성 위해 인재지역할당제 도입·실시	
	-2002년까지 컴퓨터 네트워크 등 교육정보화사업 완성으로 교육의 지역격차 해소	
4. 대학의 선발제도 전면 개혁 및 대학의 자율화와 특성화 추진(7)	-학생선발권을 대학 자율에 맡기며, 대학입학 지원자에게 문호 대폭 개방	
	-대학편입학 기회 확대로 대학 간 이동 최대한 보장하고 엄격한 졸업자격제 실시	
	-지방 국립종합대학교 벨트화로 교수·학생 교류, 학점인정, 학사 공동관리 등 확대	
	-자율화 원칙을 바탕으로 대학의 다양화, 지역별·영역별 특성화 적극 추진·지원	
	-지자체가 지역 고등교육기관에 재정 지원할 제도를 마련하고, 지방대학 지원 강화	
	-교수 재임용제도를 개선하고, 교수회를 의결기구로 법제화하여 대학 자치 강화	
	-교육 정보화 적극 추진, 방송대·사이버대 포함 대학의 원격교육 적극 지원	
9. 학력중심 사회에서 능력중심 사회로의 전환(10)	-인문고와 전문대 간 직업교육 연계 실기교육과정(2+2) 설치, 진로지도·직업교육강화	
	-실업계 고교체제를 개편하여 특성화고 설립과 전환 확대, 실업교육 집중 지원육성	
	-실업계 특성화고 졸업자 동일계대학진학 시 선발 가산점 등 유도, 연계 재정지원	
	-전문대학과 고교의 실기교원 신규 채용 시 최소 2년 이상 현장 근무 경력 필수화	
	-대학과 사회교육기관 간 연계 운영체제와 사이버대 등 교육정보화체계 마련 지원	
	-사회교육기관 등의 자원·프로그램을 대학교육과 연계, 학점인정제·시간등록제 확대	
	-취업관련 각종 시험에서 학력과 학연에 의한 차별제도를 없앤다.	
	-학력 간 임금 격차 해소, 경험·실무·연수 등으로 얻은 능력에 따른 임금조정	
	-각종 교육·연수프로그램 이수의 누적 기록과 종합적 인정의 교육구좌제 확대실시	
	-학사 고시제도에서 공무원 등 직장인들의 시험과목 면제 확대 시행	

근 기회를 규정하는 입시제도를 개선하며, 명문학벌 고용 우대 관행을 해소하고, 낙후되는 지방대학의 존재 조건과 교육력을 회복하려는 과제는 명백히 학력·학벌주의의 문제점을 고려한 공약이라고 할 수 있다.

대공약4의 '대학 선발제도 전면 개혁 및 대학의 자율화와 특성화 추진'에 포함된 대학입학 기회 확대, 지방 국립종합대학교 벨트화, 대학의 자율화·다양화·특성화, 지방대학 지원 강화 등의 세부 공약들도 대학교육

체제의 폐쇄성과 획일성, 대학의 서열화, 대학교육체제의 중앙중심성 등을 개혁하려는 학력·학벌주의 관련 공약이라고 할 수 있겠다.

대공약9의 '학력중심사회에서 능력중심사회로의 전환'은 학력·학벌 문제에 대한 관심을 직접적으로 표명한 공약이다. 진로 및 직업교육 강화, 실업고체제 개편 및 지원, 사회교육기관과 대학의 연계체제 강화, 학력·학벌에 의한 취업 차별 철폐, 능력주의적 제도의 확장 등을 세부 내용으로 설정하였다. 고등학교, 전문대학, 대학, 사회교육기관, 시험제도 등을 개편하고 연계성을 강화함으로써 학력중심의 사회를 능력중심의 사회로 개혁하려는 것이었다.

경제정의실천시민연합(2003)이 주관한 '김대중 정부 5년 공약 이행 평가'를 보면, 74개 세부 공약의 이행에 대한 평가 결과는 '완료·적극추진' 공약 4개(5.4%), '추진중·소극추진' 공약 40개(54.1%), '미착수' 공약 30개(40.5%)로, 공약 이행 결과가 매우 저조했던 것으로 나타났다. 이 결과는 교육 및 학력·학벌 문제의 개혁도 만족스럽게 이루어지지는 못하였을 것임을 시사한다.

2. 대학입시 전형방법의 다양화와 학력접근기회

김대중 대통령은 1998년 2월 취임사에서 "학력보다 능력이 위주가 되는 사회를 구현하고 대학의 학생선발 권한을 존중하는 대입제도로 개선"할 것임을 강조했다. 학력·학벌 문제와 함께 대학입시제도가 주요 개혁 대상임을 공표한 것이다. 국민의 정부가 구안한 대학입학 전형제도의 주요 내용을 검토함으로써 어떤 사람이 대학 학력에 접근할 수 있도록 제도화하고자 하였는지 살펴보기로 한다.

1998년 10월 19일 교육부는 '2002학년도 대학입학제도 개선안'을 발표했다. 개선안의 주요 목적은 초·중등교육을 왜곡하고 사교육비 부담을 가중시키는 등의 오래된 대학입시 문제를 해결하고 학교교육을 정상화하는 것이었다. 개선안은 수능성적 비중 축소, 대학별 전형자료 다양화, 일정한 시기로 고정하지 않는 연중 학생모집, 다단계전형[307] 도입, 특별전형 확대 등의 방식을 시행하도록 권고하였다. 전형방식을 다양화하고 학생의 다양한 특기·적성을 반영할 수 있는 입시제도로 학벌주의를 해소하겠다는 기본 취지에 따른 것이다.

당시 교육부는 "현 중3부터 적용될 새 대입제도는 '무시험 전형'에 가까울 만큼 다양한 전형 요소를 사용한다."라고 발표했다. '한 가지만 잘해도 대학에 갈 수 있다'고 할 정도였다. 그리고 개선안은 "대학의 자율권을 대폭 신장시킬 수 있는 제도 개선"에도 역점을 두었다. 대학에 대해서는 "전형자료를 점수화하고 석차화하는 방법을 가능한 한 자제하고, 전형방법이나 유형을 다양화하며 특히 대입전형 다양화의 원동력이 될 수 있는 특별전형의 비율을 확대"하도록 하였다.[308]

국민의 정부가 구안한 대학입학제도 개선안은 문민정부의 5·31 교육개혁안을 좀 더 다양하게 구체화한 것이었다.[309] 시험성적 위주의 '한 줄 세우기'에서 벗어나 특기, 개성 등 다양한 소질을 가진 학생을 선발할 수 있도록 다양한 전형방법을 도입할 것을 거듭 강조하였다. 이런 방침이 특기자전형, 학교장추천제, 소외계층과 사회기여자에 대한 특별전형 등

307 다단계전형은 1차 수능성적에 의한 선발, 2차 학생부 성적에 의한 선발, 3차 행동발달 상황에 의한 선발, 4차 면접에 의한 최종 선발과 같이 각 전형 요소별로 단계적으로 선발하는 방식을 말한다. 이 선발 방식은 전형 요소들을 함께 사정하여 결과의 총점으로 최종 사정을 하는 종전의 방식과는 인간의 능력을 보는 시각이 근본적으로 다르다.

308 교육부(1998), 〈2002학년도 대학입학제도 개선안〉, 2-4쪽.

309 국정브리핑 특별기획팀(2007), 앞의 책, 79-80쪽.

이 생겨날 수 있게 한 것이다. 수능 성적이나 주요 교과 성적 외에 다양한 영역에서 뛰어난 재능을 가진 학생들도 대학에 진학할 수 있도록 하려는 것이었다.

정부는 특히 대학수학능력시험을 전국의 학생들을 한 줄로 세우는 주요 메커니즘으로 인식하고 쉽게 출제하는 것을 기본 방침으로 했다.[310] 이 방침은 사교육비를 경감하고, 수능의 변별력을 낮추며, 대학입시에서 다양한 전형 요소들을 고려하게 하여 학교교육을 정상화하려는 것이기도 했다. 대입제도 개선안에 따라 다양한 전형방법을 활용함으로써 수능 비중을 축소하고, 지나친 학력경쟁과 미세한 점수경쟁을 지양하기 위해 수능성적 9등급제를 도입하며, 5개 영역 종합등급만 기재하고 총점은 기재하지 않기로 했다. 아울러 수능성적 위주의 특차 모집도 폐지했다.

대학입시제도에서는 또한 국립대학과 사립대학 모두 '논술고사를 제외한 국·영·수 중심의 대학별 본고사'를 일절 부과할 수 없도록 했다. 대학별 본고사가 대학의 특성을 반영할 수 있는 측면이 있고 대학의 자율성을 상징한다는 의미에서 시행의 명분이 있지만, 정부는 본고사가 사교육을 유발할 수 있고 고교 교육과정 운영에 영향을 미칠 수 있으며 계층간 기회의 격차를 확대할 수 있다는 점을 우려하여 금지하였다. 교육부는 2000년 11월 30일 '2002학년도 대학입학 전형 기본계획'에서 모든 대학이 본고사를 시행하지 못하도록 규정하였다. 본고사 금지 사항은 고등교육법 개정 시행령(제35조 2항과 3항)에도 명시되었다.

대학입시제도 개선안의 또 한 가지 특징은 학교생활기록부의 반영 비

---

310 2001학년도 대입 수능시험에서는 만점자가 66명, 390점 이상이 전년도에 비해 19배가 증가하였으며, 평균 점수는 전년 대비 27.6점이 올라 수능의 변별력에 대한 비판에 직면하게 되었다. 서울대 특차전형에서는 만점자 1명을 포함하여 390점 이상의 고득점자 2,500명이 탈락했다. 이종태(2001), 〈2000년 한국교육의 개관〉, 《한국교육평론 2000》, 한국교육개발원, 22쪽.

중을 높인 점이다. 수능 비중 축소, 본고사 불가, 학생부 교과성적 반영 자율화 방침과 함께 다양한 전형자료 활용과 다양한 전형방법을 강조함으로써 자연적으로 학생부의 반영 비중을 높이게 된 것이다. 학생부 비중을 높인다는 것은 학교에서 가르치고 배우는 교과교육과 학생의 비교과적 특성에 대한 학교에서의 활동과 성취를 대학입시전형에서 더 중요한 자료로 활용하도록 한다는 것이다. 학교 내부의 교육활동을 더 중시함으로써 학교의 교육적 기능을 강화하고 나아가 학교의 교육과정이 정상적으로 운영되게 한다는 것을 의미한다.

대학입시에서 유리한 위치를 선점하려는 경쟁은 정부의 교육적 시도들에 대한 부정적인 대응들로 나타났다. 학생부 비중이 높아지면서 특별전형에 유리한 자료를 얻을 수 있는 경시대회가 성행하였고,[311] 절대평가 방식으로 산출되는 고등학교의 내신성적 부풀리기 경향이 나타났다. 또한 이로 인해 고등학교 내신에 대한 대학의 불신이 고조되었다. 대학들의 고교등급제 적용 논란도 격화되었다. 그러나 국민의 정부는 고교등급제를 대입 전형방식으로 허용하지 않았다. 고교등급제가 고등학교 평준화 정책을 불안정하게 하고 고입 경쟁을 과열시킬 것을 우려하였기 때문이다.

2001년 8월 31일에 발표된 '2003학년도 대학입학 전형 기본계획'은 이듬해 2월의 '2003학년도 대학입학 전형 기본계획 수정사항'에 의해 변경되었는데, 이 교육부 수정 고시에 고교등급제를 금지한다는 지침을 명문화하였다. 이 금지 조항이 교육부가 '3불'을 기록한 첫 사례였다.[312] '3

311 한국대학교육협의회의 조사에 따르면, 2001년 한 해 동안 전국에서 911개의 경시대회가 열렸다. 이 중 언론사, 출판사 등 사설 기관에서 개최한 대회가 637회, 대학이 주최한 것은 전국 100여 개 대학에서 274회였다. 이러한 열풍이 초등학교에까지 확대되었고 그중 상당수는 영리 목적의 사설 입시기관에 의해 실시된 것이었다. 류방란(2002), 〈2001 한국교육의 개관〉, 《한국교육평론 2001》, 한국교육개발원, 27쪽.

312 이 수정 고시에서 교육부는 다음과 같은 제한을 명시적으로 규정했다. 입학기준과 방법은 대학이 자율적으로 정하여 시행하나 논술고사 외 필답고사, 기여입학제, 고교등급제는 초·중등교육 정상

불정책'(고교등급제, 본고사, 기여입학제) 혹은 '공교육 정상화 3원칙'은 문민정부가 본고사와 기여입학제를 각각 금지한 이후 국민의 정부가 고교등급제를 금지함으로써 이루어졌다. 이를테면, 정부는 대학 학력에 대한 접근기회에 적어도 개별 고등학교 간 학력 수준의 차이, 지역 여건의 불균형, 대학의 무책임한 자율권, 수험생의 가정 배경 등에 의한 영향을 최소화하겠다는 것이었다.

국민의 정부의 대학 입학제도는 종전의 성적 우수자 중심의 선발제도와 달리, 특기, 재능, 품성, 개성 등을 가진 학생, 지역이나 가정환경으로 인해 불리한 여건에 있음에도 가능성을 보이는 학생, 학교 교육과정을 충실하게 이수한 학생, 재학 중 여러 방면에서 의미 있는 활동을 한 학생 등 다양한 자격요건을 갖춘 학생들이 대학 학력에 접근할 수 있게 하는 개방적인 제도였다. 이 제도는 우수 학생의 개념을 확장하여 능력주의적 기회를 확대하고 학교교육이 학력·학벌 추구의 입시 위주 교육에서 벗어나 학교교육 본연의 모습을 회복하게 하려는 취지가 반영된 것이다.

한편 2000년 4월 27일 과외 금지에 대한 위헌 판결이 나왔다. 이에 따라 교육 관련 기업의 주가 상승, 인터넷 교육시장 참여 업체 증가, 과외의 다품종 전문화 경향 등[313] 사교육 시장이 다시 꿈틀거리기 시작했다. 정부는 사회적 위화감을 조성할 수 있는 고액 과외 등의 사교육 규제에 주의를 기울였다.[314] 사교육이 허용되면서 대학입시의 결과는 다시 지역 및

화와 공정하고 합리적인 학생선발을 위한 "최소 기준"으로 제한. 강태중(2007), 〈3불정책의 연원과 그 의미의 변전〉, 《아시아교육연구》 8(2), 188쪽.

313 이종태(2001), 앞의 글, 17쪽.

314 헌법재판소의 과외 위헌 결정 후 정부는 2001년 3월 과외 신고제와 불법 과외를 처벌하는 내용을 포함한 '학원의 설립·운영 및 과외 교습에 관한 법률 개정안'을 통과시켰다. 과외 신고제는 고액 과외를 억제하기 위한 고육책이었다. 한 달 동안 신고를 받은 결과 신고한 과외 교습자는 전체의 약 10%에 불과하였다. 결국 과외 신고제는 고액 과외를 억제하는 데 효과적인 장치가 되지 못했다. 류방란(2002), 앞의 글, 25-26쪽.

가정 배경의 영향을 받게 되었다. 이를테면 교육여건이 좋은 지역의 고소득층 가정 학생들이 더 유리한 기회를 갖게 된 것이다.

3. 고교 다양화와 고등교육체제의 확장

가. 고등학교 다양화 시도

문민정부를 거쳐 오는 동안 고교평준화제도에 대한 보완 혹은 해제의 요구가 계속되었다. 이러한 요구는 국민의 정부가 고등학교의 다양화를 시도하는 데 반영되었다. 1998년부터 국제고를 특목고에 포함시켰고, 자율학교와 특성화고등학교 지정 제도를 시행하였으며, 2002년 이후에는 영재고를 도입하였고, 자립형사립고를 시범 운영하였다.

국민의 정부는 교육과정 운영의 다양성, 특수성, 창의성이 특별히 요구되는 특성화고교 및 예체능 고교에 제한하여 1999년 3월부터 2002년 2월까지 3년간 32개의 자율학교제도를 시범 운영하였다.[315] 그리고 2002년 3월 1일부터 영재교육법이 시행됨에 따라 영재교육 체제를 도입하여, 전국 16개 과학고등학교 중 2개교를 2003년부터 과학영재고로 전환하였다. 또한 고교평준화제도의 기본원칙을 유지하면서 평준화의 문제점을 보완하고 사학 자율 운영의 기초를 마련하기 위한 취지로 2002년부터 6개의 자립형사립고를 시범 운영하였다.[316]

---

315 이때 지정된 자율학교로는 예체능계고 10개교(예술계 8, 체육계 2), 특성화고 12개교(직업교육 분야 5, 대안교육 분야 7), 농어촌지역 고교 5개교, 통합형 고교 5개교였다. 강은숙·유승오(2014), 〈교육개혁 정책의 연속성과 단절성에 관한 분석〉, 《교육문제연구》 20(3), 60쪽.

316 자립형사립고로는 2001년 전국에서 27개교 학교가 신청하였으며, 시·도교육청의 자체 심사를 통해 추천된 학교 중 민족사관고, 광양제철고, 포항제철고는 2002년부터, 해운대고, 현대청운고, 상산고는 2003년부터 3년간 시범 운영하기로 했다. 류방란(2002), 앞의 글, 21쪽.

고등학교체제의 변화는 문민정부로부터 이어진 교육개혁의 요구이자 당시 고교평준화제도에 대한 중산층의 보완 혹은 해제 요구가 반영된 결과였다. 이들 요구는 사실 정부에 상당한 부담으로 작용했다. 그리고 당시에 정부의 지방분권화 및 자율화 정책이 추진되고 있었는데, 교육인적자원부는 2003년 6월 9일 평준화 실시 여부를 교육자치단체의 권한으로 이양할 계획을 발표했다. 이 조치는 평준화를 둘러싼 논란으로 인한 정부의 정책 부담을 경감시키는 것이기도 했다. 권한 이양 계획이 시행되면서, 지방자치단체가 학교설립에 대해 지정·고시·관리할 수 있는 권한을 갖게 되었다. 이 계획의 시행은 일찍부터 특목고에 관심을 가졌던 경기도 등의 지자체가 빠르게 대응하면서 "이들 지역에 특목고가 집중적으로 설립되는 계기"[317]로도 작용했다.

한편 평준화에 대한 비판과는 달리 수도권 중소도시인 성남(분당), 고양(일산), 부천, 안양(과천, 군포, 의왕) 등 4개 지역에서는 학부모들이 치열한 경쟁의 고교입시부담을 줄일 방안으로 고교평준화제도의 도입을 요구했다. 이에 따라 한국교육개발원이 여론조사와 공청회 등을 통해 평준화 실시를 권장하였고,[318] 2002학년도부터 고교평준화제도를 적용하기로 하였다.

1980년대 이후 고교평준화제도의 보완책으로 도입된 과학고나 외국어고 제도는 중산층을 중심으로 한 교육수요자들로부터 수월성 교육, 학교 선택권과 같은 요구를 어느 정도 충족시킴으로써 긍정적인 평가를 받았다. 그러나 이들 학교는 교육과정을 변칙 운영하고, 입시 명문고를 부활시켰으며, 중학교 단계의 입시경쟁을 심화시켰다는 비판을 받았다.[319]

5·31 교육개혁안에서 처음으로 언급되고 국민의 정부에서 시범 운영

---

317 김종엽(2003), 〈한국사회의 교육 불평등〉, 《경제와 사회》 59, 72쪽.
318 이종태(2001), 앞의 글, 31쪽.
319 성기선(2007), 〈참여정부의 교육정책: 고교평준화〉, 《교육비평》 23, 85쪽.

하게 된 자립형사립고도 유사한 비판에 직면했다. 자립형 학교는 정부의 재정 지원이나 간섭 없이 자율적으로 운영하는 학교이다. 지지자들은 이들 학교가 고교평준화제도의 문제점을 보완할 수 있는 장점을 가진 것으로 보았지만, '귀족학교'라는 비판을 받았다. 김천기(2012)는, 한국의 사립학교가 국가의 지원을 받는 '준(準)공립학교'의 성격을 띠는 데 비해, 자립형사립고는 국가의 지원과 통제로부터 분리된다는 점에서 승자독식의 신자유주의적 성격을 갖는 것이라고 주장했다. 학교 운영에 필요한 재정을 국가에 의존하지 않고 자체의 책임으로 해결하는 자율형 학교는 결국 높은 학비를 기꺼이 부담할 수 있는 중상류층의 우수 학생을 독점할 수 있는 특권화된 '귀족학교'가 된다[320]는 것이다.

한편 산업구조의 변화와 대학진학의 보편화로 실업계고등학교는 학생 모집 미달률이 높아지는 등 침체상태가 계속되었다. 정부는 '실업교육 육성 대책'(2000)을 통해, 실업고를 일반고 혹은 통합형 고교로 전환하거나 특성화하고자 했다. 그 일환으로 2001년 전국에서 5개의 통합형 고교를 지정하여 시범 운영하기로 했다. 이런 가운데 실업고의 일반고 전환도 이루어졌다. 오랜 명문인 목포상고, 마산상고, 광주상고, 부산상고, 경남상고 등이 인문고로 전환하였고, 서울의 선린상고는 특성화고인 인터넷고로 전환하였다.[321] 1998년에는「초·중등교육법 시행령」제91조에 특성화 고등학교에 대해 규정하였다. 이 조항은 정규 고등학교 외에 대안학교의 설립 근거가 되었다. 이 규정에 따라 1998년 3월에 6개의 대안교육 특성화고등학교가 개교하였으며, 1999년에는 4개교가 개교하였다.[322]

---

320 김천기(2012), 앞의 논문, 132쪽.

321 이종태(2001), 앞의 글, 29-30쪽.

322 1998년 3월에는 전남의 성지고와 한빛고, 충북의 양업고, 경남의 간디고와 원경고, 경북의 화랑고가 개교하였고, 1999년에는 전북의 푸른꿈고, 광주의 동명고, 전북의 세인고, 경기도의 두레자연고가 개교하였다. 이병환 등(2018), 〈대안교육 발전방안 모색을 위한 연구〉, 대구광역시교육청,

국민의 정부는 자율학교 운영, 자립형사립고 시범운영, 특목고 확대, 실업고의 통합형 고교 및 인문고로의 전환, 대안교육 특성화고 도입 등을 통해 고등학교의 다양화를 시도하였다. 국민의 정부의 고교체제 변화는 대학진학 위주의 교육체제를 유지하는 가운데, 한편으로는 사학법인들과 중산층의 요구를 반영하여 제도를 보완함으로써 이들이 원하는 대학 학력 접근경로를 확장하였다. 다른 한편으로는 비주류의 경로인 실업계 고교에 대해 일반고, 통합고, 특성화고 등으로 선택 전환하게 하고 지원함으로써, 이들 학교의 현실적 적합성을 높이려 하였다. 기존 고교체제의 현실적 문제상황을 개선하고 사회적 요구를 반영하려는 정부의 계획에 의한 결과였다.

나. 고등교육체제의 확장과 구조조정

김대중 정부의 고등교육정책은 문민정부 교육개혁안의 정책 방향을 대체로 유지하는 가운데 자체의 각종 정책을 시행했다. 국민의 정부의 주요 고등교육정책은 ① 대학설립준칙주의와 대학정원 자율화 정책의 지속, ② 법학·의학 전문대학원 제도의 도입 추진, ③ 대학원 연구중심대학사업(BK21) 등 대학 재정지원 보조금 사업의 지속, ④ 국립대학 구조조정과 발전 계획 등이었다.[323]

대학설립준칙주의와 대학정원 자율화 정책은 국민의 정부 시기에 인가 조건을 연차적으로 강화해 왔지만, 대학 여건의 개선보다는 대학 문호 확대의 사회적 수요를 더 많이 고려함으로써 정원 자율화 정책이 지속되었다.[324] 준칙주의에 따라 일반대학과 대학원대학의 설립도 국민의

46-48, 61-63쪽.

323 장수명(2009), 〈5·31 대학정책 분석: 규제 완화를 중심으로〉, 《동향과 전망》 77, 21-22쪽.

324 장석환(2007), 〈문민정부 이후 대학 정원정책 분석〉, 《교육행정학연구》 25, 401-403쪽.

정부 시기에 계속되었다.

법학·의학·경영학·교원 등의 전문대학원 정책에도 관심을 기울였다. 전문대학원 제도의 도입은 문민정부 교육개혁위원회가 제2차 교육개혁 방안(1996.2.9.)에서 제안한 것이다. 국민의 정부 시기에는 의학(치의학 포함), 법학, 경영학 등의 전문대학원이 논의되었으나 이해관계에 있는 교육부, 대학들, 대학 내의 의견 불일치로 설립논의가 구체화되거나 확정되지 못했다.[325]

법학전문대학원과 관련하여, 송석윤의 연구(2015)에 따르면, 1998년 7월에 교육제도 전반의 개혁을 담당할 대통령자문기구인 '새교육공동체위원회'(이하 새교위)가 설치되었고, 11월에 산하의 대학교육위원회는 '법학교육제도 연구위원회'를 구성하였다. 이 연구위원회는 제도개혁의 초안을 만들어 사회 각 분야의 여론을 청취한 후, 1999년 8월에 〈법학교육제도 개선 연구: "학사후 법학교육"의 도입〉이라는 제목의 최종보고서를 제출하였다. 국민의 정부는 또한 새교위와는 별도로 1999년 5월 사법개혁 문제를 논의하기 위해 대통령자문위원회인 '사법개혁추진위원회'(이하 사개추)를 구성하였다. 사개추는 다양한 안건을 채택하였는데 법조인 양성제도 개선 역시 핵심 주제로 포함하였다. 사개추는 1999년 11월에 공청회를 개최하여 '한국사법대학원안'을 제시하였다.[326] 새교위의 '학사후 법학교육안'과 사개추의 '한국사법대학원안'이 하나의 안으로 수렴되지 못한 채 법학전문대학원 도입이 지체되었다.

---

325 국민의 정부는 사회적 논의 확산에 적극적이었으나 합의에 이르지는 못했다. 의학전문대학원의 경우는 이 제도 도입의 목표인 다양한 전공을 이수한 우수 의학 전문인력의 확보가 가능할지를 우려하였으며, 법학과 경영학의 경우는 사회가 학사인력을 요청한다는 이유로 대학들이 이 제도 도입을 주저했기 때문이다. 류방란(2002), 앞의 글, 35쪽.

326 송석윤(2015), 〈법학전문대학원 제도의 성과와 발전 방향: 그 도입논의 및 최근 쟁점과 관련하여〉, 《법교육연구》 10(3), 31-36쪽.

문민정부에서 표류했던 의학전문대학원 도입에 관한 논의는 1998년 6월 정부가 '연구중심대학 육성 국책과제 추진계획'을 발표하면서 다시 논의되기 시작했다. 서혁준 등(2014)에 따르면, 이 계획이 진료중심 의학교육과 함께 연구중심 의학교육을 강조함에 따라 의학계도 '2+4학제 의전원' 도입과 의대 폐지의 대학자율 등을 요구하는 보수적 대응책을 제시했다. 1999년 5월 새교육공동체위원회(새교위)가 다시 '학사후 의학교육'안으로 의전원 도입과 41개 의대 전체에 적용할 것을 강조하자 의학계는 대정부 건의문을 채택하는 등 강하게 반발했다. 이에 정부는 이듬해 2000년 10월에 의학계의 입장을 가미하여 '의학전문대학원 도입·추진 계획(안)'을 발표했다. 정부와 의학계의 정치적 타협의 산물이었다. 이 계획에는 '2+4학제 의대' 존치 허용, 요건구비 대학 의전원 설치·인가, 의학계가 요청한 '의전원추진위' 구성으로 최종안을 결정하기로 하는 등의 내용이 담겨 있었다. 의전원추진위는 각계 의견을 수렴하여 2001년 9월에 학제 기본모형을 교육인적자원부에 제출했다. 정부는 2002년 1월에 '4+4학제 의전원'을 도입하되, 대학 자율 최대한 존중, 기존 의대 학제 유지 혹은 병행 허용, 성과평가 후 2010년에 의학교육체제 최종 결정 등을 주요 내용으로 하는 '의·치의학전문대학원 도입 기본계획'을 발표하였다. '전국의과대학장협의회'는 정부의 이 같은 추진안에 대해서도 반대 의견서를 교육인적자원부에 제출했다. 서울대 등 주요 대학의 의대들도 2003년에 의전원을 도입하지 않기로 결정했다. 교육인적자원부가 2002년 2월 8일까지 의전원 도입 신청계획을 접수한 결과 신청 대학은 전국 41개 의대 중 3개에 불과했고, 재정적 인센티브 제공을 약속한 신청 기간 연장기한까지도 10개 대학만이 신청했다.[327]

---

327 서혁준 등(2014), 〈정책의 도입, 표류, 그리고 회귀: 의학전문대학원 사례 연구〉, 《국가정책연구》

국민의 정부가 추진한 교육정책은 대개 10개의 대공약을 토대로 한 것이었다. 각 공약은 지식기반사회 건설과 외환위기체제의 극복을 위한 방안들로 구성되었다.[328] 고등교육은 그 핵심사안 중의 하나였다. BK21(Brain Korea 21)사업은 지식기반사회가 필요로 하는 창의적·국제적 수준의 선진 연구인력 양성을 위한 인프라 구축을 목적으로 하는 대형 정부 재정지원 정책으로, 국민의 정부가 시행한 대표적인 고등교육사업이다. 'BK21사업'은 연구중심대학 육성을 통해 그 취지를 실현하고자 하였다.

정부는 1999년 6월 BK21사업 공고에서 대학원중심대학 육성사업, 과학기술·인문사회·지역대학 육성사업, 대학원 전용시설 사업을 포함하였고, 대학원 연구력 제고에 특화된 전문대학원 육성 및 핵심 분야 연구력 지원사업을 포함하여 사업단을 선정하였다. 이 사업은 대학원과 석·박사 연구인력을 대상으로 하였으며, 학부에 대해서는 대학 모집단위의 광역화와 대학입시제도 개편을 추진했다.[329] 특히 대학원을 특성화해 첨단과학기술 분야를 집중적으로 육성하려고 하였다. 정부는 문민정부의 '연구 수준 세계 일류화' 정책과 연계하여, '세계적 수준의 대학원 집중 육성과 지역대학의 특성화를 통한 고급인력 양성체제'를 구축하려고 하였다. 이 계획안에는 대학원중심의 연구중심대학을 선정하고 집중적으로 투자해서 2005년까지 세계적 수준의 명문대학을 만든다는 방안이 담겨 있었다.[330]

한편 국민의 정부는 처음으로 국립대학의 구조조정을 시도하였다. 국

28(4), 198-201쪽.

328 한준상(2007), 〈문민정부 이후의 교육정책 분석 및 차기 정부의 교육혁신 과제〉, 《역사비평》 81, 152쪽.

329 한준상(2007), 앞의 논문, 153쪽.

330 BK21사업은 당초 서울대의 변화를 겨냥한 것으로, 서울대학교 학부를 인문, 사회, 자연 등 3개 분야의 소규모 인원으로 줄이는 대신 대학원을 활성화하여 국내 최초의 연구중심대학으로 육성하려 했다. 서울대 한 곳에 BK21 전체 예산을 쏟아부어 대학원중심대학으로 전환함으로써 과열 입시경쟁을 막고 고등교육의 질적 수월성 제고와 공교육 정상화를 동시에 기하려는 것이었다. 국정브리핑 특별기획팀(2008), 앞의 책, 156-157쪽.

립대학 구조조정 논의는 IMF와도 관련이 있지만, 대학설립준칙주의와 대학정원 자율화로 대학의 수와 규모가 급속하게 확대되면서 고등교육 체제가 제대로 조건을 갖추지 못해 초래된 문제가 그 표적이 되었다. 정부는 1998년 IMF 외환위기를 극복하기 위하여 금융, 기업, 노동, 공공부문 등 4대 부문에 대한 개혁방안을 추진하는 가운데, '국립대학 구조조정 계획'(1998.12.)을 공공부문의 개혁방안에 포함하였다. 이 계획의 주요 내용은 51개 국립대학에 대한 조직 개편, 인력 축소, 대학 통폐합, 교원 인사 및 대학회계제도 개선, 민영화 추진 등이었다. 대학의 경쟁력을 높이기 위해, 비효율을 야기하는 요인들을 최소화하고 대학 자체의 역량을 높일 수 있는 조건을 적극적으로 갖추고자 했다.

국립대 구조조정 계획의 구체적인 내용은 다음과 같다. 첫째, 고비용 저효율 체제의 국립대학 행정조직의 20.3%(104개)를 감축한다. 둘째, 1999년부터 2001년까지 국립대학 인력 정원의 19.8%(1,603명)를 감축하여 사립대학 수준으로 축소한다. 셋째, 대학경쟁력을 강화하기 위하여 전문화된 대학을 특수법인화하는 등 민영화하거나 통폐합한다. 넷째, 세계적 경쟁력을 가진 대학원중심대학 도입, 대학교수 계약제 임용, 국고회계 및 기성회계 통합 등을 추진하고자 하였다. 이에 따라 2001년에 공주대-공주문화대의 통합이 이루어졌고 대구·경북지역의 연합대학이 추진되는 등 다소간의 실적이 있었다. 그러나 균형발전에 대한 강조와 함께 선택과 집중 전략을 병행함으로써 재정지원 혜택이 많지 않았고 대학들이 형식적으로 대응하는 데 그쳐 그 성과가 크지 않았다.[331] 그리고 국립대학 구성원과 통폐합 대상 대학 지역주민의 반대 등으로 그 취지를 실현하지 못하였다.

---

331 임연기(2005), 〈한국 대학 구조조정 정책의 특징과 쟁점〉, 《교육행정학연구》 23(4), 250쪽.

[표 6-2] 국립대학발전계획의 연차별 추진계획[332]

구분	단기 과제 (2000~2002)	중기 과제 (~2005)	장기 과제 (~2010)
국립대학 역할분담 및 연계체제 구축	1. 분야별 중점 육성 지원체제 구축 2. 교류·협력 강화	1. 대학 간 통폐합 및 학과 교환	1. 권역별 연합대학체제 구축
자율과 책무에 기반한 대학 운영시스템 구축	1. 조직 자율성 신장을 위한 국립학교설치령 개정 2. 단과대학 및 부속시설 통합 행정 실시 3. 행정직원 평정제도 개선 및 연수강화 4. 국립대학 특별회계 도입 검토	1. 대학 의사결정체제의 개선 2. 책임운영기관화 추진 3. 재산관리 및 재무회계 통합정보시스템 활용	
국립대학의 질관리 체계 구축	1. 교수 계약임용제 도입 2. 교수업적 평가제 개선 3. 교수 연봉제 도입 4. 우수 교수 인센티브 강화 5. 연구비 관리체제 투명화 6. 연구소 운영 내실화 7. 수요자중심 교육과정 운영 8. 대학평가체제 구축		
계	14개 과제	4개 과제	1개 과제

한편 교육부는 1999년 3월 11일 '창조적 지식기반국가 건설을 위한 교육 발전 5개년 계획(1999~2003)' 시안을 발표하여 홍보 및 여론수렴 과정을 거친 후 계획을 확정했다. 이 계획의 고등교육 부문에 관한 정책으로 1998년의 국립대학 구조조정 계획을 수정한 '국립대학발전계획'을 2000년 12월에 발표했다. 이 계획은 정책과제 영역을 국립대학 역할 분담 및 연계체제 구축, 자율과 책무에 기반한 대학 운영시스템 구축, 국립대학의 질관리체계 구축 등 세 부분으로 구분하고, 각 영역의 세부 추진과제를 그 비중에 따라 연차적으로 추진하고자 하였다. 구체적인 영역 및 과제와 연차별 추진계획은 [표 6-2]와 같다.

---

332 교육부(2000.12.), 〈국립대학발전계획〉, 51쪽.

이 계획은 국립대학의 역할 설정을 통해 사립대학과 역할을 분담하고, 국립대학의 역할 및 기능에 따른 특성화와 대학 간 협력을 강화함으로써, 국립대학 체제의 효율성을 증진시키고자 하였다. 이 계획에서 설정한 국립대학의 역할로는 국가의 정책적 필요에 의한 인적자원 개발, 학문의 균형발전을 위한 기초·보호학문 분야 육성, 지역의 고등교육기회 제공, 지역 고등교육의 질적 수준 제고 등이었다.[333] 세부 과제의 추진 일정으로 볼 때, 국민의 정부에서 시행하고자 하는 단기 과제가 14개, 다음 정부로까지 이어져야 할 중·장기 과제가 각각 4개와 1개였다. 특히 대학의 통폐합, 연합대학체제 구축과 같은 대학의 구조조정과 관련된 과제들이 중·장기 과제로 설정되었다.

이 외에도 교육인적자원부는 2001년 9월 '고등교육법 및 고등교육법 시행령 개정안'에서 전문대학의 학사 및 입학제도를 개편하였다. 주요 개편내용은 전문대학의 3학기제 이상 다학기제 운영, 수업연한을 3년으로 연장, 4년제 일반대학과 산업대학 입학에 정원 외(정원의 3%)로 전문대학 졸업자 별도 선발, 전문대학 졸업자나 4년제 일반대학 졸업자를 전문대학에 재입학시키는 특별전형 모집정원 제한(10%) 폐지 등이다. 즉 전문대학 학사제도의 유연화, 전문대학 졸업자의 진학 기회 확대, 전문대학의 모집 제한 완화 등으로 그 조건을 변화시켰다.

정보화 산업의 발전으로 2001년에는 10개의 사이버대학이 처음으로 개교하여(인가는 2000년부터) 6,220명의 신입생을 모집하였다.[334] 우리나라의 2000년 평생교육법의 학위인정기관인 원격대학 형태의 평생교육시설 9개교를 인가함으로써 사이버대학이 시작되었다. 이후 2001년에 6개교,

---

333 교육부(2000.12.), 〈국립대학발전계획〉, 5-6쪽.
334 류방란(2002), 앞의 글, 36-37쪽.

2002년에 1개교, 2003년에 1개교가 인가되어 2004년까지 총 17개교가 설치 인가를 받아 개교했다.[335] 사이버대학은 컴퓨터와 인터넷을 활용하여 기존 오프라인 대학에서 볼 수 없는 특화된 영역 중심의 교육을 할 수 있다. 사이버 대학은 원격교육에 의한 평생교육의 장을 공식적 고등교육기관으로 인정하였다는 점에서 중요한 의미를 갖는다.

국민의 정부 시기 고등교육체제의 변화는 대체로 문민정부의 교육개혁안을 반영하는 것이었다. 대학설립준칙주의를 통한 대학설립 및 정원자율화 정책을 계속 이어 갔으며, 대학들의 반발로 참여가 부진한 가운데 의학전문대학원 도입계획을 확정하였고, 대학원 연구중심대학사업을 추진하였다. 한편 교육개혁안과는 달리 그동안 방만해진 국립대학 구조조정을 시도하였으며, 국립대학 역할의 재설정과 발전 계획을 수립·시행했다. 그리고 전문대학의 개편과 사이버대학의 설치 인가로 고등교육체제를 유연화하고 확장하였다. 이 정책들을 통해 대학을 특성화·다양화함으로써 고등교육의 질을 제고하고 경쟁력을 강화하며 서열화로 경직되어 있는 고등교육체제를 변화시키려 하였다.

4. 사회 요직에 대한 명문학벌의 편중

국민의 정부 시기에도 학력·학벌이 사회의 요직을 구성하는 주요 지표로 작용했을 것으로 짐작할 수 있다. 그것은 한국사회의 오랜 사회구성 방식이기도 하거니와 그동안 새로운 방식을 위한 특별한 사회적 노력이 없었기 때문이다. 자료로 드러낼 수 있는 몇몇 부문의 상황을 살펴보

335 사이버대학 종합정보 사이트(www.cuinfo.net) 참조.

[표 6-3] 국민의 정부 개각시기별 각료(장관)의 출신대학 현황[336] (단위: 명, %)

차수	개각시기	개각 인원	각료 총원	각료의 출신대학	서울대 (%)	3개대 (%)
1차	1998.3.2.	18	18	서울대 10, 고려대 1, 연세대 1, 육사 2, 부산대, 이화여대, 영남대, 한국외대 각 1	55.6	66.7
2차	1999.5.24.	11	18	서울대 7, 고려대 5, 연세대 1, 육사 2, 단국대, 부산대, 외국대 각 1	38.9	72.2
3차	2000.1.13.	7	18	서울대 10, 고려대 3, 연세대 1, 경북대, 육사, 단국대, 외국대 각 1	55.6	77.8
4차	2000.8.7.	8	19	서울대 9, 고려대 4, 연세대 2, 육사, 단국대, 외국대, 고졸자 각 1	47.4	78.9
5차	2001.1.29.	2	19	서울대 9, 고려대 4, 연세대 1, 육사, 단국대, 이화여대, 외국대, 고졸자 각 1	47.7	73.7
6차	2001.3.26.	9	19	서울대 9, 고려대 2, 연세대 2, 육사 2, 건국대, 이화여대, 성균관대, 한양대 각 1	47.4	68.4
7차	2001.9.7.	5	19	서울대 9, 연세대 2, 고려대 1, 육사 2, 건국대 2, 이화여대, 중앙대, 해사 각 1	47.4	63.2
8차	2002.1.29.	8	19	서울대 11, 고려대 2, 연세대 1, 육사, 해사, 국민대, 이화여대, 고졸자 각 1	57.9	73.7
9차	2002.7.11.	7	20	서울대 14, 고려대 1, 이화여대 2, 육사, 한신대, 고졸자 각 1	70.0	75.0

기로 한다.

먼저 국민의 정부 각료들의 출신대학에 관한 통계이다. [표 6-3]은 국민의 정부에서 개각 시기별로 등용된 총리와 장관들의 출신대학 현황을 나타낸 것이다. [표 6-3]에서 볼 때, 서울대학교 출신자의 비율이 압도적으로 높다. 개각 시기별로 서울대 출신자의 비율은 약 39~70%에 이르며, 개각 시기별 평균으로 볼 때 각료의 약 절반(52%)이 서울대 출신이었다. 개각 시기별로 3개 대학(서울대, 고려대, 연세대)을 합친 비율은 무려 63.2~78.9%에 달했다.

336 양재인(2004), 〈국민의 정부의 엘리트 충원 분석: 각료를 중심으로〉, 《동북아연구》 9, 204-236쪽. 9차례의 개각에서 각료들의 출신대학 현황을 기술한 부분을 참고하고 보완하여 작성하였다.

정성호 등(2002)의 연구에서는 국민의 정부 출범 후 2001년 8월까지 총 223명의 장·차관(급)이 임명되었는데, 그중 서울대 출신자가 101명으로 45.3%를 차지했다. 이 비율은 문민정부 시기의 65.6%에 비하면 20%가 낮아진 비율이다. 이 외에 고려대가 40명으로 18.0%, 연세대가 14명으로 6.3%를 차지해 3개 대학 출신자가 155명 69.6%를 나타냈다.[337]

2000년 제16대 국회의원 선거에서는 당선자 중 서울대 출신자가 105명으로 38.5%를 차지했으며, 연세대가 17명으로 6.2%, 고려대가 33명으로 12.1%, 성균관대가 12명으로 4.4%를 차지했다. 상위 3개 대학이 255명으로 56.8%에 달했다.[338] 15대 선거 결과보다 약간 낮거나 비슷한 비율이다.

2000~2004년 사이 5년간 '사법연수원생 현황'은 서울지역과 명문학벌 출신자가 현저하게 다수의 비율을 점하고 있는 것으로 나타났다. 이 기간의 사법연수원생 4,352명 중 서울지역 고교출신 합격자는 모두 1,429명(32.8%)이었으며, 그중 강남, 서초, 송파구의 고교 졸업자는 456명(32%)이었다. 그리고 대학별 사법시험 합격자 수는 서울대 1,660명(38.1%), 고려대 796명(18.3%), 연세대 441명(10.1%), 한양대 247명(5.7%), 성균관대 181명(4.1%), 이화여대 129명(3.0%) 등이었다.[339] 상위 3개 대학이 2,897명으로 66.6%였고, 서울지역 6개 대학만으로도 합격자의 약 80%를 차지했다. 학벌과 함께 지역이 사법시험 합격에 유의미한 관계가

337 정성호 등(2002), 〈대통령의 인사정책에 대한 비교 연구: 김영삼과 김대중 대통령을 중심으로〉, 《경기대학교 사회과학논총》 5, 193쪽.

338 신동아편집부(2000), 《16대 국회의원 인물 사전》, 동아일보사, 13쪽.

339 이 자료는 노회찬 의원이 사법연수원 자료를 분석해 발표한 것이다. 서울지역 고교 졸업자를 구별로 보면, 강남구 234명, 서초구 139명, 송파구 83명 순으로 나타나 성동구 8명, 도봉구 19명, 강북구 26명 등 강북지역과 분명한 차이를 보였다. 그 외 대학으로는 경북대 105명(2.4%), 부산대 100명(2.3%), 중앙대 65명(1.5%), 서강대 65명(1.5%) 등이었다. 《파이낸셜뉴스》(2004.12.2.), 〈사법고시 합격자, 서울 강남 편중〉.

있음을 나타내고 있다.

다음에는 민간부문에 대한 자료로 경제계 리더들의 출신대학 현황 자료를 살펴보기로 한다. 《월간 현대경영》이 2002년 국내 100대 기업의 대표이사 156명에 대해 분석한 바에 따르면, 이들의 출신대학은 서울대 68명(43.6%), 연세대 24명(15.4%), 고려대 17명(10.9%), 한양대 10명(6.4%) 등이었다. 그리고 상위 3개 대학 출신자를 합친 비율은 109명으로 69.9%에 달했다.[340]

한국상장회사협의회가 《상장회사경영인명록》을 발간하면서 보도자료를 통해 공개한 '2002년도 상장회사의 대표이사 현황'은 다음과 같다. 664개 상장회사의 대표이사 882명의 출신대학은 서울대 276명(31.3%), 연세대 101명(11.5%), 고려대 95명(10.8%), 한양대 75명(9.0%) 등이었다. 상위 3개 대학 출신은 472명으로 53.6%였으며, 전체 대표이사 중 대졸 이상의 학력을 소지한 비율은 92.4%였다.[341]

그리고 한국상장회사협의회가 '2002년 669개 상장회사 등기임원 4,864명의 출신배경을 분석한 결과에 따르면, 해외 유학파의 비율이 14.0%였고, 대졸 이상 학력을 소지한 임원의 비율은 91.1%였다. 출신학교로 볼 때, 서울대 844명(19.7%), 고려대 456명(10.7%), 연세대 403명(9.4%), 한양대 241명(5.6%) 등이었다. 상위 3개 대학이 39.8%를 점유했다.[342]

그리고 중소기업과 벤처기업 등으로 구성된 코스닥등록법인협의회(2002.9.11.)가 등록법인 789개 회사의 사장 888명 등 경영진 4,215명이 포함된 《2002 코스닥 등록법인 경영인명록》을 분석한 바에 따르면, 서

340 《한국경제》(2002.5.2.), 〈45년 서울생 경기고·서울대 출신…10대 기업 대표이사 평균 모델〉.
341 한국상장회사협의회(2002.5.), 〈2002년도 상장회사 대표이사 현황〉(보도자료), 3쪽.
342 한국상장회사협의회(2002.7.), 〈2002년도 상장회사 임원 현황〉(보도자료), 1-2쪽.

울대 출신자가 20.5%로 가장 많았고, 연세대 8.9%, 고려대 8.0%, 한양대 7.0%, 성균관대 5.0% 등이었다. 상위 3개 대학의 비율은 37.4%였다. 최종학력은 박사 8.7%, 석사 26.9%, 학사 59.3%, 고교 6.0% 등으로 학사 이상의 학력자가 94.9%였고, 고졸 출신의 CEO는 4%(31명)에 불과했다.[343]

이상의 경제계 CEO와 임원 등의 출신학교 배경에서 보면, 기업의 규모, 직위, 기업군의 종류에 따라, 학벌의 점유 비율이 달라진다는 것을 확인할 수 있다. 이를테면 대기업일수록, 그리고 고위직일수록 명문학벌의 비중이 높았다. 앞의 정부 부문과 비교하면 재계의 명문학벌 편중도가 정계와 유사하거나 다소 낮은 경향을 보였다.

한편, 이 시기 일본 기업들의 경우, 학력·학벌에 의존하여 입직 기회를 부여하는 방식이 상당한 정도로 변화하고 있었던 것으로 보인다.[344] 일본 기업들은 출신학교보다는 면접과 같은 방식을 통해 대상자의 특성과 조건에 주목했다. 이러한 경향은 1990년대 중반부터 한국의 대기업들에서도 나타났다. 공공부문의 고위직에서는 이전 정부보다는 낮으나 여전히 명문학벌의 점유율이 높게 나타났다. 국민의 정부 출범과 함께 학력·학벌주의 문제에 대한 개혁의 필요성이 인식되고 있었다.

---

343 《머니투데이》(2002.9.11.), 〈코스닥사장, 경기-서울대 나와 강남 산다〉. 출신 고등학교별로는 경기고 5.0%, 서울고 3.4%, 경복고 3.1% 등이었다.

344 일본 경제 4단체 중 하나인 경제동우회는 가맹 대기업 261사를 대상으로 신입사원 채용기준에 관한 설문조사를 했다. 면접, 필기시험, 출신교, 전공, 학교 성적, 재수 경험, 기타 등 7개 항목 가운데 중요도순으로 답하도록 한 뒤 순위를 비교했다. 그 결과 전문대, 4년제 정규대학, 대학원 등 모집 분야에 관계없이 압도적 다수가 면접 결과를 가장 중요시하는 것으로 나타났다. 출신학교를 우선적인 채용기준으로 삼는다고 응답한 기업은 단 1개에 불과했다. 《연합뉴스》(1999.12.26.), 〈일 대기업 사업 채용 시 면접 가장 중시〉.

5. 최초의 학력·학벌주의 개혁 시도

국민의 정부는 출범 초기부터 학력·학벌 문제에 적극적인 관심을 나타냈다. 정부는 학력·학벌주의 개혁과 관련하여, 넓게는 교육발전계획, BK21사업 등을 통해 교육체제의 성격을 전환하려 했고, 이와 병행하거나 별도의 구체적인 정책들을 시행하였다. 국민의 정부는 학력·학벌 문제에 대해 정부 차원에서 처음으로 정책을 통해 대응한 정부이다.

가. 교수임용 쿼터제 시행

국민의 정부가 학력·학벌 문제에 대응하여 초기에 취한 한 가지 조치는 대학에 교수임용 쿼터제를 시행한 것이다. 교수임용 쿼터제는 국공립대학에 모교 혹은 특정 대학 학사 출신 교수가 일정 비율을 넘지 못하게 제한하는 제도이다. 이른바 순혈주의(Imbreeding)에 의한 대학 침체를 방지하기 위해 특정 대학 출신자의 임용 비율을 제한하는 것이다.

1999년 3월 11일 정부는 「교육공무원임용령」을 개정하여 특정 대학 출신자가 특정 대학의 교수직을 독점하는 것을 제한하려고 했다. 이 법령(대통령령 제17930호) 제4조의 3(대학교원의 신규채용) ①항의 규정은 다음과 같았다. "대학교원을 신규 채용하는 경우에는 법 제11조 제4항의 규정에 의하여 특정 대학의 학사학위 소지자가 「고등교육법 시행령」 제28조 제1항의 모집 단위별 채용인원의 3분의 2를 초과하지 아니하도록 하여야 한다." 이 법령은 교수사회의 학력·학벌 문제를 개선하려는 제도적 조치라는 점에서 의의가 있다.

정부는 국립대학발전계획(2000)을 통해 대학교원 임용제도를 개방적이고 공정한 제도로 개혁할 것을 강조했다. 공정한 교수 채용 방법 및 절차의 제도화와 함께, 교수 계약임용제 및 연봉제 도입 등을 추진하였다.

BK21사업에서도 대학교수에 대한 개선과제로 교수 계약제와 연봉제 실시, 연구업적에 따른 교수 평가제 강화 등과 함께 신임 교원 선발에서 자교 출신자 임용 쿼터제를 반영했다.

김대중 대통령도 청와대에서 한완상 교육부총리를 비롯한 교육인적자원 분야 장관들과 가진 간담회에서 "실력 없는 교수는 퇴출돼야 한다.", "대학 교수진이 하루속히 국적과 출신교가 다양한 교육진으로 돼야 한다. (중략) 대학 교수진이 마치 그 대학 동창회 같은 상황 속에서 우수한 교수나 외국 교수들이 올 여지가 없고, 오더라도 견뎌내지 못해 다양한 토론을 통한 학문이 발전되지 않을 것"이라며 관심을 나타낸 바 있다.[345]

정부는 특정 대학 출신 교수 비율이 높은 서울대 등 서울 소재 일부 대학의 신규 교수임용을 주시하면서 개정된 임용령을 지키지 않을 경우 가할 제재 방침을 밝히기도 했다. 그러나 이 법령은 국립대학을 중심으로 특정 대학 출신자의 과도한 채용을 제한하는 데 기여하였지만, 관련 규정을 준수하지 않는 경우에 제재할 규정과 적절한 대책이 없어 초기에는 제대로 지켜지지 않았다.[346]

《동아닷컴》(2000)은 이러한 상황을 다음과 같이 보도했다. "교육부는 '실력 있는 사람이 임용되지 못할 역불공정의 폐단'을 일부 염려하면서도 특정 대학 출신의 채용을 제한하는 쿼터제를 도입하기에 이른 것. 그러나 제도 시행 1년이 지난 지금껏 '내 사람 심기의 은밀한 메커니즘'은 여전하다. (중략) 심지어 서울대는 올해 임용자 36명 가운데 단 한 명만 타교 출신이었고 법 시행 직전 이례적으로 3명씩 무더기로 채용한 학과도 있다. 특히 법대, 의대, 치대 등은 이런 경향이 더욱 심각해 거의 교수 전원이

345 《매일경제》(2001.5.7.), 〈김대통령, 교육부처 간담…"실력 없는 교수 퇴출"〉.
346 정태화 등(2003), 〈학벌주의 극복을 위한 종합대책 연구〉, 교육인적자원부, 49-50쪽.

'동문'이다. 다른 대학들도 속사정은 비슷하다. 특정 학교 출신이 자리 잡고 여타 대학 출신은 발도 못 붙이게 하는 사례가 많다."[347] 당시 교수사회의 배타성이 심각한 상태였음을 말해 준다.

교육인적자원부가 국회 교육위원회의 민주당 이재정 의원에게 제출한 '1998~2000년 동안 신규 교수 채용 현황' 자료에 따르면, 전국 국공립대학 30개교와 사립대학 112개교가 이 시기에 신규 채용한 6,647명의 교수 가운데 1,510명(22.7%)이 서울대 출신으로, 4명 중 1명꼴로 서울대(학사 기준) 출신자였다. 사립대가 1,021명(20%)을 채용한 데 비해 국공립대학은 489명(31.2%)을 채용해 국공립대의 서울대 출신 비율이 더 높았다. 연세대 535명(8%), 고려대 311명(4.7%)으로 신규 채용 교수 3명 중 1명이 이들 3개 대학 출신이었c다(35.4%). 서울대의 경우는 같은 기간에 신규 채용한 200명의 교수 가운데 189명(95.4%)이, 고려대는 124명 중 96명(77.4%)이 자교 출신이었다.[348]

교수 채용에 동일학부 출신자 채용 제한 지침이 적용된 2000년 이후 2001~2002년 사이에 서울대에 신규 채용된 교수 60명 가운데 비서울대 출신은 5%인 3명뿐이었다. 2001년에는 27명을 채용하면서 93%인 25명을 서울대 학부 출신으로 선발했다. 의대는 당시 2년 동안 19명을 뽑으면서 모두 동일학부 졸업생을 채용했다.[349]

교수 채용의 순혈주의 관행을 변화시키려는 정부의 법령도 시행 초기에는 별 영향을 미치지 못했던 것이다. 그럼에도 불구하고 명문학벌과 자교 출신자를 높은 비율로 채용하던 교수사회의 비합리적 관행의 제한을 제도화한 것은 학력·학벌주의를 변화시키기 위한 한 가지 개혁적 조

347 《dongA.com》(2000.11.8.), 〈교수 채용 '순혈주의' 여전〉.
348 《연합뉴스》(2001.9.7.), 〈신임교수 4명 중 1명 서울대 출신〉.
349 《교컴》(2002.1.24.), 〈서울대, 비서울대 출신 교수 채용 현황〉.

치였다는 점에서 의의가 있다.

나. 신지식인운동

국민의 정부는 창조적 지식기반국가로의 변화를 위한 국민의 이해와 참여를 강조했다.[350] 이것은 당시의 외환위기를 극복하는 전략일 뿐만 아니라 새로운 사회상을 지향하는 교육개혁의 방향이기도 했다. 이에 따라 국민의 정부는 사회의 주체들이 참여할 수 있는 새로운 발전전략과 의식개혁운동 같은 전략적 실천을 필요로 했다. 신지식인운동은 이러한 맥락에서 나온 것이다.

신지식인운동은 1999년 대통령직속 제2건국범국민추진위원회가 '제2건국운동'을 시작하면서 추진했던 운동이다.[351] 제2건국범국민추진위원회는 우리 사회의 여러 부문에서 활동하고 있는 신지식인을 발굴·선발하여 국민이 지향할 모델로 삼고, 범정부적·범국민적 운동을 통해 시대적 요구에 부응하는 사회로의 변화를 견인할 수 있게 하려고 했다.

이 운동에서 '신지식인'은 지식을 활용하여 부가가치를 창출하는 사람이나, 기존 사고의 틀에서 벗어나 일하는 방식을 새로운 발상으로 개선·혁신한 사람이다. 학력과 학벌에 상관없이 자신의 일터에서 자신만의 방법을 터득해 부가가치를 능동적으로 창출하는 사람이 곧 신지식인이라는 것이다. 고정관념에 얽매이지 않고 늘 새롭고 창의적인 발상으로 다양한

---

350 제2의건국범국민추진위원회(2000),《제2의건국운동》제1집(1998.10.~1999.12.), 124쪽.

351 신지식인 선발은 초기에는 대통령 직속 제2건국범국민추진위원회가 주관했으나 무분별한 선발의 문제로 2003년 이후에는 행정자치부가, 2007년 이후에는 행정자치부 산하의 신지식인협회가 관련 사업을 추진했다. 초기 선발방법은 연중 1~2회 각 시도지사의 발굴 및 보고, 심의 후 행정자치부에 추천했으며, 개인 추천도 가능했다./선발 기준은 정보습득성, 창조적 적용성, 방법의 혁신성, 가치창출성, 사회적 공유성 등이었다./ 1998년에 588명을 선발한 것으로 시작해 2008년까지 총 3,580명, 2018년까지 총 4,668명이 선발되었다.(http://www.sinzi.or.kr).

지식을 습득·공유하는 개방성과 창의성이 신지식인의 핵심 개념이다.[352]

신지식인운동의 목표는, 국민이 자신의 분야에서 새로운 발상으로 일하는 방식을 혁신하여 가치를 창조함으로써 자아를 실현하는 사회적 풍토를 조성하고, 일반 국민의 적극적 참여를 촉진함으로써 21세기형 '창조적 지식기반사회'의 토대를 구축하는 것이었다.[353] 이 운동은 "고급지식의 소유자만을 지식인으로 여기는 경향"을 비판하면서 "고정관념을 깨는 실용적 인간형"의 확대를 제창했다. 고학력의 졸업장이나 자격증이 없는 사람이라도 사회에서 합당한 대접을 받고 성공적인 삶을 살 수 있게 하려는 취지를 가지고 있었다.

김동춘(2001)은 당시 신지식인운동에 대하여 이 운동의 취지에 공감하면서도 정부가 제시한 신지식인 모델이 갖는 위험성을 우려했다. 한국의 지식 생산 및 유통 메커니즘과 지적 식민화 경향에 대한 간과, 실용적 지식에 대한 강조 등이 오히려 나쁜 결과를 초래할 수도 있음을 지적했다. 그에 따르면, 신지식인운동은 지식기반의 구축과 신지식인의 창출을 강조하면서도 왜 한국에서 지식기반 구축이 이루어지지 않았는지, 왜 신지식인의 모델이 지금까지 광범위하게 창출되지 않았는지에 대해 묻지 않기 때문에, 문제의 본질을 건드리지 않은 채 슬로건 제시 방식의 운동으로 전락할 가능성이 높다고 보았다. 아울러 그는 국민의 정부가 제시한 신지식인 모델이 그동안 대접받지 못했던 가장 결정적인 장벽이 곧 학력주의 혹은 학벌주의였음을 지적하면서 이 사회적 조건의 변화가 필수적임을 강조했다.[354] 지식의 생산·유통구조, 학력·학벌주의 등의 사회적 조건이 간과될 수 있음을 경계한 것이다.

---

352 제2의건국범국민추진위원회(2000), 앞의 책, 125쪽.
353 제2의건국범국민추진위원회(2000), 앞의 책, 126쪽.
354 김동춘(2001),《독립된 지성은 존재하는가》, 삼인, 166-167쪽.

신지식인운동은 초기에 주목을 끌며 전개되었으나 시행 주체가 민간 단체로 바뀌고 정권이 바뀌는 등의 과정을 거치면서 잊혀져 갔다. 그러나 신지식인운동은 분명 국민의 정부 시기에 직면했던 사회적 위기와 심각한 문제들을 극복하고 새로운 사회상을 추구했던 전략적 실천 운동이었다. 이 운동은 정부 기구로부터 시작되었으나 어떤 의미에서 전 국민이 주체적으로 참여하기를 희망했던 학력·학벌주의 개혁운동의 한 가지 방식이었다.

다. 정부의 학벌문화 개혁 운동

2001년 국민의 정부 교육인적자원부는 학벌 문제를 본격적으로 제기하였다. 당시 한완상 교육부총리는 2002년을 '학벌 타파의 원년'으로 선포하고 '학벌문화 타파를 위한 추진계획'을 수립하였다.[355] 2002년 1월 22일에는 교육부총리가 직접 '능력중심사회 실현을 위한 학벌문화 타파 추진 대책'을 국무회의에 보고했다. 매우 이례적인 상황이었다. 학력·학벌 문제가 국무회의와 같은 고위 공직자들의 공식회의 석상에서 보고되거나 논의된 적이 없었기 때문이다. 한 부총리의 국무회의 보고에 대해서는 부정적인 의견이 많았던 것으로 보인다. 여러 국무위원이 비판적 의견을 제기했기 때문이다. 이 상황을 보도했던 《조선일보》 기사는 다음과 같은 제목을 달고 있었다.

> 한부총리 '입사서류 학력난 폐지' 각의 보고 혼쭐-'문제가 있는 발상' 동료 장관 일제 비판[356]

---

355 교육인적자원부 학교정책기획팀(2002), 〈정책해설: 학벌문화 타파 추진계획〉, 《교육마당 21》, 109-111쪽.

356 《조선일보》(2002.1.23.), 〈한부총리, 입사서류 학력난 폐지 각의 보고 혼쭐〉.

이 기사에 따르면, 한 부총리가 기업들의 채용 서류에 학력란을 없애는 방안 등이 포함된 '학벌문화 타파 추진 대책'을 보고하였으나 동료 국무위원들이 '문제 있는 발상'이라며 집중적으로 비판을 했다는 것이다. 비판 내용은 다음과 같았다.

> 전○○ 기획예산처 장관:
> "영국이나 프랑스도 일류 학교 출신들이 지도층에 많이 포진해 있지만 그런 현상을 잘못된 것으로 보지 않는다. (중략) 한부총리의 발상은 일류대 출신이라는 점을 잘못으로 여기는 생각이다."
> 진○ 경제부총리:
> "정부가 민간기업의 채용과 고용 문제에 일일이 간섭할 수 없으며, 관치금융 문제가 나오고 있는 상황에서 자율과 경쟁의 기본을 해칠 수는 없다. (중략) 이건 지나친 정부 간섭이다. (중략) 지식기반 사회에서도 우수인력 양성은 꼭 필요하다."
>
> 김○갑 의원: "한부총리, 사회주의병 또 도졌다."[357]

이 기사는 당시 학력·학벌 문제의 개혁에 대한 이른바 '지도층 엘리트' 및 기득권층의 보수적인 관념과 냉소적인 분위기를 짐작할 수 있게 해준다. 학력·학벌주의 개혁이 왜 어려운 문제인지를 시사하는 하나의 단면이라고도 할 수 있겠다. 이 시기 학력·학벌 문제는 주로 학계와 시민단체 등에 의해 제기되어 진보정당의 대선공약에 포함되기도 하였으나, 이

357 《오마이뉴스》(2002.1.24.), 〈한부총리 사회주의병 또 도졌다: 학력란 폐지에 대한 김용갑 의원의 독설〉.

전까지는 공적 의제로서 다루어지지 않았다. 그런 상황에서 한 부총리의 선언과 추진대책 수립은 학력·학벌 문제에 대한 매우 획기적인 대응이라 할 수 있겠다. 학력·학벌 문제가 비로소 정부에 의해 공적 의제로 등장하게 된 것이다. 한 부총리 시기에 수립된 '학벌문화 타파 추진계획'은 그 성공 여부와 관계없이, 학력·학벌 문제에 대한 한국 정부 사상 첫 직접적 대응이었다는 점에서 중요한 의의가 있다.

'학벌문화 타파를 위한 추진계획'의 내용이 어떤 것이었는지 살펴보기로 한다. 이 추진계획은 '능력중심사회를 구현함으로써 창의적인 인재 양성을 통해 국민의 삶의 질을 향상시키고 국가의 경쟁력을 제고하는 데 목표'를 두었다. 추진계획에는 먼저 학력·학벌에 의한 폐해로 다음과 같은 사항들을 들었다.[358]

- 전근대적인 경쟁제한 관행이 사회적 신뢰를 저해하고 사회통합 위기 초래
- 학벌이 채용·승진의 기준으로 중시
- 자기 자녀만을 위한 학부모의 이기적 교육열
- 과중한 사교육비 부담
- 조기 유학, 해외 이민
- 입시 위주의 교육, 암기식 교육
- 인성교육 소홀, 학교폭력 증가 등

이 계획이 제시한 목표와 학력·학벌의 폐해에 대한 진술에서, 학력·학벌 문제가 사회적으로 그리고 교육적으로 얼마나 심각한 영향을 미치고

358 교육인적자원부 학교정책기획팀(2002), 앞의 계획, 109쪽.

있는지를 짐작하기에 부족하지 않다. 학벌문화에 의한 학력·학벌 추구가 사회를 분열로 이끌고, 불완전한 사회구성 방식을 정당화하며, 가족 중심의 사적 교육에 크게 의존하고, 국내 교육에 대한 불신과 함께 더 높은 서열의 외국 학벌을 추구하며, 비교육적 상황을 초래하고 있다는 것이다. 추진계획에서는 이들 문제를 '학벌문화'의 문제로 표현하였다. 학벌과 관련된 의식과 관행 등을 학벌문화로 통칭한 것이다.

그리고 추진계획에서는 '학벌문화의 원인'에 대하여 다음과 같이 행정제도적 요인, 문화환경적 요인, 학부모 및 국민의식 요인 등 세 측면으로 나누어 제시하였다.[359]

> ① 행정제도적 요인: 수능성적에 의존하는 서열화된 대학입시, 지방대학의 육성정책 및 대학특성화 정책의 미흡, 학력에 의한 기업의 채용 및 임금 차별 등
> ② 문화환경적 요인: 입신양명을 덕목으로 하는 유교 문화 및 과거제도의 전통, 학벌이 신분 상승의 수단이라는 인식, 학연·지연에 의존하는 인사 관행 및 사회풍토
> ③ 학부모 및 국민의식 요인: 학부모의 이기적 교육열, 학연·지연·혈연을 중시하는 후진적 사회구조

세 측면으로 제시된 학벌문화의 원인은 다양한 세부 요인들을 포함하고 있다. 점수경쟁으로 줄 세우는 대학입시제도, 낙후된 지방대학, 특성 없는 백화점식 대학들, 사회의 학력·학벌주의적 차별 관행, 과거의 전통적 문화, 도구적 교육관, 연고주의, 이기적 교육열 등 당시의 모순적이고 불충분한 교육정책과 사회제도로부터 오랜 역사적 배경을 가진 문화

---

359 교육인적자원부 학교정책기획팀(2002), 앞의 계획, 109-110쪽.

구조에 이르기까지 여러 요인이 망라되었다. 그러나 이 요인들이 학벌문화의 진짜 원인인지에 대해서는 좀 더 숙고해 볼 필요가 있었다. 설령 그렇다 하더라도 실질적인 변화의 추진을 위해서는 그 요인들 간의 관계를 파악하고 우선순위를 분명하게 하려는 노력이 필요한 것이었다.

교육인적자원부는 학벌문화 타파를 위한 대책으로, 학력·학벌 문제에 체계적이고 종합적으로 대처하기 위해 전담 기구를 설치하였다.[360] 전담 기구로 자문위원회, 추진기획단, 전문가협의회를 구성하였다. 학벌문화 타파 자문위원회는 학계, 재계, 언론계, 시민대표 등 12명으로 이루어졌으며 추진과제의 기본방향 및 추진전략 조정, 대처방안 조율 등 사회 전반의 의식개혁운동을 전담하게 하였다. 추진기획단은 차관을 단장으로 하고 실·국장 등 13명으로 구성하여 전문가협의회가 발굴한 추진과제를 심의·확정하고 자문위원회에 상정할 안건을 사전 검토하는 역할을 하게 했다. 그리고 전문가협의회는 현장경험이나 전문지식을 가진 인사 7명으로 구성하여 학벌문화 타파 추진과제를 발굴하도록 하였다.

전담 기구 설치는 개혁의 적합한 방향 정립과 지속적인 추진 및 그 효율성을 위해 필요한 장치이다. 학벌 문제가 사회 여러 부문과 포괄적 연관성을 갖는 만큼 해당 기구도 폭넓은 인적 구성과 관련 조직들로부터의 동의와 협조를 얻을 수 있는 범정부적 기구로 구성될 필요가 있었다. 추진 기구가 교육인적자원부를 중심으로 구성된 것은 아쉬운 부분이다.

학벌문화를 타파하기 위한 과제 및 전략으로는 학벌을 유발하는 문화환경 개선, 국민의식개혁운동 전개, 학벌 타파를 위한 제도 개선을 들었다. 그 구체적인 내용은 다음과 같다.[361]

---

360 교육인적자원부 학교정책기획팀(2002), 앞의 계획, 110쪽.
361 교육인적자원부 학교정책기획팀(2002), 앞의 계획, 110-111쪽.

① 학벌을 유발하는 문화환경 개선: 학벌주의를 위시하여 가부장적 권위주의, 연고주의, 온정주의 등에 의한 문화환경의 개선이 필요하다. 이를 위해 입시기관으로 전락한 초·중·고교를 본래의 모습으로 돌려놓기, 지역 및 학력 간 임금 차별 해소, 능력 위주의 열린 채용방식 등 기업의 고용 관행 개선, 학벌문화 타파를 대선 및 총선 공약으로 채택하게 하는 등의 대책을 통해 범국가적·범국민적 운동으로 추진되도록 유도한다.

② 국민의식개혁운동 전개: 뿌리 깊은 학벌문화에 대한 국민의 의식개혁이 가장 필요하다. 초·중·고 교과서에 학벌문화 타파 내용 반영, 각종 사회교육기관의 학벌타파 교육강좌 개설, 매스컴을 통한 공익광고 활용, 학벌 타파 표어와 포스터 공모 및 게시, 정부의 정기 간행물을 통한 홍보, TV 프로그램으로 드라마 등 제작·방영 및 인기 연예프로그램이나 오락프로그램에 학벌 관련 코너 운영, 교육인적자원부 홈페이지에 학벌란 개설·운영, 시민단체의 학벌문화 타파 행사 지원, 제2건국범국민추진위원회를 통한 국민의식개혁운동 전개, 기업의 학벌 타파 운동 동참 및 경제단체별 자율운동 유도, 노사정위원회의 협의로 기업 스스로 학벌 차별 폐지, 언론기관과 합동으로 학술 세미나, 공청회, 토론회 등 개최 및 지원 등

③ 학벌 타파를 위한 제도 개선: 교육인적자원부가 추진할 과제와 타 부처가 추진할 과제로 나누어 볼 수 있다.

- 교육인적자원부가 추진할 제도 개선 과제: 국민의 학벌문화 교육관 개선, 미래의 직업안내, 대학 입학시험제도 개선, 교수 임용제도 개선, 지방대학 육성, 교육과정·교과서 내용 반영, 대학의 다양화·특성화, 사교육비 경감 및 평생교육 강화

등 9개 과제

- 타 부처가 추진할 제도 개선 과제: 지역경제 활성화와 균형 발전, 신규직원 채용 방법 개선, 기업의 직무 중심 인사 관행 확립, 기업의 성과급제 도입, 사회지도층의 학벌차별 의식 개선 등 6개 과제

고려되어야 할 중요한 과제들이 폭넓게 포함되었다. 개혁의 과제와 추진전략은 문제의 원인에 대한 인식에서 도출될 수 있다. 학벌문화 타파를 위한 과제와 전략도 앞서 제시한 세 측면의 원인으로부터 고려된 것이라는 점에서 형식상 자연스럽다. 그러나 그 과제와 전략들은 관련 측면을 중심으로 단순 열거된 경향이 짙다. 이 과제와 전략들은 그 무게에 따라 우선순위로 정리되고 그 연관성이 더 구체화될 필요가 있었다. 다시 말해 학벌 문제에 대해 좀 더 이론적이고 체계적이어야 했다.

이 외에도 교육인적자원부는 학력·학벌 문제를 해소하기 위하여 '학부모의 학력주의 교육관 타파 방안'에 대한 정책연구[362]를 수행하였고, 2002학년도 대학입시제도 개선, 지방대학 육성을 위한 특별법 제정, 대학의 특성화 유도, 학문 분야별 특성화 추진, 학생 수 감축 등을 통한 공교육 정상화 추진, 정보통신기술을 활용해 과외 수요를 흡수하는 정책 등을 추진하였다.[363]

362 최돈민 등(2001), 〈학부모 학력주의 교육관 타파 방안 연구〉, 교육인적자원부.
363 교육인적자원부 학교정책기획팀(2002), 앞의 계획, 111쪽.

6. 위로부터 시도된 미완의 개혁

국민의 정부가 학력·학벌 문제에 대응한 방식에서 볼 때, 정부의 개혁 정책은 종합적이고 절충적인 성격을 띠고 있었다. 정부는 학력·학벌사회의 변화를 위해 다양한 방식으로 제도와 시스템을 개선하고 사회의 의식과 문화를 변화시키려 했다. 교수임용 쿼터제, 수능성적 외 특기·적성을 강조하는 '여러 줄 세우기'의 대학입시제도, 연구중심 혹은 교육중심의 대학 특성화, 평생교육 강화 등은 학력·학벌주의의 핵심 메커니즘을 직접적으로 드러내지는 않았지만, 대학을 비롯한 교육제도 및 교육체제가 변화되어야 할 것이라는 인식이 반영된 것이다. 지역의 균형발전, 지역 및 학력 간 임금 차별 해소, 기업의 고용 및 인사 관행 개선 등은 사회 및 사회 내부체제의 개선과 연관된 것이다,

그리고 국민의 정부가 추진한 학력·학벌 문제에 대한 정책은 의식개혁을 강조하는 성격이 상대적으로 짙었다. 의식개혁에 중점을 둔 캠페인 성격이 강했다.[364] 주요 개혁 방식들은 여러 부문에서 사회 문화의 변화와 국민 의식의 전환을 강조하는 것이었다. 신지식인운동을 비롯하여 변화전략으로 학교 교육과정이나 시민교육 그리고 공익광고 및 각종 홍보매체 활용, 사회 각 부문 혹은 범국민적 운동 강조 등은 국민의 의식개혁과 문화의 변화를 위한 것이다.

'학벌문화 타파 추진계획'에 대해 비판적으로 논의하면, 우선, 문제의 인식과 원인에 대한 진단이 철저하지 않았다는 점을 들 수 있다. 사회문제에 대한 대책은 원인 간의 연관성을 분명하게 함으로써 그 핵심과 주변을 명확히 하는 가운데 세운 것일 때 체계적인 해결을 시도할 수 있다. 복

364 김동훈(2003), 〈새 정부의 학벌타파 정책〉, 《교육경남》 152, 10쪽.

잡하게 얽힌 난제인 만큼 쉽지 않은 일이지만, 폐해와 원인이 열거된 채 그 무게를 가리지 않았고, 따라서 무엇이 우선순위를 갖는지가 분명하지 않았다. 그런 점에서 국민의 정부가 제시한 학력·학벌 문제의 폐해, 원인, 대책 및 전략에는 비판의 여지가 있었다. 학력·학벌 문제에 대해 정부가 처음으로 개혁을 시도하는 상황에서 이론이나 전략을 충분하게 갖추지 못하였다는 것이다. 정영섭(2002)도 이 추진계획이 사태의 심각성을 제대로 인식하지 못한 인상을 주고 있으며, 폐해들을 단순히 열거하고 원인 진단도 피상적이어서 대응 전략 역시 대증적일 수밖에 없었다[365]고 비판했다.

둘째, 학력·학벌 문제에 대해 교육인적자원부 중심의 개혁이 추진된 점이다. 개혁의 범위가 포괄적이고 범정부적 참여가 필요했을지라도 정부의 전 부문이 아니라 교육인적자원부 중심으로 추진되었다. 이종각(2003)은 학벌주의를 완화하기 위한 개혁은 교육체제보다는 외부 사회의 여러 부문에서도 이루어져야 할 것이므로, 이 문제는 교육인적자원부보다는 총리실에서 처리하는 것이 더 타당할 것이라고 제언한 바 있다.[366] 정부가 수립한 계획과 대책도 종합적인 성격을 띠고 있었다. 그러나 당시 정부 내외의 이념적 분위기가 보수성이 강한 척박한 상황에 있었으며, 정부 차원에서 처음 시도된 것이어서 교육인적자원부 중심으로 추진될 수밖에 없었던 것으로 판단된다.

셋째, 개혁정책의 지속성과 효과도 명확하지 않았다. 학력·학벌주의적 의식과 관행은 그 후에도 여전히 널리 존재해 왔다. 오래된 견고한 구조로부터 나오는 학력·학벌 문제가 정부의 단기적 대응으로 해소되기를

365 정영섭(2002), 〈학벌주의 타파를 위한 정부정책의 한계와 개혁 방향〉, 《사회과학연구》 15, 160쪽.
366 이종각(2003), 〈학력중시 사회의 실상과 과제〉, 《제15차 KRIVET HRD 정책포럼: '학력중시 사회에서 능력중시 사회로의 전환》, 한국직업능력개발원, 46쪽.

기대하는 것은 무리한 일임에 틀림없다. 계획은 장기적이었을지라도 개혁이 지속적이고 집중적으로 추진되지 못했던 것으로 판단된다. 정부 대책의 결과가 이러했던 것은 정부 자체가 안고 있던 여러 조건의 제약 때문일 수도 있었다. 주무 부서인 교육인적자원부 수장이 개혁안을 내놓은 후 곧 경질되었고, 정부 내외부의 이견과 기득권 구조를 고수하려는 명시적 혹은 암묵적 저항과도 맞서야 했을 것이다. 또한 정부가 공공부문을 제외한 기업 및 민간부문에까지 강제력을 행사할 수는 없다. 이러한 상황에서 정부가 가진 개혁 추진 동력이 한계에 직면하게 된 것이다.

넷째, 정부의 주된 정책 기조가 학력·학벌 문제를 해소하는 방향과는 부합되지 않은 것일 수도 있었다는 점이다. 외환위기를 비롯하여 거센 신자유주의적 세계화의 추세 속에서 경쟁력, 다양화, 자율화 등의 정책 논리를 채택한 것은 어느 정도 불가피한 측면이 있었고 비효율의 구조적 장벽을 약화시키는 데는 어느 정도 효과가 있었을 것이다. 하지만 이 논리는 일정 수준의 사회경제적 조건을 갖춘 중산층이 더 적극적으로 학력·학벌 경쟁에 들어서게 만드는 결과를 초래한 측면이 있다.

다섯째, 교육부의 주도 혹은 교육부 관료 중심의 위로부터의 개혁이 추진되었다는 점이다. 이에 대한 여러 비판적 논의들이 있었다.[367] 이 논의들은 교육부가 교육개혁을 주도하는 가운데 교육부 관료들로는 개혁의 전체적인 그림을 그리기 어렵다는 점과 교사를 비롯한 다른 주체들이 대상화되거나 소외되는 문제 등을 지적하였다. "일상적인 관리 운영에 익숙해져 있는 교육부 관료들에게 교육개혁의 큰 그림을 그리도록 요구하는 것은 무리다. 이들은 비록 뚜렷한 목표를 갖고 출발한 개혁안이라

367 박부권(1999), 〈교육개혁의 주체로서 국가, 시장, 그리고 시민단체〉, 《한국교육연구》 5(2), 24-43쪽; 한준상(2007), 앞의 논문, 151-155쪽.

고 하더라도 그것을 그들의 권한과 역할의 범위 내에서 재규정하는 경향이 있고, 그 과정에서 원래의 목표는 형체를 알아보기 어려울 정도로 파편화하는 경향이 있다."[368] 정부, 즉 교육부 관료에 의해 위로부터 추진된 개혁의 문제와 한계에 대해 지적한 것이다.

여러 문제와 한계에도 불구하고, 국민의 정부가 추진한 학력·학벌주의 개혁 정책과 개혁 운동은 다음과 같은 의의를 갖는다.

첫째, 학력·학벌 문제에 대한 정책안이 국정 최고 책임자의 회의 석상에서 보고되고 논의되었다는 점에서 의의가 있다. 학력·학벌 문제 해소에 대한 공감대가 협소해 암묵적으로만 인식된 채 공식적 논의가 이루어지지 않았던 이전의 상황을 감안하면, 획기적인 사건이라 할 수 있다.

둘째, 정부 차원에서 직접 학력·학벌 문제에 대한 대책을 세우고 대응한 점에 대해 높이 평가할 만하다. 정부가 학력·학벌에 의한 문제를 해결하기 위한 방안을 갖추고 변화를 시도한 것은 사회적으로 매우 의미 있는 일이라 하겠다. 정부로부터의 체계적인 변화의 실천이 가장 직접적이고 즉각적인 영향을 미칠 수 있는 것이기도 하지만, 학력·학벌 문제에 대한 개혁은 국가의 관여와 지원 없이는 해소가 거의 불가능한 문제, 즉 사회의 기득권 구조를 합리적으로 변화시켜야 하는 지극히 험난한 정치적 싸움의 과정이 될 것이기 때문이다.

셋째, '학벌문화' 타파 운동은 학력·학벌 문제를 우리 사회의 핵심적인 교육문제 및 사회문제로 공식적으로 의제화한 점에서 의의가 있다. 정부가 학력·학벌의 문제해결에 대해 국민의 참여를 요청하고 관심을 촉구한 것은 학력·학벌 문제의 공론화를 의미한다. 공론화는 은밀하게 행해지던 비합리의 사회적 관행과 널리 만연해 있는 이데올로기적 의식을 눈에 보

368 박부권(1999), 앞의 논문, 42쪽.

이게 드러내어 해소하려는 시발점이다. 국민의 정부의 학력·학벌주의 개혁정책은 정부 부처 및 국책 연구기관, 각종 시민사회단체, 출판물 등에 학력·학벌 논의를 촉발시키는 중요한 계기가 되었다.

요컨대, 국민의 정부는 정부 차원에서 처음으로 학력·학벌주의 문제에 대한 관심을 공식적으로 표명하였을 뿐만 아니라, 개혁 의지를 정책으로 계획하고 시행한 정부였다. 이러한 정부의 관심과 실천은 세계화 추세와 함께 진행된 정치적 민주화의 맥락 속에서 이루어진 것이다. 그러나 국민의 정부가 처한 대내외적 상황은 학력·학벌 문제에 대한 개혁을 지속적으로 강력하게 추진하는 데 제약요인으로도 작용했다. 외환위기, 여소야대의 정국, 그리고 민주화의 진전과 함께 분출된 각계각층, 특히 중산층의 요구 등은 신자유주의적 정책과 맞물리면서 개혁 의도를 계획대로 실현하지 못하게 하는 상황을 만든 것이다. 그럼에도 불구하고 국민의 정부는 오랜 역사적·구조적 연관성을 가진 학력·학벌주의 문제에 대하여 사회 및 교육의 중대한 문제로 공론화하고 개혁을 시도함으로써 사회적 인식을 제고하였고, 다음 정부들에서도 주요 정책과제로 삼도록 자극하였다.

제 7 장

노무현 정부: 균형발전 사회를 향한 개혁 (2003.2.~2008.2.)

1. 교육정책의 비판적 계승과 교육혁신

참여정부에서도 한국사회의 정치적 민주화가 진전되었음을 확인할 수 있다. 노무현 정부는 지지 세력과 정치적 기반이 약한 소수자 정권이었다. 소수자임에도 불구하고 국민의 지지를 받는 세력은 누구나 집권할 수 있다는 원칙이 지켜졌을 뿐만 아니라 대의민주주의를 넘어 참여민주주의를 지향했던 점에서도 한국사회의 민주주의가 진보해 왔음을 의미한다.[369]

노무현 대통령은 취임사에서 3대 국정 목표인 '국민과 함께하는 민주주의', '더불어 사는 균형발전 사회', '평화와 번영의 동북아 시대'를 실현할 것임을 선언했다. 교육에 대해서도 "우리 아이들이 입시지옥에서 벗어나 저마다의 소질과 창의력을 마음껏 발휘할 수 있게 해 주어야" 할 것이라며 교육혁신을 강조했다.

노무현 대통령은 대선공약으로 '자율과 다양성을 통한 희망의 교육', '머물고 싶은 학교, 신뢰와 존경받는 교원', '학벌사회를 실력사회로', '획

369 박상필(2012), 〈1990년대 이후 한국 시민사회의 발전: 정부와 시민사회와의 관계를 중심으로〉, 《기억과 전망》 27, 178쪽.

일적인 교육을 다양성 교육으로', '타율적인 학교를 자율적인 학교로'라는 다섯 가지 슬로건과 함께 30여 개의 공약을 제시했다.[370] 이들 공약을 통해 노 대통령 후보는 학력·학벌주의와 연관된 사교육비 경감, 공교육 정상화, 대학서열화 해소 등의 난제를 해결하고자 했다. '학벌사회를 실력사회로'라는 슬로건을 내세운 데서 볼 수 있듯이, 김대중 대통령에 이어 학력·학벌 문제가 노무현 대통령 후보에게도 중요한 관심사였음을 짐작할 수 있다.

노무현 대통령의 대선공약 중 학력·학벌 문제와 다소간 관련된 주요 공약사항들은 [표 7-1]과 같다. 교육공약에는 학력·학벌 문제와 관련된 공약을 별도로 분리하여 제시하지는 않았다. 아마 학력·학벌 문제가 교육의 거의 모든 영역과 연관되기 때문이었을 것이다. 학력·학벌 문제는 국정과제에서 별도로 두 부분에 포함하여 다루고 있기도 했다.

[표 7-1]에 있는 교육공약들은 학력산출기관이자 학력 획득 경로로서의 중등교육 및 고등교육과 평생교육체제에 대한 개혁과제, 그리고 복합적·장기적 대책을 필요로 하는 종합적 과제와 관련된 공약들이다. 중등학교 교육체제의 다양화·특성화와 학생의 선택권 확대 공약은 평준화제도의 보완을 염두에 둔 것으로, 교육체제의 획일성을 완화하는 동시에 학교교육의 사회적·교육적 적합성을 높이려는 것이다. 대학입시제도 개선 공약은 기존의 정책 기조 위에서 교육 당사자의 권한을 확장하는 보다 민주화된 방식으로 대학 학력에 대한 접근 기회를 부여하는 제도로의 개선에 대한 공약이다. 그리고 대학교육의 특성화·다양화 공약은 관련 법규의 정비, 교육의 질 관리체제 강화, 선택과 집중의 지원 원칙 등을 통해 서열체제를 완화하고, 경쟁을 통해 고등교육의 질을 제고하려는 공약

370 제16대 대통령 노무현 당선자 홈페이지(http://knowhow.pa.go.kr/) '공약 자료실'을 참조하였다.

[표 7-1] 제16대 대통령 선거 새천년민주당 노무현 후보 교육공약[371]

	정책 공약	세부 공약 내용
중등교육	-학교교육체제의 다양화·특성화와 학생 선택권 확대	-고교평준화 정책 기조 유지하면서 교육여건의 평준화 지속 추진 -학교 형태와 프로그램의 다양화와 특성화로 학생의 선택권 확대 -자율고, 특성화고, 특수목적고 설립 목적에 맞게 운영하도록 유도
	-실업계 고교의 직업 교육 기능 강화	-실업계 특성화고교 확대와 교육과정 자율화 등 운영체제 개선 -실업계 고교의 교육 무상화 및 우선적 집중 지원·육성 -전문대학 입시에서의 특별전형 확대
고등교육	-대학입시제도 개선	-현행 수학능력시험 제도의 기조 유지 : 난이도 유지, 문제은행식 출제, 복수 응시 가능 등 -대학의 자율성 강화, 학생의 선택권 확대 -장기적으로 대입 선발제도의 근본적인 발전방안 검토
	-대학교육의 특성화·다양화·자율화	-학문의 자유와 대학의 자치를 위한 고등교육법 등 법규정비 -학력인증제 도입 등 고등교육의 질 관리체제 강화 -선택과 집중 원칙의 지원으로 대학의 다양화·특성화 촉진
	-지방대학 육성 지원	-지역산업 연계하여 지역·권역·영역별 특성화할 수 있게 집중지원 -'지방대학육성지원법' 제정
	-전문대학: 전문직업인 양성기관으로 육성	-전공 심화 과정을 학점인정제와 연계-체제와 운영을 특성화·전문화 -순환형 평생교육·직업교육체제의 중추 기관으로 역할 확대 -산업체와 전문대의 지식정보공유체계 확립
평생교육	-평생교육체제 강화	-대학과 평생교육기관 간의 연계 운영체제 강화 및 교육의 질 제고 -대학에 자격·학위 취득과 연계된 성인 학습과정 설치 운영 -평생교육기관과 사이버대학 등의 정보화체제 연계 -교육청·지자체 연계 공동참여하는 평생학습도시 조성정책 확대
종합	-인적자원개발 내실화와 교육·자격 연계	-취약 계층, 여성, 청년, 중장년, 노인의 인적 자원 개발 지원 확대 -직업교육·자격의 연계 강화 등 자격관리체제 개편 -직업능력표준화제도, 수준 평가제 도입
	-학부모 사교육비 부담 경감	-공교육 내실화 : 학생 학습부담 경감, 특기적성교육 내실화, 인터넷 학습네트워크 등 -대학입시제도 개선 -기초학력 국가책임제의 확대 강화 -학벌주의 해소를 위한 사회정책 추진
	-교육복지 확대	-교육 불평등을 적극 해소하고 교육을 통한 국민의 삶의 질 제고 -농어촌, 저소득층 등 사회 취약 계층의 지원 및 교육격차 축소

371 백종섭(2003), 〈노무현 정부 교육정책의 과제와 추진 전략〉, 《한국정책분석평가학회 학술대회논

이라 할 수 있다. 한편 실업고, 전문대학, 지방대학, 평생교육체제, 인적 자원개발, 교육복지에 관한 공약 등은 학력·학벌산출체제의 주변부에 대한 지원 및 기능의 개선과 보완 그리고 교육체제의 통합적 운영을 위한 공약들이다. 그리고 사교육비에 대한 공약은 학력·학벌의 추구에 소요되는 과도한 사교육비에 대하여 교육체제 내외부의 대책을 통해, 장기적으로는 학벌주의를 해소하기 위한 사회정책을 추진함으로써 부담을 경감시키려는 공약이다.

참여정부는 국민의 정부의 교육정책을 비판적으로 계승하고자 했다. 대통령직인수위원회의 교육개혁에 대한 기본 구상은 참여정부의 국정목표와 국정원리에 따라, 기존 정책에 대한 평가와 반성으로부터 출발하였다. 국민의 정부의 교육개혁은 문민정부의 교육개혁안에 대한 심층적인 평가 없이 무비판적 승계로 귀결되었다는 점, 개혁 프로그램의 부재와 교육개혁의 주체 형성에 실패한 점, 개혁 추진 기구의 설정과 위상 정립의 문제, 교육부 주도의 개혁으로 참여와 자치의 취지가 미흡하였던 점을 문제로 도출하고 개선하고자 하였다.[372]

노무현 정부와 김대중 정부는 신자유주의를 수용한 수준에서 함께 고려되기도 한다. 김천기(2012)는 참여정부가 국민의 정부의 신자유주의적 정책을 계승했다고 본다. 그런데 참여정부 교육정책의 신자유주의적 성격에 대해 다소 다른 면이 있는 것으로 이해했다. "참여정부는 신자유주의적 교육정책을 펼치면서도 다른 한편으로 대학서열체제, 학벌 문제 해소, 지방대 육성, 교육복지정책 등 신자유주의의 틀에서 벗어난 것으로 보이는 정책들을 추진하고자 했던 점에 주목할 필요가 있다. (중략) 이를

문집》, 1-23쪽; 제16대 대통령 노무현 당선자 홈페이지의 '공약 자료실'을 참조하였다.

372 교육혁신위원회(2005), 앞의 백서, 26-27쪽.

테면 균형발전을 꾀함으로써 신자유주의적 성장 정책으로 생겨난 양극화를 해소하려 했던 것은 '사민주의적 신자유주의' 교육정책의 성격을 띠고 있었다."[373]라는 것이다.

교육인적자원부는 정부 출범 후 첫 주요 업무보고에서, 대통령 선거 공약과 대통령직인수위원회의 교육 부문 과제들을 반영하여 '초·중등교육의 공공성 제고', '대학교육의 경쟁력 강화', '능력중심사회로의 전환'을 참여정부 교육정책의 기본방향으로 설정하였다. 학력·학벌주의 개혁이 주요 과제로 반영되었음을 확인할 수 있다.

2003년 7월 31일에는 대통령자문 교육혁신위원회가 출범하였다. 교육혁신위는 공교육 정상화를 참여정부 교육혁신의 기본방향으로 설정하고, 지역단위 교육력을 제고함으로써 공교육을 살린다는 기본원칙에 따라 교육체제 전반에 걸친 혁신안을 마련하고자 하였다. 1기 교육혁신위원회는 단위학교 교육기획력 확대 방안, 교육과정 및 교과서 현대화 방안, 직업교육체제 혁신방안, 대학교육 혁신방안, 2008학년도 대학입학제도 개선방안, 교육평가체제 혁신방안, 생활권 중심 교육자치제 실시방안, 교육복지실현 정책 제안 등의 혁신방안을 마련하는 과제를 수행하였다.[374]

2. 내신을 강화하는 대학입시제도와 학력접근기회

노무현 대통령은 2007년 1월 24일 신년사에서 "초·중등교육은 공교육의 정상화로 풀어야 합니다. 대학입시가 문제인데, 대학은 뽑기 경쟁에

373 참여정부의 교육복지정책(방과후학교 사업과 교육복지투자 우선 지역 사업)은 양극화 해소 차원에서 취약 계층의 학생을 지원하는 것으로, 중상류층을 위한 특목고와 자율고 확대 등의 교육양극화 심화정책과 상충되는 것이다. 김천기(2012), 〈한국교육의 신자유주의화 과정과 그 성격: 학교의 입시학원화와 '자율적 통치성' 강화〉, 《교육종합연구》 10(1), 133-134쪽.

374 교육혁신위원회(2005), 《교육혁신위원회 2년 활동 백서》, 42-391쪽.

서 가르치기 경쟁으로, 한 줄이 아니라 여러 줄로 경쟁하는 사회가 돼야 합니다. 서열화가 아니라 적절한 차별화, 학연사회의 해소, 내신과 교단의 신뢰 회복이 필요합니다."라고 하면서 공교육 정상화와 대학입시제도 개혁을 강조하였다.

대학입시제도 개선은 참여정부의 대선공약이기도 했다. '사교육비 경감'이라는 긴급 현안과 관련하여 대통령의 요청에 따라 '2008학년도 대학입시제도 개선안'을 수립하는 과제가 1기 교육혁신위원회에 의해 추진되었다. 교육혁신위는 대학입학제도개혁특별위원회를 구성하고, '대학입학제도 개혁안'을 마련하였다. 교육혁신위가 구상한 대입제도 개혁안은 공교육 정상화라는 목적하에 대학입시에 대한 학교교육의 종속 탈피, 대학의 선발 자율권 인정, 내신중심 선발, 재능 발굴 등을 기본방향으로 하며, '교육이력철', '경로별 선발', '입학사정관제', '교사별 평가', '수능 5등급제', '표준화기초학력고사' 등을 주요 내용으로 하는 것이었다. 교육혁신위의 대입제도 개혁안은 대입특위의 심의, 교육부와의 협의, 국정과제회의 등을 거치면서 핵심 제도인 교육이력철, 수능 5등급제, 교사별 평가제 등이 유보되었다.[375]

교육인적자원부는 교육혁신위의 개혁안을 반영하여 2004년 10월 28일 '학교교육 정상화를 위한 2008학년도 이후 대학입학제도 개선안'을 발표했다. 보도자료는 개선안의 주요 내용으로 '학교생활기록부 반영 확대', '대학수학능력시험 개선', '학생선발의 특성화·전문화', '사회통합을 유도하는 전형의 활성화' 등 네 가지를 들었다.[376] 이 개선안의 주요 특징적인 내용은 다음과 같다.

---

375 교육혁신위원회(2005), 앞의 백서, 242-292쪽.

376 교육인적자원부(2004.10.28.), 〈학교교육 정상화를 위한 2008학년도 이후 대학입학제도 개선안 발표〉(보도자료), 2-5쪽.

① 학교생활기록부 기록을 대입전형의 핵심 자료가 되도록 하였다. 내신의 실질 반영률을 높임으로써 학교 내의 교육과정 운영을 내실화하려는 것이다.

② 내신 성적을 원점수와 석차 등급의 상대평가 결과로 기록하도록 하였다. 학생부 교과 성적을 상대평가 함으로써 이른바 '내신 부풀리기'를 방지하고 전형자료로서의 타당성을 확보하려고 했다.

③ 대학수학능력시험의 영향을 축소했다. 지나친 점수경쟁을 완화하기 위하여 백분위 점수와 표준점수는 제공하지 않고 영역별/과목별 등급만 제공하기로 하였다.

④ 학교생활기록부 교과 성적이나 대학수학능력시험 성적을 모두 9등급으로 등급화하여 제공한다. 이것은 미세한 점수에 의한 경쟁을 완화하려는 것이다.

⑤ 입학사정관제를 시행하기로 하였다. 입학사정관제를 통해 대학의 전공 목적에 맞는 다양한 재능을 가진 학생들을 발굴하고 전문적으로 평가해서 선발한다는 것이다.

요컨대, 2008학년도 이후 대학입시제도 개선안은 내신을 강화하는 대입제도를 구축함으로써 고등학교 교육을 정상화하려는 의지를 강하게 표명한 것이라고 할 수 있겠다. 개선안에서는 제도 개선의 기본방향으로 "대입전형에서 학교교육의 과정과 결과를 중시"하고, "대학의 자율화·특성화와 연계한 전형을 다양화"하며, "선발 경쟁에서 입학 후 교육경쟁으로 전환"을 강조하였다.[377] 개선안은 또한 시험성적과 석차만을

377 교육인적자원부(2004.10.28.), 〈학교교육 정상화를 위한 2008학년도 이후 대학입학제도 개선안〉, 5쪽.

강조하는 획일적인 선발 경쟁에서 벗어나 소질과 잠재력을 갖춘 학생들을 전문적 사정체제를 통해 발굴하고, 고등학교와 대학의 교육과정 취지에 적합한 인재를 선발할 수 있는 입학전형 제도를 마련하며, 아울러 소외계층 등 구성원의 다양화와 사회통합을 유도하는 특별전형을 활성화하고자 하였다.

이 개선안에서는 그동안 논란이 지속되어 온 이른바 '공교육 정상화 3원칙', 즉 3불정책(본고사, 고교등급제, 기여입학제 금지)과 관련된 사안에 대해서는 전혀 언급하지 않았다. 기여입학제와 본고사가 이미 문민정부의 '1997학년도 대학입학 전형 기본계획' 이후 금지되었으며, 고교등급제는 국민의 정부 시기인 2002년 2월에 금지되었다. 참여정부도 이 방침을 견지하고자 했다. 전교조와 참교육학부모회 등은 3불정책을 지지하면서 정부의 엄격한 시행을 촉구했다. 그러나 주요 사립대학 등은 계속해서 3불정책의 폐지를 요구했다. 3불정책의 폐지 요구가 계속되자, 정부는 2007년 3월 22일 기자 브리핑을 통해 3불정책 폐지론을 반박하며 3불정책 유지 입장을 재천명했다. 이 브리핑 자료에는 3불정책의 의미를 "헌법과 교육기본법상에 규정된 '능력에 따라 균등하게 교육받을 권리'를 보장하고, 그동안 우리 사회에서 학벌로 인한 부작용을 최소화하기 위해 지난 50여 년간의 경험에서 나온 최소한의 사회적 규약"[378]이라고 규정했다.

3불정책을 비판하는 측의 입장도 강경했다. 주요 사립대학 관계자를 비롯한 반대론자들은 3불정책이 대학의 자율권이나 학부모의 학교 선택권과 같은 다른 가치들을 억제한다고 주장했다. 강태중(2007)은 "본고사, 기여입학제, 고교등급제 문제는 모두 대학의 자율권 문제로 수렴되면서 교육부가 대학에 대하여 행사하는 규제의 대명사와 같은 것이 되었

378 교육인적자원부(2007.3.27.), 〈3불정책 관련 기자브리핑 자료〉(보도자료).

다."[379]라고 했다. 한준상(2007)도 3불정책에 대한 폐지 요구들은 "교육 평등에 대한 정치적 과잉보호가 불러온 저항들"[380]이라며 비판적으로 평가하였다.

대학수학능력시험에 대해서는 참여정부도 대체로 평이한 출제를 유지했다. 노무현 대통령의 대선공약에도 명시하고 있듯이, 학교교육의 정상화를 위해 수능의 변별력을 낮추고 대학입시에서 수능의 비중을 줄인다는 기존의 기본방향에 따른 것이다. 국가 관리의 전국단위시험인 수능은 학생들을 점수에 따라 일렬로 세우고 대학의 서열에 따라 미세한 점수로 합격자를 순차적으로 채우는 기능을 했다. 수능시험의 이런 기능은 대학 서열체제를 재생산하면서 학벌사회를 강화한다. 재능을 발굴하고 다양한 인재를 선발하려는 교육개혁에도 반하는 것이다.

교육인적자원부(2007.6.)는 지역 간 불균형을 고려하고 그 격차의 문제를 해소하기 위하여 지역의 소외된 학생들을 배려하는 '지역균형선발제도'를 도입하였다. 이 제도는 나아가 실업계 특별전형을 비롯하여, 농어촌 학생 외에도 기초생활수급자와 차상위계층 등의 저소득층 학생, 다문화가정 학생 등 불리한 여건의 소외층 학생들에게 대학 문호를 넓히고, 장학금을 지급하여 사회 양극화를 해소하는 등 교육기회를 균등화하기 위한 제도로 확장되었다. 그 후 이 제도는 '기회균형선발제도'로 명칭이 바뀌었다(2007.11.13.). 이 제도는 소외층의 불평등한 기회를 시정하고 보상하는 일종의 적극적 차별시정 조치 혹은 적극적 평등실현 조치의 하나라고 할 수 있겠다. 그러나 지역균형선발제의 경우는 수도권대학으로 학생을 더 집중시킬 수도 있어 지역대학을 고려하는 보완책이 필요한 제도였다.

---

379 강태중(2007), 〈3불정책의 연원과 그 의미의 변전〉, 《아시아교육연구》 8(2), 212쪽.
380 한준상(2007), 〈문민정부 이후의 교육정책 분석 및 차기 정부의 교육혁신 과제〉, 《역사비평》 81, 169쪽.

그동안 고등학교 졸업자의 고등교육진학률은 가파르게 상승해 왔다. 1990년의 진학률이 33.2%였으나 1995년에는 51.4%로 대학진학이 보편화되었으며, 2000년에는 68.0%(등록률 62.0%), 2005년에는 82.1%(등록률 73.4%)로 급격하게 높아졌다.[381] 고등교육진학률의 빠른 상승은 문민정부 시기 도입한 대학설립준칙주의와 대학정원 자율화로 대학 및 대학생이 많이 늘어난 데 따른 변화이다.

요컨대 참여정부는 대학입시제도상으로 학교에서 교육과정을 충실하게 이수한 사람, 재능과 잠재력을 가진 사람, 대학의 교육과정 목적에 부합하는 사람, 전문 사정관에 의해 발굴된 재능 있는 인재, 그리고 사회경제적 빈곤층과 지역민 등 사회적 배려가 필요한 사람 등에게 대학 학력에 접근할 수 있는 기회를 제공한다는 방향과 구체적인 방식을 제시하였다.

3. 고교 다양화와 고등교육체제의 구조개혁

가. 고교 다양화의 확대

노무현 대통령의 대선공약에는 학교교육체제의 다양화·특성화와 학생의 선택권을 확대하는 한편, 고교평준화 정책의 기조를 유지하면서 교육여건의 평준화를 계속 추진할 것이라는 내용을 포함하고 있다. 고등학교 제도의 다양화·특성화는 흔히 고교평준화제도의 문제점을 보완하기 위한 것으로 표명되어 왔다. 이를테면 고교평준화제도의 문제로 지목되는 교육체제의 획일성과 경직성이 학생들의 다양한 적성과 능력을 키울 수 없게 하며, 학생과 학부모의 선택권을 제한하고, 사학을 비롯한 학교

381 한국교육개발원(1995), 〈한국의 사회지표〉, 12쪽; 교육부·한국교육개발원(연도별), 《교육통계연보》, 《간추린 교육통계》.

의 자율성을 저해한다는 것이다.

고교 다양화 정책은 지식기반사회의 흐름과 함께 힘을 얻으면서 참여정부의 주요 교육정책으로 채택되었다. 참여정부는 고교평준화체제를 유지하는 가운데, 특수목적고, 자율고, 특성화고 등의 학교제도를 확대하고 신설하면서 그 설립 목적에 부합하도록 운영하게 하고자 했다. 2005년의 경우, 특수목적고가 122개교, 특성화 학교가 101개교, 자율학교가 93개교에 달했다.[382] 참여정부가 추진한 주요 고교 다양화 정책으로 특수목적고 확대, 자립형사립고 시범운영 연장, 특성화고 확대, 개방형 자율학교 도입, 그리고 대안학교 지원 정책 등에 대해 살펴본다.

2007년 4월 1일을 기준으로, 특수재능 계열의 특수목적고등학교는 93개교였다.[383] 이종태 등(2007)에 따르면, 특수목적고등학교 중 명문대학으로의 진학률이 현저하게 높은 과학고, 외국어고, 국제고 50개교가 위치한 지역으로 서울 8개교(과고 2, 외고 6), 부산 6개교(과고 2, 외고 3, 국제고 1), 경기지역 12개교(과고 2, 외고 9, 국제고 1) 등 이들 지역에 더 많은 학교가 설립되었다. 특히 참여정부 시기인 2004년 이후 12개교의 특목고가 급격히 늘어났다.[384]

특목고의 증가에는 이 시기 대학입시에서 외국어고의 명문대 진학률이 높았던 것이 사회적 관심을 자극하는 데 한몫했다. 외국어고는 본래의 설립 취지를 무색하게 할 만큼 학교 교육과정을 파행 운영하면서 입

---

382 강은숙·유승오(2014), 〈교육개혁정책의 연속성과 단절성에 관한 분석〉, 《교육문제연구》 20(3), 60쪽.

383 당시 특수재능계열 특목고는 과학고 20개교, 외국어고 29개교, 국제고 2개교, 예술고 27개교, 체육고 15개교였다. 그 외 직업분야 특목고는 공업계 22개교, 농업계 10개교, 수산계 5개교, 해양계 3개교였다. 교육과학기술부(2009), 《간추린 교육통계》, 24쪽.

384 2004~2006년 기간에 12개의 특목고가 개교하였는데, 외국어고 8개교, 과학고 2개교, 국제고 1개교, 예술고 1개교이며, 지역별로는 경기지역에 이들 중 9개교가 집중되었다. 이종태 등(2007), 〈특수목적고등학교의 중장기 운영 방향 및 발전방안 연구〉, 한국교육연구소; 성기선(2007), 〈참여정부의 교육정책: 고교평준화〉, 《교육비평》 23, 88쪽.

시기관화되어 사회적 지탄의 대상이 되고 있었다.[385] 여기에 언론도 무분별하게 이익을 좇으면서 가세했다. 지역의 정치인들도 경쟁적으로 특목고 설립을 공약하고 추진하면서 특목고 확대에 실질적으로 큰 영향을 미쳤다. 이 사태는 국민의 정부 시기에 지방분권화와 자율화를 추진하는 가운데 학교설립의 지정 및 관리 권한을 지역으로 이양한 상황과 관련이 있다. 지자체들이 분권화를 통해 이양된 권한을 이용하면서 중앙정부로서도 특목고 설립을 통제하기 어려운 지경에 이르게 된 것이다.[386] 결국 특목고 확대는 명문학벌 획득의 용이성을 감지한 학부모, 성적 우수아를 선발하려는 대학, 영리를 추구하려는 언론, 이에 부응한 지역 지도층의 정치적 전략 등이 함께 작용한 결과였다.

자립형사립고등학교 제도는 국민의 정부 시기인 2002년도부터 시범운영되었다. 참여정부 교육인적자원부는 2005년 9월 그동안 시행해 온 6개 자립형사립고등학교의 시범운영에 대하여 평가를 시행하였다. 한국교육개발원이 평가를 맡았는데, "아직 제도의 취지가 충분히 실현되었는지 판단하기 어렵다."라는 평가 의견과 함께 시범운영 기간을 연장할 것을 제안했다. 그 평가 결과에 나타나는 문제는 다음과 같았다.[387] ① 학생선발에 있어 국·영·수 지필고사는 실시하지 않지만 국·영·수 과목의 반영 비중이 매우 높은 편이며, ② 심층 면접을 통해서 성적 중심의 전형을 하고, ③ 장학금의 경우 소외계층이 아니라 성적 위주로 지급하며, ④ 입학 전형방식에서 소외계층을 위한 배려가 별도로 실시되지 않음으로써 계층

---

385 《헤럴드경제》(2007.9.6.), 〈서울대 입학 외고 출신자 동일계 진학 16.6%에 불과〉, 국회 교육위 최순영 민노당 의원은, 서울대에 입학한 외국어고 신입생 211명 중 어문계열에 입학한 학생은 35명에 그쳤다고 밝혔다.

386 김영철 등(2007), 〈대한민국 교육정책사 연구〉, 교육인적자원부, 152-154쪽.

387 성기선(2007), 앞의 논문, 82-83쪽; 김주후(2005), 〈자립형사립고 시범운영의 평가〉, 《사학》 겨울, 35-40쪽; 김영철 외(2007), 앞의 연구보고서, 164-165쪽.

간 위화감을 완화하기 위한 최소한의 노력도 기울이지 않았고, ⑤ 교육과정 특성화 부분에서도 대학입시 부담을 넘어서지 못하여 기대만큼의 효과를 발견하기 어렵다는 점 등을 지적하였다. 그리고 자립형사립고에 대한 평가결과에는 학생·학부모·교사들의 만족도는 높으나 비용부담이 큰 것으로 나타났다. 자립형사립고가 높은 비용으로 저소득층 자녀의 접근을 어렵게 하는 한편, 부유층을 위한 학교처럼 운영되고 있다는 것이다.

김영철 등(2007)에 따르면, 교육부는 한국교육개발원의 평가 이후 '자사고 제도협의회'를 만들었고, 이 협의회가 자사고의 시범운영 기간을 2년 연장할 것을 건의하였다. 그 이유는 "교육과정 특성화의 효과를 평가하기 위해서는 고등학교 입학부터 졸업까지 3년 과정을 두 번 정도는 시행해 결과를 분석할 필요가 있다."는 것이었다. 그 후 다소간의 자사고 확대 논란이 있었으나 교육부가 자사고의 대안으로 '공영형 혁신학교' 도입을 발표하면서, 자사고 확대 방침은 취소되었고 시범운영 기간을 2010년 2월까지 3년간 연장하였다.[388]

공영형 혁신학교는 2006년 6월 19일 교육부가 도입하기로 한 새로운 학교 유형이었다. 이 학교는 지방분권화를 추진하면서 혁신도시에 신설하여 주요 기관의 지방 이전에 유인가를 높이겠다는 취지에서 구안되었다. 교육부는 그 명칭을 '개방형 자율학교'로 바꾸면서 학교 운영의 자율권과 재정지원을 강화하여 새로운 학교 유형으로 정착시키고자 했다.

개방형 자율학교는 혁신 의지가 강한 운영 주체에게 운영권을 위탁하고 포괄적인 자율권과 책무성을 부여함으로써 학생선발, 교육과정 운영 및 교수-학습 방법들을 혁신적으로 운영하는 학교이다.[389] 다시 말해, 이

---

388 김영철 등(2007), 앞의 연구보고서, 155-166쪽.

389 개방형 자율학교는 학생선발과 관련해서 자율권을 행사하고, 교장 공모, 교사 초빙, 교육과정 운영 등에서도 상당한 자율권을 부여받는다. 성기선(2007), 앞의 논문, 90쪽.

학교는 국가, 지방자치단체 또는 공공기관이 학교설립과 운영에 필요한 재정을 부담하고, 학교 운영 주체가 인가권자와 협약을 맺어 이 협약을 준수하는 범위 내에서 학교 운영 전반에 걸쳐 자율성을 바탕으로 한 교육을 시행하고 그에 대한 책무를 평가받는다.[390]

이 학교는 미국에서 실시하고 있는 협약학교(Charter School)처럼 일정한 협약을 맺고 학교 운영의 투명성과 질 제고를 추구하는 학교이다.[391] 개방형 자율학교는 2006년 10월에 4개교가 시범학교로 선정되어 2007년에 개교했다.[392] 정부는 이 새로운 학교의 혁신적 운영을 통해 공교육에 대한 불신을 극복하고 중등학교의 교육력이 향상되기를 기대했다. 또한 개방형 자율학교의 성공 사례를 확산시킴으로써 공교육 혁신의 기제로 활용하고, 공교육 내실화 및 국민으로부터 신뢰를 회복하는 계기로 삼고자 하였다.

직업분야 특성화고등학교는 실업계 고교를 다양화·특성화한 유형인데, 고등학교 단계의 직업교육체제 개선을 목적으로 국민의 정부 초기에 도입되었다. 특성화고등학교는 기존의 실업계 고교에서 산업인력의 수요가 예상되는 특정 분야를 특성화하여 소규모로 운영하는 학교이다. 참여정부 교육혁신위원회(2005)는 지역별 핵심 산업, 특성화 산업, 국가 기간산업을 비롯하여 전통산업에 필요한 인력을 양성하기 위해 지원 주체를 다원화하는 등의 계획으로 특성화고를 확대할 것을 고려하였다. 이 유형의 학교는 1998년 부산디자인고 등 4개교로 시작하였는데, 교육혁신위원회(2005)의 계획에 따르면 2004년 64개교에서 2007년에는 110개교에 이를 것으로 예상했다.[393]

---

390 김성열(2006), 〈고등학교체제의 다양화, 자율화 실태와 개선방안〉, 《교육이론과 실천》 16, 42쪽.
391 성기선(2007), 앞의 논문, 89-90쪽.
392 김영철 등(2007), 앞의 연구보고서, 168쪽.
393 교육혁신위원회(2005), 앞의 백서, 170-171쪽.

참여정부에서 상당한 진전을 이룬 학교 유형 중의 하나가 대안학교이다. 대안학교는 문민정부의 5·31 교육개혁안에서 도입하고자 했던 특성화고등학교 중의 하나이기도 하다. 문민정부의 교육개혁위원회(1995)가 신교육체제 수립을 위한 방안으로 '학습자의 다양한 개성을 존중하는 초·중등교육 운영'을 설정하고 중등교육의 다양화와 특성화를 제안함으로써[394] 새로운 형태의 특성화된 고등학교를 설립·운영할 수 있는 중요한 계기가 되었다.

특성화고등학교는 「초·중등교육법 시행령」 제105조(학교 운영의 특례)에 의거하여 법 제61조의 규정에 따라 교육감으로부터 자율학교로 지정받을 수 있었다. 대안교육 분야 특성화고등학교에 대해서는 2005년 3월 24일 법률 제7398호로 일부 개정·공포된 초·중등교육법 제60조의3에서 다음과 같이 정의했다. 대안학교는 "학업을 중단하거나 개인적 특성에 맞는 교육을 받고자 하는 학생을 대상으로 현장실습 등 체험 위주의 교육, 인성 위주의 교육 또는 개인의 소질·적성 계발 위주의 교육 등 다양한 교육을 하는 학교로서 각종학교에 해당하는 학교"이다. 각종학교이기는 하지만 '대안학교'로 별도로 규정되었다.[395] 이 학교에서는 정규학교에 적응하지 못하거나 제도교육을 거부하는 학생들을 대상으로 인성교육, 노작교육 등 자연친화적인 교육을 한다.

이 초·중등교육법의 새 조항으로 대안학교의 학력 인정 가능성이 열렸다. 그 시행령인 「대안학교 설립·운영에 관한 규정」(대통령령 제27772호)이 2007년 6월에 제정되어 「고등학교 이하 각급 학교 설립 운영 규정」보다는 완화된 기준으로 인가받을 수 있게 되었다. 대안교육 분야 특성화

394 교육개혁위원회(1995), 《세계화·정보화시대를 주도하는 신교육체제 수립을 위한 교육개혁 방안》, 37쪽.

395 정규학교인 대안교육 특성화중학교나 직업 분야 특성화고등학교는 여기에 해당하지 않는다.

고등학교는 1998년 경남의 간디학교 등 6개교가 지정된 이래 2007년까지 총 21개교가 지정·설립되었다.[396]

참여정부 시기에는 특수목적고등학교와 특성화고등학교가 확대되었고, 자립형사립고가 시범 운영되었으며, 개방형 자율학교가 도입되었고, 대안학교가 법령으로 정비되었다. 정부의 고교 다양화 정책으로 얻게 된 결과이다. 그러나 특목고의 확대는 사회정치적으로 이용되면서 정부의 뜻과는 다르게 이루어졌다. 특히 외국어고는 설립 취지와는 달리 입시기관화함으로써 사회적 비판의 대상이 되었다. 자립형사립고는 특권학교가 될 가능성에 대한 의심 등으로 본격적인 도입 여부를 확정하지 못한 채 시범운영 기간이 연장되었다. 개방형 자율학교의 도입과 대안학교의 정비는 참여정부의 정책이 적극적으로 반영된 결과였다.

나. 대학구조 개혁과 전문대학원 도입

참여정부의 대학정책도 대학에 경쟁이 일어나게 하여 교육의 질을 높이려는 것이었다. 참여정부에서의 고등교육체제 변화는 5·31 교육개혁안으로부터 비롯된 경쟁력 강화를 위한 대학의 구조조정과 정부 보조금 사업을 통한 개혁지원 정책 등에 의한 것이었다. 대학의 구조조정은 서열화된 고등교육기관의 경직성과 획일성을 다양화·특성화하고 학령인구 감소에 대응하기 위한 것이었다. 그리고 정부 보조금 사업은 고등교육기관의 다양화·특성화 정책 등을 실질적으로 시행하기 위한 정부의 재정지원사업이다.

참여정부 교육인적자원부는 대학의 구조조정과 혁신을 위하여 '소득 2만 불 시대 도약을 위한 대학경쟁력 강화 방안'(2003.11.21.), '경쟁력 강화

396 교육인적자원부(2006), 〈대안교육 특성화학교 현황〉.

를 위한 대학 구조개혁 방안'(2004.12.28.), 그리고 '특성화를 위한 대학혁신 방안'(2005.5.19.)을 잇달아 내놓았다.

대학경쟁력 강화 방안(2003)에서는 취약한 교육여건, 미흡한 특성화, 대학평가시스템 부재, 산업현장과의 유리(遊離), 지방대학 공동화, 고등교육 시장 개방 요구 증대와 외국대학에 대한 선호 경향 등을 주요 문제로 보고, 대학의 자율역량 강화, 경쟁을 통한 교육·연구력 제고, 대학지원 정책의 전환을 정책 방향으로 하였다. 이에 따라 대학의 자율권 확대, 국립대 간 연합체제 구축, 사립대학 인수·합병과 퇴출 유도, 연구중심대학 육성, 지방대학혁신역량강화사업(누리사업) 추진, 수요자 중심 교육, 대학 정원 감축과 학과 통폐합, 전문대학원으로 전환 및 확대, 대학의 유형화 유도, 선택과 집중의 재정지원 등 세부 과제와 방침을 제시했다.

대학 구조개혁 방안(2004)에서는 사회의 인력 수요에 의한 학과 통폐합과 정원감축 등의 구조개혁 유도, 인사·학사·연구에 관한 효율적 시스템으로의 개혁, 대학 특성화와 구성원의 합의에 기초한 구조개혁을 기본 방향으로 하였다. 구조개혁 추진전략은 산업계와 공동 협조에 의한 총체적 접근, 대학협의체·대학연구소 등의 전문가 참여 확대, 국립·사립대학의 특성을 반영한 차별적 추진, 대학의 자율화와 병행 추진 등이었다. 그리고 대학 구조개혁 방안은 국립대학, 사립대학, 대학원, 제도 보완 등으로 구분하여 제시하였다. 그 주요 추진과제와 일정은 [표 7-2]와 같다.

참여정부의 대학 구조개혁 결과 2005~2008년 사이에 18개 국립대학(일반대 10, 산업대 3, 교대 1, 전문대 4)이 9개 일반 국립대학으로 통폐합되었으며, 12개 사립대학(일반대 6, 전문대 6)이 6개 일반대학으로 통폐합되었다.[397] 그리고 이와 함께 국립대학은 7,263명, 사립대학은 7,954명의 입

397 국립대학은 공주대+천안공업대(전문대), 강원대+삼척대(산업대), 부산대+밀양대(산업대), 전남

[표 7-2] 대학 구조개혁 방안(2004)의 주요 과제와 추진 일정[398]

정책 과제	주요 세부 추진과제	추진 일정
국립대학 구조개혁	교육여건 개선(입학정원 감축) 다양한 통합 지원 통합회계 제도 도입 운영체제 개편	2005~2009 2005~2009 2006~2009 2006~2009
사립대학 구조개혁	교육여건 개선(전임교원 확보·재정지원 연계) 대학 간 다양한 통합·개편 촉진 재산 운용의 투명성 확보(효율적 활용) 대학의 자발적인 구조개혁 노력 지원 대학 해산·합병과 퇴출제도 보완	2005~2009 2005~2009 2005~2009 2005~2009 2005~2009
대학원 구조개혁	대학원 평가체제 마련 대학원 규모 적정화	2006~2009 2005~2009
구조개혁 촉진제도 보완	대학정보공시제 도입 구조개혁 재정지원사업 추진 (가칭) 고등교육평가원 설립 대학재정 내실화 지속 노력	2005~2009 2005~2009 2006~2009 2005~2009

학정원이 감축되었다. 입학정원과 관련하여 참여정부의 대학 구조개혁은 문민정부의 5·31 고등교육개혁 방향과는 달리 입학정원을 감축하고 대학설립 요건을 강화했다. 이는 문민정부 이래 대학설립준칙주의와 대학정원 자율화 등 규제 완화 조치로 크게 흐트러진 고등교육체제에 대한 정책적 대응이었다.[399] 이를테면 대입 학령인구의 급격한 감소와 대학의 교육여건 및 경쟁력 저하 문제 등이 대학 구조개혁의 추진 배경이었기 때문이다.

대+여수대(일반대), 충주대+청주과학대(전문대), 강릉대+원주대(전문대), 경북대+상주대(산업대), 전북대+익산대(전문대), 제주대+제주교대 등 18개교이며, 사립대학은 가천의대+가천길대(전문대), 고려대+병설보건대(전문대), 삼육대+삼육의명대(전문대), 동명정보대+동명대(전문대), 경원대+경원전문대, 을지의대+서울보건대(전문대) 등 12개교이다. 이 외 우송대+우송공업대(전문대)가 2009년에 통폐합하였다. 교육과학기술부(2009), 〈학령인구 감소에 따른 대학 구조조정 추진방안〉, 14쪽.

398 교육인적자원부(2004.12.), 〈경쟁력 강화를 위한 대학구조개혁 방안〉, 21쪽.

399 2007년에는 설립준칙주의와 정원 자율화의 규제 완화정책이 규제 강화로 전환되었다. 국민의 정부가 구조조정을 포함하는 국립대학발전계획에서도 규제 완화 정책을 지속했지만, 참여정부는 그 문제점을 인식하면서 규제 강화로 회귀했다. 장수명(2009), 〈5·31 대학정책 분석: 규제 완화를 중심으로〉, 《동향과 전망》 77, 23-24쪽.

특성화를 위한 대학혁신방안(2005)에서는 대학 특성화의 배경과 필요성, 현황에 대한 진단 및 평가를 통한 대학의 인력 수준별 특성화 방안을 제시하였다. 이 방안은 기본적으로 대학 특성화는 대학경쟁력의 관건이고 대학경쟁력은 나아가 국가경쟁력의 핵심 요체라는 시대적 인식에 근거하여, 지역혁신의 주체로서 지방대학의 특성화 추진이 긴요하다는 점을 강조하였다(1~2쪽). 그러나 한국 대학의 현실은 백화점식 학과 설치, 박사과정 과대 설치, 산업수요와의 괴리, 현장 적합성의 부족 등의 문제를 드러내고 있어(8~9쪽), 이에 대한 혁신방안으로 인력 수준별 특성화 방안을 제시한 것이다. 즉 인력 수준을 고급 전문인력(대학원 수준), 중견 기술인력(학부 수준), 실무기술인력(전문대 수준)으로 구분하고(17~25쪽), 대학경쟁 시스템의 마련, 정부 재정지원과의 연계 강화, 인력수급 전망에 따른 정원 조정, 산학협력 촉진 등의 전략(26~31쪽)을 통해, 대학 운영을 혁신하고 인력 수준별 대학 특성화를 정착시키려는 것이었다.

참여정부도 대학평가와 정부의 재정지원을 연계하여 선택과 집중 전략으로 대학 간 경쟁을 유도하는 정책을 채택하였다. 참여정부는 대학원 연구중심대학 정부지원사업인 BK21사업을 국민의 정부로부터 계승하였고, 그동안 소외되고 정체된 지방대학의 역량을 제고시킴으로써 대학서열체제를 완화·유동화하려는 지방대학혁신역량강화사업(NURI)[400]을 계획·추진하였다. 누리(NURI)사업을 통해 참여정부는 대학교육을 질적으로 향상시키고 경쟁력을 강화하며, 지역 간 균형발전을 위해 지방대학을 육성하고자 하였다. 이에 따라 지방에 소재한 대학을 지원 대상으로 한정하여 균

400 지방대학 혁신역량 강화사업(New University for Regional Innovation)은 영문 첫 글자로 줄여서 누리사업(NURI사업)으로 불린다. 누리사업단은 학교 수와 낙후 정도 등을 고려하여 136명의 평가위원에 의해 선정되었다. 총 454개 사업단이 신청하였는데 그중 112개 대학의 111개 사업단이 선정되어, 4:1 이상의 경쟁률을 보였다(인터넷 위키).

형을 위한 제한 경쟁을 촉진했다.[401] 누리사업은 기존의 국립대발전계획, 지방대 육성사업, 대학특성화사업과 통합하여 추진함으로써, 참여정부 이전의 역대 정부 가운데 최대 규모의 지방대학 재정지원사업이 되었다.

국정브리핑 특별기획팀(2008)에 따르면, 참여정부의 누리사업은 지방대학의 특성화 및 경쟁력 강화를 위해 2004년부터 2008년까지 5년간 130여 개 지방대학에 총 1조 3200억 원을 투입하였고, 지방대학에 대한 재정지원을 지역 균형발전 계획 및 지역산업 육성전략과 연계시키는 등 기존의 지방발전 모델보다 진일보한 개념에 입각하여 마련된 것으로 평가받았다.[402] 그러나 지역 균형발전을 위한 국가균형발전특별회계의 규모가 작아 그 실효성이 크지 않았다[403]는 평가도 있다.

참여정부는 또한 대학체제를 변화시키기 위해 국립대법인화를 시도했다. 국립대법인화는 문민정부의 5·31 교육개혁안에서도 기타과제로 공론화를 통해 "원하는 국립대학의 경우, 특수법인화를 추진한다."라고 명시하였다.[404] 국립대법인화는 국립대를 민영화 혹은 독립법인화 함으로써 정부에 의존하여 관료화되고 비효율화된 대학체제를 경쟁체제로 전환시킨다는 것이다. 대학재정의 자율성과 독립성 확보, 이사회에 의한 대학 운영, 총장 간선제 등이 주요 내용이다. 참여정부의 국립대법인화 추진은 국민의 정부가 수립한 계획을 이어받은 과제였다.

국민의 정부는 국립대학 구조조정 계획(1998)에서 대학경쟁력을 강화하기 위한 추진과제의 하나로 국립대학을 민영화하거나 통폐합하고자 하였다. 그러나 구조조정 계획의 성과가 크지 않고 대학 성원들의 반대에

401 장수명(2009), 앞의 논문, 24쪽.

402 국정브리핑 특별기획팀(2008), 앞의 책, 163쪽.

403 김정희(2013), 〈지역발전을 위한 지방대학 육성정책 연구: 참여정부와 이명박 정부의 대학 재정지원사업 비교분석을 중심으로〉, 《지방정부연구》 17(1), 105-106쪽.

404 교육개혁위원회(1995), 〈세계화·정보화시대를 주도하는 신교육체제 수립을 위한 교육개혁 방안〉, 50쪽.

부딪혀 국립대학발전계획(2000)으로 전환하였다. 법인화와 관련된 국립대학 구조조정의 주요 과제가 이 계획에 포함되었으나 대학이 자율적으로 처리하게 하거나 중·장기 과제로 설정함으로써,[405] 국립대법인화는 결국 참여정부가 추진해야 할 과제가 되었다.

당시 일본이 2004년에 87개 국립대를 법인화한 것이 상당한 영향을 미쳤다. 일본의 국립대학 법인화는 국립대학 전체를 대상으로 재편과 통합, 재정지원 축소, 경쟁에 기반한 재정지원 등이 정부 규모 축소와 국립대학의 구조조정이라는 목표 속에서 일괄적으로 이루어진 개혁이었다. 법인화 후 교육의 비중과 만족도가 높았으나, 연구논문 및 연구 시간 감소, 교원의 비정규직화, 기초학문 분야의 쇠퇴, 국립대학 간 불평등이 심화되는 문제가 있었다.[406]

참여정부의 국립대법인화를 위한 시도는 2006년 1월 김진표 교육인적자원부 장관이 '대학 특성화 추진방안'을 대통령에게 보고함으로써 시작되었다. 이 방안에는 국립대법인화 관련 법안을 2006년 상반기에 국회에 제출하고, 2010년까지 서울대, 울산과기대 등 5개 내외의 대학을 특수법인화한다는 계획이 포함되어 있었다. 정부기관으로서 국립대학은 특성화를 위한 구조개혁 추진에 한계가 있어 역량 있는 국립대학을 선택적으로 법인화한다는 것이었다.[407] 그러나 관련 법안이 2007년 6월에 국무회의를 통과하여 국회에 제출되었으나 상임위에서조차 제대로 논의되지 못한 채 폐기되었고, 서울대는 각 국립대의 개별 입법을 통한 법인화를 주장하면서 정부의 일괄적 법인화 추진방식을 비판했다.[408] 결국 대학들

405 교육부(2000), 〈국립대학발전계획〉, 51쪽.

406 성시경·도명록(2012), 〈한국과 일본의 국립대학 법인화에 관한 비교 연구〉, 《교육행정학연구》 30(3), 256-258쪽.

407 《한겨레》(2006.1.3.), 〈2010년까지 서울대 등 5곳 특수법인화〉.

408 손승욱(2011), 〈서울대 법인화 논의의 역사〉(jayouropen.egloos.com/5057813), 6쪽.

의 반대로 법인화 추진은 각 대학의 자율에 맡겨지게 되었다.

참여정부 시기에는 전문대학원 제도의 설립 추진에 상당한 변화가 있었다. 문민정부 교육개혁위원회가 1996년 2월 9일에 발표한 제3차 대통령 보고서(제2차 교육개혁방안)에서 제안한 이후 법학, 의학, 경영학 등의 전문대학원 도입이 논의되었으나 관련 당사자들의 이견으로 진전되지 못하다가, 국민의 정부가 2002년 1월에 '의·치의학전문대학원 도입 기본계획'을 발표하면서 의학전문대학원 도입이 본격적으로 추진되었다. 국민의 정부는 의학계의 반대와 대학의 참여가 부진한 가운데 10개 대학으로부터 의전원 도입계획 신청서를 접수하였다.[409] 참여정부에서도 의학전문대학원, 법학전문대학원, 한의학전문대학원 설립을 추진하여 상당한 성과가 있었다.

참여정부 들어 2004년 8월에 의학교육입문시험인 MEET가 처음으로 실시되었고, 2005년에는 가천의대 등 4개 대학에 첫 신입생이 입학하면서 우리나라 의학전문대학원체제가 시작되었다.[410] 서혁준 등의 논문(2014)에 따르면, 서울대를 비롯한 서울지역 주요 대학들이 의전원으로의 전환을 꺼려 전환율이 매우 저조했으며, 이에 따라 정부는 여러 행·재정적 정책 수단을 동원하여 의학전문대학원으로의 전환을 강하게 요구했다. 전환촉구 공문, 재정적 인센티브 제공, 전환 시기와 유형에 대한 자율 선택, 우수 고교 졸업자들을 미리 확보할 수 있는 유인책 등을 제시했다. 특히 의전원 전환에 부정적이었던 서울대를 겨냥하여 의학전문대학원 전환을 BK21사업과도 연관 짓는 강경책을 동원하기도 했다. 교육부는 서울대가 의전원으로 전환하지 않을 경우, 후기 BK21사업(사업비 50억~75억원 지원)에서 배제할 뿐만 아니라 법학전문대학원 승인도 불가하고, 의대

---

409 서혁준 등(2014), 〈정책의 도입, 표류, 그리고 회귀: 의학전문대학원 사례 연구〉, 《국가정책연구》 28(4), 200-201쪽.

410 서덕준 등(2014), 앞의 백서, 91쪽.

[표 7-3] 연도별 의학전문대학원 전환 대학[411]

연도	완전 전환 대학	의전원 병행 대학
2005	가천대, 건국대	(경희대), 충북대
2006	경북대, 경상대, 부산대, 전북대, 차의대	
2007	이화여대	
2008	강원대, 제주대, (경희대)	
2009	인하대, 조선대, 충남대	(가톨릭대), (동국대), 고려대, 동아대, 서울대, 성균관대, 아주대, 연세대, 영남대, 전남대, 중앙대, 한양대
2011	(가톨릭대)	
2015	(동국대)	

-연도는 의전원 또는 의학과 1학년이 되는 해임.
-( )는 의전원 병행체제로 시작하여 의전원으로 완전 전환한 대학임.

학사편입 정원도 인정하지 않을 것이라고 압박했다. 교육부가 2005년부터 여러 행·재정적 정책 수단과 함께 의학전문대학원 전환과 BK21사업을 연계하겠다는 방침 그리고 새로운 유인책들을 밝힌 후, 여러 대학이 의학전문대학원 도입을 결정하였다.[412] 그 결과 [표 7-3]과 같이 서울대 등 27개 의과대학이 전문대학원으로 전환을 신청하였다.

법학전문대학원의 경우, 송석윤(2015)에 따르면, 노무현 대통령은 사법개혁의 과제를 계속 수행하기 위해, 2003년 8월에 사법부가 중심이 되어 개혁의 기본방향을 마련하고 이를 행정부가 구체적으로 실현하자고 대법원장과 합의하였다. 10월에는 대법원 산하에 '사법개혁위원회'(이하 사개위)를 설치하였다. 사개위는 대법원장이 부의한 '법조인 양성 및 선발' 등의 안건들을 토론하여 최종 건의안을 확정하였다. 사개위의 건의안을 실행하기 위하여 2005년 1월에 대통령자문기구인 '사법제도개혁추진위원

411 서덕준 등(2014), 〈의사인력 양성현황 연구: 한국의학교육백서〉, 의료정책연구소, 90쪽(일부 수정).
412 서혁준 등(2014), 앞의 논문, 202-203쪽.

회'(이하 사개추위)가 구성되었다. 사개추위가 의결한 법안들은 정부 입법안으로 국회에 제출되었고, 그중에 법학전문대학원 관련 법안도 포함되었다. 「법학전문대학원 설치·운영에 관한 법률안」은 2005년 10월에 국회에 제출되었는데, 국회에서 장시간 논란을 겪은 후 2007년 7월 3일에 전격적으로 국회 본회의를 통과했다. 2007년 10월에는 법학교육위원회가 구성되고 총 입학정원이 2,000명으로 확정되었다. 이후 41개 대학이 교육인적자원부에 인가를 신청하였고, 법학교육위원회가 이를 심사하여 2008년 2월 4일 '25개 법학전문대학원'[413]에 대해 예비 인가하였다.[414] 기존의 사법시험과 사법연수원을 폐지하고 법학전문대학원에서 법조인을 양성하는 체제로의 전환을 확정하게 된 것이다.

한의학전문대학원 설립에 관해서도 2004년부터 논의하기 시작했다. 대한한의사협회가 적극적으로 호응했다. 2006년에는 교육인적자원부가 보건복지부와 협의하였고, 보건복지부는 전국 11개 한의대 학장을 대상으로 전문대학원 전환에 관한 설명회(4.21.)를 개최하였다. 같은 해에 교육인적자원부와 보건복지부는 한의학의 과학화, 산업화, 세계화를 위하여 국립대에 한의학전문대학원을 설치하기로 하였다. 그러나 대한한의사협회가 서울대학교에 한의학전문대학원 설치를 요구하였으나 서울대와 대한의사협회는 '의료일원화'를 주장하며 반대하였다.[415] 교육인적자원부는 서울대를 제외하고 양방과 한방 협진이 가능한 의대가 있는 9개 국립대를 대상으로 공모를 하였으며, 6개 대학이 신청했다. 2006년 11월 15

---

413 25개 대학은 다음과 같다. 강원대, 건국대, 경북대, 경희대, 고려대, 동아대, 부산대, 서강대, 서울대, 서울시립대, 성균관대, 아주대, 연세대, 영남대, 원광대, 이화여대, 인하대, 전남대, 전북대, 제주대, 중앙대, 충남대, 충북대, 한국외대, 한양대.

414 송석윤(2015), 〈법학전문대학원 제도의 성과와 발전 방향: 그 도입논의 및 최근 쟁점과 관련하여〉, 《법교육연구》 10(3), 37쪽.

415 《뉴시스》(2006.11.23.), 〈의협 '국립 한의학전문대학원 전면 재검토', 청와대 등 의견서 제출〉; 인터넷 '위키백과', 〈한의학전문대학원〉 참조.

일 교육인적자원부는 '국립 한의학전문대학원 설치 심사위원회'의 심사를 거쳐 부산대학교를 선정했다.[416] 2008년 3월 부산대학교에 국내 최초 한의학전문대학원이 개원하였다.

참여정부는 고등교육체제의 교육 및 연구 경쟁력을 강화하기 위한 여러 혁신정책을 추진하였다. 비효율적 대학 조직과 체계의 구조개혁, 대학의 특성화, 정부의 재정지원사업, 국립대법인화, 전문대학원 설립 등의 정책과 사업들을 시도하고 추진하였다. 이들 정책 및 사업들은 모두 기존 고등교육체제의 모순을 해소하려는 것이었다. 대부분의 개혁이 그렇듯, 개혁 추진은 내외적 갈등을 불러일으켰고 그 과정에서 목표를 변질시키기도 했다. 고등교육 학력산출체제의 변화는 대학체제의 구조조정, 대학의 특성화 등이 추진되어 어느 정도 성과가 있었으나 기존 고등교육체제의 질서를 바꿀 정도는 아니었다. 새로운 학제로서의 전문대학원 도입을 위한 추진 노력도 계속되었다. 법학전문대학원과 한의학전문대학원이 개원을 앞둘 만큼 상당한 진전이 있었지만, 의·치의학전문대학원으로의 전환 추진은 주요 대학들의 반대와 정부의 강행으로 원활히 이루어지지 않았으며 불완전하고 유동적인 상태로 일단락되었다.

4. 명문학벌 편포성의 지속과 학력·학벌에 의한 차별

참여정부 시기 사회 주요 부문에 학력·학벌의 진출상황을 검토한다. 먼저 이들 상황이 입법·사법·행정부, 교수직, 민간기업 부문 등에 어떻게 나타나고 있는지 살펴보기로 한다.

416 《국정브리핑》(2006.11.15.), 〈한의학전문대학원 부산대 2008년 설치〉.

2004년 4월 15일에 치러진 제17대 국회의원 선거에서 당선자 299명 가운데 서울대 출신은 115명으로 전체 당선자의 38.5%를 차지했다. 고려대 31명(10.4%), 연세대 24명(8.0%), 성균관대 14명(4.7%) 순이다.[417] 상위 3개 대학(56%)만으로도 절반이 넘었다. 제16대(56.8%)의 비율과 비슷한 수준이다.

사법부의 경우, 2002~2006년까지 사법연수생 4,820명 중 서울대 출신이 1,718명으로 약 35%를 차지했다.[418] 사법부 고위직자들의 출신대학 편중도는 훨씬 더 높았다. 2004년 전국 고등법원 부장판사 이상 127명 중 87.4%가 서울대 출신자였다.[419]

그리고 참여정부 정무직 공무원 208명의 출신대학을 분석한 결과, 서울대 출신이 101명으로 48.6%를 차지했으며, 연세대 12명(5.8%), 고려대 24명(11.5%), 사관학교 9명(4.3%), 기타 62명(29.8%)이었다.[420] 상위 3개 대학이 137명으로 65.9%를 차지했다. 이전 정부(69.5%)보다 약 3.6% 낮아진 비율이다.

교수직에서의 학력·학벌 편중도도 심했다. 2007년 7월 1일 기준으로 서울대 교수 1,752명 중 1,593명(90.9%)이 서울대 학부 출신자였다.[421] 특히 의과대학과 같은 오랜 전통을 가진 전문직자를 배출하는 곳에서 더욱 현저히 나타났다.[422] 이런 현상이 서울대에만 있는 것은 아니었다.[423] 전

---

417 《서울신문》(2004.5.3.), 〈박사의원 69명, 절반이 해외파: 17대 총선 당선자 면면을 보니〉.

418 《donga.com》(2006.3.3.), 〈2002-2006년 사법연수생 4,820명 출신대학 분석〉. 서울대는 2002년 381명, 2006년 333명이고 5년간 1,718명으로 1위이지만 매년 점차 줄어들고 있다.

419 《동아일보》(2004.10.7.), 〈고법 부장판사 이상 87%가 서울대 출신〉.

420 박영원(2011), 〈정무직 공무원의 인사 형평성에 관한 실증적 연구〉, 《한국인사행정학회보》, 10(3), 251쪽.

421 《연합뉴스》(2007.9.26.), 〈서울대 교수 10명 중 9명 자교 출신〉. 국회 교육위 최순영 의원(민주노동당)이 서울대 국정감사 자료에서 밝힌 것이다.

422 《메디게이트》(2004.10.14.), 〈서울의대 교수 97% 서울대 출신 '심각'〉. 교육인적자원부가 민노당 최순영 의원에게 제출한 '서울대 교수 출신교별 현황' 자료에 따르면, 의대의 모교 출신자가 97%에 이르는 등 보건의료 관련 학과의 타교 출신 비율이 5% 미만이었다. 다른 학부의 경우도 대개 90% 이상을 본교 출신들이 점유하고 있었다.

423 이윤성 등(2004), 〈우리나라 의과대학 교수의 현황〉, 《한국의학교육》 16(3), 269-279쪽.

[표 7-4] 2003년 미국 상·하원의원 및 주지사의 명문대학(학부) 출신 비율[424] (단위: 명(%))

대학명	상원의원(98명)	하원의원(241명)	주지사(44명)
Harvard	4(4.1)	4(1.7)	1(2.3)
Yale	3(3.1)	3(1.2)	3(6.8)
Columbia	2(2.0)	2(0.8)	1(2.3)
Dartmouth	0(0.0)	1(0.4)	1(2.3)
Connell	0(0.0)	3(1.2)	0(0.0)
Princeton	3(3.1)	2(0.8)	1(2.3)
U. of Pennsylvania	1(1.0)	0(0.0)	1(2.3)
MIT	1(1.0)	0(0.0)	0(0.0)
Stanford	3(3.1)	3(1.2)	2(4.5)
Johnes Hopkins	0(0.0)	0(0.0)	0(0.0)
Williams College	0(0.0)	0(0.0)	0(0.0)
계	17(17.3)	18(7.5)	10(22.7)

국의 주요 대학들에서도 유사한 경향을 보였다.

[표 7-4]에서, 2003년 미국의 경우 상원의원, 하원의원, 주지사의 명문대학 출신자 비율은 한국의 경우와는 매우 다른 상황임을 확인할 수 있다. 상원의원 17명(17.3%), 하원의원 18명(7.5%), 주지사 10명(22.7%)이 미국의 11개 명문대학 출신자였다.

민간기업 부문에서도 명문학벌의 고위직 점유율은 여전히 높았다. 2006년 국내 4대 그룹의 사장급 이상 주요 경영자는 서울대 46명(40.3%), 고려대 15명, 연세대 14명, 한양대 8명, 부산대 6명으로 상위 3개 대학 출신자가 65.8%에 달했다.[425] 그리고 2007년 국내 100대 기업 최고경영

2002~2003년도 의과대학 교수현황 분석에 따르면, 전국 41개 의대 교수 7,867명 중 44.7%가 모교에서 재직하고 있었다. 자교 출신 의사교수 비율이 높은 대학으로는 전남의대가 100%, 서울의대 98.8%, 경북의대 97.3%, 연세의대 97.3%, 부산의대 93.9%, 연세원주의대 93%, 고려의대 91.1% 등이었다.

424 정태화 등(2003), 〈학벌주의 극복을 위한 종합대책 연구〉, 교육인적자원부, 63쪽에서 재인용.

425 《한겨레》(2006.1.23.), 〈4대 그룹 경영진 지역·학연 편중 극심〉.

자는 서울대 52명(37.7%), 고려대 26명(18.8%), 연세대 17명(12.3%)으로 3개 대학이 68.8%를 차지했다.[426]

한편 일부 민간기업과 공공기관들은 1990년대 중반 이후부터 채용 시 학력·학벌, 가정 배경 등에 따른 차별을 없애는 방침에 주의를 기울이면서, 관련 사항들이 언론을 통해 종종 보도되었다. 이를테면, YTN은 신입사원 입사서류에 불합리한 요소인 본적, 종교, 부모와 형제의 학력과 출신학교 및 직장명 등을 모두 삭제했다.[427] MBC, SBS, KBS 등 지상파 방송사들도 학교 불문, 지방대학 할당제 도입 등 학벌 중시 채용방식에서 탈피하려는 움직임을 보였다.[428] 한국토지공사는 신입사원 공채에서 입사지원서의 출신학교명과 소재지, 전공 등 학력 및 출신 지역 등의 신상정보 항목을 없애고, 면접시험에서도 이런 사항들을 심사 요소에서 배제하여 학력 등에 대한 제한을 없애기로 했다.[429] 삼성은 인턴 프로그램의 실습생 선발에서 출신교에 상관없이 회사별로 요구하는 기본자격만 갖추면 직무적성검사에 전원 응시할 수 있는 기회가 주어지도록 하고, 인턴 실습 과정을 성실하게 수료한 실습생들이 향후 실습한 회사의 신입사원 채용에 응시하는 경우 소정의 가산점을 부여하기로 했다.[430] 민간기업 등의 이러한 조치는 학력·학벌 차별 폐지 등에 관한 당시 정부의 요구와 사회적 상황을 반영한 것으로 보인다.

그러나 기업의 채용 등에서 실제로 벌어지고 있는 학력·학벌에 의한 차별은 심했던 것 같다. 대기업에서 입사원서에 차별항목을 삭제하는 등의 움직임이 있지만, 대부분의 구직자가 채용 과정에서 여전히 차별

---

426 《경향신문》(2007.5.4.), 〈올해 국내 CEO 전형은 김동진·남중수씨〉.
427 《etnews》(2003.4.1.), 〈YTN 입사원서 "차별조항" 삭제〉.
428 《한겨레》(2003.9.30.), 〈방송사 공채방식 변화 바람〉.
429 《한겨레》(2003.10.14.), 〈토공 250명 신입채용…출신교 안본다〉.
430 《머니투데이》(2006.5.9.), 〈삼성, 인문계 인턴실습생 1,000명 선발〉.

을 느끼는 것으로 조사됐다. 잡코리아의 조사(2003)에 따르면, 남녀 구직자 1,120명을 대상으로 온라인 설문조사를 한 결과, 응답자의 92.6%가 채용 시 기업으로부터 차별받은 적이 있다고 답했다. 차별을 받은 항목으로는 '학력'이 56.0%로 가장 많았으며, 출신학교 소재지 12.4%, 성별 9.8%, 외모 9.8% 등의 순이었다.[431] 그리고 《파이낸셜뉴스》(2003)는 이런 차별적인 관행이 널리 만연해 있음을 다음과 같이 지적하였다.

> 특정 명문대·계층·지역 출신자를 선호하고 있는 기업의 고용정책이 아직도 선진화되지 못하고 있다./ 중하위권 및 지방대 출신 구직자들은 채용 설명회에도 참석하지 못하고, 문전박대를 당하고 있다. 일부 기업에서는 출신교와 출신 지역은 물론, 부모의 직장과 직위, 주거 형태와 재산 규모, 신체 외모 등을 상세히 기록토록 하여 인권침해의 지적도 제기되고 있다./ 전문가들은 기업들의 채용은 오랜 관행에 따르고 있는 것이 대부분이며, 일부 대기업의 경우 차별폐지정책을 시행하고 있다고 하지만 실질적으로는 요식행위에 그치고 있다.[432]

이러한 학력·학벌에 의한 차별은 대졸자의 취업에서 학력·학벌의 위력이 개인의 노력을 넘어서고 있으며, 취업 후에도 여전히 학력·학벌의 성질에 따라 차별적인 보상이 주어지는 것으로 나타났다.

이규용·김용현(2003)은 〈대졸 청년층의 노동시장 성과 결정요인〉에서, 전문대학과 4년제 대학을 졸업한 남성 2,846명과 여성 3,094명 등 모두

431 《서울경제》(2003.10.28.), 〈구직자 93% "채용 때 차별 경험"〉.
432 《파이낸셜뉴스》(2003.9.29.), 〈왜곡된 고용시장…청장년 실업 가중〉.

5,940명을 표집하여 설문조사한 결과, 4년제 대학 졸업자가 취업하는 데 중요한 요인은 취업 준비 노력보다는 출신대학인 것으로 분석했다. 그들은 "기업들이 신규 채용 시 출신대학을 중요한 채용기준으로 하고 있음을 보여 주는 것"이라며 "특히 청년층이 대학 재학 중 경험하는 다양한 노력이 취업 가능성을 높여 주는 데 기여하지 못하고 있는 현실을 반영하는 것"이라고 해석했다. 그리고 첫 일자리의 임금수준도 출신대학의 성질에 따라 유의한 차이가 있었다.[433]

이지민의 논문(2010)에서는 4년제 대학 졸업생 10,055명을 설문조사한 2006년 한국고용정보원 자료를 분석했는데, 같은 대학 출신이라도 편입 학력자는 취업 후 정규 입학생에 비해 출신교의 '후광효과'로 높은 임금을 받을 가능성이 절반 정도에 그친다는 결과를 보고했다.[434] 출신대학 및 학벌의 성질이 대학생들의 취업과 임금에 중요하게 작용하고 있음을 확인시켜 준다.

이상의 사실들에서 정부가 바뀌어도 공공부문을 비롯한 사회 주요 부문 입직에 학력·학벌이 작용하는 정도에 큰 변화가 없다는 사실을 확인할 수 있다. 이 문제가 장기구조적 성격을 띤 것이기도 하거니와 그동안 이들 부문의 입직 방식이 획기적으로 변화된 것도 아니기 때문이다. 일부 기업들이 학벌 차별 폐지정책을 시행한다고 했지만 소수이거나 형식적이며, 실질적으로는 학력·학벌에 의한 차별이 여전히 널리 존재하고 있었다.

433 전문대 졸업자에게는 자격증 보유 수나 취업 준비의 노력이 신규 채용에 효과가 있었지만, 4년제 대졸자들은 자격증 변수만이 미취업 탈출 확률을 높였다./ 2000년 수능성적 기준으로 10.4% 내 명문대 졸업자의 첫 한 달 임금은 182만원, 서울 및 수도권 대학 일부, 지방국립대 출신은 명문대의 87%인 158만원, 그 외 대학 출신은 142만원, 전문대는 120만원이었다. 이규용·이용현(2003), 〈대졸 청년층의 노동시장 성과 결정요인〉, 《노동정책연구》 3(2), 76, 89-90쪽.

434 《연합뉴스》(2010.1.22.), 〈대학편입생, 취업 후 학교 후광 정규생 절반〉.

5. 학력·학벌주의 개혁정책

참여정부가 견지한 '학벌중심사회에서 능력중심사회로 전환'이라는 슬로건은 국민의 정부로부터 이어진 것이다. 참여정부의 학력·학벌 개혁 정책 기조는 참여정부 이전인 대선후보 시기에도 표명된 바 있다. 2002년 당시 한겨레가 기독교청년회(YMCA)와 함께 주요 대선후보들의 교육 관련 공약을 분석한 결과에 따르면, "노무현 후보가 지역별 인재할당제, 지역 균형 개발 등에 구체적인 문제의식을 가지고 있어 학벌주의 해소의 진전을 어느 정도 기대할 수 있을 것"이라고 평가했다.[435] 이러한 개혁 의지와 문제의식이 참여정부 시기에 어떻게 나타났는지 검토해 보기로 한다. BK21사업, NURI사업 등 정부가 재정을 지원하여 교육체제를 변화시키고자 한 종합적인 대규모 사업 외에, 학력·학벌 문제를 직접 겨냥한 정책들에 대해 살펴본다.

가. 학력·학벌 차별 해소 국정과제 설정

참여정부는 학력·학벌 문제에 대하여 정부 출범과 함께 적극적으로 대응할 것임을 표명했다. 이것은 노 대통령의 당부사항이기도 했다.[436] 2003년 2월 21일 참여정부의 대통령직인수위원회는 '참여정부 국정비전과 국정과제' 발표에서 12대 국정과제 중 '사회·문화·여성 분야'의 과제인 '국민통합과 양성평등의 구현'과 '교육개혁과 지식문화 강국 실현' 과제에서 각각 학력·학벌 문제와 관련된 정책 방향을 제시했다.

---

435 《한겨레》(2002.11.20.), 〈대선후보들의 교육정책 기조 비교〉.

436 교육인적자원부(2004), 〈학벌주의 극복 종합대책〉. 3쪽에는 특별히 노 대통령의 당부사항을 기록하고 있다. "학벌이 지배하는 우리 사회가 갖는 문제는 심각함. 지방대 육성 등을 통해 서울대 수준의 좋은 대학을 여러 개 만드는 것이 가장 좋은 방안임. 지방의 균형발전 문제와 연계하여 이 문제를 심도 있게 연구해 주기 바람."

[표 7-5] 참여정부의 국정과제

분야	국정과제	비고
외교·통일·국방 분야	한반도 평화체제 구축	
정치·행정 분야	부패 없는 사회 봉사하는 행정 지방분권과 국가균형발전 참여와 통합의 정치개혁	
경제 분야	자유롭고 공정한 시장경제 확립 동북아 경제 중심국가 건설 과학기술 중심사회 구축 미래를 열어가는 농어촌	
사회·문화·여성 분야	참여복지와 삶의 질 향상 국민통합과 양성평등의 구현 교육개혁과 지식문화 강국 실현 사회통합적 노사관계 구축	

참여정부의 12대 분야별 국정과제는 [표 7-5]와 같다. 대통령직인수위원회(2003)는 '국민통합과 양성평등의 구현' 과제에서 그 두 번째 하위과제로 '5대 차별 해소를 통한 평등사회 구현'을 제시하였다. 5대 차별은 성, 장애인, 비정규직 및 외국인 근로자에 대한 차별과 함께 학벌에 의한 차별을 포함하였다. 이에 따라 차별금지법을 제정하고 차별시정위원회를 설치하여 운영할 것이라고 밝혔다. 이와 관련하여 그동안 차별시정의 방법으로 거론되어 온 할당제 등의 정책은 역차별 논란과 함께 실효를 거둘 수 있는 지원책이 뒷받침되지 못했던 것으로 판단하고, 그 대신 미국 등에서 시행되어 온 '적극적 차별시정 조치(Affirmative Action: AA)'의 도입을 추진할 것이라고 명시하였다. 즉 민간부문에서 여성, 장애인, 지방대학 졸업생을 채용할 경우, 정부 입찰에 우선권을 주는 등 인센티브를 제공하는 방법 등을 통해 성차별, 학벌차별, 장애인차별이 해소될 때까지 한시적으로 이 조치를 도입하는 방안을 제시했다.[437]

437 대통령직인수위원회(2003.2.21.), 〈참여정부 국정비전과 국정과제〉, 47-49쪽.

또한 대통령직인수위원회(2003)는 학벌 문제에 대한 다른 대책으로 11번째 국정과제인 '교육개혁과 지식문화 강국 실현'에서 두 번째 하위과제인 '공교육 내실화와 교육복지 확대'를 위해 '학벌타파와 대학서열화의 완화'라는 세부 과제를 포함시켰다.[438] 이 과제명을 보면, 학벌 문제의 핵심이 대학서열화에 있음을 시사했다. 이 과제는 교육 분야의 국정과제로 제시된 것이다. 대통령직인수위원회 교육문화 분과(간사: 박부권 교수)에서 대선공약을 기초로 하여 취임 이후 추진할 교육 분야 과제를 제시하였다. '학벌타파와 대학서열화의 완화'를 위해 제시한 구체적 정책 방향은 다음과 같다.

① 서울대 학부 정원의 단계적 축소 및 대학원중심대학으로 집중 육성
② 국립대와 사립대 간 역할 분담 및 영역별 대학 특성화
③ 학력 차별 금지제도 도입 등 학벌중심에서 능력중심으로의 다양한 정책 강구

이상의 국정과제 내용은 참여정부 대통령직인수위원회가 학력·학벌 문제를 사회적 차별 해소 과제와, 교육개혁으로 정부 차원에서 해결해야 할 과제로 분명하게 설정하였음을 보여 준다. 학력·학벌 문제는 사회의 '총체적 연관성'을 가진 문제라 할 만큼 복잡하게 얽혀 있으므로 그것을 해소하기 위해서는 딜레마와도 같은 어려운 상황들을 헤쳐 가야 한다. 정부가 유효한 해결방안을 찾아내고 강력하게 추진할 수 있는 정치력을 발휘하도록 요구받는 것이기도 하다. 인수위가 표명한 과제들에서, 국가

438 대통령직인수위원회(2003.2.21.), 앞의 국정비전과 국정과제, 51-52쪽.

가 민간부문의 실천을 어떻게 합리적으로 강제할 것인가, 국립대학과 사립대학 간의 역할을 어떻게 분담할 것인가, 학력·학벌 차별을 금지하는 제도를 어떻게 포괄적으로 실효성 있는 제도로 만들 것인가, 이들 문제에 국가가 어느 정도 관여할 것인가 등은 쉽지 않은 쟁점이었다.

나. 공무원 시험에서 출신학교란 폐지

학력·학벌사회에는 학력·학벌이 곧 능력이라는 통념이 널리 편재해 있다. 그러나 지식기반사회, 민주화된 사회에서는 더 이상 이러한 상황을 당연한 것으로 받아들일 수 없다. 참여정부의 중앙인사위원회는 2005년 1월 16일, 2005년부터 행정고시, 외무고시, 공무원 7, 9급 시험 등 모든 국가공무원시험에서 학력란, 즉 출신학교 기재란을 폐지한다고 발표했다.[439] 일찍이 국민의 정부 한완상 교육부총리(2001)가 학력 기재란 철폐를 주장했지만 성공하지 못했다. '쓸데없는 사소한 짓'이라고 냉소적인 반응을 보이는 사람들도 있지만, 학력 기재란 폐지 조치는 학력·학벌사회를 변화시키기 위한 하나의 출발점이 될 수 있다. 작지만 그 상징적인 의미가 크다. 이 조치는 공무원 시험뿐만 아니라 공공부문 전체, 나아가 정부가 일률적으로 강제할 수 없는 일반기업 등 민간부문으로도 확산되어야 한다.

이에 앞서 국가인권위원회(2003)는 채용 시 학력과 연령을 제한하는 것은 헌법상 평등권을 침해하고 고용평등법상 차별금지 조항을 위반하는 것으로 보고, 정책 권고를 통해 입사지원서의 출신학교란을 폐지할 것과 서류전형 시 명문대학 졸업자에게 가산점을 부여하지 않도록 유도하는 방안을 검토하였다. 이에 대한 국가인권위원회의 시행 사례는 이 일이 그리 간단하지 않음을 보여 준다.

---

439 《한겨레》(2005.1.16.), 〈국가공무원 응시 때 학력 안쓴다〉.

국가인권위원회는 2003년 1월에 1차로 38개 기업에 대해 입사지원서의 기재사항 중 지원자의 능력이나 업무와 연관성이 적고 차별로 작용할 소지가 있어 시정해야 할 항목이 무엇인지 제출하도록 요청했다. 그리고 2003년 6월에는 추가로 62개 기업에 대해 같은 방식으로 조사를 진행했다. 그 후 2003년 11월에 이들 100개 기업이 자진 시정하기로 한 계획의 이행 정도를 점검한 결과, 학교 주/야간, 학교 소재지 등의 기재는 기재 요구 기업의 60% 이상이 삭제하였고, 학교 본교/분교 기재는 기재 요구 기업의 44%가 삭제하였다. 그리고 출신학교 기재는 지원자를 변별하는 1차 기준이라는 이유로 8개 기업만이 삭제하였다.[440] 학력·학벌주의가 널리 만연해 있는 가운데, 국가인권위원회의 노력이 어느 정도 성과를 거두었지만, 정부로서도 민간부문에 영향을 미치는 데는 한계가 있음을 보여 주는 것이라 할 수 있겠다.

다. 지역균형인재 선발제도의 도입 및 시행

참여정부는 지역균형인재 선발제도인 '지역인재추천채용제'(2005)와 '지방인재채용목표제'(2007)를 도입하였다. 지역균형인재 선발제도는 지방학교 졸업자 등 지역의 인재가 각종 사회적 선발에서 불리한 대우를 받거나 차별의 관행이 구조화된 문제상황을 시정하기 위해, 공직자 선발에서 지역인재에게 일정한 보상적 기회를 부여하는 선발제도이다.[441] 이 제도는 산업화 시대 이후 중앙과 지역의 격차가 심각한 불균형을 이루면서 삶의 조건은 물론 학력·학벌사회의 척박한 외지로 전락하게 된 지방대학과

---

440 국가인권위원회(2003), 〈2003 국가인권위원회 연간보고서〉, 169-170쪽. 그 후 국가인권위원회는 '입사지원서의 차별적 항목 시정을 위한 토론회'(2003.10.3.)를 개최하는 등 학력·학벌주의 개혁정책에 적극 참여하였다.

441 김부태(2015), 〈지역균형인재 선발제도의 개선방안 탐색: 선발 결과의 분석〉, 《열린교육연구》 23(1), 106쪽.

지역인재들에게 그에 상응하는 보상적 기회를 부여함으로써, 지역인재와 지방대학을 육성하고 나아가 지역의 균형적 발전을 기하려는 제도이다.

이들 제도는 국민의 정부 시기부터 거론되었던 '인재지역할당제'의 취지를 반영하여 참여정부가 제도화한 것이다. 참여정부 국가균형발전위원회는 2003년 4월 '지역인재 채용장려제'를 검토했다.[442] 이 제도는 국가고시 등 주요 자격·채용시험에서 지역별 인구비례로 각 지역 출신자를 선발하려는 제도인 '인재지역할당제'[443]가 위헌 소지 논란으로 인해 제도화하기 어렵게 되자 그 명칭과 시행 방법을 변경하고 축소한 것이다. 국가균형발전위원회의 안에는 ① 공공기관 인턴제를 도입해 선발 인원을 지역별로 배분하고 인턴 기간에 능력이 검증되면 채용하는 방안, ② 민간기업이 지역인재를 채용할 경우, 정부가 인센티브를 부여하는 방안 등이 포함되었다.

그리고 대통령 직속 정부혁신지방분권위원회는 2004년 2월 5일 노무현 대통령이 주재한 '지방 출신 공직 임용 확대 방안'에 관한 국정과제 회의에서, 지방출신자의 공직 임용 확대를 위한 두 가지 지역균형인재 선발제도의 도입을 결정했다.[444] 즉 행정고시와 외무고시 등 5급 고등고시 합격자 중 지방 출신이 20%에 미달할 경우, 미달한 비율의 범위 내에서 요건을 충족하는 지방학교 출신자를 추가 합격시키는 '지방인재채용목표제'와 대학 총장 등의 추천을 받아 선발된 지역대학 출신 인재를 6급 공무원으로 특별채용하는 '지역인재추천채용제'를 도입하기로 확정했다.

이에 따라 시행기관인 중앙인사위원회는 2006년 12월 1일 2007년도

---

442 《연합뉴스》(2003.4.24.), 〈지역인재 채용장려제 추진〉.

443 박찬석·김윤상(1997), 〈인재지역할당제: 지방차별 해소를 위한 방안〉, 《대학교육》 85, 56-63쪽에서 제안한 것으로, 지방 국립대학 총장들의 요구에 따라 서훈 의원 등 44명이 1998년 2월 14일 '국가 인재의 지역 간 균등 등용 촉진법안'으로 국회에 제출하였으나 통과되지 못하였다.

444 정부혁신지방분권위원회(2004.2.5.), 〈지방출신 공직 임용 확대〉(보도자료).

행정고시와 외무고시 1차 시험부터 합격자의 일정 비율을 지방대학 출신자로 선발하는 '지방인재채용목표제'를 5년간(2011년까지) 한시적으로 시행한다고 발표했다.[445] 중앙인사위원회의 시행안에 대해 조금 더 부연하자면, 행정고시, 외무고시 등 5급 공무원 공채시험 합격자 가운데 지방대학 출신자가 합격 예정 인원의 20%에 미치지 못할 경우, 합격선의 -2점 안에서 해당 인원만큼 추가로 합격시키게 되는데, 선발 인원이 10명 이상인 모집단위 부문의 1차 시험에 20%를 적용하고, 2차 시험부터는 당초 합격 예정 인원의 5% 이내로 추가 합격자 수를 제한하는 것이었다.

2007년 2월 10일에 실시된 행정고시 1차 시험의 경우, 합격자 2,766명 중 모집단위가 10명 이상인 일반행정(20명), 재경(4명), 국제통상(1명) 세 부문에서 처음으로 지방인재채용목표제에 따라 25명의 지방인재가 추가 합격하였고, 행정고시 2차 시험에서는 합격자 249명 중 2명, 그리고 최종 합격자에서도 207명 중 2명의 지방인재가 추가 합격했다.[446]

'지역인재추천채용제'는 공무원 선발에 있어 지역 편중 현상(고등고시 합격자의 80~90% 이상이 서울지역 대학 출신자임)을 해소하고, 기존 공채제도가 갖는 경직성과 한계를 보완하며, 대학의 교육과정을 충실히 이수한 자를 선발함으로써 대학교육의 정상화에 기여하려는 취지로 도입·시행하게 된 제도이다.[447] 이 제도는 2005년에 처음으로 시행된 이후 매년 1회 시행되었다. 지역인재추천채용제를 통해 선발된 사람들은 공직적격성시험(PAST)을 치른 뒤 인턴 형식으로 근무하며, 일정 견습 근무 기간(3년 이내)이 지난 후 직무평가 및 심층 면접을 통해 정식 6급 공무원으로 특별 채용되었다. 지역인재추천채용제는 서울을 포함하여 모든 지역에 똑같이

445 《세계일보》(2006.12.3.), 〈서울권 역차별 vs 지방대 무시하나〉.
446 김부태(2015), 앞의 논문, 115-117쪽.
447 중앙인사위원회(2005), 〈2006 지역인재추천채용제 운영 매뉴얼〉, 1쪽.

[표 7-6] 2005~2007년 지역인재추천채용제 운영 현황[448]

구분 \ 연도	2005	2006	2007
추천대학	93	111	109
지원인원	245	295	295
경쟁률	4.9	5.9	5.9
채용인원	50	50	50
채용직급	6급	6급	6급

적용되는 일정 비율(10% 이내)의 인원을 선발하여 우선 채용한다. 이 제도가 참여정부 시기에 운영된 결과는 [표 7-6]과 같다.

참여정부 시기에 시행된 이들 제도는 학력·학벌사회의 소외된 지방대학 학력자들에게 보상적 기회를 부여하기 위해 도입·시행한 제도로, 정부가 지역 균형발전과 학력·학벌사회의 변화를 위하여 지역에 정책적 관심과 주의를 기울인 결과라고 할 수 있겠다.

라. 학벌주의 극복 종합대책 수립 및 시행

정태화 등의 연구(2003)에 따르면, 2003년 6월 25일 14개 부처 장·차관이 참석하는 제3차 인적자원개발회의에서 민관합동기획단을 구성하여 학벌주의 극복을 위한 종합대책을 수립하기로 의결하였다. 이에 따라 교육인적자원부가 '학벌극복합동기획단'을 구성했다. 이 기획단은 교육인적자원부, 재정경제부, 행정자치부, 산업자원부, 노동부, 여성부, 국정홍보처, 중앙인사위원회 등 8개 부처의 국장급 인사와 경제 및 노동계, 시민단체, 언론계, 학계의 민간 전문가 등 총 21명으로 구성되었다(6-7쪽). 정부가 의도한 대로 범정부적이고 민과 관이 함께 참여한 기구였다.

448 대학교육연구소(2013), 〈2005-2012 지역인재추천채용제 현황〉(인터넷)에서 부분 인용하였다.

교육인적자원부는 후속 조치로 학벌주의 문제에 대한 범정부적 정책 방안 탐색을 위해 2003년 7월 한국직업능력개발원을 '학벌주의 극복대책 수립을 위한 전담 연구기관'으로 지정하고, '학벌주의 극복 종합대책 연구'를 위탁하였다.

직업능력개발원의 정태화 등(2003)에 의해 수행된 이 연구는 한국 학력·학벌주의 현상에 대한 종합적 실태 진단, 외국 정책 및 제도 사례 검토, 기존의 연구 결과 분석, 학벌의식에 관한 실태조사 등을 기초로 하여 구성되었다. 이 연구가 도출한 한국 학벌주의의 실태와 문제 그리고 학벌주의 극복대책은 [표 7-7]과 같은 내용으로 이루어져 있다. 이 연구보고서는 학벌주의 실태와 문제를 파악하기 위하여 개인적 측면, 사회적 측면, 기업체 및 공공부문의 인사관리 측면, 교육적 측면으로 나누고, 주요 연구들로부터 각 측면에 관한 정보를 수집하고 분석하였다. 그 극복대책에 대

[표 7-7] 학벌주의의 문제점 종합[449]

	학벌주의의 실태와 문제	학벌주의 극복대책
개인적 측면	• 심리적 부담 • 사회적 존재 확보에 편견으로 작용 • 대학진학 경쟁 심화와 낙오자 양산 • 학부모·학생 삶의 학벌 의존 증후군 조성	
사회적 측면	• 학벌주의 현상의 보편화 • 전근대적 신분으로 작용 • 특정 학벌의 지배계급화로 인한 사회불평등 • 학벌에 따른 사회생활에서의 불이익 • 학벌 세습화를 통한 사회계층 간 불평등 • 학벌중심 동문회의 이익집단화 • 지역 연고와 결합된 학벌주의의 부정적 기능 • 학벌주의로 인한 공직사회에 대한 불신	• 학벌주의 의식개혁 • 언론사의 학벌 관련 보도 관행 개선 • '적극적 차별 시정 조치' 법제화 • 학벌 네트워크를 통한 부정적 기능 예방대책

다음 페이지에 계속 ▶▶▶

449 정태화 등(2003), 〈학벌주의 극복을 위한 종합대책 연구〉, 교육인적자원부, 86쪽.

<table>
<tr><th></th><th>학벌주의의 실태와 문제</th><th colspan="2">학벌주의 극복대책</th></tr>
<tr><td rowspan="2">기업체 인사관리</td><td rowspan="2">• 학벌에 의존하는 기업체 채용 관행의 문제
• 학벌에 의존하는 인적자원 확보 및 관리 체제의 문제
• 대학전공과 직무 불일치로 인사관리 어려움
• 학벌을 대신할 능력평가인정제도의 부재</td><td>기업인사</td><td>• 새 직무능력표준 개발과 능력평가에 활용
• 직업 기초능력개발 프로그램 인증제 도입
• 기업체의 인사관리 제도 개선 지원
• '우수 고용정책 운영 기업체 지원사업'</td></tr>
<tr><td>공공인사</td><td>• 공공기관의 능력·성과 중심 인사관리 제도 개선
• '지역인재 채용장려제' 도입</td></tr>
<tr><td>교육적 측면</td><td>• 현실주의적 교육열과 왜곡된 교육관 조성
• 공교육 부실화
• 사교육 부담
• 학교서열화의 문제
-입시경쟁
-지방대학 피해
-서울과 지방대학 간 격차
-국립대와 사립대 간 격차</td><td colspan="2">• 학벌 대신에 기업체가 원하는 직업능력을 획득할 수 있는 평생 직업교육기회의 확대
• 대학교육의 특성화를 통한 다양한 능력 개발
• 국립대학 운영체제의 개편(장기)
• 학벌주의로 인한 대학서열화 개선 지원
• 대학교수 임용 쿼터제 준수 여부 강화
• 학벌에 따른 대학서열화 개선을 위한 BK21 평가 기준 개선
• 학벌주의 극복 관점에서의 입시제도 개선과 공교육 강화
• 학벌주의 극복을 위한 교육 강화</td></tr>
</table>

해서도 각 측면을 중심으로 관련 문제에 대한 대응책을 도출하였다.

이 연구는 학력·학벌주의 문제의 현황과 대책에 관한 여러 가지 정보를 제시하였다. 연구자들이 문제와 대책으로 지적하고 제시한 내용은 연구자들의 독자적이고 일관된 이론적 관점에 의한 것이 아니라, 선행연구들과 관련 제도 등에 대한 검토와 조사 자료를 분석한 후 종합하여 제시한 것이었다. 이 연구의 결과는 문제실태와 대책들이 병렬되어 핵심 문제와 쟁점이 분명하게 드러나지 않는 문제가 있었다. 학벌주의의 개념에 대한 규정과 함께 원인 분석을 위해 우선적으로 고려해야 할 것을 드러내고, 이를 중심으로 체계화할 필요가 있었다.

이후 교육인적자원부는 정부의 관련 정책, 직업능력개발원의 정책연구, 당시 시민사회단체들의 요구, 개별 연구자들의 연구 등을 반영하여,

[표 7-8] 학벌주의 극복 종합대책의 개요[450]

추진과제	세부 추진과제	추진 일정
1. 대학서열구조 개선 및 지방대학 육성	1.1 대학 다양화·특성화 지원	2004~2007
	1.2 국립대학 운영방안 개선	장기 과제
	1.3 대학교수 임용 쿼터 준수	2004~2007
	1.4 대학 학생선발제도 개선	2004~2005
	1.5 지방대학 육성(대학별 특성화 촉진, 채용 확대 정책)	2004~2005
2. 공공 및 민간분야 능력중심 인사관리 시스템 구축	2.1 공공분야 인사제도 개선	2004~2007
	2.2 민간기업의 능력중심 인사관리 지원	2004~2007
	2.3 국가직무능력표준(KSS) 제도 도입 검토	2004~2005
	2.4 다양한 기능인 우대정책 도입	2004~2005
3. 불합리한 법·제도·관행 등 학벌 관련 각종 차별 해소	3.1 적극적 차별금지 조치의 법제화	2004~2005
	3.2 기업(경제계)의 인사 관행 개선 권고	장기 계속과제
	3.3 지역인재 유치정책 적극 도입 (인력양성·활용연계체제/우수사례홍보/여성맞춤형취업지원)	2004~2007
	3.4 기업과 외국의 우수제도 및 사례 홍보	장기 계속과제
	3.5 범정부적 학벌주의 극복 추진·지원기구 지속 운영	장기 계속과제
4. 사회적 인식 개선과 진로지도 내실화	4.1 학벌주의 의식개혁 캠페인 전개	장기 계속과제
	4.2 언론사의 학벌에 대한 보도 관행 개선	장기 계속과제
	4.3 학부모 대상 자녀교육 프로그램 실시	장기 계속과제
	4.4 각급 학교의 진로지도 및 지도 강화	장기 계속과제

2004년 4월 6일 '사회계층 간 통합과 능력중심사회 구현을 위한 학벌주의 극복 종합대책'이라는 기본계획을 발표했다.[451]

이 대책은 [표 7-8]과 같이 4대 과제와 18개의 세부과제로 되어 있다.

---

450 [표 7-8]은 교육인적자원부(2004.4)의 〈학벌주의 극복 종합대책〉 5-16쪽의 추진과제와 과제별 추진 일정표를 참고하여 작성하였다.

451 교육인적자원부(2004.4.), 〈사회계층간 통합과 능력중심사회 구현을 위한 학벌주의 극복 종합대책〉. 이 대책은 2004년 4월 6일 교육인적자원부 차관이 발표하는 도중, 안병영 장관이 이 대책은 확정된 것이 아니라며 중지시킨 것으로 알려졌다. 이 대책에 대한 국무회의 보고 및 토론에서 국립대 공익법인화에 대한 신중한 검토가 필요하고, 대학 하향평준화 등의 이견이 있었던 것으로 보도되었다. 《동아일보》(2004.4.6.), 〈교육인적자원부, 학벌주의 극복 종합대책 발표하다 도중에 철회〉.

그 명칭에 나타나듯, 이 대책은 '개인의 능력보다는 출신학교에 따라 사회·경제적 차별을 받는 학벌주의 극복으로 사회계층 간 통합과 능력중심사회 구현'(4쪽)을 추진목표로 설정했다. 목표를 실현하기 위한 네 가지 추진과제로는 대학서열구조의 개선과 지방대학 육성, 사회의 능력중심 인사관리시스템 구축, 학벌 관련 각종 차별 해소, 사회적 인식 개선과 진로지도의 내실화 등을 제시하였다. 학력·학벌주의와 관련된 교육 부문과 사회 부문을 망라하고 있다. 이 종합대책은 기존의 정부 정책 및 계획들을 학력·학벌주의 극복과제에 대응하는 수단으로 하여 종합적으로 정리한 것이었다. 각 과제에 대응하는 정책적 내용을 살펴본다.

첫 번째 과제인 '대학서열구조 개선 및 지방대학 육성'은 가장 비중이 크고 우선적 성격을 갖는 과제이다. 참여정부의 주요 대학정책이 총동원되는 과제라고 해도 과언이 아니다. 그동안 학력·학벌주의의 핵심 원인으로 지목되어 온 대학서열구조를 개선하고, 학력·학벌사회의 변방으로 소외되고 정체된 지방대학의 역량을 높이는 것은 학력·학벌주의를 변화시키는 매우 중요한 조건이 될 것이다. 이 과제에 연동된 정책과 관련하여, 정부는 대학의 설립 목적과 양성인력의 수준에 따른 유형화, 학문 분야별 특성화, 특성화 영역 중심의 대학 재구조화, 국립·사립대학 간 역할 재정립 등을 유도하고, 평가를 통해 선택과 집중의 전략에 의한 지원으로 고착화된 대학서열체제를 변화시키고자 했다. 획일적 서열의 폐쇄적·배타적 대학체제를 교류가 자유로운 개방적 연합체제 혹은 통합체제로 전환하려는 국립대학정책도 대학서열구조의 변화를 겨냥하는 것이다. 국가의 지원에 의존하면서 안주해 온 비효율의 국립대학을 경쟁체제로 전환하려는 법인화의 방식도 참여정부가 선택한 대학서열 완화의 한 가지 방법이었다. 명문학벌이 융성한 대학교수사회의 관행을 제한하는 임용 쿼터제도 포함되었다. 그리고 전국의 학생들을 한 줄로 세우는, 그래서 대학서열체제를 강화하는 수능 위주의 선발방식을 개선하고 내신성적과 재능을 중시함으로써 학교교육을 정상화할 수 있는 학생선발제도도 마땅히 강구해야 하는 것이다. 아울러 정체되고 쇠락해 가는 지역과 지방대학을 살리지 않고서는 진정한 국가공동체와 경쟁력을 기대하기 어렵다. 정부는 지방대학혁신역량강화사업으로 특성화 분야를 집중적으로 지원하고 지역산업과 연계하여 자체 역량을 갖도록 하는 한편, 불리한 여건의 지방대학 학력자에게 적극적 차별시정조치를 통해 이에 상응하는 사회진출 기회를 제공함으로써 중앙중심의 학력·학벌주의를 완화하려는 정책들을 이 과제에 포함하였다.

두 번째 추진과제는 교육체제 외부에 관한 것이다. 사회 각 부문에 학력·학벌의 정실을 대체할 능력중심의 인사관리 시스템을 갖추도록 하려는 것이다. 이 과제에는 정부의 지원을 통해 업적주의적 인사관리 제도를 정착시키고, 직무능력표준제도의 도입을 고려하며, 기능인의 사회적 위상을 제고하려는 정책 등을 포함하고 있다. 사회조직의 시스템을 새롭게 확립하는 것은 사회구조를 바꾸는 것에 버금가는 어려운 일이다. 공공부문은 정부가 관여하여 통제할 수 있는 여지가 있지만, 민간부문에 대해서는 정부의 지원이나 홍보 등을 통해 유도하고 권고하고, 동의와 자발적 참여를 끌어내야 한다는 점에서 한계가 있다.

세 번째 과제는 학력·학벌주의로 인해 파생되는 각종 사회적 차별들을 법제, 정책, 정부의 권고, 우수사례 홍보, 대책 추진 기구의 지속적 운영 등을 통해 해소하려는 것이다. 학력·학벌에 의한 불합리한 차별은 현실적인 것이다. 이 차별들은 일상 속에서 사회 성원들을 좌절하게 하고 사회를 병들게 하여 결국 사회의 생동력을 소진시킨다. 학력·학벌 차별에 대한 정부의 직접적인 조치와 대응이 반드시 필요하다.

네 번째 과제는 학력·학벌주의적 의식과 관행을 교육과 지도를 통해 직접적으로 변화시키려는 것이다. 정부가 주관하여 의식개혁운동을 전개하고, 시민단체의 운동을 지원하며, 사회교육과 학교교육을 통해 인식을 전환하고, 자신의 적성과 능력과 흥미를 발견하여 개발하도록 지원하며, 자신에게 맞는 진로와 직업세계에 대한 이해를 돕는 일 등이 그런 것이다.

참여정부의 학벌주의 종합대책에서 앞의 두 과제가 하드웨어적인 것이라면, 세 번째와 네 번째 과제는 소프트웨어적인 것이다. 과제들의 무게와 성격이 다르다. 그러나 어느 것도 가벼이 할 수 없고 쉬운 것도 없다. 모두 얽히고설킨 사회정치적 네트워크 속에서 관철되어야 하는 것이기 때문이다. 이 대책을 추진하는 방식은 정부가 먼저 공공부문에서 선도하여 추진하고, 기업 등 민간부문으로 확산시켜 사회적 인식을 개선함으로써 영향을 파급시키는 방식이다. 정부의 관련 부처 간 및 민간부문과의 협조체제를 마련하고, 과제를 단기 과제와 중·장기 과제로 구분하여 부처별로 세부 시행계획을 수립·추진하며, 분기별로 각 부처의 과제별 추진실적을 제출하도록 하였다.[452] 교육인적자원부의 '학벌주의 극복 종합대책'은 학력·학벌 문제에 대해 참여정부가 내놓은 대응책의 결정판이라 할 수 있다.

6. 진보정부의 진전된 정책적 대응

참여정부 시기에는 대학의 교수들과 시민운동가들이 학력·학벌주의 개혁 혹은 교육개혁을 위한 여러 방안을 제안했다. 이를테면, 대학평준화론과 국립대통합네트워크, 국립대법인화론, 사회시스템개선론, 개방적평

452 교육인적자원부(2004.6.), 앞의 종합대책, 4, 15쪽.

생교육체제론, 학력/직업능력자격제도론 등이 이 시기에 나왔다. 정부의 학력·학벌주의에 대한 종합대책은 이들 개혁안의 내용을 반영하고, 당시 추진 중이거나 계획 중인 정부 정책들을 동원하는 등 명칭 그대로 종합적인 성격을 띠고 있었다. 정부의 대책이 개혁론들의 일부 주요 내용을 반영하였으나 개혁론 자체가 가진 진보적인 핵심적 기제와 전략을 온전하게 수용하기보다는 자체의 필요에 따라 선택적으로 반영한 것이었다. 이를테면 핵심 문제를 중심으로 과제들이 일관된 위계로 수렴되지 않고 관련 과제들이 추진 중이거나 계획 중인 정책들 혹은 활용 가능한 대책들로 병렬 배치된 경향이 있었다. 따라서 정부의 대책은 집중적 추진과 진지한 개혁 추진 의지가 의심되는 소극적인 대책으로 인식될 수도 있었다.

진보적 대안을 제안했던 사람들에게 정부의 정책은 매우 불만족스러웠다. 정진상 등(2006)은 참여정부 교육부의 여러 교육정책에 대하여 '대국민 사기극'이라는 격한 표현을 쓰기도 했다.[453] 그 핵심 원인에 정면으로 맞서지 않았기 때문이다.

사실 학력·학벌주의 교육문제와 관련하여 참여정부의 교육혁신위원회도 대안적 교육론을 제안하였다. 교육이력철, 교사별 평가제, 경로별 선발, 수능 5등급제, 대학입학사정관제, 국립대 공동학위 수여제 등이 교육혁신위원회가 제안한 주요 제도들이다. 이들 제도는 "전국단위 교육질서체계를 지역단위 교육질서로 전환"하고 "지역단위 교육력을 제고함으로써 공교육을 정상화한다."라는 교육혁신의 기본원리를 반영한 제도들이다.[454] 이 기본원리는 참여정부의 '분권과 자율'이라는 국정 원리에도 부합한다. 가장 참여정부다울 수 있는 혁신적 제도들이 정치적 결정의

453 정진상 엮음(2006), 《교육부의 대국민사기극》, 도서출판 책갈피.
454 교육혁신위원회(2005), 앞의 백서, 42-89쪽.

과정에서 채택되지 못했다. 정부 내의 교육철학적 공유기반이 협소했던 점이 아쉬운 부분이다.

학력·학벌주의 개혁에서 소수 정부인 참여정부는 정치력과 추진력 면에서도 역부족이었다. 학력·학벌주의 개혁에 대한 주된 반대 세력은 보수세력, 이를테면 보수성향의 명문학벌과 중산층, 그리고 중앙의 프리미엄을 고수하려는 사람들이다. 그들은 학력·학벌주의가 침투되어 교육에 영향을 미칠 수 있는 상황을 최소화하려는 여러 관련 정책에 동의하지 않았다. 3불정책, 고교평준화제도, 특목고와 자사고 정책, 대학수학능력시험제도, 인재지역할당제 등의 관련 쟁점에 대해 정부와 늘 갈등을 빚었다. 보수 기득권층의 강한 반발이 소수 정부의 개혁 추진 역량을 약화시킨 것이다.

다른 한편으로, 참여정부는 신자유주의적 정책 선택의 딜레마 속에 있었다. 신자유주의가 유력한 정책 기조로 수용된 가운데 교육 부문에서도 경쟁과 자율, 수요자중심 교육, 선택과 집중의 전략, 다양화, 특성화 등이 강조되었다. 그러나 우리 사회의 또 한편에는 교육의 공공성, 교육복지, 교육기회의 균등화 등에 대한 강한 요구가 존재하고 있었다. 이 두 가지 지향성은 현실적으로 조화롭게 공존하기가 쉽지 않다. 시대적·세계적 경향과 압력 그리고 우리 사회에 견고하게 구조화되어 있는 관료적 비효율성 등은 정부로 하여금 신자유주의를 수용하지 않을 수 없게 하였고, 교육의 공공성에 대한 주장 또한 중요한 가치를 담고 있다. 학력·학벌주의 개혁은 이 두 세력의 충돌 속에서 강한 동력을 낼 수 없었다.

그러나 학력·학벌 문제에 대해 참여정부의 여러 개혁정책과 조치들이 갖는 의의에 대해 다음과 같은 점들을 들 수 있다.

첫째, 참여정부도 국민의 정부에 이어 정부 차원에서 학력·학벌 문제에 정책적으로 대응했다는 점이다. 학력·학벌주의 개혁이 국정과제로 설정되어 정부가 추진해야 할 주요 과제가 된 것이다.

둘째, 학력·학벌 문제에 대해 종합적인 대책을 마련하여 대응했다. 학력·학벌 문제가 사회의 전 부문과 연관되어 있으므로 이에 상응하는 조직적이고 장기적인 대책을 마련하는 것은 필수적이다. 참여정부가 민관합동기획단, 학벌극복합동기획단을 구성하고 종합적인 대책으로 대처하려 했고, 국민의 정부 이후 나온 학력·학벌에 관한 여러 논의와 관련 정책들을 반영하여 좀 더 진전된 대책을 제시하였다는 점에서 의의가 있다.

셋째, 고등교육 학력산출체제의 변화에도 상당한 진전을 이루었다. 고등교육체제의 구조개혁 차원에서 여러 정책을 시행하였다. 특히 전문대학원 제도가 이 시기에 본격적으로 시작되거나 그 제도적 기반을 갖추게 되었다. 국민의 정부가 도입한 의·치의학전문대학원이 이 시기에 개원하였고(2005), 한의학전문대학원(2006)과 법학전문대학원(2007) 제도의 도입을 확정했다. 전문대학원 제도의 도입은 전문직 영역의 학력·학벌주의를 해소하려는 취지와도 연관되어 있다.

넷째, 국가 균형발전이라는 참여정부의 정책 기조가 학력·학벌주의에 대응하는 데 중요한 기반으로 적용되었다. 오랫동안 강화되어 온 중앙중심주의와 학력·학벌주의에 의해 소외된 지역과 지역대학의 불균형적 상황에 정책적으로 대처하게 된 것이다. 지방대학역량강화사업과 지역균형인재 선발제도 등은 학력·학벌주의 대책으로서도 참여정부의 중요한 업적이다.

제 8 장

이명박 정부: 관치교육 탈피의 신자유주의 교육 (2008.2.~2013.2.)

1. 관료중심의 신자유주의적 교육정책 추진

이명박 대통령은 2008년 2월 26일 취임사에서 교육 부문의 메시지를 "교육으로 '가난 대물림' 끊자"라는 제목으로 시작하면서 다음과 같이 교육정책 기조를 선언했다.

> 교육개혁은 무엇보다 시급합니다. 획일적인 관치교육, 폐쇄적인 입시교육에서 벗어나야 합니다. 글로벌 스탠더드를 받아들이고 교육현장에 자율과 창의 그리고 경쟁의 숨결을 불어넣어야 합니다. 학교 유형을 다양화하고 교사들의 경쟁력을 높이는 데 주력하겠습니다. 그래야 공교육이 정상화되고, 사교육 열풍이 잦아들게 됩니다. 학생들의 적성과 창의성이 살아납니다. 대학의 자율화는 국가경쟁력뿐 아니라 한국사회 선진화의 관건입니다. 교육과 연구의 역량을 늘려서 세계의 대학들과 치열하게 경쟁해야 합니다. 지식기반사회의 전선에 서야 합니다. 교육의 기회를 질적으로 확대해야 합니다. 형편이 어려워도 공부할 수 있어야 합니다. 교육복지로 가난의 대물림을 끊겠습니다.

취임사에서 핵심적인 교육문제로 획일적인 관치교육과 폐쇄적인 입시교육을 들고, 교육개혁을 통해 세계 수준에 대응할 수 있도록 교육현장의 자율성을 제고하고 수요자중심의 교육으로 경쟁력을 강화하고자 하였다.[455] 이에 따라 학교 유형의 다양화, 교사의 경쟁력 제고, 대학의 자율화와 역량 강화, 교육기회의 질적 확대 등을 강조하였다. 요컨대 이명박 정부는 학교 및 대학을 자율화·다양화함으로써 경쟁을 불러일으키고, 이를 통해 교육의 경쟁력 제고와 창의의 교육이 가능하게 함으로써 사교육 등의 교육문제를 해소하고 공교육을 정상화하고자 한 것이다. 취임사의 교육 부분에 "교육으로 '가난 대물림' 끊자"라는 교육복지적 성격을 부각시키는 제목을 붙인 것은 다소 과장된 의미를 담고 있는 것으로 보인다. 실제로 교육복지를 크게 확대했을지라도 교육복지정책이 이 정부의 중심정책이 아니기 때문이다.

한나라당(2007)은 대통령 선거 기간 중 정책 공약집으로 출간한 《일류국가 희망공동체 대한민국》에서 잘사는 국민, 강한 나라, 따뜻한 사회의 3대 비전, 10대 희망, 43대 과제, 92개 약속을 제시했다. 그리고 관치에서 자율로 교육의 자율 경영 강화, 소질과 특성에 따른 공교육의 고품질화로 사교육비 절감, 고급인력 양성을 위한 대학교육의 다양화와 개방화, 교육 안전망 구축, 평생학습체제 구축 등을 교육정책의 기본방향으로 삼았다. 유아교육, 초·중등교육, 고등교육, 평생교육 등 교육단계 및 분야별로 제시한 세부 공약들[456] 중 학력·학벌 문제와 다소간 관련된 교

455 이명박 정부의 다섯 가지 국정지표 중 '4. 인재대국'에 '수요자 중심의 교육경쟁력 강화'는 세 가지 주제별로 핵심과제, 중점과제, 일반과제를 포함하였다. '수요자 중심의 교육경쟁력 강화'의 실행 전략으로 '전략 13. 학교교육의 자율성과 다양성 확대'를 제시하고, 이를 구체화한 과제인 '61. 학생과 학부모가 원하는 다양한 학교 확대'를 100대 국정과제에 포함시켰다. 황준성(2012), 〈이명박 정부 고교 다양화 정책 추진 현황 및 과제: 일반계 자율형 공사립고, 기숙사형 고교를 중심으로〉(Position Paper), 9(20-1), 한국교육개발원, 3쪽.

456 주영효·박균열(2012), 〈이명박 정부의 교육정책 공약 이행도 분석〉, 《교육행정학연구》 30(4), 386-388쪽.

육공약은 [표 8-1]과 같다.

[표 8-1] 한나라당 이명박 후보의 학력·학벌 관련 교육공약

	정책 공약 (세부 공약 수)		세부 공약 내용	비고
초· 중등 교육	교육의 자율과 자치 확대(4)		-초·중등교육의 장학권 시·도교육청 이관 -고등학교 학점형 수업 -고교 적성별 수능 선택에 의한 다양한 교육과정 마련 -사교육 절감형 창의교육	
	고교 다양화 300 프로젝트	기숙형 공립고 150개 지정(2)	-농어촌, 중소도시에 설립: 학생 80% 기숙사 입주 -기숙사비: 가정형편에 따른 맞춤형 장학금으로 지원	
		지역별 자율형 사립고100개 육성(2)	-국가의 획일적 통제 벗어난 자율운영과 창의교육 지향 -자율형사립고의 재정(법인전입금) 규제 낮춤	
		한국형 마이스터고 50개 육성(6)	-교육내용과 교원에 대한 획일적 규제 철폐 -학교 단위 자율성 보장 -학생에 대한 학비 면제 -외국어 교육 -해외연수 지원 -취업·진학에 대한 지원	
	맞춤형 국가 장학제도 구축(3)		-자율형사립고 소외층 입학생의 30%에 장학금 지원 -기숙형공립고·마이스터고 학생 70%에 연간 300만 원 지급 -저소득층 고교생에 등록금, 학교운영지원비, 학습부대경비 지급	
고등 교육	대학입시 3단계 자율화 및 대학의 자율성 보장(8)		-1단계: 학생부 및 수능 반영 자율화 -2단계: 수능 과목 축소 -3단계: 완전 자율화 -관치 없는 대학 학생선발 -입학사정관제 지원 -평가 통한 정책사업비 대폭 축소와 포뮬러·블록 펀딩 방식[457] 지원 -규제 완화와 세제개혁 -국립대학의 단계적 법인화	
	취업 100% 대학 프로젝트(5)		-대학교육에 대한 평가·인증·퇴출 시스템 구축 -취업률 높이는 대학에 재정지원 -특성화 전문대학에 대한 수업연한 규제 완화 -실효성 있는 산학협력 지원 -취업·학업을 병행하는 특성화대학 육성	
평생 교육	평생학습계좌제 도입(2)		-저소득층 자활과 군인력의 재취업이나 대학 공부 지원 -개인에게 평생학습 마일리지 부여	
	2080 평생학습 플랜(4)		-직장인 대입 특별전형 및 맞춤형 수강제도 지원 -대학의 지역사회 기여 강화 -대학 강의 온라인 공개 등 유비쿼터스 시스템 구축 -사내대학 육성	

457 포뮬러-블록 펀딩(formula block funding) 방식은 객관적·정량적 지표로 사전에 구성된 공식(formula)에 의해 재정을 지원하는 방식을 말한다.

사실 이명박 정부는 학력·학벌 문제를 구체적으로 다루는 정책 공약을 설정하지 않았으며, 이 문제를 주요 쟁점으로 제기하지도 않았다. 그러나 학력·학벌 문제가 이명박 정부에도 여전히 중요한 문제로 인식되었다면,[458] 그 대응 방식은 대선공약과 관련 정책들에도 내포되어 있을 것이다. 학력·학벌 문제에 영향을 미칠 수 있는 공약으로, 초·중등교육의 자율과 자치, 고교 다양화 300 프로젝트, 대학의 자율성 보장 등은 학력 산출체제의 변화와 관련된 공약들이며, 대학입시 3단계 자율화, 맞춤형 국가 장학제도 구축은 저소득층 학생 등의 학력·학벌 접근 기회와 관련된 공약이며, 평생학습계좌제와 2080 평생학습 플랜은 평생교육을 통한 학력 접근 기회와 관련된 공약이다. 그리고 취업 100% 대학 프로젝트 공약은 대학 학력자의 사회진출을 촉진하려는 정책과 관련된다.

이명박 정부의 교육정책은 대부분 대통령 선거 기간 중 공약사항으로 공표한 것들이다. 이 정부는 정치적으로 보수적 성향이 짙은 정부로, 신자유주의적 정책을 적극적으로 추진한 정부이기도 하다. 이명박 정부는 교육 부문에서도 이전 정부들이 조심스럽게 시범적으로 시행해 왔던 신자유주의적 정책들을 적극적으로 실행에 옮겼다.[459] 이 정부가 추진한 초·중등학교 행정 권한의 지방교육청 이관, 학교별 학력 정보 공시제, 대학입시 자율화, 고교 다양화 정책, 국립대학 법인화 정책 등은 모두 신자유주의적 성향의 정책들이다. 조상식(2008)은 이명박 정부의 교육정책들은 중산층의 교육 욕구를 잘 반영하고 있으며 시장 논리가 교육영역의 주도적 원리로 작동하는 신자유주의적 정책임을 비판적으로 논의

458 이명박 대통령도 관료사회의 학벌 문제가 변화될 필요성에 대해 언급한 적이 있다. 《한겨레》 (2011.5.9.), 〈이 대통령, 관료사회 학벌 타파 주문〉.

459 김천기(2015), 〈사회적 불평등 맥락에서 본 대학입학 기회 배분의 주류적 공정성 모델 한계와 대안적 공정성 모델 탐색〉, 《교육사회학연구》 25(4), 135-137쪽.

하였다.[460] 이명박 정부의 정책 추진 논리는 학교의 자율화를 표방하면서도 경제 논리, 이른바 신자유주의와 실용주의를 강조하였으며, 교육정책을 자율과 책임이라는 두 가지 가치로 추진하면서 성과에 따른 차등 지원 등으로 경쟁을 강조하였다.[461] 시장주의주의자들은 경쟁이 가진 긍정적인 효과에 대해 말하고 있으나 사회적으로 지불해야 할 비용에 대해서는 언급하지 않는다.[462] 학력·학벌주의가 건재한 가운데 시장 원리에 따른 학교 간 경쟁을 강조함으로써 이면에서는 학교와 대학의 서열화가 더욱 조장될 수도 있었다.

한편 이명박 정부는 정책의 입안과 시행에서 국회나 시민의 지지를 확보하고 일정한 절차를 거쳐 정책에 대한 순응성을 확보하기보다는 관료 중심으로 정책을 실행하고 성과를 추구하는 발전주의적 성격이 강했다.[463] 즉 아래로부터의 요구를 수렴하고 국민적 동의를 얻는 방식보다는 관료조직을 통해 효율과 실용을 추구하였다. 교육정책 결정에 대한 정치적인 특성도 관료에 의한 엘리트주의적 성격이 강했으며 특정 관료 중심의 추진방식이었다.[464] 이전 정부들과는 달리 교육개혁을 위한 기구를 두지 않았고, 교육개혁안을 별도로 발표하지도 않았다.

---

460 조상식(2008), 〈이명박 정부의 교육정책에 대한 비판적 검토〉, 《교육비평》 24, 51-53쪽.

461 이석열(2013), 〈이명박 정부의 고등교육개혁정책에 대한 정치학적 분석〉, 《교육정치학연구》 20(4), 234쪽.

462 이재열(2015), 〈사회의 질, 경쟁, 그리고 행복〉, 《아시아리뷰》 4(2), 19쪽.

463 박상필(2012), 〈1990년대 이후 한국 시민사회의 발전: 정부와 시민사회의 관계를 중심으로〉, 《기억과 전망》 27, 183-184쪽.

464 초기에는 청와대 비서실을 중심으로 교육정책을 결정하였고, 매년 초 대통령 업무보고를 중심으로 교육정책을 추진하였다. 전략적으로 정책 결정자와 정책 집행 주체를 동일 인물로 유지함으로써 정책 결정과 정책 집행 사이의 간극을 최소화하고 일관성과 지속성을 유지하였다. 이석열(2013), 앞의 논문, 219-236쪽.

2. 대학 학생선발의 자율화와 학력접근기회

이명박 정부 시기에 시행된 대학입시제도가 학력접근기회에 시사하는 바를 살펴보려고 한다. 이명박 정부가 채택한 대학입시제도는 대통령직 인수위원회가 대통령 취임 전인 2008년 1월 22일에 발표한 '대입 3단계 자율화 방안'에 잘 반영되어 있다. 인수위원회는 이 방안에서 이전 교육 정책들이 대학입시 문제에 사로잡혀 있었으며, 이것은 정부의 과도한 입시규제와 획일적인 학교교육 운영에 그 원인이 있다고 규정했다. 따라서 인수위원회는 대학입시를 대학의 책임과 권한으로 이양함으로써 대학에 대한 규제를 단계적으로 완화하고자 하였다. 대입 3단계 자율화 방안은 대선공약으로 제시했던 대입 자율화에 대한 실행방안으로 마련한 것이다. 단계별 주요 내용은 다음과 같다. 1단계에서는 수능 등급제를 개선하고 학생부와 수능시험 반영을 자율화하며 입학사정관제도를 실시하기로 하였고, 2단계에서는 수능시험과목을 축소하고 영어를 별도의 능력평가로 전환하기로 하였으며, 3단계에서는 2012년 이후 대학입시를 완전 자율화함으로써 관치 없는 대학의 학생선발을 한다는 것이었다.[465]

대학입시 3단계 자율화는 당시 사회적으로 논란거리가 되었던 이른바 '수능-내신-논술의 3중고'[466]로부터 학생과 학부모의 입시 및 학습 부

---

465 부연하자면, 〈1단계〉는 수능 등급제를 개선하여 등급, 표준점수, 백분위 점수를 제공하며, 학생부 및 수능 반영을 자율화하고, 입학사정관제도를 지원·확대한다. 2008년 상반기에 대입 업무를 대학협의체에 이양하며, 본고사와 논술고사는 대학협의체가 자율적으로 규제·시행토록 한다. 〈2단계〉는 수능 응시과목을 축소한다. 2012년 입시에서는 선택과목이 2과목을 넘지 않고, 2013년 입시에서는 영어를 수능에서 분리하여 능력평가로 전환하며, 수능 응시과목을 최대 4개로 축소한다. 〈3단계〉는 2012년 이후 대입을 완전 자율화한다. 대학의 학생선발 자율을 법으로 명시하고, 수능 업무는 한국교육과정평가원에 완전 이양한다.

466 참여정부 시기 입안된 대학입시제도는 수능보다 학생부 내신성적의 반영비율을 높이고, 9등급 상대평가제를 실시하며, 사교육비 경감 등을 위해 입학사정관제를 실시하는 것이었다. 그러나 실제로 수능-내신-본고사의 "트라이앵글"로 불리며, 수험부담을 심화한 것으로 나타나 비판의 대상이 되었다.

담을 줄이고, 이전 정부들이 최소한의 금지 사항으로 견지해 오던 '3불정책' 등을 대학의 자율에 맡긴다는 것을 의미한다. 시민단체 등과의 이념적 갈등상황을 통해 3불정책이 유지되었지만,[467] 교육의 공공성보다는 수월성과 자율성을 우선적으로 선택한 것이 분명하다. 대통령직인수위(2008.1.22.)는 이 자율화 방안을 내놓으면서 다음과 같은 변화와 발전이 있을 것으로 기대했다. 즉 학생들이 자신의 특성을 계발하는 창의적이고 다양한 학교교육으로 불필요한 학습 부담 없이도 대학에 진학하게 되며, 학교교육이 살아나 사교육이 줄어들 것이고, 대학은 입시에 관한 교육부의 통제에서 벗어나 대학 특성에 맞는 인재를 선발하여 경쟁력이 높아질 뿐만 아니라, 잠재력 높은 학생을 공정하게 선발함으로써 한 차원 높은 사회적 책무를 담당하게 될 것이라는 기대를 표명했다.

한편 이명박 정부는 대학자율화와 중등학교교육의 정상화를 위한 새로운 대학입학 시험제도의 한 방안으로 참여정부가 기획하여 제안한 입학사정관제도를 도입하고 확대했다. 입학사정관제도는 미세한 점수 차로 대학입학의 당락을 결정짓는 관례와 줄 세우기식 선발모순에서 벗어나, '중등교육과 고등교육의 계통성을 살려 공교육의 정상화에 이르게 하기 위한 제도이다. 고교 교육과정과 대학 전공교육 간의 계통성을 살리는 것이 입학사정관제의 제도적 기원이다.'[468] 입학사정관제도는 고교-대학 간 교육과정 연계를 통해 대학이 모집단위별 교육목표 및 특성에 적합한 지원자를 발굴하고, 재능과 능력을 갖춘 인재를 적극적으로 선발하려는 전문적 선발제도이자 공교육의 정상화를 이끄는 매개 제도이다.

---

467 오달현(2012), 〈대학입시 정책을 둘러싼 갈등 분석: 노무현 정부와 이명박 정부를 중심으로〉, 《대한정치학회보》 20(1), 368-375쪽.

468 손종현(2010), 〈입학사정관제, 발상에서 행동까지〉, 손종현 엮음, 《입학사정관제, 최초의 교육개혁》, 경북대학교출판부, 21-24쪽.

[표 8-2] 입학사정관제 확대 현황[469]

연도	예산	예산지원 대학 수	비고
2007	20억 원	10개교	
2008	157억 원	40개교	
2009	236억 원	47개교	
2010	350억 원	60개교	
2011	351억 원	60개교	
2012	391억 원	66개교	교원양성대학(8개교) 지원(26억) 신설
2013	395억 원	66개교	교원양성대학(8개교)

[표 8-2]와 같이, 이명박 정부는 입학사정관제도를 적극적으로 확대 시행했다. 2007년 첫 시행 이후 지원예산 규모와 지원 대상 대학 수가 계속 증가했다. 2011년이 전년도와 비슷한 수준이었으나, 2012년부터 교육대학 등 교원양성대학에 대한 지원이 신설되면서 예산과 지원 대상 대학 수가 다시 증가했다. 2013년은 박근혜 정부가 이전 정부의 사업을 계속 추진한 시기로, 전년도와 유사한 수준으로 지원이 이루어졌다. 이명박 정부가 입학사정관제도에 관한 예산과 참가대학을 지속적으로 확대한 것은 이 제도에 큰 관심과 추진 의지가 있었음을 의미한다. 그러나 제도적 조건이 갖추어지지 않은 상태에서 급속하게 확장되면서, 이 제도는 목표와 내용에 따른 선발의 타당화가 아니라 단지 전형방법의 다양화 차원에서 '특별전형의 한 가지 방법'으로 머물게 되었으며,[470] 비교과 영역에까지 경쟁의 폭을 넓히는 결과를 초래하게 되었다[471]는 등의 여러 비판

469 이 표는 다음 각 연도의 관련 보도자료를 참조하여 작성하였다. 교육과학기술부·한국대학교육협의회(2011.5.4.), 〈2011년 입학사정관제 지원사업 선정 결과 발표〉; 교육과학기술부·한국대학교육협의회(2012.5.9.), 〈2012년 입학사정관제 지원사업 선정 결과 발표〉; 교육부·한국대학교육협의회(2013.6.12.), 〈2013년 대학의 입학사정관 역량강화 지원사업 선정 결과 발표〉.

470 손종현(2010), 앞의 논문, 46-47쪽.

471 안선희(2013), 〈이명박 정부 5년 평가와 새정부의 과제: 국민 모두의 행복을 위한 교육개혁〉, 《계간민주》 6, 135쪽.

을 받았다.

입학사정관제 시행에는 여러 가지 과제가 대두되었다. 이를테면 그 취지에 대한 홍보, 입학사정관제 운영에 대한 사회적 신뢰 확보, 입학사정 과정의 공정성을 위한 업무지침과 윤리규정 구비, 모집단위에 적합한 선수학습과 활동 경험의 결정 등은 구체적인 현실적 과제였다.[472] 또한 정부와 대학의 중·장기적 입학사정관제도 운영계획의 구체화, 제도 정착을 위한 행·재정적 지원의 지속 및 확대, 한국형 입학사정관제 전형모형 개발, 입학사정관의 직무연수 및 자격 기준 강화를 통한 전문성 신장, 공정성을 위한 대학 내 전담 기구 설치, 주기적인 고교-대학 간 정보 교환 활성화를 통한 기록에 대한 정확성 및 신뢰성 확보 등은 해결해야 할 주요 중·장기적 과제였다.[473]

주영효·박균열(2012)은 이명박 정부의 고등교육공약 중 '대학입시 3단계 자율화 및 대학의 자율성 보장'에 대한 이행도 분석에서, 관치 없는 대학 학생선발, 입학사정관제 지원, 평가를 통한 정책사업비 축소, 규제 완화와 세제개혁 추진, 국립대학의 단계적 법인화 등을 주요 내용으로 하는 공약의 6개 영역 모두가 완전이행된 것으로 분석했다.[474]

그렇다면 이명박 정부가 시행한 대학입시제도는 대학 학력에 대한 접근 기회에 어떤 의미를 갖는 것일까? 대입 자율화, 즉 수능 등급제 개선, 학생부 및 수능 반영 자율화, 입학사정관제 시행, 선택과목 축소, 대학입시 완전 자율화 등이 대학 학력에 대한 접근 기회에 무엇을 의미할까? 대입자율화방안은 학력에 대한 접근에서 누구에게 유리하고 누구에게 불리한 것인가?

---

472 《주간동아》(2009.4.3.), 〈입학사정관제가 가야 할 길은?〉(홍후조).
473 주영효·박균열(2012), 앞의 논문, 399쪽.
474 주영효·박균열(2012), 앞의 논문, 399-400쪽.

대입 자율화는 곧 대학입시에 대한 국가의 개입과 통제를 최소화하면서, 그 권한을 대학에 부여하는 조치이다. 보수교육단체인 한국교육단체총연합회와 서울대 및 수도권 7개 사립대학은 이명박 정부의 자율화 정책을 지지했다.[475] 그동안 국가와 대학 간 갈등의 주요 원인이기도 했던 학생선발에 관한 주요 권한을 대학이 행사하게 된 것이다. 대학이 학생선발의 자율권을 가진다면 대학들의 사정은 어떠할까? 권한이 대학에 주어졌으므로 그 결과에 대한 책임도 당연히 각 대학의 몫이 된다. 그러나 대학들은 모두 똑같은 조건에 있는 것이 아니다. 대학입시의 자율화는 소위 명문대학을 비롯한 상위권 대학들에 유리하다. 출발점이 다르기 때문이다. 사회적 인식상 명문대학과 상위권대학의 학력을 희망하는 수요는 이미 넘쳐 난다. 비명문대학, 특히 지역의 대학들은 모두 각종 묘책으로 사활을 걸어야 한다.

학생과 학부모는 학교 선택권을 갖는다. 학부모와 학생의 선택권도 모두 같은 것이 아니다. 가정의 경제적 배경이 선택의 범위를 제한할 뿐만 아니라 준비할 수 있는 정도를 다르게 하기 때문이다. 특히 가정 배경이 넉넉한 사람은 원하는 기회를 갖게 되겠지만 그렇지 못한 사람은 능력도 노력도 부족한 자기 탓의 책임을 지게 될 것이다. 결국 공적으로 조절하지 않는 한, 빈익빈 부익부 현상이 악순환될 가능성이 크다. 이 문제는 정부의 신자유주의적 교육정책과 밀접한 연관을 갖는다. 이미 널리 알려져 있듯이, 신자유주의 교육체제는 양극화의 영향 등으로 "부의 대물림이 학력의 대물림으로 이어지게 한다."[476] 명문대 진학은 이미 초등학교와 중학교 시기에 결정된다.[477] 여러 가지 특별전형은 이러한 문제를

475 오달현(2012), 앞의 논문, 375쪽.

476 이동연(2015), 〈신자유주의 대학과 학력자본의 재생산〉, 《문화과학》 82, 33쪽.

477 국제중학교는 특별한 계층의 자녀들이 입학하고 높은 진학률을 나타내는 학교이다. 서울의 대원

다소간 보완할 것으로 기대하는 학생선발 방식이다. 그러나 특별전형으로 선발하는 인원은 소수에 불과하다.

3. 학력산출체제의 자율화·다양화·서열화

이명박 정부의 중등교육정책 추진의 배경에는 1974년에 도입된 고교평준화제도에 대한 비판론이 있었다. 고교평준화가 교육의 질과 교육력의 하향평준화를 초래하였으므로 고교 교육체제를 대폭 수정해야 한다는 것이다. 제17대 대선 당시 한나라당 대선공약집(2007)에는 "좋은 교육을 하려는 학교를 끌어내리는 하향평준화와 획일적 규제에서 벗어나 다양한 고등학교체제를 도입하여 뒷걸음치는 학교 경쟁력을 조속히 끌어올려야 한다."[478]라고 기술했다. 평준화 정책에 대한 비판론자들은 평준화 정책이 개별학교의 자율성과 책무성을 손상시키고 학교교육의 다양성과 질적 수준을 떨어뜨렸으며, 학부모와 학생의 선택권을 제한함으로써 과외 의존성을 심화시켜 결과적으로 교육의 형평성을 저해하였다고 비판했다. 또한 국가가 독점하는 교육에 대한 결정권을 국민에게 돌려주어야 한다고 주장했다.[479]

이명박 정부는 고교평준화정책의 시행으로 인한 고등학교 체제의 획

국제중과 영훈국제중의 2011, 2012학년도 진학실적에는 특목고 진학률이 각각 61.5%, 59.2%였고, 자사고 진학률도 18.9%, 17.7%에 이르는 것으로 나타났다. 《한국일보》(2013.4.24.), 〈국제중 입시, 자기소개서 1건에 100만원〉.

478 한나라당(2007), 《일류국가 희망공동체 대한민국: 제17대 대통령 선거 한나라당 정책공약집》, 북마크, 152-153쪽.

479 이주호·김선웅(2002), 〈평준화정책의 재정립〉, 박세일·우천식·이주호 엮음, 《자율과 책무의 학교개혁: 평준화 논의를 넘어서》, 한국교육개발원; 이주호 등(2005), 《교육경쟁력을 위한 여건조성 방안》, 한국교육개발원.

일성과 학교 선택권의 제한을 해소하기 위해 고교 다양화 정책을 추진하고 자율형학교의 확대를 핵심으로 하는 방안들을 추진했다.[480] 이에 따라 교육과학기술부는 '학교 자율화 추진계획'(2008.4.15.), '학교 자율화 3단계 계획'(2009.4.30.), '학교단위 책임경영을 위한 학교 자율화 추진방안'(2009.6.11.), 대통령직인수위가 발표한 '고교 다양화 300 프로젝트' 등을 통해 고교 교육체제를 변화시키고자 하였다. 그 변화는 곧 학교의 자율화와 다양화라는 말로 집약된다.

가. 초·중등학교의 자율화

정부는 교육체제 및 단위학교의 자율성과 책무성을 확대하고자 했다. 교육과학기술부(2008.4.15.)는 정부 출범 후 곧 '학교 자율화 추진계획'을 발표하고, 3단계에 걸쳐 학교 자율화를 가로막는 불합리하고 비효율적인 지침 등을 즉시 폐지할 것과 규제성 법령 등의 정비 및 행정 절차를 간소화하고자 했다. 이에 따라 29건의 각종 지침을 즉시 폐지하였고, 13건의 규제성 법령 등을 정비하였다.[481] 이와 함께 초·중등학교에 대한 교육과학기술부장관의 포괄적인 장학권을 폐지하고 지방의 교육감에게 권한을 이관하기로 하였다.

김흥주(2008)는 '4·15 학교 자율화 조치'에 대한 여론 동향 조사에서 교육과학기술부의 학교 자율화 추진계획에 대해 46.9%가 찬성하고, 47.1%가 반대한 것으로 분석하였다.[482] 교육행정기관의 전문직 공무원, 교장·교감, 일반직 공무원 등 자율권을 소유하게 될 집단의 찬성률이 높

---

480 황준성(2012), 앞의 연구보고서, 1-2쪽.

481 교육과학기술부(2008.4.15.), 〈학교 자율화 추진계획 발표: 다양하고 질 높은 교육을 위한, 학교 중심의 자치기반 마련〉(보도자료).

482 김흥주(2008), 〈4·15 학교자율화 조치: 여론동향 분석과 향후 과제 제안〉(Position Paper) 5(2), 한국교육개발원, 4-5, 4-17쪽.

았던 반면, 자율권의 대상이 될 초·중등학교의 교사와 학부모들의 반대 비율이 높았다. 찬성의 주요 이유는 자율에 의한 학교교육의 다양화, 학교와 교육청의 책무성 제고, 교육의 질 제고 등이었다. 반대의 주요 이유는 과열 경쟁과 부작용, 자율로 주어져서는 안 될 사항의 이관, 의견수렴 미흡 등이었다. 특히 '수준별 이동수업 운영 지침'을 폐지해 각 학교는 앞으로 성적을 기준으로 우열반을 편성하거나 '서울대반' 등 각종 특수반을 편성할 수 있게 되었고, '학사지도(수업 및 일과 운영) 지침'을 폐지하여 0교시와 심야 보충수업이 가능하게 되었으며, 학원이나 학습지 업체 등 영리단체도 학교와 위탁계약을 맺으면 학교에서 방과후학교 프로그램을 운영할 수 있게 된 점 등은 반대의견을 가진 사람들의 민감한 반응을 불러일으켰다.[483]

학교 자율화 추진계획이 발표된 지 1년 후에 교육과학기술부(2009.4.30.)는 다시 '학교 자율화 3단계 추진계획 시안'을 발표하였다. 그동안 단행된 학교 자율화 조치가 주로 시·도에 대한 중앙정부의 각종 지침을 폐지하고 장관의 권한을 교육감에게 넘기는 등 교육청 단위의 권한을 확대한 것이었다면, 이 계획안은 실제 학교 현장의 자율성을 높이는 데 초점을 맞춘 것이었다. 그 주요 내용은 교육과정이나 인사 등에서 학교장의 권한을 강화하는 내용을 담고 있었다. 교육과정 편성 및 운영과 교직원 인사 등 핵심 권한을 단위학교에 직접 부여하는 방안이 추진되었다. 즉 교육과정 자율화, 학교장 인사권 강화, 지역단위 교원임용, 자율학교 확대 등이었다. 이 시안에 대해 교육과학기술부(2009.6.11.)는 다시 '학교단위 책임경영을 위한 학교 자율화 추진방안'으로 확정 발표했다. 그 주요 내용은 [표 8-3]과 같다.

483 《아시아경제》(2008.4.22.), 〈'4.15 학교자율화' 공교육 무너뜨린다?〉.

[표 8-3] 학교단위 책임경영을 위한 학교자율화 추진방안(2009)의 주요 내용[484]

중점과제	추진내용
교육과정 자율화	-국민공통 기본교육과정 교과별 수업시수 20% 증감 허용 -모든 교과 대상 선택과목 신설 가능: 학생 과목 선택권 확대 -집중이수제 확대 -재량활동과 특별활동의 통합 운영 허용
교직원 인사 자율화	-단위학교 교장에게 정원의 20% 교사 초빙권 부여 -학교장의 교원 전보상의 권한 강화 -학교장에게 해당 학교 행정직원 인사권 부여 -비선호 지역 학교 및 지역단위 교원 임용제도 도입 -전문가와 박사학위 소지자의 교사자격증 취득 경로 마련 -반일/격일제 근무 형태의 기간제 교원임용 활성화
자율학교 확대	-마이스터고, 학력향상중점학교, 교육과정혁신학교 등 교과부 재정지원 학교를 중심으로 확대: 2010년 2,500개 -교장공모제 시행 가능 -자율권 확대: 교과별 수업시수의 35%, 교원 정원의 50% -자율학교 평가체제 구축

이 표에서, 학교 자율화를 위한 조치들이 갖는 몇 가지 특징은 다음과 같다. 첫째, 국민공통 기본교육과정도 그 운영상 일정 부분 탄력적으로 운영할 수 있게 되었다는 점이다. 국민공통 기본교육과정은 그동안 반드시 지켜져야 할 것으로 인식되었으나, 이러한 점이 오히려 교육과정의 획일성을 초래한 주요 원인이 된다는 것이다. 둘째, 단위학교(장)가 교육과정 편성 및 운영과 교직원 인사에 대해 상당한 권한을 갖게 된 점이다. 이러한 권한은 이전까지 교육감의 권한이었거나 학교장에게는 그 일부만 부여되어 있었다. 셋째, 기존의 제도를 현실 상황에 더 부합하도록 수정하거나 유연성을 가진 제도를 새로 만들었다는 점이다. 이를테면, 집중이수제, 지역단위 교원임용제, 전문가 교사임용제, 반일·격일 근무 기간제 교원 등이 그런 것이다. 이 방안에 따르면, 학교(장)의 자율성과 권한이 상당한 정도로 확대된 것임이 분명하다.

---

484 교육과학기술부(2009.6.11.), 〈학교단위 책임경영을 위한 학교자율화 추진 방안〉, 3쪽의 표에 방

이명박 정부의 학교 자율화 조치는 교육체제와 단위학교의 교육과정 운영, 인사권, 그 외 학교 운영 등에서 규제 풀기와 권한 이양을 통해 학교의 행정적 자율성을 크게 확대시켰다. 자율화는 교육체제 및 학교 혁신의 필요조건이다. 자율화 조치로서 규제 완화와 권한 이양은 전문적 활동을 통한 목적 추구 활동에 필요하지만 충분하지는 않았다. 특히 교육기획권, 즉 교재구성권과 학생평가권을 학교와 교사에게 부여해야 한다. 학교와 교사가 수업을 기획하고 실행하고 평가하고 기록하는 등의 전문적 교육활동을 자율로 할 수 있는 권한은 필수적이다. 그리고 그 자율성은 공적으로 엄중한 책임과 함께한다.

나. 고등학교의 다양화와 서열화

이명박 정부는 교육에 대한 국가의 획일적인 통제와 간섭을 줄이고 지역교육청과 단위학교에 권한을 부여하여 학교가 자율적으로 운영되게 함으로써 교육의 질을 높이려고 하였다. 여기에 학교의 다양화는 필수적으로 수반되어야 한다. '고교 다양화 정책'은 이명박 정부의 가장 두드러진 교육정책 중 하나였다.

이명박 정부의 고교 다양화 정책은 평준화제도를 해체하고 새로운 고등학교체제를 구축하려는 것이었다. 고등학교 다양화 정책은 구체적으로 고등학교의 유형과 체제를 일반계고, 특성화고(전문계고, 전문계 특목고, 특성화고), 특목고(과학고, 외국어고, 국제고, 예술·체육고, 마이스터고), 자율고(자율형 공·사립고, 기숙형고) 등 네 가지 유형(「초·중등교육법 시행령」 第76조의2)으로 정비하는 것이었다.[485] 교육과학기술부(2008)는 고교 다양화 정책을 통하

안의 구체적인 내용을 부가하였다.

485 교육과학기술부(2009.12.10.), 〈고등학교 선진화를 위한 입학제도 및 체제 개편 방향〉(보도자료). 이명박 정부는 2010년 6월 22일 고교체제 개편과 학교자율화를 위해 '개정 「초·중등교육법 시행

여 고등학교를 교육목적, 교육내용, 학교 운영 방식 등에서 질적으로 다양화하고 학습자의 선택권과 학교 운영의 자율성을 증대하면, 교육의 질을 제고하는 것이 가능하다고 주장했다. 또한 고교평준화가 그동안 교육의 질을 저하시키고 학습자의 교육 선택을 제한했다고 비판하면서 평준화 틀의 해체를 지향하는 다양화 정책이 고등학교 교육문제를 해결할 합리적 방안이라고 주장했다.

'고교 다양화 300 프로젝트'는 이명박 정부의 대표적인 고등학교체제 변화정책이다. 이 프로젝트는 정부 출범 당시 대통령직인수위원회의 백서(2008)에 발표되었는데, 300개의 다양화된 고등학교를 설립할 것이라고 했다. 이명박 정부는 '고교 다양화 프로젝트'를 통해 다양한 유형의 학교를 만들어 교육수요자에게 선택권을 확대함으로써 교육의 경쟁력을 제고하고, 공교육에 다양성과 창의성을 불어넣어 교육수요자의 만족도를 높이고 사교육비를 절감하고자 했다.[486] 이 프로젝트는 또한 대선공약으로 제시된 것이기도 하다. '고교 다양화 300 프로젝트' 공약의 주요 내용은 다음과 같다.

① 150개 기숙형 공립고 지정: 농어촌지역·중소도시에 설립된 학교, 학생의 80% 기숙사 입주, 기숙사비는 학생의 가정형편에 따라 맞춤형 장학금으로 지원
② 지역별 자율형 사립고 100개 육성: 국가의 획일적 통제를 벗어나 자율운영과 창의교육 지향, 자립형사립고의 재정규제(법인전입금) 완화

령」 제76조의 2'에 따라 고교 유형을 일반고, 특성화고, 특목고, 자율고 등 4개 유형으로 단순화하여 재분류하였다. 황준성(2012), 앞의 연구보고서, 5쪽.

486 강영혜 등(2011), 〈일반계 고교 다양화 정책의 추진현황과 과제: 자율형 공립고, 자율형 사립고, 기숙형 고교를 중심으로〉, 한국교육개발원, 1쪽.

③ 한국형 마이스터고 50개 육성: 교육내용과 교원에 대한 획일적인 규제 철폐, 학교단위 자율성 보장, 학생에 대한 학비 면제, 외국어 교육, 해외연수 지원, 취업·진학 지원 등

이 외에도 교육과학기술부는 2011년에 자율형 공립고 39개교를 추가하여 전국 97개교로 확대하고,[487] 2012년에는 116개교로 확대[488]하는 등 고교 다양화 정책을 계속 추진하였다. 5·31 교육개혁 이후 추진된 고교 다양화 정책의 전체적 맥락에서 보면, 고등학교 체제 다양화 정책의 무게중심이 학교 유형의 다양화에서 운영의 자율화로 이동하는 경향을 보였다.[489]

주영효·박균열(2012)은 이명박 정부 교육공약 이행도에 대해서, 고교 다양화 300 프로젝트 공약의 9개 세부 영역 중 '부분이행'은 1개, '완전이행'은 8개로 분석했다.[490] 이 프로젝트의 성과와 관련하여, 황준성(2012)은 자율형사립고가 학교 선택권 확대, 학교교육력 제고, 교육기회 불균형 완화, 지방 교육재정 절감 등에 기여하였으며, 자율형 공립고는 학생 및 학부모의 만족도 제고, 지역 공립고의 교육력 제고, 열악한 지역 공립고의 교육경쟁력 제고 등에 긍정적인 효과를 나타냈고, 기숙형

487 교육과학기술부(2011.3.31.), 〈자율형공립고 39개교 추가, 전국 97개교로〉(보도자료).

488 교육과학기술부(2012.8.22.), 〈자율형공립고 116개교로 확대〉(보도자료).

489 김성열·김훈호(2015), 〈고등학교체제의 다양화: 양상과 성과, 그리고 과제〉, 《교육연구와 실천》 81, 27쪽.

490 주영효·박균열(2012), 앞의 논문, 395쪽. 기숙형고교 공약은 농·산·어촌지역의 1군 1교 기준, 지역거점고 중심으로 시도교육청의 심의·추천으로 82개교를 선정하여 기숙사 설치를 지원(2008.8.)하였으며, 68개교를 추가 선정하여 150개교를 지정(2009)하였다./ 자율형사립고 100개 육성 공약은 25개교의 자율형사립고 지정(2009.9.), 기존 자립형사립고의 자율형사립고 전환 등 26개교 추가 지정(2010), 13개 시도에서 50개교를 운영하게 하였다(2012.7.). 당초 100개 목표가 부분적으로 이행된 것이다./ 한국형 마이스터고 50개교 육성 공약은, 2008년 마이스터고 제도 도입, 2010년 기존 특성화고 중 21개교 선정, 2012년에 7개교, 2013년에 7개교가 개교하여 총 35개교를 지정했다. 세부 공약인 교육내용과 교원에 대한 획일적인 규제 철폐, 학교단위 자율성 보장 영역은 개방형의 교원인사제 도입, 교육과정 100% 자율화 등을 통해 '완전이행'하였다.

고는 우수학생 모집, 학생과 학부모 및 교원의 만족도 향상, 교육여건 향상, 지방자치단체 등의 교육지원 확대와 같은 성과가 있었다고 보고했다.[491]

그러나 '고교 다양화 300 프로젝트'에 대해 여러 비판적 의견이 제기되었다. 강태중(2008)은 우리 사회에서 고등학교 선택이 대학진학 가능성을 염두에 두고 일어날 수밖에 없다면, 대학진학률에 따른 서열화가 다양화의 실제 모습이 될 것이며, 고교 다양화 300 프로젝트가 추구하는 다양화가 이런 현상을 극복하기는 어려울 것으로 예상했다.[492] 조상식(2008)도 모든 학부모가 입시 위주의 교육에 전념하고 있는 상황에서 '다양한 학교'는 결국 '위계화된 다양성'으로 변질될 것이라고 전망했다.[493] 그리고 김천기(2012)는 고교 다양화 300 프로젝트가 일반계 고등학교의 질을 저하시킬 가능성이 있을 뿐만 아니라 고교진학단계의 계열분리를 심화한다는 점을 우려했다. 한국사회와 같은 학력·학벌사회에서 고교진학단계의 계열분리는 이후의 사회경제적 지위에 큰 영향을 미칠 수 있기 때문이다.[494] 고교 다양화로 이루어지는 경쟁에 가정의 사회경제적 배경에 따른 사교육이 큰 영향을 미치고 있어 사회계층 간 교육격차는 더 심화될 수밖에 없다. 이와 함께 상위계층의 기득권 대물림의 명분이 강화되고 재생산이 더욱 용이하게 되었다는 비판도 제기되었다.[495]

---

491 황준성(2012), 앞의 연구보고서, 24-30쪽. 2012년 7월 기준, 자율형 사립고는 13개 시도에 50개교를 지정 운영 중인데, 2009년에 25개교, 2010년에 25개교를 추가 지정한 것이다. 자율형 공립고는 15개 시도에 97개교를 지정 운영 중이며, 2009년에 21개교, 2010년에 37개교, 2011년에 39개교를 지정하였다. 기숙형고는 12개 시도에 150개교를 지정·운영 중이고, 2008년에 82개교, 2009년에 68개교를 추가 지정하였다(11-12쪽).

492 강태중(2008), 〈'고교 다양화 300 프로젝트'가 공교육을 바꿀 가능성은?〉, 《교육정책포럼》 168, 한국교육개발원, 7쪽.

493 조상식(2008), 앞의 논문, 48-49쪽.

494 김천기(2012), 앞의 논문, 135쪽.

495 강은숙·유승오(2014), 〈교육개혁정책의 연속성과 단절성에 관한 분석〉, 《교육문제연구》 20(3), 61-62쪽.

손준종(2010)은 이명박 정부에 의해 추진된 '고교 다양화 300 프로젝트'를 중심으로 한국 고등학교체제의 수평적 계층화[496] 현상에 대해 비판적으로 분석하였다. 그에 따르면, 고교 다양화 정책은 국가 선진화를 위한 신발전체제 구축을 위한 정책이자 중간계급의 계급적 실천이며, 사회적 불평등과 계층화를 반영하는 것으로, 대학서열체제를 공고화할 가능성이 크다.

고교 다양화 정책은 고교평준화제도를 대체하려는 정책이었다. 다양화 정책입안자들은 고교평준화제도가 학교 간 경쟁을 완화했을 뿐이며, 획일화된 관치교육으로 교육의 질이 낮아지고 학생과 학부모의 학교 선택권을 보장하지 못한다고 비판하면서, 학교의 자율화와 다양화는 학생들을 다시 학교로 불러들이기 위한 것이라고 했다. 그러나 고교 다양화 정책으로 확대된 특수목적고나 자율형사립고, 수준별 교육과정 등 소위 평준화의 보완책이라는 조치들은 사회경제적으로 어느 정도 조건을 갖춘 이들이 치열한 입시경쟁에서 유리한 조건을 확보하는 방편이 되었다. 고교 다양화 정책은 다소의 긍정적인 결과에도 불구하고, 사회의 성원들이 대학진학의 관심에서 벗어날 수 없는 구조적 상황에 처해 있음으로 인해 특목고-자율고-일반고-전문계고의 위계적 형태로 고등학교의 서열화를 강화한 것이 사실이다.

---

496 손준종(2010), 〈한국 고등학교의 수평적 계층화에 관한 이해와 비판〉, 《교육사회학연구》 20(4), 153-163쪽. '고교 다양화 정책'으로 동일 수준의 교육이 질적으로 차별화되는 '수평적 계층화' 현상에 대해, 그는 지배계급이 선택한 전략의 일환으로 이해하였다. 고교 다양화 정책은 교육에 대한 민주주의적 규제를 약화시키고 소유적 개인주의에 의한 경쟁적 시장의 교육지배를 심화시키며, 다양화된 학교가 사회계층화에 조응하면서 잠재적 경쟁자들을 조기에 배제하려는 중간계급의 계급적 실천이라는 것이다. 그는 교육적 경험의 다양화가 수반되지 않은 제도의 다양화는 학교의 서열화와 학생의 병리화 그리고 사회적 불평등의 확대라는 비합리성을 낳을 가능성이 있다고 지적하였다.

다. 대학교육체제의 자율화와 전문대학원 운영

이명박 정부는 국정과제의 하나인 대학의 자율권 확대와 관련하여 고등교육기관의 자율화와 운영체제의 효율화를 위한 변화를 시도했다. 대학의 자율권 확대와 운영의 효율화를 위해, 관치 없는 대학의 학생선발, 입학사정관제 도입 등 대학입시 3단계 자율화 방안 외에도, 대학 구조조정, 국립대학 법인화, 규제 완화, 대학평가를 통한 지원 등을 추진하였다. 이에 따라 대학입시 자율화와 관련하여 정부의 대입전형 개입 근거가 되는 법 조항을 삭제하였고, 한국대학교육협의회 등이 정한 원칙과 일정 등을 준수하도록 관련 법령인 「고등교육법 시행령」을 개정하였다. 아울러 국립대학을 단계적으로 법인화하기 위해 먼저 서울대 법인화를 추진하였다.[497]

교육과학기술부는 '대학 구조조정 추진방안'(2009.2.)과 '국립대학 구조개혁 추진계획'(2009.7.)으로 국립대 통폐합과 법인화 추진, 대학평가를 통한 대학정원 감축 및 부실 사립대학 퇴출 촉진, 상시적 구조조정 기반 조성, 국립대학 간 연합체제 도입 등의 대학 구조조정을 추진했다. 그리고 2010년 9월 28일에는 '국립대학 선진화 방안: 운영체제 효율화를 통한 국립대학 경쟁력 강화'를 발표했다. 이 방안에서 정부는 현재 국립대가 처해 있는 문제상황과 이를 해소하기 위한 과제들을 제시하였다. 이 방안이 제시하는 국립대의 주요 문제로는 국가지원에 의존하는 재정구조와 낮은 경쟁력, 비합리적인 지배구조, 비탄력적인 교직원 인사 및 보수 운영체제, 비효율적인 자원 및 정보 관리 체제 등[498]이었다.

---

497 주영효·박균열(2012), 앞의 논문, 399쪽.

498 교육과학기술부(2010.9.28.), 앞의 국립대학 선진화 방안, 1-2쪽.

[표 8-4] 국립대학 운영체제 선진화의 기본 방향[499]

○ 국립대학 운영의 자율성·효율성·경쟁력 제고=국립대학 통제 완화 및 낙후된 운영시스템 개선 ○ 국립대학 체질 개선 및 책무성 확보=시장기제에 따른 경쟁적 환경 조성	
부문별 전략	세부 추진과제
〈거버넌스〉 지배구조 선진화	1. 국립대학 법인화-지방거점국립대 단계적 추진 2. 학장 직선제 개선-총장 임명제 3. 교육대학 총장 선출제 개선-간선제 도입
〈인사〉 교직원 역량강화 및 성과창출 유도	1. 교원 임용방식 다양화-특별채용 등 적시임용체제 2. 교원 성과급적 연봉제 도입 3. 사무국장 임명제도 개선-총장 의견 반영, 최소 2년 4. 행정직원 전문성 강화 및 역량제고 지원
〈운영시스템〉 운영체제 효율화·자율화	1. 국립대학 재정·회계법 제정-책임운영체제, 총액 2. (가칭)국립대학 자원관리 선진화시스템 구축 3. 대학운영 자율화
〈경쟁적 환경조성〉 국립대학 체질 개선 및 책무성 확보	1. 국립대학 구조개혁-사회수요에 부응, 체질 개선 2. 경영정보공시제 도입

이 문제들에 대한 정부의 전략과 구체적인 과제들은 [표 8-4]와 같다. 대표적인 과제 중의 하나가 국립대학 법인화이다. 국립대학 법인화는 이른바 '대학 지배구조의 선진화'를 위한 첫 번째 세부 추진과제로 설정되어 있음을 볼 수 있다. 이 무렵에 발간된 이필남 등(2010)의 한국교육개발원 연구보고서인 〈국립대학 법인화 정책연구〉에서는 국립대학 법인화 정책의 필요성과 정책 내용, 현황과 문제점들에 대한 분석과 함께 국립대 법인화에 대한 국립대 성원과 전문가들의 인식을 조사·분석하였다. 조사 결과는 국립대학 법인화에 대한 반대의견이 우세했다(반대 64.3%, 찬성 31.9%).[500] 이러한 사실은 이후 국립대학 법인화 추진이 순탄치 않을 것임을 예고하는 것이기도 했다. 특히 서울대학교 법인화는 이전부터 국립대

499 교육과학기술부(2010.9.28.), 〈국립대학 선진화 방안: 운영체제 효율화를 통한 국립대학 경쟁력 강화〉, 5쪽.

500 이필남 등(2010), 〈국립대학 법인화 정책 연구〉, 한국교육개발원, 185쪽.

우위의 대학서열체제를 기반으로 하는 학력·학벌주의를 완화·해소하기 위한 핵심 과제로 제기되기도 했던 사안이다.[501] 오랜 갈등 끝에 2010년 12월 「국립대학법인 서울대학교 설치 운영에 관한 법률」이 국회를 통과하였고, 2011년 3월 입법예고를 거쳐 9월에 시행령이 제정되어 2012년부터 서울대학교를 국립대학법인으로 전환하게 되었다.

서울대학교 법인화는 정부의 계획에 따른 것이라기보다는, 서울대가 정부의 정책과 사회정치적 상황에 적극적으로 대응하면서, 자체적으로 오래전부터 계획하고 다듬어 온 장기 발전계획의 맥락에서 만든 독자적인 서울대 발전방안을 주도적으로 추진한 결과였다. 서울대는 국공립대의 법인화 형태를 일괄적으로 규정한 이전 정부의 입법을 비판하고, 서울대의 위상과 특성에 맞게 서울대 법인화안을 만들어 법인화를 지지하는 한나라당 및 이명박 정부와 타협하면서 자체의 요구를 관철시켰다.[502] 성시경·도명록의 연구(2012)에 따르면, "서울대학교 법인화는 전체 대학의 일괄적 구조조정이 아니라, 서울대 자체의 경쟁력 향상이라는 목표에 맞추어 자율성과 안정적인 재정기반을 동시에 확보한 개별 대학의 개혁"(259쪽)이었다.

이 외에도 '국립대학 선진화' 정책에는 국립대 총장직선제 폐지, 성과급적 연봉제 도입, 국립대학자원관리효율화 방안 추진, 국립대학 회계제도 개편 등이 주요 과제로 포함되어 있었다. 이명박 정부는 2011년 '공무원보수규정'을 개정하여 성과급적 연봉제를 도입하였고, 2012년에는 교육역량강화사업 지원대학 선정에 국공립대학 총장직선제 폐지 요건을

---

501 김동훈(2002), 《서울대가 없어야 나라가 산다: 학벌주의의 뿌리를 찾아서》, 더북; 정영섭(2002), 〈학벌주의 타파를 위한 정부 정책의 한계와 개혁 방향〉, 《사회과학연구》 15 등.

502 손승욱(2011), 〈서울대 법인화 논의의 역사〉(http://jayouropen.egloos.com/v/5057813/), 3-13쪽 참조; 손승욱(2011), 〈공공성 가치의 위축과 특권 유지: 서울대 법인화 논의의 역사〉, 《내일을 여는 역사》 44, 146-169쪽.

포함시켰다. 특히 총장직선제 폐지에 대해서는 교수들의 강한 저항이 있었다. 총장직선제는 그 폐단에도 불구하고 대학의 자치와 자율을 상징하는 것으로, 총장직선제 폐지는 대학이 수용하기 어려운 사안이었다.

규제 완화 등의 대학자율화와 관련해서는 국립대학 소재지 제한 완화, 교원 확보율 기준 완화, 대학교원의 역할 다양화(교육, 산학협력 전담 교원 근거 마련), 교원 채용 시 출신교 제한 완화 및 모집 절차와 공고 기간 제한 폐지, 인접 교지의 단일교지 인정 등을 시행하였다. 교육과학기술부(2012)에 따르면, 2008년부터 2011년까지 학사, 인사, 재정 등의 분야에서 66개의 자율화 과제를 추진하여 완료하였다.[503] 그리고 국무총리실 등(2012)의 보도자료 〈대학경쟁력 강화를 위한 '대학자율화 추진계획' 확정·발표〉에 따르면, 정부 재정지원 방식, 국제화, 대학·학교법인 운영, 대학 교사(校舍) 건축, 조세 감면 등 5개 분야에서 대학자율화 과제 32건을 확정하였다.[504]

그 외 이명박 정부 시기 고등교육체제의 주요 변화로는 전문대학원 운영과 관련된 사항을 들 수 있다. 법학전문대학원은 참여정부 때 관련 법안이 통과된 후, 2009년 이명박 정부 들어 문을 열었다. 2008년에 첫 법학적성시험을 실시하여 2009년 3월부터 정식으로 법학전문대학원이 시작된 것이다. 25개의 국내 대학이 인가를 받아 법학전문대학원을 운영하게 되었으며, 새 변호사시험법이 2009년 5월에 제정되었다.[505] 기존의 사법시험을 2017년에 폐지하고 법학전문대학원 과정 이수자에 한해서 변호사 시험에 응시할 수 있게 하였다. 그리고 법학전문대학원 설치 인가 대학의 종래 법과대학 폐지시한도 2017년으로 정하여, 그전까지만 명칭

503 교육과학기술부(2012.8.27.), 〈대학경쟁력 강화를 위한 '대학자율화 추진계획'〉, 1, 17-18쪽.
504 국무총리실 등(2012.8.27.), 〈대학경쟁력 강화를 위한 '대학자율화 추진계획' 확정·발표〉(보도자료).
505 송석윤(2015), 〈법학전문대학원 제도의 성과와 발전 방향: 그 도입논의 및 최근 쟁점과 관련하여〉, 《법교육연구》 10(3), 37쪽.

과 조직, 수업 과정을 존치하게 하였다. 교과부는 2008년 로스쿨을 인가하면서 법학전문대학원 인가 대학은 2008학년도까지만 법과대학 학부 신입생을 모집하도록 하였다.

의학전문대학원은 2003년에 도입되었으나 의학교육 학제에 대한 합의가 이루어지지 않아 의전원체제로만 운영하거나, 의과대학과 의학전문대학원을 병행 운영하는 대학들이 있었다. 병행 운영체제의 문제점을 해소하기 위해 교육과학기술부는 2009년 6월부터 '의·치의학교육제도개선위원회'를 구성하여 운영했다. 2009년 기준으로 볼 때, 전국 41개 의대 중 14개 대학은 의전원 체제로 운영하고, 13개 대학은 의과대학과 의전원 체제를 50%씩 함께 운영했다. 그 외 14개 대학은 의학전문대학원 전환을 거부했다. 교육과학기술부는 국민의 정부가 2003년 의·치전원 도입 시 예고한 대로, 2009년에 그간의 성과를 평가하여 2010년에 의학교육체제를 최종 확정하도록 했다.[506]

2005년부터 시작된 의학전문대학원 운영 과정에는 여러 가지 문제가 되었다. 이를테면, 과도한 등록금, 연구보다는 임상의학으로의 편중, 개선 없는 교육과정, 기초의학교육 부실, 이공계 출신자의 의사직 진출 통로화, 지역별 의료수급 불균형, 군의관과 공중보건의 수급 문제, 대학들의 편법적 의전원 입학 준비과정 신설 등이다. 이 문제들은 의학전문대학원체제의 유지 명분을 취약하게 하고 이전 의과대학체제로의 회귀 의지를 강화하는 계기로 작용할 수 있는 것이었다.[507] 교육과학기술부는 2010년 7월 2일 의·치의학 교육제도 개선 계획을 발표해 대학이 자율적

---

506 교육과학기술부(2010.7.2.), 〈의·치의학 교육제도 개선계획 발표〉(보도자료), 1쪽.

507 서혁준 등(2014), 〈정책의 도입, 표류, 그리고 회귀: 의학전문대학원 사례 연구〉, 《국가정책연구》 28(4), 203-206쪽.

으로 학제를 선택하도록 하였다.[508] 2011년 9월 7일 교육과학기술부가 발표한 의전원 정원조정 결과에 따르면, 가천대, 강원대, 건국대, 동국대, 제주대 등 5개교가 의전원 학제를 선택했으며, 이를 제외한 36개 대학이 과거의 의대 학제를 선택했다.[509] 결국 의학전문대학원제도가 성공적으로 정착하지 못한 것이다.

이명박 정부 시기에 나타난 고등교육 학력산출체제의 주요 변화는 정부의 대학자율화 및 운영의 효율화 정책에 따라 국립대학 법인화, 각종 규제 완화, 전문대학원 개원 및 변화 등이 추진되었다. 이러한 변화가 학력·학벌주의에 어떤 의미와 연관을 가질까?

국립대법인화는 학력·학벌 문제 등 국립대학의 여러 문제의 해법이 될 것이라는 의견과, 지역의 대학이 더 어려운 처지로 전락하게 될 것이라는 의견이 충돌해 온 쟁점이다. 서울대 법인화는 서울대 자체의 의지와 계획에 의한 유리한 조건 확보 그리고 법인화를 지지하는 사회정치적 상황 속에서 관철되었지만, 지방의 국립대학들도 서울대와 같은 정도와 방식으로 법인화하는 것이 가능할 것인지는 미지수다. 더욱이 지방국립대에는 국가에 의한 공적 관리와 지원이 그 존립과 교육의 공공성을 위해 매우 중요한 관건이다. 이 점은 지역의 국립대학들이 선뜻 법인으로 전환하지 못한 이유이자 반대의견이 강고한 이유이기도 했다.

전문대학원의 주된 설립 취지는 당시 교육개혁의 요구에 따라 세계무대에서 경쟁력을 발휘할 수 있도록 전문직 영역의 대학교육 문제를 개선하고, 전문직 영역 진입 경로를 확장하여 다양한 학문적 배경을 가진 의료인력을 양성하는 것이었다. 그리고 학력·학벌주의가 두드러지게 나타

508 교육과학기술부(2010.7.2.), 앞의 보도자료.
509 교육과학기술부(2011.9.7.), 〈의·치의학 전문대학원 정원 조정 결과 발표〉(보도자료).

나는 문제로서, 전문직 영역의 전공으로 고교 성적 우수아들의 쏠림현상이 심각하며, 상위서열의 대학들이 전문직을 독점하고, 학생들이 전문직 교육의 본래적 목적에 매진하기보다는 시험에 사로잡혀 심신을 소진하며, 대학의 전공교육이 부실해지는 문제 등을 개선하고자 했다. 법학전문대학원이 비교적 신속하게 제도화된 데 비해, 좀 더 일찍부터 추진되었던 의학전문대학원체제는 대다수 대학이 이전 의과대학체제로 역행해 가는 것으로 종결되었다. 여기에는 '획일화보다는 다양한 학제가 의학발전에 도움이 될 것'이라는 인식이나 과도기 동안에 새로 제기된 여러 문제 때문이라는 이유 외에도, 대학서열체제상의 위상과 같은 측면에서 기득권의 득실을 따지는 대학들과 의학계의 엘리트주의적 의식 등이 작용하였다.

4. 명문학벌 편포성의 지속과 역동성

이명박 정부 시기의 학력·학벌과 입직의 관계 혹은 학력·학벌의 주요 부문 점유율은 어떠했을까? 이 기간에 정계, 재계, 법조계 등 사회 여러 부문에서 주요 학벌의 점유 상황을 보여 주는 자료들을 살펴보기로 한다.

이명박 정부 전반부에 국무총리와 장관 및 차관급의 정무직 공무원으로 등용된 89명의 출신대학 분포는 서울대 41명(46.1%), 고려대 12명(13.5%), 연세대 9명(10.1%), 사관학교 4명(4.5%), 기타 23명(25.8%)이었다.[510] 상위 3개 대학이 69.7%를 차지했다. 전 정부(65.9%)보다 약 4% 높은 비율이다.

510 박영원(2011), 〈정무직 공무원의 인사 형평성에 관한 실증적 연구〉, 《한국인사행정학회보》 10(3), 250쪽.

2008년 4월 9일 제18대 총선에서 당선된 국회의원들의 출신대학별 분포는 서울대 111명(37.1%), 고려대 25명(8.4%), 연세대 23명(7.7%), 성균관대 17명(5.7%), 이화여대 10명(3.3%) 등이었다.[511] 3개 대학을 합친 비율은 53.2%로, 제17대(56%)보다는 다소 낮았다.

2012년 4월 11일에 치러진 제19대 총선에서 당선된 국회의원의 출신대학(학부 기준)을 보면, 전체 300명 중 서울대 출신자는 78명(26.0%), 고려대 26명(8.7%), 연세대 24명(8.0%), 성균관대 21명(7.0%), 이화여대 10명(3.3%) 등이었다. 대학원 기준으로 하면 이보다 좀 더 많다.[512] 상위 3개 대학의 비율은 42.7%로, 제18대에 비해 약 10% 감소하였다.

두 선거는 모두 이명박 정부 초기와 말기에 이루어진 것인데, 서울대 출신자의 비율이 37.1%에서 26.0%로 약 11% 감소한 것 외에는 대개 비슷한 비율과 서열 분포를 보였다. 상위 3개 대학이 약 42.7~53.2%를 점유했다.

2012년 25개 로스쿨 졸업자의 첫 법원·검찰로의 진출 결과를 분석해 보면, 예비검사로 진출한 인원은 서울대 8명, 연세대 7명, 충남대 5명 등이었다. 2년간 판사업무를 돕고 1년 이상 변호사 경력을 쌓은 후 판사에 지원할 수 있는 로클럭(법원 재판연구원)에서는 성균관대 9명, 한양대 8명, 연세대 7명으로 상위권에 올랐다. 전체적으로는 연세대가 14명으로 가장 많았고, 한양대 12명, 서울대·성균관대·충남대가 각각 11명으로 뒤를

---

511 《dongA.com》(2008.4.11.), 〈134명이 첫 금배지…의원 1인 평균 재산 26억원〉; 《조선일보》(2008.4.11.), 〈각 당 모두 서울대 출신이 가장 많아〉. 한나라당은 153명 가운데 서울대 59명(39%), 고려대 18명, 연세대 17명, 성균관대 6명 등이었고, 민주당도 81명 중 서울대 출신이 30명(37%), 고려대, 연세대, 성균관대 출신이 각 6명이었다. 3개대 비중은 한나라당이 61.4%, 민주당이 51.9%였다.

512 《아시아투데이》(2012.4.12.), 〈4·11총선 당선자 26% 서울대 출신…고려대 26명으로 뒤이어〉. 대학원 학력으로 보면 다소 다르다. 전체 300명 중 111명(37.0%)이 상위 3개 대학 출신이며, 111명 중 63명(56.8%)이 서울대 출신이고 수도권 외 지역대학 출신자는 48명(16%)에 불과했다.

이었다. 기존 명문 3개 대학 로스쿨 졸업자의 경우 검찰에는 전체 42명 중 18명이 채용돼 43%의 비율을 차지하였으나, 로클럭에는 100명 중 16명이 채용되어 뚜렷한 결과를 나타내지 못했다.[513]

법학전문대학원 졸업자가 현직에 진출하기 시작한 2012년부터 2014년까지 임용된 검사 전체 348명(로스쿨 119명, 사법시험 229명) 중 상위 3개 대학 출신자가 239명으로 68.7%를 차지했다. 이 기간 로스쿨 출신 검사 임용자는 서울대 출신자 51명(42.9%), 연세대 24명(20.2%), 고려대 17명(14.3%)으로 이들 3개 대학 로스쿨 출신이 77.3%(92명)에 달했다. 이 비중은 같은 기간 사법시험에 합격해 검사로 임용된 229명 중 상위 3개 대학 출신자의 비율인 64.2%(147명)보다 높다.[514]

그리고 2010~2014년 사이 신규 임용된 법관 660명에 대해서는 서울대 출신자가 340명(51.5%), 고려대 135명(20.5%), 연세대 52명(7.9%)으로 3개 대학 출신자가 79.8%를 차지했다. 그리고 2009~2014년 동안에 대법원이 임용한 115명의 경력법관 가운데 93명(72.2%)이 상위 3개 대학 출신자였는데, 그중 서울대가 50명(43.5%), 고려대 20명(17.4%), 연세대 13명(11.3%)이었다.[515] 저명 학벌들의 점유 비율이 여전히 압도적인 수준이었다.

한편 경제계에 관한 자료로, 중소기업 및 벤처기업으로 구성된 코스닥협회가 2010년 1,016개사 총 1,226명의 대표이사를 대상으로 조사한 결과에 따르면, 출신대학으로는 서울대가 19.4%로 가장 많았고, 연세대 9.4%, 고려대 8.2%, 한양대 8.8%, 성균관대 3.7%였으며,[516] 상위 3개 대

---

513 《한경닷컴》(2012.3.8.), 〈25개 로스쿨 법원·검찰 채용 첫 성적표 받아보니〉.

514 《법률저널》(2014.10.30.), 〈로스쿨 검사, 사시보다 학벌 편중 더욱 심해져(출신 학부 기준)〉; 대학교육연구소(2014), 앞의 통계자료, 5-6쪽.

515 《법률저널》(2014.10.9.), 〈5년간 신규법관 52% 서울대 출신〉; 대학교육연구소(2014), 〈통계로 본 학벌사회〉 4, 3-4쪽.

516 《뉴스토마토》(2009.9.28.), 〈코스닥 CEO, 5명 중 1명은 서울대 출신〉. 출신 고등학교별로는 경복고 69명 5.6%, 경기고 3.5%, 서울고 3.5%, 경남고 3.5% 등이었다.

학 출신이 37.0%를 차지했다.

대기업들로 이루어진 한국상장회사협의회가 2010년 유가증권시장 상장법인 714개사 소속 임원과 대표이사 14,237명의 주요 인적 사항을 분석한 결과에서는 서울대·연세대·고려대 출신 임원이 4,198명으로 전체의 32.7%였다. 서울대 출신 임원이 2,199명으로 가장 많았고, 고려대 1,067명, 연세대 932명이었다. 서울대·연세대·고려대 출신 대표이사는 422명으로 전체 대표이사의 46.7%에 달했다. 서울대 출신이 214명(23.7%), 고려대 106명(11.7%), 연세대 102명(11.3%)이었다.[517] 이들 조사 결과를 볼 때, 대표이사의 경우 서울대 출신자가 19.4~23.7%, 3개 대학 출신자가 37.0~46.7%이며, 임원 비율보다는 대표이사의 점유율이 훨씬 더 높음을 알 수 있다.

[표 8-5]에서 볼 때, 3개 대학 출신자의 유가증권 상장법인 임원과 대표이사의 점유비율은 2005년에서 2010년으로 가면서 감소 혹은 현상 유

[표 8-5] 유가증권시장 상장법인 임원과 대표이사의 상위 3개 대학 출신 비율: 2005년과 2010년[518]

대학	임원	비중증감	대표이사	비중증감
서울대	21.7% → 17.1% 1,909명 2,199명	-4.6%	23.2% → 23.7% 198명 214명	+0.5%
고려대	9.7% → 8.3% 851명 1,067명	-1.4%	12.9% → 11.7% 110명 106명	-1.2%
연세대	8.6% → 7.3% 753명 932명	-1.3%	11.2% → 11.3% 96명 102명	+0.1%
3개대	40.0% → 32.7% 3,513명 4,198명	-7.3%	47.3% → 46.7% 404명 422명	-0.6%

517 《뉴시스》(2010.7.20.), 〈대기업 임원 여전히 KS가 주류〉. 200명 이상의 임원을 배출한 고교는 경기고, 서울고, 경복고였으며, 이들 3개교 출신의 전체 임직원 점유율은 6.62%였다. 경기고 출신이 385명으로 2.91%, 서울고는 246명으로 1.86%, 경복고는 245명으로 1.85%를 차지했다.

518 한국상장회사협의회(2010.7.21.), 〈유가증권시장 상장법인 임원 상위 3개 대학 출신자 비율: 2005년과 2010년〉(보도자료), 3쪽. 2005년 655사, 2010년 714사 기준으로 작성한 것이다.

지의 경향을 보인다. 임원의 경우는 3개 대학 전체 비율에서 7.3%가 감소하였으나 대표이사의 경우는 변화가 미미하다.

재벌기업의 경우, 주요 대학 출신자 임원 비율이 앞의 조사들과 차이가 있으며 그 순위에도 다소간 특이한 점이 있다. 재벌닷컴이 2013년 사업보고서를 기준으로 국내 10대 재벌그룹의 대표기업 10개사[519] 임원 2,483명의 최종 출신학교를 분석한 결과 서울대, 고려대, 연세대 출신자가 594명(23.9%)으로 나타났다. 대학별로는 서울대 출신 임원이 254명(10.2%)으로 가장 많았고, 고려대 174명(7.0%), 연세대 166명(6.7%) 순이었다. 앞의 코스닥협회와 상장회사협의회 소속 기업의 임원 비율보다는 낮다는 것을 확인할 수 있다. 해외 대학 출신자가 562명(22.6%)으로 큰 비중을 차지했다. 이 외에 부산대(133명, 5.4%), 한양대(120명, 4.8%), 경북대(107명, 4.3%)가 100명 이상의 임원을 배출했다. 전문대 출신은 총 8명(0.3%), 고졸 출신은 11명(0.4%)이었다. 임원의 학력·학벌별 분포는 각 기업의 전략 중점에 따라 다소 차이가 있었다.[520] 이를테면 해외 진출에 역점을 두는 기업에는 유학파가 많고, 생산 현지의 인력을 많이 채용하는 기업의 경우는 지역대학 출신자가 많았다.

이 외에도 ㈜유니코써치가 발표한 '2013년도 100대 상장기업과 코스닥 100대 기업 여성 임원 전수조사 현황',[521] 《약업신문》이 약업계의 코스피 상장 12월 결산법인 30곳과 코스닥 상장법인 19곳의 대표이사 현황

---

519 《재벌닷컴》(2014.10.)이 분석한 기업은 삼성전자, 현대자동차, SK하이닉스, LG전자, 롯데쇼핑, 포스코, GS건설, 현대중공업, 대한항공, 한화케미칼 등 10개사이다.

520 해외 진출에 주력하는 IT회사들은 유학파가 많은 경향이 있다. 삼성전자는 해외대학 출신 임원이 27.6%였으며, 서울대 19.3%, 연세대 7.4%, 성균관대 6.9%로 상위 대학이 포진했다. LG전자는 전체 임원의 38.5%가 해외대학 출신자였다. SK하이닉스도 해외대학 출신이 21.4%에 달했다. 현대차와 현대중공업은 생산공장이 대개 영남권에 있어, 부산대, 울산대, 영남대 출신이 많았다.《헤럴드경제》(2014.10.9.), 〈삼성전자, 유학파 선호 짙어…10대 재벌그룹 임원들 스펙은?〉.

521 《한경닷컴》(2013.2.27.), 〈이화여대 명문 맞지…그럼 숙대는?〉.

을 분석한 결과,[522] 《스포츠한국》이 2008년 한국 프로야구 8개 구단의 선수 478명을 대상으로 출신학교별 분포를 조사한 결과[523] 등에 따르면, 대개 해당 부문이나 대상의 특성에 대해 전통 명문으로 알려진 고교 및 대학 출신자들이 다수를 이루면서 주류 리더 그룹을 형성하고 있었다.

다음의 기사자료들은 특정 학벌의 점유 비율이 정치 부문에서 어떻게 역동하게 되는지를 시사한다. 이를테면 한국기자협회(2008)는 이명박 대통령이 대선후보 시절 선거대책위원회의 방송특보를 지낸 사람들을 방송통신위원장 등 방송계 요직에 발탁함으로써 정부의 방송 장악 기도가 전방위적으로 진행되고 있다고 보도했다. 이들은 대개 영남권 인사이거나 고려대 출신자였다.[524] 그리고 신문들은 이명박 정부 집권 후반기에 대통령 주변에 있는 실세 인물의 교체와 출신교의 부침 양상에 대해 '출세하려면 ㅇㅇ고등학교를 나와야 한다', '쇠락하는 경동고', '경북고, 막강 파워그룹으로 부상', '서울고의 급격한 약진' 등으로 기사의 제목을 달았다.[525] 이들 기사는 특정 영역의 권력이 학연을 매개로 이합집산하는 역동성을 시사한다.

명문학벌이 진학이나 사회진출에 유리한 데에는 가정의 사회경제적 배경이 기반이 되며, 지역의 대학들은 배제되거나 소외된다. 명문대학에 입학한 부유층 자녀들이 각종 고시 합격을 주도하고 있다.[526] 2009~2012년 4년간 서울대 로스쿨 입학생 614명 중 54.7%가 특목고, 자사고, 강남 3구 출신자였다. 로스쿨 진입에 가정 배경의 조건이 중요하게 작용한다는 뜻이다. 부유층 자녀의 로스쿨 입학 비율도 2009년

---

522 《약업신문》(2011.4.6.), 〈상장제약 대표이사 4명 중 1명 '약대 출신'〉.
523 《한국일보》(2008.7.2.), 〈한국 프로야구 최고 학맥은〉.
524 한국기자협회(2008.6.30.), 〈방송계 낙하산 인사 '고려대 or 영남'〉.
525 《서울경제》(2011.2.16.), 〈경북·서울고 출신 파워 그룹 부상〉.
526 이동연(2015), 〈신자유주의 대학과 학력자본의 재생산〉, 《문화과학》 82, 문화과학사, 34쪽.

51.3%에서 2012년 61.7%로 높아졌다. 주요 대학들은 지방대 출신을 선발하는 데 인색했다.[527] 15개 수도권 로스쿨에 입학한 지방대 출신은 모두 109명으로, 전체 입학생 4,692명의 2.3%에 불과했다. 반면에 3개 주요 대학 출신의 4년간 수도권 로스쿨 입학자 비율은 64.3%나 되었다.

한편 이 시기에도 일부 대기업들이 학력·학벌에 의존하는 채용보다는 이른바 '열린 채용'을 한다는 보도들이 있었다. 2010년 IBK투자증권은 자기소개서만으로 서류 및 1차 면접을 진행하는 파격적인 채용을 하면서, 자기소개서에 학력, 사진, 이력, 어학점수 기재란을 없앤 것은 물론 출신학교나 가족 배경을 알아볼 수 있는 내용을 기입하면 감점 처리하겠다고 광고한 바 있다.[528] 삼성, 현대차, SK, LG 등 주요 대기업들도 공채에서 학력 등 스펙보다 조직 적응력과 창의성 등을 갖춘 인재를 선호하며 면접을 중시하는 경향이 보도되기도 했다.[529] 물론 여전히 많은 기업에서 학력·학벌을 중시하는 관행이 상존하지만, 그런 가운데 경제계가 관계나 정계보다는 선발체제의 유연성을 보여 온 것이 사실이다.

사회 주요 부문에 주요 학벌들의 입직 상황은 이전 정부 시기에서와 마찬가지로 명문학벌의 점유율이 매우 높았다. 상위 3개 대학 점유율을 보면, 차관급 이상 정무직 공무원의 약 70%, 19대 국회의원의 약 43%, 신규임용 검사의 68%, 신규임용 법관의 약 80%, 대법원이 임용한 경력법관의 약 72%, 한국상장회사(대기업) 대표이사의 약 47%, 코스닥협회(중소기업) 대표이사의 약 37% 등으로 나타났다. 국회의원과 경제계 리더의

---

527 《미디어스》(2012.4.20.), 〈로스쿨은 실패했다〉(김영호).

528 《dongA.com》(2010.11.13.), 〈'출신교-가족 배경 쓰면 감점' 증권사도 열린채용 잇따라〉.

529 《국민일보》(2012.2.19.), 〈3월부터 대기업 공채 시즌 활짝-면접 비중 높이고 고졸 채용 늘리고〉. 2011년 한국경영자총협회가 281개 기업을 대상으로 조사한 '대졸 신입사원 채용 동향과 특징'에서 신입사원 채용 시 가장 큰 비중을 차지한 것이 면접(56.3%)이었다. 특히 대기업들은 조직적응력과 창의성에 높은 비중을 둔 것으로 조사됐다.

비율 등이 다소 감소하였지만, 그 외에는 대체로 이전 시기와 유사한 비율을 나타냈다.

이명박 정부 시기에 사회의 주요 부문에서 활동하는 사람들의 출신대학 분포는 영역에 따라 다소 다른 비율을 보일지라도, 이른바 명문으로 알려진 주요 대학들이 주류로서 큰 비중을 차지하고 있음을 확인할 수 있다. 정계 및 재계 등에서 주요 대학 및 이전의 유명 고교들이 뚜렷한 비율을 나타내고 있어 통념으로 알려진 서열을 확인할 수 있다. 그러한 경향은 고위직일수록 더욱 두드러졌다. 그리고 재계가 정계보다 학벌의 편중도가 낮다는 점은 분명해 보인다. 그 외 로스쿨 출신자의 법조계 진출, 여성 경제인, 약업계, 스포츠 영역에 이르기까지 저명 대학 출신자들이 더 큰 비율을 점유하고 있다. 사회적 관행이나 의식 등에서 학력·학벌주의가 지속되고 있는 가운데 명문학벌 취득에 대한 가정의 사회경제적 배경의 영향이 두드러지는 경향이 있으며, 취업시장에 등장하는 탈학력·학벌의 경향도 지배적인 힘으로 작동하지 못했다. 이명박 정부 시기에도 한국사회에 학력·학벌의 후원 효과가 여전히 강하게 작용하고 있음을 의미하는 것이라 할 수 있다.

5. 학력·학벌주의 관련 정책

이명박 정부가 학력·학벌 문제를 직접적으로 다룬 정책은 거의 찾아볼 수 없다. 학력·학벌 관련 문제를 다른 정책의 일부로 다루거나 다른 사안을 다루면서 부수적으로 처리한 것으로 보인다. 먼저 이명박 정부 시기에 있었던 학력·학벌 문제와 관련된 몇 가지 정책 및 제도에 관해 살펴보기로 한다.

이명박 정부는 2011년 2월 17일에 대통령이 참석한 제1차 공정사회 추진 회의에서 '공정사회 구현 5대 추진 방향'을 발표한 바 있다.[530] 당시 정부가 발표한 공정사회 구현을 위한 과제로는 병역, 납세, 교육, 근로 등 국민의 4대 의무와 국민이 불공평하다고 생각하는 제도 및 관행의 개선을 염두에 둔 것이었다. 정부는 (1) 공정한 법과 제도 운영 및 부패 없는 사회 구현, (2) 균등한 기회 보장 사회 창출, (3) 권리 보장과 특권 없는 사회 만들기, (4) 약자 배려와 재기 지원 노력 확대 등 5대 추진 방향을 설정했다.

그중 (2)에서 균등한 기회가 보장되는 사회 구현을 위해 '지역인재추천채용제'를 확대하기로 하였다. '지역인재추천채용제'는 참여정부가 공직 채용에서 중앙과 지방 간 불균형 해소를 위해 도입하고 시행한 제도이다. 또 대학입학에서 신입생 구성을 다양화하는 한편 공정하고 투명한 평가 시스템을 구축하기로 하였다. 그리고 정부는 부처별로 공정한 병역의무, 공평과세와 호화생활 탈세자 근절, 교육 희망사다리 구축, 체불임금 해소 및 산업안전 등 근로자 권익 보호, 전관예우성 관행 개선, 공정·투명한 공직 인사, 대·중·소기업 동반성장 등과 함께 학력·학벌 차별 개선을 8개 중점과제에 포함하여 추진할 것임을 밝혔다. 이 계획은 정부 중심으로 시달된 정책으로, 국민들에게 특별한 주목을 받지 못하였다. 정부 자체의 계획으로 기존의 여러 제도 및 정책운영과 결부되어 추진되었던 것으로 보인다.

2011년 이명박 정부 시기에 도입된 '5급 국가공무원 민간경력자 일괄채용시험'은 학력·학벌주의 대책으로도 일정한 의미가 있다. 이 제도는 민간의 다양한 현장 경력을 지닌 인재들을 공직에 유치해 행정의 전문성

530 《연합뉴스》(2011.2.17.), 〈정부, 공정사회 구현 5대 추진 방향 발표〉.

을 높이려는 것이다. 이 시험을 도입하기 전에는 5급 공무원 경력경쟁채용(전 특별채용)을 부처별로 사정에 따라 수시로 진행해 국민이 관련 정보를 종합적으로 파악하기 어려웠고 선발의 공정성을 확보하는 데 한계가 있었다. 주관기관이 홍보하고 있는 것처럼, 이 제도 도입 후 선발의 공정성과 투명성을 어느 정도 높이는 계기가 되었을 것으로 보인다. 그러나 이 제도의 도입도 공무원 특별채용의 문제를 인식하고 이를 개선하고자 한 데서 비롯된 것이어서 학력·학벌 문제에 대한 직접적 대책은 아니었다.

한편 이 대통령도 관료사회의 학벌 문제를 언급한 적이 있다. 2011년 5월 19일 서울 관악구 서울산업정보학교를 방문해 국민경제대책회의를 주재한 자리에서 "대기업 CEO를 과거엔 80%가 특정 대학 출신이 차지했는데, 지금은 60%를 그 외의 대학이 차지하고 그중 반 이상이 지방대"라며 "실업계에서는 변화가 오고 있으나 관료사회는 아직 변화를 체감하지 못하고 있다."라고 말했다.[531] 이 대통령은 이어 "관료사회도 그런 식으로 변화해야 한다. (현 정부는) 7·8·9급 공직자 뽑을 때 지방대를 배려하도록 하고 있다."라고도 했다. 그리고 이 대통령은 마이스터고와 특성화고를 졸업하고 취업하여 3년간 재직하면 편입을 허용하는 중앙대 야간대학의 사례를 언급하면서 "대학들이 조금만 호응해 주면 서울뿐 아니라 지방에서도 '선취업, 후공부'할 수 있는 풍토를 만들 수 있지 않겠느냐."라며 아쉬워했다.

이 대통령의 발언은 학력·학벌 문제에 대한 소박한 인식을 나타내고 있기도 하지만, 공직사회가 학연에 얽매여 있음을 인식하고 있으며 관료사회가 민간기업보다 심각한 문제를 안고 있음을 지적한 것이라 할 수 있다. 그러나 지역균형인재 선발제도를 제외하면, 이전 정부의 학력·학

---

531 《한겨레》(2011.5.19.), 〈이 대통령, 관료사회 학벌 타파 주문〉.

벌 문제에 대한 대책들을 계속 추진하지는 않았다.

이전 정부의 재정지원사업인 누리사업도 폐지되었다. 대규모의 장기적 추진이 필요한 지방대학 육성사업이 정권교체 후 연속성을 상실하게 된 것이다. 사실 지방대학 육성은 학력·학벌주의에 대응하는 정부의 주요 전략사업이 될 수 있다. 이명박 정부는 '대학의 자율성 확대'와 '재정운영의 효율성 제고'를 고등교육정책의 기조로 삼아 '대학교육역량강화사업', '세계 수준의 연구중심대학(WCU)육성사업' 등 새로운 재정지원사업을 도입했다. 정부는 사업추진 과정에서 '형평성보다는 수월성과 효율성 추구' 등 이전 정부와 대비되는 사업추진 방향을 나타냈다. 균형발전 대신 수도권과 지방의 동반성장을 정책목표로 설정하고 자율과 경쟁의 원칙을 지방대학 지원에서 전국단위 경쟁으로 전환하여 적용함으로써, 결과적으로 수도권 대학에 대한 편중지원이 심화되는 문제를 낳았다.[532]

6. 교육체제의 자율화·다양화 정책의 역설

이명박 정부의 주요 교육정책들을 학력·학벌사회의 변화와 관련하여 어떻게 평가할 수 있을까? 학력·학벌 접근 기회의 측면에서 볼 때, 이명박 정부는 국가개입의 관치교육을 벗어나 학교 및 대학의 자율과 다양성을 중시하는 정책을 시행함으로써 각 학교 및 대학의 조건과 선발방식이 학생들의 학력·학벌 접근 기회에 상당한 영향을 미치게 되었다. 이전 시기의 3불정책 등이 대학자율에 맡겨짐으로써 학생선발에 대한 정부의 권

532 김정희(2013), 〈지역발전을 위한 지방대학 육성정책 연구: 참여정부와 이명박 정부의 대학 재정지원사업 비교분석을 중심으로〉, 《지방정부연구》 17(1), 125, 132쪽.

한이 최소화된 반면, 대학자율화에 따라 입학사정관제 등을 통해 학교와 대학이 자체의 방식으로 학생들을 선발할 권한을 갖게 되었다. 이에 따라 학교와 대학이 가진 여건과 명성이 중요하게 작용할 수 있게 되었다. 이를테면, 지역의 학교보다는 중앙의 학교가, 일반 학교들보다는 이미 출발점 조건이 유리한 명문학교들이 유리한 고지에 서게 된 것이다.

고교교육에 대한 이명박 정부 초기의 시선은 기존 고교평준화제도가 교육의 질을 하향평준화하고 학교 선택권을 제한했다고 보는 것이다. 고교평준화제도를 해체하여 고교교육체제의 자율성을 확대하고 다양화함으로써 고교교육의 획일성과 학교 선택권의 제한을 해소하고자 하였다. 먼저 자율화 조치를 통해 교육현장의 비효율적이고 비합리적인 상황을 개선하고자 했다. 이 조치들이 어느 정도 교육현장을 개선하는 효과를 거두었을지라도, 자율의 핵심적인 부분은 여전히 고려대상이 되지 못했다.

정부는 또한 고등학교를 다양화하고자 하였다. 다양한 교육목적, 다양한 교육과정, 다양한 방식으로 운영하는 학교들로 이루어진 고교체제를 통해, 학생들의 재능을 개발하고 재능과 관심에 적합한 학교를 선택할 수 있게 함으로써, 학생과 학부모들에게 시대에 부합하는 교육체제를 제공하고 교육의 경쟁력을 강화한다는 취지였다. 이러한 변화는 신자유주의적 사고 및 사회적으로 경제적 조건을 갖춘 계층의 요구와 일치하는 것이었다. 대학진학의 문제가 국민적 관심사로 존재하는 상황에서 고교다양화는 결국 대학진학의 결과에 따라 고등학교의 서열을 더욱 뚜렷하게 하는 결과로 나타나게 되었다.

고등교육기관에서는 대학의 자율화와 운영의 효율화를 위한 변화가 추진되었다. 국립대법인화, 대학의 구조조정, 국립대학 구조개혁, 대학에 대한 규제 완화, 전문대학원 운영 등이 있었다. 대학을 자율화하고 비효율적 부문들을 개선함으로써 대학의 역량을 제고하려는 정책들이 신자유주의적 맥락에서 시행되었다. 서울대학교가 국립대학법인으로 전환되었다. 서울대의 법인화는 서울대 자체의 장기발전계획에 부합하는 것으로, 정부와 정치권의 법인화 지지 분위기 속에서 서울대가 주도적으로 추진하여 성사시킨 결과였다. 법학전문대학원이 비교적 안정적으로 개원 운영되었으나, 의학전문대학원은 대학들의 이해관계로 인해 일정한 학제로 정착되지 못하는 과도기를 거쳐, 결국 각 대학의 선택에 따라 대다수의 대학이 이전의 의과대학체제로 회귀하고 말았다. 전문대학원 제도는 학력·학벌주의의 변화와 연관된 대책으로 도입된 것이기도 하다. 특히 의학전문대학원이 성공적으로 정착되지 못한 데는 여러 가지 원인이 있겠으나, 의전원으로의 전환이 고교 성적우수자들을 자신의 의대와 의예과로 유치할 수 없고, 결국 대학서열에 기반을 둔 의대의 위상과 의사의 기득권에 손상을 입힐 수 있을 것이라는 엘리트주의적·학벌주의적 의식과 문화의 저변을 드러낸 사례임이 분명해 보인다.

이명박 정부가 오랫동안 우리 교육에 붙박여 있던 관치에 의한 획일성과 비효율성을 걷어내 려고 했던 점은 중요한 사회적 의미를 갖는 일이다. 그리고 학교 및 대학의 자율화와 다양화는 현대 민주주의 사회가 지향하는 가치에 부합하는 것이기도 하다. 어떤 의미에서 이명박 정부는 정부가 입안한 교육정책을 잘 실현하는 것이 결과적으로 학력·학벌사회를 변화시키는 길이라는 생각을 가졌음직하다.

정부의 교육정책들은 학교와 대학 자체의 경쟁력을 제고하려는 노력이 그 성과를 결정하게 될 것이라는 가정에 기반을 두고 있다. 그러나 출발점이 다른 학교 및 대학 간의 격차에 의해 야기되는 불공정성을 충분하게 고려하여 대처하지 않은 문제가 있다. 교육이 사회적 기득권을 그대로 둔 채 경쟁 원리에 따라서 이루어진다면, 교육은 기존 구조를 변화시킬 수 없다. 이를테면, 이미 좋은 조건을 갖춘 계층과 중앙의 저명 대학들이 유리한 반면, 소외층과 지역의 대학들이 처한 불리한 여건은 그 자체를 더 어렵게 만들 수 있다. 소외층을 배려하는 복지정책을 상당히 시행했을지라도 이명박 정부의 정책은 결과적으로 가진 자들에게 유리한 것이 되었으며, 학교와 대학의 서열화를 더욱 강화하였다는 지적을 피할 수 없게 되었다.

정부가 시행한 학교 및 대학의 자율화와 다양화 정책이 학력·학벌주의가 만연해 있는 교육현장의 변화를 견인할 수 있을 만큼 충분하지 않았다는 점이 지적되어야 한다. 학교의 자율화는 학교(교사)에 교재구성 권한과 학생에 대한 평가권을 부여함으로써 비롯될 수 있다. 학교와 교사가 국가교육과정에 의거하여 자신의 코스웍 기획하여 실행하고, 가르친 사람이 평가한다는 원칙을 지키는 것이야말로 교육현장의 혁신을 위한 기본원리가 되어야 할 것이다.

제 9 장

박근혜 정부: 보수정부의 능력중심사회 만들기 (2013.2.~2017.3.)

1. 경쟁교육의 조절과 교육체제의 내실화

2013년 2월 25일 제18대 박근혜 대통령은 '희망의 새 시대를 열겠습니다'라는 제목의 취임사에서 경제부흥, 국민행복, 문화융성을 통해 부강하고 국민이 행복한 대한민국을 만들어 갈 것임을 천명했다. 취임사의 교육에 관한 부분에서는 특히 학벌 위주의 사회에서 능력 위주의 사회로 바꿀 것이라고 언급한 부분이 주목된다.

> 교육을 통해 개인의 잠재된 능력을 최대한 끌어낼 수 있도록 적극 지원하고, 국민 개개인의 능력을 주춧돌로 삼아 국가가 발전하게 되는 새로운 시스템을 만들어야 합니다. (중략) 개인의 능력이 사장되고, 창의성이 상실되는 천편일률적인 경쟁에만 매달려 있으면 우리의 미래도 얼어붙을 것입니다. (중략) 앞으로 학생 개개인의 소질과 능력을 찾아내서 자신만의 소중한 꿈을 이루어 가고, 그것으로 평가받는 교육시스템을 만들어서 사회에 나와서도 훌륭한 인재가 되도록 할 것입니다. 학벌과 스펙으로 모든 것이 결정되는 사회에서는 개인의 꿈과 끼가 클 수 없고, 희망도 자랄 수 없습니

다. 개개인의 꿈과 끼가 열매를 맺을 수 있도록 우리 사회를 학벌 위주에서 능력 위주로 바꿔 가겠습니다.

취임사에서 이명박 정부와는 달리, 학벌 문제에도 관심을 표명하였으며, 경쟁교육을 자제하고 잠재능력과 꿈을 실현할 수 있는 교육시스템을 구축하여 능력 위주의 사회로 전환할 것임을 강조했다. 불필요한 스펙에 대해서는 특별히 강조할 것임을 시사하고 있다.

제18대 대통령직인수위원회(2013.2.21.)는 박근혜 정부의 다섯 가지 국정목표[533] 중 '국정목표3: 창의교육과 문화가 있는 삶'에서 교육과 관련된 국정과제들을 제시하였다. 그 내용은 [표 9-1]과 같다. 이 표에서, 학교교육 정상화, 대학입시 간소화, 대학 특성화, 고교 졸업 이후의 직업교육 체제와 국가평생학습체제 구축에 역점을 두고 있음을 확인할 수 있다.

국정과제는 새누리당의 대선공약을 집약한 것이다. 박근혜 후보의 대선공약은 '세상을 바꾸는 약속'이라는 제목으로 20대 분야에 201개 약속으로 구성되었으며, 교육 분야에 대해서는 25개의 공약을 발표하였다.[534] 이들 공약 중 학력·학벌과 관련된 공약을 교육단계별로 나누어 보면 [표 9-2]와 같다.

이 표에서 고교 무상교육, 사교육비 부담 낮추기, 대학입시 간소화, 소

533 제18대 대통령직인수위원회가 제안한 박근혜 정부의 국정과제는 ① 일자리 중심의 창조경제, ② 맞춤형 고용·복지, ③ 창의교육과 문화가 있는 삶, ④ 안전과 통합의 사회, ⑤ 행복한 통일시대의 기반 구축 등 다섯 가지이다. 제18대 대통령직인수위원회(2013.2.21.), 〈박근혜 정부 국정과제〉.

534 새누리당(2012), 《제18대 대통령선거 새누리당 정책 공약: 세상을 바꾸는 약속, 책임있는 변화》, 재미사, 218-244쪽.

535 공약의 분류는 주영효·박균열(2013), 〈박근혜 정부의 교육복지 공약 분석〉, 《교육문제연구》 26(3), 197, 203-206쪽을 참조하였다. 세부 공약 이행 평가 결과는 경제정의실천시민연합(2015.2.16.)이 집권 3년차 박근혜 대통령의 대선공약에 대한 이행 결과를 평가한 것이다. 평가에서 ○는 완전이행, △는 후퇴이행, ×는 미이행을 의미한다. 학력·학벌 문제와 연관이 먼 공약은 제외하였다.

[표 9-1] 박근혜 정부의 교육 관련 국정과제

전략	국정과제
11. 꿈과 끼를 키우는 교육	69. 학교교육 정상화 추진
	70. 대입 부담 경감을 위한 대학입시 간소화
	71. 대학 특성화 및 재정지원 확대
	72. 교원의 교육 전념 여건 조성
12. 전문 인재 양성 및 평생교육 체제 구축	73. 전문 인재 양성을 위한 직업교육 강화
	74. 전문대학을 고등직업교육 중심기관으로 집중 육성
	75. 100세 시대 국가 평생학습체제 구축

[표 9-2] 박근혜 후보의 학력·학벌 관련 교육공약[535]

	정책 공약	세부 공약 내용	평가
중등교육	-개인 맞춤형 진로 설계 지원(3)	-진로 상담교사 대폭 확충 -고교에서 일정시간 직업세계 체험교육 -EBS에 온라인 지원체제 구축: 개인 맞춤형 진로 컨설팅 제공	○ × ○
	-고등학교 무상교육(1)	-고교 무상교육을 단계적으로 실시	×
	-고졸 취업중심 교육체제 강화(4)	-관련부처·지자체·산업체가 함께하는 특성화고 집중 육성 -제조업 이외의 특수분야 마이스터고 지정 다양화 -산업현장 중심 교육과정 편성·운영의 완전 자율화 -취업을 위한 위탁교육 제도 개선 및 기회 확대	○ ○ ○ ○
	-사교육비 부담 낮추기(5)	-'공교육 정상화촉진특별법' 제정 -방과후학교 프로그램의 학교별 다양화 추진, 초등교육 무상화 -수시는 학생부 또는 논술 위주, 정시는 수능 위주로 대입제도 단순화 -교과서 중심으로 출제: 학교 공부만으로 대학진학이 가능한 체제 구축 -EBS 차세대 교육서비스체제 구축, 주요 교과의 프로그램 다양화	○ △ ○ ○ ○
고등교육	-한국형 공통원서 접수시스템 구축 및 대학입시 간소화(2)	-전형요소 및 전형별 반영비율을 최대한 단순화 -대학의 사회적 책무성 차원에서 농산어촌 출신 학생·저소득층 학생·고졸 취업자를 대상으로 입학 전형 기회 확대	○ ○
	-2014년까지 대학생 반값 등록금 실천(소득연계 맞춤형 반값등록금 지원)(3)	-소득하위 80%까지 장학금 지급: 등록금 부담 절반으로 경감(2014년 등록금 실질적 반값 정책 완성) -소득 9~10분위 학생은 든든학자금(ICL) 대출 자격 부여 -실질적인 반값 등록금 지원체제 기틀 마련	△ × △
	-지방대학 발전사업 추진(3)	-사업 통해 지방대학의 교육·연구 여건 개선과 특성화에 집중투자 -지역거점대학 육성사업, 지방대학 학부·학과 특성화사업, 지역산학협력사업, 지방대 장학 지원사업 추진: 지역 성장의 거점으로 육성 -대학 차별화 위한 컨설팅 지원단 운영, 대학 특성에 맞게 평가방식 개선	○ ○ ×

다음 페이지에 계속 ▶▶▶

	정책 공약	세부 공약 내용	평가
	-지역대학 출신 채용할당제 도입(5)	-'지역대학 출신 채용할당제'를 공공기관부터 확대 시행(단계적으로 확대)	○
		-국가·지방 공무원 지역인재 채용 목표비율 상향조정	○
		-직무능력 중심 채용 및 지역대학 출신 채용 확산 캠페인 추진	○
		-직무능력 중심 평가인증시스템 구축, 지역대학 차별 해소	○
		-지역거점대학별로 산학연 창업클러스터 집중 육성	?
	-전문대학을 고등직업교육 중심기관으로 집중 육성(5)	-전문대학 특성화 100개교 집중 육성	△
		-학위과정 및 수업연한 다양화	×
		-기능·기술 보유자, 산업체 경력자 대상 '산업기술명장 대학원' 과정 도입	×
		-기존 대학 중 일부 100% 실무형 (가칭)'평생직업능력 선도대학' 전환 육성	○
		-전문대학의 글로벌 취업역량을 강화하는 '세계로 프로젝트' 추진	○
평생교육	-스마트기반 국가 평생학습체제 구축(1)	-지역 평생학습관·정보센터 등 각종 평생교육시설 프로그램을 지역대학 및 산업체와 연계하는 통합네트워크 구축 등	○
직업교육	-국가직무능력표준 구축(4)	-교육과 일자리 연계, 모든 직종의 직무능력을 국가 차원에서 표준화	○
		-고교 이후 직업교육을 직무능력표준을 활용한 일자리 중심 교육으로 전환	△
		-직업교육과 자격을 연계하는 교육과정 이수형 자격제도 도입	○
		-교육(졸업장 및 학위), 자격증, 직업훈련 이수 및 직무경력 등이 상호 인정되는 통합적 국가역량체계 구축	○
	-능력중심사회구현 위한 직무능력평가제 도입(2)	-학벌이나 스펙이 아닌 직무능력평가를 토대로 채용하는 한국형 인프라 구축	○
		-공공기관에 우선 도입 후 단계적으로 민간기업 등으로 확대	○

외층 학생의 대학입학 전형 기회 확대, 반값 등록금 실천 등은 학력접근 기회와 관련된 공약이고, 고등학교 진로교육, 고졸 취업중심 교육체제 강화, 전문대학을 고등직업교육 중심기관으로 집중 육성, 국가 평생학습 체제 구축 등은 학력·학벌산출체제의 변화와 관련된 공약이다. 그리고 보다 직접적인 학력·학벌주의 변화정책으로는 지방대학 발전사업 추진, 지역대학 출신 채용할당제 도입, 국가직무능력표준 구축, 능력중심사회 구현을 위한 직무능력평가제 도입 등을 들 수 있겠다.

이들 대선공약과 인수위원회의 국정과제에 기초하여 교육부는 2013년 3월 교육 분야의 비전을 '행복교육, 창의인재 양성'으로 설정하고, '꿈과 끼를 키울 수 있는 학교교육 정상화', '미래인재 양성을 위한 능력중심사회 기반 구축', '고른 교육기회 보장을 위한 교육비 부담 경감' 등의 세 가지를 전략적 실천과제로 제시하였다.[536] 이들 과제는 '행복교육', '꿈과 끼'를 강조하는 부분을 제외하면, 대개 이전 정부들이 제기했던 핵심 과제들과 유사하다.

2. 대학입시 간소화와 학력접근기회

제18대 대통령 선거 기간 중 새누리당 정책 공약집에서 발표한 25개 교육공약 중 대학입시 간소화 등 학력접근기회와 관련된 공약들을 중심으로 살펴본다.

대학입시 간소화와 관련하여, 먼저 한국교육개발원이 2013년 1월 '대입 부담 완화를 위한 대입전형 간소화 방안'을 발표했다. 이 연구는 고부담의 복잡한 대입전형, 교사의 진학 및 진로지도 관련 업무 증가, 사교육 유발 대입전형, 대학의 행·재정적 부담, 대입전형의 예측 가능성 미흡 등 이전 대입제도가 가진 문제들을 지적하고 대입 부담 경감 방안을 제시하였다.[537] 교육부는 이 제안을 반영하여 2013년 8월 27일 학생·학부모 부담 완화와 학교교육 정상화를 위한 '대입전형 간소화 및 대입제도 발전방

---

536 교육부(2013), 〈창조경제를 견인할 창의인재 육성과 능력중심사회 만들기〉, 《한국경영교육학회 2013년도 추계 학술발표대회 논문집》, 1-26쪽 참조.

537 김미란·박병영(2013), 〈대입부담 완화를 위한 대입전형 간소화 방안〉(Position Paper) 10(2), 한국교육개발원.

안(시안)'을 발표하였다. 그 후 교육부는 이 시안에 대한 의견수렴을 거쳐 2013년 9월 23일에 그 내용 중 2015~2016학년도 대입제도를 확정했고, 한국대학교육협의회(회장 서거석)는 교육부와 협의를 거쳐 2015학년도 대입전형 기본사항의 주요 내용을 다음과 같이 구체화하였다.[538]

1. 핵심 전형 요소 중심으로 표준화한 대입전형 체계 내에서 전형이 이루어져 수험생들이 알기 쉽게 대입전형을 준비할 수 있도록 대입전형 간소화 추진: 대학별로 전형방법을 수시는 4개, 정시는 2개 이내로 하여 최대 6개 이내로 축소함.
2. 최저학력기준 완화 및 우선선발 금지: 수험생의 부담을 완화하고 학교생활 중심의 학생선발 권고, 동일한 전형으로 선발하면서도 다른 전형 요소를 적용하여 혼선을 유발하는 우선 선발 방식 금지.
3. 대학별 고사에서 논술 혹은 교과중심 문제풀이식보다는 학생부와 수능 등 대다수 학생이 준비하는 전형 요소 중심으로 반영하도록 권장함.
4. 고른기회 입학전형 확대: 대학의 사회적 책무성 차원에서 농어촌 출신 학생, 저소득층 학생, 고졸 취업자 등을 대상으로 하는 전형 적극적 확대.
5. 진학 준비에 유용한 정보를 제공하도록 명시함.

---

538 2015-2016학년도 대학입시제도의 주요 내용: ① (수시 최저학력기준) 등급으로만 설정, 과도한 등급은 완화 유도, ② (논술고사) 가급적 시행하지 않도록 유도, ③ (적성고사 및 구술형 면접고사) 교과중심의 문제풀이식 구술형 면접과 적성 고사는 자율적으로 지양, ④ (특기자 전형) 모집 규모 축소 유도, ⑤ (입학사정관 전형 용어 폐지) 학생부 위주 전형유형을 "교과"와 "종합"으로 구분하고, 학생부 종합전형에는 입학사정관 등이 참여한다는 것을 명확히 함, ⑥ (고른기회 입학전형) 성적 중심 선발보다는 입학사정관 등이 참여하여 학생의 교육 여건·잠재력을 종합적으로 고려하도록 유도함. 교육부·한국대학교육협의회(2013.9.24.), 〈'15-16학년도 대입제도(교육부) 및 '15학년도 대입전형 기본사항(대교협) 확정〉(보도자료).

[표 9-3] 2017학년도 대입 수능체제[539]

영역	주요 내용
한국사	필수과목으로 지정
국어·영어	공통(수준별 수능 폐지)
수학	문·이과 구분(나/가형)
탐구	수험생이 선택한 영역에서 2과목 응시 (사회: 9과목 중 택2 / 과학: 8과목 중 택2 / 직업: 10과목 중 택2)
제2외국어/한문	9과목 중에서 1과목 응시

2013년 10월 24일 교육부(장관 서남수)는 '대입전형 간소화 및 대입제도 발전방안'(시안은 2013.8.27.)에 포함된 2017학년도 대입제도를 확정·발표하였다. 대학수학능력시험체제의 주요 내용은 [표 9-3]과 같다.

[표 9-3]에서, 2017학년도 대학입시 수학능력시험에서는 한국사 과목이 필수과목으로 포함되었고, 2015~2016학년도의 영어에 이어 2017학년도에는 국어와 수학에서도 수준별 수능이 폐지되었다. 탐구영역에서는 선택한 영역에서 2과목에 응시할 수 있게 했고 제2외국어/한문에서는 9과목 중 1과목에 응시하도록 하였다. 다소간의 변화가 있지만 수능체제상으로 문·이과를 구분하는 현행 체제의 골격을 유지하였다. 그 외에 수시 수능 최저학력기준은 등급으로만 설정하도록 하고 과도한 기준을 완화하도록 유도하려 했다. 성취평가제에 대해서는 2014학년도 고1부터 보통교과에서 적용하되 대입 반영은 2018학년도까지 유예하고, 그때까지는 석차 9등급(상대평가), 원점수, 과목평균, 표준편차를 대학에 제공하기로 하였다. 그리고 2014학년도부터 학생부의 신뢰도 제고를 위해 '진로 희망 사항'에 '희망 사유' 기재란 신설, '행동 특성 및 종합의견'에 '예체능 활동' 영역 신설, 서술식 기재항목의 입력 글자 수 제한·축소 등 기재

539 교육부(2013.10.24.), 〈2017학년도 대입제도 확정〉(보도자료).

방식을 개선하였다.

2014~2017학년도 대학입시제도의 주요 개선 및 변화 내용은 [표 9-4]와 같다. 박근혜 정부가 구안한 대학입시제도는 학생과 학부모의 부담을 경감시키기 위한 간소화에 초점이 맞춰져 있다. 고른기회의 입학전형 확대와 공교육 정상화를 강조하는 등 이전 정부들의 정책 기조를 유지하면서 제도를 보완하는 경향을 띠고 있다. 박근혜 정부는 대선공약에서 학력접근기회와 관련하여 대학의 사회적 책무성 차원에서 농·산·어촌 출신 학생, 저소득층 학생, 고졸 취업자를 대상으로 입학전형 기회를 확대하고자 하였다. 그리고 고등학교 무상교육을 단계적으로 시행하려고 하였으며, 2014년까지 실질적 정책으로 대학생들의 반값 등록금을 완성할 것이라고 했다. 소외층의 기회 확대와 교육의 공공성을 강조한 것이라 할 수 있겠다.

경제정의실천시민연합(2015)의 '박근혜 대통령 집권 3년차 대선공약 이행 평가 결과'에 따르면, 대학 학력 접근 기회와 관련된 공약사항 중 대학입시 간소화의 2개 세부 사항이 '완전 이행'된 것으로 보았다. 사교육비 부담 낮추기의 5개 세부 공약에 대해서는 그중 4개가 '완전 이행'되었으나 방과후학교 프로그램의 무상교육공약이 수익자 부담원칙을 유지하고 있다는 점에서 '후퇴 이행'되었다고 평가하였다. 그리고 소득연계 맞춤형 반값 등록금 지원 공약에 대해서는 3개 세부 공약 중 2개 항목은 예산 부족 등으로 '후퇴 이행', 1개 항목(9·10분위 학생 대출)은 '미이행'으로 평가했다. 고등학교 무상교육공약에 대해서는 법 개정의 필요성과 함께 예산이 반영되지 않아 '미이행'으로 평가하였다.[540]

박근혜 정부 시기의 대학입시제도는 일단 전형제도를 간소화함으로써 학생과 학부모의 부담을 경감하고 소외층의 기회를 확대하고자 하였다.

---

540 경제정의실천시민연합(2015.2.16.), 〈박근혜 대통령 대선공약 이행 평가 세부 내용〉(보도자료).

[표 9-4] 대입제도 개선 주요 내용[541]

구분	2014학년도	2015~2016학년도	2017학년도
대입전형 간소화	• 전형 수 과다	• 수시 4개, 정시 2개 이내 전형방법 사용	• 좌동
	• 지나치게 높은 수시 수능 최저학력기준	• 수시 수능 최저학력기준 완화	• 좌동
고른기회 입학전형 확대	• 균형적인 학생선발 미흡	• 고른기회 입학전형 활성화 • 입학 학생 다양성 확대	• 좌동
학생부 반영 비중 강화	• 수시모집 중심 반영 • 석차 9등급(상대평가) • 서술형(비교과) 기록 부풀리기 등 발생	• 수시·정시 반영 내실화 • 석차 9등급(상대평가) • 서술형 기록 적정화 및 내실화	• 좌동 • 석차 9등급(상대평가) ※성취평가제 대입 반영은 2018년까지 유예 • 학생부 성취평가 신뢰성 확보 지원
수능 개선	• 국·영·수 수준별 수능 • 한국사 선택과목 • EBS 70% 연계 출제	• 영어 수준별 수능 폐지 • 좌동 • 좌동	• 국·수 수준별 수능 폐지 • 한국사 필수과목 • 좌동
대학별 고사	• 고교에서 준비하기 어려운 문제 출제 • 정보부재로 논술준비 어려움 • 면접 및 적성검사로 수험부담 가중	• 교육과정 총론의 일반과목 수준 이내 출제 • 논술문제 및 채점기준 공개 • 문제풀이식 구술형 면접과 적성고사 지양	• 좌동 • 좌동 • 좌동
모집시기	• 수시 1, 2회차 원서접수 • 정시모집 가-나-다 군별 분할 모집 • 수능 11월 첫째 주 실시	• 수시 원서 접수기간 통합 • 정시모집 모집단위 내 군별 분할모집 폐지 (정원 200명 이상 모집단위 2개군 분할 허용) • 수능 11월 둘째 주 실시	• 좌동 • 정시모집 모집단위 내 군별 분할모집 폐지 • 수능 11월 셋째 주 실시
대입전형 지원체계	• 대학중심의 대입전형 관리·운영 • 대학의 협력 유도기제 미흡 • 민간업체 원서접수 대행	• 대학, 고교, 학부모 등이 참여하는 대입전형 운영지원기구 구성 • 공교육 정상화 기여 대학 지원사업 도입 • 공통원서접수시스템 구축	• 좌동 • 좌동 • 합격자 일괄 발표 시스템 구축 검토

그리고 학생부 반영 비중 강화, 수능 개선, 대학별 고사의 지침 명시 등을 통해 고교교육을 정상화하고자 하였다. 공교육의 정상화는 한편으로

541 교육부(2013.10.24.), 앞의 보도자료, 14쪽의 붙임4 참조.

사교육 의존도를 낮추려는 의도를 반영하는 것이기도 하다. 사교육 의존도가 낮아지는 만큼 학력·학벌에 대한 접근 기회에서도 계층 간 편차가 줄어들게 될 것이다.

그러나 이 시기에도 학력접근기회는 가정의 사회경제적 배경과 크게 관련된 것으로 보인다. 김세직(2014)은 대학입시에서 부모의 경제력 차이의 영향이 매우 커짐으로써 '진짜 인적자본'을 평가하는 선별 기능이 크게 약화된 것으로 보았다. 그에 따르면, 부모의 경제력을 반영하고 있는 고등학교 유형별·지역별로 서울대학교 등 상위권대학에 진학하는 비율에 큰 차이가 있었다. 2013년 대학알리미의 '신입생의 출신고등학교 유형별 현황' 자료 분석에서 특목고의 주요 3개 대학 합격 비율은 12% 수준으로, 일반고 1.4%의 9배나 되었다.[542]

박인숙 의원실 자료(2014)를 분석한 결과에서는 서울대의 2014학년도 최초 합격 기준 합격 비율은 서울시 일반고의 경우 100명당 0.6명인 데 비해, 서울시 외고는 100명당 10명, 서울시 과학고는 41명으로, 일반고의 15~65배나 되었다. 또한 2014년 서울대에 합격한 서울지역 일반고 학생들의 출신 지역구별로 살펴보면, 부유층이 많이 살고 있는 강남구의 일반고가 학생 100명당 2.1명을 배출하여 0.1~0.2명을 배출한 강북구, 금천구, 구로구의 일반고에 비해 10~20배나 많았다. 이 외에도 이 자료 분석에서는 서울시의 지역별 아파트 매매가와 서울대 합격률, 서울시의 지역별 사설학원 수와 서울대 합격률 간에도 강한 정적 상관이 있음을 확인하였다.[543] 가정의 사회경제적 배경이 학력·학벌 접근 기회에 크게 영향을 미치고 있음을 의미한다.

---

542 김세직(2014), 〈경제성장과 교육의 공정경쟁〉, 《경제논집》 53(1), 10쪽.

543 박인숙 의원이 서울대로부터 제출받은 '2014학년도 고교별 합격현황'을 분석한 결과로, 등록이 아닌 최초 합격 기준 자료를 분석한 것이다.

3. 학력산출체제의 개선과 보완

대선공약과 후속 조치들에 나타난 학력산출체제의 변화와 관련된 사항에 대해 검토한다. 박근혜 정부 시기에 고등학교체제 변화와 관련하여 새로운 유형의 학교를 설립하거나 고교체제를 전격적으로 변화시키는 정책은 없었다. 교육공약에서는 '고졸 취업중심 교육체제를 강화'한다는 등의 내용을 볼 수 있다. 그 세부 과제는 관련 부처·지자체·산업체가 함께 하는 특성화고 집중 육성, 제조업 이외의 특수 분야 마이스터고 지정 다양화, 산업현장 중심 교육과정 편성·운영의 완전 자율화, 취업을 위한 위탁교육 제도 개선 및 기회 확대 등이었다. 이들 공약의 내용은 모두 기존 고등학교체제를 개선함으로써 고졸 학력자의 사회진출을 보다 용이하게 하려는 것이었다. 경제정의실천시민연합(2015)이 집권 3년차 대선공약에 대한 이행 결과를 평가한 바에 따르면, 위 공약들은 모두 이행된 것[544]으로 나타났다.

대학교육체제의 변화와 관련하여 대선공약에서 제시한 사항으로는 '전문대학을 고등직업교육 중심기관으로 집중 육성', '지방대학 발전사업 추진' 등을 들 수 있다. 이들 공약의 내용도 새로운 대학을 설립하거나 대학교육체제의 성격을 바꾸는 것은 아니다. 기존 전문대학체제를 취업 및 직업교육의 목적에 부합되게 그 기능이나 운영 방식을 개선하여 활성화하고, 지방대학을 지원하여 특성화함으로써 지역 성장의 거점으로 육성한다는 것이다. 세부 공약 중 전문대학에 '산업기술명장대학원'을 설치할 것이라는 공약은 기술·기능 보유자와 산업체 경력자를 위한 새로운 대학원 과정을 도입한다는 것이었다. 그러나 '이 제도는 교육부가 입법을 포

544 경제정의실천시민연합(2015.2.16.), 앞의 보도자료.

[표 9-5] 고등교육 종합발전 방안의 비전과 목표[545]

<table>
<tr><td>비전</td><td colspan="4">창의적 인재 양성과 혁신적 가치 창출</td></tr>
<tr><td>목표</td><td colspan="4">• 지역의 가치를 높이는 열린 고등교육체제 구축
• 고른 접근성과 다양한 평생학습 기회 보장
• 학생 중심의 잘 가르치는 대학 육성
• 창조경제를 선도하는 연구역량 강화</td></tr>
<tr><td rowspan="4">정책
과제</td><td>• 경쟁력 강화기반 구축</td><td colspan="3">- 맞춤형 대학평가체제 확립과 지속적 구조개혁 추진
- 고등교육 재정 확충과 재정 지원의 효율성 제고
- 기회균등 실현을 위한 맞춤형 학자금 지원제도 정착
- 지역발전의 중핵 역할을 담당하는 대학 육성</td></tr>
<tr><td>• 산학협력과 평생학습 기능 강화</td><td colspan="3">- 창조경제 실현을 위한 산학협력 활성화
- 직업교육-전문대-기업 간 연계 활성화
- 성인 학습자의 요구를 충족시키는 평생학습체제 구축</td></tr>
<tr><td>• 연구역량 강화</td><td colspan="3">- 글로벌 경쟁력을 갖춘 연구중심대학 육성
- 지식 강국을 구현하는 학술 지원체제 구축
- 대학원 체제 개선을 통한 대학원 질 관리</td></tr>
<tr><td>• 대학교육 혁신</td><td colspan="3">- 교육과정 혁신과 엄격한 학사관리
- 능력중심의 직업교육 강화
- 대학의 국제화 교육역량 강화</td></tr>
<tr><td>전략</td><td>자율과 책무</td><td>특성화</td><td>글로컬화</td><td>소통과 협업</td></tr>
</table>

기함으로써 미이행된 공약'[546]이 되었다.

대선공약에 대한 후속 조치로 박근혜 정부가 입안한 고등교육종합발전방안(2013)은 '창의적 인재 양성과 혁신적 가치 창출'을 비전으로 하고, 4개 목표, 4개 정책과제 및 13개 세부과제와 4대 전략으로 구성되었다. 이 방안은 박근혜 정부의 고등교육정책 기조를 살펴볼 수 있는 대표적인 정책이라고 할 수 있다. [표 9-5]는 이 방안의 개요를 정리한 것이다.

고등교육종합발전방안에서 학력·학벌산출체제와 연관된 사항을 들면 다음과 같다.

---

545 교육부(2013.8.), 〈고등교육 종합발전 방안(시안)〉, 5쪽.

546 경제정의실천시민연합(2015.2.16.), 앞의 보도자료. 330회 1차 법안 소위(2014.12.17.)에서 입법을 포기하였다.

첫째, 대학의 구조개혁 추진과 관련하여, 문민정부 이후 시행해 온 대학 설립준칙주의의 폐지를 명시하고 있다. 현실적으로 대학의 구조개혁이 요구되는 상황에서 조건을 갖추지 못한 대학의 설립을 억제하겠다는 것이다.

둘째, 정부의 재정지원사업을 대학 특성화를 유도하는 방식으로 연계한다는 점이다. 재정지원 연계방식은 문민정부 이후 견지해 온 방식이며, 대학 특성화는 학벌주의의 핵심 기제인 대학서열화를 완화하는 방안으로 강조되어 온 것이기도 하다.

셋째, 지방대학의 육성을 강조하였다. 지방대학 육성은 학력·학벌주의 문제에 대한 대책으로도 중요한 의미를 갖는다. 지방대학 육성법을 제정함으로써 지방인재 공무원 채용목표제 확대, 공공기관 채용할당제, 지역인재 대학입학 특별전형제도 등의 도입 추진을 명시하고 있다는 점은 고무적이다.

넷째, 고교 및 전문대학의 직업교육체제 확립과 평생학습체제 구축을 강조하였다. 이것은 학력·학벌에 대한 접근의 주변부 경로를 체계화하고 활성화한다는 의미이다.

다섯째, 능력중심의 직업교육 강화를 위해 국가직무능력표준(NCS)을 도입하고자 하였다. NCS는 이전부터 학력사회의 문제를 해소할 대안 중의 하나로 거론되어 온 것으로, 학력주의의 대안적 체계를 구축하려는 것이다. 고등교육 종합발전방안의 내용은 박근혜 정부가 독자적으로 채택한 것도 있지만, 대체로 문민정부의 5·31 교육개혁안의 연장선상에 있는 것이며, 신자유주의적 정책과도 연관되어 있다.

박근혜 정부에서도 대학 구조개혁을 추진했다. 교육부가 구성한 '대학 구조개혁정책 연구팀'의 연구 결과가 나온 후,[547] 교육부는 2014년 1월

547 교육부 대학구조개혁정책 연구팀(2013.10.17.), 〈학령인구 감소 등 환경변화에 대비한 대학구조

28일에 그 연구내용을 기초로 전체 고등교육기관을 대상으로 한 '대학 구조개혁 추진계획'을 발표했다. 추진계획에서 구조개혁의 주요 내용은 평가 결과에 따라 정원감축과 특성화를 추진함으로써 대학교육의 질과 경쟁력을 높이려는 것이었다. 이 추진계획에 따라 1주기 평가가 이루어졌고 2015년 8월에 평가 결과를 발표하였다. 한국대학교육협의회(2016)에 따르면, 박근혜 정부는 1주기 대학 구조개혁으로 대학의 변화 노력을 촉발하고 미래 위기감을 공유하게 되었으며, 대학 구조개혁이 지방대학과 전문대학을 보호하는 차원에서 이루어져 정원 감소가 다소 완화되었으나 44,000명의 정원을 감축하는 성과가 있었다.[548]

박근혜 정부의 구조개혁은 이전 정부들로부터 이어진 신자유주의적 기조를 유지함으로써 견고하게 존재하는 대학서열체제의 변화와 같은 문제에 대해서는 진지하게 분석하거나 적극적으로 대응하지 않았다. 박근혜 정부 시기에는 대학 구조개혁을 통해 대학정원의 감축과 대학 특성화 등을 추진한 사항을 제외하면, 학력산출체제의 성격과 내용을 크게 바꾸었다고 할 만한 특별한 변화는 없었다. 고등학교와 전문대학의 취업 및 직업교육체제를 개선하고 지방대학을 특성화함으로써 주변부 학력산출체제를 활성화하는 데 주된 관심을 두었다.

4. 명문학벌 편포성의 지속과 정치성

박근혜 정부 시기의 자료들을 통해 학력·학벌의 사회 주요 부문 점유율 및 입직 상황을 살펴보기로 한다. [표 9-6]은 정부 각 부처 고위공무

개혁 전략 및 방안〉(발표 자료).

548 한국대학교육협의회(2016.11.24.), 〈미래 경쟁력 확보를 위한 대학 체질 개선 '2주기 대학 구조개혁 개선방안 연구'〉(발표자료), 3-6쪽.

[표 9-6] 정부 부처 고위공무원 출신대학 현황

연도	2014년	2015년	2016년	비고
공무원 수	1,476명	672명	1,476명	
서울대	435명(29.5%)	217명(32.3%)	494명(33.5%)	
연세대	152명(10.3%)	73명(10.9%)	178명(12.1%)	
고려대	133명(9.0%)	51명(7.6%)	142명(9.6%)	
계	720명(48.8%)	341명(50.7%)	814명(55.2%)	

원의 출신대학 현황을 분석한 것이다.

2014년도 안전행정부가 공개한 자료에 따르면, 정부 부처 3급 이상 고위공무원의 약 절반이 3개 대학 출신이었다. 전체 1,476명 중 서울대가 29.5%(435명), 연세대가 10.3%(152명), 고려대가 9%(133명)로, 이 세 대학이 차지하는 비율이 48.8%(720명)에 달했다. 이 시기 지역의 사례로 광주시의 경우에도 4급 이상 공무원의 절반이 전남대 출신(12명)으로 조사되었다.[549]

그리고 진선미 의원이 공개한 2015년 자료에서는 박근혜 정부 출범 이후 2015년까지 고위공무원단에 등록된 672명 가운데, 3개 대학 출신자가 50.7%(341명)를 차지했다. 대학별로는 서울대 출신이 32.3%(217명), 연세대가 10.9%(73명), 고려대가 7.6%(51명)였다.[550]

2016년에는 정부 부처 1,476명 공무원 중 서울대(33.5%), 연세대(12.1%), 고려대(9.6%) 3개 대학이 55.2%를 차지했다.[551]

---

549 《호남일보》(2014.7.22.), 〈정부 부처 고위공무원 절반이 'SKY' 출신〉. 광주지역 자료는 '학벌없는 사회를 위한 광주시민모임'이 안전행정부 등에 고위공무원 출신학교별 현황을 정보 공개 청구하여 발표한 것이다.

550 《시사ON》(2015.9.6.), 〈박근혜 정부 고위공무원단 학벌, 'SKY' 도배〉. 이 자료는 국회 안전행정위원회 새정치민주연합 진선미 의원이 2015년 9월 6일에 공개한 것이다. 3개 대학 외 다른 대학들의 점유율로는 방송통신대 5.6%(38명), 성균관대 4.5%(30명) 등이었다. 출신 고교별로는 경기고 10명, 순천고·강릉고가 각 9명, 경동고·광주고가 각 7명이었다.

551 《아주경제》(2016.9.15.), 〈고위공무원 55%, SKY대학 출신, 이용호, 학벌 편중 해소 절실〉. 2016년

한편, 박근혜 정부 후반기인 2015년에 《경향신문》이 청와대, 국가정보원, 감사원 등 정부 부처 44개 기관의 장·차관, 주요 실·국장 등 파워 엘리트 218명을 분석한 결과에 따르면, 출신대학별로는 서울대 91명(41.7%), 연세대 21명(9.6%), 육사 17명(7.8%), 성균관대 13명(6.0%), 고려대 11명(5.0%), 한양대 10명(4.6%) 등이었다.[552] 3개 대학의 점유율은 56.3%였다. 그리고 출신 고교별로는 당시 부총리 겸 기획재정부 장관(최경환)의 모교인 대구고 출신(6명)이 전통 명문인 경기고(13명), 경북고(8명)에 이어 3위로 나타나, 기사에서는 현 실권자의 정치적 영향이 미친 결과일 것으로 추측했다.[553] 권력이 학연을 따라 정치적으로 배분된다는 점을 시사한다.

또한 4대 권력기관(국정원, 검찰청, 경찰청, 국세청)의 주요 보직자 29명 가운데 부산·경남 11명, 대구·경북 7명 등 영남지역 편중 현상이 두드러지며, 출신대학별로는 서울대가 8명(27.6%), 경찰대가 5명(17.2%), 성균관대·연세대·육사가 각 3명(10.3%), 고려대·동국대가 각 2명(6.9%), 방송대·부경대·세무대가 각 1명이었다. 신문은 특히 최초의 경찰대 출신 경찰청장이 취임한 이후 경찰대 출신이 수뇌부에 대거 포진하게 된 것도 현 권력자의 영향이 작용한 것으로 추측했다.[554]

법조계 진출의 관문이 되는 법조인 선발제도와 관련하여, 2014년은 로스쿨과 사법시험 제도가 한시적으로 병존하는 시기였다. 이들 제도가 학력·학벌에 의해 어떻게 점유되고 있는지 살펴보기로 한다. [표 9-7]은 2014학년도 법학전문대학원 입학자의 출신대학 현황을 나타낸 것이다.

자료는 이용호 의원이 인사혁신처로부터 제출받아 공개한 자료이다.

552 《경향신문》(2015.9.25.), 〈박근혜 정부 후반기 '파워 엘리트' 218명 분석〉. 그 외 방통대 6명(2.8%), 한국외대 5명(2.3%), 경찰대 5명(2.3%), 동국대 4명(1.8%), 영남대 4명(1.8%), 경북대 4명(1.8%) 등이었다.

553 《경향신문》(2015.9.25.), 앞의 기사.

554 《경향신문》(2015.9.25.), 앞의 기사.

[표 9-7] 2014학년도 로스쿨 입학자 출신대학 현황[555]

출신대학	입학인원	점유율	진학 로스쿨 수	출신대학	입학인원	점유율	진학 로스쿨 수
서울대	417	20.1	25	서울시립대	24	1.2	10
연세대	294	14.2	25	숙명여대	18	0.9	11
고려대	282	13.6	24	동아대	18	0.9	4
성균관대	154	7.4	21	KAIST	17	0.8	8
이화여대	146	7.0	22	전북대	17	0.8	3
한양대	116	5.6	21	인하대	13	0.6	9
경희대	73	3.5	19	아주대	12	0.6	7
서강대	50	2.4	17	동국대	10	0.5	6
한국외대	44	2.1	16	한동대	9	0.4	5
부산대	32	1.5	13	영남대	9	0.4	3
중앙대	31	1.5	11	충북대	8	0.4	4
경북대	31	1.5	7	충남대	7	0.3	5
건국대	30	1.4	15	포항공대	7	0.3	5
경찰대	30	1.4	15	가톨릭대	7	0.3	4
전남대	29	1.4	4	홍익대	6	0.3	6
학점은행	5	0.2	3	외국대학	46	2.2	17
원광대	6	0.3	2	전체총원	2,072	100	

2014학년도 로스쿨 입학자는 총 2,072명으로, 그중 국내 64개 대학 출신자가 2,021명, 학점은행제 출신자 5명, 외국대학 출신자가 46명이었다. 그 외 5명이 입학한 대학이 2개, 4명이 5개대, 3명이 6개대, 2명이 6개대, 1명이 14개 대학 등이었다.

이 표에서, 새로운 법조인 양성기관인 로스쿨의 입학자 점유율에도 기존 대학들의 서열이 반영되어 있다. 상위 3개 대학 출신자가 전체 로스쿨 입학자의 47.9%를 점유하고 있다. 서울대가 417명(20.1%), 연세대가 294명(14.2%), 고려대가 282명(13.6%)이다. 그러나 그 집중도에 있어서는 여러 대학으로 어느 정도 분산된 것으로 볼 수 있다.

555 《법률저널》(2014.6.5.), 〈2014학년도 로스쿨 입학자 출신대학 현황〉.

2014년 사법시험 합격자의 출신대학별 분포를 살펴보면, 로스쿨 도입 이후 사법시험을 통한 선발 인원이 200명으로 대폭 축소된 가운데 주요 대학 출신자들이 여전히 사법시험 합격자의 다수를 차지했다. 전체 합격자의 약 1/5(19.6%)이 서울대 출신이며, 고려대, 연세대 합격자까지 합하면 전체 합격자의 39.2%에 달하는 것으로 나타났다.[556]

그리고 주요 학벌들의 법조계 진출상황과 관련하여, 2015년 검사장급 이상 법무·검찰 간부들 46명의 출신대학에 대한 분석에서는 서울대 출신 31명(67.4%), 고려대 10명(21.7%), 연세대 2명(4.3%), 성균관대 2명, 경북대 1명이었다.[557] 3개 대학만으로도 93.5%에 달한다. 법조계 고위직에서는 특정 학벌에 대한 편중도가 더 심하게 나타나고 있음을 확인할 수 있다.

경제계 리더들에 대한 분석에서도 주요 대학 출신자들의 점유율이 뚜렷하게 드러난다. 삼성그룹 30개 계열사 중 27개 계열사의 사장, 부회장, 회장 등 고위 경영진 48명을 분석한 결과를 보면, 이공계 출신이 25명(52%)으로 가장 많았고, 출신대학으로는 서울대 출신이 17명(35.4%)으로 가장 많았으며, 성균관대 6명(12.5%), 연세대 5명(10.4%), 한양대·경북대 각 4명, 한국외대 2명, 경희대·고려대·광운대·부산대·서강대·숭실대·중앙대 출신이 각 1명이었고, 나머지 3명은 외국대학 출신이었다. 상위 3개 대학이 58.3%를 점유하였다. 지방대학 출신자는 10%에 불과했다. 출신지역으로는 수도권 출신이 27명(서울 21명, 경기 5명, 인천 1명), 영남 13명, 충청 4명, 강원 3명, 제주 1명 순이었다.[558]

기업 경영성과평가사이트 CEO스코어가 2014년 3월 말 기준으로 국내 500대 기업 CEO 586명을 전수조사 분석한 결과에 따르면, 대학별로

---

556 《법률저널》(2014.11.13.), 〈사법시험 판도 변화, 서울대·고대 추락…한대·성대 뜨고〉.
557 《연합뉴스》(2015.2.6.), 〈검사장급 이상 법무 검찰 간부〉.
558 《국민일보》(2013.12.10.), 〈삼성그룹 계열사 사장급 경영진 48명 분석〉.

[표 9-8] 시가총액 상위 10대 기업 임원 출신대학[559]

학교	삼성전자	SK하이닉스	네이버	포스코	삼성생명	현대중공업	현대차	기아차	현대모비스	롯데쇼핑	합계
서울대	111	10	4	5	12	15	17	6	7	10	197
고려대	67	12	3	3	6	5	22	11	4	17	160
KAIST	107	17	3	-	4	6	3	1	2	1	144
연세대	80	14	3	3	3	3	15	9	4	9	143
성균관대	77	6	-	2	5	5	9	10	5	5	124
부산대	20	2	-	6	4	35	32	4	6	4	113
한양대	65	2	-	1	1	3	12	14	5	6	112
경북대	68	5	-	4	2	6	5	4	5	3	102
서강대	46	3	-	-	1	1	5	2	1	6	65
영남대	13	2	-	2	1	16	12	4	2	5	57
중앙대	19	1	1	-	1	2	8	3	3	8	46
울산대	1	1	-	-	-	20	12	5	4	-	43
경희대	18	-	-	-	-	1	1	9	3	7	39
한국외대	16	-	-	2	3	5	2	6	-	2	36
포스텍	13	1	-	10	-	-	-	-	-	-	24

는 서울대가 26.5%(155명), 고려대가 13.7%(80명), 연세대가 9.6%(56명) 등 3개 대학이 49.7%를 차지했다. 한양대 4.9%(29명), 성균관대 4.4%(26명), 한국외대 3.1%(18명), 서강대 2.6%(15명), 건국대 2.2%(13명) 등 수도권 대학들과 함께 부산대와 영남대가 2%(12명)로 10위권에 들었다.[560]

2014년 3월 31일 기업들이 금융감독원에 제출한 '2013년 사업보고서'를 토대로 상위 10대 기업 임원의 최종학력을 분석한 결과는 [표 9-8]과 같다.

---

559 《한경닷컴》(2014.4.3.), 〈대기업 임원 배출 대학 보니…'만만찮은 지방대의 힘'〉. 이 조사는 LG화학, SK텔레콤 등 임원의 최종학력을 밝히지 않은 기업과 금융지주사, 공기업을 제외한, 삼성전자 등 10곳을 대상으로 한 것이다.

560 《한경닷컴》(2015.7.15.), 〈500대 기업 CEO 최다배출 '고대경영'…학교는 서울대〉. 2013년도 연매출 기준 국내 500대 기업 CEO 624명을 전수 조사한 결과다(38명 미파악). CEO 출신 고교는 경기고, 경복고, 서울고가 1~3위였고 대전고가 4위, 경북고와 부산고가 공동 5위였다.

이 결과에 대해 이동연(2015)은 대체로 일반적 통념의 대학서열과 일치하지만, 6개의 지역 소재 대학들이 포함되어 있다는 점을 주목한다. 이 점에 대해 그는 지역대학에 대한 정부의 이공계 특성화 정책, 박정희 전 대통령의 장학정책, 대기업 설립 대학 등과 관련된 결과로 보면서, 기업이 위치한 지역, 중시하는 전공 분야, 출신대학의 인원수와 역사 등의 변수가 작용한 결과로 해석하였다. 특히 영남지역 대학들이 기업의 임원진 구성에서 강점을 보인 것은 한국사회의 학벌구조가 정치적 지형과도 연관된 것으로 보았다.[561] 이러한 해석은 '서울 소재' 자체가 프리미엄으로 작용하여 형성된 현재의 대학서열에 대해서도 같은 방식으로 적용될 수 있을 것이다. 현재의 대학서열은 경제적·문화적 인프라뿐만 아니라 권력이 집중되어 온 정치적 상황의 프리미엄이 반영된 것이다.

교수직의 경우 주요 대학 출신자의 편중도가 이전과 비교해 상당 부분 감소한 것으로 보이나 여전히 높은 상태이다. [표 9-9]에서 2013년 4월 1일 기준으로 주요 대학 교수들의 출신대학 비율 현황으로 볼 때, 서울대와 연세대의 모교 출신 교수 편중 현상이 매우 뚜렷하다. 2013년 서울대 전임교수 중 모교 출신은 1,543명으로 전체의 84.1%를 차지하였으며, 고려대는 58.6%인 920명, 연세대는 73.9%인 1,351명이 모교 출신이었다.

[표 9-10]은 2014년 하반기에 신규 임용된 38개 4년제 대학 신임 교수의 출신대학을 분석한 것이다. 전체 302명 중 박사학위 소지자는 293명이었는데, 그중 국내 박사학위 소지자가 197명(67.4%)으로 외국 박사학위 소지자보다 많았다. 이들의 출신대학을 살펴보면, 서울대가 전체 대상 교수의 17%(33명)를 차지했으며, 연세대가 16%(32명), 고려대가

561 이동연(2015), 〈신자유주의 대학과 학력자본의 재생산〉, 《문화과학》 82, 문화과학사, 26쪽.

[표 9-9] 2013년 3개 대학 전임교수 출신대학 현황[562]

대학	모교 출신		타교 출신		합계(명)
	인원(명)	비율(%)	인원(명)	비율(%)	
서울대	1,543	84.1	292	15.9	1,835
고려대	920	58.6	651	41.4	1,571
연세대	1,351	73.9	478	26.1	1,829

[표 9-10] 2014년 하반기 신규임용 교수 중 국내 박사학위 소지자의 출신대학 현황[563]

대학	인원(명)	비율(%)	대학	인원(명)	비율(%)
서울대	33	17.0	경희대	6	3.2
연세대	32	16.0	한양대	6	3.2
KAIST	16	8.3	부산대	5	2.5
가톨릭대	15	7.6	전북대	5	2.5
고려대	11	5.7	합계	129	66.0

5.7%(11명)로 3개 대학 출신 신규 임용 교수가 38.7%를 차지했다.

이런 상황에서 지방대학 졸업자가 명문대학의 교수가 된다는 것은 매우 희귀한 사례가 될 것이다. 《한국대학신문》은 지방대학을 졸업한 후 미국의 대학에서 석·박사학위를 받고 우수한 연구실적을 낸 사람, 탁월한 연구실적과 많은 외부 과제 수탁 능력을 보여 준 사람, 미국에서 오랜 기간 포스터닥터 과정과 연구원으로서의 경력을 가진 사람 등이 국내외 유수 대학에 명문대 출신자를 제치고 교수가 되었다는 사실이 기사화[564]된 바 있다.

주요 언론사의 핵심 간부도 상위 3개 대학 출신이 압도적인 다수를 점유하고 있다. 대학교육연구소(2015)의 자료에 따르면, 2014년 국내 25개 신문, 방송, 통신사의 편집·보도국장 및 정치·경제·사회부장 가운데 서

---

562 대학교육연구소(2014), 〈통계로 본 학벌사회〉, 11-12쪽(2014년 교육부의 국정감사 제출자료임).
563 《교수신문》(2014.10.27.), 〈국내 박사 67.4% '상승세'…5년 전과 비교해 23.4% 늘어〉.
564 《한국대학신문》(2013.10.18.), 〈지방대 나와도 해외 명문대 교수 될 수 있다〉.

울대 출신은 38명으로 36.5%였으며, 고려대가 28명으로 26.9%, 연세대가 12명으로 11.5%를 차지했다. 3개 대학 출신이 전체 언론사 주요 간부의 74.9%(78명)에 달했다.[565]

박근혜 정부 시기에도 사회의 주요 부문에 대한 명문학벌의 점유율이 여전히 높다는 점을 확인할 수 있다. 이 시기 상위 3개 대학 출신자의 점유율을 보면, 고위 공직자의 약 45~56%, 전국 로스쿨 입학자의 약 48%, 사법시험 합격자의 약 40%, 검사장급 이상 법무·감찰 간부의 약 93%, 대기업 사장급 이상 고위 경영진의 48~50%, 신규 임용 교수의 약 40%, 주요 언론사 핵심 간부의 약 75% 등이다.

5. 학력·학벌주의 변화정책

대선공약에서 제시한 박근혜 정부의 학력·학벌주의 변화와 관련된 주요 정책으로는 지방대학 발전사업 추진, 지역대학 출신자 채용할당제 도입, 공교육 정상화촉진특별법 제정, 국가직무능력표준 구축, 능력중심사회 구현을 위한 직무능력평가제 도입 등을 들 수 있다. 이들 공약은 대개 교육부(2013.8.)의 '고등교육 종합 발전방안' 속에 포함되어 구체화되었다.

가. 지방대학 발전사업 계획

학력·학벌주의가 한국사회의 지배적 이데올로기로 작용하고 있는 중

565 《미디어오늘》(2014.3.20.), 〈KBS·조선일보 주요 보직 간부 9명 모두 '서울대'〉. 조사대상은 조선일보 등 종합일간지 10곳, 매일경제 등 경제일간지 3곳, 연합뉴스 등 통신사 2곳, KBS 등 방송사 5곳, JTBC 등 종합편성채널 및 보도전문채널 5곳 등이다.; 대학교육연구소(2015), 앞의 자료, 13쪽.

앙중심주의와 밀접한 관련이 있다는 점에서 지방대학의 문제에 대한 대책이 곧 학력·학벌주의에 대한 대책이라 해도 과언이 아니다. 지방대학의 여러 문제는 이전 정부들도 주목해 온 사안이다. 대학교육연구소(2013)에 따르면, 지방대학 육성에 관한 정부 차원의 관심은 박정희 정부 시기에도 언급되었지만, 구체적 실행계획을 마련한 것은 김대중 정부 때부터이며, 이후 각 정부가 지방대학 육성 방안을 내놓았으나, 세부 내용을 제외하면 거의 비슷한 정책을 반복 제시하였다.

박근혜 정부는 대선 당시 교육공약에서 '지방대학 지원을 확대'하여 지방대학 특성화 분야를 집중적으로 육성하고 지역인재의 유치 및 활용을 통해 지역 성장의 거점으로서 지역발전을 견인하도록 할 것이라고 했다. 이에 따라 2013년 국책연구기관인 한국교육개발원(2013)이 먼저 포지션 페이퍼 형태로 지방대학 발전방안을 제시하였으며,[566] 교육부(2013)도 '지방대학 육성 방안(시안)'을 발표했다. 교육부는 시안에서 지방대학의 특성화 발전을 유도하여 지역에서도 창조경제를 구현하기 위한 토대를 구축하고, 지역 기반 명문대학을 부활시켜 우수 인재가 지역에 남고 지역에 기여하는 '교육-지역발전의 선순환' 구조를 만들겠다는 취지를 밝혔다. 이에 따른 5대 중점 추진과제로 1. 지방대학 특성화 및 구조조정, 2. 지방대학에 대한 재정지원 확대, 3. 우수 인재 유치를 위한 제도 개선, 4. 지방대학 기능의 발전적 전환, 5. 지방대학 육성 인프라 구축 등을 제시했다.[567] 이들 중점과제에 대한 구체적인 내용은 다음과 같다.

첫 번째 과제인 '지방대학 특성화 및 구조조정'에서는 2014년부터 지방대학의 강점 분야를 지역의 산업수요와 연계하고 특성화 분야를 집중

566 유현숙·최정윤·서영인(2013), 〈지방대학 발전방안〉(Position Paper) 10(3).
567 교육부(2013.7.31.), 〈지방대학 육성 방안(시안) 발표〉(보도자료), 3-7쪽.

적으로 지원하여 수도권대학과 경쟁할 수 있도록 육성한다는 것이다. 아울러 대학의 자율적인 구조조정과 병행하여 추진함으로써 대학의 경쟁력 제고 및 대학별 특성을 함께 살리는 발전을 기하려 했다. 또한 2014년부터 우수 지방대학이 지역사회 발전을 선도할 수 있도록 '지역선도대학육성사업'을 시행하며, 지역 및 대학별 특성을 반영하고 대학 발전을 지원할 수 있도록 평가체제를 전환하고자 하였다.

두 번째 중점과제는 지방대학에 대한 재정지원을 확대하는 것이다. 효과적 지원을 위해, 기존 재정지원사업을 개편하였다. 이전 정부에서 시행된 교육역량강화사업은 지방대학 특성화·지역선도대학육성사업으로 전환되었다. 학부교육선진화 선도대학지원사업(ACE), 산학협력 선도대학육성사업(LINC), 지역혁신인력양성사업, BK21사업 등은 승계하여 지방대학에 대한 지원 비중을 확대하기로 했다.

세 번째 중점과제는 지방대학에 우수 인재를 유치하기 위해 대학입시제도와 취업지원제도를 개선하는 것이다. 2015년부터 지방대학에 '지역인재전형'을 도입하여 지역의 우수 인재가 지방대학에 진학하고 정주하도록 유도한다. 이를 위해 지방대학이 지역 소재 고교 졸업자 중 일정 비율을 선발할 수 있는 법적 근거를 마련한다. 이와 함께 공무원 선발에서 지역인재 우대제도인 '지방인재채용목표제'를 확대 시행하고, 지역의 공공기관이 일정 비율의 지역인재를 채용하도록 하고 이를 준수하도록 점검·공시한다.

네 번째 과제는 지방대학이 지역사회의 창조경제 견인 및 문화·평생교육의 거점 센터 역할을 할 수 있도록 지원하는 것이다. 창업 활성화 지원제도의 확산을 유도하고, 지역민을 위한 평생교육 프로그램을 제공하며, 지방대학의 시설 및 인적 자원을 지역사회에 개방하도록 지원하는 것이다.

다섯 번째 과제는 지방대학 육성 인프라를 구축하기 위해, '지방대학 육성 특별법'을 제정하여 안정적인 제도적 기반을 마련하는 것이다. 지방대학 육성 지원을 위한 관련 기관과의 협력을 강화하고, 관련 협의체를 구성하고 운영하는 것 등이다.

지방대학 육성은 구체적인 정책의 수립뿐만 아니라 국가적 수준에서 지역의 산업연계 발전 계획, 지원예산 확보, 인력수급 계획 등 종합적인 계획에 따라 정부 차원에서 추진이 필요한 난제라고 할 수 있겠다. 박근혜 정부의 지방대학 발전 사업계획도 다른 정부들의 지방대학 육성방안과 유사한 내용을 포함하고 있다. 이 계획에서 지역인재가 실질적으로 지역의 대학과 기관에 입학하고 채용될 수 있도록 규정하는 법률 제정 계획을 제도화한 점은 상당한 의의가 있다.

나. 지역대학 출신자 채용할당제 도입

박근혜 정부는 지방대학 육성방안의 하나로 지역대학 출신 채용할당제를 도입하기로 하였다. 이것은 제18대 대통령 선거운동 기간 중 새누리당이 제시한 25개 교육공약 중 고등교육 관련 10가지 공약의 하나이기도 했다. 이와 관련하여 정부는 2014년 1월 28일 「지방대학 및 지역균형인재 육성에 관한 법률」(법률 제12337호)을 제정·공포하였다. 그 후 시행령(제25504호) 제정안을 입법예고 한 후, 2014년 7월 29일부터 시행하게 되었다.

이 법의 목적은 제1장 총칙 제1조에 명시하고 있듯이 "지방대학과 지역균형인재의 육성 및 지원에 관한 사항을 규정함으로써 지방대학의 경쟁력 강화 및 지역 간의 균형적 발전을 위한 것"이다. 이 법률(제12844호, 시행 2014.11.19.)의 주요 관련 내용은 크게 두 가지이다. 하나는 국가 및 지방자치단체와 상시 근로자 300인 이상의 기업이 일정 비율의 지역인재에게 공무원 임용 기회, 공공기관 등에 채용될 기회를 부여할 것을 권고하는 것이다. 다른 하나는 지방대학의 장에게 의과대학 및 의학전문대학원, 한의과대학 및 한의학전문대학원, 치과대학 및 치의학전문대학원, 약학대학, 그리고 법학전문대학원 입학자 중 해당 지역 고교 및 지방대학 졸업자(졸업예정자 포함)의 수가 일정 비율 이상이 되도록 선발할 것을 권고하는 것이다. 이 법률의 관련 조항은 다음과 같다.

> **제12조**(지역인재의 공무원 임용 기회 확대) ① 국가는 신규 임용하는 국가공무원 중 지역인재가 일정비율 이상 확보될 수 있도록 시행계획을 수립·실시하여야 한다.
>
> ② 지방자치단체는 신규 임용하는 지방공무원 중 해당 지방자치단체 관할 구역의 지역인재가 일정 비율 이상 확보될 수 있도록 시행계획을 수립·실시하여야 한다.
>
> **제13조**(공공기관 등의 채용 확대 등) ① 「공공기관의 운영에 관한 법률」에 따른 공공기관과 상시 근로자의 수가 300명 이상인 기업은 신규 채용인원의 일정 비율을 지역인재로 채용하도록 노력하여야 한다.
>
> **제15조**(대학의 입학기회 확대) ② 지방대학의 장은 지역의 우수 인재를 선발하기 위하여 의과대학, 한의과대학, 치과대학 및 약학대학 등의 입학자 중 해당 지역의 고등학교를 졸업한 사람(졸업예정자 포함)의 수가 학생모집 전체인원의 일정 비율 이상이 되도록 노력하여야 한다.
>
> ③ 지방대학의 장은 지역의 우수 인재를 선발하기 위하여 법학전문대학원, 의학전문대학원, 치의학전문대학원 및 한의학전문대학원 입학자 중 해당 지역의 지방대학을 졸업한 사람(졸업예정

자 포함)의 수가 학생모집 전체인원의 일정 비율 이상이 되도록 노력하여야 한다.

위 제12조의 관련 내용에서 지역인재의 공무원 임용 기회에 대해서는 참여정부로부터 시작된 '지방인재채용목표제'와 '지역인재추천채용제' 등의 제도가 다소간 개선의 여지가 있으나[568] 이명박 정부에 이어 계승되었고 7급과 9급 공무원 임용 등에도 확대 시행되었다. 제13조의 공공기관 등의 지역인재 채용과 관련해서는 관련 시행령(대통령령 제25751호, 2014.11.19. 시행)에서 연간 신규 채용인원 중 대학 졸업자(졸업예정자 포함)의 35%로 규정하고 있다(제9조4항). 그러나 이 규정은 잘 지켜지지 않은 것으로 보인다. '2016년도 공공기관 지역인재 채용 현황 자료'를 분석한 결과에 따르면, 319개 공공기관 중 지방대학 출신자 채용 권고 비율에 미달한 기관이 66곳[569]에 달했다.

그리고 제15조의 대학 입학기회의 확대와 관련해서는 시행령의 별표에서 해당 지역의 범위 및 학생 모집 비율을 규정했다. ②항의 지방대학 학생모집 비율 하한선이 강원도와 제주특별자치도가 각각 15%이며, 그 외 지역 권역은 30%이다. ③항의 전문대학원(법학·의학·치의학)의 경우는 강원도와 제주특별자치도가 각 10%, 그 외 지역 권역이 20%이며, 한의학전문대학원에도 비수도권 학생 모집 비율 하한선을 20%로 규정하였다. 이러한 비율과 관련하여 2015~2017학년도 지방대학 전문대학원의

568 김부태(2015), 〈지역균형인재 선발제도의 개선방안 탐색: 선발 결과의 분석〉, 《열린교육연구》 23(1), 130-131쪽. '지방인재채용목표제'의 경우, 실제로 목표비율 20%에 근접하도록 지역인재를 채용할 수 있게 합격선 점수를 조정할 것, 10인 이상의 적용 단위를 5인 이상의 단위로 바꿀 것 등을 제안하였으며, '지역인재추천채용제'에 대해서는 대학 수가 적은 지역에 대한 해당 지역의 범위를 재설정하는 문제 등에 대해 제안하였다.

569 이 자료는 조승래 더불어민주당 의원이 2017년 10월 24일 교육부로부터 제출받아 분석한 것이다. 《머니투데이》(2017.10.24.), 〈지방대 채용 외면하는 '신의 직장' 공공기관 66곳〉.

[표 9-11] 2015~2017학년도 지방대 전문대학원 해당 지역인재 선발 현황[570] (단위: 명, %)

구분	2015학년도			2016학년도			2017학년도		
	합격 인원	지역 인재	비율	합격 인원	지역 인재	비율	합격 인원	지역 인재	비율
법학전문대학원	941	180	19.1	944	165	17.5	943	173	18.3
의학전문대학원	178	23	12.9	144	25	17.4	149	25	16.8
치의학전문대학원	150	49	32.7	150	60	40	119	37	31.1
한의학전문대학원	50	21	42	50	21	42	50	13	26
전체	1,319	273	20.7	1,288	271	21	1,261	248	19.7

해당 지역인재 선발 현황은 [표 9-11]과 같다.

[표 9-11]에서 볼 수 있듯이, 3년간 전체적으로 법령이 규정한 비율(20%)에 가깝게 선발하고 있는 듯 보이나 법학전문대학원과 의학전문대학원은 규정된 비율에 미치지 못하고 있으며, 치의학전문대학원과 한의학전문대학원은 규정된 비율을 준수했다. 지역인재 선발 비율이 지켜지지 않은 데는 관련 법령이 '강제' 사항이 아니라 '권고' 사항으로 규정하고 있기 때문이었다. 권고조항을 의무조항으로 개정하는 일이 긴요한 과제이다.

로스쿨의 경우는 좀 더 복잡한 문제가 연관된 것으로 보인다. 법학전문대학원은 당초 지역 균형발전의 일환으로 전국에 분산 인가되었지만, 서울지역 거주자가 지역대학 법전원에서 큰 비중을 차지하고, 지역대학 출신자가 소수에 머물고 있어 그 취지가 실현되지 못하고 있다. 《법률저널》의 자체 자료 분석 결과에 따르면, 2009~2016학년도의 전체 법학전문대학원 입학생 중 서울 소재 대학 출신자는 82.1%인 반면, 지방 소재

570 국회 교육문화체육관광위원회 더불어민주당 오영훈 의원실에서 대학으로부터 제출받아 분석한 자료이다. 《법률저널》(2017.11.1.), 〈지방 로스쿨, 지방·지역대학 출신이 없다?〉.

대학 출신자는 16.1%에 그쳤다.[571] 이와 관련하여 지역대학 출신 지원자 자체가 적은 점, 각 대학의 변호사 시험 합격률에 대한 우려, 경제적 배경의 영향 등이 주요 문제로 거론되었다.

다. 공교육 정상화촉진특별법 제정

박근혜 정부는 교육현장의 학력·학벌 경쟁을 완화하고 공교육의 정상화를 위한 조치로 「공교육 정상화 촉진 및 선행교육 규제에 관한 특별법」(일명 선행학습금지법 혹은 공교육 정상화법)을 제정하였다. 이 법은 2014년 2월 20일 국회 본회의를 통과하여 2014년 3월 11일 제정되었고 9월 12일부터 시행되었다. 이 특별법은 교육 관련 기관이 선행교육이나 선행학습을 유발하는 행위를 하지 못하도록 규제함으로써 초·중·고등학교의 교육과정이 정상적으로 운영되게 하려는 취지로 입법한 것이다.

이 특별법의 주요 내용은 초·중·고교의 정규교육과정과 방과후학교 과정에서 학교교육과정에 앞서서 행하는 선행교육을 하지 못하게 막고, 선행학습을 유발하는 평가를 금지한 것이다. 사설학원·교습소 등의 사교육 기관에 대해서는 선행교육에 관한 광고·선전을 금지하였다. 그리고 각급 학교의 입학 전형은 입학 단계 이전 교육과정의 범위와 수준 내에서 이루어지도록 규정하였으며, 국립학교 및 대학의 선행학습 유발 행위 여부에 대한 심사·의결을 위해 교육부 장관 산하의 '교육과정정상화심의위원회'를 설치·운영하게 했다.

그러나 이 특별법은 공교육기관에만 적용되고 위헌 소지와 단속의 어려움 때문에 사교육 기관의 선행교육을 규제하지 못하는 치명적인 한계가 있었다. 학교에서의 선행학습이 금지되자 학생들이 사교육 기관으로

---

571 《법률저널》(2017.11.1.), 앞의 기사, 7쪽.

몰리는 문제 등에 직면하면서, 정부는 2015년 3월 18일 다시 방과후학교의 선행교육 규제 완화와 농·산·어촌 및 도시 저소득층 학교에 대한 선행교육 허용,[572] 대학별 고사에 대한 입학전형영향평가위원회 설치·운영, 위반 시 조치사항 등의 내용을 포함한 개정안을 입법 예고했다. 2016년 5월 29일에는 「공교육 정상화 촉진 및 선행교육 규제에 관한 특별법」(법률 제14149호)을 개정·공포하였고, 동법 시행령의 일부개정안은 2016년 6월 16일부터 7월 4까지 입법 예고한 후 8월 30일에 국무회의를 통과하였다. 이제 학교에서도 규정에 따라 선행교육을 하게 되었으나, 사교육 기관들의 선행교육은 매우 심각한 문제로 지속되었다.[573] 이러한 한계에도 불구하고 정부가 학력·학벌 경쟁을 완화하고 초·중등교육을 정상화하기 위한 법적 장치를 마련하고자 했다는 점에서 일정한 의의가 있다.

라. 국가직무능력표준 구축 시도

박근혜 정부는 '능력중심사회 만들기'의 국정과제를 추진하기 위한 구체적인 정책 수단으로 국가직무능력표준(NCS: National Competency Standards) 개발을 매우 적극적으로 추진했다. 국가직무능력표준은 어떤 직종에 종사하는 사람에게 요구되는 지식이나 능력을 국가 차원에서 표준화한 것이다. 직업에 필요한 구체적인 능력의 표준화인 NCS 개발을 통해 '학력중심사회'를 개혁하고자 했다.

교육부(2013)는 '창조경제를 견인할 창의인재 육성과 능력중심사회 만

572 방과후학교 과정은 다음의 경우에 선행교육을 할 수 있다. 고등학교에서 휴업일(방학) 중 운영되는 경우, 중·고등학교 중 농·산·어촌지역 학교 및 대통령령으로 정하는 절차 및 방법 등에 따라 지정하는 도시 저소득층 밀집 학교 등에서 운영되는 경우이며, 2019년 2월 28일까지 한시적으로 운영된다.

573 사교육걱정없는세상이 2015-2016년 서울시의 사교육 과열지구에 있는 13개 학원에 대한 선행학습 실태를 조사한 결과에 따르면, 이들 학원은 정규교육과정보다 평균 3.8년 앞선 내용을 가르치고 있었다. 《news1》(2016.12.22.), 〈'초등학생에게 미적분'…학원 선행교육 심각〉.

들기'에서, 박근혜 정부의 국정철학 및 교육 분야 비전, 창의인재 육성방안, 그리고 학벌이 아닌 능력중심사회 만들기의 국정과제를 소개했다. 특히 '학벌이 아닌 능력중심사회 만들기'라는 국정과제의 핵심 내용으로 실력중심의 '스펙 초월 채용시스템' 정착, 국가직무능력표준(NCS) 구축, 직무능력평가제 도입, 평생직업능력개발체제 구축 등을 들었다.[574] 이를테면 학력·학벌과 형식적인 경력을 중시하는 기존 방식을 지양하고 직업세계의 현장에 실질적으로 적용될 수 있는 국가직무능력표준(NCS)을 확립하여 사회적으로 활용할 수 있는 시스템을 구축함으로써 능력중심사회에 다가간다는 것이다.

학력·학벌중심이 아닌 능력중심사회를 실현하는 데 특히 국가직무능력표준(NCS)과 국가자격체계(NQF: National Qualifications Framework) 구축에 큰 기대를 걸었다.[575] 이를테면 어떤 직무를 수행하는 데 필요한 지식 및 능력들과 그 수준을 일정한 체계로 정립하고 국가 차원에서 표준화·관리하여 교육·훈련을 통해 해당 직무 수행 능력과 자격을 보유하도록 할 수 있다. 이것으로 인재의 선발이나 채용 시 학력·학벌 대신 실질적인 능력을 판단할 수 있는 준거와 체제로 활용한다는 것이다. 각 영역의 능력 단위별로 표준교재를 만들어 각종 교육기회를 통해 직무능력을 키우게 하며, 이를 상호인정되게 하는 국가자격체계(NQF)를 통해 관리하고, 평생직업교육체제를 통해 전 사회적 시스템을 구축함으로써 능력중심의 사회

---

574 교육부(2013), 〈창조경제를 견인할 창의인재 육성과 능력중심사회 만들기〉, 《한국경영교육학회 2013년도 추계 학술발표대회논문집》, 1-26쪽.

575 국가직무능력표준(NCS: National Competency Standards)이란 산업현장의 직무 수행에 요구되는 지식, 기술, 소양 등의 내용을 국가가 산업부문별·수준별로 체계화한 것(자격기본법)이다. 국가역량체계(NQF: National Qualification Framework)는 교육, 훈련, 자격, 경력의 등가성을 나타내는 체제로, 산업현장의 직업능력 관점에서 다양한 역량 간 연계가 가능한 통합적인 수준의 체제를 의미한다. 조정윤(2013), 〈국가직무능력표준(NCS) 도입에 따른 대학교육의 변화방향〉, 《한국취업진로학회 학술대회 발표 자료집》, 48, 57쪽.

를 구현한다는 것이다.

김안국 등의 한국직업능력개발원 연구보고서(2017)에 따르면, 박근혜 정부가 주도한 NCS 및 NCS 학습모듈의 개발이 2016년에 일단락되었다. 2013년부터 2016년까지 897개 세분류 직업의 NCS를 개발하였고 8,500권의 NCS 학습모듈이 개발되었다. 특성화고, 전문대학, 일부 4년제 대학, 훈련기관과 일학습병행제 도입 기업 등에서 NCS를 토대로 교육과 훈련을 하도록 하였으며, NCS기반 자격 621개를 개발하였고, 기존의 국가기술자격 중에서 61개 종목을 과정 평가형 자격으로 취득할 수 있도록 하였다(45쪽). 2013년부터 2016년까지 정부 부처별 NCS 기반 직업교육훈련 정책의 전체 예산 규모는 고용노동부 2조 3390억 원, 교육부 1조 3340억 원, 중소기업청 2550억 원, 산업통상자원부 523억 원으로 총 3조 9803억 원이었다(102쪽). 막대한 예산이 투입된 것이다. 정부의 의지를 보여 준 것이기도 하다. 그러나 모든 세분류 직업에 대해 NCS 개발을 할 수 있는가의 문제, 대학교육에서 전공영역의 전문성이 특별히 중요한 직업을 어떻게 할 것인가의 문제, 변화가 빠른 분야 NCS 개발의 유효성 문제 등 여러 문제와 과제가 중요한 쟁점으로 남아 있다.[576]

NCS체제의 구축은 학력-능력, 교육-직무, 자격-능력 간의 불일치나 입직의 편포성 등을 완화할 수 있는 학력·학벌주의 개선을 위한 제도로서 일정한 의미가 있다. NCS 개발은 이전 정부들도 시도하려 했던 사업이고, 세계 여러 나라에서 이미 개발해 온 것이기도 하다.[577] 연구자들이 지적한 바와 같이, 박근혜 정부가 NCS 제도를 구축하면서 내세운 '능력

---

576 김안국 등(2017), 〈한국사회의 학력주의(Credentialism)와 포스트 NCS〉, 한국직업능력개발원, 45-46, 102쪽 등.

577 조정윤(2013)에 따르면, 개발대상 세분류 NCS 777개 중 2002-2012년까지 이미 개발해 놓은 NCS가 331개이고, 2013년에 개발 중인 NCS가 250개, 그리고 2014년 개발 예정인 NCS가 241개라고 했다. 조정윤(2013), 앞의 발표 자료, 52쪽; 김안국 등(2017), 앞의 연구보고서, 43-44쪽.

중심사회 만들기'는 한국 학력·학벌주의를 전면적으로 개혁하는 것이라기보다는 하나의 보완책으로 보는 것이 적절할 것 같다.

6. 안정과 균형의 보수적 개혁

박근혜 정부가 시행한 학력·학벌주의의 변화정책들은 어떤 효과가 있었을까? 박근혜 정부가 '학력·학벌이 아닌 능력중심사회 만들기'를 국정과제로 설정하고 그 핵심 내용으로 실력중심의 '스펙 초월 채용시스템'을 정착시키고자 하는 취지를 발표하자, 공공기관 등 여러 기업이 이에 부응하는 여러 반응을 나타냈다. 서울시 산하 17개 투자·출연기관이 신규직원을 채용할 때 출신학교와 가족관계 기재란 등을 없앤 표준이력서를 사용하기로 했다.[578] 서울시는 새 표준이력서에 개인 능력 및 직무와 무관하고 차별적인 요소로 작용할 수 있는 사진, 신체 사항, 가족 사항 등의 항목을 빼고 직업교육, 직무 관련 활동 등을 중심으로 기재하도록 했다. 특히 서류전형 때 당락의 주요 기준이 됐던 출신학교, 학점, 어학 점수 기재란도 삭제하도록 했다. 취업·구직난으로 경제적 어려움을 겪는 청년들의 경제적 부담을 덜어 주기 위해 투자·출연기관에 신규 채용된 직원에 대한 신체검사 비용도 지원하기로 했다.

그리고 포스코 등 기업의 '탈스펙' 사원 채용방식에 관한 내용이 언론에 두드러지게 등장했다. 연합뉴스(2013.6.6.)에 따르면, 포스코가 2013년에 인턴사원 850명을 채용하는데, 지원서류에 학력, 출신교, 학점, 사진 기재란을 없앤 탈스펙 전형을 신설하고 전체의 절반 수준인 400여 명을

578 《연합뉴스》(2013.6.6.), 〈서울시 산하기관, 출신교·가족관계 뺀 이력서 도입〉.

열정과 보유 잠재역량만을 보고 선발할 계획이라고 보도했다.[579] 여러 매스컴에서도 대기업의 인재 채용방식에 변화가 있음을 보도했다. 관련 기사들은 전공, 자격증 등 스펙에서 벗어나 도전적인 열정과 잠재력을 가진 숨은 인재를 가려내기 위한 기업들의 다양한 채용방식을 소개하고 있다.[580] 이 기사에서는 또한 전국경제인연합회가 2013년 상반기 채용을 마무리한 주요 기업을 대상으로 조사한 결과를 보도했다. 이 보도에 따르면, 기업들이 정형화된 채용기준에서 벗어나 구직자가 가진 열정, 도전정신, 전문성, 창의성 등을 중요한 요소로 반영하였고, 취업을 준비하거나 스펙을 쌓기 위해 대학을 4년 만에 정상적으로 졸업하지 못한 구직자가 전체의 59.4%에 달했다.

명문학벌들이 사회 주요 부문과 요직을 독과점하는 가운데, 이 시기 대졸 학력자들의 사회진출 경쟁은 매우 치열했으며, 면접이 중요한 신입사원 선발방식으로 채택되었던 것으로 보인다. 한국경영자총협회가 종업원이 100명 이상인 전국 377개 기업의 '2015년 신입사원 채용실태'를 조사한 결과에 따르면, 국내 기업의 대졸 신입사원 채용에서, 지원자 100명 가운데 48.3명이 서류전형에 합격했고, 16.0명이 면접대상으로 선발되었으며, 평균 3.1명이 최종 합격하였다. 경쟁률은 32.3:1로 2년 전 경쟁률 28.6:1보다 높아졌다. 그러나 면접대상 인원은 2013년 11.5명에서 2014년에는 16명으로 증가하여 기업들이 면접을 통해 신입사원을 선발하려는 경향을 나타냈다.[581] 기업의 채용에서 탈스펙이나 면접을 중시하

---

579 《연합뉴스》(2013.4.4.), 〈포스코, 올해 인턴사원 850명 채용〉.

580 《연합뉴스》(2013.5.21.) 〈대기업 채용방식 변한다…열정·잠재력 우선〉; 《연합뉴스》(2014. 1.19.), 〈대기업 인재 채용 '탈스펙, 역사관 중시'로 바꾼다〉; 《영남일보》(2014.6.14.), 〈탈스펙 바람…열정·도전정신·직무능력 중시〉; 《EBN종합경제신문》(2014.10.6.), 〈포스코, '창의적 인재' 발굴·성장…'학과 충실' 우대 채용〉 등.

581 《ChosunBiz.com》(2015.5.17.), 〈대졸자 취업경쟁 심화, 100명 지원해 3.1명 합격〉.

는 경향은 당시 매스컴의 보도로 볼 때, 학력과 학벌에 크게 의존하던 채용방식에서 벗어나 새로운 방식으로 선발하려는 것이다.

공공기관과 일부 기업들의 이런 반응이 자체의 판단과 계획에 의한 것이라면 일정한 의미를 갖는 것이기도 하겠지만, 정부의 요구에 맞추려는 일시적인 제스처일 수도 있었다. 새로운 정부가 들어설 때마다 나타났다 사라지는 유사한 현상들이 반복되었다는 점에서 그렇다. 박근혜 정부 시기에도 명문학벌들의 사회 주요 부문 점유율은 여전히 높았다. 학력·학벌에 의한 견고한 구조가 지속되고 있었다는 뜻이다. 지역대학 출신자 채용할당제, 공교육 정상화촉진특별법, NCS 구축 등은 제도 자체의 한계 등으로 그 취지를 충분하게 실현하지 못했으나, 그 취지상 상당한 의미가 있는 것이다. 이들 법제가 의도하는 긍정적인 변화가 지속성을 갖도록 제도를 개선하고 나아가 하나의 문화로 정착시키려는 노력이 필요하다.

박근혜 정부가 추진한 학력·학벌주의 변화정책들은 어떤 성격을 가지고 있을까? 제18대 대선에서 박근혜 후보와 문재인 후보가 제시한 공약을 비교한 김경희(2013)의 분석에 따르면, 박근혜 정부의 교육공약과 정책에 함축된 이념적 지향성은 국민의 교육기회를 실질적으로 보장하기 위해 정부의 역할을 인정하면서도 단위학교의 자율성과 교육의 경쟁력을 중시하는 자유주의적 교육관을 나타냈다. 교육문제의 개혁전략에서는 구조의 개혁이라기보다는 주로 교육과정 중심으로 학교교육을 정상화하려는 접근 전략을 추구했다.[582] 이를테면, 인성중심의 수업 강화, 중학교 자유학기제, 교과서 완결학습체제 구축, 교과서 내 출제 등 학교교육과정 운영에 관한 공약들이 핵심을 이루었다.

박근혜 정부의 교육공약은 전 정부들에 의해 시행된 기존 정책들을 연

582 김경희(2013), 〈제18대 대통령선거 교육정책 공약 비교·분석〉, 《한국교육학연구》 19(3), 163-164쪽.

속적으로 추진하는 성격의 공약들이 대부분이었다.[583] 이전 정부의 신자유주의적 정책 등 기존 교육정책을 보완하거나 좀 더 진전시킨 방안들을 제시하면서 정책의 완성도와 실현 가능성을 중시하였고, 이전 정부 정책의 연속선상에 있는 특목고, 일제고사 등의 정책을 유지하여 정책의 안정성을 중시한 것으로 보인다. 고등교육재정 지원체제 재구조화의 방향에서도 4년제 대학보다는 전문대학 지원에, 수도권대학보다는 지방대학 지원에, 대학에 대한 기관 지원사업보다는 학생에 대한 교육비 지원사업에, 신규 재정지원사업 도입보다는 기존 재정지원사업의 유지 및 재편에 중점을 두었다.[584] 전 정부의 정책에 대한 평가에서 취약했던 부분을 보완하면서 열세의 소외된 부문에 좀 더 치중했음을 의미한다. 전 정부에 비해 안정과 균형을 좀 더 강조한 것으로 볼 수 있겠다.

박근혜 정부는 대통령 취임사, 교육공약, 교육부의 국정과제 실천 계획 등을 통해 교육정책으로 학벌 위주의 사회를 능력 위주의 사회로 전환할 것임을 천명했다. 이 점은 같은 보수정권인 이명박 정부와 다른 점이기도 하다. 사실 박근혜 정부는 2007년 제17대 대선 경선 시 제시했던 공약에 비해 다소 진보적인 성격을 띤 공약들을 채택했다.[585] 입시교육문제에 대한 인식, 교육비 부담의 공공성 강화 정책, NCS 정책, 지역대학 출신자 할당제 등의 정책에서 어느 정도 확인할 수 있다. 이런 사실은 한국 학력·학벌사회의 심각성에 대한 인식과 관심을 반영한 것이기도 할 것이며, 전 정부의 과도한 경쟁교육 정책 추진에 대한 자각으로부터 나온 것이기도 할 것이다.

---

583 경제정의실천시민연합(2015), 앞의 보도자료, 2쪽.
584 송기창(2013), 〈박근혜 정부 고등교육재정정책의 쟁점과 과제〉, 《교육행정학연구》 31(3), 260쪽.
585 김경희(2013), 앞의 논문, 160쪽.

제 10 장

문재인 정부: 교육의 공공성 강화 (2017.5.-2022.5.)

1. 교육에 대한 국가 책임의 강화

역사는 느리지만 품위 있게 진보한다고 했다. 여러 실책이 있었음에도 불구하고, 문재인 정부 시기에도 한국 민주주의에 일정한 진전이 이루어졌다고 본다. 출범 시 이전 정부들의 중대한 실정과 폐해를 청산하고, 보다 수준 높은 민주주의 국가로의 발전에 대한 국민의 기대가 높았다. 문재인 정부는 출범과 함께 '국민의 시대'임을 선언했다. 국민의 시대는 국민이 통치의 대상이 아니라 나라의 주인이자 정치의 실질적 주체가 되는 국민주권의 시대를 의미한다.[586] 소수 엘리트 관료나 국가의 권력만으로 국정을 처리하기보다는 국민의 뜻을 보다 직접적으로 실현하는 일이 긴요해졌다.

> 1987년 이후 열린 민주화 시대는 절차적 민주주의의 성과에도 불구하고 엘리트 중심의 정치와 국가중심의 국정운영이라는 한계를

586 국정기획자문위원회 백서 편찬위원회(2017), 《국정자문위원회 백서: 국민의 나라 정의로운 대한민국》, 국정자문기획위원회, 41쪽.

> 드러냈으며, 이제는 국민중심의 민주주의로의 이행이 필요한 시점이다. (중략) 국민중심 민주주의는 선거나 대표자의 위임에 국한되지 않고 (중략) 국민주권의 실질적 행사가 이루어지는 '주권자 민주주의'의 실현을 의미한다.[587]

문재인 정부는 또한 김영삼 정부 이후 유지되어 온 이른바 신자유주의적 교육정책이 남긴 상흔들에 대해 주목하면서, 경쟁과 자율보다는 공존과 협력을 강조하고, 우선 필요한 곳에 국가가 지원하고 책임지겠다는 방향을 분명하게 하였다. 교육의 공공성 강화를 의미한다. 그동안 역대 정부들이 5·31 교육개혁안의 기조인 교육의 수월성 가치를 중시해 왔다면, 이제는 교육에 대한 국가의 책무성과 형평성을 강화하는 방향으로 전환하겠다는 것이다.

학력·학벌주의 개혁에 관한 정부의 정책 방향도 같은 맥락에 있다. 학력·학벌에 대한 개인과 집단의 과도한 욕망과 그로 인한 폐해를 합리적으로 제어하고, 구조적 전환을 시도하는 정부의 정책들을 예상해 볼 수 있다.

학령인구가 감소하고, 각종 정책을 둘러싼 이념적 대립이 상존하며, 4차 산업혁명이라는 시대적 요구에 대처해야 하는 상황은 문재인 정부가 직면한 국정운영의 중요한 배경이다. 아울러 전 세계를 강타한 코로나 사태도 국민 생활과 국정운영에 큰 영향을 미치는 상황 변수로 작용해 왔다.

문재인 정부의 대선공약과 국정과제에서 학력·학벌주의 개혁방안이라 할 만한 것으로 어떤 것이 있는지, 공약과 실천과제의 이행으로 학력·학벌 접근 기회가 어떻게 변화하게 되었는지, 학력·학벌의 생산시스템이

---

587 국정기획자문위원회 백서 편찬위원회(2017), 앞의 백서, 42쪽.

어떻게 바뀌었는지, 정부 재임 기간에 사회 주요 부문의 입직과 학력·학벌의 연관에 어떤 변화가 있었는지, 그리고 학력·학벌주의 개혁정책들이 어떻게 시행되었는지 등을 살펴보려고 한다.

제19대 대통령선거 당시 문재인 후보는 4대 국정비전과 함께, 각 비전에 관련된 12개의 약속과 201개의 실천과제를 제시했다. 교육공약은 '더불어 성장으로 함께하는 대한민국'(비전)-'민생 복지·교육 강국 대한민국'(약속) 안에 포함되어 '교육의 국가 책임 강화'로 묶었다. 교육공약의 주요 실천과제들은 다음과 같다.[588]

1. 국공립 유치원 확대와 유아기 출발선의 평등 실현
2. 방과 후, 방학 중 나 홀로 방치되는 아동·청소년이 없도록 열린 온종일 돌봄교실 운영
3. 교실 혁명을 통한 공교육 혁신과 사교육비 경감-혁신학교 확대
4. 고교학점제로 진로맞춤형 교육 추진-외국어고·국제고·자사고를 일반고로 전환
5. 한 아이도 놓치지 않는 1:1 맞춤형 교육 추진-1수업 2교사제
6. 교사의 전문성을 높여 든든한 울타리 학교 만들기-교장공모제 등
7. 위험하고 낡은 학교를 안전하고 쾌적한 학교로 바꾸기-학교교육 시설 안전인증제 도입
8. 대입제도의 단순화와 공정성 향상-수능 절대평가제, 학생부교과-학생부종합-수능
9. 고졸 희망시대 만들기
10. 4차 산업혁명 시대를 대비한 교육체제 수립-소프트웨어교육 확대, 스마트 학교 환경

588 더불어민주당(2017), 《나라를 나라답게: 제19대 대통령선거 정책공약집》, 205-221쪽.

11. 교육의 공정성을 높이는 계층 사다리 복원-블라인드 채용, 사회적 배려 대상자 지원 확대
12. 대학의 글로벌 경쟁력 제고, 대학 체질 강화-지역거점국립대 육성, 대학네트워크 구축
13. 소통·협력·효율성을 높이는 교육거버넌스 개편-교육부 기능 개편, 국가교육위원회 설치

대선 교육공약은 정부 교육정책의 기본방향과 내용을 규정하는 주요 지표가 된다. 이들 공약은 국정과제로 이어지고 정부 정책의 근간을 이룬다. 문재인 후보의 교육공약들을 규정하는 핵심 기조는 '교육의 국가 책임 강화'이다. 다른 세부 공약들은 모두 이 모토하에 범주화되었다. 정부가 교육문제에 적극적으로 대처하여 교육의 공공성과 형평성을 강화하겠다는 것이다.

2017년 5월 문재인 정부가 출범했다. 약 2개월 후인 7월 19일 국정기획자문위원회는 대통령 후보 시기에 제시했던 공약들과 실천과제, 정책 현안, 국민 제안 등을 반영하여 '국정운영 5개년 계획'을 발표하였다. 이 계획에서 제시된 문재인 정부의 국가비전은 '국민의 나라 정의로운 대한민국'이었다. 이 계획에는 또한 5대 국정목표[589]와 20대 국정전략, 100대 국정과제, 487개 실천과제가 포함되었다. 교육 분야는 국정목표 중 '내 삶을 책임지는 국가', 국정전략 중 '국가가 책임지는 보육·교육'에서, 보육과 교육을 국가가 책임지고 교육 민주주의를 실현하기 위한 6대 과제를 제시했다. 구체적인 내용은 다음 [표 10-1]과 같다.[590]

---

589 5대 국정목표는 '국민이 주인인 정부, 더불어 잘사는 경제, 내 삶을 책임지는 국가, 고르게 발전하는 지역, 평화와 번영의 한반도'이다.

590 국정기획자문위원회 백서 편찬위원회(2017), 앞의 백서, 115- 122쪽의 내용을 정리하였다.

[표 10-1] 문재인 정부의 교육분야 국정과제 및 주요내용

국정과제	주요내용	세부내용
유아에서 대학까지 교육의 공공성 강화	유아교육 국가 책임 확대	2018년 어린이집 누리과정 지원예산 전액 국고 지원 학부모 안심 교육 인증제 도입 국공립 유치원 취학률 기존 25%에서 2022년 40%로 확대
	온종일 돌봄체계 구축	초등학교 전 학년으로 점차 확대
	고교 무상교육 실현	2020년부터 고등학생 입학금·수업료·학교운영지원비·교과서비 단계적 지원으로 2022년까지 완성
	대학등록금·주거부담 경감	2018년부터 등록금과 학자금 대출이자 등 부담 경감 입학금 단계적 폐지
교실혁명을 통한 공교육 혁신	학생중심 교육과정 개편	유아·초등학생 적정 학습시간과 휴식시간 법으로 보장 초·중·고교 필수교과 축소 및 선택과목 확대
	진로맞춤형 고교체제 전환	외국어고·국제고·자사고의 일반고 전환 추진 2018년부터 고교학점제 도입·확대 단계적으로 고교체제 개편 추진
	기초학력 보장 및 1수업 2교사제	기초학력 보장법 제정-국가 차원 기초학력 보장체제 구축 2018년부터 1수업 2교사제 등 단위학교 지원 확대
	혁신학교·자유학기제 확대	혁신학교 및 자유학기제 시행 확대
	교원 전문성 신장	교대·사대 교육과정 개선방안 마련, 교장공모제 확대 등
	대입제도 간소화 및 공정성 제고	대입전형 단순화 중·장기적으로 대입제도 개선 추진
교육의 희망사다리 복원	사회적 배려 대상자 대입 지원 강화	2021년부터 사회적 배려 대상자 기회균형 선발 의무화 지방대 의·약학계열 지역고교생·저소득층 입학기회 확대 등
	사회 취약 계층 교육지원 강화	장애인·다문화·탈북자·학교 밖 청소년·학업중단위기 학생 등
	고졸 취업자 지원 확대	국가직 지역인재 9급 채용 단계적 확대
	학력·학벌주의 관행 철폐	법전원, 공공기관, 공기업 등에 블라인드 채용 도입 등
고등교육 질 제고 및 평생·직업교육 혁신	고등교육 공공성·경쟁력 강화	2018년부터 지역거점국립대학·지역강소대학 육성 지원 확대 2019년부터 공영형 사립대 단계적 육성·확대
	대학 자율성 및 대학 기초연구 강화	대학 재정지원사업 전면 개편으로 대학 자율성 확대 순수 기초연구 예산 약 2배 증액
	직업교육 국가 책임 강화	직업교육 마스터플랜 마련 직업계고 학점제 단계적 운영 및 재정지원 확대
	전문대 질 획기적 제고	전문대학 지원 확대 공영형 전문대 운영을 통해 직업교육 지역거점으로 육성

다음 페이지에 계속 ▶▶▶

국정과제	주요내용	세부내용
	성인 평생학습 활성화	한국형 나노디그리모델 개발·운영 한국형 무크(K-MOOC) 강좌 확대 등
	대학 창업·산학협력 활성화	대학의 산학협력 활성화
미래교육환경 조성 및 안전한 학교 구현	지식정보·융합교육 강화	소프트웨어 교육 내실화 / 선도 핵심 교원 육성 교육용 오픈마켓 구축·운영 / 지능형 학습분석 서비스 제공
	선진국 수준 교육환경 조성	교사 1인당 학생 수 OECD 평균 수준으로 개선 학교 비정규직 정규직화와 처우 개선
	학교 노후시설 개선 및 수업환경 개선	학교시설 개선 종합계획 수립-노후시설, 미세먼지 대책 등 교육시설 안전인증제 도입
	안전교육 강화 및 학교주변 교육환경 개선	2018년까지 아동학대 조기 발견을 위한 시스템 간 연계구축 교육환경 보호구역 인근 도박 시설에 합리적 규제조치 마련 유치원 안전교육 이수 의무 / 초등 생존수영 교육 연차적 확대
교육민주주의 회복 및 교육자치 강화	역사교과서 국정화 금지	국정 역사교과서 폐지 2019년부터 자유발행제 단계적 도입
	교육민주주의 회복	국립대 총장 후보자 선정방식과 재정지원사업 연계 폐지 사학비리 근절 위한 사립학교법령 개정 추진
	국가교육위원회 설치	2017년 대통령직속 자문기구인 '국가교육회의' 설치 2019년까지 국가교육위원회 설치
	교육부 기능 개편	고등·평생·직업교육 중심 교육부 조직 개편 초·중등교육 권한 이양을 위한 시도교육청과 공동협의체 구성
	단위학교 자치 강화	학교운영위원회와 학생·학부모 자치활동 활성화 방안 마련
	현장과의 소통·협력 강화	현장과의 소통과 협력 확대

문재인 정부의 국정과제와 실천과제들은 대체로 대선후보 시기에 제시했던 교육공약들을 수정·보완·선별하여 구체화한 것이다. 문재인 정부는 국정과제와 그 실천과제들을 통해, 먼저 교육의 모든 단계에서 기회를 균등화하기 위해 국가 책임을 확대하고자 하였다. 이전 정부들이 강조했던 경쟁과 자율과 다양화가 오히려 특권을 낳고 기회의 차별을 심

화시키는 결과를 목격했기 때문이라고 할 수 있겠다.

초·중등학교교육 내부적으로는 경쟁과 입시 중심의 교육을 탈피하기 위한 제도들을 도입하고 확대 시행하는 한편, 기존 제도를 폐지하거나 그 조건과 기능을 개선하고자 하였다. 사회적으로는 출발점 조건이 취약한 소외계층에 대해 맞춤형 교육지원 등으로 평등한 출발이 실현될 수 있도록 하고, 사회적 격차를 해소하고자 하였다.

고등교육 분야에서는 지역거점국립대학·지역강소대학을 집중적으로 육성하고 공영형 사립대학 제도를 도입함으로써 대학교육의 공공성과 경쟁력을 강화하고자 하였으며, 직업교육에 대한 국가 책임을 강화하고 성인 평생학습을 활성화하려 했다.

4차 산업혁명을 비롯한 미래의 교육을 위해서는, 필요한 교육기회를 제공하고, 학급당 학생 수를 선진국 수준으로 감축하는 등 교육환경을 개선하며, 위험 요소를 제거하고 관련 시스템과 제도를 마련함으로써 쾌적하고 안전한 교육환경을 조성하고자 하였다.

그리고 교육체제의 민주성·책무성을 강화하고, 교육부 개편 등을 통해 새로운 교육 거버넌스를 구축함으로써 보다 진전된 민주적 교육체제를 갖추고자 하였다.

문재인 정부의 대선 교육공약과 국정과제들을 학력·학벌주의 개혁의 시선으로 본다면, 고졸 희망시대, 고교학점제, 특권학교 폐지, 대입제도 단순화, 수능 절대평가, 계층사다리 복원, 지역거점국립대 육성, 지역강소대학 지원 확대, 공영형 사립대학 전환 육성 등의 과제가 주목된다.

학력·학벌주의 개혁을 위해서는 특히 고등교육체제의 변화가 중요하다. 2017년 3월 23일 문재인 후보의 교육정책 발표에서 "대학서열화 문제를 지방국립대 육성으로 해결할 것이다. 거점 국립대의 교육비 지원액을 인상하여 서울 주요 사립대 수준에 뒤지지 않도록 하고, 장기적으로 발전 가능성이 높은 사립대학은 '공영형 사립대'로 전환시켜 육성하겠다."라고 발표한 바 있다. 고등교육 분야의 공약들이 주로 학력·학벌주의 개혁과 관련되어 있음을 확인할 수 있다. 그러나 대학서열화의 완화·해소를 위해 이전부터 제시했던 대학통합네트워크 구축 공약은 국정과제에 포함되지 않았다.

2. 대학입시제도 개선의 무산과 학력접근기회

가. 2022학년도 대학입시제도 개요[591]

교육부는 2020년 4월 30일 '2022학년도 대학입학전형 시행계획'을 발표했다. 이 시행계획에 포함된 2022학년도 대학입시제도는 문재인 정부에 의해 입안된 것으로, 3년 예고제에 따라 발표한 것이다. 한국대학교육협의회가 발표한 2022학년도 대학입학전형 시행계획의 주요 내용은 다음과 같다.

① 전체 모집인원 감소, 정시모집 선발 비율 증가
② 수시모집 학생부 위주, 정시모집 수능 위주 선발 기조 유지
③ 고른기회 특별전형 정원 내 선발 비율 증가
④ 2015년 개정 교육과정 취지에 따른 대학별 수능 선택과목 지정

2022학년도 전체 모집인원은 346,553명으로 2021학년도보다 894명 감소하였으며, 정시모집에서 전년 대비 1.3% 증가한 24.3%(84,175명)를 선발한다.

핵심 전형 요소 중심으로 표준화된 대입전형 체계에 따라 수시모집은

591 한국대학교육협의회(2020.4.30.), 〈2022학년도 대학입학전형 시행계획 발표〉(보도자료) 참조.

[표 10-2] 대학별 선택과목 현황

영역	선택과목	대학명	비고
국어영역	언어와 매체/화법과 작문 중 택 1	가야대 등	185개교
수학영역	미적분/기하 중 택 1	가천대 등	56개교
	미적분/기하/확률과 통계 중 택 1	가야대 등	177개교
	확률과 통계	대구한의대 등	3개교
탐구영역	사회탐구영역 선택	대구한의대 등	2개교
	과학탐구영역 선택	가천대 등	62개교
	사회/과학탐구영역 중 선택	가천대 등	92개교
	사회/과학/직업탐구영역 중 선택	가야대 등	107개교

학생부 위주, 정시모집은 수능 위주로 선발한다. 전체 모집인원 346,553명 중 228,557명(66.0%)을 학생부 위주로 선발하고, 75,978명(21.9%)을 수능 위주로 선발한다. 수시모집인원 262,378명 중 228,009명(86.9%)을 학생부 위주로 선발하며, 정시모집인원 84,175명 중 75,978명(90.3%)을 수능 위주로 선발한다.

정부는 고른기회 특별전형을 의무화하였다. 고등교육을 받을 기회를 균등하게 제공하기 위하여 대학은 고른기회 특별전형을 반드시 실시하도록 하고 2022학년도 대학입학전형 기본사항에 명시한다. 고른기회 특별전형은 매년 선발 비율이 증가했다(2020학년도 46,327명 → 2021학년도 47,606명 → 2022학년도 53,546명). 지방대학 육성법 개정에 따른 지역인재 특별전형 선발 인원도 크게 증가했다(2020학년도 16,127명 → 2021학년도 16,521명 → 2022학년도 20,783명). 2022학년도 전체 모집인원과 대비해 보면, 고른기회 특별전형 선발 인원의 비율은 15.5%이고, 지역인재 특별전형 선발 인원의 비율은 6.0%이다.

대학들은 공통+선택형 구조 도입의 수능체제 개편에 따라 수능 선택과목을 지정한다.

나. 대학입시제도 개편과 의미

문재인 정부가 의도했던 대학입시제도의 주요 내용은 이미 대선공약을 통해 알려졌다. 2017년 8월 10일 정부는 '2021학년도 수능 개편 시안'을 발표[592]하면서 대학입시제도의 개선을 시작하려 했다. 2021학년도 수능 개편 시안에는 수능 절대평가 전환 방안과 2015 개정 교육과정 반영 방안이 핵심 내용으로 포함되었다. 특히 문재인 정부의 대선공약인 수능 절대평가 방안은 교육부의 대학입시 방향과 의지가 수능 비중 축소와 학생부전형의 확대에 있음을 시사했다.

수능 절대평가 방안은 보수층의 반발과 함께 사회적으로 심한 찬반 논란을 불러일으켰다. 논란과 갈등이 심해지자, 결국 교육부는 2017년 8월 31일 2021학년도 수능 개편을 2018년 8월까지 1년간 유예하고 2022학년도 대입제도 개편안을 2018년에 마련하기로 하였다. 이후 2018년 3월까지 여론수렴 과정을 거쳤다. 그러나 여전히 결론을 내리지 못했다.

이런 상황에서 교육부는 2022학년도 대입제도 개편 시안을 2018년 4월 6일 청와대에 보고하였다. 4월 11일에는 대입전형의 학생부 위주 전형과 수능 위주 전형 간 적정비율, 수능 절대평가 전환과 상대평가 유지 등을 포함하는 주요 대입전형 개편 사안을 국가교육회의[593]로 이송하였다. 교육부가 국가교육회의에 '공론화'[594]를 통해 대입전형의 주요 사안들에 대한 구체적인 방안을 결정해 달라고 요청한 것이다. 교육부의 무책임

592 교육부(2017.8.10.), 〈(브리핑) 2021학년도 수능 개편 시안 발표〉(www.moe.go.kr).

593 2017년 9월 12일 국가교육회의 설치 및 운영에 관한 규정이 제정되었고, 2017년 12월 12일 의장 및 위원 위촉이 완료되었다(2017.12.27. 위원 위촉식). 국가교육회의 홈페이지 참조.

594 "공론화란 특정 공공정책 사안으로 인해 발생할 수 있는 사회적 갈등에 대한 예방 또는 해결방안을 모색하기 위해 다양한 입장과 이해관계를 깊이 있게 살피고, 민주적으로 시민의 의견을 수렴하는 과정을 의미한다." 대입제도 개편 공론화위원회(2018), 《시민의 지혜! 숙의하고 대안을 찾다: 대입제도 개편 공론화 백서》, 41쪽.

[표 10-3] 공론화 의제의 유형과 내용[595]

구분	학생부 위주 전형과 수능 위주 전형 비율	수능 평가방법	수시 수능최저학력 기준의 활용 여부
의제1	(정시)수능 위주 전형과 (수시)학생부 위주 전형의 균형 유지	상대평가 유지	대학 자율
의제2	대학 자율	전 과목 절대평가	활용 가능
의제3	대학 자율	상대평가 유지	대학 자율
의제4	(정시)수능 위주 전형 확대, (수시)학생부교과전형과 (수시)학생부종합전형 비율의 균형	상대평가 유지	대학 자율

과 무능함에 대한 언론과 사회의 비판이 계속되었다.[596]

국가교육회의는 서둘러 '대학입시제도 개편 공론화 추진방안'을 발표(2018.4.16.)하고, '대입제도 개편 특별위원회'(4.23.)와 '공론화위원회'(4.30.)를 구성하였다. 5월 31일에는 대입제도 개편 특별위원회가 공론화 범위를 설정하였다.[597] 공론화의 범위는 ① 학생부 위주 전형(학생부종합전형, 학생부교과전형)과 수능 위주 전형 간 선발방법의 비율, ② 수시 수능최저학력기준 활용 여부, ③ 수능 평가방법(전 과목 절대평가 전환, 상대평가 유지)으로 제한하는 것으로 결정되었다. 대입제도 개편 공론화위원회는 이어 약 2개월간 공론화 작업을 추진하였다. 먼저 공론화 시나리오 워크숍을 통해 네 가지 공론화 의제를 설정하였다. 그 네 가지 의제는 [표 10-3]과 같다.

---

595 대입제도 개편 공론화위원회(2018), 앞의 백서, 62쪽.

596 《서울경제》(2018.4.11.), 〈사설: 대입 개편을 공론화에 맡긴 교육부의 무능〉.

597 대입제도 개편 특별위원회는 위원장과 전문가 위원 13명으로 구성되었다. 대입특위는 권역별 국민제안 열린마당(4회), 이해관계자 및 전문가 협의회(6회), 당사자인 중·고생, 학부모, 교원 좌담회(6회), 국가회의 홈페이지를 통한 의견수렴 등을 통해 공론화 범위를 설정하였다. 대입제도 개편 공론화위원회(2018), 앞의 백서, 44쪽.

이들 의제에 관한 의견을 수렴하기 위한 여러 차례의 토론회와 시민참여단의 숙의토론 및 설문조사 등이 진행되었다.[598] 2018년 8월 3일 대입제도개편공론화위원회가 그간의 과정을 통해 도출한 공론화 결과를 발표하였다.[599] 공론위가 제시한 공론화의 결론은 다음과 같다. ① 수능 위주 전형을 확대해야 한다는 의견이 우세하였다. ② 수능 상대평가 원칙을 유지해야 한다는 의견이 우세하였다. ③ 단, 중·장기적으로 수능 절대평가 과목을 확대해야 한다는 의견도 상당하였다. 이에 중·장기적으로 수능 절대평가 방식에 대한 준비도 필요할 것이다. ④ 수시 수능 최저학력기준을 대학이 자율적으로 활용하는 데 대해서는 큰 이견이 없었다. 결국 '의제1'이 최종안으로 채택된 것이다.

국가교육회의도 이에 대한 심의를 거쳐 8월 7일 대입제도 개편 권고안을 발표했다.[600] 이에 따라 교육부가 8월 17일 국가교육회의의 권고 내용을 바탕으로 '2022 대입제도 개편방안 및 고교교육 혁신 방향'을 발표함으로써 2022학년도 대입제도 개편이 일단락되었다.

수능 평가방식에 대한 적대적인 이견들이 존재한다. 각자 나름의 근거를 대며 주장을 굽히지 않는다. 수능 상대평가는 전국의 학생과 대학을 일렬로 세움으로써 대학서열화와 학력·학벌주의를 부추기는 주요 원인

598 국민대토론회(지역순회 4회), 중·고·대학생토론회(지역순회 4회), TV토론회(5회), 온라인 의견수렴과, 시민참여단의 숙의토론 2회(1차 512명, 2차 490명) 및 세 차례의 설문조사가 진행되었다.

599 공론화 결과 분석의 주요 세부 내용은 ① 의제1과 의제2가 각각 1위, 2위로 나타났으나 통계적으로 유의미한 차이가 없음, ② 수능 위주 전형 비율 확대 우세, ③ 학생부종합전형 비율 확대 및 축소 의견 유사, ④ 중·장기적 수능 절대평가 과목 확대 의견이 상대평가 과목 확대 의견보다 우세 등이었다. 대입제도 개편 공론화위원회(2018), 앞의 백서, 61쪽.

600 대입제도개편특위의 권고안에 따르면, 수능 위주 전형 선발 비율을 현행보다 확대할 것(공론위가 제시한 평균 비율은 39.6%임), 수시 최저학력 기준 활용 여부는 대학 자율로 정하며, 수능 평가 방법은 국어, 수학, 탐구 등 주요 과목에 대해 상대평가로 유지하고, 현재 절대평가로 운용되는 영어·한국사 외에 제2외국어·한문이 2022학년도부터 절대평가로 바뀐다는 등의 내용이 포함되었다.

이다. 수능 상대평가는 또한 학교 현장의 교육을 파행으로 이끈다. "한국 입시교육의 핵심에 수능 준비교육이 있고, 수능 준비교육은 주입식, 암기식 문제 풀이가 대세이며 과도한 영수 몰입교육이 이루어지고 있다. 따라서 수능의 영향력을 약화시키기 위한 수능 절대평가 도입은 바람직하다."[601] 수능 절대평가제에 동의한다.

대학입시제도에 대한 제19대 대선공약에서 문재인 후보는 대학입시전형을 '학생부교과전형-학생부종합전형-수능전형'으로 간소화하고, '수능 절대평가'를 도입하려 했다. 이에 따라 정부는 초기에 수능의 평가방식을 전 과목 절대평가에 의한 자격고사 형태로 운영하겠다는 취지에서 출발하였다. 그러나 보수층의 반대에 밀려 정책 기조가 흔들리게 되었고, 결국 공론화라는 의사결정 방식을 채택하기에 이르렀다. 물론 공론화의 방식은 국민의 뜻을 받들겠다는 문재인 정부의 국정 추진방식에도 부합하는 민주적 의사결정 방식이다. 그러나 공론화의 결과는 수능 평가방법에서 주요 과목의 상대평가가 유지되고, 수능전형의 비중이 높아지게 됨으로써 정부의 기대를 무산시키는 결과로 나타났다.

김정완(2020)은 〈대입정책 결정 공론화에 대한 체제론적 평가〉라는 논문에서 '2022 대입 개편방안'은 최선의 민주적 의사결정 방법으로 여겨졌던 공론화 과정의 편파적 운용에 의해 잘못된 결론이 도출된 것이라고 주장했다. 이를테면 수능의 실질적 반영률이 적합하게 이해되지 못했고, 교육부가 그 책임을 방기하는 가운데 최종적으로 시민참여단이라는 비전문가의 손에 맡겨졌다. 의제 선정에서도 학생부전형 의제가 배제되었고, 숙의 과정에서 오도된 정보가 제공되는 등의 문제로 인하여 그릇된

---

601 황진우(2019), 〈2019년에 바라보는 문재인 정부의 교육정책: 자유주의 정권의 한계와 한국교육의 난맥상을 여실히 보여준 2년〉, 《진보평론》 80, 109-110쪽.

결정이 이루어졌다. 그 결과 대입제도 개편안 결정 과정에서 교육의 전문성·책임성·중립성이 확보될 수 없었다는 것이다.[602] 대입제도 개편을 두고 교육부로부터 국가교육회의를 거쳐 대입제도개편특별위원회, 공론화위원회, 시민참여단에게로까지 이양되는 양상을 두고 '폭탄 돌리기'하듯 책임을 회피한다는 비판[603]이 적지 않았다.

2022학년도 대학입시전형에 채택된 수능전형 비율의 확대는 학생부전형의 상대적 감소를 의미한다. 이들 전형방법이 각 지지자의 양보할 수 없는 극단적 쟁점이 되는 주요 이유는 대학진학, 즉 대학 학력·학벌에 대한 접근 기회에 유·불리함 그리고 학교교육에 미치는 영향과 밀접하게 연관되어 있기 때문이다.

학생부전형은 문민정부의 5·31 교육개혁 이후 모든 정부가 채택하여 시행해 온 대학입시 전형방법이다. 각 정부가 학생부전형방법을 채택한 주요 이유는 학교교육의 정상화와 사교육비 경감에 있었다. 학생부전형은 학교에서 이루어지는 교육의 과정과 결과 그리고 학생의 관련 활동을 기록하고 그 기록을 대학입시에 반영하는 전형방식이다. 정부는 이 전형을 통해 학교교육과정의 정상적 운영을 유도하고 학교교육 외의 사교육을 자연스럽게 감소시키며, 학생선발에 대한 대학의 자율권을 인정하였다. 그러나 학생부의 내신성적과 기록을 둘러싼 각종 부정과 논란은 학생부전형에 대한 비판과 부정적인 인식을 불러일으켰다.

안선회(2018)는 학생부중심 전형이 학교 내 내신성적 경쟁과 입시부정 증가, 창의인재 선발 저해, 선발의 공정성과 객관성 약화, 나아가 사교육

---

602 김정완(2020), 〈대입정책 결정 공론화에 대한 체제론적 평가: '2022 대입개편 방안'을 중심으로〉, 《교육정치학연구》 27(1), 132-141쪽.

603 《베리타스알파》(2020.5.11.), 〈문재인 정부 3주년, 교육정책 낙제점, '뒤집은 입시 혼란' 진행형〉; 《브릿지경제》(2018.8.5.), 〈사설: 국가 백년대계 망치고 있는 무능 교육부〉.

비 증가 및 대입 선발 불평등을 심화시킨다고 비판했다. 그는 "학생부 중심 대입제도는 상류 지배층의 계층 재생산 욕망과 교육 권력 집단의 학생선발 권한 확대 욕망이 결합되어 나타난 괴물"이라는 다소 과한 비판과 함께, 국민 여론을 반영한 대입제도 법제화, 학생부종합전형 폐지 혹은 대폭 축소, 정시 수능전형 비율을 50% 이상 확대해야 할 것이라고 주장했다.[604] 한마디로 그를 수능주의자라고 할 수 있겠다.

대학입시 수능전형은 대학수학능력시험이라는 표준화된 시험을 학생선발에 활용하는 대입전형 방식이다. 대학수학능력시험은 1993년에 처음 시행된 이후 대학의 학생선발 기제로 대학입시전형에 계속 채택되어 왔다. 대학수학능력시험은 개별 교과목을 초월하는 종합적 이해, 문제해결력 등 고차원적 사고력을 측정하는 통합교과적 시험으로, 비교적 신뢰할 수 있고, 수험생 전체를 비교·평가할 수 있는 등의 장점이 있다. 그러나 수능전형은 미세한 시험점수에 민감하게 하고, 언어·수리 중심의 제한적 성격으로 인해 다양한 전공 재능을 지닌 학생선발에 타당성이 낮다. 특히 전국의 학생과 대학을 한 줄로 세우는 서열화를 심화하고, 난도 높은 문제들이 사교육을 자극함으로써 사회경제적으로 여유가 있는 중간층 이상의 사람들과 고득점·고등급자를 선점하려는 주요 대학들이 선호하는 전형방식이다.

결국 2022학년도 대학입시제도는 수능전형의 비율이 증가하는 만큼 중간층 이상의 사람들에게 유리하며, 또 그만큼 수도권의 저명 대학에 고득점자 확보가 용이하도록 해 줄 것이다. 한마디로 고등교육 학력·학벌에 대한 접근 기회가 더 불평등하게 되었다는 것이다. 현재에도 대학진

604 안선회(2018), 〈학생부 중심 대입제도의 추진과정과 정책문제 분석〉, 《교육문화연구》 24(6), 105-109쪽.

학 기회는 부모의 경제적 배경에 따라 큰 격차가 존재하며, 명문대학일수록 그 격차가 더 커지고 있다.[605]

3. 특권학교의 전환과 지역대학 지원 확대

가. 특권학교의 일반고 전환 시도

문재인 정부가 시행한 고등학교체제의 변화로 자율형사립고·외국어고·국제고 폐지 및 일반고로의 전환이 추진된 점을 들 수 있다. 자사고·외국어고·국제고는 이전 정부들이 고교평준화제도의 수정·보완을 명분으로 시행한 고등학교 다양화 정책을 통해 신설하고 확대한 학교들이다. 그러나 이들 학교는 설립 취지와는 달리 입시교육에 몰두하여 이른바 입시명문 '특권학교'로서, 고교서열화를 유발하고 사교육 심화와 교육기회 불평등을 초래하면서 사회적 지탄의 대상이 되었다.

이들 학교에 대한 폐지와 일반고로의 전환은 문재인 정부의 일관된 교육정책 기조였다. 2017년 12월 교육부는 '법령 개정을 통한 자사고·일반고 동시 모집 및 이중 지원 금지'-'자사고 운영 성과평가 강화'-'국가교육회의를 통한 고교체제 개편'이라는 세 단계를 통해 자사고 폐지 계획을 추진했다. 그러나 2019년 4월 헌법재판소가 '자사고·일반고 이중 지원 금지' 조항에 위헌 결정을 내렸다.[606] 이에 따라 이들 학교의 폐지계획

---

605 강득구·사교육걱정없는세상(2020.10.13.), 〈2020년 대학별 국가장학금 신청자 현황 분석〉(보도자료)에 따르면, 고소득층에게 대학교육의 기회가 더 많이 주어지고 대학서열이 높은 대학에 고소득층 비율이 더 높았다. 서울대의 고소득층 비율은 62.6%로 저소득층 비율 18.5%보다 약 3.4배 높았으며, 서울 3개 상위 대학의 고소득층 비율은 56.6%, 저소득층 비율은 21.5%였다. 서울 15개 대학의 경우도 고소득층 51.2%, 저소득층 23.9%였다.

606 2018년 6월 전국자사고법인의 헌법소원으로 제기된 「초·중등교육법 시행령」의 이중지원 금지 조항 효력을 정지해 달라는 가처분 신청을 헌법재판소가 받아들였다. 고입은 동시에 실시하지만 일

이 주춤해졌으나 2단계 조치인 각 교육청의 자사고 평가가 진행되었다. 교육청에 의한 평가로 이들 학교의 존폐 결정이 예고되면서, 이들 학교와 학부모들의 거센 반발이 지속되었다. 이와 함께 이들 학교에 대한 처리가 지지부진한 데 대한 비판적 여론도 강했다.

교육부는 2019년 11월 7일 '고교서열화 해소 및 일반고 교육역량 강화 방안' 발표에서, 2019년 말까지 「초·중등교육법 시행령」을 개정하여 자율형사립고·외국어고·국제고 3개 유형 고등학교의 근거 조항을 삭제함으로써, 이들 학교의 폐지를 결정했다. 이에 따라 이들 학교는 모두 2025년에 일반고로 전환하기로 하였다.

교육부가 자사고·외국어고·국제고 폐지를 결정하자, 이들 학교의 반발이 계속되었다.[607] 자사고들은 지정취소 처분을 취소해 달라며 행정소송을 제기했다. 이에 대해 법원이 2020년 12월에 해운대고, 2021년 2월에 배재고와 세화고, 3월에 숭문고와 신일고의 승소 판결을 내렸다.[608] 법원이 교육청의 자사고 운영 평가 기준 신설 및 변경과 소급 적용을 부당하다고 판결한 것이다. 해당 교육청들이 항소할 것이라고 했지만 이들 학교의 일반고 전환정책에 상당한 차질이 예상된다. 자사고 폐지 시행

반고와 자사고 등에 모두 지원할 수 있는 상황으로 다시 바뀐 것이다. 2019년 4월 현재는 고입 동시 실시에 대해서는 합헌, 자사고와 외고의 일반고 이중지원 금지는 위헌으로 확정했다.《베리타스알파》(2020.5.11.), 〈문재인 정부 3주년, 교육정책 '낙제점'…'뒤집은 입시 혼란 진행형'〉.

607 폐지 대상 고교들은 법적 대응을 했다. 2020년 1월 16개 사립 외고 출신 변호사들로 구성된 전국외고연합변호인단은 '외고 폐지 반대 의견서'를 교육부에 제출했다. 변호인단은 의견서에서 "외고 폐지는 헌법이 보장하는 교육의 다양성, 자율성 등을 훼손하는 위헌행위다. 학습능력의 차이가 있음에도 획일적 교육을 강제하므로 헌법상 권리를 침해하는 처사"이며 "기본권 제한은 법률로 정해야 함에도 시행령 폐지로 강행하고 있으므로 역시 위헌이다. 국가가 국제화 교육에 노력해야 한다고 규정한 교육기본법도 위반했다."라고 지적했다.《베리타스알파》(2020.5.11.), 앞의 기사.

608 재판부는 교육청이 자사고 운영 평가 기준과 지표를 신설하거나 변경헤 소급 적용한 점에 대하여 재량권 일탈 및 남용으로 보았다.《중앙일보》(2020.12.18.), 〈해운대고, 자사고 지위 유지…법원, 문정부 자사고 폐지 정책에 제동〉;《KBS NEWS》(2021.2.18.), 〈법원, '배재고·세화고 자사고 지정 취소 처분 부당'…서울시교육청 항소, 일반고 전환 제동〉;《중앙일보》(2021.3.23.), 〈법, 조희연의 자사고 취소 또 제동…'숭문고, 신일고 취소 위법'〉.

시점이 2025년이기 때문에 현 정부의 임기 중에는 이 문제를 완전히 종결지을 수 없다. 다음 정권이 이들 학교의 설립근거가 되는 시행령을 다시 개정할 수도 있기 때문이다.

나. 지역대학 지원 확대

문재인 대통령의 대선공약과 집권 후 시행한 정책을 바탕으로 대학교육연구소와 문재인미터(2020.5.7.)[609] 그리고 한국대학신문(2020.5.15.)[610]이 재임 3년 동안의 고등교육 관련 공약 이행 상황을 분석하였다.

이들 분석에 따르면, 문재인 정부의 임기가 종반으로 진입하는 시점에서, 정부가 고등교육 학력산출체제 변화와 관련된 정책들의 추진 상황으로 볼 때, 대개 공약에 따라 추진 중이거나 공약 이행이 정체되고 있어 체제상에 뚜렷한 변화는 포착되지 않았다. 특별한 고등교육기관이 새로 설립되거나 변경되어 학력·학벌의 위계나 의미상의 변화가 초래된 것도 없었다.

다만 지역거점국립대학과 지역강소대학에 대한 재정지원이 크게 증가하였고, 그에 대한 계획이 계속 추진되고 있음을 확인할 수 있다. 이들 대학에 대한 지원은 중·장기적 효과를 시사하며, 아직 그로 인한 특별한 변화를 확인할 수 없다. 사립 고등교육기관을 공영화하려는 계획도 진전이 미미한 상황이다. 요컨대, 대학을 비롯한 고등교육기관에는 특별한 가시적인 변화가 없다.

---

609 대학교육연구소·문재인미터(2020.5.7.)의 〈문재인 정부 3주년 고등교육 분야 공약 평가〉에 따르면, 2020년 5월 현재 고등교육 분야 공약의 주요 내용 18개 항목 중 완료된 것이 4개이고, 진행 중인 것이 14개이다.

610 《한국대학신문》(2020.5.15.), 〈문재인 정부 3년…고등교육공약 평가 엇박자〉.

4. 명문학벌 편포성의 부분적 완화

문재인 정부 시기에 사회 주요 부문의 입직과 학력·학벌의 연관성을 시사하는 자료들을 살펴보기로 한다. 정부의 행정부, 입법부, 사법부, 그리고 경제계의 상황에 관한 자료들이다.

[표 10-4]와 [표 10-5]는 2017년 5월 문재인 정부 출범 후 2020년 초까지 임명된 1, 2기 장관과 차관 93명, 그리고 차관급 이상 283명의 출신대학(학부 기준)에 관한 인터넷 자료 및 신문 보도자료 등을 이용하여 직접 조사·분석한 것이다.

문재인 정부 1, 2기 장관 및 차관 93명의 경우, 서울대 40명(43.0%), 연세대 12명(12.9%), 고려대 13명(14.0%), 사관학교 2명(2.1%), 그 외 대학 출신자가 26명(28.0%)이었다. 상위 3개 대학 출신자가 65명으로 69.9%에 달했다.

차관급 이상 고위공무원 283명에 대한 분석결과는 서울대 117명

[표 10-4] 문재인 정부 1, 2기 장관 및 차관의 출신대학 현황(2017년 5월~2020년 초)

출신대학	장관 및 차관(명)	비율(%)	비고(비율누계, %)
서울대	40	43.0	43.0
연세대	12	12.9	55.9
고려대	13	14.0	69.9
사관학교	2	2.1	72.0
그 외 대학	26	28.0	100.0
계	93	100	

[표 10-5] 문재인 정부 1, 2기 차관급 이상 출신대학 현황(2017년 5월~2020년 초)

출신대학	차관급 이상(명)	비율(%)	비고(비율누계, %)
서울대	117	41.3	41.3
연세대	30	10.6	51.9
고려대	32	11.3	63.3
사관학교	23	8.1	71.4
그 외 대학	81	28.6	100.0
계	283	100	

(41.3%), 연세대 30명(10.6%), 고려대 32명(11.3%), 사관학교 23명(8.1%), 그 외 대학 81명(28.6%)이었다. 상위 3개 대학 출신자는 179명으로 63.3%를 나타냈다. 이 비율은 이전 이명박 정부(69.1%)와 박근혜 정부(66.0%)에 비하여 다소 낮은 비율이다.

문재인 정부의 인사 결과에 대하여, 사교육걱정없는세상은 "불과 세 곳의 특정 대학 출신들이 국가 요직을 압도적으로 점유하는 것은 사회적 차별과 불평등을 필연적으로 야기하고 특권 계층과 학벌을 형성해 국가의 정책 결정에 국민의 다양한 목소리가 반영될 수 없다."라고 지적했다.[611] 김광수 의원도 이러한 상황에 대하여 "문재인 정부에서조차 SKY 대학 출신 인사들이 주요 고위직에 대거 포진하고 있어 'SKY 캐슬'을 더욱 공고히 하고 있는 실정이다. '공정'을 강조해 온 문재인 정부의 인사 결과로는 매우 실망스럽다."라며 비판했다.[612] 한편으로는 대학서열체제와 학력·학벌주의 해소에 높은 관심을 가졌던 문재인 정부조차도 다른 정부들과 유사한 비율로 특정 학벌을 정부의 고위직에 등용한 것은 이 문제가 현실적으로 얼마나 해소되기 어려운 것인지를 새삼 짐작하게 해 준다.

2020년 4·15 총선에서 당선된 제21대 국회의원 가운데 10명 중 4명이 상위 3개 대학 출신자였다. 사교육걱정없는세상(2020)이 중앙선거관리위원회 홈페이지의 후보자 명부와 포털사이트의 인물정보 등을 통해 조사한 바에 따르면, 제21대 총선 당선인의 학부 졸업학교 기준 상위 3개 대학 출신자는 전체 당선인 300명 중 112명(37.3%)인 것으로 나타났다. 제20대 국회에서 3개 대학 출신이 142명(47.3%)이었던 것과 비교하면 10% 낮다.[613] 그리고 개별 대학 출신자의 비율도 줄어들었다.[614]

---

611 사교육걱정없는세상(2019.11.4.), 〈특정 대학의 국가 권력 독식 분석〉(보도자료), 8쪽.
612 《전북도민일보》(2019.3.27.), 〈김광수, SKY캐슬에 갇힌 문재인 정부〉.
613 사교육걱정없는세상(2020.4.27.), 〈제21대 국회의원 선거 결과에 대한 논평〉(보도자료), 2쪽.
614 제21대 총선에서 서울대 출신 당선인은 전체 300명 중 63명으로 21%를 차지했다. 제20대 국회에

특정 소수 대학으로의 쏠림 현상이 상당히 완화된 것이다. 그러나 3개 대학 출신자가 전체 국회의원의 약 37%를 점유한 것으로도 권력이 과도하게 비정상적으로 편향될 수 있는 상황이다. 그리고 지역 편중 현상도 극심하게 나타났다. 서울에 있는 대학이나 대학원을 졸업한 당선자가 238명(79%)에 달했다. "학생들이 '인서울', '지거국', '지잡대' 등의 용어를 사용하며 대학을 구분하거나 차별하는 경향이 심각한 상황에서 국회의원 비중이 '인서울 대학'에 치우친다면 수도권과 지방의 불균형 해소 문제나 지방대 육성 문제 등을 균형 있게 해결하기 어려울 것"[615]이다.

[표 10-6]은 지난 9년간(2012~2020) 로스쿨 졸업 검사 임용자의 학부 출신대학 현황을 정리한 것이다. 2020년의 경우, 로스쿨 출신자 70명이 검사로 임명되었다. 이들 중 서울대와 연세대가 각각 13명으로 가장 많았고 고려대가 12명이었다. 이들 3개 대학 출신자는 모두 38명으로 전체의 54.3%를 차지했다.

[표 10-6] 2012~2020년 로스쿨 졸업 검사 임용자의 학부 출신대학별 현황[616]

대학	계		2012		2013		2014		2015		2016		2017		2018		2019		2020	
	인원	%	인원	%	인원	%	인원	%	인원	%	인원	%	인원	%	인원	%	인원	%	인원	%
서울대	131	28.4	21	50.0	15	40.5	14	35.0	14	31.1	18	36.7	11	22.0	18	24.7	7	12.7	13	18.6
연세대	85	18.4	9	21.4	7	18.9	8	20.0	8	17.8	9	18.4	12	24.0	11	15.1	8	14.5	13	18.6
고려대	79	17.1	5	11.9	4	10.8	8	20.0	6	13.3	6	12.2	7	14.0	16	21.9	15	27.3	12	17.1
그외대	166	36.0	7	16.7	11	29.7	10	25.0	17	37.8	16	32.7	20	40.0	28	38.3	25	45.5	32	45.7
SKY계	295	64.0	35	83.3	26	70.3	30	75.0	28	62.2	33	67.3	30	60.0	45	61.6	30	54.5	38	54.3
계	461	100	42	100	37	100	40	100	45	100	49	100	50	100	73	100	55	100	70	100

* 음영 부분은 문재인 정부 시기임.

서 서울대 출신자는 81명으로 27%였다. 제20대 국회에서 38명에 이르던 고려대 출신 의원도 제21대 국회에서는 27명으로 줄었고, 연세대 출신 의원도 23명에서 22명으로 소폭 감소했다.

615 사교육걱정없는세상(2020.4.27.), 앞의 논평 보도자료, 2쪽.

616 《베리타스알파》(2020.6.22.), 〈올해 검사 임용 'SKY학부'출신 38명…9년 누적 295명(64%)〉. 원래 31개 대학의 현황으로 되어 있었으나 상위 3개 대학을 중심으로 재구성하였다.

2012~2020년 기간에 로스쿨을 졸업한 후 임용된 검사는 총 461명이었다. 출신 학부를 기준으로 할 때 서울대 131명, 연세대 85명, 고려대 79명 순으로 많았으며, 이들 3개 대학 출신 검사 임용자는 모두 295명으로 전체의 64.0%를 차지했다. 그리고 이들 3개 대학 출신자의 비율은 문재인 정부 시기를 포함하는 2012년 이후 점차 감소하는 경향을 나타냈다. 2012년 83.3%(35명)에서 2020년 54.3%(38명)로 비율이 크게 감소하였다. 그러나 편중 현상은 여전히 심하다고 볼 수 있다.

[표 10-7]은 2012~2020년 기간에 10명 이상의 검사 임용자를 배출한 로스쿨별 현황(학부 기준 아님)을 나타낸 것이다. 2020년의 경우, 부산대 로스쿨 출신자가 9명으로 가장 많았고, 이어 고려대 8명, 성균관대 7명, 경

[표 10-7] 2012~2020년 검사 임용자의 출신 로스쿨별 현황[617]

대학	계		2012	2013	2014	2015	2016	2017	2018	2019	2020
	인원	비율									
서울대	84	18.2	8	10	13	11	12	6	15	6	3
고려대	56	12.1	3	3	4	5	7	7	13	6	8
연세대	54	11.7	7	3	6	5	5	10	5	8	5
성균관대	47	10.2	2	5	3	6	6	4	5	9	7
한양대	27	5.9	4	3	3	2	3	2	2	3	5
부산대	26	5.6	2	1	2	2	2	3	3	2	9
경희대	20	4.3	2	1	0	2	3	3	0	3	5
이화여대	19	4.1	2	0	2	2	2	2	5	1	3
경북대	18	3.9	1	1	1	1	0	2	1	5	6
중앙대	16	3.5	1	2	2	1	0	1	4	2	3
서울시립대	12	2.6	1	1	0	1	1	1	1	3	3
충남대	12	2.6	5	1	0	0	1	0	1	0	4
서강대	10	2.2	0	1	1	1	1	1	3	1	1
그외12개대	60	12.9	3	5	3	6	6	8	15	6	8
SKY소계 (명/%)	194	42.1	18 42.9	16 43.2	23 57.5	21 46.7	24 49.0	23 46.0	33 45.2	20 36.4	16 22.9
계	461	100	42	37	40	45	49	50	73	55	70

* 음영 부분은 문재인 정부 시기임.

617 《베리타스알파》(2020.6.22.), 앞의 기사. 표의 내용은 원래 25개 로스쿨 전체 현황으로 구성되어 있었으나 10명 이상 배출한 대학으로 재구성하였다.

북대 6명, 경희대·연세대·한양대 각 5명, 충남대 4명, 서울대·서울시립대·이화여대·중앙대가 각 3명이었다. 기존 명문 3개 대학 로스쿨 출신의 검사 임용자는 모두 16명으로 전체 70명 중 22.9%를 차지했다. 그러나 9년간(2012~2020)의 로스쿨별 검사 임용자 현황에 따르면 서울대 84명, 고려대 56명, 연세대 54명 순으로 많았다. 전체 461명 중 194명(42.1%)이 이들 3개 대학 로스쿨 출신자였다.

이상의 현황에서 출신 로스쿨별 검사 임용자의 분포가 출신 학부(대학)별 검사 임용자의 분포보다는 편포성이 낮다는 사실을 발견할 수 있다. 그리고 두 경우 모두에서 2019년과 2020년에는 3개 대학 출신 검사 임용자 수의 비율이 눈에 띄게 감소(7~10%)하였음을 확인할 수 있다

[표 10-8]은 2015~2020년 기간에 전국 25개 로스쿨 출신자의 신임법관 임용 현황을 나타낸 것이다. 2015년에 로스쿨 출신 법관이 처음으

[표 10-8] 2015~2020년 로스쿨 출신 신임 법관 현황[618]

순위	대학명	2015	2016	2017	2018	2019	2020	계
1	서울대	5	2	7	1	6	10	31
2	성균관대	2	4	6	1	2	7	22
3	이화여대	3	3	2	2	3	4	17
4	부산대	2	1	1	1	4	6	15
5	충남대	3	2	1	0	3	4	13
6	경북대	4	1	0	2	2	2	11
6	고려대	2	2	3	0	2	2	11
8	한양대	1	2	3	0	4	0	10
8	전남대	4	2	0	0	0	4	10
10	연세대	2	0	3	1	1	3	10
그외	15개대	9	7	6	3	7	15	47
계	25개 법전원	37	26	32	11	34	57	197

* 음영 부분은 문재인 정부 시기임.

618 《베리타스알파》(2020.10.23.), 〈'로스쿨 출신' 신임법관 임용 서울대 31명 누적 1위, 성대 이대 톱3〉에서 2015~2019년 통계자료를 참조하여 전체 25개 로스쿨 중 상위 10개 로스쿨을 중심으로 재구성하였다. 《법률저널》(2020.10.22.), 〈대법원, 신임법관 155명 임명…서울대 로스쿨 10명 최다〉에서 2020년도 임용현황 자료를 참조하여 부가하였다.

로 임용된 이후 신임 법관을 가장 많이 배출한 로스쿨은 서울대였다. 지난 6년간 31명이 임용되었다. 이어 성균관대가 22명, 이화여대가 17명이었다. 법관 임용의 경우, 상대적으로 기존 명문대학 로스쿨의 편중이 심하지 않은 것으로 보인다. 이 기간에 기존 3개 명문대 로스쿨 출신의 비중은 26.4%(52/197명)였다. 이는 앞서 살펴본 최근 9년간 검사 임용 비율(42.1%)에 비해 뚜렷하게 낮다. 특히 상위 10개 대학에 부산대, 충남대, 경북대, 전남대 등 지역 국립 로스쿨들이 포함되었다.

최근 2021년도에 임명된 신임법관 156명 중 법학전문대학원 졸업자는 79명이었는데, 이 중 서울대 16명, 성균관대 10명, 연세대 7명, 고려대 6명 등[619]으로 기존 3개 명문대의 점유율은 36.7%(29/79명)로 이전보다 높았다. 그리고 《베리타스알파》(2020.6.22.)에 따르면, 초임 변호사로 대형 로펌에 입사하는 경우, '명문대 로스쿨 출신'이 크게 유리한 것으로 보인다. 2020년 주요 로펌(12개)에 입사한 초임 변호사 중 로스쿨 출신은 235명이었다. 이 가운데 서울대 로스쿨 출신이 104명(41.6%)이었고, 연세대(41명/16.4%)와 고려대(40명/16%) 출신까지 합치면 전체 입사자 가운데 74%가 이들 3개 대학 로스쿨 졸업자였다.[620]

이 외에도 사교육걱정없는세상(2019)에 따르면, 헌법재판소 재판관과 대법관의 서울대 출신자 비율만 해도 64~78%로 압도적이었다. 헌법재판소 재판관은 헌법재판소장 포함 총 9명 중 7명(77.8%)이 서울대 출신자였고, 사법부 대법관은 대법원장 포함 총 14명 중 9명(64.3%)이 서울대 출신자, 2명(14.3%)이 고려대 출신자였다.[621]

다음으로 재계 대기업 총수들의 출신대학 현황을 살펴본다. Business

---

619 《공무원수험신문·고시위크》(2021.10.6), 〈2021년 일반 법조경력자 156명, 법관임명식 개최〉.
620 《베리타스알파》(2020.6.22.), 앞의 기사.
621 사교육걱정없는세상(2019.11.4.), 앞의 보도자료, 3-4쪽.

Watch(2020)의 교육 전문 섹션 '에듀워치'가 2020년 자산 5조 원 이상 대기업 총수들의 출신대학(학부 기준)을 조사하였다.[622] 포스코·KT 등 민영화된 공기업 등을 제외한 총수 51명이 그 대상이었다. 이 조사에 따르면, 재계 대기업 총수 중 고려대 출신자가 15명(29.4%)으로 가장 많은 것으로 나타났다. 다음이 서울대 10명(19.6%), 연세대 6명(11.8%)이었다. 이들 3개 대학 출신자는 모두 31명으로 약 60.8%를 차지했다. 이 조사 결과의 해설에 따르면, 2000년대 이후에는 여러 대학 출신자들이 등장하면서 재계 총수들의 출신대학도 다양해졌다. 10년 전에는 총수를 배출한 국내 대학이 9개교였지만 지금은 14개교로 늘어났다.

그리고 한경비즈니스(2019)가 NICE평가정보 빅데이터 서비스를 이용하여 한국 기업의 대표이사 프로필을 분석[623]한 바에 따르면, 출신대학이 표기된 한국의 상장기업 대표이사 수는 2,170명이었고 이들은 전국 127개 대학을 졸업했다(학부 기준). 한국 상장기업 대표이사를 가장 많이 배출한 대학은 서울대(422명/19.4%)였다. 연세대(226명/10.4%)와 고려대(192명/8.8%), 한양대(157명), 성균관대(82명) 순으로 대표이사를 많이 배출했다. 이와 함께 10위권에서 지방대학 중 부산대(58명)가 포함되었다. 상위 3개 대학 졸업자가 840명으로 38.7%를 점유했다.

문재인 정부 시기에도 사회 주요 부문에 있는 사람 중 명문학벌 출신자의 점유율은 높았다. 행정부 장·차관급 이상 고위 관료의 약 63%, 국회의원의 약 37%, 사법부 검사 임용자의 약 54~61%(학부 기준), 대기업 총수의 약 61%, 상장기업 대표이사의 약 39%를 상위 3개 대학 출신자가 점유했다. 그러나 이전 시기와 비교할 때, 행정부 장·차관급 이상의 관료

---

622 《Business Watch》(2020.7.29.), 〈한 눈에 보는 재벌총수 출신대학·전공〉.
623 《모바일한경》(2019.5.13.), 〈전국 108만 개 기업의 CEO 출신대학은〉.

와 입법부 국회의원의 명문학벌 편포성이 다소 완화된 것으로 나타나며, 사법부에도 로스쿨체제로 전환한 이후 3개 대학 로스쿨 출신자의 비율이 점차 낮아졌다. 이를테면, 이들 로스쿨 출신자가 최근 4년간 검사 임용자의 약 23~46%, 최근 6년간 신임 법관 임용자의 약 26%를 차지했다.

5. 주요 학력·학벌주의 개혁정책

학력·학벌주의를 완화·해소하는 과제는 문재인 정부의 주요 관심사였다. 이 과제는 학부모들이 최근(2020) 학교교육의 내실화를 위해 가장 필요한 과제로 선택한 것이기도 하다.[624] 학력·학벌주의에 대한 문재인 정부의 관심은 노무현 정부로부터 계승하고, 제18대 및 제19대 대통령선거를 거치면서 이어져 온 것이다. 학력·학벌주의는 학교교육의 파행, 학력·학벌에 의한 차별, 특권의 대물림을 통한 사회적 불평등을 심화시키는 교육문제 및 사회문제로, 대선공약과 국정과제에도 반영되었다. 정부는 대선공약 및 국정과제를 통해 핵심 기조인 교육의 공공성 강화에 입각하여 학력·학벌주의 개혁정책들을 시행할 것임을 예고했다.

학력·학벌주의는 사회적 신념체계로 사회 곳곳에 폭넓게 편재해 있다. 학력·학벌주의에 대한 개혁도 사회의 여러 부문에서 여러 수준으로 접근되어야 한다. 정부의 대선공약과 국정과제에서는 '교육의 희망사다리 복원'에서만 구체적으로 학벌주의 관행 철폐를 언급하고 있는데, 그 외에도 여러 과제가 학력·학벌주의 개혁과 연관되어 있다.

문재인 정부가 역점을 두고 추진한 자사고·외고·국제고 폐지, 고교학

624 임소현 등(2020)의 〈한국교육개발원 교육여론조사〉 80-81쪽에서, 초·중·고등학교 교육 내실화를 위해 가장 필요한 과제로 '학벌 위주의 사회체제 개선'이라고 답한 국민(25.2%)이 가장 많았다.

점제 도입, 블라인드 채용 시행 등은 학력·학벌주의 변화와 관련된 미시적 혹은 직접적인 방안들이라고 볼 수 있다. 보다 거시적인 방안으로는 지역대학의 집중 육성, 공영형 사립대학 제도의 도입, 대학통합네트워크 구축 등을 들 수 있다.

그러나 문재인 정부 4년차의 교육 분야 공약 이행률이 저조하여, 학력·학벌주의 개혁정책 시행에 대해서도 크게 기대하기 어려운 상황이다. 사교육걱정없는세상(2021)에 따르면, 118개의 세부 교육공약 중 완료된 공약은 11개(9.3%)에 불과하며, 78개(66.1%)의 공약이 아직 진행 중인 것으로 나타났다.[625]

가. 특권학교 폐지

문재인 정부는 고등학교의 서열화를 막고 고교교육을 정상화하기 위하여, 자율형사립고·외국어고·국제고를 폐지하고 일반고로의 전환을 추진했다. 이들 학교는 고교평준화에 대한 비판이 거세던 시기 정부의 고등학교 다양화 정책으로 크게 증가했다. 그러나 설립 취지와는 달리 대학입시 명문학교를 추구하면서 고교서열화를 야기하고 사교육비를 증가시키는 등의 문제를 유발했다. 이들 학교는 학생모집 시기 및 선발방식에서 일반고와는 다른 별도의 기간에 우수 학생들을 전국단위 혹은 광역단위에서 모집하고, 교육과정을 왜곡 운영하면서 명문학벌에 보다 용이하게 접근할 수 있는 이른바 특권학교로 존재해 왔다.

김해영 의원과 사교육걱정없는세상(2019)이 2018학년도 서울 소재 외국어고, 국제고, 자사고, 일반고 신입생의 중학교 내신성적을 전수 분석

625 사교육걱정없는세상(2021.6.3.), 〈문재인 정부 4년 교육정책에 대한 평가 및 제언을 위한 토론회 결과〉(보도자료), 2쪽.

한 결과에 따르면, 외국어고·국제고·자사고 신입생의 중학교 내신 성적 상위 10%의 비율이 일반고 학생보다 2~5.2배나 높았다.[626] 사교육걱정없는세상(2019)의 다른 자료에 따르면, 전국단위 자사고 3개교 2019학년도 신입생의 중학교 내신성적 상위 10% 이상 비율이 평균 85%로 서울 일반고의 평균 8.94%에 비해 약 9.6배 높은 것으로 나타났다.[627]

그리고 사교육걱정없는세상(2019)의 또 다른 자료를 보면, 고교유형별 학생 수 대비 서울대 입학생 수 비율에서 일반고(0.4%)에 비해 영재고(35.6%)는 약 89배, 과학고(8.94%)는 약 22배, 외국어고와 국제고(4.33%)는 약 11배, 자율고(1.5%)는 약 4배가 높았다.[628] 강득구 의원 등(2021)은 영재고와 과학고의 경우에도 과학기술 분야 인재 양성이라는 학교 설립목적에도 불구하고 지난 4년간 해당 연도 졸업생 기준 345명이 의·약학 계열 대학에 진학한 것으로 발표했다.[629] 이들 학교에는 특별히 막대한 국가 예산을 투입하고 있다. 영재고와 과학고에 대해서도 상응하는 조치와 개선을 해야 한다.

관련 자료들은 이들 학교에 최상위 학생의 쏠림현상이 매우 심할 뿐만 아니라, 고등학교들이 선명하게 서열화되어 있으며, 서울·경기지역에 편중되어 있고, 부모의 경제적 배경이 이러한 현상을 뒷받침하고 있음을 보여 준다. 이들 특권학교 폐지는 고등학교 단계에서부터 학벌을 조장하고 학벌주의를 확대하는 계기를 없앤다는 뜻이다. 문재인 정부의 학벌주의 개혁정책의 일부라고 할 수 있겠다.

---

626 김해영·사교육걱정없는세상(2019.1.7.), 〈서울소재 외고·국제고·자사고 및 일반고 2018학년도 신입생의 중학교 내신성적 전수 분석 결과 발표 기자회견〉(보도자료).

627 사교육걱정없는세상(2019.10.24.), 〈특권 대물림 교육실태 연속보도: 2019학년도 신입생의 중학교 내신성적 전수 분석〉(보도자료).

628 사교육걱정없는세상(2019.10.15.), 〈2019학년도 고교유형별 서울대 신입생 현황 분석〉(보도자료).

629 강득구 등(2021.1.12.), 〈영재학교 과학고 입학전형 및 체제개선 촉구를 위한 5개 기관 공동성명서〉.

아래 인용문은 한 신문의 사설 내용이다. 설립 취지와 다르게 운영하면서 교육문제를 심화시킨 이들 학교의 폐지를 발표한 정부에 단호한 조치를 요청하고 있다.

> 전체 학생 수로는 4% 남짓이지만 3개 유형의 고교는 명문대 입학을 주도하며 공교육의 전체 생태계를 흔들었다. '고입'을 위한 사교육이 초등, 유치원 단계까지 확대됐다. 일반고의 황폐화와 무력감은 2017년 대선 당시 문재인·유승민·심상정 후보의 자사고와 외고 폐지 공약으로 이어졌다. 이들 학교의 명분은 평준화를 보완한 수월성 교육이다. 그러나 엘리트가 사회를 끌고 가던 시대는 지났다. 모두에게 눈을 맞춘 일대일 맞춤형 교육은 선진국들도 지향하는 미래교육의 방향이다. 2025년은 다음 정권 시기이므로 시행령을 번복하려는 시도는 계속될 것이다. 그러나 전체 교육이 몇 퍼센트 소수에 휘둘려선 안 된다. 소수의 학교, 학생을 바라보는 것은 정부가 할 일이 아니다.[630]

그러나 해당 학교들의 반발과 법원의 자사고 지정취소 처분 취소 판결로 이들 학교의 폐지 및 일반고로의 전환이 불확정적인 상태다.

나. 고교학점제 도입 시도

고교학점제는 고등학교 교육의 내부 운영체계 변화를 통해 입시 위주의 교육체제를 변화시키려는 시도라는 점에서 학력·학벌주의 개혁과 관련된 정책이라 할 수 있다. 고교학점제는 문재인 대통령의 제19대 대선 공약이자 정부의 교육 분야 국정과제에서 진로 맞춤형 교육체제로의 전

---

630 《경향신문》(2019.11.7.), 〈사설: 자사고·외고의 일반고 전환, 흔들림 없이 시행하라〉.

환을 위한 과제로 채택되었다.

고교학점제는 학생들이 진로와 적성에 따라 다양한 과목을 선택·이수하고, 누적 학점이 기준에 도달하면 졸업을 인정받는 제도이다. 이 제도는 일정한 시간표에 따라 제한된 과목을 공부하는 현 교육체계와는 달리, 자신의 흥미와 적성에 따라 선택·수강할 수 있도록 교과 선택권을 넓혀 주기 위한 제도이다. 학생의 교과목 선택권 확대가 이 제도의 핵심 취지이다. 2020년 마이스터고에 우선 도입한 후 2022년에 특성화고·일반고 등에 부분 도입하고, 2025년에는 전체 고교에 시행할 계획이다. 정부는 원래 2018년에 도입하여 2022년에 전면 실시하려 했으나, 대입전형제도 개편 결과가 '수능전형 비율 확대'와 '수능 주요 과목 상대평가'로 결정되면서 고교학점제 본격 도입 시기도 2025년으로 연기되었다.

고교학점제는 현행 대학입시 중심의 교육과 학습에서 학생의 적성과 관심에 적합한 교육과 자율성 높은 학습이 이루어질 수 있도록 전환하려는 제도이다. 고교학점제가 학력·학벌주의 해소를 직접적으로 겨냥하는 제도는 아니지만, 학력·학벌주의가 구조적 압력으로 작용하는 가운데 입시중심 고교교육 형태에서 벗어나 고교교육 본연의 의미에 한 걸음 더 다가서게 하려는 제도라는 점에서 학력·학벌주의적 교육에 대한 개선책이라 할 수 있다.

고교학점제에서 학생의 선택과목 확대는 필수사항이다. 학생의 교과목 선택권을 확대하여 학생과 학교의 관심이 입시 과목에 편중되는 것을 완화하고 흥미와 적성에 따라 다양한 과목으로 분산되는 효과를 기대할 수 있다. 그리고 고교학점제는 교사별 평가[631]에 의한 교사들의 수업 및

---

631 교사별 평가란 '가르친 교사가 평가권을 갖는다는 원칙'에 따라 교과지도 교사가 가르친 학생의 학력을 평가하는 방식이다. 교사별 평가는 교사에게 교육행위의 목적을 가지게 하고, 교육의 목적과 평가의 목적을 일치시키며, 교사가 갖추어야 할 전문성을 온전히 실현하도록 합리적으로 강제

그림 10-1 고교학점제 도입 및 시행 계획[632]

평가 혁신 여지가 확대될 수 있으며, 고교교육의 정상화에 기여할 수 있을 것으로 기대되는 것이다.[633] 2015 개정 교육과정과 함께 그 요건을 갖추도록 조정되어야 하며, 수능의 절대평가가 함께 시행되어야 할 것이다.

고교학점제가 문재인 정부의 주요 교육정책으로 추진되었으나 고등학교 교육의 문제에 대한 핵심적인 해결책은 아니다. 고등학교 교육에 다양성과 선택과목이 부족한 점이 고교 교육문제의 근본 원인은 아니기 때문이다. 그러나 학력·학벌주의를 극복하려는 거시 담론이나 획기적인 제도들도 필요하지만, 학교교육 정상화를 추진하는 데 주요 계기가 될 수 있는 제도들을 키워 가려는 노력도 매우 중요하다.

고교학점제 시행은 현행 대학입시와는 어느 정도 거리두기가 필요한 제도이다. 필요한 여건이 마련되기까지 그 거리를 유지할 수 없다면, 학생의 선택은 여지없이 평가와 입시에 유리한 방향으로 치우치고, 이수하기 쉽고 점수 따기 쉬운 수업으로 몰리면서, 결국 제도의 본래 취지를 상

한다. 그런 점에서 교과별 평가와는 대비되는 평가방식이다. 손종현(2005), 〈교육이력철 도입·활용 방안〉, 교육혁신위원회, 10-12쪽.

632 출처: 《정책브리핑》 http://www.korea.kr/special/policyCurationView.do?newsId=148866513.

633 황진우(2019), 앞의 논문, 119쪽.

실하게 될 가능성이 크다. 고교학점제의 취지에 부합하는 고교체제 개편과 입시제도의 재개편이 필요하다. 다양한 교과목 개설, 학사관리, 교원 수급, 교실 확보, 수능 절대평가와 같은 과제들이 잘 준비되어야 할 것이다.

다. 블라인드 채용 시행

학력·학벌의존적 채용방식에서 탈피하기 위하여, 문재인 정부가 특별히 강조해 온 한 가지 방식이 블라인드 채용방식이다. 블라인드 채용방식은 각종 선발에서 차별로 이어질 수 있는 요소들을 제외하고 직무능력 자체를 공정하게 평가하여 선발하는 방식을 말한다. 이를테면 "편견, 인권침해 요소, 개인의 배경정보, 직무에 불필요한 스펙(출신학교, 영어점수, 해외경험, 외모 등)은 최대한 배제하고 직무능력 중심으로 선발하는 방식"[634]이다.

블라인드 채용방식은 근래에 학력·학벌에 의한 인재 선발방식을 대신하는 대표적인 용어로 부상했다. 제18대 및 제19대 대선에서 문재인 후보가 공약으로 제시한 방식이기도 하며, 2017년부터 공공부문에서 적용하고 있는 채용방식이다. 문재인 대통령은 지난 2017년 6월 22일 청와대 수석보좌관 회의에서 "명문대 출신이나 일반대 출신이나, 서울에 있는 대학 출신이나 지방대 출신이나 똑같은 조건과 출발선에서 오로지 실력으로 공정하게 경쟁할 수 있게 해야 한다."라고 강조하면서 공무원과 공공부문에서 블라인드 채용을 시행하도록 지시[635]했다.

블라인드 채용방식은 민간기업에도 확대될 필요가 있다. 지원자의 출신학교를 묻지 않는 블라인드 채용이 확산되고 있으나 민간기업들은 여

---

634 《오마이뉴스》(2020.5.21.), 〈블라인드 채용해도 SKY출신 뽑힌다?〉(김은종).

635 《한겨레》(2017.6.22.), 〈공공부문 이력서에 학력·출신지 없앤다〉. 공공부문 선발채용에서 출신학교 기재를 금지하려는 시도는 이전 정부에서도 있었던 일이다. 국민의 정부 시기에 한완상 부총리가 시도하였고, 참여정부 시기에도 중앙인사위원회가 2005년 1월 16일부터 모든 국가공무원 시험에서 출신학교란을 폐지하도록 하였다.

전히 채용 평가에서 학력·학벌을 중시하는 것으로 보인다. '사람인'의 조사(2019)에 따르면, 기업 두 곳 중 한 곳은 채용 평가 시 학벌이 영향을 미치는 것으로 나타났다. 337개 기업을 대상으로 '좋은 학벌이 채용 평가에 영향을 미치는지 여부'에 대해 조사 분석한 결과, 조사대상 기업의 48.1%가 좋은 학벌이 채용 평가에 영향을 미친다고 응답했다.[636] 민간부문에 대해서는 정부가 강제할 수 없지만, 다양한 방식으로 홍보·장려하고 지속적으로 관심을 가지고 정책적으로 추진할 것이 요청된다. 그리고 채용 이후 고용의 전 영역에서 출신학교 차별 관행은 여전히 상당한 비율로 존재하는 것으로 알려져 있지만 정확한 내부 실상은 알 수 없는 상황이다. 이러한 상황에 대한 대책으로 고용의 전 영역에서 출신학교 차별을 막는 학력·학벌 차별금지법을 제정할 필요가 있다.

라. 지역거점국립대학 집중 육성

문재인 정부는 교육의 국가책임 강화를 강조하면서 지역국립대 지원에 주의를 기울였다. 특히 지역거점국립대학을 집중적으로 지원하여 역량을 강화함으로써 지역 대학들이 수도권 명문대학들과 대등하게 경쟁할 수 있기를 기대했다. 이에 따라, 기존 '국립대학 혁신사업(POINT)'을 '국립대학육성사업'으로 명칭을 변경하고 지원방식도 바꾸었다. 재정지원방식도 39개 국립대학 전체를 지원 대상으로 하며, 대학 간 경쟁을 통해 차등 지원하던 방식에서 대학의 재정, 학생 수, 교원 수 등 규모에 따라 지원액을 배분하는 방식으로 변경했다. '지역거점국립대학'은 각기 강점 연구 분야의 육성과 교육력 제고를 목표로 하며, '지역중심국립대'는 직업 및 교육중심 기능을 중점적으로 강화하는 것을 목표로 했다.

---

636 《리크루트타임스》(2019.9.17.), 〈기업 2곳 중 1곳, 채용 시 학벌 본다〉.

국립대학육성사업으로 국립대에 지원된 예산은 2019년에는 2018년 791억 원의 두 배에 가까운 1491억 원 규모였다.[637] 이 중 지역거점국립대 육성지원액은 2017년 93억 원에서 2019년 895억 원(9개교)으로 약 9.6배 증가했으며, 지역중심국립대 육성지원액은 2017년 102억 원에서 2019년 596억 원(30개교)으로 약 5.8배 증액되었다. 그리고 2019년에 발표한 7대 대학혁신 지원 방안에 포함된 지자체-대학 협력기반 지역 혁신안이 긍정적인 평가[638]를 받았다.

국립대학 중심 대학교육정책에 대해 문제를 제기하는 사립대학 등의 비판이 있지만, 중앙-지방 간의 간극이 지나치게 커지고 있는 현실을 고려하면, 다른 대안을 찾기가 쉽지 않다. 대학서열화와 중앙중심의 불균형이 극심한 현 상황을 타개하는 방안으로서 지역국립대학에 대한 집중지원은 긍정적으로 평가할 수 있다. 지역국립대학 육성사업의 결과는 추후 체계적인 평가를 통해 밝혀지겠지만, 이 정책 사업의 효과적인 진행을 위해 사업추진 경과와 함께 학령인구를 비롯한 지역 인구의 동향에 주목할 필요[639]가 있을 것이다.

마. 지역강소대학 육성

문재인 정부는 교육·직업 중심 특성화 사업에 대한 지원을 확대하여 '지역 소규모 강소대학'을 육성하겠다고 했다. 대학교육연구소와 문재인미터(2020)의 고등교육 분야 공약 평가에 따르면, 지역강소대학 지원 공약은 지역강소대학의 기준과 지원계획을 구체화하고, 이에 따른 사업추

637 대학교육연구소와 문재인미터(2020.5.7.), 앞의 문재인 정부 공약 평가.

638 교육부는 지자체-대학 협력기반 지역혁신사업을 통해 지자체와 지역대학이 협업체계를 구축하고, 지역에 맞는 사업을 추진하도록 하였다. 대학교육연구소와 문재인미터(2020.5.7.), 앞의 공약 평가 결과 참조.

639 《오마이뉴스》(2021.5.12.), 〈문재인 정부 4년, 대학교육정책 진단〉.

진이 진행되고 있는 것으로 평가했다. 아래 내용은 이 기관의 평가 보고 내용을 주로 참조한 것이다.

'새 정부의 고등교육정책 추진 방향'(2017.11.30.)[640]에 따르면, 교육부는 대학기본역량진단과 개편되는 재정지원사업, 학사·재정 분야 제도 개선을 통해 지역강소대학을 육성할 것이라고 했다. 교육부는 대학기본역량진단을 통해 대학을 자율개선대학, 역량강화대학, 재정지원제한대학으로 구분하여 지원한다. 이 중 '자율개선대학'은 '지역발전을 선도하는 대학으로 육성하여 지방·수도권 상생의 선순환 체계구성'에 기여할 것으로 기대하는 대학이다.

교육부는 2019년 1월에 '대학혁신지원사업 기본계획'을 발표했다. 이 계획에 따르면, 대학혁신지원사업은 지원 유형을 '자율개선대학'을 대상으로 한 자율협약형 지원(I유형)과 '역량강화대학'의 일부를 대상으로 한 역량강화형 지원(II유형)으로 구분하고, 지역강소대학 육성은 자율협약형 지원사업의 핵심과제로 제시하였다. 이 계획에서 강소대학에 대해 "규모는 작지만(학부 재학생 수 1만 명 미만) 교육목표를 달성하기 위한 혁신 역량을 갖추고 특성화된 교육을 기반으로 규모의 한계를 강점으로 키워 가는 대학"으로 규정했다.

지역강소대학 육성사업은 대학혁신지원사업의 '자율개선대학'을 대상으로 한 자율협약형 지원(I유형)사업에 포함된다. 2020년 교육부 예산에 따르면, 자율협약형(I유형), 역량강화형(II유형), 지역혁신형(III유형) 지원에 8031억 원이 편성됐다. 2019년 대비 2344억 원이 증액됐고, 이 가운데

---

640 교육부(2017.11.30.)는 '새 정부의 고등교육정책 추진 방향'과 함께, 기존 평가 및 재정지원사업을 전면적으로 개선하여 '2018년 대학 기본역량 진단 추진계획(시안)'과 '대학 재정지원사업 개편계획(시안)'을 발표하였다. 4대 핵심과제로 ① 맞춤형 진단 및 상향식 지원, ② 대학 체질 개선 지원, ③ 전략적 대학 특성화 유도, ④ 공정한 고등교육 기회 및 과정 보장을 설정하였다.

강소대학 육성이 포함된 I유형 예산은 6540억 원으로, 전년 대비 1190억 원이 증액됐다. 그리고 정부는 수도권을 제외한 4개 권역별 우수대학 중 학부 재학생 수 1만 명 미만 대학은 '지역강소대학'으로 보아 추가 지원하고자 했다.

지역강소대학 육성 정책 또한 그 성과를 보기에는 일정한 시간이 필요하다. 이 사업의 지속적인 추진을 통해 이들 대학의 역량과 내실이 좀 더 강해지고 충실해지기를 바란다.

바. 공영형 사립대학 제도 도입 시도

공영형 사립대학 제도는 국가가 대학의 운영비를 일정 비율 이상 지원하는 한편, 50% 이상의 공익이사가 대학 운영에 참여하여 공적 관리와 지원으로 건전한 사립대학을 육성하려는 제도를 말한다. 이 제도는 문재인 대통령의 대선공약이자 100대 국정과제(52-1) 중 하나이다. 이 제도는 고등교육의 공공성 확보, 지역 균형발전, 대학서열체제 완화 등을 위한 방안이자 학력·학벌주의 완화 방안이기도 하다. 이 제도의 의미를 좀 더 부연해 보기로 한다.

첫째, 공영형 사립대학 제도의 도입은 한국 고등교육의 공공성을 제고하려는 것이다. 이미 잘 알려진 바와 같이, 한국대학의 80%가 사립대학이다. 해방 이후 국가의 상황과 국민의 강렬한 교육 열망이 결합되어 빚어진 결과이다. 국가의 물질적 기반은 극도로 취약했다. 대학의 설립과 운영도 민간 부담에 의존할 수밖에 없었다. 교육에 대한 국가의 지원과 관리가 체계적으로 이루어지지 못하는 가운데 사학들이 난립했다. 결과적으로 사립대학이 압도적 비율을 차지하는 불균형적 고등교육체계를 갖게 된 것이다. 이러한 상황은 사립대학이 설립자의 사유물처럼 인식되게 하는 결과로까지 이어졌다. 사학이 증가하면서 비리가 속출했으나 국가가 관여할 여지는 크지 않았다. 사립대학들이 많다는 것은 그만큼 교육의 공적 관리를 위한 국가의 권한 행사가 제한적일 뿐만 아니라, 교육의 공공성을 확보하기 쉽지 않다는 의미이다. 국립과 사립 간의 불균형이 완화될 필요가 있다. 이런 맥락에서 공영형 사립대학 제도의 도입이 시도된 것이다. 공영형 사립대학 정책은 고등교육의 공공성 확대라는 정책 기조에 기반을 둔 사립대학 지원 정책이라 할 수 있다.

둘째, 공영형 사립대학 제도는 지역 균형발전을 위한 제도로서의 의미를 갖는다. 많은 명문 사립대학들이 서울을 비롯한 수도권지역에 집중되어 있다. 학령인구 감소와 정부의 대학구조조정이 예견되는 가운데, 수도권의 사립대학들이 비교적 여유가 있는 데 비해 지역의 여러 사립대학은 존폐의 기로에 서 있다. 국가의 지원을 받는 국공립대학들도 대개 지역에 소재해 있다. 지역 혹은 지방에 있다는 것 자체가 이들 대학에 불리한 여건이 된 지 오래되었다. 지역의 사립대학들은 지역과 사립이라는 조건으로 인해 이중고를 겪고 있다. 결국 대학교육의 공공성을 강화하고 수도권 대학에 비해 불리한 여건의 지역대학을 육성하기 위해 이들 사립대학이 국립대학에 준하는 형식과 내실을 갖추게 하고 지원을 확대할 필요가 있다. 지역에 있는 사립대학을 공영화함으로써, 지역의 정체와 황폐화를 막고 지역에 활기를 불어넣을 수 있다. 지역대학의 역량을 높이는 것이 지역의 발전을 견인할 수 있게 할 것이라는 점에서 공영형 사립대학 제도의 도입은 지역 균형발전 방안으로서의 의미가 있다.

셋째, 공영형 사립대학 제도는 대학서열화와 학력·학벌주의 완화를 위한 방안이기도 하다. 대학서열은 우리 사회에 통념으로 널리 퍼져 있다. 한국사회에서 대학서열은 단순히 하나의 순위가 아니라, 그 생성과 작동과정 및 결과가 하나의 체계로 존재하듯 폭넓은 연관을 갖는다는 점에서 대학서열체제라고 부른다. 이 대학서열체제는 출신대학에 따른 차별과 불평등을 불러일으키는 주원인으로 작용할 뿐만 아니라, 학력·학벌주의의 존재 기반이 된다. 국립-사립의 구분과 함께 중앙-지방의 구분은 대학서열을 가르는 중요한 기준이 된다. 사실 국립대학은 국가의 지원으로 사립대학보다 경쟁 조건에서 유리한 불공정한 우위를 차지하게 되었다.[641] 중앙-지방을 가르는 구분도 마찬가지다. 원래 서울이 모든 면에서 월등한 조건을 갖추었음에도 수도권에 편중된 투자와 개발을 추진함으로써 지방과의 격차가 점점 심화되었다. 이 격차는 대학서열에 그대로 나타났다. 중앙의 대학들에는 프리미엄을, 지방의 대학들에는 열등함의 낙인을 부여했다. 지역을 기반으로 형성된 대학서열체제는 대학 간의 경쟁에도 큰 장애가 된다. 대학서열에 따른 학벌 차별을 정당화하는 신념체계가 바로 학벌주의이다. 지역 사립대학의 공영화는 이들 대학을 국가 책임하에 준국립대학으로 육성함으로써 대학서열화와 학벌주의를 완화하려는 문재인 정부의 주요 고등교육정책이다.

김상곤 전 교육부총리는 취임 전인 2017년 5월 18일 서울글로벌센터 원탁토론아카데미 교육포럼에서, 문재인 대통령 임기 내에 국공립대 학생 비율을 현재 24%에서 5년 내 40%까지 끌어올리는 게 기본방향이며, 5년 내 30개 내외의 대학이 공영형 사립대로 전환할 수 있도록 해야 할 것이라고 밝힌 바 있다.[642]

그러나 대학교육연구소와 문재인미터(2020.5.7.)의 '문재인 정부 3주년 고등교육 분야 공약 평가'에 따르면, 2019년부터 시행하기로 했던 이 사업에 투입될 812억 원의 2019년 예산이 전액 삭감되어 곧 폐기될 수도 있을 것이라는 평가를 받았다. 사학에 대한 추가적인 예산 투입은 이

641 정영섭(2000), 〈우리나라 국립-사립대학간 경쟁질서와 그 영향〉, 《질서경제저널》 3(1), 67-70쪽.
642 《한국대학신문》(2017.5.30.), 〈문재인 정부, 공영형 사립대·국공립대 네트워크로 '대학망 구축'〉.

후 막대한 재정 부담을 질 수 있으므로 예산 부처의 반대가 예산 삭감의 주요인이라고 했다. 추후 '공영형 사립대 기획연구비'로 10억 원이 책정되었다. 2020년 2월에는 조선대학교, 상지대학교, 평택대학교가 '공영형 사립대 도입 효과성 검증을 위한 실증연구' 수행 기관에 선정되어, 이들 대학을 대상으로 정책연구가 진행되었다. 그리고 2020년 9월 1일에는 교육부가 사업명을 '사학혁신지원사업'으로 변경하고 이 사업 예산으로 문재인 대통령 임기 4년차인 2021년 정부 예산안에 처음으로 53억 원을 편성했다.[643] 그러나 원래 계획했던 예산과는 차이가 컸다. 이 정책에 대한 전망이 그리 밝지 않다.

사. 대학통합네트워크 구축 유보

문재인 대통령은 대선후보 시기에 누구나 평등한 교육을 받을 수 있게 할 대개혁과 대학입시제도의 단순화를 강조하면서, "근본적으로는 대학서열화를 없애고 전문 분야로 재편돼야 한다고 생각한다. 일종의 대학평준화가 필요하다. 예를 들면 공동입학, 공동학위제가 가능하다. 단순히 학점을 주는 정도가 아니라 공동학위를 주는 것이다. 지난 대선(제18대) 때 국공립대학부터 먼저 공동입학·공동학위제를 하겠다고 공약을 했다. 이 제도가 정착되면 사립대학으로 확대할 수도 있다고 본다."라는 견해를 밝힌 바 있다.[644] 지역거점국립대학 집중 육성, 지역강소대학 지원 확대, 공영형 사립대학 전환 육성 등은 결국 대학통합네트워크 구축으로 귀결된다. 대학통합네트워크 구축은 우선 지역거점국립대학을 연결하는 네트워크를 구성하고, 이를 기초로 하여 지역 국공립대학과 공영형 사립

643 《머니투데이》(2020.9.1.), 〈대선공약 '공영형 사립대' 임기 4년차에 처음 53억 편성〉.
644 《한국대학신문》(2017.5.30.), 앞의 기사에서 문재인 대통령과 소설가 문형렬의 대담집 내용을 게재한 부분을 재인용하였다.

대학의 공동 운영체제로 확장하며, 이를 통해 대학교육의 공공성과 대학의 역량을 높이려는 방안이다. 궁극적으로는 학점교류, 교수교류, 학생 공동 선발, 공동학위 수여가 가능한 체제를 만들려는 것이다.

간단히 말해, 문재인 정부의 초기 대학정책에 대한 기본적 구상은 당시 전국 9개 거점국립대학을 우선적으로 통합하고, 점차 확장하여 약 40%의 학생과 70여 개의 국공립대 및 공영형 사립대학들이 학위과정을 연계해 전국의 대학통합네트워크를 구축하는 것이었다. 이 대학통합네트워크의 운영을 통해 대학서열화와 학벌주의를 해소할 수 있기를 기대한 것이다.[645]

그러나 학력·학벌주의와 대학서열화의 해결방안으로 언급했던 국립대 통합네트워크 구축은 정부의 주요 과제로 채택되지 않았다. 국립대 내에 또 다른 서열화를 초래하고 여타 대학을 소외시킬 것이라는 등의 비판을 받으면서 단기간에 실현할 가능성이 크지 않다고 판단해 제대로 시도해 보지도 않은 채 공약에서 제외한 것이다. 2017년 7월에 국정기획자문위원회가 발표한 '국정운영 5개년 계획'과 2019년에 교육부가 발표한 7대 혁신과제에도 포함되지 않았고 이후 이 사업에 대해 언급하지 않았다. 대신 교육부는 2019년 '국립대 육성사업'에 2018년보다 700억 원이 증액된 약 1500억 원 규모의 예산을 배정하였다. 국립대학을 육성하여 내외적 역량을 강화하기 위한 것이다.

국립대학의 역량 제고는 대학통합네트워크 구축의 전제조건 혹은 병행조건이기도 하다. 사실 지역국립대학 육성과 대학통합네트워크 구축 전략이 새로운 방안은 아니다. 지역대학 육성사업은 박정희 정부 시기부터 줄곧 언급되었을 만큼 오래된 사업이며, 대학통합네트워크 방안도

645 《한국대학신문》(2017.5.30.), 앞의 기사 참조.

2000년대 초·중반에 등장했으나 정부의 정책으로 채택된 적이 없는 방안이다. 그러나 대학통합네트워크 구축은 보수층의 반발 등 여러 문제가 예상되지만 시도해 볼 가치가 있는 방안이다. 이 방안은 학력·학벌주의가 중앙중심주의와 결합되어 교육과 사회의 모순을 심화시키는 우리 사회의 문제상황을 해소하는 데 중요하게 기능할 수도 있을 것이다. 국립대 통합네트워크는 해당 대학들 자체적으로 혹은 정부의 리더십과 정치적 결단으로 대학 간에 어느 정도 공감과 연대 의식, 그리고 대학의 내부 조건들을 갖춘 후에 추진할 수 있을 것으로 보인다.

6. 부진했지만 의미 있는 전환

문재인 정부의 시작과 함께 학력·학벌주의 개혁에 대한 기대가 컸다. 이전 정부들이 성공하지 못했던 과제이기도 하거니와, 학력·학벌주의적 관행이 여전히 곳곳에 만연하면서 학교교육을 파행으로 이끌고, 교육적·사회적 차별과 불평등을 야기하는 등의 모순이 심각한 수준이었기 때문이다. 또한 문재인 정부는 이전 정부의 비정상적인 국정운영과 적폐들을 목격한 국민들의 강렬한 개혁 열망에 힘입어 탄생한 정부이기 때문이다.

그러나 문재인 정부의 교육개혁과 학력·학벌주의 개혁은 부진했다. 정부는 적폐 청산과 함께 법조계와 정치권 개혁, 대북 문제, 경제 및 부동산 정책, 검찰개혁 등에 집중했다. 교육 분야나 학력·학벌주의에 대해서는 개혁적 모습을 보여 주지 못했다. 특히 정부 초기에는 한마디로 "교육개혁의 실종이고, 일관된 교육철학과 분명한 정책 기조가 없어 관련 세력들이 각축을 벌이는 교육정책의 난맥상"이었다.[646] 교육개혁에 대한 설계

646 황진우(2019), 앞의 논문, 114쪽.

도도 없었다.[647] 대학입시제도 개편 시행에서는 "다단계 하청" 주듯 책임을 회피[648]하면서 결국 의도하는 개선과는 정반대의 결과를 초래하였고, "여론에 책임을 돌리는 무책임의 정치"와 "학벌주의에 굴복하는 정책"[649]을 채택했다. "김대중, 노무현 정부는 대학개혁과 학벌주의 타파의 칼을 꺼냈으나 입시제도 변경이라는 용두사미로 끝났고, 문재인 정부는 칼조차 들지 않았다."[650] 등의 비판이 있었다.

주요 학력·학벌주의 개혁정책의 측면에서 보면, 우선 고교서열화와 사교육을 조장하고 입시 위주의 교육에 치중하던 특권학교들에 대해 오랜 지체 끝에 교육부가 폐지를 결정하였다. 「초·중등교육법 시행령」 개정에 따른 것이므로 미완의 종결이라 할 수 있겠다. 고교학점제는 수능 평가방식의 전환과 더불어 성공적으로 안착될 수 있기를 기대한다. 지역국립대학과 지역강소대학 지원 육성사업은 사업대상과 재정지원을 확대하면서 진행되었으나 단기간에 뚜렷한 성과를 보기는 어려울 것 같다. 공영형 사립대학 육성 과제는 부정적 여론,[651] 소극적 예산 배정, 관련 법률 준비 미흡 등으로 대선공약에 훨씬 못 미치는 결과가 예상된다. 학력·학벌주의와 대학서열화 대책의 핵심이라고 할 수 있는 대학통합네트워크 구축은 여러 조건의 구비와 함께 중·장기적으로 추진되어야 하는 과제로 남겨 두었다. 이 방안을 우선순위의 정책으로 채택하지 못한 점은 정부의 현실적 한계이기도 했다.

그럼에도 불구하고 문재인 정부 시기의 학력·학벌주의 개혁정책 및

---

647 신현석 등(2018), 〈문재인 정부 교육개혁의 쟁점과 과제: 교육개혁의 방향과 내용, 추진방식을 중심으로〉, 《한국교육학연구》 24(2), 98-99쪽.

648 《한국일보》(2018.4.16.), 〈여론수렴만 3차례…대입 개편 공론화 '다단계 하청'〉.

649 《천지일보》(2019.12.4.), 〈학사모, "교육부 정시 확대 발표는 학벌주의에 굴복한 정책"〉.

650 김동춘(2020), 〈국립대학과 전문대학을 무상화하자〉, 《한겨레》(2020.6.23.).

651 임소현 등(2020), 〈한국교육개발원의 교육여론조사〉, 162쪽. 정부가 사립대학에 대한 지원을 확대하는 정책에 대해 찬성 22.3%, 반대 54.3%로 반대의견이 과반의 응답률을 보였다.

그 이행과 관련하여 다음과 같은 몇 가지 의의를 들 수 있다.

첫째, 정부 차원에서 학력·학벌주의에 대한 개혁을 추진하려는 의지를 가지고 있었다는 점이다. 대학서열화와 학력·학벌주의 개혁에 대해 문재인 대통령은 대선후보 시절에도 관심을 표명한 바 있다. 국정 최고 책임자의 머릿속에 학력·학벌주의에 대한 문제의식이 자리 잡고 있다는 것은 정부 차원에서 이루어질 개혁의 중요한 출발점이 될 수 있음을 의미한다. 그러나 국민의 정부나 참여정부처럼 정부 차원의 종합대책을 마련하여 시도하지는 못했다. 정부 출범 후 여러 여건으로 인하여 관심 사안을 적극적으로 개혁할 여지를 갖지 못한 것이다.

둘째, 교육의 공공성 강화, 즉 교육에 대한 국가의 책임을 강조함으로써 학력·학벌주의 개혁에 부합하는 정책 방향을 설정한 점이다. 교육에 대한 국가책임의 강화는 문재인 정부의 교육 부문 국정과제 추진의 핵심 기조이다. 이는 이전 정부들이 추진한 신자유주의 교육정책으로 고교 및 대학의 서열화와 교육의 불평등을 심화시킨 정책적 오류를 수정하고 그 상처를 치유하는 방향으로 정책을 전환한 것이다.

셋째, 블라인드 채용방식을 시행하고 사회적 선발방식으로 확산시키려 한 점이다. 사회적 선발은 사회를 구성하는 필수적 과정이며, 그 과정에서 편견과 부적절한 요소들의 영향을 최소화하려는 것은 민주적 사회의 보편적 경향이다. 블라인드 채용방식이 비록 사람을 선발하는 하나의 방법에 불과하다고 생각할 수도 있겠지만, 이 방식은 지금까지 우리 사회가 사회적 선발의 준거로 지나치게 중시해 온 학력·학벌과 같은 편견의 요소를 차단하고, 사회적 선발의 합리성과 공정성을 높일 수 있는 대표적인 선발방식으로서 상징성을 갖는 채용방식이다. 정부는 이 블라인드 방식을 2017년부터 공무원 및 공공부문 선발에서 시행하도록 했고, 이를 확산시키려 했다.

넷째, 정부가 지역대학의 역량을 강화하는 데 역점을 두었다는 점이다. 침체된 지역대학을 회생시키는 일이 중대한 국가사회적 과제가 된 지 오래다. 정체된 지역 대학들의 역량을 강화하는 일은 또한 학력·학벌주의의 완화·해소를 위한 핵심적 사안이기도 하다. 이 사업은 지속적으로 추진될 필요가 있으며, 정부가 예산을 대폭 증액하는 등의 적극적 관심을 보인 점에 대해 긍정적으로 평가할 수 있다.

03

제3부

학력·학벌주의의 변화 경향과 혁신적 제도

제 11 장

학력·학벌주의의 변화와 정부 대응의 성격

문민정부 이후 문재인 정부에 이르기까지 각 정부가 학력·학벌주의에 대응한 방식과 그 결과에 대해 종합적으로 논의한다. 이 논의를 위하여, 각 정부 시기의 학력·학벌에 대한 접근 기회, 학력·학벌산출체제, 학력·학벌과 입직의 관계, 학력·학벌주의 관련 정책 등에 어떤 변화가 있었으며, 정부 대응의 성격이 어떠했는지를 살펴보기로 한다. 민주화 시대를 관통했던 정보화사회, 지식기반사회, 신자유주의 등 거시적 사회변화의 요구가 학력·학벌주의 해소 노력과 관련된 교육정책들에 반영되었다. 구체적인 변화의 경향을 검토한다.

1. 학력·학벌 접근 기회의 확대와 양극화

한국사회의 학력 상승은 세계적으로 유례를 찾기 힘들 정도로 급속하게 이루어졌다. [표 11-1]은 한국사회의 학력별 인구분포의 비율 추이를 OECD 국가들의 평균비율 변화와 비교한 것이다.

한국사회의 경우, 1995년에 중학교 이하 학력자는 40.0%, 고등학교 학력자는 42.0%, 고등교육 이상의 학력자는 18%의 분포를 보였다. 이

[표 11-1] 학력별 인구비율의 추이 비교(한국:OECD평균)[652] (단위: %)

연도	1995	1997		2000		2005		2010		2015		2020	
국가	한국	한국	OECD	한국	OECD	한국	OECD	한국	OECD	한국	OECD	한국	OECD
중학교 이하	40.0	38.0	36.0	32.0	36.0	24.0	31.0	20.0	26.0	14.0	24.0	11.0	21.0
고등학교	42.0	42.0	43.0	44.0	42.0	44.0	44.0	41.0	44.0	40.0	45.0	39.0	43.0
고등교육 이상	18.0	20.0	21.0	24.0	22.0	32.0	26.0	40.0	30.0	45.0	36.0	51.0	40.0

학력별 인구분포는 중학교 이하 학력자의 비율이 계속 감소하고 고등학교 학력자의 비율에는 큰 변화가 없는 반면, 고등교육 이상의 학력자 비율은 빠른 속도로 계속 상승하는 역전 상황을 나타냈다. 그 결과 2020년 현재 중학교 이하 학력자의 비율이 11.0%, 고등학교 학력자의 비율이 39.0%, 고등교육 이상의 학력자 비율이 51.0%로 변화했다. 한마디로, 고학력화가 급속하게 이루어진 것이다. 그리고 이러한 한국사회의 고학력화는 OECD 국가 평균 비율 변화를 훨씬 능가한다. 1997년에 한국과 OECD 국가들의 평균 비율 분포가 거의 비슷한 양상을 보였으나 이후 한국사회의 고학력화가 훨씬 더 빠른 속도로 진행되었음을 확인할 수 있다. 고학력에 대한 한국사회 성원들의 관심이 매우 강렬했음을 의미한다고 할 수 있겠다.

[표 11-2]는 1990년 이후 현재에 이르기까지 고등교육 진학률의 추이를 나타낸다. 고등교육 진학률에서 볼 때, 한국사회는 1970년대에 고등교육의 '대중화 단계'에 이른 후 계속 상승하여, 합격자 기준 진학률로 보면 1995년에는 진학률이 50%를 넘어서는 '보편화단계'에 진입했다. 2008년에 83.8%로 정점에 이른 후 점차 감소하는 경향을 띠고 있으며,

652 e-나라지표(1995-2020), 〈국민교육수준(학력별 인구분포)〉. http://www.index.go.kr.

[표 11-2] 고등교육 진학률 추이[653] (단위: %)

연도	1990	1992	1994	1996	1998	2000	2001	2002	2003	2004	2005	2006	2007
진학률	33.2	34.3	45.7	54.9	64.1	68.0 62.0	70.5	74.2	79.7	81.3	82.1 73.4	82.1	82.8
연도	2008	2009	2010	2011	2012	2013	2014	2015	2016	2017	2018	2019	2020
진학률	83.8 77.0	81.9 77.8	79.0 75.4	72.5	71.3	70.7	70.9	70.8	69.8	68.9	69.7	70.4	72.5

최근 2020년에는 대학등록률이 약 72.5%로 소폭 반등하는 경향을 보였다. 진학률이 보편화단계에 있다는 것은 고등교육 학력이 더 이상 희소가치를 지닌 자본이 되지 못한다는 뜻이다. 이제 고등교육 학력 중에서도 대학원 학력, 서열이 높은 명문학벌, 중심국의 학력을 더 중시하는 상황이 된 것이다.

문민정부 이후 학교 및 대학의 설립과 정원에 대한 규제 완화로 자율화·다양화·경쟁을 표방하는 교육정책들과 함께 학력·학벌에 대한 접근 기회가 급속하게 확대되었다. 학력에 대한 접근 기회를 대학입학시험제도 등과 관련하여 고찰할 때, 다음과 같은 몇 가지 특성이 주목된다.

문민정부 이후의 교육정책은 정부 간에 다소 차이가 있으나 공교육 정상화와 더불어 교육의 기회를 양적으로 확대하고 질적으로 제고시키려는 것이었다. 공교육 정상화는 학교교육에 대한 접근 기회를 질적으로 변화시키는 중요한 과업으로 인식되었다. 학교교육의 정상화는 대입 선발의 권한 문제뿐만 아니라 21세기 글로벌 경쟁 시대가 요구하는 인재상

---

653 교육부·한국교육개발원(연도별),《교육통계연보》,《교육통계분석자료집》,《간추린 교육통계》.
-고등교육 진학률은 전문대, 일반대, 산업대, 교육대, 방송통신대, 기술대, 각종 학교 포함.
-진학률은 2010년 이전에는 대학합격자 기준(위)이며, 2011년 이후에는 대학등록자 기준(아래)임.
-그 외 연도 진학률: 1980년 27.21%, 1985년 36.41%, 1993년 38.61%, 1995년 51.4%, 1997년 60.1%.

과 그 선발방법의 근본적인 전환의 의미를 내포하고 있다.[654] 대학에 종속적인 고등학교를 다양한 자율적 교육과정으로 독립시키고, 시험성적에 의한 '한 줄 세우기'보다는 재능과 적성을 존중하는 '여러 줄 세우기'로 선발하며, 대학의 선발 경쟁보다는 교육력 경쟁을 지향하고, 평생학습이 가능한 교육체제를 구축하고자 했다. 공교육의 강화는 교육 본연의 모습을 회복하려는 정책적 노력과 함께 모든 학생에게 교육의 혜택이 돌아갈 수 있게 하려는 것이다.

그러나 학력·학벌주의가 작용하는 상황에서는 더 높은 학력·학벌을 얻으려는 경쟁이 존재한다. 학력·학벌주의가 강할수록, 공교육의 영향이 억제되고 사교육이 번성하기 마련이다. 사교육이 번성할수록 학력·학벌에 대한 접근 기회는 가정의 사회경제적 배경에 크게 좌우될 수밖에 없다. 그동안 사교육 규모가 계속 증가했다[655]는 점에서, 확대된 교육기회의 규모가 가진 실질적인 내용은 양적 확대와 함께 사회의 계층계급적 배경과도 밀접하게 관련된 것으로 보인다.

문민정부 이후의 교육기회는 특히 양적으로 크게 확대되었다. 5·31 교육개혁으로 시행된 대학설립준칙주의와 대학정원 자율화의 영향으로 많은 대학이 설립되었고, 그에 따라 대학생 수도 크게 증가했다. 일단 대학 학력에 대한 접근 기회가 넓어진 것이다. 문민정부 이후의 교육정책은 시장친화적 효율성 강화 요구와 민주적 공공성 강화 요구가 대립하는 가운데 전자가 더 우세했던 것으로 판단된다. 이명박 정부에서는 이러한 경

---

654 국정브리핑 특별기획팀(2007), 앞의 책, 21쪽.

655 e-나라지표(연도별), 〈우리나라 초중고 학생 사교육 현황〉, http://www.index.go.kr에 게시된 통계청의 초·중·고 사교육비조사 결과 분석에 따르면, 2019년 사교육비 총액은 약 20조 9천억 원으로, 2018년의 19조 5천억 원에 비해 7.8% 증가하였다. 2019년 초·중·고 학생의 1인당 월평균 사교육비는 321,000원으로 2018년 291,000원 대비 10.4% 증가하였다. 이러한 최근의 사교육 현황은 이전 증가 추세의 연장선상에 있는 것이다.

향이 더욱 강화되었으며, 박근혜 정부에서는 보완과 안정화 차원에서 이런 기조가 지속되었다. 문재인 정부는 이전의 정책기조를 수정하고 교육의 공공성을 강조했다.

5·31 교육개혁으로 시행된 대학설립준칙주의와 대학정원 자율화의 영향으로 경쟁력 없는 대학 양산, 대학생 수의 폭발적 증가, 교육여건 악화, 학생부담 및 학부모부담 증가, 지방대학의 위기와 구조조정 과제 대두 등 부정적인 결과가 초래되었다.[656] 그 시발점의 핵심은 '수요자중심 교육' 이념에 있었다. 수요자중심 교육에서는 '공급자'보다는 '수요자'에 초점을 맞춘다. 수요자중심의 교육은 공급자중심의 권위적이고 경직된 교육체제에 변화를 자극했다. 그러나 다양한 사회적 층위에 있는 수요자들의 존재조건이 그들의 출발점을 달리하게 함으로써 경쟁의 형평성에 치명적인 문제를 갖게 되었다.

결국 학력·학벌에 대한 접근 기회가 양적으로 확대되었지만 그 기회가 가정의 사회경제적 배경과 거주지역 등과 밀접하게 연관되는 등 질적으로 분화되는 경향을 띠었다. 이른바 '교육 부문의 양극화' 현상이다. 김영철(2014), 구인회·김정은(2015), 이기혜·최윤진(2016), 김경애 등(2020)과 같은 연구[657]에서 이런 사실을 확인할 수 있다.

김영철의 연구(2014)에서는 사회경제적 배경의 분위별 그리고 거주지역별로 수능등급, 4년제 대학진학률, 주요 대학진학률 등에 현격한 차이가 있었다. SES 1분위와 10분위를 비교해 보면, 4년제 대학진학률은

---

656 장수명(2009), 〈5·31 대학정책 분석: 규제 완화를 중심으로〉, 《동향과 전망》 77, 26-32쪽.

657 김영철(2014), 〈대학 진학 성과의 영향요인 분석: 사회경제적 지위, 거주지역 및 학습환경을 중심으로〉, 《재정학연구》 7(3), 127-171쪽; 구인회·김정은(2015), 〈대학진학에서의 계층 격차: 가족 소득의 역할〉, 《사회복지정책》 42(3), 27-49쪽; 이기혜·최윤진(2016), 〈대학입학 전형 선발 결정 요인 분석: 가정 배경 및 학교 관련 요인을 중심으로〉, 《한국교육학연구》 22(1), 135-163쪽; 김경애 등(2020), 〈교육분야 양극화 추이 분석 연구(1)〉, 한국교육개발원.

34.8~75.3%, 9개 주요 대학 및 의대 진학률은 0.7~14.8%로, 4년제 대학 진학률은 두 배 이상, 주요 대학진학률에서는 10배 이상의 격차가 있었다. 그리고 읍면지역 학생들이 수능등급과 대학진학률에서 표본평균보다 낮은 비율을 나타내는 데 반해, 서울지역 학생들은 4년제 대학진학률이 다른 지역보다 낮은 비율을 보였지만 주요 대학진학률에서 모두 표본평균을 상회하는 비율을 나타냈다. 30위권 대학의 진학률로 볼 때, 읍면지역 학생들이 7.0%인 데 비해 서울지역 학생들은 12.6%나 되었다.[658]

구인회·김정은의 연구(2015)는 2004년에 서울지역 초등학교 4학년이었던 895명의 학생을 2014년까지 10년간 추적하여 성적·소득과 진학률의 관계를 분석한 것으로, 성적 및 가정의 소득수준에 따라 대학진학률에 큰 차이가 있다는 점을 밝혔다. 고등학교 성적이 상위권에 있는 학생의 경우, 고소득층의 4년제 대학진학률은 90.8%였지만 저소득층의 학생은 75.6%가 4년제 대학에 진학했다. 성적에 관계없이 가구 소득수준만을 고려하면 그 격차는 더 컸다. 고소득층 학생의 72.9%, 중간층의 58.3%, 저소득층의 39.3%가 4년제 대학에 진학하는 것으로 나타났다.[659]

이기혜·최윤진의 연구(2016)에서도 부모의 소득과 교육 수준이 대학진학률에 영향을 미치고 있음을 보여 주었다. 이 연구에서는 특히 가정 배경과 대학입학 전형 유형을 관련지어 진학률을 분석하였는데, 부모의 소득과 학력이 높을수록 수능시험 위주인 정시로 대학에 진학하는 비율이 높은 것으로 분석되었다. 가구소득별로 정시 일반전형을 통해 대학에 진학하는 비율로 볼 때, 소득이 가장 높은 4분위에서는 55.3%, 소득 3분위에서는 61.9%, 2분위에서는 51.2%, 소득이 가장 낮은 집단에서는

658 김영철(2014), 앞의 논문, 138-140쪽.
659 구인회·김정은(2015), 앞의 논문, 38-39쪽.

44.8%의 진학률을 나타냈다. 이런 결과에 대해 연구자들은 사교육비가 수능 위주의 정시전형에 영향을 미치기 때문인 것으로 추정했다.[660]

국회예산정책처(2016)의 저출산 대책평가 및 저출산 문제와 교육실태 보고서에 따르면, 사교육비 지출 최소집단(1분위)의 서울 소재 대학진학률은 23.3%였지만 사교육비 지출 최대집단(5분위)은 50%에 달했다. 특히 명문대학 진학률은 사교육비 1분위 집단이 11.6%였는 데 반해 사교육비 5분위 집단은 26.0%로 2배 이상 차이가 났다.[661]

김경애 등의 연구(2020)는 아직 체계적으로 정립되어 있지 않은 '교육 분야 양극화'의 개념에 대해, "개인의 배경, 즉 가계소득, 부모 학력, 문화적 배경 등에 의해 교육의 기회, 과정, 결과에서 상·하 집단으로 쏠리게 되면서 중간층이 감소하고, 집단 간 이질성이 커지며, 집단 내 동질성이 심화되는 가운데 집단 간의 이동성이 약화되는 현상"으로 정의하였다. 이 연구에서 자체 개발한 지표 및 지수를 활용하여 기준연도인 2010년 대비 2020년의 교육 분야 양극화 지수 변동을 산출한 사례에 따르면, 우리 사회의 양극화가 상당 수준 진척되어 있고 점차 심화되는 것으로 해석되었다. 상하층 간 간극이 증가하고 집단 간 이동성이 두드러지게 감소한 것으로 나타났다. 특히 초·중등학교의 사교육비와 고3의 학업성취 지표에서 양극화 정도가 심했다.[662]

결국 가정의 경제적·문화적·교육적 배경에 따라 학력에 대한 접근 기회, 학력획득 과정, 진학 혹은 사회진출 등에서 상하층 간 격차가 커지는 등의 양극화 현상이 심화되어 왔다.

660 이기혜·최윤진(2016), 앞의 논문, 148쪽.
661 《대학저널》(2017.7.7.), 〈사교육 공화국, 흙수저는 운다〉.
662 김경애 등(2020), 앞의 연구보고서, 191-195쪽.

2. 학력·학벌산출체제의 서열화

민주화 시대를 거치는 동안 학력·학벌산출체제에도 상당한 변화가 있었다. 우선 고등학교와 대학 학력산출체제의 변화를 양적인 측면에서 살펴보기로 한다. 고등학교의 경우, 공식적 유형이 2010년도까지는 일반계고와 전문계고로 양분되어 있었다. 2011년부터 고교체제 다양화 정책 등으로 생겨난 새로운 고교 유형이 2010년 6월「초·중등교육법 시행령」에 따라 기존의 일반계고와 전문계고 유형 외에 특수목적고, 특성화고, 자율고로 분류되었다.

[표 11-3]은 연도별로 고등학교 유형별 학교 수 및 학생 수를 나타낸 것이다. 일반계고의 경우, 학교 수와 학생 수가 2010년까지 꾸준히 증가하였다. 이후 학교 수는 2014년까지 다소 감소하다가 다시 증가하여 2020년 현재 1,573개교에 이른다. 학생 수는 고교 유형의 세분화와 학령인구 감소 등으로 2010년 149만여 명에서 2020년에는 100만 명에 미치지 못하는 95만여 명으로 점차 감소해 왔다.

전문계고는 사회적으로 대학 학력이 중시되고 대학진학률이 증가하면서 1990년대 중반 이후 학생 수가 급격하게 감소했다. 1995년의 91만여 명에서 계속 줄어 2010년에는 46만여 명으로 절반가량 감소했다. 이들 학교 중 특성화고로 전환된 경우에도, 학교 수는 약간 감소했으나 학생 수는 더 큰 비율로 감소하는 추세를 나타냈다. 자율고는 문민정부 이후 강조되면서 이명박 정부까지 학교 수 및 학생 수가 계속 증가하였으나 박근혜 정부 이후 다소 감소하는 경향을 보였다.

특수목적고는 설립 이후 2020년까지 학교 수의 증가를 보여 온 유일한 유형의 학교이다. 특수목적고가 새로운 유형으로 분류된 2011년에 120개교 6만 3천여 명에서 2017년 155개교 6만 7천여 명으로 증가하였

[표 11-3] 연도별 고등학교 유형별 학교 수 및 학생 수[663] (단위: 개교)

연도	일반계고		전문계고		특수목적고		특성화고		자율고	
	학교 수	학생 수	학교 수	학생 수	학교 수	학생 수	학교 수	학생 수	학교 수	학생 수
1990	1,096	1,473,155	587	810,651						
1995	1,068	1,246,427	762	911,453						
2000	1,193	1,324,482	764	746,986						
2005	1,382	1,259,792	713	503,104						
2006	1,437	1,281,508	707	494,349						
2007	1,457	1,347,363	702	494,011						
2008	1,493	1,419,486	697	487,492						
2009	1,534	1,484,966	691	480,826						
2010	1,561	1,496,227	692	466,129						
2011	1,554	1,425,882			120	63,727	499	340,227	109	113,962
2012	1,529	1,381,130			128	64,468	499	330,797	147	143,692
2013	1,525	1,356,070			138	67,099	494	320,374	165	149,760
2014	1,520	1,314,073			143	66,928	499	313,449	164	144,922
2015	1,537	1,278,008			148	67,529	498	302,021	161	140,708
2016	1,545	1,256,108			152	67,607	497	290,632	159	138,110
2017	1,556	1,193,562			155	67,960	491	274,281	158	133,896
2018	1,556	1,096,331			157	66,693	490	252,260	155	123,292
2019	1,555	1,001,756			158	65,244	489	230,098	154	113,929
2020	1,573	958,108			160	64,493	489	212,294	145	102,417

으며, 2020년 현재 160개교 6만 4천여 명이다. 문재인 정부 시기에 학생 수가 다소 감소하는 경향을 나타냈다.

[표 11-4]는 특수목적고등학교의 학교 수 현황과 추이를 나타낸 것이다. 과학고, 외국어고, 국제고는 명문대 학벌에 가장 근접해 있는 특수목적고로, 특히 중산층을 중심으로 가장 선호되는 학교이다. 특수목적고는 전체적으로 계속 증가해 왔다. 1990년에 25개교에 불과했지만 2020년

663 교육부·한국교육개발원(연도별), 《교육통계 분석자료집》, 《교육통계연보》. 「초·중등교육법 시행령」(2010년 6월 말)으로 2011년부터 고등학교 유형이 바뀌었다.

[표 11-4] 특수목적고등학교 현황 및 추이[664]

(단위: 개교)

구분	1990	2000	2005	2006	2007	2008	2009	2010	2011	2012	2013	2014	2015	2016	2017	2018	2019	2020
과학고	6	16	18	19	20	21	21	21	23	24	25	26	27	28	28	28	28	28
외국어고	-	18	25	29	29	30	30	33	31	31	31	31	31	31	31	31	30	30
국제고	-	-	-	1	2	4	4	4	6	6	7	7	7	7	7	7	7	7
예술고	11	22	25	26	27	26	27	26	25	26	27	28	28	28	28	29	29	28
체육고	8	12	14	14	15	15	15	15	14	14	14	15	15	16	16	16	17	17
마이스터고	-	-	-	-	-	-	-	-	21	27	34	36	40	42	45	46	47	50
계	25	68	82	89	93	96	97	99	120	128	138	143	148	152	155	157	158	160

에는 160개교에 달했다.

그중 과학고는 과학영재를 육성하려는 취지로 설립된 특수목적고등학교로, 1990년대에 크게 증가한 이후 2016년까지 거의 매년 1~2개교가 신설되었다. 외국어고도 1992년에 특목고로 지정된 후 2000년대 초반까지 큰 증가가 있었으나 설립목적과 달리 대학입시기관으로 전락했다는 비판여론과 함께 2011년 이후 더 이상 증설되지 않았다. 국제고는 참여정부 시기인 2006년도에 처음으로 신설된 이후 2013년까지 연평균 1개교 정도 증설되었으나 이후 변화 없이 2020년 현재까지 7개교가 운영되고 있다. 그 외 예술고와 체육고는 예체능 분야의 특수재능 인재를 양성하기 위한 학교로, 1990년대와 2000년대 초까지 크게 증설된 후 큰 변화가 없다. 마이스터고는 고등학교에서의 전문적 직업교육을 장려하기 위해 이명박 정부 시기인 2011년에 처음으로 21개교가 지정된 후 박근혜 정부를 거쳐 문재인 정부에 이르기까지 계속 증가하여 2020년 현재 50개교이다.

664 교육과학기술부·교육부(2008-2020), 《간추린 교육통계》, 《2017 교육기본통계 개황》. 영재학교는 과학고에 포함. 2020년 현재 영재고 8개교, 과학고 20개교이다.

[표 11-5] 고등교육기관 현황 및 추이[665] (단위: 개교)

연도	1990	1995	2000	2005	2006	2007	2008	2009	2010	2011	2012	2013	2014	2015	2016	2017	2018	2019	2020
일반대학	107	131	161	173	175	175	174	177	179	183	189	188	189	189	189	189	191	191	191
교육대학	11	11	11	11	11	11	10	10	10	10	10	10	10	10	10	10	10	10	10
산업대학	6	17	19	18	14	14	13	12	11	9	2	2	2	2	2	2	2	2	2
전문대학	117	145	158	158	152	148	147	146	145	147	142	140	139	138	138	138	137	137	136
대학원 대학	-	-	17	34	36	36	37	38	40	41	43	43	44	47	46	46	45	45	45

[표 11-5]는 주요 고등교육기관 현황과 추이를 나타낸 것이다. 4년제 일반대학의 경우 해방 이후부터 계속 증가했다. 특히 1990년대에 대폭 증가했다. 2000년대 전반기에도 소폭의 증가가 계속되었지만 이후 학령 인구 감소 등으로 구조조정이 요구되는 사회적 상황을 거치면서 대학 증설이 억제되었다. 교육대학은 2007년 제주대학교와 제주교육대학이 유일하게 통합된 이후 변화가 없었다. 산업대학은 현직자 등에게 교육기회를 개방하여 산업인력을 양성하기 위해 설립되었으나, 참여정부와 이명박 정부의 대학 구조조정으로 국립대학과 통합하거나 일반대학으로 전환되었다. 전문대학은 산업화 시기에 필요한 중견 산업인력을 양성하기 위해 설립되었으며 2000년대 초반을 정점으로 이후 계속 감소했다. 대학원대학은 5·31 교육개혁안으로 신설된 고등교육기관으로, 2000년에 처음으로 설립된 후 2000년대 초반까지 크게 증가하였으며 이후에도 꾸준히 증설되었다.

[표 11-6]에서 일반대학의 학생 수는 1990년에 100만 명, 2010년에 200만 명을 넘어서며 2010년대 중반까지 계속 증가하다가 이후 감소 추

665 교육부·한국교육개발원(2016),《교육통계 분석자료집》(고등교육·취업통계편); 교육부·한국교육개발원(2020),《간추린 교육통계》.

[표 11-6] 고등교육기관 학생 수 변화 추이[666] (단위: 명)

연도	1990	1995	2000	2005	2010	2015	2020
일반대학	1,040,166	1,187,735	1,665,398	1,859,639	2,028,841	2,113,293	1,981,003
교육대학	15,960	19,650	20,907	25,141	21,618	15,967	15,628
산업대학	51,970	120,670	170,622	188,753	133,736	44,679	15,384
방통대학	148,650	314,977	360,051	282,023	272,452	214,347	144,239
전문대학	323,825	569,820	913,273	853,089	767,087	720,466	621,772
사이버대	-	-	-	69,743	93,297	111,924	130,311
대학원대	-	-	2,164	3,601	7,074	9,102	10,440

세에 있다. 특히 1990년대 후반과 2000년대 초반에 크게 증가했다. 문민정부의 대학설립준칙주의와 대학정원 자율화의 영향 때문이다. 교육대학 학생 수는 2000년대 중반까지 계속 증가하다가 이후 점차 감소했으며 초등교사 수급 조정 등으로 15,000명대를 유지하고 있다. 산업대학, 방송통신대학, 전문대학 등의 학생 수도 2000년대 초·중반까지 지속되던 증가세가 이후 급격하게 감소했다. 정부의 구조조정 등 규제 강화와 학령인구 감소 등에 따른 것으로 보인다. 반면에 사이버대학[667]과 대학원대학은 각각 2009년과 2000년에 설립된 후 학생 수가 계속 증가해 왔다. 물리적 환경조건의 제약이 적고 소규모로 운영되는, 이 시대의 특징을 나타내는 고등교육기관이다.

한국사회의 민주화 시대에 학교교육체제 즉 학력·학벌산출체제의 변화를 강조한 정부의 교육정책들은 문재인 정부를 제외하면, 대체로 다음

666 교육부·한국교육개발원(2020), 《간추린 교육통계》, 《교육통계자료 분석집》. 사이버대학은 2009년부터 시작하였다.

667 2007년 고등교육법 개정, 2008년 사이버대학 설립·운영 규정 제정 및 관련 규정 개정으로 고등교육법상 사이버대학 근거가 마련되었다. 2008-2011년 기간에 매년 1개교가 설립 인가되었고(4개교), 기존 원격대학 형태의 평생교육시설 17개교 중 15개가 사이버대학으로 전환 인가되었다(2008년 11개교, 2009년 3개교, 2010년 1개교). 총 19개교로 이 중 대학과정이 17개교, 전문대과정이 2개교이다(인가연도 다음 해에 개교). http://www.cuinfo.net/ 참조.

과 같은 방향을 견지했다. 첫째, 평준화제도를 주축으로 하는 고등학교 체제의 학교들을 보다 다양화한다. 둘째, 서열화된 대학체제는 각 대학을 특성화함으로써 서열을 완화한다. 셋째, 국가 관리의 관치교육체제를 자율적인 경쟁의 교육체제로 전환한다. 이러한 정책의 기조는 국내의 교육상황에서 제기된 것이기도 했지만, 신자유주의의 세계적 추세를 반영하는 것이었다.

1974년에 도입된 고교평준화제도는 치열한 고교 입시경쟁과 이로 인한 비교육적 문제의 심화 그리고 사교육비 부담 증가 등 교육 및 사회문제를 해소하기 위해, 고교 입학시험을 폐지하고 거주지 중심으로 고등학교를 배정하는 제도이다. 고교평준화제도가 시행된 후, 이에 대한 논란이 계속되었다. 고교평준화제도의 수정 혹은 해체를 주장하는 사람들은 평준화제도가 학생들의 학력(學力)과 국가경쟁력을 저하하며, 학생·학부모의 학교선택권과 사립학교의 학교 운영 자율권을 침해한다고 비판했다. 이들은 한국교육이 지나친 평등 논리에 빠져 수월성의 교육을 제대로 수행하지 못하며, 그로 인해 국가 간 경쟁에서 뒤처지고 있다고 주장했다.[668] 이런 주장들이 중산층을 중심으로 제기되면서 평준화제도를 수정하도록 요구하는 압력으로 작용했다.

문민정부가 5·31 교육개혁안을 통해 다양한 학교 설립과 자율적 운영을 제안한 것은 교육개혁의 의미 외에 명문학벌을 추구하는 중산층의 이해관계에 부합하는 것이기도 했다. 국민의 정부와 참여정부는 문민정부

---

668 평준화제도는 교육기회의 평등을 위해 도입되었다는 주장과는 거리가 있다. 평준화는 입시경쟁에 따른 교육 및 사회문제 해소를 위해 입학시험을 없애고 거주지 중심의 학교 배정을 했을 뿐이다. 이는 서구사회가 오래전부터 추구해 온 보편적인 학교교육정책이다. 평준화라는 용어에 오해를 불러일으키는 측면이 있다. 고교 무시험 추첨 배정의 정책 취지가 마치 교육에 평등주의가 반영된 정책인 것처럼 오해된 것이다. 성기선(2007), 〈참여정부의 교육정책: 고교평준화〉, 《교육비평》 23, 93-94쪽.

가 제시한 교육개혁안의 맥락에서 특수목적고와 자립형사립고 등의 고등학교들을 정책적으로 시범 운영하였다. 이명박 정부 시기에는 '고교 다양화 300 프로젝트'와 같은 정책을 통해 이러한 취지를 보다 적극적으로 교육정책에 반영하였다. 고교평준화제도의 수정 혹은 고교 다양화의 일환으로 특수목적고등학교를 확대하고 자립형사립고 제도 등을 도입한 것은 이미 우리 사회가 경험했던 바와 같이 중학교교육을 입시 위주로 파행 운영하게 하였으며, 고등학교의 서열화와 사교육을 더욱 조장하는 등의 문제를 야기했다. 이런 이유로 문재인 정부는 외국어고, 자사고, 국제고를 일반고로 전환하는 조치를 취하기도 했다.

고교평준화체제를 해체하거나 수정하는 것이 학력을 높이고 경쟁력을 강화할 것이라는 주장은 일견 교육개혁의 취지와 일치하는 것처럼 보이지만, 결과적으로 우리 사회의 저변에 있는 문제를 고의로 경시하거나 이에 편승한 불완전하고 편파적인 주장이 되고 말았다. 결국 자율화와 다양화로 표명된 철저하지 못했던 고교체제의 변화는 명문학벌의 획득을 노리는 국민의 관심을 움직이지 못하면서 대학입시교육을 벗어나지 못한 채 서열화된 체제로 귀결되었다.

고등학교체제에서 주요 관심의 초점이 평준화제도였다면, 대학에 대해서는 서열화가 핵심적인 관심사였다. 대학서열체제는 오랫동안 전통적 의식과 관행으로 지속되어 온 중앙중심의 문화, 일제의 식민지배 정책, 그리고 해방 후 국립대학에 대한 정부의 집중 지원과 수도권 중심의 불균형적 개발 정책 등에 의해 누적되어 온 역사적 산물이라 할 수 있다. 민주화 시대의 정부들은 대학서열체제를 변화시키기 위해 여러 방면으로 관심을 기울였다. 국민의 정부는 대학의 특성화 등을 위해 BK21 사업을 시행하였고, 참여정부는 NURI 사업, 의학·치의학·법학·한의학 부문에 전문대학원제도 도입, 대학의 구조조정과 통폐합 등을 추진하였다. 그러나 고등교육 학력을 산출하는 대학의 서열체제에는 현재까지 뚜렷한 변화가 없다. 말 그대로 대학서열체제가 고착화되었다.

아울러 교육체제에 대한 관리 방식을 관치에서 자율로 전환하고자 하는 정책도 시행되었다. 초·중등학교에 대한 자율화 조치가 꾸준히 이루어져 왔으며, 특히 이명박 정부에 의해 적극적으로 추진되었다. 대학에 대해서도 입시 자율화를 비롯하여 각종 규제를 완화하거나 폐지하는 등의 자율화 정책, 국립대학 법인화 정책 등을 시도해 왔다. 각 정부는 여전히 대학에 대한 직접적인 통제도 했지만 정부 정책에 재정지원을 연계시키는 방식 등의 간접적인 통제를 주요 방식으로 채택해 왔다. 정부의 교육기관 자율화 정책은 교육기관 자체의 노력과 그에 상응하는 정부의 지원으로 각 교육기관을 특성화함으로써, 기존의 서열체제를 완화하고 교육체제의 경쟁력과 효율성을 제고시키려는 목적이었다. 그러나 기존체제가 가진 기득권 구조의 견고함, 지역 간 및 기관 간 출발점 조건의 큰 격차, 각자도생의 사회적 인식 등은 실질적인 변화를 어렵게 했다.

3. 명문학벌 편포성의 점진적 완화

한국사회의 민주화 시대에 정부 등 사회 주요 부문에서 주요 학력·학벌들이 차지하는 비중이 어떤지 그리고 시간적 추이에 따라 그 비중에 어떤 변화가 있었는지 살펴보기로 한다.

먼저 행정부의 상황을 검토한다. [표 11-7]은 각 정부 정무직 공무원 혹은 장·차관(급)의 출신대학별 인원과 그 비율을 나타낸 것이다. 서울대 출신자의 비율은, 김영삼 정부에서 65.6%로 가장 높았고 이후 정부들에서는 41~48%의 비율을 보여 평균 50.1%를 나타냈다. 상위 3개 대학의

[표 11-7] 역대정부별 정무직(장·차관급) 공무원의 출신대학[669]

대학명	김영삼 정부		김대중 정부		노무현 정부		이명박 정부		박근혜 정부		문재인 정부		전체	
	인원	%	인원	%	인원	%	인원	%	인원	%	인원	%	인원	%
서울대	206	65.6	115	46.4	101	48.6	62	44.6	46	46.0	117	41.3	647	50.1
연세대	9	2.9	16	6.5	12	5.8	13	9.4	14	14.0	30	10.6	94	7.3
고려대	26	8.3	42	16.9	24	11.5	21	15.1	6	6.0	32	11.3	151	11.7
사관학교	20	6.4	19	7.7	9	4.3	4	2.9	4	4.0	23	8.1	79	6.1
그 외 대	53	16.8	56	22.6	62	29.8	39	28.1	30	30.0	81	28.6	321	24.9
3개 대	241	76.8	173	69.8	137	65.9	96	69.1	66	66.0	179	63.3	892	69.0
합계	314	100	248	100	208	100	139	100	100	100	283	100	1,292	100

비중은 김영삼 정부 76.8%, 김대중 정부 69.8%, 노무현 정부 65.9%, 이명박 정부 69.1%, 박근혜 정부 66.0%, 문재인 정부 63.3%로 평균 69.0%를 점유했다. 문재인 정부에서 가장 낮은 점유율을 보였다. 한국 정부 정무직(장·차관급)의 절반을 한 대학 출신자들이 차지했고, 3개 대학 출신자들이 약 69%를 차지했다. 한국 정부는 이들 명문학벌에 의해 점령되어 온 셈이다. 시간적 추이로 볼 때, 문민정부에서 국민의 정부로 오면서 점유율이 대폭 낮아진 후 정권교체와 함께 작은 기복과 점진적 감소를 나타냈다. 학력·학벌에 대해 문제를 제기했던 정부들조차도 학벌을 이용하여 정부를 운영했다는 점을 확인할 수 있다.

[표 11-8]은 제15대~21대 총선에서 당선된 국회의원들의 출신대학별

669 정성호 등(2002), 〈대통령의 인사정책에 대한 비교 연구: 김영삼과 김대중 대통령을 중심으로〉, 《경기대학교사회과학논총》 5, 192쪽에서 김영삼 정부의 장·차관(급) 임명 통계를 인용하였고, 박영원(2011), 〈정무직 공무원의 인사형평성에 관한 실증적 연구〉, 《한국인사행정학회보》 10(3), 251쪽에서 김대중, 노무현 정부의 정무직 공무원(장차관급) 통계를 인용하였으며, 이명박, 박근혜 정부는 Minjung Park & Pan Suk Kim(2016), 〈An Analysis of Political Appointments of the Recent Governments in South Korea〉, 《한국인사행정학회보》 15(2), 303-304쪽에 있는 장·차관의 출신대학 통계를 인용하였다. 문재인 정부에 대해서는 2020년 초까지 임명된 1·2기 장관 및 차관급 이상 283명의 출신대학을 인터넷과 신문 보도자료 등을 이용해 직접 조사·분석하였다.

[표 11-8] 역대 국회의원의 출신대학 점유율 및 변화 추이[670]

대학명	제15대 (1996)		제16대 (2000)		제17대 (2004)		제18대 (2008)		제19대 (2012)		제20대 (2016)		제21대 (2020)	
	인원	%	인원	%	인원	%	인원	%	인원	%	인원	%	인원	%
서울대	118	39.5	105	38.5	115	38.5	111	37.1	78	26.0	81	27.0	63	21.0
연세대	15	5.0	17	6.2	24	8.0	23	7.7	24	8.0	23	7.7	22	7.3
고려대	43	14.4	33	12.1	31	10.4	25	8.4	26	8.7	37	12.3	27	9.0
성균관대	10	3.3	12	4.4	14	4.7	17	5.7	21	7.0	28	9.3	20	6.7
3개대	299	58.9	273	56.8	299	56.9	299	53.2	300	42.7	300	47.0	300	37.3

인원과 비율을 나타낸 것이다. 입법부 국회의원직의 주요 학벌에 의한 점유율은 15대~17대에서는 비슷한 수준의 비율을 보였으나 전체적으로는 감소하는 경향을 나타냈다. 서울대의 점유율은 15대 총선 결과에서 전체 국회의원의 39.5%를 차지했으나 21대에서는 21%였다. 약 18% 감소한 비율이다. 특히 19대~21대 총선에서 큰 감소가 있었음을 볼 수 있다. 상위 3개 대학의 점유율도 15대에서 58.9%였던 것이 21대에는 37.3%로 약 21%가 감소했다. 반면에 성균관대는 15대 3.3%, 16대 4.4%, 17대 4.7%, 18대 5.7%, 19대 7.0%, 20대에는 9.3%로 꾸준히 증가해온 점이 주목된다.

다음에는 법조계의 상황을 살펴보기로 한다. 기존 법조계의 진출 기제였던 사법시험에 합격한 사람들과 새로운 법조계 진출 경로로서 로스쿨에 진학한 사람들, 그리고 법조계의 임용 상황 등에 대한 자료들을 검토한다.

670 제15대 현황은 《사진으로 본 한국인물연감 1996》, 한국인물연감사와 《한국대학신문》(1997.4.7.) 참조; 제16대 현황은 신동아편집부(2000), 《16대 국회의원 인물사전》(신동아 5월호 별책부록), 동아일보사, 13쪽 참조; 제17대는 《한국대학신문》(2004.4.16.), 제18대는 《dongA.com》(2008.4.11.), 제19대는 《아시아투데이》(2012.4.12.), 제20대는 《중앙일보》(2016.4.18.)와 《한국대학신문》(2016.4.15.), 제21대는 '사교육걱정없는세상'의 〈논평보도자료〉(2020.4.27.)를 참고하였다.

[표 11-9] 사법시험 합격자와 로스쿨 입학자의 상위 3개 대학 출신자 비율의 추이[671] (단위: %)

연도	2003	2004	2005	2006	2007	2008	2009	2010	2011	2012	2013	2014	2015	2016	2017	2018	2019	2020	2021
사법시험 합격비율	65.7	61.5	62.4	60.3	58.9	55.8	53.4	60.8	51.8	52.0	52.3	39.2	36.6	38.5	43.6	-	-	-	-
로스쿨 입학비율	-	-	-	-	-	-	53.9	51.1	46.0	46.9	45.1	47.9	47.6	45.2	43.5	46.7	48.8	46.3	51.2

[표 11-9]에서 볼 때, 다음과 같은 사실이 뚜렷하게 드러난다. 우선, 2003년부터 마지막 사법시험이 치러진 2017년 사이 사법시험 합격자 중 상위 3개 대학의 점유율은 최대 65.7%에서 최소 36.6%의 범위에 있으며, 그 점유 비율은 다소의 기복을 보이지만 근래에 올수록 대체로 감소하는 경향을 보였다. 그리고 2013년에 이르기까지 전체 합격자의 절반 이상을 3개 대학이 차지했다. 점유율의 감소가 일정한 사회적 의미를 갖는 것으로 해석할 수 있겠다. 2009년에 법학전문대학원이 개원되었다는 점을 고려하면 특히 2014년 이후의 점유율 감소는 사법시험과 로스쿨이 병존하게 된 상황이 상당한 영향을 미친 것으로 추측해볼 수 있을 것이다.

한편 로스쿨이 개원한 2009년부터 2021년까지 전국 25개 로스쿨 입학자에 대한 상위 3개 대학의 점유율을 보면, 여전히 비율이 높다. 2013년까지는 로스쿨 입학자들의 3개 대학 출신자 비율이 사법시험에 합격한 3개 대학 출신자 비율보다 낮았으며 감소하는 경향도 있었다. 그러나 2014년 이후 로스쿨 입학자의 3개 대학 출신자 비율은 사법시험 3개 대학 합격자 비율보다 높았으며, 다소 기복을 보이는 가운데 최근 2021학

671 로스쿨 입학자 통계자료는 《법률저널》(2019.8.9.), [기획-로스쿨 입시 11년의 기록] 〈입학생 65%, '서고연이성한 6개대 출신'〉; 《베리타스알파》(2020.9.1.), 〈2020. 25개 로스쿨 입학생 46.26% SKY대학 출신〉; 《베리타스알파》(2021.6.23.), 〈2021. 25개 로스쿨 입학생 'SKY출신' 51.2%…서울지역 12개 로스쿨 69.9%〉의 자료를 참조하여 작성하였다.; 2003-2017 사법시험 합격자의 3개 대학 비율은 《법률저널》(2014.11.13.), 〈사법시험 판도 변화, 서울대·고대 추락, 한대·성대 뜨고〉와 《법률저널》(2017.11.7.), 〈마지막 사법시험 서울대 1위로 피날레〉를 참조하여 작성하였다.

[표 11-10] 로스쿨 입학자와 사법시험 합격자 비교[672]

<table>
<tr><th>구분</th><th colspan="2">로스쿨 입학자 1</th><th colspan="2">로스쿨 입학자 2</th><th colspan="2">사법시험 합격자</th></tr>
<tr><td>조사대상기간</td><td colspan="2">5년(2011~2015)</td><td colspan="2">8년(2009~2016)</td><td colspan="2">13년(2002~2014)</td></tr>
<tr><td>배출인원</td><td colspan="2">10,410명</td><td colspan="2">16,554명</td><td colspan="2">10,458명</td></tr>
<tr><td>평균 대학 수</td><td colspan="2">102개교</td><td colspan="2"></td><td colspan="2">40개교</td></tr>
<tr><td rowspan="3">3개 대학</td><td rowspan="3">46.8%</td><td>서울대 1,856명/17.8%</td><td rowspan="3">48.1%</td><td>서울대 3,210명/19.4%</td><td rowspan="3">58.5%</td><td>서울대 3,152명/30.5%</td></tr>
<tr><td>고려대 1,559명/14.9%</td><td>고려대 2,414명/14.6%</td><td>고려대 1,717명/16.4%</td></tr>
<tr><td>연세대 1,456명/13.9%</td><td>연세대 2,346명/14.2%</td><td>연세대 1,210명/11.6%</td></tr>
<tr><td>10개 대학</td><td colspan="2">74.5%(7,755명)</td><td colspan="2"></td><td colspan="2">84.66%(8,854명)</td></tr>
</table>

년도의 경우, 전체 로스쿨 입학자(2,126명 중 1,088명)의 51.2%를 차지하면서 전년 대비 약 5%가 높아졌다.

[표 11-10]은 법학전문대학원협의회(2015, 2016)가 전국 25개 대학 법학전문대학원의 2011~2015년, 2009~2016년 두 기간의 입학생과 2002~2014년 사이 사법시험 합격자를 전수 조사해 비교한 것이다.

이 표에서 볼 때, 출신대학의 분포, 상위 3개 대학 출신자의 점유율, 상위 10개 대학 출신자의 점유율에서 로스쿨 입학자가 사법시험 합격자보다 특정 대학에 의한 독과점 비율이 낮다는 점을 확인할 수 있다. 이러한 점은 특정 대학으로의 편중을 막고 다양한 출신대학과 다양한 학문 분야의 인재들을 법조인으로 양성한다는 로스쿨 설립 취지에 어느 정도 부합하는 것이다. 그리고 이러한 결과는 법학전문대학원협의회가 보도자료에서 설명했듯이, 로스쿨의 분산 배치, 로스쿨 설치·운영법률과 지방인재육성법 등 일정 부분 법제의 영향에 의한 것으로 보인다. 즉 전국 25개 로스쿨이 지방과 수도권에 각각 10곳, 15곳에 설치되었는데, 「법학

672 이 표는 법학전문대학원협의회(2015.7.23.)의 〈로스쿨, 출신대학의 다양화를 실현했다〉(보도자료)와 법전원협의회(2016.9.)의 〈법학전문대학원 주요 현황〉 6쪽의 자료를 참조하여 작성하였다. 이 조사의 분석에서 사법시험 합격자 배출 상위 10개 대학은 서울대, 고려대, 연세대, 성균관대, 한양대, 이화여대, 부산대, 중앙대, 경북대, 경희대이다.

전문대학원 설치·운영에 관한 법률」은 입학생의 3분의 1 이상을 비법학 전공자로 선발토록 했으며[법률 제26조(학생구성의 다양성) 제2항], 지방대학육성법은 각 지방대학 로스쿨이 해당 지역의 지방대학 출신자를 일정 비율(20%) 이상 선발하도록 하고 있다.[673]

법학전문대학원협의회(2015)는 이 분석 자료를 근거로 로스쿨을 통한 "사법 권력의 분산"이라는 의미를 부여했다. 그러나 김동훈(2015)은 '눈 가리고 아웅 하기 식'이라고 비판했다. 그는 로스쿨의 학생선발은 물론 졸업자의 사회진출이 여전히 기존 학벌 서열에 크게 의존하고 있다고 지적했다.

> 25개의 로스쿨이 전국적으로 분포돼 있지만 (중략) 기존의 대학서열을 그대로 옮겨놓은 것이라고 보면 된다. (중략) 서울대 로스쿨은 2014년 기준 153명 신입생 중 100명(65.4%)을 자교생 출신으로 선발했다. 현행법상 타교 학부 출신을 3분의 1 이상 의무적으로 뽑도록 되어 있는 것을 감안하면 서울대는 이 법령에 저촉하지 않는 최대치를 자교 출신으로 충원한 셈이고, (중략) 연세대는 125명 중 71명(57%), 성균관대는 125명 중 64명(51%)을 자교 출신으로 뽑았다. (중략) 더욱이 그 밖의 로스쿨들도 주로 출신 학부의 서열에 따라 신입생을 선발하고 있어, 무리를 무릅쓰고 지방로스쿨에 인원을 배정해준 취지마저 무색해지고 있다. 로스쿨은 입구의 불공정성뿐만 아니라 출구의 불공정성도 이에 못지않다.[674]

---

673 지방대육성법 제15조③,④에서 이런 내용을 규정하고 있으며, 동법 시행령 제10조 관련 별표에는 강원권과 제주권(각 10%) 외 모든 지역은 해당 지역의 지방대학 졸업자(졸업예정자 포함) 수가 학생모집 전체인원의 20% 이상 되도록 할 것을 권장하고 있다.

674 《경향신문》(2015.9.17.), 〈사법시험 존치, 학벌주의 완화〉(김동훈).

2020학년도의 경우, 서울대 로스쿨 합격자 중 상위 3개 대학 출신자가 90.4%를 차지했다.[675] 입학생 156명 중 서울대 자교 출신이 103명(66.0%), 연세대 22명(14.1%), 고려대 16명(10.3%)이었다. 고려대의 경우는 신입생 121명 중 3개 대학 출신자가 98명으로 81.1%, 연세대는 126명 중 105명으로 83.3%였다. 그리고 《법률저널》(2019.8.9)에 따르면, 이들 3개 대학 출신자의 경우, 2009~2019년(11년) 동안에 전국 로스쿨 입학생 23,013명 중 10,938명으로 전체의 47.5%를 차지했다.[676]

법조계의 실제 현직 임용에서, 2005~2014년까지 10년간 임용된 판사 1,482명의 출신대학 분포를 보면, 서울대 788명(53.2%), 고려대 272명(18.4%), 연세대 114명(7.7%), 성균관대 67명(4.5%)이었다. 상위 3개 대학이 79.3%를 차지했다. 그리고 2014년 7월 기준 사법시험 출신 1,870명의 현직 검사의 경우 서울대 736명(39.4%), 고려대 362명(19.4%), 연세대 204명(10.9%), 한양대 122명(6.5%)의 분포를 보였다. 현직 검사의 상위 3개 대학 출신자 비율은 69.6%였다.[677]

좀 더 최근의 자료로, 더불어민주당 최기상 의원이 법무부로부터 제출받은 자료를 분석한 결과에 따르면, 최근 10년간(2011~2020) 임용된 1,322명의 검사 중 상위 3개 대학 출신자는 847명(64.1%)이었다. 서울대가 30%, 연세대가 15.4%, 고려대가 18.7%를 차지했다. 이들 전체 검사 가운데 연수원 수료 검사 809명 중 3개 대학 출신자는 522명(64.5%)이었으며, 로스쿨을 졸업한 검사 513명 중 3개 대학 출신자는 325명(63.4%)이었다. 두 경로 간 특정 대학 편중 비율에 별 차이가 없다. 그리고 전국 25

675 《대학저널》(2020.4.2.), 〈2020학년도 주요 로스쿨 신입생, SKY 출신이 10명 중 8명〉.
676 《법률저널》(2019.8.9.), 〈입학생 65% '서고연이성한 6개대 출신'〉.
677 《법률저널》(2014.8.14.), 〈10명 중 8명은 판사, 7명은 검사…SKY 천하〉. 국회 법제사법위원회 김진태 의원이 제시한 자료이다.

[표 11-11] 경력법관제도 도입 이후 연도별 판사 임용 현황[678] (단위: 명, %)

임용 연도	출신대학교						연수원/법전원		
	서울대	고려대	연세대	3개대(%)	기타대	계	연수원	법전원	계
2013	55(55.0)	18(18.0)	8(8.0)	81(81.0)	19(19.0)	100	100(100)	-	100
2014	43(54.4)	20(25.3)	3(3.8)	66(83.5)	13(16.5)	79	79(100)	-	79
2015	56(52.3)	13(12.1)	10(9.3)	79(73.8)	28(26.2)	107	70(65.4)	37(34.6)	107
2016	60(55.6)	18(16.7)	10(9.3)	88(81.5)	20(18.5)	108	82(75.9)	26(24.1)	108
2017	83(52.2)	29(18.2)	15(9.4)	127(79.9)	32(20.1)	159	127(80.0)	32(20.0)	159
2018	11(30.6)	8(22.2)	3(8.3)	22(61.1)	14(38.9)	36	25(69.4)	11(30.6)	36
2019	29(36.3)	11(13.8)	12(15.0)	52(65.0)	28(35.0)	80	46(57.5)	34(42.5)	80
계	337(50.4)	117(17.5)	61(9.1)	515(77.0)	154(23.0)	669	529(79.1)	140(20.9)	669

개 로스쿨 중 상위 5개 로스쿨이 검사의 58.9%를 배출했으며, 상위 10개 로스쿨이 검사의 80.1%를 배출한 것으로 나타났다.[679]

[표 11-11]은 최기상 의원이 대법원으로부터 제출받은 '경력법관제도'[680] 도입 이후 연도별 판사임용 현황을 나타낸 것이다. 경력법관제도가 도입된 2013년부터 2019년까지 임용된 경력법관(판사)은 총 669명이었다. 이 중 515명이 3개 대학(서울대, 연세대, 고려대) 학부 졸업자였다. 이는 경력법관으로 임용된 판사의 77%에 해당한다. 서울대 출신자가 337명(50.4%), 고려대 117명(17.5%), 연세대 61명(9.1%)이었다. 매우 높은 편중도를 나타내고 있다. 2019년에는 80명의 신임법관 중 서울대 29명(36.3%), 고려대 11명(13.8%), 연세대 12명(15%)으로 3개 대학 출신자는 52명(65%)이었다. 근

678 《로리더》(2020.9.28.), 〈최기상 "경력법관 임용된 판사 77%, 서울대·고려대·연세대 편중"〉. 각 대학의 연도별 비율과 합을 계산하여 부가하였다.

679 《로리더》(2020.10.29.), 〈최기상 "검사 64%가 SKY출신…로스쿨 졸업 검사, 상위 10개교 80% 쏠림"〉.

680 경력법관제도는 일정기간 이상의 법조 경력을 가진 인사(변호사, 검사 등)를 법관으로 임용하는 제도이다. 2017년까지는 법조 경력 3년 이상 5년 미만의 단기 법조 경력자 법관 임용 절차가 있었다. 2012년 1회 변호사시험에 합격한 로스쿨 출신 법조인들은 2015년부터 3년의 법조 경력을 갖춘 것으로 인정되어 법관 임용이 가능했다. 2018년부터 법관 임용을 위한 최소 법조 경력이 5년 이상으로 상향됐다.

[표 11-12] 5급 행정직 시험 합격자의 대학별 현황 및 추이[681]

순위	대학	2007	2008	2009	2010	2011	2012	2013	2014	2015	2016	2017	2018	2019	2021
1	서울대	108 (43.9)	99 (40.9)	87 (35.7)	92 (34.6)	86 (33.1)	81 (30.3)	100 (36.8)	94 (31.6)	93 (33.2)	78 (28.1)	100 (36.4)	88 (31.0)	75 (27.8)	86 (36.1)
2	고려대	49 (19.5)	38 (15.7)	35 (14.3)	49 (18.4)	57 (21.9)	49 (18.4)	44 (16.2)	55 (18.5)	46 (16.4)	44 (15.8)	35 (12.7)	43 (15.1)	35 (13.0)	33 (13.9)
3	연세대	36 (14.3)	47 (19.4)	38 (15.6)	48 (18.0)	41 (15.8)	48 (18.0)	40 (14.7)	32 (10.8)	40 (14.3)	41 (14.7)	36 (13.1)	48 (16.9)	50 (18.5)	35 (14.7)
4	성균관대	9 (3.6)	11 (4.5)	15 (6.1)	16 (6.0)	14 (5.4)	16 (6.0)	9 (3.3)	16 (5.4)	15 (5.4)	18 (6.5)	26 (9.5)	21 (7.4)	31 (11.1)	22 (9.2)
3개 대학	명(%)	193 (76.9)	184 (76.0)	160 (65.6)	189 (71.1)	184 (70.8)	178 (66.7)	184 (67.6)	181 (60.9)	179 (63.9)	163 (58.6)	171 (62.2)	179 (63.0)	160 (59.3)	154 (64.7)
총수	명(%)	251 (100)	242 (100)	244 (100)	266 (100)	260 (100)	267 (100)	272 (100)	309 (100)	280 (100)	278 (100)	275 (100)	284 (100)	270 (100)	240 (100)

래에 오면서 기복이 있으나 점유율이 점차 감소하는 경향을 나타냈다.

요컨대 법조계의 경우 2005~2020년 사이 임용된 검사와 판사 중 서울대 1개 대학 출신자가 검사의 30~39%, 판사의 50~53%를 차지했으며, 상위 3개 대학 출신자의 비율은 검사 64~70%, 판사의 77~79%에 이른다. 그리고 2003~2017년 사이 상위 3개 대학 출신자의 사법시험 합격자 비율은 37~66% 범위에 있었으며, 2009~2020년 사이 로스쿨 입학자 비율은 44~54% 범위에서 약간의 등락을 나타냈다. 제도변화의 과도기에서 다소간의 비율 변화가 있었으나 전체적으로는 점차 감소하는 경향을 나타냈다.

[표 11-12]는 최근 15년간 5급 행정직 시험 합격자의 출신대학별 상황을 나타낸 것이다. 5급 행정직 시험 합격자 비율에서, 서울대는 2007년에 전체 합격자의 43.9%를 차지했으며, 2009년(35.7%)에 30%대로 내

681 《법률저널》(2012.9.28), 〈행시에서도 고려대가 연세대 추월〉; (2013.11.22.), 〈올 행정고시 서울대 편중 더욱 심화〉; (2017.11.26.), 〈2017년 행정고시, 서울대 독주…성균관대 두각〉; (2018.10.17.), 〈2018년도 행정고시 연고전, 연세대 2연패 달성〉; (2019.10.17.), 〈2019년도 행정고시, 연세대, 성균관대 역대 최다 성과〉; (2021.12.27.), 〈2021년 행정고시, 서울대 '압도적' 1위…2위는 어디?〉 등의 기사를 참조하여 작성하였다.

려선 이후 다소간의 기복을 보이는 가운데 대체로 낮아지는 경향을 나타냈다. 2017년도에 36.4%로 높아졌지만 2016년에는 28.1%, 2019년에는 27.8%까지 낮아졌다. 그러나 2021년에는 36.1%로 2019년 대비 8.3% 증가하였다. 상위 3개 대학의 비율도 2007년 76.9%에서 점점 낮아지면서 2012년 이후 60%대를 유지했으나 2016년에 58.6%, 2019년에는 59.3%로 낮아졌다. 최근 2021년에는 64.7%로 약 5.4% 높아졌다. 2007년과 2021년 사이에 약 12.2~18.3%가 감소하는 등락이 있었다.

한편 외무고시가 국립외교원시험으로 대체되기 직전까지 6년간(2007~2012) 합격자의 출신대학 현황을 보면, 서울대가 큰 격차로 우위를 보이는 가운데 3개 대학이 압도적인 비율을 점했다. 총 203명의 합격자 가운데 서울대가 95명으로 45.8%를 차지했으며, 연세대 43명(21.2%), 고려대가 29명(14.3%, 29명)이었다. 이들 3개 대학 출신자의 비율은 81.3%에 이른다.[682]

[표 11-13]은 1996~2005년 사이 10년간 서울대학교 신규임용 교수의 학위취득 상황을 나타낸 것이다. 이 표에서는 다음과 같은 사실을 확인할 수 있다. 첫째, 이 시기에 서울대 교수로 신규 임용된 785명 중 학사학위를 서울대에서 취득한 모교 출신자는 677명으로 86.2%를 차지했다. 둘째, 학사학위 모교 출신 교수임용 비율의 추이는 1990년대에 90%대에서 2000년대 초반에는 80%대로 낮아진 것으로 나타났다. 2005년에는 70.2%까지 감소했다. 그러나 1996~2005년 기간의 신규임용 교수 전체의 자교 출신 비율인 86.2%를 '2013년 서울대학교 전임교수의 출신대학현황'[683]과 대비하면, 큰 차이가 없었다. 2013년에 서울대 전임교수

682 《법률저널》(2012.9.28.), 〈외무고시, SKY 81.3% 차지〉; 대학교육연구소(2014), 앞의 통계자료, 8-9쪽.

683 대학교육연구소(2014), 앞의 통계자료, 11-12쪽. 2014년 교육부의 국정감사 제출자료이다.

[표 11-13] 서울대학교 신규임용 교수의 학위취득 상황(1996~2005)[684]

연도	채용인원	서울대 학사(%)			타교 학사(%)		
		본과	타과	계	국내	국외	계(%)
1996	53명	45명	6명	51명(96.2%)	1명	1명	2명(3.8%)
1997	62명	49명	12명	61명(98.4%)	-	1명	1명(1.6%)
1998	71명	59명	7명	66명(93.0%)	2명	3명	5명(7.0%)
1999	66명	56명	7명	63명(95.5%)	1명	2명	3명(4.5%)
2000	36명	28명	7명	35명(97.2%)	1명	-	1명(2.8%)
2001	58명	45명	7명	52명(89.7%)	3명	3명	6명(10.3%)
2002	61명	31명	18명	49명(80.3%)	10명	2명	12명(19.7%)
2003	168명	96명	40명	136명(81.0%)	28명	4명	32명(19.0%)
2004	126명	74명	31명	105명(83.3%)	18명	3명	21명(16.7%)
2005	84명	45명	14명	59명(70.2%)	20명	5명	25명(29.8%)
계	785명	528명	149명	677명(86.2%)	84명	24명	108명(13.8%)

1,835명 중 모교 출신은 1,543명으로 전체의 84.1%였으며, 타교 출신은 292명으로 15.9%였다.

다음은 기업의 CEO와 임원 등 경제계의 리더에 대한 주요 학벌의 점유상황 및 그 추이를 살펴보기로 한다. 기업 규모별로 상황이 다를 수 있으므로 다음과 같이 구분하여 검토한다. 즉 100대 기업 CEO, 국내 대기업들로 이루어진 상장기업(600~700개) CEO, 국내 중소기업 및 벤처기업 등으로 구성된 코스닥상장법인 기업(1,000개 이상) CEO, 국내 재벌그룹 대표이사와 임원 등으로 구분하였다.

[표 11-14]는 1993년부터 2021년에 이르기까지 약 30년간 국내 100대 기업 CEO의 출신대학을 분석한 자료를 활용하여 서울대를 비롯한 상위 3개 대학이 차지하는 비율과 그 변화추이를 나타낸 것이다.

---

684 서울대학교 60년사 편찬위원회 편(2006), 《서울대학교 60년사》, 307쪽 표를 재구성하였다.

[표 11-14] 국내 100대 기업 CEO의 상위 3개 대학 출신자 점유율 및 추이[685] (단위: 명, %)

조사연도	CEO인원	서울대	연세대	고려대	3개 대학	비고
1993	100	51(51.0)	9(9.0)	9(9.0)	69(69.0)	
1996	109	56(51.4)	15(13.8)	8(7.3)	79(72.5)	
1997	145	77(53.1)	19(13.1)	9(6.2)	105(72.4)	
1999	136	63(46.3)	19(14.0)	15(11.0)	97(71.3)	
2001	106	48(45.3)	18(17.0)	10(9.4)	76(71.7)	
2002	156	68(43.6)	24(15.4)	17(10.9)	109(69.9)	
2003	142	62(43.7)	19(13.9)	19(13.9)	100(70.4)	
2004	145	61(43.3)	19(13.5)	20(14.2)	100(70.9)	
2005	139	57(41.0)	18(12.9)	21(15.1)	96(69.1)	
2006	133	49(36.8)	17(12.8)	25(18.8)	91(68.4)	
2007	-	52(37.7)	17(12.3)	26(18.8)	95(68.8)	
2008	164	62(37.8)	21(12.8)	26(15.9)	109(66.5)	
2009	138	57(42.4)	19(14.2)	21(15.7)	97(72.3)	
2010	146	61(41.8)	20(13.7)	16(11.0)	97(66.4)	
2011	155	62(40.3)	25(16.2)	18(11.7)	105(68.2)	
2012	152	58(38.2)	21(13.8)	23(15.1)	102(67.1)	
2013	152	52(34.2)	18(11.8)	24(15.8)	94(61.8)	
2014	-	-(38.0)	-(9.9)	-(15.5)	-(63.4)	
2015	133	48(36.1)	14(10.5)	21(15.8)	83(62.4)	
2016	139	45(32.6)	15(10.9)	23(16.7)	83(60.1)	
2017	122	30(24.6)	17(13.9)	19(15.6)	66(54.1)	
2018	123	29(23.6)	22(17.9)	17(13.8)	68(55.3)	
2019	126	29(23.0)	17(13.5)	23(18.3)	69(54.8)	
2020	127	33(26.0)	18(14.1)	20(15.7)	61(55.9)	
2021	115	29(25.2)	17(14.8)	18(15.7)	64(55.6)	

이 표에서 다음과 같은 몇 가지 사실을 발견할 수 있다. 첫째, 서울대 출신자의 비율이 점차 감소하고 있다는 점이다. 1990년대에는 서울대 출신자가 100대 기업 CEO의 50%를 상회하는 비율을 보이다가 2000년대에는 약간의 기복과 함께 40%대로 낮아졌으며, 2010년대에는 20~30%대의 비율로 감소하여 30년 가까운 기간 동안 약 25%가 감소했다. 둘

685 이 표는 한국능률협회가 1966년부터 1995년까지 발간하였고, 1996년부터는 《월간 현대경영》이 발간하는 연도별 국내 〈100대 기업 CEO 백서〉와 관련 신문 보도자료, '현대경영' 홈페이지를 참고하여 작성하였다. http://newmanagement.co.kr 참조.

[표 11-15] 국내 상장회사 대표이사의 상위 3개 대학 출신자 점유율 및 추이[686] (단위: 명, %)

발표연도	회사	CEO 수	서울대	연세대	고려대	3개 대학	비고
1993	664개	975	219(35.3)	69(11.1)	54(8.7)	342(55.1)	
1994	660개	965	300(31.1)	102(10.6)	110(11.4)	512(53.1)	
2002	664개	985	276(31.3)	101(11.5)	95(10.8)	472(53.6)	
2003	676개	966	247(27.2)	101(11.1)	100(11.0)	448(49.3)	
2004	668개	982	230(26.6)	104(12.0)	101(11.7)	435(50.3)	
2005	655개	969	198(23.2)	96(11.2)	110(12.9)	404(47.3)	
2006	673개	985	211(23.9)	94(10.6)	112(12.7)	417(47.2)	
2007	675개	1,005	219(24.3)	101(11.2)	120(13.3)	440(48.8)	
2008	697개	1,051	218(23.4)	101(10.8)	117(12.6)	436(46.8)	
2009	704개	1,054	215(23.3)	99(10.7)	115(12.5)	429(46.5)	
2010	714개	1,050	214(23.7)	102(11.3)	106(11.7)	422(46.7)	
2011	735개	1,079	218(23.1)	104(11.0)	111(11.7)	433(45.8)	

째, 연세대와 고려대의 경우는, 이 시기에 연세대가 9~17%, 고려대가 6~18%의 범위에서 기복이 있었다. 셋째, 3개 대학을 합친 비율은 1990년대 이래 2000년대 중반까지 70%대였으나 이후 2010년대 중반까지는 60%대, 2010년대 후반에는 50%대로 떨어졌다. 이것은 재계 상층부에 대한 주요 학벌의 점유율이 점차 감소해 왔음을 의미한다. 그러나 3개 대학 출신자가 2021년 현재에도 국내 100대 기업 대표이사직을 무려 56%나 점유하고 있다.

[표 11-15]는 1993~2011년 사이 국내 상장회사 대표이사직에 대한 3개 대학의 점유율과 그 추이를 나타낸 것이다. 즉 600~700대 기업 CEO들의 출신대학에 대한 분석이다. 이 표에서는 다음과 같은 사실들을 확인할 수 있다. 첫째, 서울대의 경우 2011년에 약 23% 의 점유율을 보였

686 [표 11-15]는 한국상장회사협의회가 유가증권시장 상장사의 대표이사와 임원을 대상으로《상장회사 경영인명록》을 발간하면서 보도자료를 통해 공개한 내용(2001-2011년)과 신문에 보도된 내용(1993-2000년)을 근거로 작성하였다. [표 11-15]에서 2002년의 내용은 당해 보도자료(2쪽)와는 달리 2003년의 보도자료(1-3쪽)에서 변경된 내용이 게재되어 2003년 내용을 반영하였으며(회사 수, 서울대 비율, 3개 대학 비율),《상장회사 경영인명록》은 2011년까지만 출간되었다.

는데, 이 비율은 1990년대에 30%대였던 비율이 점차 감소한 결과이다. 둘째, 연세대와 고려대의 경우는 모두 11% 내외에 있으며 약간의 기복이 있었지만 큰 변화는 없다. 셋째, 3개 대학 출신자의 점유율은 1990년대에는 50%대였으나 2000년대 이후 40%대 중반으로 떨어져, 크진 않지만 점차 감소하는 경향을 보였다. 한국상장회사협의회가 발간한 《상장회사경영인명록》이 2012년 이후 발간되지 않아 그 이후의 상황을 정확하게 알 수 없지만, 이전의 경향으로 미루어 볼 때, 3개 대학의 비율이 좀 더 감소했을 것으로 추측된다.

[표 11-16]은 국내 코스닥상장법인 CEO의 3개 대학 출신자 비율과 그 변화를 나타낸 것으로, 2005년부터 2020년까지 16년 동안 국내 1,000여 개 중소기업 및 벤처기업 CEO의 출신대학 비율과 그 변화를 볼 수 있다. 이 표가 나타내는 주요 경향은 첫째, 대체로 서울대가 약 20%, 연세대가 약 10%, 고려대가 약 7%, 그리고 3개 대학이 약 36%의 비율을 차지하고 있다. 둘째, 이들 대학의 점유율 추이에서 지난 16년간 뚜렷한 증감의 경향성을 발견하기 어렵다. 약간의 기복이 있을지라도 3개 대학이 비슷한 점유율을 지속적으로 나타내고 있다. 중소기업 및 벤처기업의 상황이 대기업과는 어느 정도 다른 면을 보여 주는 것이라고 할 수 있겠다.

[표 11-17]은 국내 재벌그룹 최고경영자의 3개 대학 출신자의 점유 비율과 그 추이를 나타낸 것이다. 구체적인 조사대상과 그 규모가 다르지만 재벌그룹과 최고경영자를 대상으로 했다는 공통점이 있다. 이들 조사결과에서 볼 때, 조사 시기별 서울대 출신자의 비율이 42.8-40.3-30.6-19.6%로 감소해 왔음을 발견할 수 있다. 그리고 연세대가 11% 내외의 점유율을 나타내면서 비슷한 수준을 유지하고 있다. 고려대의 경우는 상당한 증가 경향을 보였다. 3개 대학을 합친 비율은, 2000년대 중반 이전의 자료에서는 65%이고 이후 자료에서는 60%로 다소 감소하였으나 여

[표 11-16] 국내 코스닥상장법인 CEO의 상위 3개 대학 출신자 점유율 및 추이[687]

발간연도	회사 수	CEO 수	서울대	연세대	고려대	3개 대학	비고
2005	877개	1,122명	20.9%	8.8%	6.8%	36.5%	
2006	931개	1,176명	19.8%	9.8%	8.0%	37.6%	
2007	981개	1,206명	19.3%	9.8%	6.8%	35.9%	
2008	1,029개	1,242명	19.6%	9.4%	8.4%	37.4%	
2009	1,016개	1,226명	19.4%	9.4%	8.2%	37.0%	
2010	1,003개	1,227명	20.5%	10.1%	7.4%	38.0%	
2011	1,024개	1,241명	20.5%	9.9%	6.9%	37.3%	
2012	1,013개	1,221명	20.3%	9.2%	8.0%	37.5%	
2013	992개	1,197명	19.8%	9.5%	7.2%	36.5%	
2014	1,005개	1,212명	19.8%	9.4%	7.2%	36.4%	
2015	1,064개	1,280명	20.1%	9.1%	6.5%	35.7%	
2016	1,064개	1,383명	20.1%	9.2%	8.0%	37.3%	
2017	1,219개	1,491명	18.4%	9.0%	7.1%	34.5%	
2018	1,269개	1,550명	19.4%	10.3%	7.0%	36.7%	
2019	1,331개	1,594명	19.6%	10.5%	6.9%	37.0%	
2020	1,409개	1,707명	19.0%	10.6%	6.9%	36.5%	
2021	1,496개	1,807명	18.9%	10.4%	6.5%	35.8%	

[표 11-17] 국내 재벌그룹 최고경영자의 상위 3개 대학 출신자 점유율 및 추이 (단위: 명, %)

조사기관	연도	조사대상	직위/인원	서울대	연세대	고려대	3개대
한국생산성본부[688]	1996	30대 그룹 564계열사	계열사 사장 /598명	256 (42.8)	71 (11.9)	62 (10.4)	389 (65.1)
한겨레[689]	2006	4대 그룹	사장급 이상 주요경영자 114명	46 (40.3)	14 (12.3)	15 (13.2)	75 (65.8)
jobsN[690]	2016	10대 그룹 88개 상장사	CEO/111명	34 (30.6)	11 (9.9)	22 (19.8)	67 (60.4)
Business Watch[691]	2020	자산 5조 원 이상 대기업	총수/51명	10 (19.6)	6 (11.8)	15 (29.4)	31 (60.8)

687 코스닥상장법인협의회(1999년 설립)가 2000년부터 발간해 온《코스닥상장법인 경영인명록》에 관한 연도별(www.kosdaqca.or.kr) 협회 보도자료와 신문기사를 근거로 작성하였다.

688 한국생산성본부가 발행하는《월간기업경영》은 공정거래위원회가 발표한 대규모 기업집단 30대 그룹 564개 계열사의 대표이사 598명의 프로필을 분석한 결과이다.《연합뉴스》(1996.4.1.), 〈30대 그룹 대표이사 중 10년 이상 장수자 31명〉.

689《한겨레》(2006.1.22.), 〈4대 그룹 경영진 지연·학연 편중 극심〉. 4대 그룹은 삼성, LG, 현대차, SK이며, 사장급 이상 주요 경영자 114명의 출신 지역과 학교를 분석하였다.

690 각 기업이 2016년 3월 말 금융감독원에 제출한 사업보고서를 기준으로 분석한 결과이며, 4위는 한양대 8명, 5위는 성균관대와 한국외대 5명 등이다.《jobsN》(2016.10.27.), 〈대기업 CEO 출신학교 전수조사해보니 1위 대학은?〉.

691《Business Watch》(2020.7.29.), 〈한눈에 보는 재벌총수 출신대학·전공〉.

[표 11-18] 국내 100대 기업 CEO의 서울대 출신자 비율 추이[692] (단위: %)

연도	1993	1995	1996	1997	1998	1999	2000	2001	2002	2003	2004	2005	2006	2007
비율	51.0	54.9	51.4	53.4	51.7	47.0	50.0	46.2	45.3	43.7	43.3	41.0	36.8	37.7
연도	2008	2009	2010	2011	2012	2013	2014	2015	2016	2017	2018	2019	2020	2021
비율	37.8	42.4	41.8	40.3	38.2	34.2	38.0	36.1	32.6	24.6	23.6	24.4	26.0	25.2

[표 11-19] 사회 주요 부문에 대한 주요 학벌의 점유율 변화[693]

사회 주요 부문	시기(연도)	서울대 출신자 비율	3개대 출신자 비율
정부 장·차관급	1997~2020	65.6→41.3	76.8→63.3
국회의원	1996~2020	39.5→21.0	58.9→37.3
5급 행정직 합격자	2007~2019(2021)	43.9→27.8(36.1)	76.9→59.3(64.7)
사법연수원생	2001~2017	41.6→23.6	71.7→43.6
로스쿨 입학자	2009~2019(2021)	25.1→16.6(16.8)	53.9→48.8(51.2)
100대 기업 CEO	1993~2021	51.0→25.2	69.0→55.6
코스닥상장법인 CEO	2005~2021	20.9→18.9	36.5→35.8
재벌그룹 CEO	1996~2020	42.8→19.6	65.1→60.8
검사 임용자	2012~2020	50.0→18.6	83.3→54.3
판사 임용자	2013~2019	55.0→36.3	81.0→65.0

* 3개대: 서울대, 고려대, 연세대.

전히 높은 점유율을 보이고 있다.

사회 주요 부문에 대한 주요 학벌의 점유율 현황과 그 변화추이를 검토하였다. 이 분석을 통해 주요 학벌들의 점유율이 여전히 큰 비중을 차지하고 있음을 확인하였다. 특히 서울대 학벌이 전 부문에 걸쳐 가장 큰 점유율을 나타냈으며, 고위직으로 갈수록 그 비율이 높았다. 강준만(2009)은 이러한 현상을 두고 "서울대 공화국"[694]이라 불렀고, 김상봉(2004)은 "서울대 학벌이야말로 한국사회의 실질적인 지배계급"[695]이라고 했다.

692 《월간 현대경영》(연도별)의 〈100대 기업 CEO 백서〉와 관련 언론 보도자료를 참조하여 작성하였다.
693 앞서 논의한 관련 본문 내용을 발췌하여 정리하였다. 그중 2001년 사법연수원생 현황은 《법률저널》(2002.3.20.), 〈(사법시험) 합격자 대학별 편중 완화〉를 참조하였다.
694 강준만(2009), 《입시전쟁 잔혹사》, 인물과사상사, 88쪽.
695 김상봉(2004), 《학벌사회》, 한길사, 29쪽.

그러나 이러한 점유율은 20여 년 전보다는 낮은 비율이며,[696] 주요 학벌들의 점유율이 점차 감소해 왔다는 점도 주목해야 한다. 느리지만 아주 점차적으로 변화해 왔음을 [표 11-18]과 [표 11-19]에서 다시 단적으로 확인할 수 있다.

4. 정부의 학력·학벌주의 변화정책의 유형과 성격

각 정부의 학력·학벌주의 변화정책은 학력·학벌주의에 대한 사회정치적 대응의 유형에서 어떤 위상과 성격을 가졌을까? '학력·학벌주의에 대한 지지-반대', '학력·학벌에 대한 접근 기회의 개인자유-국가사회통제'의 두 축을 교차시켜 구성된 이념적 유형화에 비추어 논의해 보기로 한다. 각 정부는 기본적으로 네 가지 유형을 모두 공통의 기반으로 삼을 수 있지만, 각 정부가 추진한 정책의 성격에 따라 이들 유형에 대해 상대적으로 서로 다른 비중의 성격을 갖는다고 본다.

문민정부 시기는 아직 학력·학벌 문제가 정부의 공식적인 의제로 부각되지 않은 때였다. 따라서 학력·학벌주의를 직접 겨냥하는 정책은 없었다. 그러나 이전부터 주요 사회적 관심사였던 대학입시제도 및 교육기회 등에 대한 문제를 넘어 현시대의 세계적 조류를 반영하는 전면적인 교육개혁안의 입안과 실행을 통해 학력·학벌 문제에 대응한 것으로 볼 수 있다. 이른바 5·31 교육개혁안은 이후 정부들이 시행한 교육개혁의 근간

696 1996년의 경우, 서울대 출신자들은 장관급의 66.7%, 차관급의 54.2%, 국회의원의 39.1%, 고등법원 부장판사 이상의 81.7%, 검사장급 이상의 80%, 10대 그룹 사장 이상의 48.8%, 임원진의 27%, 중앙언론사 편집(보도)국장의 78.9%, 부장급 이상의 33.7%를 점했다. 김덕한·이정민(1996), 〈52.2%를 서울대 인맥이 장악〉,《월간조선》(1996년 8월호), 572-585쪽.

이 되었다고 할 만큼 현시대를 대변하는 것이었고 이전과는 다른 개혁안이었다. 5·31 교육개혁안에서 본 문민정부의 학력·학벌주의에 대한 대응은 고교평준화제도의 수정, 대학설립준칙주의 등을 통한 학력산출체제의 다양화·자율화·특성화, 학력·학벌 접근 기회의 개방과 균등화, 직업교육체제의 확장 및 체계화, 평생교육체제의 구축 등 교육체제의 포괄적인 개혁을 통해 사회의 변화를 기대한 것이었다.

문민정부의 경우, 학력·학벌주의에 대해 공식적인 지지나 반대를 표명하지 않았다. 대선공약에서 평생교육체제 확장을 통해 능력과 자격증 위주의 사회풍토를 조성할 것과 지역 및 계층 간 교육기회의 균등화를 강조하였으며, 교육개혁안에서 총체적 접근의 교육개혁과 함께 의식개혁, 국가기술자격제도, 학벌중심 임금·고용 관행 개선 등을 강조하였으나 사회정책적 실천으로 이어지지는 못하였다. 학력·학벌주의에 대한 소극적 반대와 약한 학력사회주의를 시사한다. 문민정부 시기에는 학력보수주의의 토대가 강하게 작동하고 있었다. 정부의 주요 부문에 특정 학벌을 매우 편중되게 등용한 측면은 학력보수주의에 크게 의존한 것이라 할 수 있다. 그리고 교육개혁안을 통해 학습자중심 교육, 교육의 다양화·자율화 등을 크게 강조한 점은 학력·학벌에 대한 개인의 자유를 지지하는 입장을 나타낸 것이다. 그런 점에서 문민정부의 학력·학벌주의에 대한 변화정책은 학력자유주의와 학력보수주의의 성격이 강하며 학력사회주의에도 약하게 걸쳐 있는 성격을 띤다.

국민의 정부는 정부 차원에서는 처음으로 학력·학벌 문제를 공식적으로 제기하였으며, 학력·학벌 문제에 적극적인 관심을 기울였다. 지식기반사회의 도래에 적합한 교육체제 확립과 학벌주의에 대한 국민의식의 전환을 강조하였다. 대선공약에서는 학력·학벌 문제를 교육 부문 대공약 중 하나로 설정했다. 교과성적 외에도 특기와 적성을 중시하고 다양화된 대학입시제도를 통해 재능에 따라 학력 접근 기회를 부여하고, 고등학교 체제의 다양화 차원에서 자립형사립고를 시범 운영하는 등 공교육을 정상화하기 위한 정책들을 시행하였다. 그리고 BK21 사업 등 정부 재정지원사업은 관료화된 대학체제가 경쟁을 통해 사회발전을 견인할 역량을 갖도록 하고, 선택과 집중의 전략으로 고등교육 학력산출체제를 개혁하려는 것이었다.

국민의 정부는 정부 출범 초기부터 학력·학벌주의에 대한 반대입장의 문제의식을 가지고 이에 대한 개혁 의지를 표명했다. 학력·학벌주의에 대한 직접적인 개혁을 위해 신지식인운동을 전개하고, 교수임용 쿼터제를 도입하였으며, 정부가 주관하는 학벌문화 타파 운동을 처음으로 시도하였다. 제도개혁과 국민의식 개혁운동으로 학력·학벌에 의존하는 문화를 변화시키려 한 것이다. 학력·학벌 획득 기회에 대해서는 능력중심사회, 다양한 대입 전형방식, 3불정책, 대안학교 설립 근거 마련, 의학전문대학원 도입 등에 의한 교육의 공공성 강조와 함께 경쟁과 자율의 신자유주의 사상을 수용하였다. 국민의 정부는 학력자유주의와 학력사회주의적 성격 그리고 약한 학력급진주의를 공유하는 것으로 유형화해 볼 수 있을 것이다.

참여정부는 국민의 정부의 학력·학벌주의에 대한 정책을 계승하면서 좀 더 적극적으로 대응하고자 하였다. 이 시기는 학력·학벌 문제에 대한 사회적 관심과 논의가 가장 활발한 때였다. 지식기반사회의 시대적 요청과 중산층의 요구에 대응하여 고교평준화제도의 근간을 유지하면서도 고교체제의 다양화를 시도하고, 대안학교에 대한 법제를 보완하였으며, 전문대학원제도를 적극적으로 도입하는 등 학력산출체제의 변화를 추진하였다. 아울러 대학의 구조조정과 함께 대학을 특성화하려는 정책을 시행했다. 그리고 참여정부의 대표적인 사업으로 꼽히는 누리(NURI)사업을 통해, 학력·학벌주의와 중앙중심주의가 결합되어 지역 간 불균형을 심화시키는 가운데 악화되어 온 지방대학의 역량을 강화하려고 했다. 이들 교육정책은 학력·학벌주의의 변화를 주목적으로 한 정책은 아니지만 밀접하게 관련된 정책들이다.

참여정부는 학력·학벌주의에 대한 자체의 대책을 수립하여 범정부적 차원의 학력·학벌주의 개혁을 시도하는 등 학벌주의에 대해 좀 더 진전된 방식으로 대응하였다. 참여정부는 '학벌주의 극복을 위한 종합대책'을 구안하고 변화를 시도하였다. 이 종합대책은 정부 자체의 추진 역량 한계로 인하여 적극적으로 실현되지는 못하였지만, 학력·학벌 문제의 공론화를 좀 더 확장했고, 지역균형인재 선발제도 등을 통해 최소한으로나마 그 취지가 다음 정부로 이어졌다. 또한 학력·학벌 차별 해소 국정과제 설정, 공무원시험에서 학력 기재란 폐지 등을 시도하였다. 한편 참여정부는 신자유주의적 정책의 시행과 함께 교육복지를 확대하는 정책을 시행했다. 경쟁과 자율을 강조하면서도 소외층을 보호하고 이들의 기회를 보장하기 위한 정책을 함께 시행한 것이다. 따라서 학력주의의 유형으로 볼 때, 국민의 정부와 유사한 수준의 학력자유주의와 함께 약한 학력급진주의, 그리고 비교적 강한 학력사회주의적 성격의 유형에 배치해 볼 수 있을 것이다.

이명박 정부는 한국사회의 학력·학벌 문제에 대한 대책을 공식적으로 언급한 바 없다. 따라서 학력·학벌 문제를 겨냥하는 구체적인 교육정책이나 사회정책을 내놓지도 않았다. 대신 정부는 한국교육의 핵심 문제로 관치와 획일성을 들고, 경쟁과 자율의 교육체제를 통해 수월성을 추구하는 정책을 적극적으로 시행하였다. 이명박 정부는 이른바 신자유주의적 교육정책을 가장 적극적으로 채택하고 추진한 정부였다. 학교의 자율과 자치, 고교 다양화 300 프로젝트, 대학입시 3단계 자율화, 입학사정관제도 도입, 대학의 자율화, 전문대학원제도 운영 등을 통해 학력·학벌 추구의 교육을 비롯한 기존 교육의 문제에 접근하고자 한 것으로 볼 수 있겠다. 학력·학벌주의 문제와 관련된 정책들이 있었으나 학력·학벌주의는 다른 문제를 다루는 가운데 수반된 부차적인 문제로 다루어졌다.

이명박 정부는 학력·학벌주의 개혁에 대한 공식적 입장을 공표하지 않았으며, 신자유주의적 정책이념을 적극적으로 수용하였다는 점에서 상대적으로 학력보수주의적 성격이 강한 정부였다. 교육정책상으로 국가의 관여, 즉 관치를 변화의 주요 대상으로 지목함으로써 학력·학벌에 대한 접근 기회는 국가사회의 통제를 통해 관리하는 것이 아니라 개인의 자유경쟁에 맡겼다. 소외층의 교육복지에 대해서도 상당한 주의를 기울였으나 경쟁과 자율을 더 강조하는 신자유주의 교육정책을 적극적으로 추진하였다는 점에서 약한 학력사회주의와 함께 학력보수주의와 학력자유주의적 성격이 강한 유형으로 분류할 수 있겠다.

박근혜 정부는 이명박 정부와는 달리 학력·학벌주의 문제를 중요한 교육정책적 과제로 채택하여 관련 정책을 시행하였다. 대학입시 부담을 경감하기 위하여 대학입시제도를 간소화하고 소외층의 기회를 고려하는 정책을 시행하고자 하였다. 학력·학벌 추구의 주변적 경로인 실업고와 전문대학 등의 직업교육체제를 정비하는 데 관심을 기울였으며, 중앙중심의 사회에서 소외된 지방대학을 육성하기 위한 정책을 입안하였다. 박근혜 정부의 교육정책들은 비교적 전 정부에서 지나치게 강조되었거나 간과되었던 부분을 조정하고 보완하는 성격이 짙었다. 학력·학벌 추구의 교육현장을 제어하기 위한 「공교육 정상화 촉진 및 선행교육 규제에 관한 특별법」 제정, 소외되고 정체된 지역의 활성화와 지방대학 육성을 위한 「지방대학 및 지역균형인재 육성에 관한 법률」 제정, 국가직무능력표준(NCS)과 국가자격체계(NQF) 구축 시도 등이 있었다. 이들 법제를 통해 학력·학벌중시의 사회를 변화시키려는 정책적 노력은 그 자체에 한계를 내포하고 있을지라도 나름의 중요한 의미를 갖는다.

박근혜 정부는 '학벌 위주의 사회'를 변화의 대상으로 지목하였다는 점에서 학력·학벌주의에 반대하는 입장에 있다. 지방대학육성법 제정, 지역대학 출신자 채용할당제 도입, NCS 체제 구축, 그리고 대선공약상의 고교 무상교육과 반값등록금 과제 등은 학력사회주의적 성격을 나타내는 정책들이다. 그러나 신자유주의적 교육정책을 기초로 하였다는 점에서 학력·학벌주의 대한 소극적인 반대와 학력보수주의적 성격을 함께 가지고 있었다. 교육정책상으로 개인의 꿈과 끼, 소질과 능력 등을 강조하였고, 소외층의 기회 확대와 주변부 교육체제의 개선 및 활성화에 관심을 두면서 학력·학벌산출체제의 보완과 안정화에 역점을 두었다는 점에서 학력사회주의적 성격과 학력자유주의적 성격을 함께 나타냈다.

문재인 정부는 이전의 정부들이 주류의 정책으로 견지했던 신자유주의적 정책을 최소화하였다. 대신 교육 부문에 대한 국가의 책임을 강조하면서 정책적 관여를 확대했다. 사교육과 입시교육으로 공교육의 위기를 자극해 온 특권학교 폐지를 추진하였으며, 지역거점국립대학과 지역강소대학 등의 역량을 집중적으로 강화하고자 하였다. 이들 대학에는 경쟁의 방식보다는 연대와 협력을 염두에 둔 방식으로 지원을 크게 확대했다. 또한 공영형 사립대학 제도 도입을 시도했다. 이 제도는 현재의 한국 고등교육체제가 가진 국·사립대학 간 불균형 문제, 지역 간 불균형적 발전 문제, 대학서열화와 학력·학벌주의 문제 등에 대한 거시적이고 포괄적인 해결책을 함축하는 문재인 정부 고유의 정책이다. 이들 대학의 성장과 연대를 통해 학력·학벌주의와 같은 난제를 해결할 사회적·교육적 토대를 구축하고자 한 것이다. 이들 과제를 해결하려면 많은 시간과 재정, 사회적 동의 그리고 무엇보다도 정부의 집중적인 개혁 추진이 필요했다.

그러나 대학통합네트워크 구축을 국정과제에서 제외하는 등 학력·학벌주의 개혁 구상을 적극적으로 시행하지는 못했다.

문재인 정부는 특권학교 폐지 등 학력·학벌주의의 기반이 되는 학교 및 대학서열화를 완화하기 위한 제도를 구상하고 관련 과제들을 이행하려 했다는 점에서, 그리고 블라인드 채용방식 등 사회적 선발에서 학벌주의적 관행을 철폐하고자 하였다는 점에서 학력·학벌주의에 반대한 것이 분명하다. 학력·학벌에 대한 접근 기회를 배분하는 정책으로 공공성 강화, 즉 교육에 대한 국가의 책임을 기조로 하여 사회적 배려 대상자와 취약계층의 기회를 확대하는 한편, 대학교육의 균형발전과 연계체제를 위한 지역국립대학 육성, 지역강소대학 지원, 공영형 사립대학 제도 도입 등의 정책을 추진하였다는 점에서 학력자유주의 기반과 함께 상대적으로 강한 학력사회주의적 성격과 약한 학력급진주의적 성격을 공유하고 있다.

〈그림 11-1〉은 보수정부의 학력·학벌주의에 대한 정책적 대응 방식이 나타내는 사회정치적 성격을 대체적으로 유형화한 것이다. 먼저 학력·학

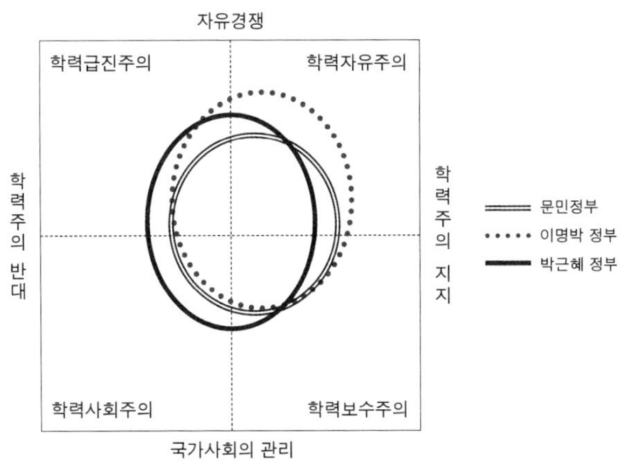

〈그림 11-1〉 보수정부의 학력·학벌주의 대응 유형

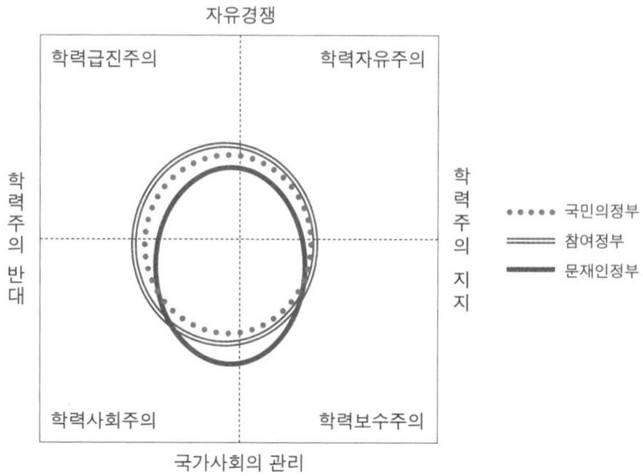

〈그림 11-2〉 진보정부의 학력·학벌주의 대응 유형

벌주의에 대한 지지-반대의 축에서 볼 때, 공식적 입장을 드러내지 않은 문민정부와 이명박 정부가 학력·학벌주의에 대한 지지의 방향으로 치우치며, 박근혜 정부는 소극적 반대의 위치에 배치된다.

그리고 〈그림 11-2〉는 진보정부의 대응 유형을 나타낸 것이다. 학력·학벌주의 개혁을 계획하고 추진했던 국민의 정부와 참여정부 그리고 문재인 정부는 반대쪽으로 치중된 위상을 갖는다. 학력·학벌주의에 대한 지지-반대입장의 정부별 상대적 위상은 참여정부〉국민의 정부〉문재인 정부〉박근혜 정부〉문민정부〉이명박 정부 순으로 배치해 볼 수 있다.

한편 학력·학벌에 대한 접근 기회의 '자유경쟁-국가사회관리'의 축으로 볼 때, 일단 현실적으로 모든 정부의 교육정책이 학력·학벌주의와 이에 대한 기존의 보수적인 제도의 기반 위에 존재한다는 점이 인정되어야 한다. 이명박 정부는 개인의 자유를 가장 강조한 경우이며, 문민정부는 교육개혁안을 통해 개인의 자유를 강조하였으나 민주화 시대의 초기 정부로서 상대적으로 정부 통제의 방식이 강했다고 볼 수 있다. 반면에 문재인 정부는 교육에 대한 국가의 책임을 강조한 점이 두드러진다. 나머지 세 정부는 모두 개인의 자유를 강조하면서도 기회의 편중을 막고 소외층의 기회를 넓히기 위한 정책을 고려하고 시행했다는 점에서 유사하다. 상대적 비중을 감안하면 참여정부≥국민의 정부>박근혜 정부 순이다. 전체적으로 볼 때, 이명박 정부, 문민정부, 박근혜 정부는 학력자유주의와 학력보수주의적 성격의 비중이 큰 유형에 속하며, 문재인 정부, 참여정부와 국민의 정부는 학력자유주의와 학력사회주의적 성격의 비중이 큰 유형에 속한다.

각 정부의 학력·학벌주의에 대한 대응방식은 학력보수주의의 전통적 기반 위에서 주로 학력자유주의와 학력사회주의적 정책들로 변화를 시도한 복합적 성격을 띠고 있다. 학력급진주의적 대안들은 최소한으로만 수용되었다. 대안적 개혁론들의 일부 핵심 아이디어가 정부의 여건과 필요에 따라 변형되어 정부 정책에 반영되었다. 현재의 안정을 헤치지 않고, 그래서 기득권자들의 반발을 최소화하는 범위에서 시도할 수 있는 학력자유주의적 정책과 학력사회주의적 정책들을 주로 선택한 것이다. 능력의 개념을 확장하면서 개인의 자질과 재능의 개발을 중요시하였으며, 경쟁을 통한 성취를 장려하는 한편, 학벌에 의한 사회적 편중성을 억제하는 제도를 시행하고 출발점 조건이 취약한 집단의 기회를 보정하려는 대책들로 대응했다. 학력산출체제의 다양화, 자율화, 특성화를 통해 학교 및 대학의 교육체제를 변화시키면서 서열체제를 완화하고자 하였다. 그리고 공공부문을 중심으로 학력·학벌에 의존하는 입직 방식 개선을 강조하는 등 학력자유주의의 기조하에 학력사회주의적 성격의 보완적 대응 방식들이 주로 채택된 것이다. 이러한 정부의 개혁 시도는 그다지 성공적이지 못했다. 구조의 변화를 노리는 소수 정책도 있었지만 학력·학벌주의의 장벽을 허무는 데까지 이르지 못했고 그 효과도 크지 않았다. 국민의 정부와 참여정부가 초기에 비교적 적극적으로 변화를 시도하였으나 한계가 있었으며, 후임 정부들에 제대로 이어지지도 않았다. 오랫동안 구조화되어 온 체제를 자유주의 정부에 의존하여 단기간에 획기적으로 변화시킨다는 것 자체가 무리한 기대일 수 있다.

제 12 장

혁신적 제도에 대한 재음미

학력·학벌주의에 대한 정부의 관심과 개혁정책에도 불구하고, 우리 사회에는 여전히 학력·학벌에 의한 문제와 모순이 건재하고 있음을 확인했다. 학력·학벌주의의 불평등성과 중앙의 구심력에 의해 형성된 우리 사회의 분열 구조는 학력·학벌 접근 기회의 양극화, 학력·학벌산출체제의 서열화, 명문학벌의 요직 독점, 지역대학과 지역사회의 위기 등으로 나타났다. 민주화 시대의 정부들도 이 문제와 모순을 해소하는 데 성공하지 못했다. 달리 말하자면, 여러 개혁론이 있었지만, 정부와 국민에게 제대로 받아들여지지 않았고 부분적으로 받아들여진 경우도 있으나 그것만으로는 온전하게 위력을 발휘하지 못한 상태라고 봐야 한다.

개혁론들이 정부와 국민에게 받아들여지지 않은 데는 그럴 만한 이유가 있을 것이다. 개혁에 관한 논의와 실천이 여러 수준의 정치적 수렴과정을 통해 이루어진다는 측면에서 볼 때, 그 개혁을 추진할 주체들로부터 개혁론의 철학이 공감을 얻지 못했거나 여러 조건과 여건상 주체들의 역량이 부족했던 반면, 학력·학벌사회 기득권자들의 반발과 저항은 컸기 때문이라고 할 수 있겠다. 작게는 그 개혁론들이 널리 알려지지 못한 탓도 있을 것이다.

개혁론들은 대개 번뜩이는 아이디어, 독자적인 사상과 철학 그리고 현실성을 담고 있다. 채택하여 시행해 볼 만한 가치가 충분한 논의들이 있다. 언젠가 적합한 시기를 만나 우리 사회의 학력·학벌 문제와 교육문제를 해소하는 중요한 계기가 되기를 기대한다. 여기서는 아직 시행되지 못했거나 부분적으로 시도된 개혁론들 중 사회적으로나 교육적으로 의미 있는 몇 가지 제도들을 다시 살펴보려고 한다. 이를테면 학교교육체제 혁신을 위한 제도로서 교사별 평가제-교육이력철 제도-경로별 학생선발 제도, 그리고 대학체제 및 사회변화를 위한 제도로서 대학통합네트워크-지역균형인재 선발제도-학력·학벌차별금지법 등이다.

1. 학교교육체제 혁신을 위한 제도

'교사별 평가제-교육이력철 제도-경로별 학생선발제도'[697]는 일련의 세트로 운용될 수 있는 학교교육체제 혁신을 위한 제도들이다. 이 제도들은 참여정부 1기 교육혁신위원회가 구상한 것이다. 제안자들은 이들 제도가 학력·학벌사회의 모순적 학교교육체제를 혁신할 견인차가 될 것으로 기대했다. 학교(교사)에 명실상부한 주체로서의 권한과 책임을 함께 부여하고 전문적 자율성을 발휘하게 함으로써, 학교와 교사의 교육력을 회복하고, 나아가 공교육의 정상화로 나아갈 수 있게 하려 했다. 이들 제도는 학력·학벌사회를 직접 공략하는 것이 아니라 교육의 본래적 모습을 회복하는 공교육의 정상화를 통해 학력·학벌 문제를 완화·해소하려는 것이다.

가. 교사별 평가제

교사별 평가는 현재 주류의 평가방식인 교과별 평가의 대안적 평가방

697 이들 제도에 관하여 김민남·손종현(2006),《한국교육론: 지양과 지향》, 경북대학교출판부; 김민남·손종현·김부태(2004), 〈학교교육체제 혁신을 위한 교육이력철 도입·활용방안 연구〉, 교육인적자원부; 김민남·손종현·백정하(2004), 〈참여정부의 교육혁신 방향 연구〉, 교육혁신위원회; 김민남·손종현(2004), 〈학교의 교육력 제고방안 연구〉, 교육혁신위원회 등을 참조하였다. 주요 내용을 발췌하고 요약하면서 약간의 진술을 부가하였다.

식이다. 이 평가방식은 정책연구로 검토되기도 했고 관심을 가진 개별 교사들에 의해 실험적으로 시행되어 왔다. 기존의 교과별 평가는 학년 혹은 교과 단위로 공동계획과 공동 출제를 통해 공동 평가가 이루어지는 방식이다. 교과별 평가는 수업 진행의 보조를 유지하고 행정적 처리 과정을 효율화하는 장점이 있지만, 다음과 같은 심각한 문제점이 있다.

첫째, 교과별 평가는 '수준 높은 수업 활동'을 하려는 교사의 코스웍 기획을 방해하고, 제한된 틀 내에서 교과서와 참고서 중심의 수업에 안주하게 하는 기제가 된다.

둘째, 교과별 평가는 교사들의 창의적인 수업과 다양한 평가방식을 차단한다.

셋째, 교과별 평가는 여러 비교육적 상황을 야기한다. 성적을 잘 받게 하는 교사의 수업 선호, 경쟁상황에 따른 음성적 문제 유출, 창의적 문항 개발 억제 등의 문제가 있다.

반면에 교사별 평가는 개별 교사가 자신의 방식으로 수업을 기획·수행하고 자신의 방식으로 평가하며 그 수업에 대해 책임지는 교사 자율의 평가방식이다. 교사의 자율성은 코스웍 기획, 수업활동, 평가계획·내용·기준 등을 자신이 실천하는 교육행위에서 전문성을 발휘하는 데 대한 자율성이다. 이 전문적 자율성은 그 계획과 내용과 기준을 공개하고 책임을 진다는 의미를 함께 수반하는 것이다. 교사별 평가는 교사에게 교육행위의 목적을 가지게 하고, 교육의 목적과 평가의 목적을 일치시키며, 교사가 갖추어야 할 전문성을 온전히 실현하도록 합리적으로 강제한다. 교사별 평가는 평가권을 교사가 가짐으로써 교사를 명실상부하게 교육 주체로 세우는 중요한 기제가 되는 것이다. 교사별 평가제를 통해 다음과 같은 결과를 얻을 것으로 기대된다.

첫째, 교사별 평가는 교사 자신이 정하는 교육목표에 이르게 하고, 자신만의 다양한 코스웍 개발을 촉진할 수 있다. 이에 따라 창의적인 교사들에게 수업 방법을 혁신할 수 있는 길을 열어 주고, 다양한 교육과정 편성과 재구성 등의 성과를 산출해 내도록 한다.

둘째, 교사별 평가는 교과목의 성격에 따라 다양한 평가방식을 가능하게 하며, 교사로 하여금 학생평가의 전문성을 신장하도록 이끌 것이다.

셋째, 교사별 평가의 평가 기준, 평가 절차, 평가 결과 공개는 평가의 객관성, 신뢰성, 공정성과 윤리성을 확보하게 해 줄 것이다.

넷째, 교사별 평가는 평가의 국면에서 학생에 대한 개별평가와 개별지도를 가능하게 한다. 학생의 특수한 재능, 관심, 의욕, 태도를 발견할 수 있고, 피드백과 지도의 기회를 포착함으로써 학력 신장에 대한 교사의 전문성 고민과 행위를 제도화할 수 있게 한다.

요컨대, 교사별 평가는 교사로 하여금 교육적 가치를 생산하도록 긴장하게 만드는 장치이다. 교사별 평가는 평가를 통해 교육의 질을 통제하는 방식에서 학교의 교육기획과 교사의 코스웍 기획을 통해 교육의 질을 통제하는 방식으로 전환하게 만든다. 이 새로운 통제방식은 교육 기획의 전문성에 대한 교사들의 사회적 책무성을 강화하는 장치로 기능하여, 교육기획력이 합리적으로 강제되는 학교교육체제를 정착시키게 된다. 나아가 교육이력철 제도와 함께 새 대입제도를 정착시키는 기반이 될 것이다.

제안자들은 이 새로운 평가방식을 시행함으로써 초래하게 될 교사들의 부담과, 자녀의 성공에 노심초사하는 학부모들의 근심을 잘 이해하고 있다. 필수적인 조건과 여건을 갖추어야 한다는 점과 함께, 무엇보다도

교육의 현장성을 회복하려는 교사들의 '정신적 기개'가 가장 중요하다는 점을 거듭 강조하였다.

나. 교육이력철 제도

1) 교육이력철이란 무엇인가?

의사가 환자의 진료사항을 기록하고, 법관이 재판과정과 심의사항들을 기록하듯, 교사가 자신의 교육활동에 관해 기록하는 것은 필수적인 전문성 행위이다. 교육이력철은 학교와 교사가 학생 교육을 위해 기획·실행한 교육의 전 과정을 누가(累加) 기록한 것이며, 학교와 교사가 학생지도와 학생의 학습에 대해 기획하고 실천한 교육 전문성 발휘의 기록이다. 교사가 관련 프로그램을 개 발하고 활용하는 활동, 그리고 교사의 지도 활동에 반응하고 도전하는 학생들의 학습활동 과정과 성과를 기록한 것이다.

교육이력철은 교육의 과정에서 교사가 자신이 설정한 목적과 계획에 견주어 학생의 태도, 관심, 의욕, 수업 성취상의 특성 등을 기록하는 평가 기제이기도 하다. 교육이력철은 교사의 지도 이력과 학생의 학습 이력을 기록한 일련의 종합적 내부 평가 기록이다. 교육이력철 기록 활동은 학생들의 자기개발 과정과 성과에 대해 진단하고, 피드백하고, 컨설팅하는 교사의 전문성 행위이다. 교육이력철은 교사의 전문성 행위를 통해 학생들을 목표로 이끄는, 그래서 진로지도를 가능하게 하는 시스템으로도 기능할 수 있는 것이다.

교육이력철은 또한 교육공급자가 교육수요자에게 공교육의 책임을 다했다는 것을 변호하는 기록이다. 학교와 교사가 학부모, 학생, 대학, 기업에 대해, 그리고 교육목표와 교육의 과정에 대해 학교교육을 변호하는 기록이다.

교육이력철은 일제강점기 이후 성적·석차 시스템에 의한 반교육적 상황을 발생·유지해 온 핵심 기제로서의 학교생활기록부를 대체하는 것이며,

학교교육체제의 혁신을 위한 제도적 장치로 구안된 것이다(〈표 12-1〉 참조).

2) 교육이력철은 왜 필요한가?

현 학교교육체제의 문제상황을 혁신하기 위한 제도적 장치로서 교육이력철이 필요하다. 한국사회에는 학력·학벌 추구의 반교육적 상황이 만연해 있으며, 학교(교사)가 무기력 상태에 빠져 있다. 우리의 학교교육을 문제상황으로 이끈 주된 원인은 '성적·석차 시스템'에 있다. 성적·석차 시스템을 구성하는 핵심 기제는 수능시험으로 대변되는 전국단위 입시제도와 학교생활기록부에 의한 내신제도이다. 현행 국가 단위 수능시험, 학교 단위의 중간·기말고사 시험 등의 획일적 평가는 지식기반사회와 미래사회형 학교교육체제에 적합하지 않으며 폐기되어야 한다. 이들 평가는 결과에 치중되어 있고 학생 개개인의 다양성을 충분히 반영하지 못한다. 학교생활기록부도 자율성과 다양성이 살아 있어야 할 학교교육 활동의 의미를 단순화된 평가척도, 객관화된 기준(성적·석차), 공정한 관리 정도로 축소시킨다. 이것은 성적·석차 중심으로 교육과정 운영을 파행으로 이끄는 엔진 역할을 하고 있으며, 체계적인 사람 골라내기의 기제가 되므로 새로운 평가방식이 요구되고 있다.

또한 새로운 교육체제와 이를 견인할 제도적 장치로서 교육이력철이 필요하다. 지식정보화시대에 적합하고, 학교교육을 정상화할 새로운 교육시스템으로 전환해야 한다. 학교교육 정상화는 시대적 과제이자 역사적 요청이다. 대학입시 준비교육으로부터 교육과정을 완성하는 교육으로 전환해야 한다. 교육과정을 정상 운영함으로써 교육과정 목표에 따른 교육활동의 기획과 실천의 전문성이 살아나고 극대화되어야 한다. 학교교육의 정상화를 위해 교육력 경쟁시스템으로의 전환이 필요하다. 학생 개인 간 성적경쟁 시스템에서 교사 간·학교 간 교육력 경쟁시스템으로 전환해야 한다. 개인의 차이, 재능, 진로 탐색, 전문직업적 역량, 삶의 자부심이라는 교육 가치에 대한 인식에 바탕을 두고 재능 발견, 진로 탐색, 수월성 추구를 제도적 목표로 삼는 초·중등 교육체제를 확립해야 한다.

대학교육체제에도 교육력 경쟁시스템으로 이끌 제도적 장치로서 교육이력철이 필요하다. 대학이 학생들의 다양한 교육적 경험을 평가하여 전공 목적에 맞는 학생을 발굴할 수 있는 제도적 장치의 개발이 요청된다. 직업세계를 이끌 전문적 역량을 갖춘 인재를 양성하는 교육 기관별, 전공 단위별 인재 발굴의 차별화 전략을 교육제도의 근간으로 만들어야 한다. 이렇게 하는 것은 '선발-과정-졸업'을 책임지는, 교육적 선발을 학생 선발의 원리로 삼아야 하는 대학의 사회적 책무성이다.

학생의 진로 설계, 교사의 전문성 발휘, 대학의 전공 목적에 맞는 인재 발굴 등을 가능하게 하는 시스템의 발명이 절실히 요청되고 있다. 교육이력철 시스템이 학교에 교육활동의 전문성을 신장시키고, 학교가 교육적 가치를 산출하도록 만드는 제도적 기틀이 되며, 학생들에게는 자기 삶을 설계하고 자신의 재능을 실현하면서 살게 하는 매개체가 될 수 있다.

3) 교육이력철은 어떻게 구성되는가?

교육이력철에는 학교의 성격에 따른 특수한 교육활동, 즉 다음의 세 가지를 기록한다. 교사의 코스웍 기획, 교과별 성적에 대한 정량평가 및 정성평가, 교과 관련 기반 독서 이력과 진로지도 이력 등을 기록한다.

기록의 구체적인 방법은 교과에 따라, 교사에 따라 다양해질 수밖에 없으므로 교사의 자율에 맡긴다. 정형화된 기록방식은 없다. 정형화가 기록을 형식화하고, 교육이력철의 정신을 형해화할 것이기 때문이다. 교육이력철의 진전된 형식과 내용을 교육현장 중심으로 개발할 필요가 있다.

교육이력철의 기록은 단계적·점진적 도입을 실행할 수 있는 모형과 그 기록 내용 및 방법을 예시한다(〈표 12-1〉 참조).

4) 교육이력철은 어떻게 운용되는가?

• 교육이력철의 기록은 전문적 자율성을 발휘하는 교사에 의해 이루어져야 한다. 교사가 '교육목표 설정-적합한 교육내용 편성-창의적 수업 활동-타당한 평가' 등 교육의 과정을 기획하는 전문성의 눈으로 진단하고, 관찰하고, 발견하고, 지도하고, 기록한다.
• 교사별 평가가 수반되어야 한다. 교육이력철은 교사별 평가를 통해 기록된다. 교사별 평가의 내용과 결과가 교육이력철 기록의 중요한 부분을 구성한다. 교사별 평가는 교육이력철 제도를 실질적으로 성립시키는 제도이다.
• 학교의 내외부에 사회적 평가체제를 구축하여, 교사의 전문적 자율권(교재구성권과 학생평가권)이 다시 사회적 평가를 받게 함으로써 교사의 교육 전문성 발휘에 대해 사회적 공인의 과정을 거치게 한다.
• 교사에 대한 사회적 평가는 교사가 기록한 교육이력철을 구체적 평가대상으로 하고, 그 결과를 공개·개방하며, 교사 연수와 컨설팅을 위한 목적으로 이루어지게 한다. 교사의 권한과 책임을 분명하게 함으로써 사회제도로서의 합리성을 확보하고, 학교(교사)의 전문성 발휘와 교육력 제고를 견인케 한다.

5) 교육이력철은 어떤 쓰임새를 갖는가?

교육이력철은 학교와 교사의 교육력을 회복하는 장치가 된다. 교육이력철의 기반이 될 교사별 평가를 통해 교육과정을 편성하고 학생을 평가하는 권한을 학교와 교사에게 되돌려 준다. 이 권한은 엄중한 책임이 따르는 전문적 교육기획력을 발휘해야 하는 학교와 교사가 가져야 할 권한이다. 이 권한과 책임의 실천으로 학력·학벌 추구의 교육을 중등교육과 분리시킬 수 있다. 이 권한과 책임은 교육이력철의 기록을 통해 학교와 교사의 전문성 발휘로 이어지게 한다.

교육이력철의 기록은 학교 수업 정상화, 교육의 과정에 대한 기획력을 강화하는 기제가 된다. 학교 수업의 기획을 통해 교육목표와 교육내용에 따른 다양한 교육활동을 이끌어 낼 것이다. 탐구하고 발견하고 안목을 형성하는 교육적 가치를 산출하는 교육적 관계를 형성하고, 재능(진로 탐색)을 찾아내게 한다.

교육이력철은 대학 학생선발의 주요 전형자료가 된다. 교육이력철에 기록된 교사의 전문성 활동을 조회하여 대학이 학생을 선발하는 객관적 전형자료로 사용할 수 있다. 대학이 전공 목적에 맞는 학생을 발굴하게 만드는 매개체가 된다. 성적·석차 위주의 대학선발방식을 대체하는, 재능과 적성의 종류에 따른 '경로별 입시제도'를 정착되게 하는 토대가 될 것이다.

교육이력철은 또한 학교와 교사에 대한 사회적 평가의 주요 객관적 자료가 된다. 교육이력철은 학교가 스스로 사회, 대학, 학부모에게 학교를 평가해 달라고 내놓는 자료이다. 학교와 교사의 교육기획력과 교육이력철 기록의 전문성 정도가 평가대상이 된다. 사회적 평가를 통해 학교에 엄중한 책임을 요구할 수 있다. 사회적 평가는 전문성 컨설팅을 가능하게 하는 기제가 되고 이를 통해 학교와 교사의 교육활동 전문성이 조정되고 향상될 수 있다. 이 평가는 교육을 공적 관심사로 유지하고, 교사의 전문성 발휘를 끌어내는 문화적 압력으로 작용할 것이다. 이런 점에서 기존의 학교(교사)평가와는 다르다.

6) 교육이력철제도 도입의 기본요건과 난점은 무엇인가?

• 학교와 교사가 전문적 자율성을 발휘할 수 있는 충분조건으로서 교

육과정 편성권과 학생평가권을 가져야 한다.

- 교사별 평가가 함께 시행되어야 한다.
- 학교와 교사의 교육 전문성에 대한 사회적 평가체제를 구축해야 한다.
- 교육이력철을 읽고 학생을 발굴하는 전문적 선발체제(입학사정관제)를 갖추어야 한다.
- 교육 당국이 조건 정비와 여건 정비에 정책적으로 집중해야 한다.
- 국가 수준의 요건으로 교육과정과 교과서의 현대화, 학교체제, 평가제도, 대학입시제도 등의 제도가 개혁되어야 하고 현실 여건이 조성되어야 한다.
- 교육이력철제도 도입 시 예상되는 난점은 다음과 같은 것이다.
  - 기록되는 평가 요소들의 신뢰성을 뒷받침할 인적·물적·문화적 인프라가 부족하다.
  - 교육이력철을 쓸 수 있는 학교 여건이 충분하지 않다(획일성 등).
  - 교사와 학부모의 준비가 부족하다(종래 시스템의 관성 등).
  - 대학 측의 반발도 예상된다(전문적 선발체제에 인적·재정적 투입 등).
  - 이중적 난관이 있다: 성적·석차 시스템이 지배하는 현실과, 수월성과 공공성을 대립적 개념으로 오해하는 인식을 바로잡고 코스웍 기획에 의한 교육 통제를 이루어야 한다.

7) 도입 초기에 어떻게 시작할 수 있을까?

- 교육의 기본이 되면서 단기간에 사회문화적 인프라 구축이 가능한 요소로부터 시작한다.(독서지도, 진로지도 이력의 기록을 가능하게 하는 방식으로 학교체제를 구성한다.)
- 가능한 한 단순하게 기록할 수 있는 모형과 지표를 개발한다.
- 잡무 경감으로 교사가 전문적 활동에 집중할 수 있는 최소한의 조건

을 마련한다.

- 대학이 기본전형자료로 활용할 수 있도록 충실하게 기록하도록 격려한다.
- 모든 조건이 갖추어졌을 때 제도가 도입될 수 있는 것은 아니다. 사람이 먼저이고 조건과 여건은 부차적인 문제이다. 현장 교사들의 정신적 기개가 우선적으로 중요하다.

[표 12-1] 학교생활기록부와 교육이력철의 기록방식 비교

구분	학교생활기록부	교육이력철
성격	• 학습 결과 기록(수행평가는 과정 평가) -결과 위주, 점수 위주 기록 • 과목별 성취도와 석차 기록 • 중간고사 및 기말고사의 총괄평가 실시 • 학생선별을 위한 성적·석차 매기기 • 획일적 평가 -학생평가 자율성의 형식화	• 학교가 기획한 교육활동에 대한 기록 • 교과 지도의 과정과 결과에 대한 기록 • 교육목표에 따른 다양한 평가 방법 활용 -진단평가 및 형성평가, 총괄평가 • 교사별 학생평가권 보장 및 교사의 교육기획력 제고
내용	• 교과목별 단위수, 성취도, 석차/재적수 • 성취도 절대평가 방식의 평어(수우미양가)로 환산 • 인적사항·학적사항·출결사항·신체발달상황·수상경력·자격증및인증취득상황·진로지도상황·창의적재량활동·체험활동상황·교과학습발달상황·행동특성 및 종합의견	• 교과지도의 과정과 결과에 대한 정량평가 및 정성평가 기록 -정량기록: 원점수/과목 평균 (표준편차, 석차 등급/이수자 수) -정성기록: 정량기록을 보완하는 흥미·태도·의욕·성취과정상에 발견되는 특징 등 기록 • 독서 이력 및 진로지도 이력 추가
기록자/시점	• 담임교사가 기록 • 학기말에 기록 • 학년말에 한번 기록 • 학생에게 공개	• 학교, 담임교사, 교과담당 교사가 기록 • 단원별 기획 시, 교육사태 발생 시 평가지표(체크리스트)에 따른 수시 기록 • 학기말과 학년말에 종합적 교육이력 기록 • 학생 및 학부모에게 공개 의무화
기록방법	• 평어와 석차 기록 • 정량적 기록 -학생의 세부능력 및 특기사항 기록 권장 • 교과별 평가계획 및 평가기준에 의한 평가 • 성취도는 평어로 기록(절대평가) • 교과별 전체인원 석차(상대평가) • 세부능력과 특기사항 기록 의무화 아님	• 원점수와 석차 9등급 제시 • 정량기록과 정성기록 • 상대평가로 등급산정-성적 부풀리기 방지 • 교사별 전체이수자 석차 등급 기록 (동일 점수는 중간치 석차 기록) • 세부능력 및 특기사항 의무적으로 기록

[표 12-2] 교육이력철 기록양식의 예시

□ 교육이력철 1단계 모형

<table>
<tr><th>학생 성명</th><th></th><th>등급별 빈도 분포</th></tr>
<tr><td>교과목명</td><td></td><td rowspan="4"></td></tr>
<tr><td>지도교사 성명</td><td></td></tr>
<tr><td>성적 등급(5~9등급)</td><td></td></tr>
<tr><td>학습과정상의 성과물</td><td></td></tr>
<tr><td>교과 이력</td><td colspan="2"></td></tr>
<tr><td>독서 이력</td><td colspan="2"></td></tr>
<tr><td>진로지도 이력</td><td colspan="2"></td></tr>
</table>

□ 교육이력철 2단계 모형

<table>
<tr><th>학생 성명</th><th></th><th>교과목명</th><th colspan="2"></th><th>지도교사 성명</th><th></th></tr>
<tr><td colspan="3">종합점수(학점)</td><td colspan="4">태도 평가(등급)</td></tr>
<tr><td colspan="3">점수대별 빈도 분포도
(구간 10 또는 등급별)
평균, 표준편차, 석차/평가대상 학생 수</td><td colspan="4">점수대별 빈도 분포도
(구간 10 또는 등급별)
평균, 표준편차, 석차/평가대상 학생 수</td></tr>
<tr><td>교사 서술</td><td colspan="6">개인적 특성
과정 평가 및 태도 평가에서의 주요한 요소 서술
중요한 성과에 대한 서술</td></tr>
<tr><td>기록물</td><td colspan="6">학습 과정상의 중요한 성과
예시: 과제물 포트폴리오, 에세이, 작품</td></tr>
<tr><td rowspan="6">성취평가
(점수)</td><td>일시</td><td>평가내용</td><td>배점</td><td>평가점수</td><td colspan="2" rowspan="6">점수대별 빈도 분포
(구간 10 또는 등급별), 평균, 표준편차, 석차/평가대상 학생 수
점수대별 빈도</td></tr>
<tr><td></td><td></td><td></td><td></td></tr>
<tr><td></td><td></td><td></td><td></td></tr>
<tr><td></td><td></td><td></td><td></td></tr>
<tr><td></td><td></td><td></td><td></td></tr>
<tr><td></td><td></td><td></td><td></td></tr>
<tr><td rowspan="7">태도평가
(등급)</td><td>평가요소</td><td colspan="5">평가내용</td></tr>
<tr><td>소집단 내 역할</td><td colspan="5">리더, 조력자, 참여자, 방관자, 방해자</td></tr>
<tr><td>노력 정도</td><td colspan="5">적극적/소극적</td></tr>
<tr><td>기타</td><td colspan="5"></td></tr>
<tr><td>결석</td><td colspan="5"></td></tr>
<tr><td>지각</td><td colspan="5"></td></tr>
<tr><td>조퇴</td><td colspan="5"></td></tr>
</table>

[표 12-3] 대학에 제출하는 교과이력 양식

<table>
<tr><th>학생 성명</th><th></th><th>교과목명</th><th></th><th>지도교사 성명</th><th></th></tr>
<tr><td colspan="3">종합점수(학점)</td><td colspan="3">태도 평가(등급)</td></tr>
<tr><td colspan="3">점수대별 빈도 분포도
(구간 10 또는 등급별)
평균, 표준편차, 석차/평가대상 학생 수</td><td colspan="3">점수대별 빈도 분포도
(구간 10 또는 등급별)
평균, 표준편차, 석차/평가대상 학생 수</td></tr>
<tr><td>교사 서술</td><td colspan="5">개인적 특성
과정 평가 및 태도 평가에서의 주요한 요소 서술
중요한 성과에 대한 서술</td></tr>
<tr><td>기록물</td><td colspan="5">학습 과정상의 중요한 성과
예시: 과제물 포트폴리오, 에세이, 작품</td></tr>
</table>

다. 경로별 학생선발제도

1) 경로별 선발제도란 어떤 것인가?

경로별 선발은 성적·석차가 아니라 재능·능력의 분류에 따라 설정한 경로별로 학생을 선발하는 방식이다. 학생들의 관심, 적성, 소질에 따른 공부 이력, 즉 경로에 따라 대학에 진학하게 하려는 대학의 학생선발방식이다. 이 경로별 선발방식은 고교교육 경험의 경로와 대학의 전공 경로 사이를 잇는 매개로서 계통성을 갖게 하는 의미를 갖는다.

2) 경로별 선발제도의 목적은 무엇인가?

경로별 선발제도의 목적은 ① 학교 간 성격 차이를 강화하고, ② 경쟁을 완화하여 생산적 경쟁의 길을 터 주며, ③ 공교육의 목적에 충실한 교육체제를 구축하는 것이다. 학교교육의 내실화가 아니라 학교교육 정상화를 목적으로 내걸고 이를 구현할 수 있도록 명확하게 제도로 제시하는 방식이 경로별 선발제도이다.

3) 경로별 선발의 유형에는 어떤 것이 있는가?

〈표 12-4〉에서 볼 수 있듯이, 경로별 선발제도는 학생의 재능과 조건에 따라 지원할 수 있는 5개의 경로로 구성된다. 대입전형 사정에서 경로별 선발은 점수로 분류하는 선발이 아니라 지원자의 교육이력과 실력의 종류로 분류하는 선발이다. 경로는 곧 입시전형 절차상 1차적으로 지원학생을 분류해서 걸러 내는 장치로 활용되며, 그가 대학전공의 경로에 비추어 적격한지를 심사하는 기제가 된다.

4) 경로별 선발제도는 어떤 특징과 의의가 있는가?

- 경로별 선발은 불필요한 대학입시 경쟁을 완화하고, 고등학교 자체의 성격을 그 유형대로 교육활동을 수행케 하자는 데 의의를 둔다. 현재 존재하는 학교 형태를 인정하면서 설립목적에 충실한 완성형 교육을 지향하게 한다.
- 교육의 공공성의 연장선상에서 자기 경험의 역사성에 충실한 인재를 사회가 제도적으로 배출하고 이를 인정하는 경로를 마련하려는 것이며, 이는 곧 경력자에게 더 높은 전문적 역량을 쌓을 수 있는 평생교육의 기회를 부여하는 방식이다.
- 경로별 선발제도는 좋은 대학에 들어가기 위한 준비로부터 분리시키는 단서이다. 이 제도를 통해 대학입시에 종속된 학교교육을 그 예속에서 독립시키려 한다. 독립시킨다는 것은 초·중등교육이 대학입시 준비교육으로 전락해 버리는 모순을 깬다는 것이다.
- 경로별 선발제도는 교육이력철을 주요 전형자료로 하는 선발제도이다. 학교와 교사에게 교육기획 권한을 부여하여 그 전문성을 발휘해 기록하게 하고 그 기록(교육이력철)을 대학이 전형자료로 사용함으로써 초·중등교육을 대학입시와 분리할 수 있으며, 교육과정 완성의

[표 12-4] 경로별 학생선발 유형과 내용

경로유형	전형대상/자료	내용
경로1	경로명	일반계고의 교육완성도에 따른 선발경로
	전형대상	모든 고교교육 이수자
	기본 전형자료	교육이력철
	비고	• 일반고의 교육과정 운영과 대학교육 간을 연계하는 방향으로 유도 • 심화선택 과정→교사 및 국가시험에 의한 평가→대학 전공 계열 • 최고수준의 고등교육을 받을 수 있는 아이들에게 집중하는 일반고체제의 발전 유도
경로2	경로명	학교의 특수목적성을 살리고 동일계 계통을 이어 주는 선발경로
	전형대상	직능지향 직업학교(특목고 포함) 계열, 영재학교 계열, 특수 재능 계열, 취업자 또는 취업 경력자 계열 등
	기본 전형자료	교육이력철, 특수 재능·능력을 판가름할 수 있는 자료
	비고	고교의 특수 목적 교육 혹은 현장의 특수경력을 대학에서 계속 살릴 기회 보장
경로3	경로명	대학전공의 특수성을 명료하게 표명한 기준에 따른 선발경로
	전형대상	대학의 특정 전공분야의 특수한 기준에 적합한 학생
	기본 전형자료	교육이력철, 전공별 특수한 전형자료
	비고	• 다양한 교육적 경험과 특장을 발굴해 내는 선발기준과 선발과정 공개 • 특수한 인력 양성을 목표로 하는 대학 및 학과의 선발
경로4	경로명	사회적 보충·보상을 마땅히 받아야 하는 학생 선발경로
	전형대상	국가유공자(직업군인 포함) 등의 자녀, 국가기능보유자 자녀, 장애우, 소년소녀가장, 농어촌학생, 특수 직능개발자 등
	기본 전형자료	교육이력철, 대학별 전공별 보조 전형자료
	비고	교육기회가 충분하지 않았다고 판단되는 소외층에 대한 사회적 보충
경로5	경로명	'교육과정완성도 평가'(학력고사)에 따른 선발경로
	전형대상	경로1~4에서 선발되지 못한 학생, 재수생, 검정고시 출신 학생 등
	기본 전형자료	학력고사, '교육과정완성도' 시험
	비고	• 경로1~4에 의해 대부분 학생선발, 경로5는 보조적 선발 도구로 활용 • 전국 혹은 지역별 학력고사로 선발, 하루에 끝나는 지필고사 지양

교육을 지향할 수 있다.

- 경로별 선발은 고등학교에서 공부한 것과 대학에서 공부한 것의 연계·계통을 매개하는 선발방식으로, 고등학교에서 교육받은 결과를 가지고 대학진학을 결정하려는 것이다. 학생의 심화 선택과 대학전공 공부 간의 연계와 계통성을 강화한다. 고등학교 및 대학의 교육 목표를 견고하게 하는 일에 무게중심을 두는 대입제도이다.
- 동일계 전형 경로의 제도화는 전문계고와 특수목적고 등의 학교가 설립목적에 충실한 목적형 교육과정을 강화하도록 하는 방식으로 기능하게 하고, 학생에게는 진로 탐색과 인생 설계를 위해 경로별 진로의 안정적 전망을 부여할 것이다. 즉 특성화 학교의 특수한 재능 혹은 특수한 직능을 살리는 전형방식이다.
- 교육복지와 사회통합적 차원에서 소외층을 배려하는 적극적 의지를 담고 있다. 삶의 조건 때문에 교육 기회를 제대로 갖지 못한 소외계층에게 교육기회를 부여하기 위한 통로를 제도화한다.

'교사별 평가제-교육이력철 제도-경로별 선발제도'는 학교교육체제 혁신안의 핵심 제도로, 학력·학벌 추구의 대학입시 준비교육에 얽매인 초·중등교육을 교육과정의 완성을 지향하는 공교육 정상화로 이끌 수 있는 기제로 구안되었다. 이 제도들과 함께 전문 입학사정체제와 교육과정 완성도 평가 같은 기구와 기제들이 마련되고 함께 체계로 작동할 수 있어야 할 것이다. 우리 사회의 문화적 인프라 구축과 함께 중·장기적 교육체제 혁신을 위해 이들 제도의 도입이 이루어지기를 기대해 본다.

2. 대학체제 및 사회 변화를 위한 제도

대학통합네트워크, 지역균형인재 선발제도, 학력·학벌(출신학교) 차별 금지법 등은 서열화된 대학체제 혁신, 중앙중심주의와 학벌주의에 의한 사회적 불평등 개선, 학력·학벌에 의한 차별 근절을 위해 제기된 제도적 장치들이다.

가. 대학통합네트워크

1) 대학통합네트워크란 무엇인가?

대학통합네트워크는 대학들을 네트워크로 결합하여 학생 공동 선발, 각 대학의 자율적 수업, 공동학위제 등을 운영하고, 학생 및 교수의 네트워크 내 이동을 가능하게 함으로써 대학서열로부터 자유로운 대학체제를 구축하려는 대학체제 개혁방안이자 학벌주의 개혁방안이다. 일찍이 장회익 등(2001)이 「대학 간 협력을 통한 국립대학교 학사과정 개방화 방안」을 제안하였다. 정진상(2004)은 관련 방안의 주요 논지를 비판적으로 반영하여 진전시킨 저서 『국립대 통합네트워크: 입시지옥과 학벌사회를 넘어』를 출간했다. 정진상에 따르면, '국립대 통합네트워크'는 2000년대 초반에 제기된 대학평준화론을 하나의 구체적인 정책대안으로 만든 것이다. 이하에서는 그의 주장과 제안을 중심으로 주요 내용을 살펴보기로 한다.

2) 왜 대학통합네트워크인가?

정진상은 학벌주의를 타파하기 위한 대안적 장치로 '국립대 통합네트워크'를 제안하였다. 그의 논의에 따르면, 학벌주의는 사회의 모든 영역에서 사람들을 지배하는 이데올로기가 되어 있기 때문에, 학벌주의 그 자체를 공략해서 타파할 수는 없다. 학벌주의는 학벌이라는 사회적 실체에 물질적 토대를 두는 지배이데올로기이다. 학벌을 타파하지 않는 한, 우리는 학벌주의에서 벗어날 수 없다. 학벌을 타파하는 가장 빠르고 확실한 방법은 학벌을 생산하는 대학서열체제를 없애는 것이다.

대학서열체제는 대학들이 서열화를 통해 하나의 체계적 구조를 이루는 현실을 지칭하는 것이다. 대학수학능력시험과 같은 전국단위 국가시험 점수에 의해 획일적으로 위계화되어 있고 가변성이 크지 않다는 특징이 있다. 대학서열체제는 학벌과 학벌주의를 낳고 학벌주의가 다시 대학서열체제를 재생산한다. 대학서열체제는 서울대를 정점으로 하는 피라미드형 대학간판 서열, 전문직 일자리가 보장되는 학문서열 등으로 나타난다. 대학서열체제가 초기에 국가의 개입, 즉 국립대(특히 서울대)에 대한 교육정책적 지원, 수도권 대학 증설 억제, 국가의 입시관리, 수도권에 집중된 경제구조 등에 의해 형성되었지만, 서열체제가 고착화된 후에는 학벌주의가 초기 원인과는 전혀 다른 압도적인 힘으로 작용하고 있다. 초기 원인 제거로는 문제해결이 불가능하게 된 것이다.

대학서열체제는 학벌주의를 재생산하는 결정적인 기제이자 한국교육의 총체적 모순을 야기하는 엔진이다. 이 대학서열체제를 혁파할 수 있는 대학평준화의 구체적인 제도적 장치가 대학통합네트워크이다.

3) 대학통합네트워크는 어떻게 구성하는가?

대학통합네트워크는 대학평준화론에 의거하여 구상된 것이다. 대학평준화라는 용어는 김경근(1999)의 대학입시제도 개혁론, 김상봉(2004)의 학벌사회 개혁론 등에서 사용된 용어이다. 평준화의 의미가 서로 다른데, 정진상은 평준화에 대해 대학의 입학생 수준과 물질적 조건을 평준화한다는 의미로 사용하였다. 그가 제안한 '국립대 통합네트워크'는 명칭 그

대로 모든 대학이 아니라 먼저 국립대를 대상으로 삼았다. 국립대학은 지역에 비교적 균형 있게 분포되어 있고, 교육여건이 상대적으로 양호하며, 교육여건에 차이가 작기 때문이다. 그는 국립대 통합네트워크를 구성하기 위한 원칙으로, 교육의 공공성 강화, 대학입시제도와 대학 제도의 근본적인 변화, 국민 다수의 동의와 저항의 최소화 지점에서 실현 가능한 개혁방안을 운동의 관점에서 제시하고자 하였다. 서울대를 포함하여 기존 국립대를 하나의 통합네트워크로 구성하며, 대학의 공교육체제로의 전환 원칙에 따라 일정 수준의 사립대도 네트워크에 포함시킨다. 우선 학벌체제의 정점에 있는 서울대를 학부생을 선발하지 않는 대학원대학으로 만들고, 국립대 통합네트워크 속에서 기능하게 하며, 통합네트워크 내에서 학생 공동 선발과 공동학위 수여 등이 이루어지게 함으로써 대학 서열체제를 해체하고 결과적으로 학벌주의를 타파하여 공교육을 강화한다는 것이다.

4) 국립대 통합네트워크는 어떻게 운영하는가?

국립대 통합네트워크는 다양한 방식으로 운영할 수 있을 것이다. 정진상이 제안한 운영 방식을 요약해 보면 다음과 같다.

- 국립대 통합네트워크에서는 우선 지역국립대를 현재의 거점대학 중심으로 학구별로 통합하고 몇 개의 캠퍼스를 조직한다. 행정조직과 생활권을 고려하여 조직하되 모집단위는 전국으로 하고 학구별로 자율적으로 운영하게 한다.
- 학부 과정 4년 중 1기 과정(2년)은 인문사회계열과 자연계열을 두고 기초교양과정을 학습하며, 2기 과정(2년)은 학부제로 운영하도록 한다. 두 과정을 이수한 학생에게는 전공이 표시된 국립대학 학사학위

를 수여하고 대학원 진학 자격을 부여한다.

• 대학원은 일반대학원과 전문대학원으로 구분하되, 일반대학원은 학구별로 특성화를 유도한다. 서울대는 대학원대학으로 하며, 서울대 대학원 입학 시 국립대 통합네트워크 출신자에게 우선권을 부여한다. 학구 내 교수들의 컨소시엄을 구성하거나 교수 교환제도를 시행한다.

• 전문직을 위한 학부과정(의·치대, 약대, 한의대, 사범대, 법과대 등)은 폐지하고 이 과정들을 전문대학원에 설치한다. 전문대학원은 지역인재 등용 제도와 연계하여 학구별로 인구비율에 따라 입학정원을 조정한다(2~4년).

• 대학입학제도는 다음과 같이 운영한다.

  - 신입생 선발 단위는 전체 국립대 네트워크의 총 정원으로 한다. 졸업정원의 150%를 선발하여 입학은 쉽고 졸업은 어렵게 한다.
  - 대학입학 계열은 인문사회계열과 자연계열로만 나눈다.
  - 고교 내신성적과 계열별 대학입학 자격시험을 통해 대학입학 자격을 부여한다.
  - 계열별 대학입학 정원 중 30%는 별도의 대학입학 자격시험을 통해 자격을 부여한다.
  - 현행 수능시험을 폐지하고 대학입학 자격시험으로 대체한다. 이 시험으로 합격 여부만 결정하는데, 교사들이 평가 주체가 된다.
  - 대학입학 자격을 획득한 학생에게는 1, 2, 3지망으로 캠퍼스를 배정하고, 정원 초과 시 추첨으로 배정한다.
  - 학부 2기 과정은 1기 과정 이수자 중 무시험 서류전형으로 선발하며, 50% 내에서 타 캠퍼스 출신자를 우선 선발한다.

• 대학원 입학제도는 다음과 같이 운영한다.

  - 일반대학원은 학부과정 성적을 중심으로 하는 서류전형으로 신입

생을 선발한다.

- 일반대학원 입학은 다른 캠퍼스 출신 학생에게 50%의 범위 내에서 우선권을 부여한다.
- 일반대학원의 전공학과에 최대한 자율적인 신입생 선발권을 부여한다.
- 전문대학원은 학부 과정 성적으로 50%, 별도의 선발시험으로 50%를 선발한다.
- 전문대학원 입학은 지역균형인재 등용제도의 취지에 맞게 동일 학구 출신(80%)에게 우선권을 부여한다.

• 국립대 통합네트워크를 통해 신입생 공동선발, 각 캠퍼스 자체의 강의 개발, 공동학위 수여 등이 이루어지며, 각 캠퍼스의 자율성을 최대한 허용한다.

• 동일한 국립대 학위를 수여하며, 졸업장이 아닌 성적표가 사회적 평가의 기준이 되게 학점 실명제, 상대평가 방식을 적용한다.

• 통합네트워크 내의 대학 간 학점 이수를 개방하되 이수 성적 기준은 제한한다.

• 서울대 학부 과정도 학부 2기 과정을 중심으로 강의를 개설하고 개방한다.

• 강의계획서 공개 및 강의평가제, 상대평가제, 낙제제도 등을 도입하고 수학 연한과 성적 기준 등에 관한 학사관리를 엄격하게 한다.

• 학업의 수월성을 추구할 수 있도록 교과목을 수준별로 편성하고, 성적표에 표기한다.

• 등록금은 단계적으로 인하하여 무상화한다.

• 학생 통합선발을 제외한 모든 학사과정을 각 캠퍼스가 자율적으로 운영할 수 있게 한다.

• 사립학교법을 개정하여 교육의 공공성 실현에 참여하도록 한다.
• 학문 분야별 교수채용위원회를 구성하고 동일 대학원 출신자 채용을 제한하는 등 교수임용제도를 개선하고 교수교환제도를 확충한다.
• 부대적 제도 개혁
  - 지역균형인재 등용제도와 고시제도 개혁을 위한 전문대학원제도를 도입한다.
  - 사립학교제도의 개혁을 통해 비민주적 독선 구조를 변화시키고 공익이사제를 도입한다.
  - 대학교육의 공교육화를 위해 조세제도를 개혁한다.

정진상은 학벌사회 개혁을 가로막는 주요 상황, 즉 사회 전 부문에 대한 서울대 학벌의 권력 독점, 교육학 권력의 전횡과 교육행정체제의 모순, 학부모의 현실적 한계, 노동시장의 구조적 압력 등에 대해 논의하면서, 우리 교육의 주요 모순이 교실에서 형성되는 교사-학생 간 핵심적인 교육적 관계 그리고 교육체제가 여러 차원에서 자율성을 갖지 못한 채 외부의 힘에 종속되는 데 있다고 보았다. 이 총체적 모순 해결의 열쇠가 대학서열체제를 혁파하는 것이며, 그 대안이 국립대 통합네트워크라고 주장하였다.

대학통합네트워크 방안의 핵심 내용 중 국공립대 공동학위제 등은 정당들에도 받아들여져, 2003년 민주노동당의 주요 교육정책으로 채택되었고, 2004년 제17대 총선과 2007년 대선에서는 민주노동당의 공약으로 채택되었다. 제18대 대선에서는 민주통합당 문재인 후보의 공약으로도 채택된 바 있다. 이 제도에 대해 여러 방향으로 도입이 모색되고 있다.

나. 지역균형인재 선발제도

1) 지역균형인재 선발제도란?

지역균형인재[698] 선발제도는 지방학교 졸업자 등 지역의 인재가 각종 사회적 선발에서 불리하거나 차별의 관행이 구조화된 문제상황을 시정하기 위하여, 대학의 학생 선발이나 공직자 선발 등에서 지역인재에게 일정한 보상적 기회를 부여하는 일종의 적극적 평등실현 조치이다. 산업화 시대를 거치면서 중앙과 지역 간에 심각한 불균형이 초래되었고, 지역은 학력·학벌사회의 척박한 외지로 전락했다. 이 제도는 지역과 지역대학의 인재에게 상응하는 보충의 기회를 부여함으로써 지역인재와 지방학교를 육성하고 지역의 균형적 발전을 기하려는 제도이다. 현재 몇 가지 제도가 시행되고 있으며, 계속 발전시킬 필요가 있는 제도이다.

2) 지역균형인재 선발제도 도입의 배경은 무엇인가?

1960년대부터 시작된 국가의 계획적 경제개발 정책이 수도권 개발에 치중되면서 지역의 발전이 정체되었고 지역 간 격차가 심화되었다. 정치, 경제, 문화, 인재 등 모든 영역의 자원과 투자가 중앙으로 집중되었다. 인적·물적 자원이 수도권에 집중되고 지역의 상황이 악화되면서 중앙과 지방 간의 전면적인 불균형이 초래되었고, 마침내 경제와 인구의 절반 이상이 수도권에 집중될 만큼 편중이 심각해졌다. 이제 정부의 각종 정책으로도 제어하기 힘든 지경에 이르렀다.

경제적·사회문화적 인프라의 수도권 편중은 지역인재가 지역을 떠나게 하는 구조로 작용했다. 지역인재의 수도권으로의 유출이 지속 심화되

---

698 지역균형인재라는 용어는 법률 제12337호(2014.1.28.)로 제정하고 2014년 7월 29일부터 시행된 「지방대학 및 지역균형인재 육성에 관한 법률」 제1장 총칙 제2조(정의) 2항에서, 지방대학의 학생 또는 지방대학을 졸업한 사람을 의미한다고 규정하고 있다.

었다. 중앙을 향한 교육 이주는 이미 한국인의 중요한 삶의 패턴이 되었고, 전국단위 교육질서체계가 빚어 낸 현장성의 위기를 보여 주는 것이기도 하다. 이른바 명문학벌과 좋은 일자리 기회가 수도권에 집중됨으로써 지역의 인재들이 대학진학이나 취업을 위해 근거지를 떠날 수밖에 없는 상황이 지속되어 온 것이다. 지역인재에게는 일자리라는 객관적 조건의 불리함 외에도 특히 중앙중심주의와 학력·학벌주의가 결합되어 차별의 구조로 작용하고 있다. 국가사회적으로는 지역의 불균형 발전과 지역대학의 침체라는 문제를 완화·해소해야 하며, 지역인재들에게는 사회적으로 불리한 조건과 차별적 상황을 시정할 적극적인 조치가 절실하게 필요한 상황이다.

지역균형인재 선발제도는 이러한 사회적 배경과 함께, 적극적 평등실현 조치와 대표관료제를 그 이론적 배경으로 하는 제도이다. 적극적 평등실현 조치(Affirmative Action)는 다양한 집단으로 구성된 미국에서 시작된 것으로, 여성이나 흑인 등 특정 소수집단에 대한 차별을 시정하고 보상하기 위해 시행되어 온 조치이다. 이를테면 한국사회의 지역민을 하나의 약자 집단으로 고려하여 그들의 불이익과 차별을 시정하려는 조치 혹은 제도화의 이론적 모델로서 고려할 수 있다는 것이다. 대표관료제(representative bureaucracy)는 사회가 다양한 집단으로 구성되어 있음을 고려하여, 각 집단이 자체의 대표성을 확보할 수 있도록 공직을 배분하려는 방식이다. 지역민이 해당 지역을 근거로 하는 하나의 집단으로 공직의 일정부분에 진출할 수 있게 함으로써 사회적 효율성과 민주화를 진전시킨다는 것이다.

3) 지역균형인재 선발제도로 어떤 것이 시행되고 있나?

현재 시행되고 있는 지역균형인재 선발제도로는 참여정부 시기인

2005년에 도입한 '지역인재추천채용제'와 2007년부터 시행해 온 '지방인재채용목표제'가 있다. 이 외에도 박근혜 정부가 제정하여 2014년부터 시행해 온 「지방대학 및 지역균형인재 육성에 관한 법률」이 있다. 이들 제도에 관해서는 앞의 해당 정부의 정책 관련 논의에서 그 의미와 당시 운영현황을 서술하였으나, 여기서 다시 거론하는 것은 이 제도가 더 발전적으로 운용되기를 바라기 때문 때문이다. 각 제도의 의미와 최근까지의 운용 상황을 살펴본다.

지방인재채용목표제는 초기에는 중견 공직자를 선발하는 5급 공무원 공채시험과 외교관 후보자 시험 합격자 가운데 지방대학 출신자가 합격 예정 인원의 20%에 미치지 못할 경우, 해당 인원만큼 지방인재를 추가 합격시키는 제도였다. 그러나 무조건 지방인재를 20% 선발하는 것이 아니라 최종 합격선의 -2점 안에서 추가 선발했다. 그리고 선발 인원이 10명 이상인 모집단위 부문의 1차 시험에 20%를 적용하고, 2차 시험부터는 합격 예정 인원의 5% 이내로 추가 합격자 수를 제한했다.

2014년 이후 5급 공채 및 외교관 후보자 선발방식에 다소 변화가 있었다. 그리고 2015년부터는 7급 공무원 공채시험에도 지방인재채용목표제를 확대 적용하였다. 5급 및 7급 공채와 외교관 후보자 선발시험 모두 지방인재채용목표제의 취지, 적용 방법, 10명 이상인 모집단위에 적용하는 점 등은 동일하나, 채용 목표 인원과 추가합격 상한에서 차이가 있다. 지방인재 채용 목표 인원의 경우 5급 및 외교관 후보자 공채는 전과 같이 합격 예정 인원의 20%이고, 7급 공채는 30%이다. 추가합격 상한은 5급 및 외교관 후보자 공채가 당초 합격 예정 인원의 5%에서 10%로 확대되었고, 7급 공채는 5%이다. 모두 1차 시험에서는 추가합격 상한이 없으며, 지방인재 채용 목표 인원에 미달할 경우 하한 성적(1차 시험 합격선 -3점, 2차 시험 합격선 -2점) 이상의 요건을 충족하는 지방인재 중 성적순으로 추가 합격자를 결정한다.

인사혁신처의 발표 자료에 따르면, 지방인재채용목표제 시행 첫해인 2007년부터 2015년까지 5급 공채 및 외교관 후보자 시험에서 지방인재 합격자 현황은 이 기간 전체 선발 인원 2,351명 중 174명으로 7.4%에 불과했다.[699] 근래의 최종 합격자 발표에는 지방인재 합격자 수를 공개하지 않아 정확한 비율을 알 수 없지만, 공개된 추가 합격자 수로 볼 때, 2020년도 국가공무원 5급 공채 행정직 1차 시험 합격자 1,677명 중 45명(2.7%), 2차 시험 합격자 325명 중 6명(1.8%), 최종합격자 264명 중 9명(3.4%)이 지방인재채용목표제 적용으로 추가 합격했다. 2020년도 외교관 후보자의 경우는 1차 합격자 345명 중 4명(1.2%), 2차 합격자 60명 중 1명(1.7%), 최종합격자 51명 중 1명(2.0%)이 지방인재채용목표제에 의해 추가 합격했다.[700] 2021년 5급 공채에서는 3명이 최종 추가합격했다.[701] 최종합격자 321명 중 추가합격자는 0.9%에 불과했다.

이들 선발 결과에 대해서는 바라보는 시선에 따라 다를 수도 있겠지만, 지방인재채용목표제가 매우 소극적으로 운용되고 있는 것으로 판단된다. 지역균형인재 선발제도의 취지와는 크게 동떨어진 것이다. 최근까지도 이 제도가 규정하는 지방인재 선발 '목표 인원'(20%)에 훨씬 못 미치는 부진한 선발 결과[702]는 일정부분 정밀하게 설계된 선발지침의 제한 규정에 의한 것이라고 본다. 현실적 상황으로 볼 때, 한시적으로 운영되는

699 인사혁신처(2016.11.1.), 〈지방인재채용목표제 2021년까지 연장〉(보도자료).

700 《법률저널》(2020.6.15.), 〈5급 공채, 외교관후보자 제1차 2484명 첫 관문 통과〉; 《법률저널》(2020.10.29.), 〈외교관후보자 2차 60명 합격, 선발예정인원 1.3배수〉; 《법률저널》(2020.11.29.), 〈5급 공채 2차 417명 합격…행정 325명, 기술 92명〉; 《법률저널》(2020.11.29.), 〈외교관후보자 51명 최종 합격…최연소 만21세〉; 《Newsis》(2020.12.29.). 〈국가직 5급 공채 335명 최종 합격…여성 36.1%, 평균 26.7세〉.

701 인사혁신처(2021.11.17.), 〈국가공무원 5급 공채 최종합격자 발표〉(보도자료).

702 특히 5급 공채의 경우 최근 5년간에도 지방인재의 평균 합격률은 8.3%로 목표인원(20%)에 크게 미달하는 실정이다. 《법률저널》(2020.10.16.), 〈지역인재추천채용제 인기?…매년 선발 인원 확대〉.

이 제도를 지방인재가 목표 인원에 도달할 때까지 운영하겠다는 당국자의 공표는 한낱 허언에 불과한 듯하다.

지역인재추천채용제는 대학 총장 등 교육기관장의 추천-주관기관의 서류전형, 필기시험(PAST 등), 면접시험-수습 근무(6개월~1년)-직무평가 및 면접을 거쳐 공무원으로 임용하는 제도이다. 이 제도의 취지는 지역인재의 공직 진출을 확대하여 공직의 지역 대표성을 강화하고 지역 간 균형발전의 취지를 실현하려는 것이다. 이 제도는 또한 공직 충원경로를 다양화하고, 교육과정을 충실히 이수한 자를 선발함으로써 학교 및 대학교육의 정상화에 기여하려는 취지로 도입·시행하게 된 제도이다.[703] 2005년에 처음으로 시행한 이후 매년 1회 시행한다. 이 제도의 선발 과정을 거쳐 2009년까지는 6급, 2010년부터 7급, 2012년부터는 7급과 9급 공무원을 임용하고 있다. 지역인재추천채용제는 서울을 포함하여 지역별로 일정 인원의 비율(7급 10%, 9급 20% 이내)로 제한하여 선발한다.

5급과 7급 공직자를 선발하는 '지방인재채용목표제'와 달리, 7급과 9급의 하위직 공무원을 선발하는 '지역인재추천채용제'는 선발 인원과 응시대상을 계속 확대해 왔다. 제도 시행 초기인 2005~2011년까지는 6·7급 선발에 대학 졸업(예정)자만 대상이 되었으나, 2010년 이후 6급 선발이 폐지되고 2012년부터 9급 선발이 도입되면서 특성화고와 마이스터고 등 고등학교 졸업(예정)자가 9급에 지원할 수 있게 되었고, 2014년부터는 전문대학 졸업(예정)자도 9급에 지원할 수 있게 했다. 이 제도를 통해 선발된 6·7급 및 9급 수습직원의 연도별 선발 인원 현황은 〈표 12-5〉와 같다.

〈표 12-5〉에서 볼 때, 전체적으로 매년 선발 인원수가 증가해 왔다.

---

703 중앙인사위원회(2005. 12.). 〈2006 지역인재추천채용제 운영 매뉴얼〉, 1쪽.

[표 12-5] 연도별 지역인재추천채용제 선발 인원 현황(2005~2021)[704] (단위: 명)

연도	2005~2011	2012	2013	2014	2015	2016	2017	2018	2019	2020	2021	계
(6)7급	(380)	80	90	100	105	110	120	130	140	145	160	1,560
9급	-	104	119	140	150	159	170	180	210	245	320	1,797
계	380	184	209	240	255	269	290	310	350	390	480	3,357

[표 12-6] 지역별 지역인재추천채용제 선발인원 누계 현황(2005~2020)[705] (단위: 명)

지역	서울	경기	인천	강원	경남	경북	광주	대구	대전	부산	세종	울산	전남	전북	제주	충남	충북	계
7급	121	124	86	103	95	103	88	84	72	125	10	28	48	104	37	100	72	1,400
9급	193	244	126	22	54	80	88	57	58	83	2	21	106	88	8	76	71	1,377
계	314	368	212	125	149	183	176	141	130	208	12	49	154	192	45	176	143	2,777

특히 9급 공무원 선발인원 증가 규모가 더 큰데, 2012~2021년 사이 10년간의 변화로 볼 때 약 3배 증가했다. 7급의 경우도 꾸준히 증가하여 같은 기간에 2배 증가했다. 이 제도의 시행 기간에 6·7급이 1,560명, 9급이 1,797명 선발되어 전체적으로 3,357명이 공무원으로 선발되었다.

〈표 12-6〉은 2005~2020년 동안 지역별 지역인재추천채용제 선발 인원 누계 현황이다. 이 현황에서 수도권(서울, 경기, 인천)과 비수도권 간의 비율을 비교해 보면, 7급의 경우 수도권이 331명(23.6%)이고 그 외 지역이 1,069명(76.4%)으로 비수도권 비중이 훨씬 더 높게 나타났다. 9급은 수도권이 563명으로 40.9%, 비수도권이 814명 59.1%였다. 이 비율은 5급 공채의 경우 수도권지역 출신자가 90% 이상 점유하는 것과 분명한 대비를 이룬다. 이것은 지역인재추천채용제가 서울을 포함한 모든 지역에 지

704 《법률저널》(2020.10.16.), 앞의 기사.
 * 2021년도 선발예정 인원을 포함하여 재구성하였음.
 * 2005-2011년 기간에는 9급 선발이 없었으며, 이 기간의 6·7급 총 선발인원은 380명임.
705 《법률저널》(2020.10.16.), 앞의 기사. 2020년의 선발인원을 추가하여 재구성하였다.

역별로 일정 비율의 쿼터(7급 10%, 9급 20% 이내)를 정하여 선발하도록 한 제도적 장치 때문이다. 결과적으로 이 제도가 인재 선발의 지역 균형 취지를 잘 반영한 결과라고 할 수 있겠다.

인사혁신처가 발표한 '2021년도 국가공무원 공개경쟁채용시험 계획 공고'에 따르면, 2021년도 국가공무원 선발예정 인원은 7급이 780명, 9급이 5,322명이다. 지역인재추천채용제의 2021년도 선발예정 인원인 7급 160명, 9급 320명과 비교하면, 선발경로가 다르므로 합친 총인원에서 지역인재추천채용제 7급 선발 인원의 비중[160/(780+160)]은 약 17%에 해당하며, 9급의 비중[320/(5,322+320)]은 약 5.7%를 차지한다. 이 제도가 특별채용의 한 가지 방식으로 어느 정도 정착되고 있는 것으로 판단되며, 특히 9급의 경우는 앞으로 더욱더 확대될 가능성이 커 보인다. 그리고 지금까지의 추세와 비중으로 보면 지역인재추천채용제의 선발 인원은 7급과 9급 모두 확대될 수 있고, 그렇게 추진될 필요가 있다고 본다.

「지방대학 및 지역균형인재 육성에 관한 법률」은 2014년 7월 29일부터 시행한 법률로, 약칭 '지방대육성법'이라고도 한다. 이 법률은 제1조에 명시하고 있듯이, 지방대학 및 지역균형인재 육성 및 지원에 관한 사항을 규정함으로써 지방대학의 경쟁력 강화와 지역 간 균형발전에 기여할 목적으로 제정된 법률이다.

이 법률의 제12조는 국가 및 지방자치단체가 신규 임용하는 공무원 중 지역인재 혹은 관할 구역의 지역인재가 일정 비율 이상 의무적으로 확보될 수 있도록 할 것을 규정하고 있다. 지방인재채용목표제에 관련된 조항이다. 지역균형인재 선발제도의 세부 사항은 「균형인사지침」에서 다룬다.

지방대육성법의 제13조(공공기관 등의 채용 확대 등)와 제15조(대학의 입학 기회 확대)는 당초 관련 내용을 '권고사항'으로 규정했다. 이를테면, 제13조에는 「공공기관의 운영에 관한 법률」에 따른 공공기관과 상시 근로자의 수가 300인 이상인 기업은 신규 채용 인원의 일정 비율(35%) 이상을 지역인재로 채용하도록 '*노력하여야 한다*'.[706] 그리고 제15조에도 지역인재에 대한 대학입학 기회의 확대에 관하여, 지방대학의 장은 의과대학, 한의과대학, 치과대학, 약학대학, 간호대학 등의 입학자 중 해당 지역 고교 졸업(예정)자의 수가 전체 입학 인원의 30%(강원권과 제주권은 15%) 이상이 되도록 '*노력해야*' 하고, 이와 함께 지방의 법학전문대학원, 의학전문대학원, 치의학전문대학원 및 한의학전문대학원 입학자에 대해서도 해당 지역의 지방대학 졸업(예정)자가 일정 비율(20%, 강원권과 제주권은 10%) 이상이 되도록 '*노력해야 한다*'고 규정하였다.[707]

이 제13조와 제15조의 규정은 '권고'조항이어서 그동안 강제성을 띨 수 없는 상황이었다. 그래서 해당 공공기관, 기업, 대학들이 이 규정을 잘 지키지 않았다.[708] 이에 대한 문제 제기와 국회의원들의 입법 발의, 정부의 관련법 및 시행령 개정 등을 통해 권고조항의 '의무조항화'가 추진되었다. 먼저 국토교통부가 2017년 「혁신도시 건설 및 지원에 관한 특별법」 시행령을 개정하여 지방 이전 공공기관의 지역인재채용목표제를 도입하면서 지역인재 채용 의무화가 시작되었다.[709] 의무화는 5년에 걸쳐

---

706 일정 비율(35%)에 대해서는 「지방대학 및 지역균형인재 육성에 관한 법률 시행령」 제9조 ②항에 명시되어 있다.

707 당초 이 비율은 대통령령으로 정하게 되어 있는데, 지방대학의 경우는 권역별로 30%이며, 강원권과 제주권은 15%이다. 전문대학원의 경우는 권역별 20%이며, 강원권과 제주권은 10%로 규정되었다(법률 제15조의 별표).

708 2017년 국정감사에서 교육부가 조승래 의원에게 제출한 351개 공공기관의 지역인재 채용 실적 분석 결과, 30인 이상 신규채용 공공기관 중 16개 기관이 지역인재 채용 권고 비율(35%)에 미달했다. 이 중 12개 기관은 2018년에도 미달이었다. 《한국매일》(2018.10.11.), 〈공공기관 지방인재 채용은 말로만 하는 주둥아리 서비스?〉; 2020년 국정감사에서 박찬대 의원이 공개한 '최근 5년간 지방대 의·약학계열 지역인재 선발 권고 비율 이행 현황'에서 지역인재 권고 비율을 충족하지 못한 학과가 39개 중 12개 학과나 되었다. 《뉴스1코리아》(2020.10.19.), 〈국립대 의약학대 지역인재 선발에 인색〉.

709 국토교통부(2018.1.16.), 〈혁신도시 등 이전기관 지역인재 채용 의무화〉(보도자료).

단계적으로 추진되었는데, 2018년에 18%를 적용하고 매년 3%씩 기준을 높여 2022년에는 30%를 적용하게 된다. 이 법이 적용되는 공공기관은 100곳 이상이다. 이 외에도 지역인재 채용 의무화 비율을 더 높이려는 국회의원들의 입법 발의가 이어졌다. 그러나 지방대육성법의 관련조항(제13조1)은 여전히 권고조항으로 남아 있다.

지방대육성법의 제15조(대학의 입학 기회 확대)에 관한 조항은 2021년 3월 23일 개정되었고, 9월 24일 이 법률의 시행령이 개정됨에 따라 지방대학의 의과대학, 한의과대학, 치과대학, 약학대학에 입학하는 지역인재가 전체 입학 인원의 일정 비율, 즉 40%(강원권과 제주권은 20%) 이상, 간호대학은 30%(강원권과 제주권은 15%) 이상, 그리고 한약학과는 비수도권 입학생이 40% 이상 되도록 권고하는 조항이 의무조항으로 바뀌었다. 동시에 지역인재의 요건도 강화되었다. 지방 소재 법학전문대학원 입학자는 해당 지역의 지방대학 졸업자가 전체 입학인원의 15%(강원권 10%, 제주권 5%) 이상 되어야 하며, 의학·치의학전문대학원 입학자는 20%(강원권 10%, 제주권 5%) 이상 되어야 하고, 한의학전문대학원은 비수도권 학생이 20% 이상 되어야 하는 것으로 의무화했다. 이 개정 규정은 2023학년도 대학입학전형부터 시행한다.

지역인재에 대한 공공기관의 채용 및 대학입학 기회의 할당 '의무화'는 지역균형인재 선발제도의 매우 의미 있는 진전이라고 본다. 이 제도가 그 취지를 충분히 실현할 수 있도록 지속적으로 개선하고 효과적으로 확대 운용될 수 있기를 바란다.

다. 학력·학벌(출신학교) 차별금지법

학력·학벌(출신학교) 차별금지법은 출신학교를 근거로 사회적 기회와 재화의 배분을 달리하거나 국민의 보편적 권리를 침해하는 불평등과 차별의 사회적 관행을 금지하도록 법으로 제도화하려는 것이다. 이 법의 제도화는 현실적으로 매우 필요한 조치임에 틀림없다. 그러나 우리는 아직 이 제도를 입법화하지 못하고 있다. 학력·학벌주의가 만연한 사회일수록 학력·학벌에 의한 차별과 불평등은 더 심하게 되어 있다. 한국사회는 민주적 사회라고 당연시하는 오늘날에도 학력·학벌에 의한 차별과 불평등에 대처하는 법을 만들어 제어해야 할 만큼 학력·학벌주의가 심각하다. 이 심각성은 학력·학벌을 합리적인 사회구성 지표로 맹신하는 사람들과 학력·학벌에 기대어 부와 권력과 지위를 갖게 된 기득권자들이 사회의 곳곳에 널리 존재하면서 이들에 의해 알게 모르게 차별이 자행되고 있음을 의미한다.

학력·학벌이 일정 부분 자신의 노력과 성실성으로 얻은 것임을 부인하지는 않는다. 새삼 거듭하여 강조하지만 학력·학벌은 능력 그 자체가 아니다. 여러 사회심리학적 학설에서도 증명해 보여 주고 있지만, 능력이라고 하는 것에는 많은 우연적인 요소들이 작용하고 있다. 또한 가정의 사회경제적 배경에 크게 뒷받침되는 것이기도 하다. 더욱이 학력·학벌은 우리의 능력을 보여 주는 매우 제한된 지표일 뿐이다. 자본주의적 산업화 시대를 거치면서 학력사회의 이념적 핵심 배경이 된 능력주의도 당대에는 합리적인 것으로 생각했지만, 결국 사회적 불평등의 현실을 정당화하는 모순을 드러냈다. 이제 능력주의 만능의 관념에서 벗어나 사회 이면의 어두운 그림자들을 덜어 내려는 사회적 관심이 더욱 필요하게 되었다.

교육문제를 비롯한 사회문제의 해결을 위한 제도화는 개혁의 중요한 시발점이다. 학력·학벌 차별 금지의 법제화에 대해서는 일찍이 노무현 정부에서도 시도된 바 있다. 당시 대통령직인수위원회가 국정과제의 하위과제로서 학벌에 의한 차별을 포함하는 '5대 차별 해소를 통한 평등사회 구현'을 제시하고, 이에 따른 차별금지법을 제정하고자 하였다. 그러나 성공하지 못했다. 여러 부문에서 저항이 있었을 것이고 이를 뚫고 관철시킬 사정과 역량이 충분하지 않았을 것이다.

근래에는 교육시민단체 '사교육걱정없는세상'이 2016년 4월부터 '출신학교 차별 금지법'의 입법을 위한 국민운동을 추진해 왔다. 사교육걱정없는세상은 법 제정 취지에 동의하는 국회의원들과 함께 법안을 마련하고 오영훈 의원 등(2016)을 통해 입법 발의했다. 이 외에도 김해영(2016), 나경원(2016), 강길부(2017), 이상민(2019), 김부겸(2019) 의원 등 여러 의원도 관련 법안을 발의한 바 있다. 『대학저널』(2019.11.26.)에 따르면, 2019년 11월까지 국회에 발의된 출신학교 차별 금지법 관련 제정법안은 6개나 되었다. 또한 학력과 출신학교로 차별을 금지하는 내용을 담은 채용절차의 공정화에 관한 법률 개정안 또한 8개나 발의되었다. 이들 법안은 모두 제20대 국회에서 계류된 채 통과되지 못했다. 하나의 사회제도를 성립시키는 일이 얼마나 어려운 일인지를 절감한다.

그러나 2021년 9월 1일에 다시 2개의 관련 법안이 발의되었다. 국회 교육위원회의 더불어민주당 강득구 의원이 '출신학교 차별 없는 교육 공정성 실현에 관한 법률안'을 발의하였고, 국회 환경노동위원회의 이수진 의원이 '공정한 채용을 위한 출신학교 차별 금지 및 직무능력 중심 고용 촉진에 관한 법률안'을 발의했다.[710] 두 법률안의 제명에서 보듯, 두 법률안은 교육 부문과 사회의 채용 부문에서 출신학교에 의한 차별을 금지하는 내용을 다루었다. 교육기관에서 지원·입학·편입학 등의 교육 및 직업훈련 참여, 국가자격 등의 부여, 장학금 지급, 재정지원 등에서, 그리고

---

710 2017년 국정감사에서 교육부가 조승래 의원에게 제출한 351개 공공기관의 지역인재 채용 실적 분석 결과, 30인 이상 신규채용 공공기관 중 16개 기관이 지역인재 채용 권고 비율(35%)에 미달했다. 이 중 12개 기관은 2018년에도 미달이었다. 《한국매일》(2018.10.11.), 〈공공기관 지방인재 채용은 말로만 하는 주둥아리 서비스?〉; 2020년 국정감사에서 박찬대 의원이 공개한 '최근 5년간 지방대 의·약학계열 지역인재 선발 권고 비율 이행 현황'에서 지역인재 권고 비율을 충족하지 못한 학과가 39개 중 12개 학과나 되었다. 《뉴스1코리아》(2020.10.19.), 〈국립대 의약학대 지역인재 선발에 인색〉.

기업 및 기관 등의 채용과 고용 영역에서 학력과 출신학교에 따른 차별을 금지하도록 규정하였다.

이제 학력·학벌에 의존하여 사람을 평가하고 분별하는 행위를 그만두어야 한다. 기득권 구조에 안주하는 가운데 체화된, 시대에 뒤처진 우리의 정신적 지체에 대해서도 각성이 필요하다. 학력·학벌에 의한 차별을 직접 차단하는 법적 제도화는 더욱 절실하다. 학력·학벌(출신학교)에 의한 차별을 금지하는 법안이 제정되어, 학력·학벌사회의 많은 모순을 해소하는 중요한 계기가 되기를 진심으로 희망한다.

맺으며

민주화, 공정성, 학력·학벌주의, 그리고 대안적 논의

민주화는 사회에 민주주의의 원리가 확산되고 심화되는 것이다. 민주주의는 국민이 주인으로서 권력을 가지고 국민을 위해 그 권력을 행사하는 민본적 제도이자 이 제도를 지향하는 사회정치적 이념이다. 민주주의의 원리란 인간의 존엄성에 바탕을 둔 기본적 인권, 자유권과 평등권, 다수결의 원리, 법치주의 등 민주주의를 성립케 하는 기본원리이다. 사회가 민주화될수록 권위주의적 체제로부터 민주적 체제로 변화하고, 개인과 사회집단을 보호하는 권리가 민주주의에 부합하도록 규정되고 확장되며, 시민권의 규칙과 절차의 적용이 확대되고, 나아가 민주주의가 생활화된다. 민주주의의 생활화는 곧 민주주의의 원리가 사회의 전 부문에서 삶의 방식이 되는 것이다.

민주주의적 사회체제는 사회정치적 의사결정에서 공정성을 추구한다. 민주화의 정도가 높은 사회일수록 보다 공정한 사회가 될 것이라고 기대할 수 있다. 공정성은 사회적 가치나 재화에 대하여 접근 기회, 절차적 과정, 결과 등이 올바르고 공평하게 배분되는 것이다. 올바르고 공평하다는 것은 사회윤리적으로 합당한 규준에 따르는 것이자 편중되지 않는 것이며, 개인의 양심, 사회구성원들의 동의와 승복에 의해 정당화되는 것이다.

능력주의가 현시대의 대표적인 규범적 기준이 되고 있다. 능력주의는 사회적 가치와 재화의 배분에서 능력을 기준으로 삼는 사회적 이념이다. 능력은 사전적 의미로 '어떤 행위를 실제로 수행할 수 있는 신체적·심리적 힘'이다. 이 힘에는 타고난 것도 있고 학습과 경험에 의해 획득한 것도 있다. 능력은 각종 과제를 수행하는 데 공통적으로 적용되는 일반능력과 특정 과제를 수행하는 데 관련된 특수능력으로 구분되기도 한다.

능력이라는 이 추상적인 개념의 구체성에 대해서는 심리학자들의 다양한 이론들이 있는 만큼이나 복잡하며 간단치 않은 쟁점들이 있다. 다만 능력의 형성에는 노력, 지능, 가정 배경, 기타 운과 같은 요인들이 연관된 것으로 본다. 이를테면 능력은 순전히 개인적인 요인만으로 결정되는 것이 아니다. 능력의 개념화에 어떤 요소를 포함하고 배제하느냐에 따라 능력관이 달라진다. 가장 쟁점이 되는 요소가 가정 배경이다. 가정 배경은 그것이 어떤가에 따라 능력의 크기, 종류, 질을 크게 달라지게 할 수 있는 개인 외적인 변수이기 때문이다. 따라서 가정 배경의 영향이나 기타 운과 같은 요인을 포괄하는 능력의 개념화는 사회적 규준으로서 능력주의 이념의 정당성과 공정성을 약화시키는 모순을 내포하게 된다.

우리 사회에서 일상적으로 통용되는 능력 개념은 노력, 지능, 가정 배경 등의 요인을 포괄하는 의미를 담고 있다. 가령 어떤 이가 명문학벌을 갖게 되었다면, 그는 그 학벌의 명성에 상응하는 능력을 가진 자로 평가받는다. 여기에는 당사자가 자신의 지적 능력을 바탕으로 열심히 공부한 사실뿐만 아니라 그의 성실한 노력이 가능하도록 뒷받침한 가정의 경제적·문화적 자원 등에 의해 얻게 된 결과라는 의미도 포함되어 있다. 물론 가정 배경이 어려운 처지임에도 자신의 노력이 합격의 결정적 요인이 된 칭찬할 만한 경우도 상당한 비율로 존재할 것이다. 그러나 가정 배경의 층위에 따라 명문학벌에 접근하는 데 성공한 학생들의 비율이 선명하게 양극화되는 결과를 밝힌 연구가 많다. 사실 가정 배경 요인과 지능도 개인이 태어날 때 당사자가 의도하지 않은 가운데 주어진 일종의 운과 같은 불가피한 성격을 갖는다. 우리 사회의 일상적 능력 개념은 이 불가피성을 수용하고 있는 것이다.

능력주의에 관한 사회적 공정성 논의는 개인의 노력 이외의 요인, 즉 지능, 성, 가정 배경, 지역 등과 같은 개인 외적 혹은 우연적 요인에 의해 결정되는 측면들에 대하여 보정하려는 논의들이 중요한 부분을 이룬다. 말하자면 태어날 때부터 본인의 의지와는 상관없이 출발점을 달리하게 만드는 요인들에 의해 불가피하게 불리한 처지에 놓이는 사람들의 몫에 대하여 그에 상응하는 보상을 규정하고 보장하려는 것이다.

능력을 구성하는 요소들을 적정하게 고려하여 능력의 개념을 규정한다고 해도, 능력을 공정성의 기준으로 삼는 데는 아직 그 능력의 양과 질을 어떻게 잴 것인가라는 문제가 남아 있다. 일찍이 능력을 재는 도구로서 지능검사나 적성검사와 같은 다양한 표준화된 심리검사들이 개발되고 활용되었다. 그러나 그 검사들 또한 인간학자들이 만들어 낸 한정된 능력 개념을 반영하는 것이다.

우리가 일상적으로 경험하는 것이자 오랜 역사를 가진 능력검증 도구는 아마 시험일 것이다. 우리는 크고 작은 각종 시험을 거치면서 상이나 벌을 받고, 진학과 졸업을 인정받게 되며, 직장에 들어가고 승진하는 등의 경험을 한다. 당사자로서는 시험을 통해 자신의 능력을 보여 주는 셈이고, 주관자는 시험을 부과하여 그의 능력의 높낮이를 잼으로써 의도하는 인재를 선발하거나 성과를 확인하거나 통제의 의도를 관철시키는 등의 기제로 삼을 수 있을 것이다. 오늘날 시험은 사람들의 능력과 자격을 검증하는 가장 보편적인 장치로 활용되고 있음이 분명하다. 각종 시험은 나름의 신뢰성와 타당성이 고려된 것이겠지만 충분한 것이 되기는 쉽지 않다. 결과에 따른 사회적 보상이 높은 시험일수록 사회 성원들의 관심이 높고 엄중하게 처리될 것이 요구된다.

학벌사회에서 명문대학의 학벌을 취득하는 것은 가장 중요하고도 민감한 관심사이다. 학력·학벌을 획득하는 것도 바로 시험을 경유해서 이루어진다. 대학입학 시험을 통해 자신의 능력을 입증해야 학력·학벌에 대한 접근 기회를 얻게 된다. 그 능력이란 바로 시험점수로 입증되는 시험 능력이다. 우리 사회의 지배적인 능력관은 바로 이 '시험중심의 능력관'이다.[711] 시험성적이 곧 능력이자 실력이라는 간명한 명제가 깊고 넓게 위력을 떨쳐 왔다. 시험중심의 능력관은 오랜 세월에 걸쳐 정립된 우리 사회의 강력한 세계관이기도 하며, 대부분의 사회적 선발에 깊숙이 배어 있는 사회정치적 이데올로기이자 결과적으로 학력·학벌주의를 뒷받침해 주는 관점이다.

시험에 관해 깊은 관심을 기울여 온 한 연구자의 다음과 같은 진술은 우리의 시험사회와 시험교육에 의미심장한 메시지를 던져 준다.

> 갈수록 사람들 사이는 양극화되는데 인공지능시대가 온다고 한다. 새로운 사회를 구상할 시점이다. 결국 시험은 해법이 아니다. 시민들 모두가 인간답게 정의롭게 평등하게 사는 사회를 설계하는 일은 시험정책으로 결코 안 된다. 지금껏 우리 사회는 적은 비용으로 사람을 골라 쓰기 위해 시험을 사용해왔다. 학교는 시험으로 미리 줄 세워 학생들을 사회에 내보냈다. 그러나 시험 잘 쳐온 시험선수들이 청와대에 모여 앉아 한 짓은 국민들의 분노를 자아냈다. 그렇다고 나는 모든 시험, 지필시험, 혹은 평가를 없애야 한

711 전상진(2007), 〈다양하고 균형있는 보도 그러나 학벌 숭배는 본능적〉, 《[KPF] 신문과 방송》, 한국언론진흥재단, 69쪽.

> 다고 생각지는 않는다. 학창시절 시험을 내세워 시와 수학 공식을 달달 외도록 시킨 선생님들의 뜻을 수십 년 지나 도무지 암기가 어려워진 나이에야 깨닫고, 지필시험과 수행평가를 준비하며 체계화한 앎이 창의력의 바탕이 된다는 연구 결과들을 믿는다.[712]

거듭 말하지만 학력·학벌주의는 학력·학벌을 능력으로 정당화하는 사회적 신념체계이다. 그 핵심에 능력주의가 자리 잡고 있다. 그러나 학력·학벌은 그 획득과정에서 가정 배경의 영향을 크게 받는 것임은 물론이고, 학교교육과 시험을 통해 얻게 되는 인지적 능력 중심의 제한적 성격을 가진 불완전한 사회구성 지표임이 분명하다. 게다가 특히 학벌은 학연의 연고관계를 이용하여 '끌어 주고 밀어 주는' 정실의 비합리성과 밀실의 불투명성으로 사회적 비난을 받아 왔다. 공정성의 사회윤리적 규준에도 어긋나는 것이다. 그러나 정직하게 말해서 개념상으로 학력·학벌에는 능력으로 정당화될 수 있는 부분과 그렇지 않은 부분이 공존한다. 그래서 학력·학벌을 온전한 능력이라 해서도 안 되고 능력과 무관하다고 해서도 안 된다.

문제는 사람들이 자기중심의 편익과 사회적 통념에 의지하여 학력·학벌을 능력 그 자체인 것처럼 동일시하고 학력·학벌을 매개로 한 집단의 사적 이익을 추구함으로써 사회적 공정성을 해치는 데 있다. 사회적 선발에서 학력·학벌을 대체할 수 있는 것이 없어 부득이했다는 말도 편의를 숨기는 변명에 불과하다. 그들에게 통용되는 신념체계가 바로 학력·학벌주의이다. 학력·학벌주의는 불완전한 사회구성 지표인 학력·학벌을 능력으로 인정하면서, 나아가 능력주의에 의거해 사회적 불평등을 정당화

---

712 이경숙(2017), 《시험국민의 탄생》, 푸른역사, 395쪽.

하는 절반의 공정성을 가진 이데올로기이다.

학력·학벌주의의 핵심 이데올로기가 능력주의이다. 능력주의를 학력·학벌주의의 지향점 가치로서 이상화하는 논의가 여러 학자에 의해 받아들여져 온 것이 사실이다. 그러나 능력주의가 책임을 개인에게 귀속시키면서 사회의 구조적 불평등을 정당화하고 형식적인 공정성에만 집중하게 하는 등의 모순을 내포하는 이념이라는 점에서 학력·학벌주의와 대립적인 개념이라기보다는 비례적 관계의 개념으로 규정해야 한다는 주장[713]에 공감한다.

구한말에 시작되고 일제강점기와 산업화 시대를 거치면서 강화된 학력·학벌주의가 민주화 시대, 지식기반사회 혹은 신자유주의 시대에 이르러서도 여전히 강한 영향을 미치고 있다. 학력·학벌주의는 특히 산업화 시대에 유력하게 통용된 사회적 신념체계였다. 산업화 후 시대는 학력·학벌이 기능할 수 있는 조건에서 산업화 시대와는 다른 시대이다. 산업화 시대의 학력·학벌은 대체로 개인의 능력을 의미하는 것으로 인식되면서 출신배경의 한계를 개인의 힘으로 어느 정도 극복할 수 있게 해 주는 비교적 공정한 잣대로 받아들여졌다.

오늘날 신자유주의 시대에는 학력·학벌이 그 자체로 혹은 독립적으로 작동하는 측면은 줄어들고 출신배경과 결부되어 그 위력이 결정되는 경향이 짙다. 이러한 경향은 학력·학벌 자체의 위력이 약해졌다는 의미보다는, 고등교육의 보편화 시대에 더 높은 서열의 학벌에 대한 관심이 높아지면서 명문학벌을 획득하고 활용하는 데 개인의 능력보다는 출신배경의 조건이 더 강하게 작용한다는 것이다.

---

713 박권일(2021), 《한국의 능력주의》, 이데아, 78쪽.

현시대에는 학력자본이 신분 상승의 조건이 되는 것이 아니라 신분 상승이 오히려 학력자본 획득의 조건이 되고 있다. 이러한 현상에 대해 이동연(2015)은 신자유주의 교육체제에 의해 한국 학력·학벌사회가 '중세적 신분사회로 회귀'하는 것이라고 비유했다.[714] 좀 더 정확하게 표현하자면, 학력·학벌의 위력이 산업화 시대보다 약화된 것은 사실이며, 학력·학벌이 위력을 드러낼 수 있는 조건이 사회경제적으로 여유가 있는 계층계급에 훨씬 더 유리해지면서 사회의 불공정성과 불평등을 심화시키고 사회의 진보를 정체시키고 있다는 것이다. 사실 사회적 가치가 계층계급에 따라 차등적으로 배분되는 현상은 어느 사회에도 있었다. 현시대에도 출신배경에 따라 학력·학벌에 접근할 기회에 큰 차이가 있다. 학력자본이 사회적 자본화하면서 학력·학벌이 한국사회의 정치적·경제적·지역적 불공정성을 지속시키는 중요한 기제가 되고 있다. 학력·학벌주의의 불공정성은 여러 측면에서 체계적으로 작동한다.

한국 민주화 시대의 정부들이 학력·학벌접근기회를 부여하는 방식은 교육정책상으로 재능과 능력을 가진 사람에게 기회를 부여하는 것이었다. 점수와 성적으로 나타내던 능력과 재능의 의미를 보다 다양성을 갖는 의미로 확장하고자 했다. 선발의 대상과 기준의 의미를 확장하면서 기회의 공정성을 제고하려 한 것이다. 그러나 접근의 실질적인 기회는 계층과 지역이라는 변수에 따라 양적·질적으로 큰 격차를 나타내고 있다. 계층에 따른 기회의 격차는 부의 양극화가 크게 영향을 미쳤으며, 중앙과 지방 간의 격차는 중앙중심의 구심력을 벗어나지 못한 채 지역에 불리한 불공정한 조건이 계속되고 있다.

학력산출체제는 정부의 정책을 통해 다양화, 자율화, 특성화가 추진되

---

714 이동연(2015), 〈신자유주의 대학과 학력자본의 재생산〉, 《문화과학》 82, 35쪽.

었다. 이들 정책을 통해 고등학교가 다양화되고, 행정적 자율성이 제고되었으며, 대학교육체제의 획일성, 관치와 관료주의에 의한 비효율, 백화점식의 전공체제를 다소간 수정하는 성과를 얻었을지라도, 대학의 서열화를 움직이지는 못했다. 명문학벌의 서열적 위상과 이에 대한 국민적 관심도 여전히 강하게 존재하고 있다.

학력산출체제상에서 가장 주목되는 변화는 민주화 시대 초·중반에 자립형사립고를 시범운영하고 특수목적고등학교를 신·증설한 점과 전문대학원제도를 도입한 것이다. 고교평준화체제를 개선하고 고교체제를 다양화한다는 명분으로 이들 학교가 신설되고 확대되었으나 결국 입시 명문고를 양산한 결과로 이어졌고, 고등학교의 서열화로 귀결되었다.

높은 사회적 관심이 집중된 전문직에 대해, 새로운 전문직 양성체제를 구축하려는 교육개혁의 요구에 따라 의학전문대학원과 법학전문대학원 등의 전문대학원제도가 도입되었다. 의학전문대학원은 제기된 여러 문제와 함께 의학계의 학력·학벌주의적 기득권 구조의 변화를 동반하지 못함으로써 성공적으로 정착되지 못했다. 이를테면 기득권 조직과 성원들의 동의를 얻지 못한 것이다. 그 이면에는 특히 중앙의 명문 의대들이 학벌 생산체제의 변화로 수반될 학력·학벌주의적 이해관계의 손상을 예상한 것이다. 의학전문대학원으로의 전환이 고교 성적 우수자들을 싹쓸이하던 대학서열 기반의 기득권 구조를 깨뜨리고, 나아가 의사 혹은 의학계의 엘리트주의적 기득권까지도 흔들 수 있음을 우려한 것이다.

반면에, 법학전문대학원은 어느 정도 나름의 의미 있는 제도적 정착이 이루어진 것으로 판단된다. 법전원의 경우, 도입 후 여러 현실적인 문제들이 제기되었으나 로스쿨 졸업자들의 사회진출에서는 기존 질서와는 다소간 다른 결과를 나타내는 것으로 보인다. 그러나 입학 부문에서는 서울 소재 대학 출신자들이 압도적인 비율(82%)로 전국 로스쿨을 점유하는 등 중앙과 지역 간의 현격한 차이가 발견되며 기존의 대학서열을 반영하고 있기도 하다.[715] 여기에는 수도권보다 빠른 지역 인구의 감소나 지역의 정체 등과 같은 불리한 사회적 조건도 연관되어 있을 것이다. 지역 간 사회적·교육적 조건의 불균형은 입학생의 불균형과 같은 불완전한 운영을 낳고, 이 상황은 다시 전문직 등에 대한 입문 기회의 불공정으로 악순환된다.

사회 주요 부문의 입직에서는 아직도 명문학벌의 편중이 지속되고 있을지라도, 그 점유율은 점차 낮아져 왔음이 명백하다. 이 현상을 두고 학력·학벌주의가 약화되었다고 단정하기는 어렵지만, 학력·학벌에 의존하던 사회적 선발의 성격이 서서히 완화되어 왔음을 시사하기에는 충분하다. 이러한 변화는 사회적 선발과 입직의 불공정성 문제가 아주 조금씩 개선되어왔음을 함축한다. 이 결과는 오랜 시간에 걸쳐 매우 느리게 진행되어 온 것이다.

한국 학력·학벌주의는 국내외의 중앙을 지향하는 의식 및 관행과 강한 친화력을 갖는다는 점을 다시 강조한다. 국내에서는 서울 및 수도권의 중앙과 지방을 가르는 중앙중심주의가 학력·학벌주의를 심화한다. 중앙중심의 전통적인 관념 외에도 정치적·경제적·문화적 인프라가 수도권을 중심으로 편중되면서 중앙-지역 간에 심각한 불균형을 이루게 되었다. 이러한 상황이 중앙중심의 이분법을 만들어 내고 사회의 분열을 초래했다. 중앙에 있는 것만으로도 프리미엄을 얻는다. 중앙의 학벌들이 힘을 얻게 되어 있다. 앞의 논의들에서 본 바와 같이, 정부의 고위 공직자, 국회의원, 법학전문대학원 지원자와 입학자, 5급 공무원 시험 합격

---

715 《법률저널》(2017.11.1.), 〈지방 로스쿨, 지방·지역대학 출신 없다?〉; 《법률저널》(2019.8.9.). 〈기획-로스쿨 입시 11년의 기록, 입학생 65% '서고연이성한 6개대 출신'〉; 《법률저널》(2019.8.15.), 〈기획-로스쿨 입시 11년의 기록, 서울로스쿨 93%, 지방로스쿨 72% '서울 대학' 출신〉.

자, 재벌그룹의 고위 경영진 등 사회의 주요 부문에 있는 사람들은 대개 80~90% 이상이 서울지역 대학의 학력자들이다. 학력·학벌주의가 중앙중심주의와 결속되는 만큼 지역은 쇠락하고 사회적 공정성도 악화될 수밖에 없다. 학력·학벌주의가 견고하게 유지되고 중앙중심의 불균형이 심화되는 문제를 진지하게 숙고하지 않는 공정성 논의에는 빈약하기 이를 데 없는 개념과 절차만 남는다.

학력·학벌주의는 외국의 학력·학벌로도 그 외연이 확장되었다. 외교부의 '2017 재외동포 현황'에 따르면, 2016년 말 기준으로 해외에 체류하는 한국인 유학생은 26만여 명에 이르고 미국(28.1%)과 중국(23.8%)을 가장 선호한다.[716] 미국의 이민국 유학생관리시스템(SEVIS)에 따르면, 2017년 5월 말 현재 미국에서 수학 중인 한국인 유학생은 71,204명으로, 중국인 유학생과 인도인 유학생에 이어 세 번째로 많았다.[717] 2018년 미국 박사학위 취득자의 국적별 현황에서도 한국인은 1,035명으로, 중국, 인도에 이어 세 번째로 많았다.[718] 미국 유학생 수는 트럼프 정부 이후 고용정책, 경제적 상황 등으로 인해 근래에는 대폭 감소하는 경향을 보였지만, 미국 내 유학생 수 순위에서 여전히 3위를 유지하고 있다.[719] 아마 국가별 인구 비율로 계산한다면 한국이 단연 1위일 것이다.

글로벌화의 세계적 추세와 함께 한국사회의 주요 부문에 외국대학 학력자들이 상당한 비율을 점하게 되었다. 외국대학, 특히 미국대학의 학력은 정부 고위직이나 교수직 입문에 매우 중요했다. 1996~2005년 사이 10년 동안 서울대학교가 신규 임용한 교수 785명 중 65.5%가 외국에서

716 《공감신문》(2017.11.15.), 〈유학수지 적자국 한국, 외국인 유학생보다 해외로 나가는 인구 더 많아〉.
717 《한국일보》(2017.6.24.), 〈미국내 한국유학생 3년새 23% 감소〉.
718 한국과학기술기획평가원(2020), 〈2018년 미국 박사학위 취득자 현황: NSF, Survey of Earned Doctorates〉, 《KISTEP 통계브리프 2》, 3쪽.
719 《중앙일보》(2019.11.23.), 〈미 유학생, 한국이 가장 많이 줄었다…10년 만에 27.6%〉.

최종 학위를 취득하였으며, 그중 52.4%가 미국에서 학위를 받았다.[720] 그리고 대학교육연구소(2014)가 '1945~2013년 외국 박사학위 현황'에 대해 교육부에 정보 공개를 청구하여 발표한 자료[721]에 따르면, 외국 박사학위자는 총 37,879명이며, 이 중 57%가 미국에서 학위를 받았다. 해방 이후 외국 박사학위자의 절반 이상이 미국대학에서 양성된 것이다. 교육학 박사가 가장 많았으며 그중 77%가 미국 박사였다.[722] 경제계에도 상당한 비율의 외국대학 특히 미국대학 학력자들이 포진했다.[723] 미군정기를 역사적 기원으로 하는 친미적 학력사회화의 결과들이다.

학력·학벌주의는 한국사회의 총체적 연관성과 오랜 역사성을 갖는 포괄적이고도 뿌리 깊은 교육문제이자 사회문제로, 더 이상 개인적으로 대응하여 풀 수 있는 문제가 아니다. 국가 수준에서 정부가 정책적으로 대응하고 국민들이 호응하지 않으면 안 되는 한국사회의 큰 난제라고 할 수 있다.

민주화 시대에 한국 정부들이 학력·학벌주의에 대응해 온 방식은 학력보수주의의 기반 위에서 학력자유주의를 크게 강조하였으며, 이에 따른 불평등 혹은 불공정성의 문제를 학력사회주의적 정책으로 보완하려 하였다. 사회적 약자층을 배려하고 이들에 대한 기회와 보상을 일정 부분 보장하는 정책과 제도를 시행하는 것이었다. 학력급진주의적 대안들은 극히 일부만 제한적으로 수용되었다. 점진적이고 안정적인 개선으로 기

---

720 서울대학교 60년사 편찬위원회 편(2006), 《서울대학교 60년사》 307쪽의 표에서 계산한 것이다. 국내에서 학위를 취득한 사람은 270명(34.4%)이었다.

721 대학교육연구소(2014), 〈1945-2013년 외국 박사학위 57%가 미국 학위〉.

722 세부 전공별로는 교육학박사가 1,677명으로 가장 많았으며, 이어 경제학박사 1,467명, 경영학박사가 1,220명으로 그 뒤를 이었다.

723 《CEO스코어데일리》(2013.7.24.), 〈[500대 기업 CEO] 5명 중 1명 유학파…출신 외국대학 랭킹〉; 《월간 현대경영》(2017), 〈2017년 100대 기업 CEO백서〉, http://www.newmanagement.co.kr/?p=9926 참조.

득권층의 반발과 정치적 불안정을 최소화하려는 것이었다. 따라서 정부의 개혁으로 학력·학벌주의가 획기적으로 변화되었다고 보기는 어렵다.

학력·학벌주의는 한국사회를 정체시키는 문화의 저변을 이루고 있다. 학력·학벌주의의 변화는 정치적 민주화와 약한 비례관계를 나타냈다. 학력·학벌주의는 열린 시민사회의 도래에 적응하지 못한 우리 사회에 체계적으로 존재하는 일종의 지체현상이다. 이 지체현상은 한국사회의 문화적 토양으로부터 나오는 것이자 학력·학벌주의에 의해 재규정되는 것이다. 한국사회가 문명사적 변화에 상응하지 못하고 있는 것이다. 한국사회의 정신과 문화가 경제적·물질적 변화에 상응하지 못함으로써 발생하는 것이다. 이 현상은 어느 정도 자연스럽고 불가피한 것으로 볼 수 있으나, 한국사회에는 그 정도가 지나치게 지연되고 있다. 이 지체에는 역사적·구조적인 원인이 복잡하게 연관되어 있다.

학력·학벌주의는 한국사회의 비공식적인 지배적 이데올로기로 기능해 왔다. 공식적으로 인정되지 않지만 실제로는 한국사회를 관통하는 지배적 이념으로 작용하는 사회적 신념체계이다. 정치적 민주화와 경제의 발전이 진전된 후에도 학력·학벌주의적 의식과 관행이 건재하고 있다. 여기에는 물질적 풍요만으로는 지위상승의 욕구를 충족시킬 수 없는 대중의 욕망도 포함되어 있다. 학력·학벌주의적 의식과 관행이 성행하고 있다는 것은, 학력·학벌주의의 정당성에 대한 인식의 정치적 역동성으로 말하자면, 학력·학벌을 능력친화적인 것으로 인식하는 사람들의 세력이 우세하다는 것을 의미한다. 그것은 학력·학벌이 오랫동안 우리 사회의 사회구성 지표로 받아들여지면서 거대한 기득권 구조가 형성되었기 때문이다. 기득권 구조는 학벌이 사회 요직을 독과점하는 등의 과정과 결과가 체계적으로 존재한다는 것이다. 이 체계를 통해 이해관계를 유지하고 확대하려는 의식과 관행을 드러낸다. 학력·학벌주의는 바로 이 체계로서의 기득권 구조에 기초한 정신적·문화적 지체현상이다. 학력·학벌주의는 정신적 지체를 야기함으로써 사회발전을 정체시키고 사회를 보수화한다. 구획 속에 갇혀 사회적 가치보다는 집단이기적 가치를 고수하는 데 완고해짐으로써 보수화되고 사회의 성장과 발전을 저해한다.

지난 30여 년 동안 학력·학벌주의가 점차 완화되어 왔다는 점도 함께 주목되어야 한다. 사회 주요 부문에 대한 명문학벌들의 점유율이 눈에 띄게 감소한 것이 사실이다. 그 변화는 매우 더뎠다. 각 정부가 대응해 온 영향이 어느 정도 시차를 두고 나타난 결과로 볼 수도 있겠다. 또한 이러한 변화에는 그 외의 여러 가지 요인이 작용했을 것이다. 이를테면 정치적 민주화의 맥락에서 전개되어 온 시민사회단체의 운동, 지식기반사회, 4차 산업혁명 시대의 도래와 같은 시대의 변화, 글로벌 시대의 광범하고 다양한 정보 네트워크 등에 의한 시민들의 각성이 이러한 변화에 영향을 미쳤을 법하다. 그러나 아직 이러한 변화의 주된 원인을 밝히고 이 변화를 가속화할 새로운 연구와 개혁을 필요로 한다.

1970년대에 학력주의 문제를 선구적으로 다룬 대표적인 외국인 학자로 콜린스(R. Collins)와 도어(R. Dore)를 들 수 있다. 이들은 미국사회의 계층화와 영국을 비롯한 세계 각국의 산업화에서 학교교육의 기능적·정치적 연관성을 연구하는 가운데 학력사회 현상에 주목했다. 크리스토퍼(M. Christopher, 2020)는 콜린스의 학력주의 이론과 직업적 계층화를 형성하고 유지하는 교육에 대한 비판적 주장이 40여 년이 지난 오늘날에도 유의미하다는 점을 강조했다.[724] 이들의 논의가 여전히 학력사회의 문제에 대해

---

724 Christopher, M. H.(2020), "[Book Review] The Credential Society: An historical sociology of education and stratification", *Teaching Sociology* 48(1), p. 68.

유의한 시사점을 주고 있다는 점에서 그들이 제안한 학력주의에 대한 대안적 논의를 살펴보기로 한다.

콜린스(1979)에 따르면, 다원적으로 구성된 미국사회의 계층화는 사회적 지위, 부, 권력의 우위를 점하려는 경쟁과 투쟁의 과정에서 그 문화적 기반으로서 교육, 즉 학력에 의존하는 경향을 나타냈다. 이러한 경향은 목사, 교사, 의사, 변호사, 엔지니어 등 여러 전문직 집단에도 영향을 미치면서 학력을 문화적 자산으로 하는 지위집단의 형성과 자체를 유지·강화하려는 데서 나타났다. 콜린스는 학력에 의한 사회 계층화와 소득 불평등의 관점에서 학력주의 개혁의 방법으로 다음과 같은 두 가지 정책적 입장을 논의하였다.[725] 그중 한 가지는 학력케인즈주의 입장이고, 다른 한 가지는 학력주의 폐지론이다.

학력케인즈주의(Credential Keynesianism) 관점의 주요 특징은 다음과 같다. 첫째, 교육을 통해 산출된 인위적 학력의 일정한 경제적 유용성을 인정한다. 둘째, 학교제도에 대한 투자와 직업세계의 학력제도를 기회균등, 직무효율, 경제 활성화의 관점에서 본다. 셋째, 학력 인플레이션을 초래할 수 있으나 그것은 부수적인 결과이다. 넷째, 정부가 학력을 양적으로 통제하여 조정할 수 있다. 다섯째, 학력의 화폐가치와 교환가치를 완화하거나 폐지하자는 것이다. 학력주의의 사회정치적 유형으로 말하자면, 학력사회주의 유형에 가깝다.

요컨대 학력케인즈주의는 학력이 개인의 역량이나 생산성을 어느 정도 대변하는 것이며, 국가가 학력의 수급을 조정하고 통제함으로써 관련 문제를 해결할 수 있다고 보는 입장이다. 아마 현재의 여러 나라도 이러

---

725 Collins, R.(1979), *The Credential Society: An historical sociology of education and stratification*, New York: Academic Press, pp. 196-197.

한 입장을 견지하고 있는 것으로 보인다. 그러나 콜린스는 학력케인즈주의식으로 학력주의를 확대하거나 학력 산출의 양을 조절하는 것은 결국 기존 계층구조를 유지하는 것이 되며, 문화적 약화를 초래할 것으로 보았다. 이를테면 학력 생산의 양적 조정은 모종의 방식으로 기존 계층을 반영하는 새로운 균형으로 귀결될 것이며, 학력획득 자체에 집중된 관심은 문화를 풍성하게 할 다양한 관심과 자유로운 상상력 등을 억제하게 된다는 것이다.

학력주의 폐지론(Credential Abolitionism)은 콜린스가 지지하는 관점이다. 학력주의 폐지론은 학교의 폐지가 아니라, 학교가 학력의 화폐가치가 아닌 그 본연의 생산물을 산출하도록 하려는 것이다. 이를테면 학교가 본연의 교육적 논리에 따라 교육활동을 하도록 만들려는 사회적 노력을 의미한다. 콜린스는 학력주의 폐지의 방법으로 우선 법적으로 의무교육제도를 폐지할 것과 고용을 위한 학력 요건의 요구를 위법한 것으로 처리할 것을 주장했다. 국가에 의해 규정된 학교교육을 통하지 않아도 전문직업의 세계에 입문하고 승진할 수 있도록 할 것과 학력이 입직의 요건이 되지 않게 한다는 것이다. 그는 학력주의를 폐지함으로써 학교제도 내부의 문화 수준을 향상되게 하고, 경제적 불평등을 극복하기 위한 진지한 노력을 기울이게 할 것으로 전망했다. 콜린스에게 현대사회의 불평등 구조와 학력주의적 문화의 특징에 대한 근본적인 변화는 결국 학력제도의 폐지를 의미한다.[726]

그러나 콜린스는 학력사회에서 학력제도의 폐지가 불평등을 극복할 수 있는 유일한 길이자 혁명적인 결과를 낳을 수 있겠지만, 현재 조직 구조의 완전한 재구조화를 수반하지 않고는 이루어지지 않을 것이라고 했

726 Collins, R.(1979), 앞의 책, 202쪽.

다. 학력 요건의 철폐가 필요한 재구조화와 소득 균등화의 촉진을 위한 직업세계 재구축의 첫걸음이 되겠지만 불평등의 문제가 해소되기 위해서는 교육-직업세계의 새로운 재구조화가 이루어져야 한다는 것이다. 새로운 재구조화의 핵심은 학력과 같은 현재의 지위자산(positional property) 형태를 해체하고 새로 구축하는 것이다. 이를테면 관리노동과 생산노동이 대등한 위상으로 인정되고, 학력 대신 직무 재편성을 통한 전략을 사용하며, 대학의 학과와 같은 명확한 교육기반이 있는 경우에도 도제훈련 등으로 입직 경로를 개방하는 등의 교육과 직업세계의 연관은 물론 직업세계의 내부 조직이 재구조화되어야 한다는 것이다. 콜린스는 학력이 아닌 새로운 지위자산과 지위체계를 새로 구축한다는 것은 이전에 경험한 어떤 혁명보다 근본적인 경제혁명이 될 것이라고 했다. 이러한 변화는 광범한 개혁 의지와 분위기, 결집된 운동이 일어나지 않는다면 저항을 극복하기 어려울 것이며, 새로 마련된 여러 제도에 대하여 끊임없이 합리적인 통제의 수준을 높이지 않으면 안 된다고 강조했다.[727]

콜린스는 학력주의 폐지라는 매우 급진적인 개혁방식을 제시했다. 그는 학교교육과 직업세계를 연결하는 기존의 학력제도를 폐지함으로써 사회적 불평등을 변화시킬 수 있는 길을 열 것이며, 학교가 그 본연의 교육활동과 문화를 회복할 수 있을 것으로 전망했다. 학력주의 폐지는 곧 학교교육제도를 거치지 않고도 직업의 세계에 진출할 수 있게 하고, 그러기 위해 직업세계와 교육의 새로운 연관, 직업세계 내부의 재구성 등이 이루어져야 하는 포괄적이고 지속적인 운동을 필요로 하는 개혁이다. 이것은 사실 새로운 사회를 향한 혁명과도 같은 변화이다.

도어(1976)는 산업화의 발전과정에서 학교교육에 초래된 '학력병

727 Collins, R.(1979), 앞의 책, 202-204쪽.

(Diploma disease)'이라는 세계적 병리 현상에 주목하면서, 각국이 산업화를 추진한 시기에 따라 이 학력병의 증상 정도가 다르다고 주장했다. 학력병이란 산업화 과정에서 학력이 사회적 선발의 주요 자격요건으로 활용됨에 따라 학교가 형식적 교육자격의 산출에 치중함으로써 본연의 교육적 기능을 상실하게 되는 현상을 말한다. 도어는 산업화가 시작된 영국을 비롯해 일본, 중국, 스리랑카, 케냐, 쿠바, 탄자니아 등의 국가에서 각국의 자체 조건 속에서 학력병이 전개되는 상황과 성격 그리고 자체의 변화 노력 등을 분석하고 학력병에 대한 대안을 탐색하였다.

조금 더 부연하자면, 전 세계적으로 전개된 산업화의 과정에서 학교교육은 인력의 양성과 선발에 중요한 역할을 할 것으로 기대되었다. 이 기대는 산업화 인력의 선발과 사회진출에 학력이 중요하게 활용되는 것으로 나타났다. 이에 따라 학교에 진학하려는 사람들이 증가하고 이들은 더 높은 수준의 학력을 얻기 위한 교육을 원했다. 학교가 이러한 요구를 반영하면서 학교교육이 학력 취득을 위한 방편으로 전락한 것이다. 학력을 얻기 위한 교육은 교육의 본질을 왜곡하는 반교육적 병리 현상을 낳았다.

특히 전통적 부문과 근대적 부문이 공존하면서 이중적 발전 패턴(dualistic development pattern)의 압력에 직면한 제3세계 개발도상국가들에서, 학력 취득을 위한 교육이 교육기반을 위협하는 원인으로 작용하면서 심각한 폐해를 끼쳤다. 늦게 발전(산업화)을 추진한 나라일수록 학력병의 증상이 깊고 심한 후발성 효과(late development effect)가 더욱 뚜렷했다.[728] 즉 후발 국가일수록, 학력이 직업적 선발에 더 널리 이용되고, 학력 인플

728 Dore, R.(1976), *The Diploma Disease: Education, Qualification and Development*, Berkely and Los Angeles: University of California Press, pp. 72-83.

레이션의 속도가 더 빠르며, 학교교육의 시험 지향성이 더욱 강화되었다.

도어는 이런 문제들에 대한 해결의 실마리를 제공하는 적절한 대안을 제시하고자 했다. 그는 학교가 사회적 선발기능에서 벗어날 수 있는 방안에 관심을 가졌다. 도어는 학교교육이 사회적 선발기능에 압도되지 않고 교육적 기능을 유지할 수 있는 대안으로 다음과 같은 '조기 채용(early recruitment into work)' 방식을 제안했다.

> 1. 좀 더 일찍(15~17세) 직업경력을 시작한다. 작업조직 내에서 가능한 한 많은 선발을 한다. 모든 고등교육과 훈련은 특수 교육기관에서 시간제 혹은 전일제의 취업 중 학습으로 전환한다.
> 2. 선발이 이루어져야 하는 모든 지점에서-특히 기본적인 학교교육을 마친 후 사람들이 처음으로 어느 작업조직에 들어가야 하는지를 결정하는 대단히 중요한 지점에서-학업성취 검사는 피한다. 그 대안이 적성검사, 추첨, 특별히 보호된 검사 그 어느 것이든, 가장 중요한 것은 암기주입될 수 없는(혹은 많은 부분이 암기주입될 수 없는) 검사라야 한다는 점이다.[729]

도어가 제안한 방식은 직업 현장에서 어느 정도 경력을 쌓은 후 교육과 훈련을 받는 방식이다. 현장의 일을 먼저 경험하고, 필요를 느낀 지식, 기술 등에 대한 교육을 취업 중에 받게 한다. 일과 공부가 병행 혹은 순환되어야 한다는 신념이 바탕에 있다. 학교 졸업 시점을 기준으로 사회적 선발 시기를 맞추지 않는다. 다시 말해 학교에서의 성취와 자격으로 사회적 선발을 하지 않는다. 도어의 방식은, 현재의 방식처럼, 교육을 먼

---

729 Dore, R.(1976), 앞의 책, pp. 142-143.

저 받고 그 후에 교육의 수준과 자격에 맞는 일자리에 입직하는 것이 아니라, 기초교육을 마친 후 모두 일자리의 가장 낮은 직급에서 시작하게 하는 것이다. 승진은 학교의 학업성적이 아니라 적성검사 등을 통해 기회를 부여하고 그 직급에 필요한 교육을 제공하자는 것이다. 이는 교육의 필요가 일자리에서의 경험을 통해 나오게 하려는 것이며, 학력주의의 병폐를 차단하는 방법이다. 또한 교육의 필요성은 일자리의 경험 자체에서 나오기 때문에 현재와 같은 일정 기간의 표준화된 형식이 아니라 특정 목적을 지닌 다양한 '학습 단위'가 개발되어 그에 가장 적합한 학습 기간으로 운용한다.[730] 도어는 예컨대 업무가 비교적 정형화되어 있는 공무원, 기술자, 의사, 교사, 교수 등의 전문직 등에도 이러한 방식이 적용될 수 있을 것으로 보았다.

도어의 대안적 제안 또한 매우 급진적인 성격을 띤다. 일과 학습이 긴밀하게 연관을 맺는 가운데 현장 중심으로 선발이 이루어지며, 직업세계의 현장과 교육의 장 간의 연계가 밀접해지고 확장될 수 있도록 학교교육의 기능을 전면적으로 전환하려 했다. 특히 중등학교와 대학에서 형식적이고 학력지향적인 교육이 아니라, 학생들이 직업세계의 현장경험을 통해 필요로 하는 교육과 학생들의 여러 학습욕구를 충족시킬 수 있는 교육적 기능을 발휘할 수 있도록 전환하는 것이다. 새로운 교육체제에 대해, 도어는 교육받은 실업자의 문제와 실업계 학교에 대한 인식 문제 등을 자연스럽게 해소할 것이며, 학생들을 보다 성숙하게 하고, 교육체제의 운용에 융통성이 더 커질 것으로 예상했다.

콜린스와 도어의 학력주의에 대한 대안적 논의는 학교교육과 직업세계의 연관 차원에서 이루어지는 논의가 주를 이룬다. 즉 학교교육과 직

730 Dore, R.(1976), 앞의 책, pp. 142-147.

업세계의 제한적이고 정치적인 연관을 보다 넓은 의미의 교육과 직업세계 현장의 관계로 재구성하는 논의이다. 직업세계로의 입문과 교육의 관계에서, 콜린스가 학력제도를 폐지하고 그 사회적 기반을 재구성해야 한다고 주장한 데 비해, 도어의 대안은 직업세계로의 입문 시 교육이 직업현장에서의 학습경험과 순환되게 해야 한다는 점을 강조하고 있어 교육적 대안으로서의 성격이 강하다. 그러나 두 사람 모두 학교교육이 학력주의에 의한 도구적·형식적 교육에서 벗어나 본연의 교육적 기능을 회복하기를 기대한다는 공통점을 갖고 있다. 그들의 논의는 학력사회의 바탕을 변화시켜야 한다는 점을 명확하게 하고 구체적인 사례들을 예시했다는 점에서 중요한 시사점을 제공했다.

한편 가일(D. Guile, 2003)은 사람들이 지식기반경제/사회에 적합한 일과 삶을 대비할 수 있도록 공교육정책을 재수립하는 방법으로 '반성적 학습(reflexive learning)'이라는 개념을 제시했다. 반성적 학습은 현재의 교육적 대응 방식인 학력주의적 접근으로 초래된 위기를 극복하기 위해 고안해 낸 대안적 접근방식이기도 하다. 그는 학습의 의미에 대한 재고찰을 통해 '지식의 습득'이라는 전통적 학습 개념에서 '사회적 실천'의 학습 개념으로 전환할 것을 주장하였다. 그에게 학습은 다양한 실천의 공동체에 참여하는 과정이며, 사회문화적 맥락과 상황 속에서 이루어지는 역동적인 사회적 과정이자 교육적 과정이다. 학력주의가 작동하는 경제와 교육의 관계에 대한 미래지향적 관점은 교육정책이 학습자와 세계의 관계가 유익함을 추구하는(informative) 관계보다는 변화에 적합한(transformative) 관계를 형성하도록 수립되어야 할 것으로 보았다.[731] 이 연구도 학력주의

731 Guile, D.(2003), "From 'Credentialism' to the 'Pratice of Learning': Reconceptualising learning for the knowledge economy, *Policy Future in Education* 1(1), pp. 83-105.

적 교육정책과 교육체제의 변화에 유의한 시사점을 준다.

교육과 직업세계의 밀접한 연관을 가정하는 것은 보편적인 인식이다. 학력은 이 두 부문을 매개하는 역할을 한다. 최근 영국 카디프대학교의 브라운(P. Brown) 교수 등(2020)은 약 2100만여 건의 구인광고 빅데이터를 활용하여 고용주들이 직무요건을 어떻게 기술하고 있는지 분석하였다. 물론 이 분석에서 학력의 역할에 특별히 주목했다. 이 연구의 결과는 대개 학력이 직업적 고용을 결정할 것이라는 기존의 이론적 전제와는 달리, 영국의 노동시장에서 공식적 학력이 상대적으로 차별화 기능이 작은 것으로 나타났다. 이를테면, 대부분의 고용주들은 학력보다는 '직업 준비(job readiness)'를 더 강조했다는 것이다.[732] 앞으로의 변화에 주목하게 하는 결과이다.

앞의 외국 사례가 보여 주는 대안적 논의에서는 한국사회에서 볼 수 있는 학벌에 의한 사회권력의 독점이나 학벌에 의한 차별 문제 등에 대해서는 다루지 않았다. 이를테면 학벌 특권과 같은 문제에 대한 논의는 없었다. 학벌의 문제는 물론 다른 나라에도 있을 수 있으나 한국사회의 문화적 특성 등이 반영된 독특한 문제이기도 하다.

한국사회의 학력·학벌 문제에 대한 여러 학자의 대안적 논의 혹은 개혁론은 이 책의 제3장에서 이미 다루었다. 한국 학력·학벌주의의 변화를 위한 여러 논의가 있었다. 개혁론들은 대학체제, 사회체제 혹은 교육체제를 개혁의 시발점으로 하여 학력·학벌주의라는 현실적 문제상황을 해소하기 위해 대학평준화론, 국립대법인화론, 명문대축소론, 사회시스템개선론, 인재지역할당제론, 중등교육개혁론, 개방적평생교육체제론, 학력/

---

732 Brown, P. & Souto-Otero, M.(2020), "The End of the Credential Society? An analysis of relationship between education and the labour market using big data", *Journal of Education Policy* 30(1), pp. 95-118.

직업능력자격제도론, 지역단위질서의교육론 등의 대안을 제시하였다. 모두 새로운 사회적·교육적 지향, 즉 보다 공정한 능력중심사회 혹은 공교육의 정상화를 실현하기 위한 혁신적 변화의 방법론을 담고 있다. 이들 개혁론은 통합적 접근, 각 부문의 특화된 전략적 개혁론, 정부의 사회정치적 결단, 정부의 적극적인 리더십과 시민사회의 호응, 개혁의 지향점 가치로서 능력주의 이념을 재고할 필요성 등을 시사하였다.

개혁론의 주요 제안, 우리 사회의 문화적 특성, 정부의 대응에서 드러난 시사점, 외국 학자들의 대안적 논의 등을 참조하여, 학력·학벌주의에 대한 대안을 제안한다. 학력·학벌주의에 대한 대안을 편의상 대별하여 사회적 대안과 교육적 대안으로 나누어 볼 수 있을 것이다. 앞선 논의에 기초하여, 먼저 현 단계에서 생각해 볼 수 있는 사회적 대안을 제시한다.

학력·학벌주의에 대한 사회적 대안

사회적 대안은 학력·학벌이 사회에서 불합리한 차별과 불평등을 야기하고 나아가 학력·학벌주의가 사회적 불공정과 불평등을 정당화하는 것에 대한 대안이다. 여기서 사회적 대안은 문제해결의 온전한 설계도라기보다는 핵심 문제의 주요 내용을 전략적으로 선택하여 개요의 형식으로 나타낸 사회정책적 대안이다. 이들 중 교육기관 혹은 교육과 관련된 대안이 있지만 사회체제나 직업세계와의 연관성에 중점을 두기 때문에 이 사안들을 사회적 대안으로 제시한다. 사회적 대안은 한국 학력·학벌주의 문제가 중앙과 지역 간, 계층 간 격차의 양극화현상을 반영하는 것이기도 하므로 이와 관련된 대안적 의미를 갖는 것이기도 하다. 이 개념화에 따라 다음과 같은 사회정책적 대안을 제안한다. 이 대안은 현재의 사회적 모순 상황을 좀 더 적극적으로 타개할 수 있는 제도적 기제에 관한 것이다.

1. 국립대학 간 공동학위제 도입·정착

- 현실: 국립대학 간 공동학위제가 정당의 공약과 대선공약으로 채택된 적도 있지만, 아직 실현되지 못한 상태에 있다. 학령인구가 급격히 감소하고 있어 대학 간 연계체제가 중요하게 요구되는 시점이기도 하다.
- 방안: 국립대학 간 인적·물적·문화적 자원의 공유 및 교류의 일환으로 국립대학 간 공동학위 수여를 제도화한다. 먼저 국립대학 간 개방적인 연계체제를 형성하고 연대를 강화한다. 이 연계체제를 통해 공유 가능한 부분부터 시작하여 학생 공동선발, 공동교육과정 운영, 공동학위 수여를 가능하게 한다. 이 제도가 성공적으로 정착되면 국립대학과 일정 조건을 갖춘 사립대학 간 공동학위제로 점차 확대한다.
- 의의: 국립대학은 국가와 국민의 공공재이다. 국가 자산 운용의 효율화를 기한다. 공동학위제는 대학 간 교육력 경쟁과 협력을 유도하고, 낭비로 귀결되는 학력·학벌 경쟁을 완화하는 실질적 조치가 된다.
- 통제: 사회개혁의 차원에서 정치적 결단이 필요한 사안이다. 이 제도를 도입·정착시키기 위한 여러 제도적 조건을 정비하고 여건을 조성하는 데 국가의 정책적 지원이 필수적이다.
- 바탕: 학생에게 전공을 넘나들고 지역을 넘나드는 '이동의 자유'를 허용할 수 있어야 한다. '입학'이 학생의 삶의 진로를 가로막는 장벽일 수는 없다. 학생의 포부와 선택에 모든 교육적 자원을 집중할 수 있는 대학교육체제는 학력·학벌에 의한 사회적 불평등을 완화하는 초석이 될 것이다.
- 극복조건: 기득권층의 반발, 지역 간 및 대학 간 이해관계 충돌, 학력·학벌주의를 깊이 내면화한 사람들의 원천적 거부감이 예상된다.

이런 난관에 맞서, 서울대학교는 공동학위제 운영을 주관하는 기관임을 자임하고 나선다. 지역대학은 교육 자원과 교육과정 관리 실태를 공개하고 개방함으로써 비판받을 용의를 표명한다.

2. 지역인재목표제의 심화·확장

- 현실: 세계화는 문화의 다양성을 동반한다. 문화는 지역 삶에서 체험한 살아 있는 지식의 문제 곧 개성의 문제이다. 시대를 거스르는 '말은 제주도로 보내고 사람은 서울로 보낸다'는 고착된 관념과 탈지역 인식이 중앙에 대한 의존과 지역사회의 쇠락을 심화시키고 있다. 지역인재 유출, 대학생의 수도권 쏠림, 지역의 정치력·경제력·문화력 저하, 지역 불균형 발전의 구조적 악순환 등 지역소멸 위기에 대한 인식의 철저성만이 지역을 온전한 삶의 터로 소생시킬 수 있다. 지역인재로 하여금 다른 문화권과 직접 교섭하고 교류할 수 있는 지역인재 양성에 지역 총자원을 투입하는 획기적 조치가 요구된다.
- 방안: 지역인재목표제를 실질화한다. 지역의 관과 민이 지역 삶에 활기를 불어넣는 '공공의 영역'을 확장하고 그 공공 영역에 복무할 공공 인재를 양성하고 관리하는 체제를 확립한다. 코로나 팬데믹 상황에서 '공공 의료'의 필요성을 절감했다. 기존 의료 인력 양성과 관리 체제의 비효율성을 목격했다. 지역민 밀착 의료봉사, 법률봉사, 금융봉사, 국제교역봉사, 교육봉사, 마을재생봉사, 사회복지봉사, 중소기업기술지원 플랫폼 봉사 등 새롭게 창출된 공공 일자리에서 자신의 삶을 영위할 인재를 양성·관리하는 체제를 확립한다. 지역대학은 공공 영역에 복무할 '역량'을 키우는 교육정책을 수립한다.
- 의의: 지역의 인재가 지역에 헌신한다. 지역에 뿌리를 두고 지역에

살며 지역을 사랑하고 지역을 위해 봉사할 지역일꾼을 양성한다. 의사와 교사는 지역에서 양성하고 지역에서 헌신해왔다. 다른 부문에서도 그렇게 할 수 있다.

- 통제: 인재 양성·관리·채용에 대한 지방정부 차원의 관청으로서, '일자리청'을 설치한다. 여기서 해외 진출 청년의 일자리 문제도 다룬다.
- 바탕: 인재를 양성하고 관리할 수 있는 지역의 역량을 높인다. 태어나고 자란 지역에 대한 애착을 넘어 지역에 헌신하는 지역인재 문화를 형성한다.
- 극복조건: 중앙이 배급하는 인재 배치, 행정 권력에 의한 자원배분, 지역의 재정적 종속, 시험주의 이데올로기 등에 대한 정책적 대응이 요구된다.

3. 직무역량을 보증하는 국가 공인 자격증 중심 입직 제도

- 현실: 이른바 엘리트 인재 선발과 관리에 대한 관심이 입직 제도와 직업세계를 왜곡시키고 있다. 시험제 입직이 과도한 경쟁을 불러오고 학력·학벌 특권이 용인되는 승진 관행이 사회적 갈등을 낳는 뿌리이다. 얼마나 많은 일자리가 시험관문과 높은 학벌·학력을 필요로 하는지, 그런 인재 선발과 관리 시스템은 우리 사회의 갈등을 증폭시키는 기제로 작용하며 또한 시대 흐름을 역행한다.
- 방안: 일처리 역량을 보증하는 다양한 형태의 국가 공인 자격증에 의한 입직 방식으로 전환한다. 그 자격증은 직무역량 관련 '생각하고 일하기' 교육·훈련과정 이수, 직업체험과 현장실습 프로젝트 경험, 실무능력을 포함한다.
- 의의: 학교 및 대학의 공식적인 교육과 직업 현장 실습과 일상적 삶

의 체험을 포괄하는 인재 교육-훈련을 체계화한다. 교육은 근본적으로 삶의 진로를 탐색하는 과정이라는 실용적 관점을 일반화한다.

- 통제: 입직선발에 대해 국가(정치권력)와 기업(경제권력)이 먼저 바뀌어야 한다. 입직과 선발 관련 부처의 위상과 기능을 재조직하고, 시민사회가 이에 대해 감시하고 고발하고 선언한다.
- 바탕: 직업에 대한 개념 변혁이 필수적이다. 다시 말해 평생직장에서 '평생직업'이라는 개념으로 인식을 전환한다. 직업세계의 변화에 적극적으로 대응하는 직업능력을 길러 주는 교육체제가 수반되어야 한다.
- 극복조건: 직무능력표준을 보완하고 국가자격제도를 실질화하며 지속적으로 연구·개발한다. 입직선발 등 고용의 전 과정에 학력·학벌에 의한 차별을 금지한다.

4. 대학과 직업세계를 연결하는 플랫폼 운용

- 현실: 방법론적 사고에 치밀하지 않다면 진리 탐구의 길 자체가 순탄치 않을 것이다. 오늘날 지식과 정보의 시대에도 기술적 방법론적 사고는 유효하다. "교육은 교육방법론의 실천이다."[733] 학생들의 방법론적 사고 훈련에 엄중했는가? 학생들은 잘 살기 위해 대학에 왔다. 잘 삶의 현장은 직업세계이다. 방법론적 사고와 직업세계 적응은 개념적으로 그리고 실제적으로 연관되어 있다. 이 연관의 고리를 튼튼하게 해 줄 방안에 대해 너무 소홀했다.
- 방안: 직업세계 입문에 대한 학생들의 욕구를 만족시킬 '플랫폼'을 준비한다. 대학은 플랫폼을 운영할 '공공 인재'를 양성하고 또 확보

733 김민남(2017), 〈교육은 교육방법론의 실천이다〉, 《프레이리의 사상과 실천》, 살림터, 13-78쪽.

한다. 그 인재는 학생들의 '방법론적 사고훈련 이력철'을 만들고 관리한다. 이력철은 학생의 학습활동을 위한 자료이기도 하고 직업세계 입문 안내 자료이기도 하다.

- 의의: 교수가 '기록가능한 교육활동'을 하고, 플랫폼의 도움을 받아, 그 교육활동의 성과를 학생 개인별로 기록한다. 이력철은 학생 개인의 역량 강화 이력일 뿐만 아니라 대학의 교육력을 보증한다.
- 통제: 대학은 이력철의 표준 내용과 절차를 명시한다. 이력철 기록이 교수의 학문활동에 현실감을 부여하는 자극이 될 수 있도록 행·재정 등 전면적 지원을 아끼지 않는다. 전공필수 과목부터 시범적으로 시행해 볼 수 있다. 기록이라는 시스템은 현 단계 대학교육에 혁신을 가져올 것이다.
- 바탕: 학과와 전공이 학생들에게 진정한 교육기회일 수 있어야 한다. 학과와 전공이 학생의 교육기회를 가로막는 장벽으로 기능할 수는 없다. 학생의 선택 여부와 무관하게 분과 학문 중심 학과와 전공은 유지된다. 대학의 학과와 전공은 학문적 이유 혹은 교육적 이유로 존속되어야 한다.
- 극복조건: 플랫폼 운용을 통해, 교수의 학생지도 업무는 대폭 축소될 수 있다. 문제는 교직원들이 자신들의 소관사에 얽매이지 않고 지역대학의 현실적 난관에 관심을 기울이는 '공동체 분위기'를 이룰 수 있느냐 하는 것이다.

5. 지역균형인재 선발제도의 확대와 적극적 운용

- 현실: 지역인재에 대한 적극적 차별시정 조치의 제도들이 소극적으로 운용되고 있다. 이 제도들을 확대하여 좀 더 많은 지역인재에

게 기회를 부여할 필요가 있다. 중견 공무원 공채시험 합격자의 약 80~90% 이상이 서울지역 학교 학력자이다.

- 방안: 지역균형인재 선발제도를 확장하고 적극적으로 운용한다. '지방인재채용목표제', '지역인재추천채용제', '지방대학 및 지역균형인재 육성에 관한 법률' 등의 법제를 발전적으로 수정하여 운용한다. 특히 '지방인재채용목표제'는 진입 요건을 완화하고 선발경로를 다양화하여 목표 인원에 가깝게 선발할 수 있도록 운용한다. '지방대학육성법'에서 규정하는 지역대학과 지역의 기관 및 기업의 지역 학생선발·채용의 비율을 의무화하고 상향 조정한다.
- 의의: 구조적으로 불리한 여건의 지역인재에게 그에 상응하는 보상적 기회를 부여한다. 지역민과 지역인재에 대한 이들 제도가 역차별의 제도로 해석되어서는 안 된다.
- 통제: 국가가 지역인재의 입직 기회를 법과 제도로 보장한다. 지역 및 지역대학의 역량을 강화하고, 지역인재가 지역에 정착하여 헌신할 수 있도록 지역의 산업을 육성하고 연계하는 등 균형발전 정책을 지속적으로 시행한다. 지역에 근거를 두어야 하는 기업, 지역의 일자리 창출에 필요한 기업에 대해 국가가 보호하고, 지역대학 졸업자에게 지역기관과 지역기업으로의 입직과 관련한 연계를 강화한다.
- 바탕: 지역 균형발전은, 구조적으로 불리한 여건에 처한 지역민과 소외층을 배려하는 공동체 문화에 달렸다.
- 극복조건: 이른바 '역차별' 주장의 근거인 공정한 경쟁은 오늘 우리 사회가 처한 지역소멸의 심각성을 외면하는 논리이다. 정치적 결단이 필요한 시점이다. 제도 정치권의 문제이기도 하지만 시민사회의 조직적인 문제 제기와 행동이 필요하다.

이 외에도 변화시켜야 할 여러 개혁과제와 사회적 조건들이 있다.

- ○ 명문학벌의 지나친 편중성을 완화하기 위한 대책을 시행한다. 특히 정부의 고위직에서부터 먼저 학벌의 편중성을 경계하고 완화한다. 지금까지 정부의 고위 공직자와 관료사회 등 엘리트 사회는 학력·학벌사회의 본보기였다.
- ○ 학력·학벌을 대체하거나 보완할 수 있는 대안을 마련하기 위한 정책을 시행한다.
- ○ 정신적·문화적 지체현상에 대한 대책이 필요하다. 무규범적 관료주의 문화, 시험주의 이데올로기, 한국민의 의식 속에 잠재된 학력·학벌주의 의식과 관행을 변화시키려는 사회문화운동을 전개한다.
- ○ 학력·학벌에 의한 차별에 직접적으로 대응하는 '출신학교 차별 금지법' 제정 등 정부의 의지에 따라 실현 가능성이 높은 제도들을 정부 차원에서 적극적으로 추진한다.
- ○ 정부의 개방적이고 적극적인 리더십이 필요하다. 학력·학벌에 의한 불합리와 모순을 차단하고 변화의 물꼬를 터 줄 진보적이고 혁신적인 제도들을 도입하여 사회의 곳곳에 그 영향이 이르도록 지속적으로 운용한다.
- ○ 아울러 정치적 민주화와 함께 사회경제적 민주화를 진전시킨다. 사회경제적 민주화는 또 다른 차원의 어려운 문제지만 학력·학벌주의를 해소하는 거시적 기반이 될 것이다.

학력·학벌주의에 대한 교육적 대안

이제 한국 학력·학벌주의에 대한 교육적 대안을 제안한다. 이 대안은 필자의 학력·학벌사회 연구에서, 교육학적 논의의 범위 내에서 개괄적으로 구상해 본 것이다. 지역교육연구모임 동료연구자들과의 토론에서 제기된 문제들에 대해 검토했다.

'교육이 일어날 수 있는 체제'를 구축하는 방법론에 관심을 집중한다. 학교는 있지만 거기에 '교육'이 없고, 교육과정은 있지만 심각하게 파행 운영되고 있는 것이 지금 우리의 현실이다. 교육의 관점에서 보면, 계층 간·지역 간 교육의 기회-과정-결과의 격차에 대해 획기적인 조치가 이루어진다 해도, 학교에서 학력·학벌 추구 교육이 계속된다면 개혁의 의미가 없다. 이것은 학벌 특권의 취득 기회가 균등하고 노력을 통해 이루어진다고 해서 특권 자체가 정당화될 수 없는 것[734]과 같은 맥락이다. 이 교육적 대안은 학력·학벌 추구의 반교육을 넘어 인간 본연의 발생적 학습의욕에 기반하는 교육을 회복하려는 것이다.

인간은 누구나 학습의욕(배울 자세)을 가지고 있다. 학습의욕을 발휘하여 지식활동을 한다. 인간은 학습하는 존재이다. 요컨대 인간은 경험을 통해 자신의 생각이나 행동의 변화를 체감하는 존재이다.

학력·학벌주의가 한국인의 학습의욕을 억압하고 있다. 학력·학벌을 추구하는 개인적 욕망과 사회적 압력이 한국인의 학습의욕을 억누르고 있는 것이다. 나의 학력·학벌사회에 대한 연구 관심은 한국인의 이 억눌린 학습의욕의 자발성(자연성)을 살려 내려는 데 있다. 이것이 나의 실천적 관점이다.

---

734 김윤상(2021), 《토론으로 찾아가는 이상사회》, 경북대학교출판부, 54-62쪽. 이 책에서는 특권을 "자신의 노력과 운에 비해 남보다 더 유리한 결과를 얻을 수 있는 원인"(39쪽)으로 규정했다.

1. 어떻게 살리는가?

중앙 관료행정 권력이 배급해 주는 자원(가치)**이 아닌 학교가 만들고 편집하는 자원을 가지고 교육활동을 수행한다.** "교육체제 개혁의 정책 프레임을 관치교육체제에서 교사책임교육체제로 전환하는 혁신안"[735]에 동의한다.

우리 사회는 오랜 관치교육의 역사를 지니고 있다. 왕조시대로부터 일제강점기를 거쳐 근래에 이르기까지, 교육을 입국(立國) 혹은 경쟁력의 기제로 삼으면서 국가사회를 통치해 왔다. 교육에 대해 국가가 통제하고 간섭하는 관치교육체제가 학교와 교사와 학생을 관리의 대상으로 전락시켰다. 관치교육체제하에서 교사와 학생은 주체가 아니다. 학교, 교사, 학생은 국가가 하달하는 규정과 지침에 따르는 존재일 뿐이다. 국가와 교육 당국이 내려보내는 규정과 자원을 가지고 교육을 운영하는 방식이 한국 근대 교육을 움직이는 지배적인 방식이었다. 그 전형적인 기제가 시험과 성적·석차 시스템이며, 그 전형적인 사회상이 학력사회이다. 사회의 민주화가 교육의 당사자들을 주체로 상정했지만, 학력사회는 교육을 왜곡하는 극단적인 상황으로 치달았다. 이 상황은 결국 교육의 현장성을 상실하게 했다.

교육의 현장이란 학생과 교사의 교육적 관계가 형성되는 교실과 운동장이며, 학생들의 학습의욕을 지적으로 자극하는 교사의 교육과정 맥락이 작동하는 물리적·정신적 공간이다. 교육과정 맥락은 지식 형성을 경험케 하는 설명·발견·탐구·연습과 같은 학습활동을 자극하는 티칭 프로그램이다. 학생은 이 교육과정 맥락 속에서 학습활동을 한다. 학생은 학

735 손종현(2021a), 〈현단계 공교육체제 개혁 정책기획〉, 《새길을 여는 교육비평》 여름, 170-210쪽.

습활동을 통해 학교(교사)가 기획한 교육과정의 도움으로 학습경험을 함으로써 생각과 행동에 발전적 변화를 겪는다. 이 교육의 과정은 교육과정 맥락을 통한 '학습경험'의 기획으로 생각이나 행동의 발전적 변화를 인도하는 과정이다. 이 교육현장을 성립시켜야 한다.

2. 우리가 처한 문제 상황

'학업성적은 높지만 학습을 향한 열의는 바닥이다.' 이것은 학력·학벌 추구의 교육에 내재하는 기본모순이다.

우리 사회와 정부는 학습의욕에 기초하지 않은 높은 학업성적이라는 기이한 현상을 유지하기 위해, 시험에 의한 교실 통제책을 강화한다. 이 통제책을 강화하면서 지위상승 욕망을 부추기고, 시험성적이 입학과 입직(미래 삶)의 지표로 작용하며, 전도유망한 사람을 판정하는 척도가 되었다.

성공한 자는 중앙이 되고, 실패한 자는 변방이 되었다. 중앙과 변방은 지리상으로도 의식상으로도 확연히 구별된다. 사회적 분열로 귀착되는 우리의 교육과 사회에 대한 인식체계를 해체하지 않고서는 미래의 가치를 만들지 못한다.

기본모순도 우리가 만든 역사이다. 새로운 사회발전 프로그램이 될 수 있는 교육체제와 사회체제를 수립하지 않을 수 없는 도전에 직면하고 있다.

3. 향방, 어느 길을 택할 것인가?

'지금 여기'는 지식기반사회이다. 첨단기술 시대, 성장이 멈춘 시대, 지식·문화·개성의 시대이다. 이 시대를 헤쳐 나가기 위해, 인재·인물을 가려내는 강박관념을 깨트리고 오래된 미래(인간의 가치)를 불러내야 한다.

'내 자식'에서 '자식세대'에게 상속할 자산이 무엇인지 생각해야 할 절실한 시점이다. 개인적 존재와 그 이해(利害)관계 가치 중심에서, 공동체 존재와 보편가치 중심으로 그 중심을 이동해야 할 시점이다.

교육적 관점에서 인간의 가치란 학습의욕의 자발성이다. 학습의욕의 자발성을 일깨워야 하고 이를 제도적으로 진작해야 한다. 공적 재화로서의 교육의 가치를 인정한다. 그러기 위해 다시 강조해서 말한다. '학업성적은 높지만 학습을 향한 열의는 바닥이다.'라는 기본모순을 직시하자.

기본모순을 심화하는 한국사회의 풍토는 예컨대 이런 것이다. 피폐한 지역(삶의 현장)은 이중으로 소외되고 있다. 중앙과 지역 간에서뿐만 아니라 지역 내에서도 소외된다. 떠난 자와 남겨진 자로, 학력·학벌사회의 학교교육을 통해 성공한 소수와 실패한 대다수로 분열된다. 이 사회적 분열 구조 속에서 생각과 상상, 도전과 모험을 자극하는 기회의 문을 열지 못하고 있는 지역의 잠재적인 청년실업자들이 방황하고 있다. 개인 경쟁력을 갖춘 인물인재론을 펴는 사회지도층 인사들(그리고 지방정부의 무정견·무사고)이 우리 사회의 분열을 더욱 깊게 한다. 이 풍토가 사회구조가 되어 있다. 그럼에도 나는 우리가 실천해야 할 메시지를 강조해서 말한다. '청년과 학생들의 학습의욕을 살리는 교육과정 맥락을 기획하고 실행하자.' 어떻게 할 것인가?

4. '어떤 처지의 어떤 학생도 스스로를 표현할 수 있도록 하자'

이것이 대원칙이다. 이 차원에서, 학생들의 학습의욕을 살리는 교육과정 맥락을 기획하고 실행하자. 이 과제를 풀어내는 구체적 방안은 무엇인가?

첫째, 교사가 지식활동을 자극하는 교육활동 프로그램을 기획하도록 제도적으로 허용한다. 그 교육활동 프로그램의 개발과 운영과 평가가 교사의 교육과정 맥락이다. 이것을 합리적으로 강제하기 위해 교사로 하여금 교육과정 기획에 책임지도록 하는 것이 필요하며, 책임지도록 하기 위해 그들에게 권한을 부여한다. 교육과정 구성 권한과 학생평가 권한을 부여하는 것이다. 이것이 우리 교육의 현안을 근본이 되게 풀어내는 방도이다.[736] 교육과정 맥락의 전 과정에서, 교사는 이 권한과 책임으로 전문성을 발휘한다.

둘째, 표현과 경청의 교육과정 맥락을 기획·운영한다. 학생들이 저마다 스스로 자신의 경험을 표현하고 경청하는 공동의 장에서 학습경험이 확대·심화되며, 그 경험은 학생들의 생각과 행동에 발전적 변화를 가져온다. 교육과정 맥락은 학생들의 학습활동을 이끌어 내는 교사의 가르치는 프로그램으로 구체화된다.

셋째, 학생들을 능동적인 학습자로 교실수업에 참여하게 한다. 학생들을 청강생으로 만들지 않는다. 학생들은 지식을 형성하는 활동을 수행한다. 지식은 여럿이 표현하고 경청하는 관계에서 형성된다. 능동적인 학습자로서 탐구하게 한다.

넷째, 시험과 성적·석차로 학생들을 판정하지 않고 구별 짓지 않는 학교의 생태환경을 조성한다. 성적과 석차로 학생들을 분별하면서 수치심과 모멸감을 주는 제도와 관행을 없앤다. 인간의 가치와 인격을 경시하는 폭력에 대해 엄한 규칙을 적용한다. 이것을 인권의 문제로 이해한다. 그러기 위해 우선, '사회발전의 프로그램이 될 수 있는 교육'의 하나의 제도로서 '교사별 평가'를 제도화할 필요가 있다.

다섯째, 능력에 대한 인식을 확장한다. 어떤 과제를 풀어낼 수 있는 신

---

736 손종현(2017b), 〈교사 책임교육을 지속가능하게 하는 교육정책〉, 《열린교육연구》 25(4), 101쪽.

체적·심리적 힘을 능력이라고 했다. 태도 혹은 신념도 하나의 능력이다. 태도(신념)는 표현하고 경청하는 공동의 장이라는 아주 특별한 소통 환경을 구성하는 인간 고유의 특성을 가리키는 행위양식이다. '농부의 정성 없이 가을의 수확을 기대하지 못한다.' 열매를 맺게 하는 환경은 교사(학교)의 교육과정 맥락에 의해 형성된 태도에 의한 것이다.(태도는 일관성을 경험함으로써 길러진다.) 일반능력에 대한 맹신을 버린다. 모든 학생에게 태도를 기대할 수 있다.

여섯째, 학습의욕의 매개체로 작용하는 본격적 학교체제에 대해 기획한다. 이 기획에서 학생의 학습의욕을 중심에 두는 교육을 위해 무엇이 요구되는지, 학습의욕을 자극하는 학교체제의 얼개는 어떤 것인지, 그 학교를 온전하게 유지·발전시킬 수 있는 필요충분한 조건과 여건은 무엇인지에 대해 숙고한다. 이 학교체제를 구축하는 일은 곧 학교에 교육이 일어나게 하는 일이며, 교육과정을 정상적으로 운영하도록 하는 일이고, 이 체제를 지속가능하게 하는 공교육체제에 부합하는 일이다.

이런 방안을 바탕으로, 인재(人才)가 아닌 인재(人材)를 키우고 창의성을 학력으로 인정하는 교육제도를 구안한다.[737] 경쟁만 있고 배움이 없는 학교를 대체한다. 진학과 취업의 실용적 가치에 매몰된 교육체제를 대체한다. 인간재능의 발달에 개입하는 교육론을 정립한다.

5. 가장 뒤처져 있는 지역과 지역민에 적합한 학교체제

'교육개혁이 아니라 교육혁명이어야 한다.'(김누리 교수 강의 중에서) 그러

737 김민남(2016), 〈人才가 아닌 人材 교육체제의 이론적 가정과 함의〉, 《융합교육연구》 3(1), 9-42쪽; 손종현(2017a), 〈창의성 계발 교육체제 수립〉, 《열린교육연구》 25(1), 123-146쪽.

나 지금 당장 판을 뒤집을 수는 없고 뒤집지도 못한다. 교육의 문제는 근본이자 현안이기 때문이다. 어떻게 할 것인가? 현안을 근본이 되게 풀어내는 방식에 대해 숙고해야 한다. 전략적 판단이 필요하다. 학력·학벌사회에서 소외될 수밖에 없는 지역과 지역민이 겪고 있는 교육문제에 혁명적 변화를 시도한다.

[전략적 선택 1]: 국가경쟁력 논리에서 벗어나 있는 학교들

- 방안: 교육과정을 정상 운영하는 것이 불가능한 농촌 지역 학교(특성화 학교 포함)를 개방형 열린교육체제로 운영한다. 즉 단위학교별 독자적인 학교 경영, 교사 임용과 관리, 교육과정과 평가 등 도시형 학교와 다른 트랙을 가진다. 이들 학교의 교육력 제고에 필요한 인적·재정적 지원을 하지만 학생들의 성취도를 판정하는 식의 간섭은 하지 않는다. 이들 학교의 독자적 교육과정 목표 달성 여부를 평가하고 그것을 기초로 학생들의 입학과 입직에 대한 대책을 수립한다.
- 의의: 이들 소외된 학교를 살리는 길은 철학(삶의 의미를 묻는 물음)이 있는 교육활동이 우선한다. 교육불균형을 해소하는 정책도 기계적 균형이 아닌 '치우친 균형'이라는 혁신적 기조를 지녀야 한다. 뒤처진 학교에 대한 열린 체제는, 치우친 균형론이 학력·학벌 사회의 교육정책의 기조여야 한다는 것을 보여 주게 될 것이다.
- 통제: '지역공동체 통제 교육'을 인정하는 지방자치 질서, 국가는 지역공동체 통제 교육을 정책적으로 뒷받침하는 새로운 질서를 창출한다.
- 토대: 학교의 도덕적 분위기(잠재적 교육과정)로서, 물질을 넘어 인간의 가치를 중심에 둔다. 준비가 아닌 '지금 여기'를 살게 한다. 미래는 오늘의 행동이 만들어 낸다.

[전략적 선택 2]: 소외계층의 사회참여를 위한 '디지털 문해'에 집중하는 평생교육기관

- 방안: 소외계층의 사회참여를 가로막는 구조적 장애를 그들의 디지털 비문해에서 찾는다. 디지털 비문해는 그들의 직업의식과 직업선택에 결정적 영향을 미치고 있다. 틈새직장으로 내몰린 그들에게 시민사회의 참여자이기를 기대할 수는 없다. 평생교육이 자기개발이라는 정통성에 안주하는 평생교육론과 프로그램은 오히려 그들을 더욱 소외시킨다. 그런 평생교육은 중산층의 여가선용에 머물게 될 것이다. 학력·학벌 사회 모순을 심각하게 받아들인다면 디지털 문해 중심 평생교육으로 방향을 선회하는 전략적 판단을 하지 않을 수 없다.
- 의의: 사회적 약자에게 시대적 삶의 안정감을 제공한다. 직업이동에 대해 상대적이긴 하지만 안정감을 갖게 된다.
- 통제: 지방정부 책임 그리고 시민사회 집행이라는 협치를 실행할 수 있는, 말하자면 민과 관의 네트워크 관계라는 새로운 질서를 경험하게 된다.
- 바탕: 지방정부가 소외계층의 삶의 과정에 온기를 불어넣는 일에 지역의 사회적 총자본(지역의 모든 공적 자원의 총합)을 투입하는 정책은 진정한 생활정치의 모범이다. 생활정치의 핵심이 민생이고, 그러면서 지방정부의 민생 정책은 소외계층의 삶의 안전이다. 그들을 시대의 무지로부터 해방하는 일이 곧 그들에게 생존의 밥을 주는 것과 같다.

이 교육적 대안은 학력·학벌주의에 억눌린 한국인의 학습의욕의 자발성을 되살려 공적 정신이 배어 있는 교육이 일어나게 할 체제를 구현하는 방법론적 대안이다. 학습하는 존재로서의 인간이 교육적 관계를 형성하고 교사의 교육과정 맥락 속에서 학습활동에 참여할 때, 교육이 일어난

다. 학습의욕을 자극하고 매개하는 학교, 더불어 사는 정신에 기반하여 교육과정 맥락을 기획·운영하는 학교를 체제화하는 것이다. 이 학교체제의 구체적인 모습에 대해서는 다음 과제로 남겨 둔다. 오늘 우리가 경험하고 있는 학교를 죽여야만 교육을 살릴 수 있다. 지위상승 욕망, 시험주의 이데올로기에 의존하는 교육은 이 세상 어디에도 없다. 교육의 역사는 이 반(反)인간, 반(反)교육과의 싸움이었다.

참고문헌

단행본 및 논문

강순원(1990), 《한국교육의 정치경제학》, 한울.

강순원(1998), 〈김영삼 정부의 교육개혁을 평가한다: 김대중 정부에 전하는 교육개혁 권고〉, 《초등 우리교육》 2월호, 46-51쪽.

강영혜·김정래·성기선(2000), 〈자립형 사립고등학교 제도 도입방안 연구〉, 한국교육개발원.

강영혜·박소영(2007), 〈특수목적고의 현주소와 특목고 정책의 향후 개선방안〉, 《특목고 제도개선 토론회 자료집》, 3-60쪽.

강영혜·박소영·김용(2011), 〈일반계 고교 다양화 정책의 추진현황과 과제: 자율형공립고, 자율형사립고, 기숙형고교를 중심으로〉, 한국교육개발원.

강은숙·류승오(2014), 〈교육개혁정책의 연속성과 단절성에 관한 분석〉, 《교육문제연구》 20(3), 43-66쪽.

강정인 등(2008), 〈민주화를 중심으로 본 한국 현대 정치사항의 흐름과 변화〉, 《신아세아》 15(2), 152-181쪽.

강준만(1996), 《서울대의 나라》, 개마고원.

강준만(2009), 《입시전쟁 잔혹사》, 인물과사상사.

강태중(2007), 〈3불정책의 연원과 그 의미의 변전〉, 《아시아교육연구》 8(2), 183-216쪽.

강태중(2008), 〈'고교 다양화 300 프로젝트'가 공교육을 바꿀 가능성은?〉, 《교육정책포럼》 168, 한국교육개발원, 4-8쪽.

고형일(1998), 〈2002년 이후의 입학제도 개선에 관한 연구〉, 교육인적자원부.

고형일(2004), 〈학벌과 연고주의문화: 광주·전남지역의 경우〉, 교육문화연구회 외, 《공교육살리기 실천: 학벌을 어떻게 이해할 것인가》(심포지움 자료집)(경북대학교 우당교육관), 67-80쪽.

곽병선(2003), 〈학력/직업능력 자격기준 세우고, 학교가 평가권 행사하면 공교육 살고 사교육문제 해결된다〉, 《한국교육학회 소식지》 39(4), 1-15쪽.

구인회·김정은(2015), 〈대학진학에서의 계층 격차: 가족 소득의 역할〉, 《사회복지정책》 42(3), 27-49쪽.

국정브리핑 특별기획팀(2008), 《대한민국 교육 40년》, 한스미디어.

김경근(1999), 《대학서열 깨기》, 개마고원.

김경애 등(2020), 〈교육 분야 양극화 추이 분석 연구(1): 기초연구〉, 한국교육개발원.

김경애 등(2020), 〈교육 분야 양극화 추이 분석 연구(1): 기초연구〉(별책부록), 한국교육개발원.

김경희(2013), 〈제18대 대통령선거 교육정책 공약 비교·분석〉, 《한국교육학연구》 19(3), 153-180쪽.

김덕한·이정민(1996), 〈52.2%를 서울대 인맥이 장악〉, 《월간조선》 8월호, 572-585쪽.

김동춘(2000), 《근대의 그늘》, 당대.

김동춘(2001), 《독립된 지성은 존재하는가》, 삼인.

김동훈(2002), 《서울대가 없어야 나라가 산다: 학벌주의의 뿌리를 찾아서》, 더북.
김동훈(2003), 〈새 정부의 학벌타파 정책〉, 《교육경남》 152호, 경상남도교육위원회, 10-14쪽.
김동훈(2003), 〈참여정부에서의 학벌문화 타파, 어떻게 할 것인가〉, http://www.goodbyehakbul.org.
김두식(2012), 〈한국의 행정엘리트: 역대 정권별 행정엘리트의 선발과 충원의 사회적 기반을 중심으로〉, 《지역사회학》 14(1), 171-208쪽.
김미란·박병영(2013), 〈대입부담 완화를 위한 대입전형 간소화 방안〉(Position Paper) 10(2), 한국교육개발원.
김민남(2004), 《삶과 교직》, 문예미학사.
김민남(2016), 〈人才가 아닌 人材 교육체제의 이론적 가정과 함의〉, 《융합교육연구》 3(1), 9-42쪽.
김민남(2017), 〈교육은 교육방법론의 실천이다〉, 사람대사람 엮음, 《프레이리의 사상과 실천》, 살림터, 13-78쪽.
김민남·손종현(1997), 〈교사의 인식체계와 사회적 고통〉, 《중등교육연구》 39, 1-41쪽.
김민남·손종현(2004), 〈학교의 교육력 제고방안 연구〉, 교육혁신위원회.
김민남·손종현(2006), 《한국교육론: 지양과 지향》, 경북대학교출판부.
김민남·손종현·김부태(2004), 〈학교교육체제 혁신을 위한 교육이력철 도입·활용방안 연구〉, 교육인적자원부.
김민남·손종현·백정하(2004), 〈참여정부의 교육혁신 방향 연구〉, 교육혁신위원회.
김병모(2010), 〈사립 미래고등학교의 교사문화에 관한 미시적 연구〉, 《교육정치학연구》 17(4), 217-243쪽.
김부태(1995), 《한국 학력 사회론》, 내일을여는책.
김부태(2011), 〈한국 학력·학벌주의 인식체계 분석〉, 《교육학연구》 49(4), 25-54쪽.
김부태(2013), 〈일제강점기 학력제도의 구조적 성격: 역사·철학적 논의〉, 《교육철학》 51, 1-37쪽.
김부태(2014), 〈한국 학력·학벌 연구의 사적 고찰: 1980-2007〉, 《교육사회학연구》 24(1), 77-109쪽.
김부태(2014), 〈한국 학력·학벌사회 개혁론에 대한 분석적 고찰〉, 《열린교육연구》 22(3), 1-26쪽.
김부태(2015), 〈지역균형인재 선발제도의 개선방안 탐색: 선발결과의 분석〉, 《열린교육연구》 23(1), 105-134쪽.
김부태·이병환(2015), 〈한국 교육엘리트 충원의 특성 분석: 교육부 장·차관의 교육적 배경을 중심으로〉, 《열린교육연구》 23(3), 139-164쪽.
김상봉(2004), 《학벌사회》, 한길사.
김성열(2006), 〈고등학교 체제의 다양화, 자율화 실태와 개선방안〉, 《교육이론과 실천》 16, 21-47쪽.
김성열(2008), 〈개방형 자율학교, 잘 운영되고 있는가?〉, 《교육정책포럼》 168, 14-16쪽.
김성열·김훈호(2015), 〈고등학교 체제의 다양화: 양상과 성과, 그리고 과제〉, 《교육연구와 실천》 81, 27-56쪽.
김세균·오성숙(2011), 〈21세기 한국을 위한 서울대 및 대학체제 개혁안〉, http://blog.daum.net/gimsk/6637745.
김세직(2014), 〈경제성장과 교육의 공정경쟁〉, 《경제논집》 53(1), 3-20쪽.
김수자(2006), 〈민주화이후 한국 민족주의 담론의 전개: 6월 항쟁-김대중 정권〉, 《사회과학연구》 14(2), 44-80쪽.
김안국 등(2017), 〈한국사회의 학력주의(Credentialism)와 포스트 NCS〉, 한국직업능력개발원.
김영철 등(2007), 〈대한민국 교육정책사 연구〉, 교육인적자원부.
김영철(2014), 〈대학 진학 성과의 영향요인 분석: 사회경제적 지위, 거주지역 및 학습환경을 중심으로〉, 《재정학연구》 7(3), 127-171쪽.
김용철(2020), 〈사회경제적 불평등과 한국 민주주의: '좋은 민주주의인가?'〉, 《기억과 전망》 42, 58-97쪽.
김용학(2003), 〈한국사회의 학연: 사회적 자본의 창출에서 인적 자본의 역할〉, 《한국사회학회 기타간행물》, 53-68쪽.
김윤상(2021), 《토론으로 찾아가는 이상사회》, 경북대학교출판부.
김정완(2020), 〈대입정책 결정 공론화에 대한 체제론적 평가: '2022 대입개편 방안'을 중심으로〉, 《교육정치학연구》 27(1), 121-148쪽.
김정희(2013), 〈지역발전을 위한 지방대학 육성정책 연구: 참여정부와 이명박 정부의 대학 재정지원사업 비교분석을 중심으로〉, 《지방정부연구》 17(1), 105-135쪽.
김종엽(2003), 〈한국사회의 교육 불평등〉, 《경제와 사회》 59, 55-77쪽.
김종영(2008), 〈글로벌 문화자본의 추구: 미국 유학 동기에 대한 심층 면접 분석〉, 《한국사회학》 42(6), 68-105쪽.
김종혁·이상원(2010), 〈교육특구의 특성과 자식교육을 위한 삶의 형태〉, 《중등교육연구》 58(1), 39-70쪽.
김주후(2005), 〈자립형사립고 시범운영의 평가〉, 《사학》 겨울, 33-43쪽.
김천기(2012), 〈한국교육의 신자유주의화 과정과 그 성격: 학교의 입시학원화와 '자율적 통치성' 강화〉, 《교육종합연구》 10(1), 119-149쪽.
김천기(2015), 〈사회적 불평등 맥락에서 본 대학입학 기회 배분의 주류적 공정성 모델 한계와 대안적 공정성 모델 탐색〉, 《교육사회학연구》 25(4), 1-24쪽.
김흥주(2008), 〈4·15 학교자율화 조치: 여론동향 분석과 향후 과제 제안〉(Position Paper) 5(2), 한국교육개발원.
나승일(2013), 〈학벌 아닌 능력중심사회를 위한 NCS 구축과 활용〉, 《교육개발》 9, 89-98쪽.
남궁지영·우명숙(2010), 〈한국교육개발원 교육여론조사〉, 한국교육개발원.
노병만(1997), 〈김영삼정권 권력엘리트의 특성 분석〉, 《한국정치학회보》 31(2), 143-171쪽.
더불어민주당(2017), 《나라를 나라답게: 제19대 대통령선거 정책공약집》, 205-221쪽.
류방란(2002), 〈2001 한국교육의 개관〉, 《한국교육평론 2001》, 한국교육개발원, 9-42쪽.
류방란·이혜영·최윤선(2002), 〈초등학교 교사의 생활과 문화〉, 한국교육개발원.
류방란·김성식(2006), 〈교육격차: 가정배경과 학교교육의 영향력 분석〉, 한국교육개발원.
문상석·염유식(2010), 〈학벌과 불행: 한국 청소년의 주관적 행복도〉, 《현대사회와 문화》 31, 73-102쪽.
문재인 지음/문형렬 엮음(2017), 《대한민국이 묻는다: 완전히 새로운 나라, 문재인이 답하다》, 21세기북스.
문지영(2007), 〈민주화 이후 한국의 '자유'민주주의: 의미와 과제〉, 《사회과학연구》 15(2), 94-130쪽.
민주자유당(1992), 《신한국 창조를 위한 김영삼의 실천 약속》.
박거용(2004), 〈대학서열화와 학벌주의〉, 《역사비평》 67, 22-43쪽.
박경효(1995), 〈김영삼정부의 장·차관(급) 충원정책: 국정지도력, 전문성, 그리고 대표성〉, 《한국행정학보》 29(2), 487-501쪽.
박권일(2010), 〈대학의 사회적 위상과 가치의 변동: 한국인에게 대학이란 무엇인가〉, 《황해문화》 66, 62-75쪽.
박권일(2021), 《한국의 능력주의》, 이데아.
박남기(2018), 《실력의 배신》, (주)쌤앤파커스.

박병영·김미숙·김수연(2008), 〈고교-대학 연계를 위한 대입전형연구(V): 편입학 원인과 이동구조 분석〉, 한국교육개발원.
박부권(1999), 〈교육개혁의 주체로서 국가, 시장, 그리고 시민단체〉, 《한국교육연구》 5(2), 24-43쪽.
박상필(2012), 〈1990년대 이후 한국 시민사회의 발전: 정부와 시민사회와의 관계를 중심으로〉, 《기억과 전망》 27, 162-191쪽.
박세일(1995), 〈세계화 시대의 교육을 위한 발상의 전환: 규제에서 탈규제로〉, 나라정책연구회 편, 《소비자주권의 교육대개혁론》, 길벗.
박세일(2004), 〈대학개혁의 기본 방향: 철학과 원칙〉, 《자율과 책무의 대학개혁: 2단계 개혁》, 한국개발연구원·한국능력개발원, 3-19쪽.
박소영(2011), 〈중등학교 교사 문화 비교 분석: 2001년과 2011년간 변화를 중심으로〉, 《한국교원교육연구》 28(3), 201-222쪽.
박영원(2011), 〈정무직 공무원의 인사형평성에 관한 실증적 연구〉, 《한국인사행정학회보》 10(3), 239-257쪽.
박종일 등(2010), 〈한국 어린이-청소년 행복지수의 연구와 국제 비교〉, 《한국사회학》 44(2), 121-154쪽.
박찬석·김윤상(1997), 〈인재지역할당제: 지방차별 해소를 위한 방안〉, 《대학교육》 85(1·2월호), 56-63쪽.
박찬석(2003), 〈인재지역할당제 왜 해야 하는가?〉, 전국교직원노동조합 외, 《'학벌타파와 지역별 인재할당제' 학벌타파 대안 토론회 자료집》(연세대학교 장기원 기념관), 24-46쪽.
박효민(2019), 〈능력주의(meritocracy)를 넘어서: 능력주의의 한계와 대안〉, 《한국사회사학회 2019 공동학술대회 발표자료집(학력주의의 사회사: 청년, 공정성, 계급재생산)》, 29-41쪽.
방하남·김기헌(2002), 〈기회와 불평등: 고등교육 기회에 있어서 사회계층간 불평등 분석〉, 《한국사회학》 36(4), 193-222쪽.
백종국(2003), 〈매개의 변증법과 국가의 흥망〉, 《한국정치학회보》 37(1), 431-449쪽.
백종섭(2003), 〈노무현 정부 교육정책의 과제와 추진전략〉, 《한국정책분석평가학회 학술대회발표논문집》, 1-23쪽.
변기용·박준희·장정현(2017), 〈19대 대선공약 분석과 문재인 정부의 고등교육 부문 주요 개혁과제〉, 《교육정치학연구》 24(2), 77-105쪽.
변기용·송인영(2018), 〈문재인 정부 고등교육개혁 추진현황 및 개선과제: 대학 구조개혁 및 재정지원사업 재편 정책을 중심으로〉, 《한국교육학연구》 24(2), 51-79쪽.
새누리당(2012), 《제18대 대통령선거 새누리당 정책 공약: 세상을 바꾸는 약속, 책임있는 변화》, 재미사, 218-244쪽.
서울대학교 60년사 편찬위원회편(2006), 《서울대학교 60년사》, 서울대학교 60년사 편찬위원회.
서덕준 등(2014), 〈의사인력 양성현황 연구: 한국의학교육백서〉, 의료정책연구소.
서혁준 등(2014), 〈정책의 도입, 표류, 그리고 회귀: 의학전문대학원 사례 연구〉, 《국가정책연구》 28(4), 187-214쪽.
성기선(2005), 〈자립형사립고등학교 시범운영 결과에 대한 비판적 검토〉, 《교육사회학연구》 15(3), 179-204쪽.
성기선(2007), 〈참여정부의 교육정책: 고교평준화〉, 《교육비평》 23, 78-96쪽.
성시경·도명록(2012), 〈한국과 일본의 국립대학 법인화에 관한 비교연구〉, 《교육행정학연구》 30(3), 235-264쪽.
손승욱(2011), 〈공공성 가치의 위축과 특권 유지〉, 《내일을 여는 역사》 44, 146-169쪽, http://

egloos.zum.com/ jayouropen/v/5057813.
손종현(2003), 〈'학벌과 연고주의 문화: 광주전남지방의 경우'에 대한 토론〉, 교육문화연구회 외, 《공교육살리기 실천: 학벌을 어떻게 이해할 것인가》(심포지움 자료집)(경북대학교 우당교육관), 81-100쪽.
손종현(2005), 〈교육이력철 도입·활용 방안〉, 교육혁신위원회.
손종현(2010), 〈입학사정관제, 발상에서 행동까지〉, 손종현 엮음, 《입학사정관제, 최초의 교육개혁》, 경북대학교출판부, 17-51쪽.
손종현(2014), 〈대학 교양교육의 재개념화: 人材교육적 관점에서〉, 《열린교육연구》 22(2), 307-329쪽.
손종현·김부태(2016), 〈한국 학력·학벌기반 연줄사회의 실재성과 그 이데올로기적 성격〉, 《열린교육연구》 24(2), 147-174쪽.
손종현(2017a), 〈창의성 계발 교육체제 수립〉, 《열린교육연구》 25(1), 123-146쪽.
손종현(2017b), 〈교사 책임교육을 지속가능하게 하는 교육정책〉, 《열린교육연구》 25(4), 101-124쪽.
손종현(2021), 〈현단계 공교육체제 개혁 정책 기획〉, 《새길을 여는 교육비평》 여름, 170-211쪽.
손준종(2001), 〈근대적 학력주의의 출현과 제도화 과정에 관한 연구: 개항지 군산지역을 중심으로〉, 《한국교육학연구》 7(1·2), 81-118쪽.
손준종(2010), 〈한국 고등학교의 수평적 계층화에 관한 이해와 비판〉, 《교육사회학연구》 20(4), 139-169쪽.
송기창(2013), 〈박근혜 정부 고등교육재정정책의 쟁점과 과제〉, 《교육행정학연구》 31(3), 255-279쪽.
신동아 편집부(2000), 〈16대 국회의원 인물사전〉, 《신동아》 5월호 별책부록, 동아일보사.
신현석·정용주·윤지희(2018), 〈문재인 정부 교육개혁의 쟁점과 과제: 교육개혁 방향과 내용, 추진방식을 중심으로〉, 《한국교육학연구》 24(2), 81-114쪽.
안선회(2013), 〈이명박 정부 5년 평가와 새정부의 과제: 국민 모두의 행복을 위한 교육개혁〉, 《계간민주》 6, 125-145쪽.
안선회(2018), 〈학생부 중심 대입제도의 추진과정과 정책문제 분석〉, 《교육문화연구》 24(6), 87-116쪽.
양재인(2004), 〈국민의 정부의 엘리트 충원 분석: 각료를 중심으로〉, 《동북아연구》 9, 201-243쪽.
오달현(2012), 〈대학입시 정책을 둘러싼 갈등 분석: 노무현 정부와 이명박 정부를 중심으로〉, 《대한정치학회보》 20(1), 351-377쪽.
오욱환(2000), 《한국사회의 교육열: 기원과 심화》, 교육과학사.
오호영·김승보·정재호(2006), 〈대학서열화와 기업〉, 한국직업능력개발원.
오호영 등(2015), 〈한국의 세대 간 사회계층 이동성에 관한 연구〉, 《한국교육고용패널 학술대회 발표 논문》, 한국직업능력개발원.
유팔무(2004), 《한국의 시민사회와 새로운 진보》, 논형.
유현숙·최정윤·서영인(2013), 〈지방대학 발전 방안〉(Position Paper) 10(3), 한국교육개발원.
윤상우(2009), 〈외환위기 이후 한국의 발전주의적 신자유주의화〉, 《경제와 사회》 83, 40-68쪽.
윤양배 등(2008), 〈능력과 학벌에 대한 일반 국민과 기업 인사담당자의 인식 경향〉, 한국직업능력개발원.
이건만(2007), 〈한국사회의 학벌주의와 계급갈등: 학벌자본의 이론화를 향해〉, 《교육사회학연구》 17(4), 63-85쪽.
이경숙 등(2010), 〈교육과 이주에 대한 학부모의 인식: 대구경북 학부모 면담 분석〉, 《한국교육》

37(2), 5-30쪽.
이경숙(2013), 〈전투적 교육가족: 학벌전쟁을 이끄는 가족〉, 《교육열망과 재생산》, 한국학술정보, 51-78쪽.
이경숙(2017), 《시험국민의 탄생》, 푸른역사.
이광호(1990), 〈한국 교육체제 재편의 구조적 특성에 관한 연구: 1945-1955년을 중심으로〉, 연세대학교 박사학위논문.
이광호(1994), 〈한국 근대사회의 학력주의 제도화 과정에 관한 연구(I)〉, 《정신문화연구》 4(3), 151-183쪽.
이규용·이용현(2003), 〈대졸 청년층의 노동시장 성과 결정 요인〉, 《노동정책연구》 3(2), 69-94쪽.
이기혜·최윤진(2016), 〈대학입학전형 선발 결정요인 분석: 가정배경 및 학교관련 요인을 중심으로〉, 《한국교육학연구》 22(1), 135-163쪽.
이동연(2015), 〈신자유주의 대학과 학력자본의 재생산〉, 《문화과학》 82, 12-38쪽.
이두휴·고형일(2003), 〈대학서열체제의 공고화와 지역간 불균등 발전〉, 《교육사회학연구》 13(1), 191-214쪽.
이두휴 등(2007), 〈학부모 문화 연구: 자녀교육지원활동을 중심으로〉, 한국교육개발원.
이병환(2002), 〈신자유주의 교육개혁의 성격과 평가〉, 《한국교육》 29(2), 33-55쪽.
이병환 등(2018), 〈대안교육 발전방안 모색을 위한 연구〉, 대구광역시교육청.
이석열(2013), 〈이명박 정부의 고등교육개혁정책에 대한 정치학적 분석〉, 《교육정치학연구》 20(4), 213-239쪽.
이시원·민병익(2002), 〈우리나라 역대 정부 장관의 재임기간 및 배경 분석〉, 《한국행정연구》 11(3), 53-82쪽.
이용균·이기성(2010), 〈정부의 대학 구조조정 정책의 특징 분석 및 발전 방향〉, 《평생교육·HRD 연구》 6(2), 165-185쪽.
이윤성·채수진·신좌섭(2004), 〈우리나라 의과대학 교수의 현황〉, 《한국의학교육》 16(3), 269-279쪽.
이재열(2015), 〈사회의 질, 경쟁, 그리고 행복〉, 《아시아리뷰》 4(2), 3-29쪽.
이정규·홍영란(2002), 〈한국사회에서의 학력의 가치 변화 연구〉, 한국교육개발원.
이정규(2003), 《한국사회의 학력·학벌주의: 근원과 발달》, 집문당.
이정표(2001), 〈국민의 학력관에 나타나는 학력의 사회적 함의에 관한 연구〉, 《교육사회학연구》 11(1), 55-75쪽.
이종각(2001), 〈우리 사회의 학력 학벌주의 극복을 위한 정책 방향과 과제에 대한 토론〉, 《KEDI 교육정책 포럼: '학력주의의 실상과 대응 방안'》(2001.9.), 한국교육개발원, 73-77쪽.
이종각(2003), 〈학력중시 사회의 실상과 과제〉, 《제15차 KRIVET HRD 정책포럼: '학력중시 사회에서 능력중시 사회로의 전환'》(2003.2.19.), 한국직업능력개발원, 23-53쪽.
이종태(2001), 〈2000년 한국교육의 개관〉, 《한국교육평론 2000》, 한국교육개발원, 3-37쪽.
이종태 등(2007), 〈특수목적고등학교의 중장기 운영 방향 및 발전방안 연구〉, 한국교육연구소.
이주호(1994), 〈인력수급 전망과 고등교육개혁과제〉, 《한국개발연구》 16(4), 3-25쪽.
이주호·김선웅(2002), 〈평준화 정책의 재정립〉, 박세일·우천식·이주호 편, 《자율과 책무의 학교개혁: 평준화 논의를 넘어서》, 한국교육개발원.
이주호 등(2005), 〈교육경쟁력 강화를 위한 여건 조성 방안〉, 한국경제연구원.
이주호 등(2006), 《평준화를 넘어서 다양화로》, 학지사.
이필남 등(2010), 〈국립대학 법인화 정책 연구〉, 한국교육개발원.
이혜영 등(1998), 〈한국 근대 학교교육 100년사 연구(III)〉, 한국교육개발원.

이혜영 등(2009), 〈학력인정제도 개선방안 연구〉, 한국교육개발원.
이혜영·류방란·윤여각(2001), 〈중등학교 교사의 생활과 문화〉, 한국교육개발원.
임소현 등(2016), 〈한국교육개발원 교육여론조사〉, 한국교육개발원.
임소현 등(2019), 〈한국교육개발원 교육여론조사〉, 한국교육개발원.
임소현 등(2020), 〈한국교육개발원 교육여론조사〉, 한국교육개발원.
임연기(2005), 〈한국 대학 구조조정 정책의 특징과 쟁점〉, 《교육행정학연구》 23(4), 243-268쪽.
임용수(1996), 〈한국 학력주의의 이데올로기적 성격에 대한 고찰: M. Harris의 문화적 유물론의 관점에서〉, 《교육학연구》 35(5), 465-486쪽.
임재홍(2017), 〈박근혜정부의 대학정책에 대한 비평〉, 《민주법학》 65, 5-48쪽.
장덕진 등(2015), 《세월호가 우리에게 묻다: 재난과 공공성의 사회학》, 한울아카데미.
장석환(2007), 〈문민정부 이후 대학 정원정책 분석〉, 《교육행정학연구》 25(4), 389-412쪽.
장수명(2006), 〈대학서열의 경제적 수익 분석〉, 《한국교육》 33(2), 75-107쪽.
장수명(2009), 〈5·31 대학정책 분석: 규제 완화를 중심으로〉, 《동향과 전망》 77, 9-49쪽.
장회익 등(2001), 〈대학간 협력을 통한 국립대학교 학사과정 개방화 방안〉, 《교수신문》(2001.4.16.).
전국교직원노동조합 참교육연구소(2006), 〈입시교육의 실태 및 입시 제도에 대한 고등학생 의식 조사보고서〉, http://www.antihakbul.org.
전상진(2007), 〈다양하고 균형있는 보도 그러나 학벌 숭배는 본능적〉, 《신문과 방송》, 한국언론진흥재단, 66-69쪽.
정구현(2014), 〈관피아, 전관예우 없앨 방법 있다〉, 《동아일보》(2014.6.2.).
정성호 등(2002), 〈대통령의 인사 정책에 대한 비교 연구: 김영삼과 김대중 대통령을 중심으로〉, 《경기대학교 사회과학논총》 5, 173-212쪽.
정영섭(1996), 〈교육황폐화의 주범 국립 서울대를 폐교하라: 교육정상화를 위한 한 경제학자의 긴급 제언〉, 《시사월간 윈(WIN)》(1996.2.), 중앙일보사, 126-131쪽.
정영섭(1996), 〈우리나라 대학교육시장의 경쟁구조와 국립서울대학교의 위상과 영향〉, 《건대학술지》 40(1), 355-376쪽.
정영섭(2000), 〈우리나라 국립-사립대학간 경쟁질서와 그 영향〉, 《질서경제저널》 3(1), 63-86쪽.
정영섭(2002), 〈학벌주의 타파를 위한 정부정책의 한계와 개혁 방향〉, 《사회과학연구》 15, 157-175쪽.
정영섭·이공훈(2006), 《교육, 시장과 정부에서 길을 찾다》, 건국대학교출판부.
정진상(2004), 《국립대 통합네트워크》, 책세상.
정진상 엮음(2006), 《교육부의 대국민사기극》, 도서출판 책갈피.
정진상(2008), 〈학벌, 근대적 개인에게 안기는 봉건적 낙인〉, 《내일을 여는 역사》 31, 43-53쪽.
정진상(2010), 〈대학서열체제와 그 해소방안〉, 《역사비평》 92, 133-157쪽.
정진상(2012), 〈학벌주의 이데올로기 깨뜨리기: 국립대 통합네트워크 톺아보기〉, 《우리교육》 9, 78-89쪽.
정태화 등(2003), 〈학벌주의 극복을 위한 종합대책 연구〉, 교육인적자원부.
조명래(2004), 〈신상류층의 방주(方舟)로서의 강남〉, 《황해문화》 42(봄호), 25-40쪽.
조상식(2008), 〈이명박 정부의 교육정책에 대한 비판적 검토〉, 《교육비평》 24, 38-53쪽.
조용개·손종현(2015), 〈교육과정 운영 실태에 관한 FGI 분석과 진단: '무규범적 성과주의'의 실재성〉, 《열린교육연구》 23(1), 187-213쪽.
조정윤(2013), 〈국가직무능력표준(NCS) 도입에 따른 대학교육의 변화 방향〉, 《한국취업진로학회 학술대회 발표자료집》, 43-73쪽.
주영효·박균열(2012), 〈이명박 정부의 교육정책 공약 이행도 분석〉, 《교육행정학연구》 30(4),

379-408쪽.
주영효·박균열(2013), 〈박근혜 정부의 교육복지 공약 분석〉, 《교육문제연구》 26(3), 189-210쪽.
채창균(2012), 〈핵심직업능력시스템의 구축〉, 《취업진로연구》 2(1), 5-20쪽.
최돈민 등(2001), 〈학부모 학력주의 교육관 타파 방안 연구〉, 교육인적자원부.
최상근 등(2009), 〈고등학생의 학업생활과 문화 연구〉, 한국교육개발원.
최샛별(2001), 〈한국 상류계층 학연연구를 위한 제언: 상류계층 학력에 있어서 명문학교의 중요성과 변화 그리고 여성의 학연〉, 《사회과학논총》 7, 163-185쪽.
한국과학기술기획평가원(2020), 〈2018년 미국 박사학위 취득자 현황〉, 《KISTEP 통계브리프》 제2호.
한국교육개발원(1995, 1997), 《한국의 교육지표》.
한국여성정책연구원(2011), 《KWDI Brief》 15, 1-3쪽.
한국인물연감사 편(1996), 《사진으로 본 한국인물연감》, 한국인물연감사.
한나라당(2007), 《제17대 대통령 선거 한나라당 정책공약집: 일류국가 희망공동체 대한민국》, 북마크.
한만길(1991), 〈대학 교육기회의 확대에 따른 대학의 분화와 교육기회의 불평등에 관한 연구〉, 《교육학연구》 29(3), 251-266쪽.
한만길 등(2007), 〈5·31 교육개혁의 성과와 과제〉, 교육혁신위원회.
한숭희(2004), 〈학력의 재해석을 통한 개방적 평생교육체제 설계〉, 《한국교육연구》 10(2), 64-101쪽.
한숭희(2008), 〈능력주의의 함정〉, 《매일경제》(2008.12.23.).
한준상(1994), 《한국교육개혁론》, 학지사.
한준상(1998), 〈김영상 정부 교육개혁에 대한 평가〉, 《황해문화》 6(1), 225-229쪽.
한준상(2002), 〈대입제도와 학벌문화: 상식으로는 못 고친다〉, 《사학》 99, 28쪽.
한준상(2007), 〈문민정부 이후의 교육정책 분석 및 차기 정부의 교육혁신 과제〉, 《역사비평》 81, 역사비평사, 140-177쪽.
홍연애·조은주·유수정(2004), 《강남의 부자들》, 북라인.
홍영란·이남철·신범석(2002), 〈기업의 직원 채용 및 승진 등에 학벌이 미치는 영향 연구〉, 한국교육개발원.
황준성(2012), 〈이명박 정부 고교 다양화 정책 추진현황 및 과제: 일반계 자율형 공·사립고, 기숙사형 고교를 중심으로〉(2012 Position Paper) 9(20-2), 한국교육개발원.
황진우(2019), 〈2019년에 바라보는 문재인 정부의 교육정책: 자유주의 정권의 한계와 한국교육의 난맥상을 여실히 보여준 2년〉, 《진보평론》 80, 106-144쪽.
Arkes, J.(1999), "What Do Educational Credentials Signal and Why Do Employers Value Credentials?", *Economics of Education Review* 18(1), pp. 133-141.
Brown, P. & Souto-Otero, M.(2020), "The End of the Credential Society? An analysis of relationship between education and the labour market using big data", *Journal of Education Policy* 30(1), pp. 95-118.
Brown, P. et al.(2016), "Credentials, Talent and Cultural Capital: A comparative study of educational elites in England and France", *British Journal of Sociology of Education* 37(2), pp. 191-211.
Carnoy, M.(1989), "Education, State, and Culture in American Society", Giroux, H. A. & McLaren, P. L.(ed.), *Critical Pedagogy, The State, and Cultural Struggle*, New York: State University of New York Press.

Chiroleu, A. & Marquina, M.(2017), "Democratization or Credentialism? Public policies of expansion of higher education in Latin America", *Policy Reviews in Higher Education* 1(2), pp. 139-160.
Christopher, M. H.(2020), [Book Review] "The Credential Society: An historical sociology of education and stratification", *Teaching Sociology* 48(1), pp. 68-70.
Collins, R.(1979), *The Credential Society: An historical sociology of education and stratification*, New York : Academic Press, Inc., 정우현 옮김(1989), 《학력주의 사회》, 배영사.
Collins, R.(1992), *Sociological Insight: Introduction to non-obvious sociology*, Oxford: Oxford University Press, 진수미 옮김(2005), 《상식을 넘어선 사회학: 사회학적 통찰》, 경북대학교출판부.
Dale, R.(1989), *The State and Education Policy*, Milton Keynes: Open University Press.
Dore, R.(1976), *Diploma Disease: Education, Qualification and Development*, Berkeley & L. A.: University of California Press, 이건만·김성학 옮김(1992), 《졸업장 열병》, 양서원.
Freire, P.(1982), *Pedagogy of the Oppressed*, New York: Continuum.
Guile, D.(2003), From 'Credentialism' to the 'Practice of Learning': Reconceptualising learning for the knowledge economy, *Policy Futures in Education* 1(1), pp. 83-105.
Hirsch, F.(1976), *Social Limits to Growth*, Cambridge: Harvard University Press.
Kirst, M. W.(1992), "The State Role in School Restructuring", Finn, Jr., C. E. & Rebarber T.(ed.), *Education Reform in the '90s*, New York: Macmillan Publishing Company, pp. 23-35.
Minjeong Park & Pan Suk Kim(2016), *An Analysis of Political Appointments of Recent Governments in South Korea*, 《한국인사행정학회보》 15(2), pp. 287-313.
Murphy, J.(1990), "The Educational Reform Movement of the 1980s: A Comprehensive Analysis", *The educational reform movement of 1980s*, Berkeley: McCutchan Publishing Corporation, pp. 3-55.
Olson, M.(1982), *The Rise and Decline of Nations: Economic growth, stagflation, and social rigidities*, New Haven: Yale University Press.
O'neill, W. F.(1981), *Educational Ideologies: Contemporary expressions of educational philosophy*, Santa Monica: Goodyear Publishing Company, Inc.
Ramirez, F. O. & Boli J.(1987), The Political Construction of Mass Schooling, *Sociology of Education*, 60(Jan.), pp. 65-90.
Sedlacek, W. E.(2004), *Beyond the Big Test: Noncognitive assessment in hgher education*, San Francisco: Jossey-Bass.
Shapiro, S.(1990), *Between Capitalism and Democracy: Educational policy and the crisis of the welfare state*, New York: Bergin & Garvey Publishers.
Smetherham, C.(2006), Firsts among Equals? Evidence on the contemporary relationship between educational credentials and occupational structure, *British Journal of Sociology of Education* 19(1), pp. 29-45.
Tholen, G.(2020), Degree Power: Educational credentialism within three skilled occupations, *British Journal of Sociology of Education* 41(3), pp. 283-298.
Wirt, F. M.(1989), *Schools in Conflict*, Berkeley: McCutchan Publishing Corporation.

정부 자료

교육개혁위원회(1995), 《세계화·정보화시대를 주도하는 신교육체제 수립을 위한 교육개혁 방안》, 교육개혁위원회.

교육개혁위원회(1996a), 《신교육체제 수립을 위한 교육개혁 방안(II)》, 교육개혁위원회.

교육개혁위원회(1996b), 《신교육체제 수립을 위한 교육개혁 방안(III)》, 교육개혁위원회.

교육개혁위원회(1997a), 《신교육체제 수립을 위한 교육개혁 방안(IV)》, 교육개혁위원회.

교육개혁위원회(1997b), 《신교육체제 수립을 위한 교육개혁 방안(요약본)》(교육개혁위원회 설명자료 '97-3), 교육개혁위원회.

교육개혁협의회(2012.8.27.), 〈대학 경쟁력 강화를 위한 "대학 자율화 추진 계획" 확정·발표〉(보도자료).

교육과학기술부(2008.3.20.), 〈교육살리기, 과학기술강국 건설: 2008년 주요 국정과제 실행 계획〉, (2008 대통령 업무보고 자료).

교육과학기술부(2008.4.15.), 〈학교 자율화 추진계획: 다양하고 질 높은 교육을 위한, 학교 중심의 자치기반 마련〉(보도자료).

교육과학기술부(2008.12.29.), 〈자율형사립고등학교! 학생의 선택이 다양해집니다〉(보도자료).

교육과학기술부(2009), 〈학령인구 감소에 따른 대학 구조조정 추진 방안〉.

교육과학기술부(2009.2.), 〈대학 구조조정 추진 방안〉.

교육과학기술부(2009.4.30.), 〈학교 자율화 3단계 계획〉.

교육과학기술부(2009.6.11.), 〈학교현장 중심 자율화로 다양하고 더 좋은 학교 만든다〉(보도자료).

교육과학기술부(2009.6.11.), 〈학교단위 책임경형을 위한 학교자율화 추진 방안〉.

교육과학기술부(2009.7.), 〈국립대학 구조개혁 추진계획〉.

교육과학기술부(2009.8.9.), 〈2009년도 국립대학 구조개혁 추진계획〉(보도자료)

교육과학기술부(2009.10.20.), 〈2009년 기숙형 고교 68개 확정 발표〉(보도자료).

교육과학기술부(2009.11.10.), 〈교육소외지역 명문고 만든다〉(보도자료).

교육과학기술부(2009.12.10.), 〈고등학교 선진화를 위한 입학제도 및 체제 개편 방향〉(보도자료).

교육과학기술부(2009.12.30.), 〈경영부실 대학 8교, 2011년까지 구조조정 완료〉(보도자료).

교육과학기술부(2010.6.22.), 〈고교체제 개편과 학교자율화를 위한 '초·중등교육법 시행령' 개정〉(보도자료).

교육과학기술부(2010.7.2.), 〈의·치의학 교육제도 개선계획 발표〉(보도자료).

교육과학기술부(2010.9.28.), 〈국립대학 선진화 방안: 운영체제 효율화를 통한 국립대학 경쟁력 강화〉.

교육과학기술부(2011.3.31.), 〈자율형공립고 39개교 추가, 전국 97개교로〉(보도자료).

교육과학기술부(2011.4.1.), 〈'2011년도 국립대학 구조개혁 추진계획' 확정 발표〉(보도자료).

교육과학기술부(2011.9.7.), 〈의·치의학 전문대학원 정원조정 결과 발표〉(보도자료).

교육과학기술부(2012.8.22.), 〈자율형공립고 116개교로 확대〉(보도자료).

교육과학기술부(2012.8.27.), 〈대학 경쟁력 강화를 위한 대학 자율화 추진계획〉.

교육과학기술부 교육복지지원국(2008.4.15.), 〈학교 자율화 추진계획: 불합리하고 비효율적인 규제 즉시 혁파〉(정책보고서).

교육과학기술부·한국대학교육협의회(2011.5.4.), 〈2011년 입학사정관제 지원사업 선정 결과 발표〉(보도자료).

교육과학기술부·한국대학교육협의회(2012.5.9.), 〈2012년 입학사정관제 지원사업 선정 결과 발표〉(보도자료).

교육부(1998), 〈국립대학 구조조정 계획〉.
교육부(1998), 〈교육비전 2002: 새 학교문화 창조〉.
교육부(1998.10.19.), 〈2002학년도 대학입학제도 개선안〉.
교육부(1999.2.18.), 〈창조적 지식기반국가 건설을 위한 '교육발전 5개년계획(안) 보고'〉.
교육부(1999.3.11.), 〈창조적 지식기반국가 건설을 위한 '교육발전 5개년 계획'(1999-2003)〉(시안).
교육부(2000.11.30.), 〈2002학년도 대학입학 전형 기본계획〉.
교육부(2000.12.), 〈국립대학발전계획〉.
교육부(2013), 〈창조경제를 견인할 창의인재 육성과 능력중심사회 만들기〉, 《한국경영교육학회 2013년도 추계 학술발표대회논문집》, 1-26쪽.
교육부(2013.7.31.), 〈지방대학 육성 방안(시안) 발표〉(보도자료).
교육부(2013.8.27.), 〈대입전형 간소화 및 대입제도 발전방안(시안) 발표〉(보도자료).
교육부(2013.10.24.), 〈2017학년도 대입제도 확정〉(보도자료).
교육부(2014.1.28.), 〈대학 구조개혁 추진계획 발표〉(보도자료).
교육부(2019.11.7.), 〈고교서열화 해소 및 일반고 교육역량 강화 방안〉(보도자료).
교육부·교육인적자원부·교육과학기술부·한국교육개발원(1990-2020), 《교육통계연보》.
교육부·교육인적자원부·교육과학기술부·한국교육개발원(연도별), 《간추린 교육통계》.
교육부·교육인적자원부·교육과학기술부·한국교육개발원(연도별), 《교육통계 분석자료집》.
교육부 대학구조개혁정책 연구팀(2013.10.17.), 〈학령인구 감소 등 환경변화에 대비한 대학구조개혁 전략 및 방안〉(발표자료).
교육부 대학지원실(2013.8.13.), 〈고등교육 종합발전 방안(시안) 발표〉(보도자료).
교육부·한국대학교육협의회(2013.6.12.), 〈2013년 대학의 입학사정관 역량강화 지원사업 선정결과 발표〉(보도자료).
교육부·한국대학교육협의회(2013.9.24.), 〈'15~16학년도 대입제도(교육부) 및 '15학년도 대입전형 기본사항 확정〉(보도자료).
교육인적자원부(2003), 《국민의 정부(1998-2002) 교육인적자원백서》, 교육인적자원부.
교육인적자원부(2003.11.21.), 〈대학경쟁력 강화 방안 보고〉(보도자료).
교육인적자원부(2003.11.21.), 〈소득 2만불 시대 도약을 위한 대학경쟁력 강화 방안〉.
교육인적자원부(2004.4.6.), 〈사회계층간 통합과 능력중심사회 구현을 위한 학벌주의 극복 종합대책〉.
교육인적자원부(2004.10.28.), 〈학교교육 정상화를 위한 2008학년도 이후 대학입학제도 개선안 발표〉(보도자료).
교육인적자원부(2004.10.28.), 〈학교교육 정상화를 위한 2008학년도 이후 대학입학제도 개선안〉.
교육인적자원부(2004.12.28.), 〈대학자율화 추진계획 및 대학구조개혁방안 발표〉(보도자료).
교육인적자원부(2004.12.), 〈대학자율화 추진계획〉.
교육인적자원부(2004.12.), 〈경쟁력 강화를 위한 대학구조개혁 방안〉.
교육인적자원부(2005.5.19.), 〈특성화를 위한 대학 혁신 방안〉.
교육인적자원부(2005), 〈대안교육 특성화학교 현황(2005.6.)〉.
교육인적자원부(2005), 〈직업분야 특성화고교 현황 및 향후 계획〉.
교육인적자원부(2006), 《교육백서》, 교육인적자원부.
교육인적자원부(2007.3.27.), 〈3불정책 관련 기자브리핑 자료〉.
교육인적자원부 학교정책기획팀(2002), 〈정책해설: 학벌문화타파 추진계획〉, 《교육마당 21》(1월호), 109-111쪽.
교육혁신위원회(2005), 《교육혁신위원회 2년 활동 백서》, 교육혁신위원회.

국가인권위원회(2003), 〈2003 국가인권위원회 연간보고서〉, 국가인권위원회.
국가인원위원회(2020), 〈2020년 차별에 대한 국민인식조사 보고서〉, https://www.humanrights.go.kr.
국무총리실 등(2012.8.27.), 〈대학경쟁력 강화를 위한 '대학자율화 추진계획' 확정·발표〉(보도자료).
국정기획자문위원회 백서 편찬위원회(2017), 《국정자문기획위원회 백서: 국민의 나라 정의로운 대한민국》, 국정자문기획위원회.
국정백서편찬위원회(2013), 《이명박 정부 국정백서: 제9권 교육개혁과 신고졸시대 개막》, 국정백서편찬위원회.
국정홍보처(2003), 〈학벌주의에 대한 국민인식조사〉, http://www.allim.go.kr
국토교통부(2018.1.16.), 〈혁신도시 등 지방 이전기관 지역인재 채용 의무화〉(보도자료).
국회예산정책처(2016), 〈저출산 대책 평가 VI(교육)〉 388호, 국회예산정책처.
대입제도 개편 공론화위원회(2018), 《시민의 지혜! 숙의하고 대안을 찾다: 대입제도 개편 공론화 백서》, 대입제도공론화위원회.
인사혁신처(2016.11.1.), 〈지방인재채용목표제 2021년까지 연장〉(보도자료).
인사혁신처(2021.11.17.), 〈국가공무원 5급 공채 최종합격자 발표〉(보도자료), www.mpm.go.kr
정부혁신지방분권위원회(2004.2.5.), 〈지방출신 공직임용 확대〉(보도자료).
제2의건국추진위원회·한국교육개발원(1999), 《제2의 건국(Rebuilding Korea)》, 제2의건국추진위원회.
제2의건국범국민추진위원회(2000), 《제2의건국운동 백서》 제1집(1998.10.~1999.12.), 제2의건국범국민추진위원회.
제15대 대통령직인수위원회(1998), 《국민의 정부 품질혁신을 위한 100대 국정과제》.
제16대 대통령직인수위원회(2003), 《참여정부 국정비전과 국정과제》.
제17대 대통령직인수위원회(2008), 《대통령직인수위원회 백서: 성공 그리고 나눔》.
제18대 대통령직인수위원회(2013), 《박근혜 정부 국정과제》.
중앙인사위원회(2005.12.), 《2006 지역인재추천채용제 운영 매뉴얼. 중앙인사위원회》.
청와대(2011), 〈이명박 정부 100대 국정과제(2011.6.)〉.
한국대학교육협의회(2015.9.22.), 〈2016학년도 대학입학전형 기본사항〉(교육부 홈페이지 자료).
한국대학교육협의회(2016.11.24.), 〈미래 경쟁력 확보를 위한 대학 체질 개선 '2주기 대학 구조개혁 개선방안 연구'〉(발표자료).
한국대학교육협의회(2020.4.30.), 〈2022학년도 대학 입학전형 시행계획 발표〉(보도자료).
e-나라지표(연도별), 〈학력별 인구비율/ 각급 학교 현황/ 사교육비조사 결과/ 부패인식지수/…〉.

민간기관의 인터넷 자료 등

강득구 등(2021.1.12.) 〈영재학교·과학고 입학전형 및 체제개선 촉구를 위한 5개 기관 공동성명서〉.
강득구·사교육걱정없는세상(2020.10.13.), 〈2020년 대학별 국가장학금 신청자 현황 분석〉(보도자료).
경제정의실천시민연합(1996), 〈김영삼 대통령 공약이행 평가(자료)〉, https://www.ccej.or.kr/index.php?document_srl=112733.
경제정의실천시민연합(2003), 〈김대중 정부 공약이행 평가(자료)〉, https://www.ccej.or.kr/index.php?document_srl=114872.
경제정의실천시민연합(2015), 〈박근혜 대통령 대선공약 이행 평가 세부 내용〉, https://www.

ccej.or.kr/index.php?document_srl=985271.
대학교육연구소(2013), 〈2005-2012 지역인재추천채용제 현황〉, http://khei.re.kr.
대학교육연구소(2014), 〈통계로 본 학벌사회〉 4, 1-13쪽, http://khei.re.kr.
대학교육연구소(2014), 〈1945~2013년 외국 박사학위 57%가 미국 학위〉, http://khei-khei.tistory.com/1053.
대학교육연구소·문재인미터(2020.5.7.), 〈문재인 정부 3주년 고등교육분야 공약 평가〉.
법학전문대학원협의회(2015.7.23.), 〈로스쿨, 출신대학의 다양화를 실현했다〉(보도자료).
법학전문대학원협의회(2016.9.), 〈법학전문대학원 주요 현황〉(보도자료).
사교육걱정없는세상(2017.9.29.), 〈3개 공공기관, 채용에서 '출신학교 등급제 운영'에 대한 비판 성명서〉(중소기업진흥공단, 국립중앙의료원, 수출입은행).
사교육걱정없는세상(2018.2.5.), 〈감사원 발표, 서울대병원 진료교수 채용에서 '서울대 출신 우대'에 대한 비판 성명서〉.
사교육걱정없는세상(2018.2.6.), 〈KEB하나은행, 면접 과정의 '출신학교 차별' 채용비리 규탄 긴급 기자회견〉(보도자료).
사교육걱정없는세상(2019.1.7.), 〈서울소재 외고·국제고·자사고 및 일반고 2018학년도 신입생의 중학교 내신성적 전수 분석 결과 발표 기자회견〉(보도자료).
사교육걱정없는세상(2019.10.15.), 〈2019학년도 고교유형별 서울대 신입생 현황 분석〉(보도자료).
사교육걱정없는세상(2019.10.24.), [특권 대물림 교육실태 연속보도] 〈2019학년도 신입생의 중학교 내신성적 전수분석〉(보도자료).
사교육걱정없는세상(2019.11.4.), 〈특정대학의 국가 권력 독식 분석〉(보도자료).
사교육걱정없는세상(2020.4.27.), 〈제21대 국회의원 선거 결과에 대한 논평〉(보도자료).
사교육걱정없는세상(2021.6.3.), 〈문재인 정부 4년 교육정책에 대한 평가 및 제안을 위한 온라인 토론회 결과〉(보도자료).
사교육걱정없는세상(2021.9.1.), 〈'출신학교 차별금지법' 발의 환영 및 제정 촉구 기자회견 결과〉(보도자료).
사회적협동조합 지식과세상·국가교육회의(2021.10.29.), 〈시민토론 '현장을 살리는 교육자치'〉(대구 지식과세상 소강당).
코스닥상장법인협의회(2000-연도별), 《코스닥상장법인경영인명록》(보도자료 등).
한국상장회사협의회(2001~2011), 〈유가증권시장 상장법인 경영인 현황 분석〉(연도별 보도자료).

인터넷 신문 및 뉴스 자료

《경향비즈》(2018.5.8.), 〈기업 10곳 중 6곳, 학벌은 채용에 중요하지 않다〉.
《경향신문》(2007.5.4.), 〈올해 국내 CEO 전형은 김동진·남중수씨〉.
《경향신문》(2015.2.18.), 〈현 정부 임명한 기관장 '박피아' '정피아' 35%〉(1, 4, 5면).
《경향신문》(2015.9.17.), 〈사법시험 존치, 학벌주의 완화〉(김동훈).
《경향신문》(2015.9.25.), 〈박근혜 정부 후반기 파워 엘리트 218명 분석〉.
《경향신문》(2019.11.7.), 〈사설: 자사고·외고의 일반고 전환, 흔들림 없이 시행하라〉.
《경향신문》(2020.10.6.), 〈창간기획 여론조사: 능력·노력보다 부모등 배경이 성공 좌우〉.
《경향신문》(2021.8.31.), 〈법원 "모피아 포진한 금융계, '탐욕' 통제 수단 오작동"〉.
《공감신문》(2017.11.15.), 〈유학수지 적자국 한국, 외국인 유학생보다 해외로 나가는 인구 많아〉.
《공무원수험신문·고시위크》(2021.10.6.), 〈2021년 일반 법조경력자 156명, 법관임명식 개최〉.

《교수신문》(2001.4.16.), 〈대학간 협력을 통한 국립대학교 학사과정 개방화 방안〉(장회익 등).
《교수신문》(2014.10.27.), 〈국내 박사 67.4% 상승세…5년전과 비교해 23.4% 늘어〉.
《교컴》(2002.1.24.), 〈서울대, 비서울대 출신 교수 채용 현황〉.
《국민일보》(2002.2.4.), 〈'의학전문대학원 난항' 앞장섰던 서울대는 왜 돌아섰나〉.
《국민일보》(2012.2.19.), 〈3월부터 대기업 공채 시즌 활짝, 면접 비중 높이고 고졸 채용 늘리고〉.
《국민일보》(2013.12.10.), 〈삼성계열사 사장급 경영진 48명 분석〉.
《국정브리핑》(2006.11.15.), 〈한의학전문대학원 부산대 2008년 설치〉.
《내일신문》(2010.11.23.), 〈민주화운동 전형 주요 대학으로 확산〉.
《뉴데일리》(2011.5.22.), 〈특집① 사상 최대·최악 금융비리, 학연·지연 때문〉.
《뉴데일리경제》(2020.3.23.), 〈발목잡는 국피아·낙하산…철도 문외한 곳곳 포진〉.《뉴스토마토》(2009.9.28.), 〈코스닥 CEO, 5명 중 1명은 서울대 출신〉.
《뉴시스》(2006.11.23.), 〈의협 '국립한의학전문대학원 전면 재검토', 청와대 등 의견서 제출〉.
《뉴시스》(2010.7.20.), 〈대기업 임원 여전히 KS가 주류〉.
《뉴시스》(2020.12.29.), 〈국가직 5급 공채 335명 최종 합격…여성 36.1%, 평균 26.7세〉.
《대학저널》(2017.7.7.), 〈사교육공화국, 흙수저는 운다〉.
《대학저널》(2019.11.26.), 〈그들은 왜 출신학교 차별금지를 주창하나?〉.
《대학저널》(2020.4.2.), 〈2020학년도 주요 로스쿨 신입생, SKY 출신이 10명 중 8명〉.
《데일리안》(2020.11.20.), 〈눈치조차 보지 않는다…금융회장에 대놓고 관피아·정피아〉.
《동아일보》(2004.4.6.), 〈교육인적자원부, 학벌주의 극복 종합대책 발표하다 도중에 철회〉.
《동아일보》(2004.10.7.), 〈고법 부장판사 이상 87%가 서울대 출신〉.
《동아일보》(2014.11.1.), 〈사설: 최악의 출제 오류사건 키운 무능 교육부-수능 마피아〉.
《동아일보》(2014.12.16.), 〈사설: 대한항공 출신 감독관에 '땅콩 리턴' 조사 맡기다니〉.
《동아일보》(2015.1.8.), 〈문화체육인맥부?〉.
《동아일보》(2015.1.9.), 〈사설: 장차관 출신대학 따라 춤추는 문체부의 정치적 인사〉.
《동아일보》(2015.1.12.), 〈문체부 '괄목홍대'…너무 많은 인연〉.
《동아일보》(2015.3.9.), 〈사설: KB 내분 부른 정피아에 금융개혁 맡겨선 안된다〉.
《로리더》(2020.9.28.), 〈최기상 "경력법관 임용된 판사 77%, 서울대·고려대·연세대 편중"〉.
《로리더》(2020.10.29.), 〈최기상 "검사 64%가 SKY출신…로스쿨 졸업 검사, 상위 10개교 80% 쏠림"〉.
《리크루트타임스》(2019.9.17.), 〈기업 2곳 중 1곳, 채용 시 학벌 본다〉.
《매일경제》(1994.6.2.), 〈삼성, 인사대혁명, 능력개발 공정성 중시, 승진연한제 폐지, 출신교 기재 삭제, 계열사 교환 근무〉.
《매일경제》(2001.5.7.), 〈김대통령, 교육부처 간담…"실력없는 교수 퇴출"〉.
《머니투데이》(2002.9.11.), 〈코스닥사장, 경기-서울대 나와 강남 산다〉.
《머니투데이》(2006.5.9.), 〈삼성, 인문계 인턴실습생 1000명 선발〉.
《머니투데이》(2017.10.24.), 〈지방대 채용 외면하는 '신의 직장' 공공기관 66곳〉.
《머니투데이》(2020.9.1.), 〈대선공약 '공영형 사립대' 임기 4년차에 처음 53억 편성〉.
《메디게이트》(2004.10.14.), 〈서울의대 교수 97% 서울대 출신 '심각'〉.
《모바일한경》(2019.5.13.), 〈전국 108만개 기업의CEO 출신대학은〉.
《문화일보》(2004.10.16.), 〈서울대 합격자 11%가 강남 출신〉.
《미디어스》(2012.4.20.), 〈로스쿨은 실패했다〉(김영호).
《미디어오늘》(2014.3.20.), 〈KBS·조선일보 주요 보직간부 9명 모두 서울대〉.
《법률저널》(2002.3.20.), 〈합격자 대학별 편중 완화〉.

《법률저널》(2010.6.18.), 〈사법시험 명문…로스쿨 입시에도 명문?〉.
《법률저널》(2012.9.28.), 〈외무고시, SKY 81.3% 차지〉.
《법률저널》(2012.9.28.), 〈행시에서도 고려대가 연세대 추월〉.
《법률저널》(2013.11.22), 〈올 행시 서울대편중 더욱 심화〉.
《법률저널》(2014.6.5.), 〈2014학년도 로스쿨 입학자 출신대학 현황〉.
《법률저널》(2014.8.14.), 〈10명중 8명은 판사·7명은 검사…SKY 천하〉.
《법률저널》(2014.10.9.), 〈5년간 신규법관 52% 서울대 출신〉.
《법률저널》(2014.10.30.), 〈로스쿨 검사, 사시보다 학벌 편중 더욱 심해져〉.
《법률저널》(2014.11.13.), 〈사법시험 판도변화, 서울대·고대 추락, 한대·성대 뜨고〉.
《법률저널》(2016.11.1.), 〈5급 공채 지방인재채용목표제, 2021년까지 연장〉.
《법률저널》(2017.11.1.), 〈지방 로스쿨, 지방·지역대학 출신이 없다?〉.
《법률저널》(2017.11.7.), 〈마지막 사법시험 서울대 1위로 피날레〉.
《법률저널》(2017.11.26.), 〈2017 행정고시, 서울대 독주…성균관대 두각〉.
《법률저널》(2018.10.17.), 〈2018년도 행정고시 연고전, 연세대 2연패 달성〉.
《법률저널》(2019.8.9.), 〈기획-로스쿨 입시 11년의 기록, 입학생 65% '서고연이성한 6개대 출신'〉.
《법률저널》(2019.8.15.), 〈기획-로스쿨 입시 11년의 기록, 서울로스쿨 93%, 지방로스쿨 72% '서울 대학' 출신〉.
《법률저널》(2019.10.17.), 〈2019년도 행정고시, 연세대·성균관대 역대 최다 성과〉.
《법률저널》(2020.6.15.), 〈5급 공채·외교관 후보자 제1차 2,848명 첫 관문 통과〉.
《법률저널》(2020.10.16.), 〈지역인재추천채용제 인기?…매년 선발인원 확대〉.
《법률저널》(2020.10.22.), 〈대법원, 신입법관 155명 임명…서울대 로스쿨 10명 최다〉.
《법률저널》(2020.10.29.), 〈외교관후보자 2차 60명 합격, 선발예정인원 1.3배수〉.
《법률저널》(2020.11.29.), 〈5급 공채 2차 417명 합격…행정 325명, 기술 92명〉.
《법률저널》(2020.11.29.), 〈외교관후보자 51명 최종 합격…최연소 만21세〉.
《법률저널》(2021.12.27.), 〈2021년 행정고시, 서울대 '압도적' 1위…2위는 어디?〉.
《베리타스알파》(2019.10.25.), 〈'로스쿨 출신 신임법관 임용' 서울대 누적1위, 성대·이대 톱3〉.
《베리타스알파》(2020.5.11.), 〈문재인 정부 3주년, 교육정책 낙제점, '뒤집은 입시 혼란 진행형'〉.
《베리타스알파》(2020.6.22.), 〈올해 검사임용 'SKY학부'출신 38명…9년 누적 295명(64%)〉.
《베리타스알파》(2020.9.1.), 〈2020, 25개 로스쿨 입학생 46.26% SKY대학 출신〉.
《베리타스알파》(2020.10.23.), 〈로스쿨 출신 신임법관 임용, 서울대 31명 누적 1위, 성대·이대 톱3〉.
《베리타스알파》(2021.6.23.), 〈2021, 25개 로스쿨 입학생 'SKY출신' 51.2%…서울지역 12개 로스쿨 '69.9%'〉.
《브릿지경제》(2018.8.5.), 〈사설: 국가 백년대계 망치고 있는 무능 교육부〉.
《샘이깊은물》(1999.9), 〈서울대의 각 단대를 지방에 각각 분산하자〉(현택수).
《서울경제》(2003.10.28.), 〈구직자 93% 채용때 차별 경험〉.
《서울경제》(2011.2.16.), 〈경북·서울고 출신 파워그룹 부상〉.
《서울경제》(2011.5.20), 〈경제부처 1급 이상 78%가 SKY〉.
《서울신문》(2004.5.3.), 〈박사의원 69명…절반이 해외파: 17대 총선 당선자 면면을 보니〉.
《서울신문》(2020.10.16.), 〈라임·옵티머스 또 금피아 연구…금융감독 체계 개편해야〉.
《세계일보》(2003.9.19.), 〈대졸취업 출신교에 많이 좌우〉.
《세계일보》(2006.12.3.), 〈서울권 역차별 vs 지방대 무시하나〉.
《세계일보》(2014.5.7.), 〈2014년 국가별 부패지수〉.
《세계일보》(2016.9.22.), 〈퇴역군인 30% 방산업체로…여전한 '군피아'〉.

《시사ON》(2015.9.6.), 〈박근혜 정부 고위공무원단 학벌, SKY 도배〉.
《아시아경제》(2008.4.22.), 〈'4·15 학교자율화' 공교육 무너뜨린다〉.
《아시아경제》(2020.11.12.), 〈관피아 특혜 논란, 금융사는 오히려 반기는 현실〉.
《아시아투데이》(2012.4.12.), 〈4·11총선 당선자 26% 서울대 출신…고려대 26명으로 뒤이어〉.
《아주경제》(2016.9.15.), 〈고위공무원 55%, SKY대학 출신, 이용호, 학벌 편중 해소 절실〉.
《약업신문》(2011.4.6.), 〈상장제약 대표이사 4명 중 1명 약대출신〉.
《연합뉴스》(1991.4.2.), 〈고교교육 정상화, 대학의 자율 신장 중점〉.
《연합뉴스》(1994.9.4.), 〈상장기업들, 감량경영으로 인원 감소〉.
《연합뉴스》(1994.10.5.), 〈대그룹 신규채용, 인성·능력 중시〉.
《연합뉴스》(1995.5.3.), 〈100대 기업 대표이사들 올해 17명 교체〉.
《연합뉴스》(1995.12.18.), 〈97학년도 이후 대입제도 발표〉.
《연합뉴스》(1996.4.1.), 〈30대 그룹 대표이사 중 10년 이상 장수자 31명〉.
《연합뉴스》(1999.12.26.), 〈일 대기업 사업 채용시 면접 가장 중시〉.
《연합뉴스》(2001.9.7.), 〈신임교수 4명 중 1명 서울대 출신〉.
《연합뉴스》(2003.4.24.), 〈지역인재 채용장려제 추진〉.
《연합뉴스》(2007.9.6.), 〈지방대졸 구직자 58.7%, 학벌 때문에 취업에 불이익〉.
《연합뉴스》(2007.9.26.), 〈서울대 교수 10명 중 9명 자교 출신〉.
《연합뉴스》(2010.1.22.), 〈대학편입생, 취업 후 학교 후광 정규생 절반〉.
《연합뉴스》(2011.2.17.), 〈정부, 공정사회 구현 5대 추진 방향 발표〉.
《연합뉴스》(2013.4.4.), 〈포스코, 올해 인턴사원 850명 채용〉.
《연합뉴스》(2013.5.21.), 〈대기업 채용방식 변한다…열정·잠재력 우선〉.
《연합뉴스》(2013.6.6.), 〈서울시 산하기관, 출신학교·가족관계 뺀 이력서 도입〉.
《연합뉴스》(2014.1.19.), 〈대기업 인재채용 '탈스펙 역사관 중시'로 바꾼다〉.
《연합뉴스》(2015.2.6.), 〈검사장급 이상 법무·검찰 간부〉.
《영남일보》(2014.6.14.), 〈탈스펙 바람…열정, 도전정신, 직무능력 중시〉.
《오마이뉴스》(2020.5.12.), 〈문재인 정부 4년, 대학교육정책 진단〉.
《오마이뉴스》(2020.5.21.), 〈블라인드 채용해도 SKY출신 뽑힌다?〉(김은종).
《오마이뉴스》(2020.10.14.), 〈교육대수술, 문재인 정부는 왜 머뭇거릴까?〉.
《월간 현대경영》(연도별), 〈100대 기업 CEO 백서〉.
《유스라인》(2020.10.20.), 〈거점 국립대 자퇴 95%, 취업 용이한 서울·수도권행〉.
《이데일리》(2020.10.12.), 〈학벌 대물림 심화…SKY 의대 신입생 74%가 고소득층〉.
《인크루트》(2010.6.21.), 〈SKY 출신 직장인 63%, '학벌로 취업 쉽게 했다'〉(이지서베이 공동).
《잡코리아》(2018.10.4.), 〈성공하기 위한 필수 요소 1위는?〉.
《잡코리아》(2018.11.20.), 〈대학생이 꼽은 출세·성공 요인 1위는?〉.
《잡코리아》(2019.3.25.), 〈기업 75%, '신입직 채용 시 학벌 고려'〉.
《잡코리아》(2019.10.7.), 〈인사담당자, '학벌'보다 '직무전문성'이 중요해〉.
《잡코리아》(2021.1.22.), 〈대한민국 성공요소 1순위 '부모님의 재력'〉.
《전북도민일보》(2019.3.27.), 〈'SKY캐슬'에 갇힌 문재인 정부〉(김광수).
《전자신문》(2002.10.1.), 〈리크루트, 대기업 지방대 출신 선호도 조사〉.
《조선일보》(2002.1.23.), 〈한부총리, 입사서류 학력난 폐지 각의보고 혼쭐〉.
《조선일보》(2011.6.30.), 〈SKY출신 CEO 확 줄었다〉.
《주간동아》(2019.4.3.), 〈입학사정관제가 가야 할 길은?〉(홍후조).
《중앙일보》(2000.5.26.), 〈학벌독점 해소만이 과외를 없앤다〉(김동훈).

《중앙일보》(2011.9.7.), 〈고위공무원 절반이 SKY…〉.
《중앙일보》(2014.10.10.), 〈고위층 자녀 606명 '병역기피용' 해외 체류〉.
《중앙일보》(2016.4.18.), 〈서울대 81명, 경기고 13명 최다…MBC 출신 8명…〉.
《중앙일보》(2019.11.23.), 〈미 유학생, 한국이 가장 많이 줄었다…10년만에 27.6%〉.
《중앙일보》(2020.12.18.), 〈해운대고, 자사고 지위 유지…법원, 문정부 자사고 폐지정책에 제동〉.
《중앙일보》(2021.3.23.), 〈법, 조희연의 자사고 취소 또 제동…숭문고·신일고 취소 위법〉.
《천지일보》(2019.12.4.), 〈학사모, '교육부 정시 확대 발표는 학벌주의에 굴복한 정책'〉.
《파이낸셜뉴스》(2003.9.29.), 〈왜곡된 고용시장…청장년 실업 가중〉.
《파이낸셜뉴스》(2004.12.2.), 〈사법고시 합격자, 서울 강남 편중〉.
《한겨레》(1996.2.9.), 〈사설: 서울대 폐교론〉(김종철).
《한겨레》(1999.6.7.), 〈서울대 해체하자: 각 단대를 지역대로 보내자〉(정태인).
《한겨레》(2002.11.20.), 〈대선후보들의 교육정책 기조 비교〉(박용현).
《한겨레》(2003.9.30.), 〈방송사 공채방식 변화 바람〉.
《한겨레》(2003.10.14.), 〈토공 250명 신입채용…출신교 안본다〉.
《한겨레》(2005.1.16.), 〈국가공무원 응시 때 학력 안쓴다〉.
《한겨레》(2006.1.3.), 〈2010년까지 서울대 등 5곳 특수 법인화〉.
《한겨레》(2006.1.22.), 〈4대 그룹 경영진 지연·학연 편중 극심〉(정남기).
《한겨레》(2011.5.9.), 〈이 대통령, 관료사회 학벌 타파 주문〉.
《한겨레》(2017.6.22.), 〈공공부문 이력서에 학력·출신지 없앤다〉.
《한겨레21》(2000.11.1.), 〈63.4% '학벌 없으면 성공없다'〉.
《한경닷컴》(2012.3.8.), 〈25개 로스쿨 법원·검찰 채용 첫 성적표 받아보니〉.
《한경닷컴》(2013.2.27.), 〈이화여대 명문 맞지…그럼 숙대는?〉.
《한경닷컴》(2014.4.3.), 〈대기업 임원 배출 대학 보니…"만만찮은 지방대의 힘"〉.
《한경닷컴》(2015.7.15.), 〈500대 기업 CEO 최다배출, 고대 경영…학교는 서울대〉.
《한국경제》(2002.5.2.) 〈45년 서울생 경기고·서울대 출신…100대 기업 대표이사 평균 모델〉.
《한국금융신문》(2021.3.4.), 〈금융권 또 낙하산…'관피아·정피아' 전성시대〉.
《한국기자협회》(2008.6.30.), 〈방송계 낙하산 인사, 고려대 or 영남〉.
《한국대학신문》(1997.4.7.), 〈[특집기획-지표로 풀어보는 대학순위-15] 졸업생의 사회진출 현황(정·관계 인사)-2〉.
《한국대학신문》(2004.4.16.), 〈국회의원 당선자 '출신 대학 및 전공' 분석〉.
《한국대학신문》(2013.10.18.), 〈지방대 나와도 해외 명문대 교수 될 수 있다〉.
《한국대학신문》(2016.4.15), 〈20대 총선: 교수출신 총선 당선자, 300명 중 53명〉.
《한국대학신문》(2017.5.30.), 〈문재인 정부, 공영형사립대·국공립네트워크로 '대학망 구축'〉.
《한국대학신문》(2020.5.15.), 〈문재인 정부 3년…고등교육공약평가 엇박자〉.
《한국매일》(2018.10.11.), 〈공공기관 지방인재 채용은 말로만 하는 주둥아리 서비스?〉.
《한국일보》(2008.7.2.), 〈한국 프로야구 최고 학맥은〉.
《한국일보》(2013.4.24.), 〈국제중 입시, 자기소개서 1건에 100만원〉.
《한국일보》(2014.12.8.), 〈여론조사: 국민 76% 학력이 인생 결정, 학벌사회 해소책 무기력〉.
《한국일보》(2017.6.24.), 〈미국내 한국유학생 3년새 23% 감소〉.
《한국일보》(2018.4.16.), 〈여론수렴만 3차례…대입개편 공론화 '다단계 하청'〉.
《헤럴드경제》(2007.9.6.), 〈서울대 입학 외고출신자 동일계 진학 16.6%에 불과〉.
《헤럴드경제》(2014.10.9.), 〈삼성전자, 유학파 선호 짙어…10대 재벌그룹 임원들의 스펙은?〉.
《호남일보》(2014.7.22.), 〈정부부처 고위공무원 절반 SKY 출신〉.

《Business Watch》(2020.7.29.), 〈한 눈에 보는 재벌총수 출신대학·전공〉.
《CEO스코어데일리》(2013.7.24.), 〈[500대 기업 CEO] 5명 중 1명 유학파…출신 외국대학 랭킹〉.
《ChosunBiz.com》(2015.5.17.), 〈대졸자 취업경쟁 심화, 100명 지원해 3.1명 합격〉.
《dongA.com》(2000.11.8.), 〈교수채용 '순혈주의' 여전〉.
《dongA.com》(2006.3.3.), 〈2002-2006년 사법연수행 4820명 출신대학 분석〉.
《dongA.com》(2008.4.11.), 〈134명이 첫 금배지…의원 1인 평균 재산 26억원〉.
《dongA.com》(2010.11.13.), 〈출신교, 가족배경 쓰면 감점, 증권사도 열린채용 잇달아〉.
《EBN종합경제뉴스》(2014.10.6.), 〈포스코, 창의적 인재 발굴·성장…학과 충실 우대 채용〉.
《EBS뉴스》(2015.2.9.), 〈대학생 80%, 취업은 능력보다 학벌〉.
《etnew》(2003.4.1.), 〈YTN 입사원서 차별조항 삭제〉.
《jobsN》(2016.10.27), 〈대기업 CEO 출신학교 전수조사해보니, 1위 대학은?〉.
《KBS NEWS》(2019.1.3.), 〈우리 사회 가장 심각한 차별은 학력 및 학벌 차별〉.
《KBS NEWS》(2019.10.2.), 〈교피아 실태 단독 입수…113명 사립대 재취업해 53억 챙겨〉.
《KBS NEWS》(2021.2.18.), 〈법원, "배재고·세화고 자사고 지정취소 처분 부당"…서울시교육청 '항소', 일반고 전환 제동〉.
《MBC PD수첩》(1998.1.20.), 〈낙하산 인사, 이제는 사라질 것인가?〉.
《MBC PD수첩》(2005.7.5.), 〈국적포기 25년, 병역기피의 역사〉.
《MBN 뉴스》(2011.5.12.), 〈이번엔 '그랜저 금피아'…벌써 5명 구속〉.
《MBN 뉴스》(2015.4.16.), 〈성완종 지인, 학벌 때문에 로비 시작했다〉.
《news1뉴스》(2016.12.22.), 〈'초등학생에게 미적분'…학원 선행교육 심각〉.
《news1뉴스》(2020.10.19.), 〈박찬대, 국립대 의·약학대 지역인재 선발에 인색〉.
《Saramin》(2019.7.22.), 〈성인남녀 2명 중 1명, 학벌 좋아야 성공한다〉.
《Saramin》(2019.9.19.), 〈기업 2곳 중 1곳, 채용 시 학벌 본다〉.
《Saramin》(2020.1.29.), 〈기업 60%, 채용 공정성 강화 필요해…AI가 공정한 채용에 도움될 것〉.
《Saramin》(2020.10.20.), 〈기업 54%, 채용 시 지원자 학벌 무시 못해〉.
《YTN》(2014.4.29.), 〈높아지는 '관피아' 비난 여론〉.

찾아보기

ㅇ

ㅈ

기타